鬼谷子传奇

上部 神秘宗师

谢世俊◎著

中国文史出版社

CONTENTS · 目录 ·

CONTENTS · 目录 ·

鬼谷子传奇

下部 玄微真人

今日世界，科学文化向东方寻求借鉴，鬼谷事迹被发掘出来，有如珍宝重放光彩；而范蠡、计然、孙膑、庞涓、尉缭、张仪、苏秦、毛遂这些人物的声名，在当时就比他们的老师鬼谷子王诩还响亮。

实事求是地观察诸子百家对其所处时代的影响，那号称显学的儒、墨二家，在当时的作为并不大，而鬼谷弟子则叱咤风云。张仪、苏秦于政治外交，孙膑、庞涓于军事谋略，儒、墨两家无人可比；各学派的先师弟子，一个个周游列国求显达，难及鬼谷弟子之背项。

公关外交的理论与实践之源，深究起来，当推战国时代纵横家的言行。他们纵横捭阖的技巧，使人惊叹不已。《基辛格传》的作者施本格勒说："鬼谷子的察人之明，对历史可能性的洞察，以及对外交技巧的掌握，必然使他成为当时最有影响的人物之一。"

当代名将伍修权，视鬼谷子讲学的地方为"天下第一军校"。

王诩充分承袭和借鉴前人及当代人的优秀思想成果，使他的学术丰富起来；他不只是道家、兵家、医家，也不只是纵横家，而是多家学问的开山祖。他的生活，又是那样豁达，潇洒，超凡脱俗。

历史迷雾使鬼谷子王诩的事迹显得缥缈莫测，而王诩自己及其学派，也非常喜欢造成一点神秘气氛，使人看他如神龙见首不见尾。拨开尘雾，你会发现鬼谷子灿烂的智慧，他的许多话是你想说而又不会说的；还会感到，鬼谷子的一些思想是那样切合今天的现实和你自己的思想。藐姑射之山心灵之石铭文曰：

你见到鬼谷子的面容之日，

是你臻于练达颖悟而走向成功之时。

第一章　苌弘梦萦鬼谷子

星汉灿烂，一弯蛾眉月挂在天边，偶尔有流星划破夜空。

周天子宫中，楼台树影重重。笙歌管弦早已停息了，此时那些极尽人间荣华的人已经困了倦了，进入了梦乡。巡夜的小臣已把木铎敲响了三更。太史苌弘还在灵台之上，夜观星象，有男女弟子各一人侍候在侧。夜色朦胧，也看不清他们的衣着和面容。只见苌弘朝北仰望着星空，注视着紫微垣，叹道："有客星犯天帝之居，人间也难得太平呀！"

"先生所言，是何种异象呢？"是男弟子在问。

"是那划破夜空的流星，不时地闪击着帝座。"

女弟子说："先生，这事——是不是要向天子陛下禀奏？"

"过些日子再说吧，此事不必着急，上天垂象尚不止此，等我们观察得更周密些，找到了禳解之法，再去禀奏大王也不为迟。"苌弘说着话，感到两个年轻人颇有倦意，稍停又说，"今夜早些歇息吧，过几天为郊祭大典做'贞旬'，我们要准备得充分些才好呢。"

弟子们知道，"贞旬"的事马虎不得。每年夏至节气，天子大驾要出南城，到南郊去设坛，举行祀天、祀日的大典礼。在举行郊祭大典的十天之前，大臣们就要做好未来十天的天气预报，以便进行各项准备，这就是"贞旬"。三公、六卿都参与其事，而主要责任是落在春官大宗伯门下。大宗伯

夏至前三天，贞旬的十天天气预报大半已经得到了验证，自然是苌弘的预报最为准确。天子出行的各项准备都做好了，灵王姬泄心在宫中的斋戒已进入第二天。苌弘就告别天子，到周公测景台去观察天象，测定日影。

周公测景台在登封县南、颍水之畔，离王城不过百里。夏至日前后要观测六七天，除了两个弟子陪他去，他还带了几个家臣，包括驾车的御者和侍候起居的婢女。

在测景台的附近，有馆舍数家。其中最轩敞的一家，是专供王朝、公室、大小诸侯国的官员来此观天时住宿的王家馆舍。苌弘来此，当然是住在这一家。旁边几家，也非一般贫士之居，那里的宫室、林苑、车马、饮食、器物，有不少可以与王家馆舍媲美。

时近黄昏，男女二弟子陪着苌弘在王家馆舍的园林里散步。三人都看到了，邻家馆舍里走出两位白袍、白马的少年来，从容地向周公测景台方向走去。近几年的夏至节气，他们都见到这两位少年来观测日影。观测日影的人中有这两位，是女弟子最先发现的，只是他们从未接触和交谈过。

女弟子望着两位少年策马远去，说道："先生，今年他们又比我们来得早，现在就开始去看日落了。"

观测日影，一天主要是三次：日出之影，日中之影，日入之影。由于有前后几天的观测记录，夏至那天即使出现阴雨天气，看不到日影，也可以精确地计算出夏至日的影长来。这对于推断天之历数、地之术数、人之气数，是十分重要的。

"不急，明天早晨我们也可以开始观测了。"苌弘说着，从女弟子脸上看出了她对两位少年怀有心仪。他也觉得，这样的少年是难得的。现在天下诸侯，君不告朔，史不纪时，畴人子弟分散，或在夷狄，能坚持数年来观测日影者，真是难能可贵呀。

苌弘想到自己在朝廷里独臂寡缘，在社会上也缺少知友，心里油然生出一种情愫，想见那两位白衣少年的心情比女弟子还迫切。

苌弘师生见到两位白衣少年，算起来有三年了，却不知道他们的名讳。现在苌弘派男弟子去邀请他们来王家馆舍小酌，相叙，是以官见民，他们并不觉得冒昧，更想不到，两位少年根本不愿意见他们。

两位白衣少年，年长者叫王诩，年幼者叫王辛，他们不是兄弟，而是主仆。

王诩目光敏锐，心志高远，料事若神。当苌弘的车队到达时，他就知道他今年又不参加周天子的南郊大祭祀，到这里来观测夏至日影来了。他策马走过王家馆舍，看到苌弘师生注视他的神情，就知道这次他们会来找自己。他和王辛观测了日落之影，从周公测景台回到馆舍，就吩咐侍者："苌弘天官已经到了王家馆舍，他会派人来。若是问起我的姓名，你们可以告诉他我姓王。若是要见我们，就说我还没有回来。"

两个侍者觉得这位王公子说话好没来由，你一介布衣，不去拜见天官，还说天官会派人来见你？人家来了你还敢拿大不见？他们不大相信，可是，不一会儿，真的从王家馆舍里过来一位官员，穿着朝廷里小史的官服，他就是天官苌弘的男弟子。两个侍者热情地迎接。

"给大人请安！"

"大人有事请吩咐？"

"我要见一见在这里下榻的两位白衣公子。"

"大人，两位公子去周公测景台了，还没回来。"

苌弘师生是看到两乘人马回到了馆舍，才由男弟子出面来请的。这位小史的感受是遭到了拒绝，但也没有办法，只好对侍者说："去取号簿来，看一看两位公子的姓名。"

"大人，不用看了，两位公子是这里的常客，小的知道他们姓王。"

"好吧，我等一会儿再来。"

这时候天色已经完全黑下来，是用晚餐的时候了。不一会儿，小史又来了，手里拿着一片木牌，对侍者说道："王公子回来了吧？"

"是，大人，王公子已经回来了。"侍者不敢再说谎，但王公子留下了那句话，他也不敢领着小史到里面去见他，处在两难之间，好在小史发话了："那好，这是天官大人的名刺，你送去给他，就说，天官大人请他去小酌。"

"小的遵命，大人请稍候。"

侍者毕恭毕敬地伸出双手接过小木牌，转身向内院走去，穿过前厅进入里面的房间，见王诩和王辛正在用晚餐。

“那好，请小姐听仔细了：在下以为，苌弘太史所擅长的鸿术，不是黄帝、尧舜的正道，而是旁门邪道，降神、致雨，就是其例证。苌弘太史好为阴谋，而又心术不正，他用咒法、巫术对待不去朝觐周天子的诸侯，就是其例证。”

话说得这样尖锐，但又有理有据。苌弘的女弟子为其正气所慑服，想要辩解也无从置喙，只是反问道：“依公子之言，鸿术、阴谋都不可为呀？难道对仇敌也不能存有机密？”

“为术，必行正道；为谋，必讲仁德。阴谋只可用于恶人恶事，惩其首恶，而不可以用于竞争对手，尤其是，绝不可以伤及无辜……”

王辛在一边，听公子和女史谈起学问来，像是没完没了，觉得似懂非懂，百无聊赖，中午过了，竹林里也闷热难当，人是又饿又渴，忍不住嘟囔道：“热死人了，二位的话还说不完呀，我可要宽衣下水了。”

女史对于酷热与饥渴，也不无感受，听男子说要宽衣，知道这是下逐客令了，便说道：“打扰二位公子了，这就告辞！”

她跨上枣红马，驶出竹林去了。

第四天是夏至日，从寅时天未亮，到午时太阳过天顶，都平安无事。未时三刻，天边忽然起了乌云，不久，风雨大作，一声巨雷，把苌弘震得昏迷过去。

家臣们把苌弘抬回屋里，安放在床榻之上。只见他面色赤红，身体发热，并无别的症状，但怎么也唤不醒他。苌弘就这样在床上躺了三天三夜，不食不饮，也不苏醒。家臣们以为没有希望了，女弟子和婢女守在榻前痛哭。人们忙成一团，打算派人禀奏天子，张罗着购买棺木，准备送他回洛邑。

没想到第四天清晨，苌弘坐起来了，大声喊着：“鬼谷先生，鬼谷先生，你先别走，在这里再住几日！”

家臣们又惊又喜，都围过来，守在他的床边，女弟子和侍候他起居的女子还轻轻地抹着眼泪。苌弘见到大家目光异样，问道：“你们，都怎么啦？”

“先生，你终于醒来了！”

“大人，你睡了三天三夜，现在总算醒来了。”

陪伴和帮助他办事的人、侍候他起居的人都叫他“大人”，男女弟子则称他“先生”。大家都没在意他口中喊的话，只有女弟子听清楚了。

“先生，你在梦中呼唤着想留住的鬼谷先生是什么人呀？”

苌弘这才明白了，说道：“我不是做梦。你们看到我只睡了三天三夜呀？我已经在外云游三年了！那天，雷神丰隆用天车把我接去，是应了赤松子大仙之请。赤松子把鬼谷子引见给我，让我们二人在清溪切磋学问，我们相处三年，谈尽了天地间的绝学，他说要回家看望父母，甩手就走了。鬼谷先生说，他的家在王都洛邑三百里之内。”

“先生，那鬼谷子是什么样的人呢？”

“让我画出来，你们就知道了。快取画管、缣帛来！”

女弟子为苌弘拿来一幅缣帛，铺于几案，又拿来画管几支，盛有丹、青、皂、赤、紫各色颜料的瓷碟数枚，清水一盂。然后，又点燃一炉香，说道：“先生，请作画吧。”

苌弘起身来到案前，运动画管，如同有神，不移时，就画成了鬼谷子的头像。在画中人的额上发际，用肉色点了鬼宿四星之痣，又在画上题了一段文字。

苌弘家人观看画中之人，初次的感觉似曾相识，觉得面熟、亲切，而又想不起在何时、何地见过这个人。

只有女弟子认出了他，说道：“先生，这位少年，英俊而又潇洒，他就是住在隔壁馆舍里的王公子呀！”

苌弘对家人说：“是他？那这鬼谷先生是变了装束出行的。他学问极深，我和他交谈，就感到神志高远，清新颖悟，事事洞明。赤松子对我说，你与史墨，尚明天道，若欲在学术上有所精进，不与鬼谷子交游，实为大憾！”

先生的话，使女弟子想起了那天在竹林里的交谈，那位王公子的道德学问，确实不浅，一言一语，一举一动，皆有超凡脱俗之感。于是说道：“先生，你与他既然有了这样的缘分，让我到隔壁馆舍去请他过来吧。”

男弟子说：“我也陪你前去。”

“你们若不能请他来，待会儿我自己过去会他。”

袖善舞，歌喉清越。

郑国的音乐和诗歌，十分优美动人，舞者夺人心魂，若干年后孔子看了，就斥之为“淫乐郑声”，要求鲁君废止同类之乐，然而在当时，晋平公姬彪喜爱如命。

“旷爱卿，你为寡人乐正多年，所练之乐，天下所无，今年中秋佳节，就使出你们的全部本领来吧！”

晋平公和众臣都觉得今年秋节，又将有数日佳乐妙舞可观。正当满堂欣喜之际，扫兴的事情发生了。殿前侍卫一个接一个自殿外向内高声递禀：“周天官苌弘大夫到——”

年迈的晋国太史史墨，听说苌弘进宫来了，不免有些神情紧张。

前天，当苌弘从周天子王都洛邑来到晋国首都新绛时，史墨即到馆舍去看望过他。他来，名义上是为向晋国朝廷通报他最新做出的日食预报，实际上是暗访鬼谷子，只是任何人都不知道他的这一层来意，他对史墨也未提及。

史墨对于日食的大量异常，也早有预测，但是觉得把握不大，尚须做进一步的计算。昨天二人交流之后，就把未来数年的日食时间完全确定下来了。

史墨要求苌弘暂时不要向平公奏报，以免引起恐慌，这样，举国上下才可以过一个欢乐的中秋节，而苌弘未置可否，所以史墨见他进宫，未免就有些担心。

平公听说天子朝中的天官苌弘进宫来了，便站起身来，按照礼数降阶相迎。执政赵武、太史史墨等人也跟着向门口走去。朝会变成了接待王使的群臣大会。

苌弘年约五十，紫袍玉带，冠冕七旒，健步进宫与晋平公见礼。

平公把住他的手臂，热情地说：“天官驾到，有失远迎，请苌弘大夫原谅寡人！”

“君主如此说，岂不折杀下官了！快请复位，接受在下叩拜！”

苌弘行叩拜礼后，平公请他到自己身边来，他即登阶，与赵武侍座于中阶左右。

“苌弘先生从洛邑来，必有要事赐教于寡人？”

“君主！”苌弘再拜稽首，说道，“天有异变，在下不敢不报：自十月朔日开始，四五年间，灾象频见，请君主细看。”

苌弘说罢，从袖中取出黄绢一幅，呈与晋平公。平公接过黄绢，展开来看，上面写的是近几年将要发生六次日食的时间表：

平公五年（公元前553）十月丙辰日朔
平公六年（公元前552）九月庚戌日朔
十月庚辰日朔
平公八年（公元前550）二月癸酉日朔
平公九年（公元前549）七月甲子日朔
八月癸巳日朔

在那个时代，发生日食是了不得的大事。老百姓害怕，君王、大臣们更会感到惶惶不可终日，议论如何才能躲过灾变。

日食是月球遮住了太阳，都是发生在朔（初一）日；月食是月亮走到了地球的影子里，都发生在望（十五）日。苌弘提出的这几次日食时间预报，一次次都是被后来的事实证明了的。平公知道，苌弘和史墨过去做的日食预报，十拿九稳，从无虚言，所以看着看着，额头上就冒出了冷汗。

满朝文武，也都注视着平公和他双手展示着的那幅黄绢，揣摩着天官苌弘带来的是什么灾变消息，使君主如此恐惧。大殿中，议论如何过好中秋佳节的那种欢快气氛，顿时一扫而光，人人脸上的肌肉都拉长下来，挂上了愁容。

赵文子见平公惊慌失色，便问：“君主，事情紧急吗？”

“武爱卿，你看，十月就有日食，明年九十月将连续发生，过两年又是七、八月日食并见，这将如何是好？”

晋平公把黄绢递给了执政赵武。他对赵武所说的话，群臣都听见了，大家脸上愁云更浓。苌弘则趁此时机，漫步殿中，十分细致地、逐人地观察每位大臣的前额。

苌弘为人，有些神秘、乖张、怪僻，他这样观察人，人们也没有见怪。只是史墨感到他像是在寻找什么。

前去行礼，然后领史墨登楼，叩响一间宽大客房的门环，通禀道："天官大人，太史大人到了！"

苌弘让家臣开了门，亲自出来迎接史墨进屋："史墨先生能如约来见，在下十分感谢！"一面吩咐馆人："可将酒菜送来，我与太史大人小酌。"

他们自上午散朝归来，就各自脱下了官服，换上了便服，感到舒适轻快，说起话来也随便多了。

"苌弘先生是个莫测深高的人，你让我来，到底有何见教？"

"也没有什么大事，只想与史墨先生叙叙友情，讲个故事。"

说话间，两席酒菜送上来了，是几碟精致的牛、羊、鸡、鸭的凉盘，此外还有桃、梨、林檎、核桃之类干鲜果品，酒是特别地醇香。

苌弘说："史墨先生，爽秋时节，天生美物，不可辜负，让我们先饮酒，再说话吧！"

史墨也不赌气了，说道："客随主便。"

"好！朝堂之上对史墨先生有所得罪，让我自罚一爵，然后我们开怀畅饮！"说罢，苌弘先自饮一爵。

今日饮酒，苌弘不要乐女歌舞，也不让馆人派女子前来侍候。先是家臣在一旁为他们斟酒。酒菜一共备了两席，开饮之后，苌弘便让家臣去把史墨的家臣也请上楼来，让他们二人在另一席上共饮，这边席上只留他与史墨二人，自斟自饮。

二人饮到尽兴，彼此便都感到十分亲密。苌弘从袖中取出缣帛一幅，递给史墨看："好兄弟，你先看看这个，然后我再讲个真实的故事给你听。"

这幅缣帛很洁白，上面画了一个年轻人的头像。其人英俊洒脱，大耳方脸，两眼有神，头顶高冠，绘有八卦双鱼之纹，显出一派仙风道骨。最突出的是，他高高的前额顶上发际，有四颗肉痣，正好构成二十八宿中的鬼宿之形。帛画上面，有一段古朴的题字，史墨认得这字是苌弘写的，那画像也是苌弘所作了。题字是：

鬼谷先生者，古之真仙人也。昔黄帝之臣，星官大鸿氏，曰鬼臾区，其弟即鬼谷子。自轩辕之世，历唐、虞、夏、商，又降至周也。

史墨望着图中的人，觉得面熟、亲切，但又不认识。心想：难道真是黄帝时代的鬼谷子，降到周朝来了？

“这人是谁？苌弘先生让我观看，是何意？”

“史墨先生，听我讲故事吧——”苌弘喝下一口酒，开始讲述他几个月前在周公测景台遭雷击的一段经历……

苌弘与史墨对酌，讲完了与鬼谷子神游、探讨学问三年之事，又讲了赤松子劝他们三人为友。说得累了，渴了，便又饮酒一爵。

史墨说：“你要找人，也用不着欺瞒我呀！”

“兄弟有所不知，鬼谷子额顶那鬼宿四星之痣，与肤色一般，平时难以看见，只是在惊惧忧思之时才能看得分明。”

史墨这才明白，苌弘是要在晋国满朝文武欣喜之时，突然以日食之事造成众人情感变化，来寻找鬼谷子，难怪他在满朝文武一片惊慌之时，以目光细心地察看每一位朝臣。

“好个苌弘，你的鬼心眼也太多了，你找到他了吗？”

“没有，他不在晋国朝臣之中。既然他家在环洛邑三百里之内，我想，总是有办法与他再会的。”

“叫你这么一说，我也真想见一见这位鬼谷子了。”

史墨与苌弘饮酒到太阳西斜，话都谈完了，也商量了对于天灾应采取的对策，这才离开馆舍。此时二人都有一个心愿，一定要找到鬼谷子，交个朋友。

苌弘在周天子身边，史墨在霸主晋平公身边，容易接触天下官员与士人。从此，二位天官就把找到鬼谷子作为观天之外最重要的事。

在周公测景台大梦三日之后，王诩突然意识到，人生如白驹过隙，应该努力增长学问，获得永年，同时也应该回到家乡，与父母多相守一些时间。

王诩的家乡在豫西山区颍水上游地方。

颍水的支流，有南汝河、北汝河、沙河和贾鲁河，而正源为北汝河。北汝河两岸，汝阳县一带，鬼谷子遗迹特别多。汝阳城东南四公里，有一个鬼谷村，坐落在云梦山下，清溪河畔。在这里，有鬼谷石、王祖庙、孙膑洞、桃源宫、水帘洞、演兵场、传书处、石八阵等许多鬼谷遗迹。

现代人重新发现鬼谷子，关于鬼谷子诞生地、居留地的争夺战也发生于多处。河南淇县的人们认为，鬼谷子曾在淇县的云梦山区创办了中国最早的军庠。河北临漳县的人们认为，鬼谷子诞生于本县的香菜营乡盐食村，并在那里建了王禅诞生地纪念馆。……这类公案无须判定，也难以得出唯一正确的结论。这是因为鬼谷子的足迹实在太多了，而他在当时就愿意把自己的行踪弄得神神秘秘，使你不仅不知道地点，连他的姓名也难搞清楚。

因为他是鬼谷子嘛，我们何乐而不用一点“模糊数学”呢？

还是继续我们的故事。春秋、战国时代，颍邑所辖范围颇广，属晋国，其治所在今登封县，周公测景台离王诩的家并不很远。

颍邑一带，自古是文教隆圣之地，道德峻极之境。古天子帝尧在把帝位禅让给帝舜之前，就曾苦苦相求，要把天下让给贤者许由。许由不受，便跑到颍水之阳、箕山之下躲起来。后来又听说要召他为九州长，他觉得这话有损于他的清名，会弄脏了自己的耳朵，便在颍水之畔洗他的耳朵。鬼谷子王诩是有一点许由的脾气的。

这许由的老师是啮缺，啮缺的老师是黄帝，黄帝的老师是王倪。这王倪是个很了不起的人，他得道于伏羲、神农之间，华夏文明的始祖炎、黄二帝都曾向他请教“道要”，就是向他学习道德的主旨。这王倪是不是王诩的远祖，已无法考证。但华夏道统，几千年在中岳一带盛传不衰，到了周初，周公又在登封县西南建立了测景台，仰观天文，俯察地理，中揆人事。那周公测景台是做学问的人们必去的地方，王诩也经常去。

大热的天气，儿子从周公测景台归来了。王翁、王妪急忙命奴婢们准备香汤，供王诩沐浴。

王诩从十五岁起，就长年在外游学，学得满腹经纶，方圆数百里无人能敌。这使二老非常高兴，但又时常牵挂，觉得他在外面太辛苦。因为王诩每次离家，并不带多少财物，只是带王辛跟随，有时还在旅途中把王辛打发回家，他独自一人去漫游。幸好他生活能力强，经济上不会受窘，每次回家都增长了知识，还带回一些书卷来。

王诩年已到弱冠，王翁、王妪又为他的婚姻担心了。近年来，已经开始留心察访闺中藏有窈窕淑女的人家。

这一回，王诩要在家里长住了，远近的读书人得知，都向他靠拢过来，聚在一起探讨学问。这群年轻人中，论学识、品行，是以王诩、亥唐二人为最优，他俩就自然地成了他们的领袖、中心人物。

亥唐漫游晋国首都新绛，至今未归，莘莘学子就围住王诩不散了。他们聚会的地方，有时在王家，有时在祠堂或家庙，有时纵迹山川。

九月二十八癸丑，王诩想起，按自己的计算三天后将要发生日食，就对朋友们说："十月丙辰日，将要发生日食。现在看来，那天天气晴好，我们可以做一次细致的观察。请诸位做好准备，到时都到宗祠来，观察完日食后，再畅谈各自的感受。"

十月初一丙辰，年轻的学友齐集于王氏宗祠。

王姓之人特别多，是因为宗支特别繁：

> 出于周文王第十五子毕公高的后代，是姬姓之王；出于殷王子比干的后代，是子姓之王；还有，许多出于少数民族夷、狄、蛮、戎等的后代，统称为虏姓之王。王诩的家族，出于帝舜的后代，是妫姓之王。姬、子、妫、虏，这是王姓的主要宗支，还不是全部。

邻居看到一些年轻人在王氏宗祠聚会，只当是和平常一样，没有在意。当日食发生时，人们才慌了，到处乱跑，不知如何是好，很多人跑到宗庙去叩头祈祷。

"天狗吃太阳了！"人们高喊着。

"哦！哦！——"

"呵嘘！呵嘘！——"

人们不停地吆喝着，有乐器的敲打着各自的鼓、锣、钲、钹，没有乐

“看起来面熟、亲切，就是想不起在何处见过他。史墨先生，你从何处得来这幅图的呢？图上真是上古的真仙人吗？”

“这是夏至后三日，苌弘先生根据他们神交三年，亲手所绘。”

史墨详细地讲述了苌弘对他讲的故事。

亥唐击掌说道：“这真是太妙了。不过，那位苌弘先生喜欢弄神弄鬼，我们也不可全信。师旷先生，我们还是观乐吧！”

“亥唐先生，请你先去观看师悝他们练乐，”师旷示意家人领亥唐去乐宫，然后说，“待老朽与史墨先生说几句话，便来相陪。”

“请二位先生自便，在下先走一步。”亥唐起身拱手一揖，便去观看乐师、舞女们的练习了。

乐宫里，乐师、舞师们对亥唐已经很熟悉，美女们见了亥唐先生也过来请安，莺声燕语一片。他们请他指点歌舞，校正音律。

亥唐观看美女歌舞，很久也不见师旷过来，正要准备告辞，他才来了：“亥唐先生，怠慢你了，很抱歉。史墨先生、苌弘先生都太想与鬼谷子交游了，我也想见一见他。你四处优游，遇见他的机遇多，见到了可要向我引见一下！”

“师旷先生，凡事听其自然吧。苌弘先生可能是在弄神弄鬼，我才不会专门去寻找这位画中人呢。”亥唐从师旷府中出来，仍在新绛漫游。

后来，齐军袭击新绛，城中惶惶不可终日，许多人准备逃散。

师旷见到亥唐，问道：“亥唐先生，齐军就要攻城了，叫我把这些乐师、美人带到何处去躲藏才好呢？”

“师旷先生不必惊慌，我看这次战争，主要是在黄河以北进行，黄河以南是平安的，你带着美女们渡河吧。我也准备离开这里，回我老家去看看。”

师旷告别亥唐，急忙回府，安排家人埋藏好乐器，就准备带着美女们出发。乐器太多，两天也没藏完，这时接到消息，齐军已经撤退了，赵宣子的军队已经向曲沃前进，正在收复失地。师旷这才安定下来，不再逃走。

亥唐带着他的书童，主仆二人各乘一马，优哉游哉地渡过黄河，到了河南就直奔他的故乡。在颍水之阳，见到了一群老朋友。

王诩见他下马过来，便取笑说：“好个亥唐先生，这么快就逃回河南来了，你隐归山林，也怕齐国大兵吗？”

“无论齐兵、晋兵，他们的刀剑都不长眼睛，可不管你是隐居不隐居。这次新绛是难保了，齐平公已经绝望了，要自杀呢。”

“未必！”王诩摇着头说，“新绛保与不保，不决定于晋公。他就是死了，也会有新君登位。晋国的元气未伤，韩、赵、魏三家都保存着很大实力，有力量的大臣还有几家呢，他们都需要建功立业，怎能让晋国衰亡。仗是有打头的，齐国只是利用叛臣一时占先，怎么可能攻下晋国的首都？我看，晋国栾氏家族这一回又要倒霉了。”

有人赞同王诩，有人赞同亥唐，他们二人没再说话，倒是朋友们互相争论起来。

“各位仁兄不要争了，过些日子就见分晓。”有人提议道，“亥唐兄旅途劳顿，我们还是到一清静酒家，为他洗尘吧！”

“这话说得好，大家请吧！”

情况果然如王诩所料，朋友们再次相聚时，地方官署已经遍告乡里：新绛平安，栾逞已经被斩于曲沃，齐国已经退兵。

“鬼谷子？”亥唐想起在师旷府中见过的图，仔细地端详着王诩，说道，“你真是苌弘图画里那个人吗？如此料事如神！”

王诩笑了笑，说：“一年多前，我在周公测景台梦见与苌弘交游三年，他在梦中叫我鬼谷子。他为什么把这事闹得人人皆知！我们都没见过面，我也不想见他！”

朋友们七嘴八舌：互不相识的人做着同一个梦，这真是神话了！

亥唐说：“我多次见过苌弘。诸位！我有个主意，就是请王诩兄把他梦见的苌弘画出来，看看像不像。”

“好，好！”

“太妙了！”

大家开心地喊着，不一会儿就有人找来了缣帛、画管和颜色，只等王诩来作画。

王诩说：“过去一年多了，但还能想起来一点。画得像不像，我不管，只是我有个条件，朋友们要答应我。”

“请说吧。”

“我不想见苌弘、史墨，请大家为我保守秘密，帮助我避开他们的找寻。现在，我只想找那些学问比他们更高的人。”

“嗨，遵命就是了，你快画吧。”

王诩握管，不一会儿就画出一张人头像来。亥唐和另两个见过苌弘的人，看到这画惊奇极了。

“天哪，太像了！”

“我们的王诩兄，真是鬼谷子了！”

王诩说：“我不知道鬼谷子是什么人，也没到鬼谷去过。请诸位记住，信守你们刚才许下的诺言！”

朋友们满口答应，然后又高谈阔论天下大势。

第三章　受业于老聃先生

仲秋之月，丹桂飘香。

颍水之滨，一群年轻人正在当年许由先生洗耳之处，闲坐岸畔草坪，议论了齐国对晋国的征伐；又谈及季秋九月、孟冬十月将要连续发生的日食；回顾周平王东迁以来的天下大势。他们带的僮仆牵着马，或在水边，或在岸上，悠然饮牧。

这群青年中，有一个人与众不同。他中等身材，头戴高冠，身着月白锦袍，腰系长剑，生得眉清目秀，满脸豪爽之气，语言清冽，如同鹤鸣九天。他就是王诩，是苌弘、史墨梦里千百度寻找而不得之人。

王诩是这帮年轻人的头儿。与王诩并坐在高处的还有一位，就是亥唐，他俩的关系比别的年轻人更亲密一层。有人谈起了管仲相齐，九合诸侯，匡天下；有人谈起了晋楚城濮之役，晋公退避三舍而大败楚军；又有人谈起了鲁国季氏三分公室，大破井田；今日这个称霸，明日那个称霸。

有人说："齐、晋两国这场战争，把两国关系扯平了。这样，将来谁是霸主就难说了，反正周天子是越来越没有人去朝贡了。"

有人说："日食频繁发生，上天不断示警，看来，这天下还要纷乱下去，年轻人应该学习本领来保境安民。"

亥唐不喜欢这样空议论，也无心到哪个国家去做官，悄声对王诩说：

"我还想到曲沃、新绛去漫游，过逍遥自在的日子。兄弟，我们就此分手吧。"

"亥唐兄，我俩若是不离开，这些朋友就不会散去，空发议论没有尽日。我也准备现在就离去，今后我们要多通音信。"

"那是一定。"

亥唐起身与众人告辞，他的书童牵来马，主仆二人策马而去。

王诩目送亥唐走远，见大家还在空泛地议论不休，便说道："诸位！我们不能这样没完没了地空谈，总应该做点什么才好。既然天子失官，学在四夷，畴人子弟分散，或在华夏，或在夷狄，那么，我们何不去寻找有学问的人，学些本事，总比这样空发议论好些！"

"高见！""高见！"年轻人们个个响应。

王诩说："那么，今天我们相别于颍水之畔，他日有成，或许相聚于各国都邑，或许逍遥于山川林泉，那就看各人的心愿了。我心中早已经选定了老师，也要先走一步了！"

亥唐已走，王诩也要离去，这帮年轻人感到失去依赖，不得不散了。一时间，大家又嚷嚷起来，有的说要去找师襄学律吕，有的说要去找苌弘学历算，有的说要到周公测景台去观测日影，依然是议论纷纷，拿不定主意。

王诩确实已经选定了老师，那便是老聃，估计此时还在洛邑。他想，快些走吧，也让朋友们早下决心。

"王辛！"他向竹林那边喊了一声，林中便有一个少年牵了两匹雪青马出来。那少年王辛的装束也不像个僮仆，二人在一起也不像亥唐那样主仆分明，王辛看起来倒像是王诩的兄弟。他俩的感情也确实如此。只是王辛的冠、剑、衣服上的饰物少些珠玉，比起王诩稍显朴素一点。

"公子，请上马！"王辛递过缰绳和马鞭。

"阿辛，我们走！"王诩策马向前，王辛紧追在后。

"诸位，后会有期！"告别声还在耳中，两匹马已经隐入万绿丛中了。

这位老聃先生，人称老子，本名李耳，是后来道家的太上老君。此时他已经不在洛邑城中了。但他尚未远行，而是在城郊伊阙、龙门一带山中暂住。

老子在周灵王（公元前571年—前545年在位）和周景王（公元前544年—前520年在位）的朝廷里，做了几十年的守藏室之史，又叫柱下史、柱史。柱史之名，来自远古结绳记事的时代。那时有专门用于结绳记事的房子，立柱之间拉了许多绳子，绳子间缀满了各种各样的绳挂，祖先的历史、灾害、战争和科学文化知识都记载在绳挂中。管理这些绳挂的人，能在柱下把那些绳结的内容讲述给人们听，所以称为柱下史。后来有了书契，柱下史就是管理图书的史官。

老聃管理皇家图书，读的书很多，了解了几乎所有的历史，又目睹世事纷乱。他感叹人生不幸，碌碌一生，难得自然终老，于是便想辞掉守藏室之史这个官，隐居下来。

这时，老聃为了反复琢磨修改他那洋洋五千言的《道德经》，已经搬出了洛邑城中柱下史的官舍，也很少到王室的庠序里去。庠序，就是学校。

在老子迁居之前，苌弘曾送来一幅鬼谷先生之像。老聃看了一眼，说不认识，也懒得和他闲谈。苌弘却恳求他："老朋友，帮个忙，你要是见了这位先生，请一定告诉我。"

苌弘见老子的弟子们忙于收拾室内器物，老子在整理那些竹简，不便打扰，就起身告辞了，出门时问道："先生乔迁，图籍那么多，让我用车为你运送一些吧？"

"多谢了，不劳天官费心。舍下除了图书，也没有多少别的家当，用我的牛车搬运几次就行了。"

苌弘离去时，老子送到院门，想起一个问题，问他："苌弘先生，你知道天之历数、国之气数，能知道你自己吗？"

"老聃先生，对于每一个人来说，自己前途之门都是关闭的，要靠勇力去迈过。只有大限来时方能自开，而那时你将进入的又是另一个世界之门了。"

"知道了。"

苌弘走了。老子不会想到，他会和苌弘说的那个人——鬼谷子很有缘分。

老子这一迁居，就叫王诩难找了。一连多日，都无所获。

王诩、王辛主仆二人只好在洛邑城郊四处打听，有如大海捞针。他们知道老子的坐骑是青牛，就特别注意看骑在牛背上的人，但看到的多是牧童。

一天，王诩的马差一点撞上一个骑驴的人。他急忙下马见礼、道歉。

那人着青衣，是那种草木深青之色，青中带点墨绿，看来面善，豁达，年纪五十来岁，他也从驴背上下来，一边还礼，一边态度平和地说："年轻人，何事匆忙？你差一点惊了我的青羊！它要是惊跑起来，你的马可追不上它。"

"青羊？"王诩看那人的坐骑，一点也不像羊，但细看也不是驴，有点像鹿或獐，只是听它那叫声，真有些像羊。

"老先生，请原谅学生莽撞！"王诩感到此人涵养颇深，来历必定不凡，于是再次道歉，并上前和他攀谈起来。

原来这位先生是关尹子。他本名喜，字公度，原姓氏不详，因在函谷关当过多年关尹，所以人称关尹喜，简称尹喜、关喜。此人颇有道行，是后来道家的无上真人。他把看守函谷关的重任交给了年轻关尹，自己便来和老子谈经论道了。

关喜比老子年纪小十多岁，他们的关系既可以说是师生，又可以说是朋友。他正在写一部书叫《关尹子》。

王诩遇上了这样一位学问家，急忙下拜，自报家门，口称师父，又请他向老子引荐自己。

关喜说："我正要去和伯阳先生论道，请随我来吧。"

伯阳先生是老子的一个名号，王诩获得引荐，心里十分高兴。

关喜那青羊，是他在函谷关尹任上得到的宝贝，真是好脚力。他在前面骑着青羊不紧不慢地走，王诩主仆的雪青马却要一路小跑才能跟得上。来到浓荫深处一座山庄，三人停下来。关喜把青羊交给一位道童，让他把这牲灵与老子的青牛拴在一起。

道童不认得王诩、王辛二人，不知如何接待，关喜就对他介绍："这位公子名叫王诩，是专程来向伯阳先生求道的，你把他们的马牵到马厩里去吧。"

道童问王诩："王公子，你是来暂访，还是要长住？"

王诩说："若蒙师父不弃，我将长久学道。"

道童知道老子不会拒绝求学之人，便为他们主仆安排一套茅舍，让他们自炊自养，也便于日常听课、问道。

生活琐事由王辛跟着道童去安排，关喜便领了王诩去见老子。

老子正在草堂里，与众弟子谈《道德经》。草堂的正室，地上铺的是蒲席，大家都坐在席上。弟子们朝北而坐，面前有小几案，可放置简册、刀笔等物。老子的座位在正北墙下，朝南坐，他的几案很大，上面堆的简册很多。有香炉，青烟袅袅，满屋馨香。

老子见关喜来，急忙移身让他坐在自己身边，又把目光移向双手下垂、毕恭毕敬站在侧面的王诩。

关喜即向老子引荐道："伯阳先生，这位后生名叫王诩。他为向先生求学，到洛邑来寻找你十多天了。"

老子见王诩仙风道骨，品貌不凡，便收他为徒，说："欢迎你来，就坐在这边听讲吧。讲完这一章，再给你安排起居。"

老子示意王诩，让他坐在蒲席上，离自己不远的地方。

"弟子王诩叩谢先生收留。"王诩喜不自胜，跪拜之后，就遵命坐下来。

他没有想到，一到这里就得到老师如此爱惜，就这样开始了第一课。他暗下决心，虚心向学，认真领会老师讲的每一个字。

刚好，这一回又轮到从头开始讲。重点是道。老子用纡缓的口气念着：

> 道可道，非常道。
> 名可名，非常名。
> 无名，天地之始；
> 有名，万物之母。

青年弟子们睁大眼睛，不明白这是什么意思。王诩很用心，也是似懂非懂。

关喜知道，这是首次提出道的概念，是很关键的学问，便做了引导性的发问："伯阳先生，对于道这个最重要的概念，应该怎么来理解呢？"

老子开始解释："叫我怎么说好呢，关尹先生。道，是只可以意会，而不可以言传的。凡是能够说得出来的道，都不是我们的学说里那个通常意义的道了，这就是‘道可道，非常道’。能够叫得出来的名称，也就不是我们学说里那个通常意义的名称了，这就是‘名可名，非常名’……”

老子停了一会儿，让弟子们思考，然后继续说：

“天地开始并无名称，而万物从根本上说是有名称的。所以，我们要从无形之中，来认识万物无名的微妙，从有形之中来认识万物有名的终极。两者名称不同而来源是一个，这道理是很深奥而又玄远的，玄之又玄，是一切奥妙的门道。”

经老子这么一说，弟子们好像懂了一点。但是要知道、得道，还需要下很多的功夫。

关喜插言道：“伯阳先生说得好极了：玄之又玄，众妙之门。我可以补充一点：玄之又玄，也就不玄了。”

老子听了点头，而众弟子又表现出不懂的模样。

关喜站起身来，手舞足蹈，举出实例来做通俗解释：“我把衣服在空中一摇，就得到了风；我往剑上呵一口气，就得到了水；我把壶里的水倒进杯中，就得到了声音；我敲击石头，就得到了火光。如此说来，风雨雷电这些神秘难解的事物，既是很深奥玄远的，但又是这样简单和切近，都可以从我的手中造出来。”

听了关尹子一番演示和解释，学生们仿佛有些明白了。

对于关喜这样浅显明白的学问，后世仙家的信徒们，却说成是：他们的这位祖师爷有通天的本领，能够呼风唤雨，播电行雷，道行无限。

关喜又说：“风雨雷电是由气产生的。而气，是从心里产生出来的。犹如心里想着火，久而久之就觉得热了；心里想着大水，久而久之就觉得凉了。懂得了这个道理，你就可以与天地同德了。”

老子说：“讲得好，讲得好啊！躁胜寒，静胜热，清静为天下正！”

老子这话，又使几个学生所听不懂。但是，王诩听懂了。

王诩说：“老师，按你的意思，就是说人的心性、情志，躁动身发热，能胜寒，心静自然凉，能胜热，清静无为可以领导世界。”

王诩如此聪明，使老子感到欣慰。他把手掌加在王诩肩膀上说：“年轻人，说得好，特别是‘无为’二字，我并没有说出来，你也能领会到，太好了！你好好修行吧。”

新来的王诩如此颖悟，同学们对他十分敬佩，老聃和关喜对他更是另眼看待了。

老子觉得，王诩与其他弟子相比较，一是学问已很深，二是颖悟更敏锐，对所授学问不用过多的解说，于是把自己的《道德经》交给他去抄刻，去自学。

王诩让王辛为他准备了足够的竹简、韦条（就是穿竹简的皮条）。王诩用刀锥，刻了一部又一部。

十数日之后，王诩就刻成了三部《道德经》。这时，王辛心疼地看着公子右手的拇指、食指和中指都起了血泡。王诩兴奋得不知道手痛，更使他高兴的是，先生的书已经完全印在自己脑子里了。余下的事情，就是怎样来修道、悟道、得道。

老子看到王诩这样做学问，摇着头说：“诩呀，道尚无为，无为而无所不为。你这样，是为之太甚了，何苦呀！”

“老师，弟子是多么希望早日得道啊！”

“不能急，不能急呀！你记住：道法自然，功到自然成。”

“弟子知道了。”

“你太年轻，阅历尚浅，若急于悟道，所悟也很肤浅。所以，你还须更好地阅世。”

“请老师指点。”

“你要经历各种各样的人生，同时结合着这些经历，来领悟我书中的学问。”

“弟子明白了。只是，老师的学问很深，老师的书我虽然能默诵下来，但还不能完全理解其中精义。”

“有什么不明白的地方，找我或关喜先生交谈就是了。”

“多谢老师。”

从此以后，王诩对《道德经》反复领会，遇有不通晓之处，便去找老子或关尹子请教。同时，王诩也按照老师关于阅世的教导，经常到伊、洛之滨，洛邑城里，甚至更远的地方去游览，去经历各种事情。

仲春二月，王诩游历到晋国新绛，在那里遇见了亥唐。恰逢晋国与吴国联姻，嫁女儿给吴国。新绛街头，鼓乐喧天，好不热闹。

亥唐也是打马到处闲逛，看热闹。他在人群中，猛然见了王诩主仆二人在驻马观看，便过去招呼："阿诩兄弟，许久不见了，没想到能在街头相见，别来无恙呀？"

"是亥唐兄，快两年不见了，我很好，你一向可好？"

他乡遇故人，王诩、亥唐喜不自胜。

"兄弟，快随我来，到舍下小叙数日！"

"那就叨扰了！"

他们一边走，一边谈论着这两年各国发生的事情，亥唐又讲了晋国近来的一些情况。王诩细心地听着，分析着眼前的各种事态。

亥唐已经成家，在新绛南市负郭结庐为室，即把小院建在离城墙不远的地方。这座绿树环绕、花径通幽的住宅，离通往吴、楚各国的道路只有数十步之遥。

亥唐等三骑离开大道走到小径上时，就见自己的夫人站在院篱外，由侍女陪伴着，观看吴国的迎亲队伍。亥唐、王诩、王辛都下了马，即有家人前来把三人的马牵走。

亥唐夫人迎着夫君说："相公，你今天不是要进宫去喝喜酒吗，怎么这样早就回来啦？"

"夫人，来贵客啦！"亥唐介绍说，"这位就是我常常对你谈起的王诩公子，他这个书童叫王辛。"

"原来是嫂夫人，王诩有礼了！"

"小人拜见夫人！"王辛见亥唐公子把自己当个人物来介绍给夫人，便急忙上前跪拜。

亥唐夫人俊美而贤淑，性格跟亥唐一样，开朗而不拘言笑。看来她与亥唐是很相配的一对儿。她一边邀请大家进屋，一边就吩咐家人备宴，见了王诩也没有陌生的感觉。

进屋坐定之后，亥唐问王诩："兄弟，你看，晋吴两国，关山远距，江天万里，也能结成姻缘。婚姻是人生大事，对此你有何感想呢？"

“晋、吴两国联姻，都是出于政治需要，”王诩感慨地说，“晋国想要保持霸主的地位，难哪！北方有强大的齐国，南方有强大的楚国，所以，谋臣们就给晋公出了这个主意，把女儿嫁给吴国。从前晋国和秦国联姻，现在又和吴国联姻，秦晋之好加上吴晋之好，可是，这又能如何？这些都不可能免除老百姓的刀兵之苦！”

“嗨，谁让你议论国家政事，我是问兄弟你自己的事呢？”

“王侯嫁女，与我有何干系？”

“从王侯嫁女，就不能想到百姓也要成婚？”

亥唐夫人见夫君说话这样绕来绕去，如同隔靴挠痒，就直言道：“王诩兄弟，去年腊月我们回家过年，祭祖，曾拜见过令尊、令慈，二老托付我们为你物色妻室，我们已经为你找到一位非常好的姑娘啦！”

这事使王诩感到有些意外，略微一想，又觉得父母早就这样为自己操心了。婚姻的事怎能由别人来代庖，但对二位热心的朋友又不便说什么，只是摇头叹道：“嫂子啊，这事是要讲缘分的，有缘万里能相聚，无缘咫尺不识荆。兄嫂美意，恐怕难成呢。”

“兄弟说的是，这事是要有缘分才行。不过，你先不要拒绝，你不相信我的眼光，亥唐你是信得过的吧？”

她这句话，给王诩留下了话茬，乐滋滋地笑着说：“亥唐兄真是好眼光，我相信，完全相信，要不然我哪来这么一位好嫂子！”

“兄弟这张嘴真厉害，只要好事能成，我就让你取笑个够！”

“说归说，笑归笑。”亥唐认真地对王诩说，“那位姑娘家在伊水之滨，离你学道的老聃先生隐居之处不远。今年秋社日，我到老聃先生那里去找你，带你先去看一看，愿意见面就见一见。”

“我答应你，同时也向嫂子赔罪，感谢贤伉俪！”

话说到这里，家人已经把宴席摆上来了。

三人饮酒，推杯换盏，亥唐夫人本想谈些别的话题，但是亥唐和王诩又不知不觉地谈起了各国政事，就像观棋的人比下棋的人兴趣还大。

王诩说：“晋国嫁女，矛头显然是针对着齐国和楚国的。看来，齐国还会故技重演，不出今年，又会对晋国用兵。”

“为什么呢？”

“齐国手中还拿着一枚棋，那就是栾氏的后裔；他们在晋国还有内应，那就是魏氏的势力。有这样的力量而不用，齐国的将军们会感到可惜的。”

亥唐听着直点头，因为他对晋国朝野的情况实在太了解了，他不愿入朝做官，原因也在于此。

王诩继续说：“不久之后，齐国向晋国进攻的路线，也会和上次一样，所以我说是故技重演。”

亥唐夫人听着二人的谈话，把天下事说得那样肯定，觉得神了，但又有些不相信，插言道：“兄弟这样料事如神，你不如到朝廷里去做官，建大功，立大业，岂不比在老聃先生那里学道更好。”

“嫂夫人，做官的事莫要提了，我的心思亥唐兄最了解。我谈的这些事，你可能不信，不过在年底就可以见分晓了。”

“我了解他。”

“好，我们为这个了解干杯！”

酒逢知己千杯少，王诩与亥唐夫妇，有谈不完的话题。而亥唐夫人念念不忘的是王诩的婚姻，她说，她有把握当好这个月下老人。

她以妙语相攻，重申做媒的话题，一定要王诩表明态度，答应去见那位姑娘。王诩点头了，她又紧追说：“秋社之时，你就去与她见面吧。”

“嫂夫人这样热心肠，就依你的吧，秋社日我去见她。”

亥唐夫人这才停止了进攻，举起金爵，为他们秋天的见面畅饮。

第四章　伊水之滨会莘姒

王诩在亥唐家住了一些日子，便回到伊水之滨老子的山庄里，继续他的学业，终日读书，悟道。

老子以为王诩涉世未深。其实，他不仅对人生已经感悟不浅，对于天下大势，也已洞若观火。齐晋之间的形势，果然如同他在亥唐家里所预言的那样发生了。

春天还没有过完，齐国就向晋国发起了进攻。

战事的进展，也如同王诩所预料的那样：齐国是故技重演。他们先在暗中把栾盈送到了曲沃，栾盈又通过胥午联络栾氏先人旧部，于初夏四月，率领甲兵发难；又依靠魏献子的势力向晋国的旧都绛邑发动进攻。

这样，齐军不久就占领了绛邑。

然而，此时晋国内部赵氏、韩氏已经和睦，中行氏也怨恨栾氏，其余势力较小的各家族也都效忠于公室。晋军组织反攻，很快就收复了绛邑。栾盈逃回曲沃，晋军即把齐军和栾盈包围在曲沃。战到秋七月，晋军收复曲沃，斩了栾盈，杀尽栾氏族党，只有栾鲂一人逃到了宋国。齐军伐晋再次失败，撤回国去了。

晋国安定了，亥唐夫人对夫君说："王诩老弟真是神了，这场战争的过程和结局，完全是他所预料的那样。他呀，真不应该去跟老聃先生学什么道！”

“你呀，对我不去做官也不理解，就更难理解他了。”

“不谈这事了。他走什么道，我没有能力去管，也不想管。但是，对他的婚姻总应该帮一把吧。我怕他那书呆子脾气，会耽误了人家的好姑娘。再说，我不把这事办好，也对不起王叔、王婶的嘱托，辜负了二老的那份心意。”

“幸亏夫人还想着，我差一点忘了春天之约。我这就准备去洛邑。”

亥唐告别了夫人，如约离开新绛去洛邑，到伊水之滨去找王诩相亲。

伊水之滨，秋高气爽，山分五色，田野金黄。战火不曾烧到这里，是这里的老百姓有福了。王诩觉得，在这样的环境里读书、悟道，更能参透人生和宇宙的玄妙。

这是秋社前一日，王诩正坐在屋里思考，怎样来理解老师之道，心中默诵着：

有物混成，先天地生。寂兮寥兮，独立不改，周行而不殆，可以为天下母。吾不知其名，强字之曰：道。

道生一，一生二，二生三，三生万物，万物负阴抱阳，冲气以为和。

王诩感到，这个“道”，真是难以参悟透彻了。按字意解释，是首下走之，人行的道路，推而广之，是自然的道路？社会的道路？

王诩正准备去向老子或关尹子请教，就听王辛在外面喊：“公子，亥唐先生来了！”王诩急忙出来迎接，见亥唐主仆二人已经下了马。王诩让王辛把马牵到马厩去，便邀亥唐进了屋。

亥唐见面就说：“兄弟真是料事如神，这次齐国伐晋，正是故技重演，通过栾盈，由曲沃而取绛邑，战争缘由、方式、时间、地点、结局都如你所预料。”

“我对晋国朝野的了解，还不是依靠了你谈的情况。”

“可是，愚兄就不能像你那样做出判断。”

他们谈话之间，王辛已经端来几碟羊肝、牛肚、鱼脍之类，置于几案上，转身又去拿了酒来，为二位公子各斟一爵。于是，二人边饮边谈。

亥唐说：“兄弟料事如神，你可知道明日之事结果如何？”

“明日之事？”王诩不知道他说的是什么。

“你太用功了，看来真是忘了，明天就是秋社日！”

王诩这才想起了春天之约，明白了亥唐要他预测的是相亲的事，于是点着头说：“感谢你这位月老。关于自己的事——还是苌弘说得好：在每个人面前，前途之门是关闭着的，要靠自己的勇力去迈过。旁观者清，结果如何，只有兄长心里才有数。”

“依我说，准能成。”

“那么，就是兄长你料事如神了。你还没告诉我，那姑娘到底是谁呢？”

“她叫莘姒，说起来，她的家也是当地的士人，与你家是门当户对的。”

“我只看她这个人，不看她家的门。世间多少好女子，也不是人人都看得上，最终还是要讲缘分。”

“我看你们是有缘分的。”

他们又谈起了这里的社火。

立春和立秋之后的第五个戊日，都叫“五戊大社”，都要迎神赛会，祭祀社神和稷神，祈求丰年。士大夫之家，都会展示自家的乐舞，少则二佾，多则四佾。巫卜、方士及以鸿术为业的人家，还会献上降神、迎仙、驱魔之舞。这里的赛会要进行三日之久，男女老少都出动，有许多音乐、舞蹈、杂技之类可供观赏。商贩们会利用这个机会，推销五光十色的各种货物。年轻人更是会抓紧这个机会，进行快乐的幽会。

亥唐和王诩这两个老朋友，半年多没见面了，要交谈的事很多，在几天之内，王诩是要把学问放一放了。

这一带的社火，是在伊阙之山举行。

伊阙之山，设有伊塞，是军事要塞。这里山势险要，两山之间的山岩，如同剑劈刀削一般，伊水从中北流，望之如阙，称为龙门。山的另一面，坡度较平缓，社火的中心地带，就在那半山坡上。

秋天的田野一片金黄，山坡上，青翠的松柏，火红的枫樯，明媚照人。在通往社火中心大庙的条条山路上，骑马的、坐轿的、步行的人们，穿着五彩斑斓的衣服，装点着山川。这一带有几年没有被战火殃及，就呈现出这样一种令人欣喜的景象。

王诩主仆穿白衣、白袍，骑雪青马，晃眼看去就是白衣、白马；亥唐主仆是青衣、青袍，骑青骢马。四乘人马颇引人注目，早就被莘姒看见了。

莘姒认识亥唐主仆，也就知道哪位是王诩公子了。她和她的侍女，也是骑马上山来的。她俩把两匹枣红马拴在一棵树下吃草，就隐没到歌舞台下人群之中了。

歌舞台在神农庙前，是用土、石堆成的，平坦而宽阔。台上鼓乐喧天，正在演出大傩舞，青面獠牙的各种假面神，在台上狂蹦乱跳。莘姒和侍女看了一会儿，嫌鼓乐震耳，人声嘈杂，就离开人群到树林边上的草坪去漫步。她的心，被那位白衣白马的人拴着。

莘姒注视着四乘人马，他们伫立在人群外边，没有下马。其中三人在观看着台上表演，只有亥唐在东张西望。她知道，他是在找她。

莘姒想到就要和王公子见面，她心里便禁不住怦怦地乱跳起来。

亥唐终于发现她了，轻声地对王诩说："兄弟，她来了。你看在那边，林畔草地上，由她的侍女陪伴着。着碧藕白上衣、荷绿色裙子那位就是。"王诩朝亥唐指示的方向望去，果然见到有两个女子在树林边，婷婷玉立的人儿，令人欣喜。他敏锐地发现，她们也在朝这边张望，于是判定她是有备而来的，她已经认出了亥唐，那么她也一定判断出了自己。王诩想，既然这样，那就不需要亥唐来做引见和介绍了。在场的人多了，说话会拘束些，不如两个人直接见面，谈话方便。

"亥唐兄，你们在这里观舞吧，让我单独去会她。"

"好啊，你们二人还没见面，就要甩掉媒人了。说不定你会栽倒在她的石榴裙下起不来，需要救驾时，喊我一声。"

"多谢亥唐兄的好意！"

王诩策马朝树林边走去，马蹄得意，一路风生，莘姒看得心里喜欢。她见亥唐没有陪他一起来，只是他一个人来了。没有人来中介转圜一下，一开始就要面对着面，姑娘的心，不禁有点六神无主了。

莘姒还没定下神来，王诩就已经到了身边，翻身下马，拱手揖道："莘姒小姐，学生王诩有礼了！"莘姒急忙把双手捧在胸左，蹲一蹲身，红着脸儿说道："见过王公子，莘姒也有礼了！"她感到手足无措，就只好把侍女拿来抵挡一阵，转过身来对着她说："梅香，还不过来拜见王公子！"

侍女领命前来叩头："梅香拜见王公子！"心里却怨："小姐见了公子心慌，抓我们丫鬟来当垫子遮脸。"

王诩见了二位女子这种神态，心里忍俊不禁，但他对她已经一见钟情，并不想难为她们，就和蔼地笑着对侍女说："梅香姑娘，快快请起吧！今日大社，万民同欢，哪用那么多礼数！我还有事求你呢。"

公子待人和善，谈话亲切，梅香高兴地站起来说道："王公子有事，请吩咐就是了，对奴婢何用一个'求'字。"

"那好，我的马有些渴了，请你牵到河边去饮一饮。你们的马也一定需要饮了吧，三匹马饮完回来，就在草地上放牧好了。"

莘姒明白，他是想把梅香支开，好和自己说话，这位公子如此善于洞察人心，又真是太有主意了，心里感到又羞又喜欢，脸蛋上的红晕也难以消去。梅香当然愿意小姐芳心有主，希望她和这位相公多谈谈，乐滋滋地说："请公子、小姐放心去观舞吧，奴婢会看好马匹的。"

侍女把马牵走后，莘姒两眼望着王诩，感到眼前这个人比亥唐先生介绍的还好，心里悄悄地说："我愿意把一切都献给他，与他结伴，终身相守，苍天保佑他能喜欢我！"

姑娘在自己明亮、快乐、天真无邪的眼睛里，把心思全部写上了，王诩也完全读明白了。王诩心里很感动，她俊美、智慧，那样痴情于自己，他怎能不动心呢？

"只有我们两个人了，你还心跳吗？"

"公子，在你身边，我这心平静不下来。"

"如果我对你说：你是个好姑娘，我很喜欢你，你还不能平静下来吗？"

莘姒两眼里立即涨满了泪水："我真幸福，我……"

她几乎要倒下来，他急忙扶住她，在她耳边说："莘姒，我们别在这里，我们到树林里去。"

"好，我跟你去。"

他拉了她的手，走向树林深处，无人的地方。两个人都感到心神清爽，如同醍醐灌顶；两个人都感到步履轻快飘浮，有如踏在云端。也不知走了多远，在林里见到一股清清的泉水，自山岩间流出，入小溪流去。泉边有一棵倒下的树，他俩就在那树上坐下来。

到这时，莘姒把早就想好要问明白、要说清楚的话，完全都忘记了。她再也不可能冷静下来，已经失去了判断的能力，不能判断眼前的一切是真是假，不能判断应不应该许下这门亲事。她也不知道说些什么好了。

王诩也不想问什么、说什么，只需要与她在一起。

过了很久，他才说："不要再叫我公子了，叫我阿诩吧。"

"好，阿诩，那么你也要叫我阿姒。"

"阿姒，你了解我这个人吗？我不愿意到朝廷里去做官，只愿修道、做学问。阿姒，你能理解吗？"

"这我知道，亥唐先生就是不愿做官的。现在君不君，臣不臣，混在他们中间，会逼得你失去人的本性，不自然，也实在没意思。"

"阿姒，你真是我的知音！"

"阿诩，说到知音，你还没听过我唱歌呢。赛会三天，明天、后天我把琴带来，我能为你唱两天。"

"好啊，我也会弹几曲，唱几只歌。今天就让我们静静地坐一会儿，明天早些来。"

他俩在树林里，忘了时间，也忘了饥饿，听到王辛呼唤他们，才从林中出来。

亥唐感到，王叔、王婶交给自己的为王诩择媳的任务，已经有了眉目，不用再操心了。

秋社第二天，王诩请亥唐自便，也不让王辛跟随，独自一人骑了马上山。莘姒也不让梅香陪伴，带了琴，骑马上山与王诩相聚。他们终日相伴在林间，在泉水之边，弹琴，唱歌，诉说心里的话。

王诩骑的马带白色，莘姒为他唱的歌中，有一首《白驹》，后来是被孔子收入了《诗经》三百篇里的，用白话来唱是：

皎皎白马儿，
啃我青青苗。
牵着它呀拴着它，
延长欢乐在今朝。
我心爱的人儿，
来我这儿乐逍遥。

皎皎白马儿，
吃我豆菽茎。
牵着它呀拴着它，
留住这良辰美景。
我心爱的人儿，
我家尊贵的客人。

皎皎白马儿，
光辉照我心。
我心里的王子，
欢乐无穷尽。
珍惜这幸福啊，
不要去远行。

皎皎白马儿，
山谷幽深行。
鲜嫩草儿有一束。
那如玉的美人啊，
常给我美好的音信，
莫要疏远我的心！

莘姒唱着，唱着，两眼泪水汪汪。

“阿姒，你怎么啦？”

“阿诩，我心里害怕呀！”

“怕什么呢？”

“怕你的雪青马驮着你走远了。”

“傻姑娘，你我年纪轻轻，暂时的分别是会常有的，只要我们的心结在一起了，人在天涯海角又何妨。”

他们说着话，直到林中暗下来了才分手，约好明天再来。

今年社火的第三天，即最后一天，恰好是卯日。上古习俗，春天和秋天的三个卯日，是“合男女”之日。这天，人们尽其所愿，男女相合，父母不责，官府不咎。所以，山坡上便有不少人成双结对，钻入灌木丛中。王诩和莘姒仍然在他们第一天相会的林中，在泉边弹琴唱歌。他们比前两天“放肆”一些，也只是相依偎、相亲。

秋社三日过完之后，王诩、莘姒他们有时也见面。

年关到来时，王诩回家把他在秋天跟莘姒以身相许的事禀报了父母。这事本是父母委托亥唐夫妇来牵的线，家里早就准备好了聘礼，就等他同意了。于是，开春后就差人交换了庚牒，下了聘礼。

王诩在老子那里学道，时间过得很快，转瞬就是三年。按常理可以出师了，但他还要跟老师深研一段时间。

王诩和莘姒商量，要等他得道之后再完婚。莘姒有些不愿等得太久，但也理解他的心情，不时去看他，也只是劝他努力用功。

一天，道童来报告：从鲁国来了一个年轻人，姓孔名丘字仲尼，在门外求见先生。老子问：“那是什么样的人？他为何事来见我呢？”

道童说：“是个非常好学的人，他到太庙，对每样事物都要问个明白。他说，他是来向先生学《礼》。”

这人就是后来儒家的祖师爷孔夫子。

老子素来讨厌那套束缚人思想的、繁文缛节的礼，更不喜欢谈起那些烦琐的礼书。但是，对于求学的年轻人他总是来者不拒。他接纳了孔子，先授予他这样的观点：

大道废，有仁义。慧智出，有大伪。六亲不和，有孝慈。国家昏乱，有忠臣。

老子认为，正常合理的社会里，人们相处得自然和谐，不会产生、也不需要仁义、慧智、孝慈、忠臣这些德行。仁义、慧智、孝慈、忠臣这些德行，都是在病态的社会里才产生的，是反常的东西，是延续病态社会的润滑剂，而不是挽救没落社会的药方。

年轻的孔子，对于老子的这番教诲似懂非懂。但是，他只觉得当前社会十分需要提倡这些德行，并把这些德行跟礼联系起来。

孔子说："先生，现在礼崩乐坏，如果没有仁义、慧智、孝慈、忠臣这些德行，如果不能用礼来维系这些德行，天下岂不更加纷乱，百姓又如何生存呢？"

在老子看来，孔子有这样的思想，更说明天下无道了，于是对他说：

"天下无道呀！丧失了道，才有德；丧失了德，才有仁；丧失了仁，才有礼。礼是忠信不足的产物，是天下大乱的祸首。正是因为大道废，天下才纷乱，百姓才遭殃。无道居其位，所以是非颠倒，善恶易位，礼所维系的只是伪善、伪仁，更加荼毒了天下苍生！能治世者，唯有正道。礼虽有用，但是，用礼怎么能治好无道呢？"

只有用道来治理乱世，用"礼"不可能治好"无道"。这个道理，老子没能说服年轻的孔子。孔子后来说，这叫"道不同，不相为谋"。

但老子还是尽量帮助孔丘，想为他多找几部关于礼的书。夏、商两代的礼书都只剩一些散乱的简册，也没有整理好，只找到了周代的几卷《礼》交给他。

孔子把这些《礼》视为瑰宝。

"感谢先生，"孔子说，"先生，我想，天下纷乱，人心不古，我们应该行夏之时，乘殷之辂，服周之冕。周朝文化璨然，我要效法周公，复兴周室。"

老子觉得，这个年轻人太苦苦追求了，应引导他清静无为，于是说道："你所讲的那些人，骨头都已经腐烂了，只剩下了他们说过的话。你要知道，君子得其时则车驾而驰，不得其时则蓬累而行。我听说，优秀的商人，财富深藏若虚；盛德的君子，容貌若愚。去掉你的骄气与多欲、色态与淫志吧，这些都无益于你的身体。我能告诉你的就是这些。”

王诩觉得，这些话值得深思；孔子则很不以为然，仿佛天已降大任于他似的，他说：“挽救世界，舍我其谁。”

孔子还想向老子学《乐》。老子说：“这我就更不通了。你去找苌弘先生吧，他博学多才，又通律吕。嗯，你也可以去找师襄，或者到晋国去找师旷，他们是最好的琴师和乐师了。”

孔子在准备离去时，叩拜老子，说道：“入周以来，承蒙先生教诲，今日与先生告别，愿闻先生教导。”

老子说：“我听人说，在离别之际，富贵者送人钱财，仁德者送人语言。我不是富贵者，就窃用仁者的名义，送你一句话，你听着：

聪明深察而近于死者，好议人者也；博辩广大而危其身者，发人之恶者也；为人子者毋以有己，为人臣者毋以有己。语不中听，聊以自省而已。

孔子称谢，再拜离去。从老子屋里出来后，孔子又到王诩屋里坐一会儿。

王诩问：“仲尼先生，你觉得我们老师这个人怎么样？”

孔子兴奋地说：“王诩先生，鸟儿，我知道会飞，鱼儿，我知道会游，兽类，我知道会走。至于龙，我不知道它会不会乘风驾云，翱翔天空。今天王诩先生要我说老子，你看他，不就是一条龙吗？”

王诩感到，孔子与老子确实是道不同，而且孔子也没有真正了解老子，所以他认为老子在云里雾里看不清。孔子又太拘泥于礼，认为礼就可以使天下归仁。但孔子那种好学的精神，确实使王诩感动。他想，学了道，还应该学一些其他的东西。

说老子是一条龙，王诩有同感。王诩与孔子谈了一会儿，就送他离开山庄。

王诩送走孔子，又迎来了一位新同学，名叫士成绮。他景仰老师的圣明，是从很遥远的地方来的，不大熟悉老子的语言，经常要请王诩和别的同学帮助。

还有一位远道而来的同学，老师讲学时，总爱频频地往香炉里添香，因此得了个“氤氲使者”的绰号。他很快成了士成绮的朋友。

老子曾说：“惟至人能守其本也。”

什么是做人之本？怎么才能不忘本？

茫茫人世，忘本之人实在太多了，特别是使士成绮和王诩都感到厌恶的那种人：用尽吃奶的力气来钻营，捞到了一点财富、爵禄、权势、名誉，就不知天高地厚了，甚至伤世败俗，贻害同类。士成绮说：“忘本之人，不如虫豸，至死也无心，罔思罔虑。自王侯至奴隶，都是一样地来到世上和离开人世，任何人都不能带来或带走什么，人啊，何苦要那样来对人对己呢？”

忘本之人太多，也是令他们产生出世之思的一个原因。

于是，士成绮就请老子对他传授了“道之根本”。他也没有辜负老师的希望，不久就学而有成。

一天，氤氲使者和士成绮在林间散步，王诩过去请教说：“敢问二位师兄：道的根本是什么？天道的根本是什么？人道的根本又是什么？”

士成绮说：“王师兄是来考问我们吗？若要详细回答，请进屋里小憩。若要简单回答，只是几个字而已。”

“请简言之。”

“简言之：道之根本，自然；天道之根本，无为；人道之根本，法自然，去矫饰，尚无为。如此而已。”

“多谢了！”士成绮悟道之深，使王诩十分敬佩。

王诩这才认识到，“道法自然”是人道之根本。而天道、地道之根本，就是自然。王诩感到，人的生活，若能效法自然，去掉种种矫饰，如鱼之得水、鸟之归林，那将是多么自由自在呀。

这天，王诩到老子那里去请教一些学问。见到老子正在和关尹子商量西出函关，到大漠里去悟道。王诩想，恩师年高，自己要陪伴他西行才好。

老子决心西行，而关尹子还要做最后的努力，劝他不要去。

“伯阳先生，西方不是极乐世界，我任函谷关尹几十年，见过许多从西域各地来的人，他们都说，那些地方十分荒凉，遍地黄沙，少有人烟，你去能做些什么呢？”

“关尹先生，我也不是去找什么快乐的地方。我是什么也不做，无为，而无所不为。”老聃说，“我到了遥远的西方，就能够更深刻、更充分地悟道。”

“伯阳先生一定要去，那么，就让我陪着你去，一路上也好有个照应。”

王诩听到这里，就想：两位老人去沙漠，互相能照应个什么呢。

他心里很是不忍，于是恳求道：“先生，你年事已高，旅途上需要有人照应才好。关尹先生的年纪也不小了，他也是需要人照顾的。所以，先生一定要西行，就让我陪着先生去吧。”

“你们都不用说了，我不要人陪，让我自己一个人去吧。”

老子说过的话，十头青牛也拉不回来。王诩和关尹子知道他的脾气，所以也不再说什么。

王诩觉得老先生有些古怪，但又觉得他思路清晰，并不糊涂。那么，他悟道，为什么必须到大漠中去呢？大漠之中，或者大漠的那一边，是不是有什么奥秘吸引着他呢？西方有什么东西值得他拿性命去冒险呢？

王诩找关尹子单独交谈，想弄清楚老子到底想要做什么。

关尹子说：“除了悟道，我看不出他还想做别的。”

悟道之事，到底需要怎么做呢？王诩也想不明白，老子和关尹子又不能给他一个明确的说明。

王诩暗下决心，要跟着他们去学悟道，不让去，就暗中跟了去。

道的观念那样广泛，华夏大地何处不可去悟？西方一定有什么地方或什么人物，吸引先生非去亲历不可，王诩变换着方式探询了几次，都没得到答案。他又问：“关尹先生，最近你和老聃先生都读了什么好书，能不能让学生也受点教益。”

“我哪有工夫读书，整理散稿也忙不过来。伯阳先生倒是常在看书，像是很有兴趣，你不妨到他那里去看看。”

是了，王诩想，从先生所读的书里，也许能厘出一些线索来。

第五章　老子密室见隐秘

王诩走进老子的密室时，只见老子正襟危坐，双目紧闭，是在习静。王诩不敢打扰，止住脚步，轻轻地退出屋来。

老子已经感觉出了是他，眼睛仍闭着，身子纹丝不动，只是嘴里说话："是王诩呀，有事吗？"

"先生，我想找些书读。"他轻声地回答。

"进去吧。"老子说出这三个字后，就再也不作声了。

这是老子允许他到书斋里去。书斋的藏书在他身后那间房里，屋子很大，里面满是木架，每个木架的格子里都堆满了竹简，有少数格子里放的是帛书卷轴。

王诩蹑手蹑脚经过老子侧面，进入藏书室。他仔细察看，分析老子近来都读过些什么书。很快就弄清楚了，先生这些日子常读的书只有两卷，那串联竹简的皮线被弄断了，又接上，好几处都重新打了结，可谓韦编数绝，读得很认真。这两卷书就是《穆天子传》《穆王西征记》，前者是随征文士记下的图腾人物、神话故事；后者是随征史官记录的西征大事。两书都详细地记载了穆天子会见西王母的故事。

穆天子就是周穆王姬满（公元前1000年前后在位），《竹书纪年》记载他五十岁登位，在位五十五年，西征十九万里，南征十万零七百三里，北征二十万零七里，这大约是他行车行舟的里程。

那些五百年前的文字，王诩读起来感到佶屈聱牙，很难读，但书中内容很有趣。

此后一连多日，他都到老子的书斋去读书。

这天一大早，王诩就到老子那里去读书了。王辛整治了一只鸡，炖上，做完杂事，闲得无聊，就坐在屋里翻弄几案上的竹简。这是《道德经》，他也能诵读其中一些篇章。窗外传来了马蹄声，正朝这边走过来，他急忙出门来看，刚到檐边，就见那人下了马。原来是莘姒姑娘来了。

“莘小姐，难得你到这里来，快请进屋，我来给你喂马。”

莘姒也不是第一次来，她把缰绳交给王辛，就自己进了屋。她以为王诩在埋头用功，想给他一个惊喜，没想到屋里无人。她正纳闷，王辛回来了，对她说：“莘小姐，公子这些日子在先生那里读书，废寝忘食，人都变瘦啦！”

王辛几句话，说得莘姒好心疼：“你也不劝劝他！”

“我劝也没有用，只能给他做些好吃的，吃饭时还得到先生的书房去拉他回来！”

莘姒正在和王辛说着闲话，没想到王诩满面春风地从后院走出来了。于是她微微移步，躲到了门后去。

“奇了，奇了！”王辛自言自语说，“莘小姐和我家公子真是心有灵犀！天天都要我到书房去拉他回来用午餐，今天才半晌他就回来了，一定是知道莘小姐来了！”

“莘小姐来了，在哪里？”王诩只听到最后一句，进屋就问。

莘姒把门推上，突兀地站在他的面前，近得她身上温馨的气息都散到了他的鼻子里。

“阿姒，你是从天上掉下来的！”王诩双手把住她的双臂，惊喜得心快要蹦出来。

“公子，你和莘小姐稍候，我给你俩准备好吃的！”王辛说着，出了屋。

屋里只剩下了他们两个幸福的人。

“阿姒，你怎么来了？”

“不欢迎呀？不欢迎我就走！”

他已经紧紧地捉住了她：“我看你能不能走！”

她挣也挣不脱身：“你要把我的骨头弄碎呀！”

他放了她，她说：“我爹娘听说老聃先生要西行，那你就要回家去了，二老想在你走之前，见一见你。你若不去，让我画一张像带回去。”

“父母之言，敢不从命？我会去你家拜见二老的。画像嘛，你就随便画吧，我还会送你一张。”

“你也画一张？”

“你莫问，快画吧！”

王诩很快在几案上布好一幅缣帛，又为她拿来画管和各色颜料。

莘姒对着王诩端详了一会儿，便轻轻挽起袖子，拾起画管，三下五下就把王诩面部的轮廓勾描出来了。王诩暗自称奇，心想，这个心爱的小人儿，还有这样的好本领。他满怀欣喜地望着她着色、渲染、定稿，不一会儿，就画完了。

“嗨，可惜画偏了，又画得小了些，留下一片空白，”她扔下画管，摇着头叹了一声，对王诩说，“你看像不像？”

“很像！画得不小，也不偏，正好！”

“你挖苦我？”

“不是的，你看，在这旁边再加上一颗人头，岂不很妙？”他已经观察了她半天，说着，就捡起画管，在画幅上自己的画像旁边画起来。他的动作，比她还要快些。

她看到自己的像迅速地出现在画上，心里甜蜜蜜的，欣喜得双手轻轻击掌。她想，父母见了这张像，不知会有多喜欢。

“阿诩，邻人都说我善画，我得承认，你比我画得还好！”

“那是因为你喜欢我，我做什么你都说好。”

“你说送我一张，就是这个吗？”

“不，还有一张呢。”

这时候，已经到了吃晌的时间，王辛备好酒菜送来了。

王辛一大早就在小瓦鼎里炖了一只鸡，水开后就用文火，加了老姜、桂皮、盐梅，已经炖了两个时辰了，还在煨着。他先切了些腊猪肉、酱牛肚、羊肝之类，装几个凉碟子，温一壶酒，送到屋里，放到食案上，就请王诩、莘姒入席。

“阿辛，不要再忙了，来吃吧。”王诩说着，拉了莘姒在食案边席地而坐。

平时，王诩、王辛主仆二人是同食、同饮的，今日莘小姐在场，王辛出于礼数，不想同席。莘姒也是个不拘泥于礼数的人，在闺中就视梅香为姊妹，她也看出阿诩与王辛的情谊，所以用王诩一样的口气对他说：“阿辛，快来吧！”

“多谢莘小姐！”王辛领受他俩的关心，就坐下来，在三个盅里斟了酒，分送他俩后，自己端起一盅来，“让我先敬莘小姐一杯！”

“好，好，我们同饮！”

王诩今天特别兴奋，一是因为莘姒来了，二是因为他读完了想读的书，弄清了老子坚持西行悟道的原因，三是老子送给他一幅图，教导他如何对待老学者。

他的高兴，莘姒、王辛都感觉出来了，所以这顿午餐大家都用得很开心。饮到半酣，王辛又去把炖好的鸡端上来，鸡的骨头全酥了，汤的味道尤其鲜美。

这顿午饭，莘姒感到比在家里用餐还惬意。她又观赏了一会儿上午他俩作的画，互相画像，她觉得他特意把自己画得比真人还美。

“阿诩，你太美化我了。”

“你本来就是这样嘛！”

“你说还有一张，画的是谁？”

“是鬼谷先生。”王诩说完，微微笑着。

“他是什么人？你怎么要送给我呢？”

王诩从袖子里拿出一幅帛画来，递给她：“你看吧。”

莘姒接过帛画，展开来看，觉得画中这个人非常像王诩。他怎么说是鬼谷先生呢？她惊奇得两道蛾眉微微竖了起来，轻声地读着那帛画上面题的字：“鬼谷先生者，古之真仙人也。昔黄帝之臣，星官大鸿氏，曰鬼臾区，其弟即鬼谷子。自轩辕之世，历唐、虞、夏、商，又降至周也。——哈哈，黄帝时代的鬼谷子，现在到了周朝，他就是阿诩你呀，多么好一段神话！这是谁画的，画得不是很像。”

“作画的人是苌弘，他没有见过我，只是梦见了鬼谷子，默画下来的。他拿着画托人到处找我，我要求朋友们帮我阻止他，所以他一直也没找到我。”

“天下有这种事？”莘姒疑惑地望着他。

于是，王诩、王辛对她讲起了三年前发生的故事。那些事情，王辛都清楚，他只是不知道这张画怎么到了公子手中。

“公子，这画是从哪里得来的，我怎么不知道？”

“是老聃先生今天才给我的，他对我说：‘苌弘拿这张像来见我，要求我帮助他找到画中的人。不久你就来了，我知道你不想与他交游。你在天文历算方面，是不比他差，但是去见一见又何妨呢？何况你们在梦中还有三年神交。仲尼说，三人行，必有我师焉。你也要有他这样的襟怀才行。’听了先生这番教诲，我羞愧得面红耳赤。”

莘姒禁不住问道：“阿诩，你真是鬼谷子吗？”

“莫名其妙，父母生我，春秋不过二十余年，我怎么能是黄帝时代的人？我也没去过鬼谷那个地方。”

“让我看看，你额上有没有那鬼宿之痣——”说着，她就伸出芳香的手，去抚摩他的前额，摸了一会儿，惊奇地说，“有呃，只是不容易看出来。”

“好啦，管他有没有鬼痣。还是听我讲故事吧。这是我这些日子读书的收获，读了这些故事，我才弄明白了老聃先生要西出函关去悟道的原因。”

莘姒、王辛听他这样说，都端端正正地坐着，就像是要听他传经布道。于是，王诩开始讲穆天子西征见到的奇事、奇闻。

穆天子十三年，开始西征。首先到达了崇吾之山。山上有一种树，叶子圆圆的，花萼白色，花瓣赤色而带有黑纹，果子像枳，吃了有益于子孙。还有一种蛮蛮鸟，长得像凫，只有一只眼睛、一只翅膀，两只合在一起才能飞。

蛮蛮鸟一出现，天下就要发大水。

继续往西走，每隔几百里就是另一座山，每座山都有自己的特点。长沙之山，不长草木，但是出青雄黄。不周之山，有嘉果，像桃子，但它的叶子像枣树，开黄花，花萼赤色，吃了能免除劳累。密山多丹木，赤茎圆叶，黄花赤果，吃了这果子就不会饿。丹水从那里发源，向西流进稷泽，泽里多白玉。有玉膏，沸沸扬扬，是黄帝享用的。里面冒出玄玉液，用来灌溉丹木，经过五年之后，五色才清纯，五味才馨香。

黄帝取这里的良玉做瑾瑜，精密光泽，发出五色光彩，用来调和刚柔，祭祀天地鬼神；君子佩戴了瑾瑜，可以避邪。从密山到钟山，四百六十里，中间多有水泽，里面尽是奇鸟、怪兽、奇鱼和各种异物。

钟山之子名叫鼓，生得人面龙身，他与钦丕在昆仑之阳杀了葆江，上帝就把他们斩于钟山之东的瑶岩。钦丕死后化为大鹗，像雕而带有黑纹，白头黑喙虎爪，声音像晨鹄，出现后有大兵灾。鼓死后化为赤雉，像鸱，白头赤足直喙，身有黄纹，声音像鹄，出现后有大旱灾……

“阿诩，等一下!”莘姒打断王诩说，“这个鼓和钦丕的故事我知道，他们的化身是怎么来的，我也听人讲过。”

王诩看出，王辛也想听一听更详细的神话故事，就说：“阿姒，你说说看，跟我知道的是否一样。”

莘姒说：“那鼓本是东方泰族的神，所以长了一副人面蛇身的模样。钦丕却是南方炎族的神，他本来就具有鸟的形体。他们两支队伍联合起来，向西进军，一直打到昆仑山的南边，杀了守卫那里的葆江。上帝不满意他们把逐鹿中原的战争扩大到了昆仑山下，所以在瑶岩杀了他们。但是，他们并不屈服，死后都化成了鸟，加入了南方炎族的队伍。”

王辛有些不大明白，就对王诩说：“公子，莘小姐说得对吗？他们都是神，怎么又带军队打仗？”

王诩告诉他：“阿姒说的是对的。这两位神，人面蛇身也好，鸟形也好，都是这些人心目中的祖先形象，就是这两支军队战旗上的画像。这钦丕成了战神，可能是蚩尤麾下的一员战将。”

王辛明白了，原来神话故事里，还有那么多真实历史。

莘姒说：“你继续讲吧。”王诩接着讲穆天子西征的见闻。

泰器之山有文鳐鱼，像鲤鱼，长着鸟儿的翅膀，常在夜间飞行，从西海飞到东海。此鱼味道甜酸，吃了会变成狂人。此鱼出现后，天下大丰收。

槐江之山是天帝的平圃，山上多青雄黄、琅玕、玉、黄金、银、丹粟，天神英招在这里守着。这英招，生得马身人面，虎皮，鸟翼，在四海之内巡视。

昆仑之丘是天帝的下都，山上有怪兽叫土蝼，像羊，有四只角，它会吃人的。有鸟叫钦原，像蜂，大如鸳鸯，蜇了鸟兽即死，蜇了树木即枯。有鸟叫鹑鸟，是管天帝的服装的。有树叫沙棠，像棠，黄花赤果，味道像李子而无核，人吃了后入水不沉。有宾草，形如葵，味如葱，吃了不觉累。天神陆吾镇守此山，他人面虎爪虎身，有九条尾巴，他管天宫的九部和天帝的园圃。黄河、赤水、洋水、黑水都发源于这座山。

从昆仑山继续向西，经过乐游之山，水行四百里就到了流沙，又西行二百里，就到了赢母之山，再西行三百五十里，即是玉山，这就是西王母居住的地方。

西王母之山，有大壑深海环绕，那里的人饮甘露，吃凤凰之卵，所希望的美味应有尽有。山上有甘华、甘柤、视肉、白柳、三骓、璇瑰、瑶碧、白木、琅玕、白丹、青丹这些宝物，产很多银、铁。鸾鸟歌唱，凤鸟欢舞，百兽成群。有三种青鸟，赤首黑目，名叫大鵹、少鵹、青鸟，为西王母取食，做西王母的使者。

西王母生得像人，长得有豹子的尾巴和老虎的牙齿，蓬发戴胜，头上的装饰就像那戴胜鸟的扇形尾羽，拄着桃木手杖。

穆天子还想去西方桃山，轩辕之国，听说那里的人最短命也能活八百岁。西王母说：“你不能去，那里有鸟会吃人。我这里就有不死之草。”

西王母来与穆天子相会，穆天子在昭宫宴请她……

穆天子西征的见闻，王诩讲也讲不完，尽是一些怪神、怪人、怪鸟、怪兽和奇异的花草树木。

“阿诩，这些荒诞古怪的故事，老聃先生也相信吗？”

"他不一定全信，但对于史官的记事，也不能全然不信。他可能是想，异国、异民，必定有异样的人生，从中也许能找到他理想的国度、理想的社会。"

"老聃先生憧憬什么样的社会生活呢？"

"阿姒，先生向往什么样的社会，听我念一段他的话，你就明白了。"于是，王诩念道：

> 小国寡民，使有什佰之器而不用，使民重死而不远徙。虽有舟舆，无所乘之。虽有甲兵，无所陈之。使人复结绳而用之。甘其食，美其服，安其居，乐其俗。邻国相望，鸡犬之声相闻，民至老死不相往来……

王诩念完之后，说："先生想要回到结绳记事的伏羲时代去，这在中原哪能找到，所以想到野蛮的西方去看看。"

"老先生既然主张'重死而不远徙'，他为什么还要远徙呢？"

"是为了悟道呀。"

"这么大的年纪还要去奔波，也许，他还想找西王母要那不死之药吧？"

"那不是主要的，先生是把道看得高于一切的。先生年高，又不要人陪他去，我已经想好了，要在暗中保护他。"

"你真是他的好弟子。"

"阿姒，在送先生西去之前，我会去你家看望二老。"

"我等你来。"

他们谈了许多话题，不觉太阳西斜了，他才骑马送她回家。

老子已经决定了行期。在出发之前，王诩要去拜见莘翁、莘妪，向莘姒告别。

当初，莘姒带回他俩的画像和苌弘画的那一张鬼谷子图赞，就使二老高兴异常。家人们真以为，小姐找到了个活神仙，有病有灾，就去对着画像膜拜。从此，小姐身上仿佛也增添了仙气。

这回姑爷要来了，莘府上上下下忙成一团。前两三天，人们就开始忙碌起来，有的去伊水捕鱼，有的宰鸡、鸭、鹅，杀猪，宰羊。

第六章　暗护老子陷女国

王诩原来想，去拜见一下未来的老泰山就可以了，没想到莘家办得这样隆重，邀了一些亲友来作陪。其中颇有些读书人，他们并不相信神仙之说，但都想与老聃先生的高徒探讨学问。王诩想要吃一餐午宴就告辞，这哪有可能！

酒足饭饱之际，年轻人就开始做宴射之戏，就是投壶。侍者抬出特制的壶，置于室中，又把专用的短矢分发到客人手里。于是开始玩起来，依次向壶中投矢，多中为胜。

玩一会儿，年轻的人们觉得不过瘾，有人提议不在室内玩了，到外面去射箭。早有侍者在庭院里置一射侯，这就是要考一考未来姑爷的武艺了。

射侯就是箭靶，有严格的等级差别，按礼制规定：天子的射侯绘的是白熊，诸侯的射侯绘的是赤麋，大夫的射候绘的是虎豹，士人的射侯绘的是鹿猪。莘家的射侯，上面绘的是一头鹿，靶子正中是鹿的心脏部位。

大家出来时，已经有不少人在院中等着观看了。

这些世家子弟中，有一位曾经多次向莘姒表示过倾慕的朋友，在这些年轻人中是武艺最高强的，他自告奋勇，第一个拉弓搭箭，意在向姑娘显示："你钟情的人能胜过我吗？"他发完十箭，中的九箭，其中有两箭射中鹿心。

"好！好——"当即获得一片喝彩。的确，这算是很优秀的成绩了。

莘姒听王辛说过，阿诩在老聃先生那里经常习剑，但很少射箭，因而有些担心，怕他不能胜过那些朋友。她为阿诩捏着一把汗。

"诸位，在下献丑了！"王诩环顾朋友们之后，对着阿姒微微含笑点头，而后从容地接过弓来，也发了十箭。每发一箭，都听到人群中有啧啧称赞声。十箭下来，竟然全部中的，而且有半数的箭头密密地扎在鹿心！

"神箭，神箭！"

"百发百中！"

在场的所有人，无论男女老少，都禁不住齐声喝彩。莘姒高兴得心都要蹦出来。

她知道，舞剑更是阿诩的强项。没有人站出来要比武了，可惜心爱的人不能就此一展他的英姿！

莘翁见年轻人对练武没有了兴趣，便招呼客人们进屋叙话。

论学问，年轻人深知自己不是王诩对手，苌弘天官还想与他结交呢，所以没有人来挑战，只是有人提了些问题来请教。

天色向晚，客人们便都散了。

今日真是令莘宅蓬荜生辉，乐坏了莘翁、莘妪，而感到最幸福的是莘姒姑娘。

晚宴时，清闲了，这才好好地一叙家常。父母也理解年轻人，给些时间让他们单独相处，去倾诉衷肠。

为王诩准备的客室，临窗是伊水。夜里空气清新，郊野万籁俱寂。莘姒与心爱的人坐在窗下，望星空如钩的眉月，听河里流水的潺潺。

"阿诩，如果时光能够停留在此刻，那该有多好！"

"阿姒，当我们经历了离别之苦，再来享有这样的时光，还会更好。"

话虽是这么说，但莘姒还是割舍不开诩郎。万语千言，她只盼他们一路小心，师徒们早日平安归来。

王诩离开莘家后，让王辛回家去侍候父母，自己留下了足够的黄金，以备西行之用。安排好了，便去见两位先生。关尹子正在跟老子谈话。

关尹子说："伯阳先生，你将要踏上极其艰苦的征程，让我送你一程吧。西去的路，我是十分熟悉的。”

老聃想要推辞，但关尹子决心已定，一定要陪他去。老聃只好说：“有劳你了。不过，也不要送得很远。”

王诩说：“先生，我年轻力壮，更应送你出行，而且应比关尹先生送得更远些。”

“好吧，让你们送我出函谷关。”

第二天，他们便起程了。

老聃骑上他的青牛，把那部有十来斤重的《道德经》捆成两捆，挂在牛背上，在前面缓缓而行。

关尹子则骑上青羊，紧跟在后面。

王诩骑着雪青马，健步如飞，跑前跑后照应着他们。

他们向西进发。到了崤山之后，三人便进入了深峻而险要的狭谷之中。从这里一直到潼津，两侧山势陡峭，谷中如函，像在一个大匣子里，所以称为函谷。谷西头的关口就叫函谷关。他们在函谷里晓行夜宿，走得很慢。道路两旁山中，林木参天，常有虎豹出没，不敢在夜里借着月光走路。

在函谷关，年轻的关尹热情地接待和款待了老关尹、老聃、王诩。细嫩的羊肉，盐梅烹制。甘醇的酒浆，小米酿成。他们在关上小住数日，也无别的事情，只是终日谈经论道。

王诩已经想出了一个秘密保护老师的计划，告诉年轻关尹，求他相助：“关尹先生，年老之人怎能经受得了旅途劳顿，我要在暗中跟着他，保护他，你能不能为我弄一套西番人的衣服，换了装，以便不被老聃先生发觉。”

“王先生，你说得对，那西方岂是一个老人去得的，我也很为他担心。他是圣人，不能让他有什么闪失，难得你下这样大的决心来照顾他。但是，光是你一个人去陪护他，恐怕也不是办法。”

“你熟悉情况，可有什么好办法？”

“我也曾想过，派几个守关的戍卒去暗中保护他。既然王先生有这样的计划，我就把这些戍卒交给你带领。”

王诩没有想到，年轻的关尹竟有这样的义举，高兴地说：“关尹先生，我代恩师领你这份情了。请相信我的安排，我只须带两个人去就行了。”

“那好，带谁去，就由你自己挑选吧。你们的衣服、马具全都要换下来，头顶也不要冠戴，要换成毡帽，插上雉翎，佩剑也要换成弯刀。还可以带一副弓箭，装扮成猎人和皮货商的模样。”

王诩为能得到年轻关尹的帮助，感到十分高兴。他考虑着挑选戍卒的标准：武艺要好，体格要健壮，最好要能懂得几种西方的番语。

他估计，这里靠近边境，戍卒中也许能有这样的人。

第二天，王诩与年轻关尹商议出关的人选，果然找到了戍丙、戍丁二人，他们通晓番语，愿意跟随王公子西行。

人员定了，换装的事也不用王诩操心，戍卒二人先做好准备。既然是商人，还得用几匹马驮些货物。他们准备了三匹马，驮上一些西方的戎人、番人喜欢的锦、绣、珠、贝、铜刀之类货物，还带几只盛满酒、水的皮囊，一些肉干和干粮。

王诩让戍卒二人五马先期出发，自己因为要送别老子，暂时不能换装同行，事完之后再去追赶他们。

老聃骑上青牛出函关，继续西行，不让关尹子和王诩送了。

年轻关尹说：“老先生，这函关只是秦国的东关，往西行还有关山险阻，一直要过了桃林之塞，才算是过完了主要关隘。一路还有许多阻碍呢，让我们送你到渭水吧。”

春秋时代的桃林之塞，就是后来的潼关，那里北临黄河，西薄华山，南依商岭，东接桃林，地形十分险要。

老子不熟悉地形，只好任凭他们陪同上路。过了桃林之塞，一直送到了渭水之滨，这才依依不舍地分手。老聃把《道德经》送给关尹子，像是把自己的心交给他。年轻关尹和王诩也与老先生挥泪告别。

老聃骑着青牛向西走去，关尹子骑着青羊、带着《道德经》回了函谷关。年轻关尹则就地帮助王诩换装，然后两个人告别。

王诩换装后，自我感觉也像是变了一个人。他骑的仍是雪青马，但马鞍、辔头全变了，马鬃扎成了几束。他策马迅速追上了老子，从老子眼皮下经过，也没能被认出。

王诩追上了戍丙、戍丁，三人六马合成了一支小小的商队。

他们边在路上休息，边观看老子行路。青牛驮着老子走过去之后，王诩说：“你们二位看一看，老聃先生用这样的速度走路，一天能走多远？”

戍丙说：“回公子的话，老聃先生这头青牛看起来不起眼，可它还真能走呢。我们的马可以日行千里，他这青牛，一天也能走上六七百里。”

“那好，我们不紧不慢地跟着他，也不要去和他说话。”

果然，老子骑在青牛背上，看似优哉游哉向西行，一天竟能行六百里，看来这青牛真是神牛，使在后面跟着他的王诩一行，也感到惊异。

开始这些日子，道路尚好走。饿了，老子可以用他带着的贝币或碎金，向路边人家或行人换些东西吃；青牛也能吃到青草，饮到溪边的水。越往西，山越高，路越难走，人烟越稀少，有时他得饿肚子了。然而，他把艰苦视为悟道的锻炼，不以为苦，继续西行。

在一道山谷里，隐隐有虎啸之声。老子想：虎来吧，有道之人，何惧之有？他掣出腰间佩剑，想要与虎搏斗一番。

王诩、戍丙、戍丁感到事情不妙，立即策马上前，并取下了弓箭，一旦猛虎出现，便一齐围射。

就在老子前面不远的山坡上，草丛里跃出一只斑斓大虎来。王诩和戍卒迅速地射出了箭。老虎中了一箭，便朝王诩这边扑来。

“嗬！嗬！”

“嚯！嚯！”

从两山树林里蹿出十多个土著的猎人来，在谷中围攻猛虎，有的投掷投枪，有的发射弓箭。不多时，一只投枪中了要害，老虎很快毙命了。

“嚯！嚯！”

“哦呵呵——”

他们吆喝着，七嘴八舌嘀咕着，说些什么，老子、王诩听不懂。两个戍卒是听懂了，猎人们在欢呼着胜利，商议处置办法。为首的人就过来，戍丙迎过去与他搭话。

戍丙和他们叽里呱啦讲了一阵，回来对王诩说：“公子，他们这里有个规矩，对于所获猎物，见面有一份。所以，邀请我们到他们的山洞里去，共享猎物。”

“你去告诉他们，我多谢他们的美意，但是我们要赶路，不去分享猎物了。”

“商人先生，”老子有些不满意地说，“你怎么能代表我谢绝猎人的好意呢！”老子摇着头，没有认出他所称呼的“商人先生”就是王诩。他本来想要随猎人上山去，看看那里有没有小国寡民的生活，但见他们那样野蛮、语言不通，而且被这位番商回绝了，也只好作罢，独自一人继续上路。

王诩一行看着猎人们抬着老虎上山了，老子也走了，才又继续上路。他们的商队，或前或后，始终与老子拉开一定距离。

往后的日子，路更难走了，许多天在山林里穿行，也遇不见一个人。虎豹豺狼随时可能出现，天色稍暗就不敢再行走。

王诩心里非常怜惜年迈的老师，对戍卒说：“今晚，我们要能为先生准备一家临时的客店才好，也让他有一个地方歇息。这些日子，他实在太累了。”

他们三人六马来到一座山岙，见有人居住，便决定在这里投宿。这里周围数百里没有人烟，哪有什么人家、客店，这只是猎人的临时窝棚，暂住着一位老人、一位后生，是祖孙二人。王诩与老人交谈，老人说，能拿出来招待客人的东西，只有鹿肉、兔肉、山鸡。

这位老人颇有阅历，多次到过中原，又常往西方各国。西方那些所谓的国，实际是一些部落。一个大村庄，用水渠或木栅圈起来，就叫作“国”，还不如中原一个小城邑。王诩感到欣喜的是，老人懂得中原的语言。和他谈西王母的事，老人便滔滔不绝，比《穆天子传》里的记载详细多了。

王诩找到一片木板，用木炭在上面写了“大漠东客店”五个字，在窝棚外面显眼处竖立起来。

老人问：“客官，你这是做什么？”

“为了让东方一位圣人知道，在这里可以投宿。”

“是哪位圣人？”

“柱下史老聃先生。”

“是李老君呀，能见到他，真是三生有幸！”

老人急忙吩咐孙子，升起火来，架上三只陶鼎，把三种野味都煨起来。老人摇着头说："只可惜呀，没有酒！"

"我们……"戌丙想说他们有两皮囊酒。但他还没说出来，就被王诩用目光止住了。老人和后生进棚子里去收拾地铺的时候，王诩对戌丙、戌丁轻声地说："我们的酒不能动，千万要留着，今后遇到难处时，会有用场的。"

二戌卒会意，今后还不知会发生什么情况呢，听公子的话没有错。

太阳正向西方的山头沉下去，老子骑着青牛从东边深谷里上山来了。猎人祖孙上前迎接，请他坐在一片石头上歇息。

老人看到老子那副狼狈的模样，觉得他不像是位圣人，"该不是那商人在骗我吧？"只是，他那目光异常深邃，那青牛也绝不是凡物。

老人还是忍不住问道："敢问老先生尊姓大名？"

"老朽姓李名耳，今晚要打扰老人家了。"

"是圣人降临啦，请接受我祖孙一拜！"老人说着，就拉了孙子来叩头。

老子扶他们祖孙起来，这才看到了"大漠东客店"木板，禁不住笑了。心想：好一个客店，既无床榻，也无几案。今晚能在这个棚子里的地铺上睡觉，比起这些日子在荒山野地露宿来，也是一种享受了。

不一会儿，老人来请用餐了："李老先生，各位客官，今晚能有这么多人来夜宴，也是这山旮里从未有过的盛事了，请大家不要客气！"

于是，六个人围着三只鼎，大啖起野味来。

老子吃下几块兔肉，喝了点汤，就有了精神，开始与老猎人搭话："老人家，你们祖孙俩就在这里过日子吗？"

"在百里之外，有我们的家。这是我家狩猎时歇息的窝棚。"

"那么，你是本地人吗？"

"我祖上原是中原人，避乱到此，已经三代人了。"

"啊，这里倒是清静得很呢——"老子说着，又转了话题，"在这里居住久了，对远近各地的情况也了解不少吧？"

"老先生，不是我说大话，在这方圆千里之内，哪座山有什么鸟，哪座山有什么兽，哪里有人家，大致都清楚。"

“呵？那么，从这里去西王母之国，还有多远呢？路好走吗？”

“不远了，尚有八百多里路程，翻过此山，就是大漠了。过了大流沙，往西就是西王母的属国，那里的人只知其母，不知其父。再往西，过弱水河，火焰山，惑人海，才是西王母之国。那弱水河，羽毛、木头都会沉底；那火焰山，石头都能烧化；那惑人海，无舟楫可渡；天上有吃人之鸟。那里是去不得的。”

越往西，越是蛮荒之地，王诩本想设法劝老子返回，没想老猎人已经说出这样一番话来劝老子了。

可是，老子并不听劝告，他说：“不见西王母，我不会回去。”

老猎人说：“你这青牛，是头水牛呀，骑着它怎能过大漠？骑马也不行呢，最好是换乘骆驼去。”

老子感到猎人说得在理，但是，他也不愿撇下青牛。

老猎人建议：“此山西麓，就是大流沙东沿，那里有一片绿洲，李老先生不妨把青牛寄养在那里，借一匹马，骑马沿着大漠边沿西行，也许不用骆驼就能过得去。”

老子对猎人的建议不置可否，他是想下山看一看再说。吃饱了，天也黑了，他们就早早歇息，以便明日赶路。

大漠边沿的绿洲，碧草如茵，繁花若绮。青牛舍不得这个地方，老子舍不得青牛，这些日子太苦了它了，所以他决定把青牛留在这里，托付给一户人家，又花些钱买了一匹马，骑马西行。

三个人六匹马的小小商队已经走远了。他觉得这些商人人品不错，打马去追赶他们。他不知道，他们是特意与他若即若离。

他们虽说是走在大漠的边沿，但干燥、烈日、酷热也使人难以忍受。好在不时能遇上一片绿洲，可以稍事休息。

他们数次看见海市蜃楼：眼前出现苍翠的山、碧绿的树、清清的流水，打马前去，却扑了个空。

最后一个傍晚，眼前出现的是真实的山峦、清澈的湖水，他们反而不敢相信了。他们不再前进，就在沙漠里露宿。

老子赶到了他们前面，又走了一程才歇息。

次日早晨，王诩他们上路，已经不见了老子。于是策马追赶，不一会儿，就到了一座林木扶苏的小山前。金色的阳光洒遍大地，景色醉人的美。对长途跋涉于大漠的人来说，这就是天堂了。

“阿霞！阿霞！”

“阿霞！阿霞！”

到处响起了一片年轻女子的呼喊声，从树林里跑出来几十匹马，上面骑的都是女人。她们身上，除了头上、胸前、腰间的装饰物，几乎没穿什么衣物。她们的身体，线条十分优美，强烈的日光使她们的肤色如同板栗，金色的晨光又为她们镀上了纯金。

她们吆喝着，手里拿着投枪和弓箭，是看得惹不得的。她们包抄过来，把王诩的小小商队俘虏了，带着他们往这个女人的国度里走去。

阿霞，即彩霞升起的国度，就是后来翻译的亚细亚。这个母系社会里的人，把来自中原的人一律称为阿霞。年轻的女子，也把被她看中并得到了的男子称为阿霞，而称自己是他的阿注。

王诩问：“她们把我们捉去做什么？”

戍丙说：“捉去当新郎，陪有功的女子睡觉。有时一夜要让你陪好几个人，如果不能使她们满意，就要挨打。当然，那是不伤人的打。”

“我们的东西，会被没收吗？”

“她们不懂得财物私有，只懂得把好东西交给老祖母，由老祖母分给需要的人。她们会让我们和自己的马匹、东西待在一起。”

王诩他们被带进了这个女子国。这里与外界隔着一条一丈多宽的深沟，权且称之为“护城河”吧。此河环绕着一些大大小小的茅草屋，只有一处架设有桥梁，看来，进了里面就很难跑出去了。

她们不知道有恶人、恶神，只知道有不好的自然变化、不好的自然神和猛兽，护城河是防备造成灾害的自然变化、自然神和猛兽的。

在村落的中央，有一座最大的房子，那就是老祖母的住所了。老祖母就坐在房前的木榻上，人很胖，两个大乳房耷拉下来，身体几乎全裸着，特别把阴部露出来，这样显示她生育能力最强，这个女子国的人全是她的后代，她显出很得意的样子。她头上戴有一个冠，上面插满了黄金、花朵、羽毛之类的装饰物，粗大的脖子上挂了好几串用五光十色的珠子穿成的项链。

她看了看带过来的三个人、六匹马，叽里呱啦说了一句，右手一挥，就算把这帮人处理完毕了。

王诩悄声问成丙："她说什么？"

"她说，把他们和先前捉来的阿霞放在一起。"

原来如此，王诩想，那个"先前捉来的阿霞"，一定是老子了。

他们被带到了一排房子里，这是专供捉来的外族男人住的。她们不捉女人，只捉男人。她们自己生的男人，也会被别的氏族捉去。在她们看来，男人生来就是贱，是供女人使用的。只是她们所谓的贵贱，差别并不大。无论男人和女人，每一个人的待遇都差不多，都有一间房子、一只煮东西吃的瓦罐。王诩看到，老子的那匹马拴在一间房前的木柱上。他正在烧火，煮一块野猪肉。不一会儿，有个年轻女子拿了三块肉来，给王诩、成丙、成丁各一块，叽里呱啦说了一阵。不用说，是叫他们自己煮了吃。但她并不很快离开，把一对大眼珠瞅着王诩看了许久，又叽里呱啦一通，还用手指着自己的身子，然后才得意地离去。

"成丙，她要做什么？"

"公子，她说今晚她要你陪她。"

"她也不知羞耻！"

"这是古道！"老子搭话了，"年轻人，她们这个时代，还没有产生羞耻的概念。男女阴处，就跟人的眼睛嘴巴一样，长得好看的，可以亮出来向人夸耀。男女私事，就跟吃饭睡觉一样随便、平常，不会害羞的。现在她们只知道崇拜女阴，还不懂得崇拜男根！——我说这些干什么，说了你们也不懂。"

成卒不懂，王诩则完全懂了：先生以为，男根、女阴这两种生殖器官崇拜，都是伏羲时代以前之事。女阴崇拜在前，男根崇拜在后。祖先的祖字，在男根崇拜时代才产生，最初写成"且"，人活着时下面多两点，是经常使用的"具"；人死了就是"且"，也就是供奉的"祖"。这都是男根之象，现在的神主牌，也都是做成这种样子。这个女子国，还没有进步到男根崇拜的时代。但是，王诩此时不能与先生讨论学问，以免让他认出了自己。

王诩特别小心地把那两皮囊酒藏在自己的屋角里，悄声地对成丙说："能不能逃出去，就靠这东西了！"

戍丙、戍丁并不为逃走的事操心，他们不怕。晚上闲得无聊，还希望有个女子来叫自己去伴宿呢。奇怪的是，一连三天，他们三个人都没被召唤。

这是怎么了呀？戍丙、戍丁感到一定有什么大事要发生了。

这几天，白天都叫他们去干活，加宽道路、桥梁，把所有房屋收拾干净、整洁，像是要迎神，又像是要过节。

这天，戍丙和戍丁被召去填平老祖母房前的水坑，听到她们在屋里议事，才明白了：原来全国忙得不亦乐乎，是为了迎接西王母的到来。这个小小女子国，千百年来，还是第一次迎接西王母呢，偏叫他们三人赶上了。

戍丙、戍丁把这个消息告诉了王诩。王诩又吩咐他们，把这事告诉老子。

老子听了戍卒传达的消息，摇头说："不奇，不怪，那西王母经常四处巡游，她何处不会去呢？"

这样一来，老子倒安下心来了。既然没有危险，看一看西王母就是好事了。这不正是此行的目的之一吗。

第七章　再渡流沙悲青牛

这天，所有的人都出来迎接西王母，老祖母和她手下的三个要人跪在道路中间，女人们地位高，跪在北边，男人们地位低，跪在南边。

先是传来了音乐声、隆隆车马声，而后是一声刺耳长啸："哧——嘶——"

"呀！呀——"人们欢呼起来，是西王母驾到了。但是，人们又都静下来了，拉长了耳朵在倾听着什么。王诩也仔细地倾听，听了半天，除了音乐，还是车声，只是其中夹杂着嘹亮、悦耳的鸟鸣。

王诩读《穆天子传》时就知道，西王母善啸。但是，什么是啸呢？当时的人们并不完全清楚。啸，原来就是口技。这是西王母世袭的一种艺术表演形式，掌握这种古老的表演艺术的人实在太少了，但至今也没有绝迹。

西王母的啸声，可以说是杰出的。王诩听到，远处传来了各种各样的鸟鸣声，有莺啼燕语，有百鸟朝凤，还有风声、雨声，真是啸出了一片天籁，声声悦耳。那鸟音是欢快的，说明西王母此时的心情不错。

西王母一行渐渐地走近了。王诩注目观看，她那几百人的仪仗队，全都戴着假面，服装做鸟、兽之形。百兽行于前，发出各种兽的吼叫声。接着是鸾鸟唱歌，凤鸟起舞。在车前，骑马的是三青鸟：大鹏、少鹏、青鸟，都是赤头黑目，如同他在《穆天子西征记》里读到的那样，也如同《山海经》一样，书中描写的那些怪鸟、奇兽，原来都是人的化装。王诩读那些书时，觉得难懂；现在算是读懂了，而且亲眼所见，都是这样生动可喜。

西王母的人马来到了迎宾队伍前面。三青鸟下马，扶着西王母从车里出来，接受众人叩拜。欢迎仪式就这样简单。

西王母很肥胖，她的服装带着豹尾，头上的戴胜冠呈羽扇形，插满金银珠玉，面部涂成桃花色，嘴角画出虎牙，手里拄着桃木杖。老祖母满面堆笑，拥着西王母走过护城河桥，进了那间最大的屋。她们坐下来接受了跪拜，便开始说话。

到处都挤满了人，一般的人进不了大屋，都围在屋外。外面的人能看到里面在做什么，只是距离太远，听不清讲了些什么。好在里面说了什么话，不时有人传送出来，让外面的人都知道。

老子、王诩、戍卒他们虽是俘虏，但待遇比女子们也差不了多少，一样可以站在屋外观看和倾听。戍卒能听懂里面传出来的话，他不时地翻译出来，说给老子、王公子听。二人觉得，西王母她们说的都是一些无关紧要的事情。

后来，西王母问："最近，有些什么有趣的事情吗？"

老祖母回答说："捉到四个阿霞。"

西王母说："带来让我看看！"

于是，老子、王诩、戍丙、戍丁四个人被带了进去，都跪在地上。原来，西王母和三青鸟都懂得中原人的话，她们端详了四人，就开始询问：

"你们都是什么人？"

"我是周朝柱下史老聃。"老子第一个回答。

"啊，周朝的官，不可怠慢，请站起来说话吧。"

"臣谢西王母！"老子站起来。

"柱下史是管什么的？"

"是管皇家图书的。"

这时，一青鸟对西王母耳语："老聃先生是个圣人，他著有《道德经》。"

"先生是圣人，那就是代天子立言的人啦，小国之君多有怠慢，你要原谅她们。"西王母转身又对老祖母说，"还不快快谢罪！"

两青鸟把老子扶起来。老祖母过来，一面对老子行礼，一面叽里呱啦说了一通，青鸟代她翻译：“小国寡民无知，请圣人恕罪！”

老子说：“不知者，无罪！”

西王母当即决定，立即送老子回去。老子却想继续西行，说道：“西王母，老朽此行，原是要来拜见陛下，同时还要悟道。今日有幸得见陛下一面，但悟道之事未成，所以请允许我继续西行。”

西王母笑道：“见到我了，也就是悟了道了。嘘——”善啸西王母，又啸了一声。那声音令人胆寒。她接着说：“再往西，有吃人的鸟，当年穆天子带了那么多军队，都去不得，现在你一个老人，又怎么去得呢！难道你比穆天子的本事还大？这样吧，我带有不死之草，给你一些，你回去吧！”

“臣谢恩！”老子想，自己不能超过穆天子，只好放弃继续西行的打算。

青鸟领命，取来一袋不死之草给老子。这种所谓不死之草，叶子像菌类，又叫养神芝，据说一株可以救活千人。盛药的袋子，是兔皮缝制的。

西王母又问王诩是什么人，王诩在老子面前不敢吐露真名，只说是商人。对于三个商人，她只说了一句话：“你们下去吧！”

老子骑着马，带着养神芝走了。

王诩想，这一路上，他一个人怎么能安全回去呢？于是又开始盘算如何逃走。

白天人多，走不成，只能在夜里行动。他们已经看清楚了，夜里只有四个人守卫在桥头，男女不定，上半夜两人，下半夜两人，换班的时间也不是很准，大约是上半夜值班的人感到困倦了，就去把下半夜值班的人唤醒。如此而已，并不严密。这就好办了。

女国的人是善良的，她们不懂得做坏事，所以也不知道防备坏人。放岗守夜，是为了防备禽兽袭击和自然灾害。

这天是下弦月，光辉不甚强，但也可以在月光下跑马。于是王诩便决定行动，与两个戍卒进行策划，下半夜就动手。

王诩让戍卒在上半夜睡一会儿，他自己待在门口等待时机。他没有合眼，看到守夜的人换了班，下半夜的两个人都是女子。又等了一会儿，他估计下班的人已经睡着了，便唤醒两个戍卒，说：“起来，可以开始了！”

二人起来，揉揉眼睛，便大模大样地走向离桥头不远的地方。二人的行动，立即引起了守卫的两个女子的注意。她们手里都拿着投枪，走过来，正要询问，就见他们两个都转过身去，背对着月亮，弓身掏出那东西来小便。不能对着月亮小便，那样是对月神的不敬，会遭来病痛。

二人并没有小便，只是做样子，即引得那两个守夜的女子加快了脚步，跑过来摸他们那东西，他们也趁势去摸她们的大腿根。

戍丙用番语说：“做这事，要喝了酒才有意思。”

“你有酒？我怎么没闻到？”那女子高兴极了。

酒这东西，在这里比什么都宝贵，偶尔能得到，就拿来献给老祖母。她俩只是有幸在三年前尝过一次，至今回味无穷。

“我有酒，你快去拿钵子来。”

其中一个女子，快步地回她的屋里去，一会儿就取来了一只大陶罐，递给戍丙：“快去盛酒来！”

这是一只大型的盛水器，有绳子提着。戍丙接过陶罐后，为了使她高兴，又去摸了一番她的身子，摸得她乐呵呵的，这才离开她回屋去拿酒。不一会儿，他就提了满满一罐子酒回来了。酒香弥漫在空气里，令人垂涎。那边一直搂着戍丁不放的女子，闻到酒香，也放开他跑过来了。

两个女子笑眯眯地喝够了酒，便又分别来搂抱戍丙、戍丁，她们觉得身上发热，十分快乐，要干那事。

“好，好，再喝一些，我们再……”

“神照顾我们，今晚真快乐……”

他们安抚着她们，让她们快乐，再喝，再喝……

两个女子软绵绵的，任凭他们抱着进屋，放在铺上。过了不久，她们便都进入了温柔的梦乡，打起呼噜来。

“公子，她们都睡着了。”

“好，我们走！”

在两个戍卒做事的这段时间里，王诩已经为六匹马都衔了枚，并在三匹马的四蹄上包了破布。还剩三匹马，十二蹄，他们也迅速包上。做好这一切，他们三人六马就无声无息地离开了女子国。

当王诩一行追到大流沙以东时，老子已经舍弃了马，仍旧骑上他的青牛，优哉游哉地进了深山。他走得不是很急，所以王诩不久就追上了他。跟来时一样，一连多日，他的马队与老子仍然是若即若离，保持距离。

也许青牛真是神牛，一路无事，且不久就到了人烟繁华之地。

于是，王诩放下心来，领着马队和戍卒先期回了函谷关。

关尹子早已回了中原，著书去了。年轻的关尹帮着王诩换了番装，治酒款待王诩，等候着老子归来。他们等待的时间并不很久，老子就回来了。

“恩师，可把我等苦了，你怎么这样久才回来呀？”

“阿诩，你怎么——你一直没有回去呀？”

“我要等到先生回来，才放心。”

“有什么不放心，为师这一次去西方悟道，是很顺利的。”

“这就好啦，先生，我看你人都瘦了，脸也黑了，一定吃了不少苦吧？”

“苦不算苦，只是去时曾遇猛虎，归途又遇强盗。”

王诩想：归途遇盗，是在什么地方呢？他在心里责怪自己疏忽了，还以为到了人烟稠密的地方，先生会一路平安呢。

老子见王诩情绪变化，似很担心，便宽慰地说：“虽是遇上了强盗，但也无大碍，把不死之药给了他们，也就无事了。”

“先生得了不死药，又给了强盗，太可惜了！这么说，恩师见到西王母啦？”

“见到她了。阿诩呀，西方各国并无理想之地，只是邃古蛮荒而已。一路上，我已经反复想过了，还须到西北方再去看一看。”

这次西去流沙的旅程，实际上是相当艰苦的。为了悟道，再苦老子也不在意。现在还产生了再去西北流沙之意，王诩既敬佩，又担心，劝说道：“先生，西方小国众多，还有昆仑山、西王母，尚且难有理想之国，你再去西北方，又有何益呢？”

“若是不去，心里总存疑惑。若是见到理想之邦，也就可以作为榜样，匡正天下于无道了。哪怕只有一线希望，我也应该去。”

老子心情急切，好像准备明天就要动身。王诩知道无法劝他改变主意，只得说：“先生即使要去，也要休息一些日子再走才好。”

“好吧，我休息几天才出发。”

年轻关尹请老子去休息，回来又和王诩商议如何再次保护老子。

王诩说：“往西北行，不过几百里就到流沙，这回我们得改扮骆驼商队才行。”

“戍卒也应换人，而且你们要离他远些，最好不要与他见面。老聃先生敏锐，再见面就容易认出来了。”

“好，就按关尹先生的主意办。”

这一次老聃出行，送行的只有弟子王诩和年轻关尹二人。过了渭水，他就不让二人再送了。

在大漠边沿的绿洲里，住着一户人家。老子骑着青牛刚到柴门边，这青牛就“哞——哞——”地鸣叫起来。

这家人也感到奇怪：他们家圈里那头青牛也在叫唤，与不远处那位老者骑的青牛，只闻其声，未见其面，就互相呼应。

这一家人，此时只有一个老妪和一个少女在家，其他人都到远方放牧去了。他们在一个地方，要停留好几个月才换一次牧场，只有冬天才住在家里。

大漠里难得见到旅人，见有人来，少女就到门口来看。青牛鸣叫引起了少女的注意，她对老子说：“老公公，你说怪不怪呢？你骑的这牛，怎么和我家的青牛一模一样！”

“是吗？姑娘，我想在你家借住一宿，可以吗？”

“欢迎，欢迎呀！”这是老妪在搭话了。

她也是被青牛的叫声召唤出来的。他们说话间，老子已经下了牛，姑娘回身从圈里把自家的青牛也牵了出来。

两头牛见面，就互相伸出舌头舔对方的脸、脖子，大眼睛里泪水汪汪。

“老嫂子，你家这牛——”两头牛样子很相似，老子感到十分惊奇。

老妪见这情景，已经明白客人这头青牛的来历了，于是问道：“这位老先生，你一定是中原的圣人了？”

“在下老聃，徒有虚名而已。”

“圣人驾到，老身这边有礼了！”老妪一边行礼，一边命孙女，“云儿，赶快过来拜见中原的圣人！”

“拜见圣人！”少女跪下了，老子急忙扶她起来。

“姑娘不要多礼了。老嫂子，你还没告诉我——”

“你是说这青牛呀，也是它今生有幸，兄弟又得相见了。它们本是同胞，一母同日所产。那年我的夫君从西域贩来，视为至宝。后因经济拮据，无奈卖给中原商人一头。他时常思念这头牛，曾经四处打听，想要赎回来。据说青牛落到了一位圣人手中，颇得重视，我的夫君才放下心来。”

老子没想到，自己的青牛还有这样一段故事。

第二天，老子要骑着青牛进沙漠。那头青牛兄弟泪如泉涌，双膝跪地，不住地叩头，像是在乞求：“别带我兄进沙漠去，那里是去不得的呀！”

但是，老子还是骑着他的青牛走了。

老聃穿过了大漠边缘，向纵深不知走了多远。千里黄沙，没有人烟。青牛在沙中行走，十分吃力。日间，火辣辣的太阳烤得人的皮肤冒油。汗水是见不到了，因为空气太干燥，汗液一出毛孔，便被蒸发干了。分不清皮肤上那些硬涩的粒子，是汗液带出来的盐粒呢，还是风刮到身上的沙砾？他只觉得有那么厚厚的一层，还带咸味，也许两者兼而有之。这东西刺激皮肤，像万千只蚂蚁在咬那样奇痒难忍，像无数小针在扎那样疼。嗓子快要冒烟，也找不到一滴水来润一润。口里连唾液也没有了。

夜里，这才感到彻骨地凉，甚至于有点冷了，皮肤上起了鸡皮疙瘩。还好，没起风，可以蒙着长袍，躺在沙地上睡一觉。

大漠里无风也无云。满天繁星，一颗颗都特别明亮。那些星星好像在嘲笑老聃：“你看我们星空多么热闹，你何苦呢，那样孤苦伶仃的一个人？”

这时他才想起自己是来干什么的。他的哲学本是“无为，而无所不为”，现在这样苦苦追求，是无为呢，还是为之过甚呢？

几天之后，他心爱的青牛就渴死了。它死的时候，张着嘴巴，睁着眼睛，那样子十分可怜。这都是自己的罪过啊！

“牛啊，你不要怨我，我也渴得要死了，救不了你呀！”他心里为它伤心落泪，但是，没有泪水滚出眼睛来，眼里微微觉得湿润，那泪花就被大漠的空气蒸发干了。

看着死去的青牛，他想起了它那青牛兄弟，它曾那样流着泪跪地哀求，而自己仍狠心地要进沙漠呀！

这回没有遇到高山大谷、豺狼虎豹，也没遇到强盗，但行动却是这样困难。他想：弟子王诩的劝告是对的，他说过这次北行，希望不会比西行大。

他对自己说：老聃啊老聃，你所向往的“小国寡民”的社会，人们在那里“甘其食，美其服，安其居，乐其俗，邻国相望，鸡犬之声相闻，民至老死不相往来”，能在这大漠之中找到吗？

他开始悟着自己的“道”了，但是，已经晚了。

他已经不能走，只能爬。渐渐地，连爬的力气也没有了。只有他那颗脑瓜子里面的思想还在运转：

谷神不死，是谓玄牝；玄牝之门，是谓天地根……

在老子的哲学词汇里，“谷神”是指一种空旷、豁达、虚无缥缈的精神，他认为精神是永远不会停止其生命的，这就是谷神不死。

“玄牝”是个抽象概念，这里泛指大地万物之母，主要是动物之母；玄牝之门，是一切母性动物的抽象的生殖器，老子认为万物都是从那里发源的。他这种思想，明显的是打上了十几万年母性生殖器崇拜的痕迹，与西王母在精神上是相通的。老聃在他死而未死之际，仿佛觉得自己要回归自然，进入玄牝之门、也就是大地母亲之门了。

他感到生命之火将要熄灭了，便用最大的力气爬向自己的青牛，想与它长眠在一起。

在辰光中，忽然他眼前一亮：那青牛的阴茎上，竟然有一粒亮晶晶的东西，说是尿水，太不雅驯了，就算那是甘甜的乳汁吧。此时的老聃先生，觉得那是天下最美味的东西了。有一股力量支撑着他爬了过去，伸出他那干焦的舌头，把那乳汁舔进了口里。啊，真是甘美极了！自己的青牛本是牡牛，何时变成牛牝了呢？是天意吗？

他的身体没有了力气，而他的意识朦朦胧胧，就把青牛的那东西当成了乳头，他衔住它，使劲地吸，居然也吸出了一点点“乳汁”的气息。

可是，那一点点湿气不足以支撑他的躯体，不久，他就连知觉和意识也没有了……

王诩带领的沙漠商队，远远地注视着老子。老子歇息，他们也歇息。这天，太阳照醒他们时，他们和往常一样，准备收拾起程。

可是，太阳很高了，也没见先生起身。他感到事情不妙，急忙向老子歇息的地方奔来。只见恩师已经奄奄一息，王诩急得落下眼泪来。还是同行的戍卒有经验，急忙用湿巾来捂他的鼻子，保护他的呼吸，慢慢地往他的嘴唇边润水，让水润入他的食道和胃肠，让湿润的气息进入他的气喉和心肺。

在进行了一些抢救措施之后，王诩就让人扎了一副担架，送他回湿润地区。

王诩后悔，自己过高估计了恩师的体力。他只知西行时，他是那样健康，没想到北行就这样脆弱。

那青牛躺在那里，肢体都已经僵硬了，看来是早就死了。王诩想：这是恩师的宝贝呀！今后，他没有了坐骑怎么行呢。看来，花再高的价钱，也要把老妪那头青牛买下来。

随从们抬着老子，开始往回走了。

王诩回头再看那青牛，在强烈的阳光下，它显得非常壮美，尤其是那尾巴，毛虽没有马尾那样长，但也不短，致密而有光泽。他感到可以用来做一支拂尘，也算给老师留下一个纪念。于是，王诩用刀子对牛尾根部的皮做了环切，把尾皮剥下来。由于牛已经僵硬，他费了很大的劲，才拉了下来。好在没有把皮拉破，可以做成拂尘。

王诩救出恩师，送到老妪和少女那里。把牛尾皮挂在篱笆上，以便晾干。

人们都忙碌着，给老子安排卧榻，进行救护。少女在厨房里为客人们熬粥。

“哞！哞！——”没有人注意到青牛，它从圈里跑了出来，来到篱笆前，流着泪水哀鸣不已。当王诩和老妪出来看时，青牛已经把那牛尾衔在嘴里。它的鼻孔流着血，显然是在奋力挣断绳索时撕破的。

“真是有灵性的东西啊！”老妪叹息着。她清楚地记得当初它阻止老子进沙漠的情景，它们青牛兄弟，是多么难舍难分呀。

王诩想从青牛嘴里把牛尾取下来，但是它衔得很紧，死也不松口。老妪说："让它多衔一会儿吧，它们是同胞兄弟呀！"

"老人家，死去的青牛是老聃先生的命，他会永远思念它。我准备用这条牛尾做一支拂尘，也好让它陪伴在先生的书斋里。"

"你这主意不错，等一会儿，我这牛会放下那尾巴的。"

"老聃先生从此没有坐骑了，他会很不方便。老人家，我愿意出双倍的价钱，请你把青牛转让给老聃先生。"

"年轻人哪，我这里不成问题。李圣人没有坐骑，我把这青牛奉送给他，也是情愿的。只是我那老伴，他也爱这青牛如命。他回来时，我无法向他交代。"

老妪的话是真诚的，王诩也不知怎么办了。他忽然想起，不妨试一试那牛的灵性。

恰好这时，那青牛已经把口里的尾巴放到了地上，双膝跪在那里流泪。

王诩走过去，抚摩着牛头，也跪下来，对那牛尾拜了一拜。他又拾起牛尾，送到青牛的鼻子边，让它嗅一嗅。于是他站起身来，高举着牛尾就走。

王诩走到哪里，牛就跟到哪里。王诩回来，牛也回来。这些，大家也都看到了。

"我们应该让青牛兄弟永远在一起！"王诩感觉他已经找到了说服老妪的办法了。

这时，少女来请客人们喝粥。

吃完饭后，王诩跟老妪交谈了一会儿，教她如何回答老伴，便又去看老师。老子还在昏睡中，但已经脱了险。

王诩安排好一切之后，就带着牛尾，领着戍卒回函谷关了。

老聃醒来时，发现自己正躺在一间茅屋里。一个少女和一个老妪在照顾他。她们使他还了阳，又照顾他恢复身体。他以为自己是遇见仙女了，其实这是他进大漠前的房东。

他捶着胸，流着泪说："我不是人，我没有心肝呀！我的青牛，是我杀死了它呀！"

"李圣人，你要安心些。'清静为天下正'嘛，这样你的体力才能快些得到恢复。"

老子没有想到，这仙女还能用自己的话来劝慰自己。此时他只是困乏，也没有力气说话。但是他没有疾病，有祖孙俩精心地照料着他，一切都平安。

养了一些日子，有力气上路了，他便告别祖孙俩，踏上归程。老妪牵出自家的青牛来，把牵绳交给他说："老聃先生，这是你的青牛，你骑了去吧！""我没有青牛，永远也没有了！"

"你是圣人，没有坐骑怎么行？这头青牛已经是你的，不是我家的了。"

"老嫂子，你怎么这样说？"

"这是那天救你出来的骆驼队商人说的。他说，圣人不能没有坐骑，他已经双倍地报答过我们了，所以，你必须接受这头青牛。"

老子想："这世间虽乱，到底还是好人多呀，这叫我去感谢谁呢？"

他只能向苍天一揖。

他骑上了青牛，向着函谷关走去。

王诩和年轻关尹在那里等着，见老聃回来，就跑出关来迎接。

王诩故作大吃一惊的样子，说道："先生，没想到弟子今生还能见到你呀！前些日子过了几队商人，其中有一队商人说，大漠里死了一头青牛、一个老人。他们还送来一条牛尾，我一看，那真是先生那头青牛的尾巴呀，所以我们正商量着要祭奠你老人家呢。"

"你们别担心，我命大！"老聃说着，从青牛背上下来了。

"先生，你的青牛也没有死呀？请你等一下。"王诩说着，回身到关里，把用青牛尾巴做的那把拂尘拿了出来，送给老子。

老子拿着牛尾拂尘，抚摩着，禁不住唏嘘落泪："我的牛啊——"

"哞！哞！——"青牛见了兄弟的尾巴，也流着泪，鸣叫不已。

"先生，你这青牛……"

"阿诩呀，这牛不是我原先的牛，它和它是同胞兄弟……唉，我这次悟道，真是一言难尽哪。我们回屋里再说吧。"

于是，王诩和年轻关尹扶着老子，回到了关里。

年轻关尹让老子和王诩在正堂叙话，自己去安排酒宴和卧室。只有师徒二人了，老子把住王诩的手，不禁老泪纵横："阿诩，差一点哪，我们今生就不能相见了！"

"先生，弟子相信，先生是有天佑的。"

"天佑不如人佑。"老子把他这次经历，特别是老妪和少女的照顾、赠送青牛，全都详细地讲述给王诩听。

"先生，你不要再为死去的青牛难过了。它已经永生。这牛尾拂尘在你身边，也就是它们兄弟永不分离了。"

"你说得好，它们兄弟永远都在我身边。"

拂尘本是书斋和居室里的器物，没有随身携带的。但是，从此以后，这一把牛尾拂尘就像在老子的手腕上生了根，到什么地方都离不开了。后来的道人，也都学这种样子。

王诩听老子讲了许多，自己也多有感慨，最后说："先生，该去的地方你都去了，该吃的苦你也吃了，今后再也不要出关来悟道了。"

"今后你们劝我出关，我也不出关了。"

老子在关上住了几日，每天与王诩谈学问。王诩听出来了，老师主要意思是：悟道之事，还不能算结束。

王诩劝他说："先生，你还不如到东海去，那里有幻化无穷的神山。"他说的是蓬莱海上的海市蜃楼了。

但是，老聃再也不想去冒那个险了。他认为大漠是太干燥的世界，而海洋必定是太潮湿的世界。

"多言数穷，不如守中。"老子不想再谈论极端的话题，认为还是保持适中为好，他说，"阿诩呀，人生和学问，两个极端都去不得。"

对于悟道，老子有新的打算，从函谷关归来之后，他就与王诩分手了。

这是师生之间的长久分别。从此二人各悟其道。

第八章　新婚惊变

狐死首丘。人到老来，总是要往他出生的地方走。

老聃回到了厉乡曲仁里。还认得他的人已经没有了，只有一些老人听说过他，个别老人记得小时跟他在涡水之滨玩过，这就算是最难得的朋友了。

山村的人们敬老，乡里为他安排了干净的房子，有人暂时照顾他的饮食起居，直到他物色好了道童来陪伴他。

清晨，天不亮他就起来了。空气异常清新，蒙蒙的晓雾在河边弥漫。在村头，他看到一户户人家那直上的炊烟，听到鸡鸣犬吠，恍然大悟：自己那小国寡民的理想社会，原来就在自己的家乡！

他高兴地见了村人就传道，满怀激情对他们说："道大，天大，地大，人亦大。"听者不置可否，但都很有礼貌地朝他点点头。

他又说："人法地，地法天，天法道，道法自然。"

有人随便问了一句："你刚才说道大，怎么又说道法自然？"

他便耐心地解释说："道生一，一生二，二生三，三生万物……"他还想再说下去，可是，听他说话的人都走光了。

原来，村里有人打起来了，打得头破血流，互相责骂：他说他偷了我家的鸡，他说他摸了我家的狗，有些话还很难听。老聃这时才感到，这个社会并不是他希望的那样。

“道不行，道不行呀！”他叹息着。于是，他住了不多日子，就离开故乡的村子，骑着他的青牛，由道童陪伴着到蒙山修道去了。此后再也无人知道他的生死。多少年后，人们才奉他为道教的始祖，称他为“太上老君”，关尹子则为“无上真人”。老子离开人世之谜，只有王诩清楚，但也是后来的事情。

王诩告别恩师之后，单人独马来到伊水之滨。他思念莘姒，情不自禁地朝着她家走去。他知道，阿姒见他归来，一定会喜出望外。转念沉思，他又觉得自己尚未得道，还是先不去见她为好。他心里更思念父母，于是恋恋不舍地望了一会儿她家屋前的大树，就掉转了马头，策马向南。

王诩回到家里时，日色正偏西。

王翁、王妪见到儿子归来，高兴得直抹眼泪。王妪拉过儿子，仔细打量，叹息着：“儿哪，你陪李老先生悟道，吃苦了呀！你看，你变得又瘦又黑，叫娘怎能不心疼！”

这时，女奴已经备好香汤，等待公子去沐浴。王翁说：“老太婆，你叨叨什么，让阿诩洗完澡，歇息一会儿再说话吧！”

王诩沐浴更衣完毕，家宴也准备好了。真是在家千日好啊，晚餐之后，一家人都围过来，要王诩讲他这几年的故事。

许多事，王辛回家后都讲过。他加油添醋，说得家人都想听他再说一遍。人们最关心的是莘姒姑娘怎么样。

父母关心儿子，说今晚早些睡觉，明天再说。

王诩说：“明天我画出来，让父母和亲友们都来看。”

第二天，王诩早早起来，向父母请安。他这十多来年，在父母身边的日子少，现在还想离家去修道，所以心里有一种负疚感。他想在家一日，就应多尽一些孝道。

早餐后，他就铺开缣帛，十分认真地画了一幅莘姒的像。他这也是为了让二老开心。像一画出来，满屋喝彩。于是，大家都劝他早日完婚。王翁、王妪看得心里甜蜜蜜的，更是巴不得明天就把这位姑娘娶回家里来。

王诩说：“娘，我和阿姒都说好啦，在我得道之前不成婚。”

母亲说：“儿哪，得道容易吗？要等到哪一天呀？”

“娘，这不会等很久的。得道自然不容易，但是一个人只有能够参透天地间的一切，从容应变，才有立世之本。”

“这太难了！”父亲说，“世间有多少人能做到呢？”

“爹，你要相信你的儿子。”

王诩在家住了一些日子，就要去鬼谷清溪修道了。做父母的哪能放心，一定要让王辛陪着去。

鬼谷清溪何处寻？

在古颍水正源，今北汝河畔，有一条又细又长的山溪，溪水清且涟漪，称为清溪。它有如一条长蛇，蜿蜒曲折通往极其幽深的山中。

王诩主仆二人，策马沿着清溪缓缓前行，已经走了几个时辰。

原始森林横无际涯，百里之内没有人烟。苌弘曾来这里，却步而未进。在山外时，王辛就听虞人说，林中不时有虎豹出入，他越走越害怕，左手挽着缰绳，右手警惕地把住剑柄。可是王诩悠然自得，一路观赏奇花异草，夸奖鸟唱虫吟，说这里真是人间仙境。

他们没有注意，沿着清溪，已经走过了多少峡谷和草甸。前方遇上几只受惊的小鹿，口中衔着青草，其中一只鹿叼的青草里还有数朵鲜花，它掷于王诩马前，就逃进密林深处去了。

王诩下马，拾起那些花枝，喜不自胜地说：“有仙鹿前来献瑞，此地便是我理想的修行之所了。”他察看四围山色，北面是万丈绝壁，侧畔有飞瀑直下，落入深潭。潭水溢满，流入清溪。正中岩壁下有一个大洞穴，可容纳百人。东西两侧群峰叠翠，南边是他们的来路，清溪从那里流出峡谷山口。山外乃是另一重天地。到此他才回顾起来，他们在山里绕来绕去，已经走过了九道这样的峡谷，九个这样的山口，这便是九重天地的最后一重天了。数极曰九，物极曰归，人极曰鬼，九九归一，这九重天地之谷，就是归谷、鬼谷了。前面有绝壁，不能再往前走了。王诩心中已经选定了这个地方，就在这里结草为庐，在这一壶洞天里修道。

日已西沉。主仆二人取了树枝，把洞中打扫干净，过了第一夜。

第二天上午，王诩领着阿辛，查看山洞周围地形。饿了，王辛从袋子里摸出一个饼子来，二人就着泉水吃了几口。这两天，他们都是这样来打发自己的肚肠。王诩这才悟出一个道理：修道不可以脱离人间烟火、食之五味，所以需要做些准备。

他派王辛出山，请来了十几个工匠，修缮山洞，营建居室。自己找个静处，打坐习静。不过数十日，一切都弄好了，钱财也剩下不多了。他便让王辛为他备足了几个月的粮食和食盐，自己留下来，打发王辛回家去。

王辛说："公子，我是奉了老爷之命，不能离开你！"

"爹、娘也说过，在外面你必须听我的！"

"我哪敢不听公子的话。"

"知道就好，你去吧。"

王辛知道，公子视自己如兄弟，他做事自有他的道理，老爷、夫人也会谅解他。王诩不许他留在山里，他也就只好怏怏而别。

王诩独自修行，有时忘了饮食，有时一天只吃一餐。他默诵《道德经》，领悟其真谛。几天后他就感到神志恍惚，觉得不妙。为了不失去记忆，他拿出那几卷空白竹简和刀锥，把全部《道德经》写在竹简上，刻完最后一句"天之道，利而不害。圣人之道，为而不争"，已感到累得不行了。

多少日子不见油腥，人怎么能有力气？他实在忍不住了，便一剑刺死了一只跑进洞来的獐子，剥皮取肉烤了吃。这只野味供他享用了差不多一个月。渐渐地，他变得身强体健，感觉良好，再也没有失去记忆之虞。

一天，山中下起了雷雨。一道炸雷在山前响起，树丛起火了。幸好，那林火不久又被雨水浇灭，没有殃及他的茅屋和洞府。

雨后天晴，他去山前察看，灰烬中散出了烤肉的香味。烧死了一头鹿，大部分都烤熟了，蹄子烧焦了，只有后腿的肉没有熟透。他又得到一份自然而来的美味。这时，王诩对老师书里的结语起了怀疑。

"天之道，利而不害"，是说老天爷、上帝，会使万物欣欣向荣，而不加以灾害。眼前看到的却是树木和鹿都遭了灭顶之灾。天也不能全其道，那么，"圣人之道，为而不争"，做什么都不跟别人争夺，这恐怕也难。

"嗨，正是因为难以做到，所以才需要努力修行呀。"他这样勉励着自己，坚持在山中修道。

却说王辛出山，把王诩公子进鬼谷修道之事说得玄之又玄。

他说他们入山之时，虎豹毒虫都回避了，更有仙鹿献花、凤凰歌唱、麒麟献瑞，人间帝王也没见过这般光景。他编了不少故事，仿佛自己也是得道的高人。这使一般人增添了对鬼谷的神秘感，但反而使王诩的父母生疑。他们知道，在那旷古无人的深山里，危险一定很多。只凭一点粮食、食盐度日，身体怎么能受得了。

诩儿哪，他是那样快乐潇洒的一个年轻人，跟老子学了道，怎么就这样了，他怎能耐住山中寂寞？父亲王翁虽没见过老聃，但心里十分怨恨他耽误了自己的儿子。他决计要想办法把王诩引出山来。

知子莫如父，王翁了解儿子的性格，认准了的事是谁也阻止不了他的，所以只能用计谋去诓他出山。母亲王妪想的是儿子的婚事。她看着儿子画的莘姒姑娘，心想，她是多么可爱的一个人啊！儿子进山，不仅耽误了他自己，也耽误了莘家这个好姑娘。

她让亥唐夫妇打听过，伊水之滨的有莘氏，可是大有来历的。夏代末期，殷代开国贤相伊尹，就是出自莘氏之家，是他家中的采桑女从大水之后的空桑林里捡来的婴儿。这伊水之滨，历来都是产圣贤和美人儿的。

莘姒姑娘的芳龄已经二十，比王诩小三岁，自从亥唐伐柯，那次社火中与王诩相见，互相倾心，王公子的影儿就留在姑娘的芳心中了。时不时，她就拿出双人的画像来看，默念着几次见面的情景，尤其不能忘记那次他到家里来拜访，二老一见，就深深眷爱着他。

莘姒姑娘也是三水一带有名的才女。三水就是伊、洛、河之间的地带，环近周室，是天子辇下一块宝地。莘姒能歌善琴，还学了一身好武艺。窈窕身材，俊秀脸庞，透出一派仙风侠骨。她虽平易近人，但一般士家公子见了却是爱莫能近，不敢生出妄想。王公巨卿子弟对她若有不逊行为，她的拳脚宝剑毫不留情。没有人敢轻视她和侮慢她。

莘姒自从与王诩以身相许，也开始学道。阿诩送给她的那部《道德经》，她常在家中攻读到夜深。

她听说老子西出函关，两渡流沙，已经归来了。那么，阿诩他为什么还不来呢，还有什么事使他不能离开恩师呢？

后来，莘姒听人说，王诩公子已经进鬼谷修道去了。她这才想起他说过，要得道之后才完婚。

她恨不能跟着他走进深山，在山中伴他修行。只因父母年老，兄弟出外未归，不能成行。而且她父母也认为，没有举行大婚之礼就住在一起，有辱门风。他在苦苦修行，自己却不能陪伴他做出世之旅，这使她相思甚苦。

王辛关于鬼谷的神话，也传到了莘姒的耳中，引得她更想前去看一看。莘翁、莘妪理解女儿，同意她去王家探望，并设法劝他出山，完婚之后再做世外之游。莘姒很高兴，辞别父母，飞马来到王家。

王翁、王妪出门迎接，喜不自胜。早有婢女扶她下马，王辛是熟悉莘姒姑娘的，他来把她的马牵了过去。更有王家女眷，前来挽手拥肩，亲如姊妹，为她取下挂在肩上的琴，解下佩在腰间的剑，陪着她进屋叙话。

莘姒虽说性格豪爽，但要在王家二老面前说出父母让她进山劝王诩出来完婚，也实在难于开口。几次想说，几次面颊飞红。最后是牵了王妪的手，进后堂说悄悄话。王妪听了喜出望外，抚掌说道："难得你父母想得周全，就这样办了，只等你俩一回来就拜天地！"

王妪与王翁商量，让她一人进山不放心。虽然她武艺高强，但怕她在山里迷了路。于是，仍派王辛为她做向导。

这天，王诩坐在洞中习静，领悟"躁胜寒，静胜热，清静为天下正"的境界。

忽然，有大群鸟儿自山外飞来，在林间聒噪。他知道有人进山了。长久以来，这还是第一次。但他仍是平心静气。

不久，沟口处传来马蹄声，渐渐能听出是两匹马。他仍然纹丝不动。两匹马上山来了，在庐外停蹄。二人进洞了，王诩这才微微睁开眼睛一看。"是她！"他心里一惊，差一点没叫出声来。

洞中并不幽暗，莘姒仔细端详正襟危坐的王诩。他仍是那样红光满面、精神焕发，使她心里喜欢。人们都认为，这些年他在山中一定失魂落魄，形容枯槁，没想到他竟会如此，阿诩呀，难道你果真成了神仙吗？

"阿诩！你在山中这几年，叫我担心死了！"

王诩结束练功，站起来把住她的手臂说："阿姒，我也何尝不想你！你怎么说这几年？我在山中还没度完一个春夏秋冬。"

莘姒禁不住笑了："真是洞中数十日，世上已千年了。我恨不能与你一同修道。这些年我对老聃先生的著作，也算略知一二。"

"啊？"这是王诩没有想到的，他请她在蒲席上坐下。这柔软的蒲席是他自己编的，虽不精美，但很舒适。他又倒了一杯用荆芥泡的茶给她饮，这茶有一种沁人心脾之感。然后，点燃三炷他用艾叶和菊花制成的香，青烟缭绕，氤氲满洞，四壁生香。于是，拿出《道德经》来，共同探讨。

"阿诩，山外已经传遍了鬼谷先生的名声。我要你先说一说，你怎样生活、怎样保持了健康。"

"阿姒，你知道，我不会那样愚蠢，拿自己的身体来修苦行。先生说道法自然。你看那自然万物，总是欣欣向荣。满山草木禽兽，无不茁壮成长，何况人乎！人要修道，自然要懂得养生。道法自然，做到合乎自然，善养生是起码的一条。"

"养生这门学问，或许是医家之事，你也在研究吗？"

"会有人研究的。我只是顺其自然、不扭曲人性而已。飞禽走兽皆可为我食用，但多食生腻。故尔，我经常以橡、栗、葛根为粉，山芋、首乌为食，间用禽蛋兽肉。在山中，这些美物都容易取得。我每日还以荆芥为饮，只是尚不曾做酒。已知果实腐烂之时有酒香溢出，如同粥饭变味能酿成酒、奶能酿成酪一样。阿姒，总有一天，我会做成果酒，还会蒸石熔金，炼成丹药。"

王诩所做、所想的一切，又使莘姒为之倾倒，说道："阿诩呀，我的心意已定，一定要陪伴你修炼。"

于是，二人开始谈经。莘姒告诉王诩一个消息：老聃先生西出函关，去大漠悟道，险些丢了性命。幸亏遇上骆驼队商人，把他救了回来。听说他回到涡水之滨传道，也不成功，隐入蒙山之中去了。

王诩笑了，说道："阿姒呀，你说的事，前半段是我亲历的，只是先生去涡水、蒙山，那是我们分别之后的事了。"

"你不了解我的心，我多么希望知道你暗随老子西行的故事啊！"

"阿姒，只要我们在一起，就有时间对你慢慢地讲那些有趣的故事。"王诩说着，又叹息道，"唉，先生涉世比我们深得多，从周灵王到周景王，他在朝廷中做了几十年的官，深知世事虚妄，所以才懂得出世之道。他想出世尚且如此之难，何况我们呢？”

莘姒趁机说：“按照先生的道理，将欲出世，必先入世。你我涉世未深，就开始出世，是否有些勉为其难，有些不符合自然呢？”

这些日子的修道，王诩也正有此感。他的智慧超过许多圣人，料事如神，《道德经》的不足之处他也有所领悟。他想过了，如果不通晓天下之事，就难以判断是非，难以坚持正道。他已认识到需要更深地涉世，准备在清理一下思想之后，便出山云游四海。没想到与莘姒多年不见，她仍与自己心灵相通。莘姒的话已经使他明白了她的来意，也必定是父母已经做好了安排。他感到高兴，便说：“我至爱的阿姒呀，让我们同游人间！”

莘姒感到幸福已极，便吩咐王辛准备起程。

王辛坐在一边，听他们说了那么多话，却不懂得是什么意思。他心里埋怨莘姒姑娘不劝公子出山，只是一个劲儿地谈经论道。听她说要起程，便禁不住问道：“莘小姐，你不劝说公子出山了？”

莘姒看了王诩一眼，禁不住扑哧一笑。王辛心里发蒙。王诩解释说：“劝什么？我决定要回家，跟莘小姐完婚。家里不是已经准备好了吗？”

王辛听这话，觉得真是神了，心想：“小姐并没有说，他怎么知道？”

王辛也不问了，反正很高兴，完成了使命，出山之后他又有牛可吹了。

王、莘两家喜结秦晋，莘家姑爷就是鬼谷子，消息传遍了三水、洛邑，也传到了苌弘耳里。苌弘脱去了官服，换上了便装，前去莘、王两家拜访。但是，他俩已经出游了。两家老人都说不出他俩婚后的行踪。

倒是王辛，对苌弘吹了许多神话故事。苌弘居然和他谈得来，但是当他问起夫妻俩的旅程时，王辛的答复也是不得要领。

苌弘又到鬼谷，也是白跑一趟。

原来小两口成婚之后，亲亲密密陪伴爹娘十余日后，就周游列国去了。

他俩在旅途上豪兴不减，就如同现今的年轻人旅游度蜜月一般。所不同的只是他俩不计程期，也不知在外度过了多少年月。他俩已经到过山东山西，去过河南河北，结交了不知多少的学者、名流、侠客和隐士，也当过一些国家王侯公卿的上宾。

这是一对非常引人注目的人，他俩白衣白袍并白马，常常出入于通都大邑，又喜欢隐入深山老林，给人留下了行踪不定的印象。

他俩到过藐姑射之山，据说山中有神仙，但他们在山里优游多日，没见到任何神人，反而被人说成是神。鬼谷子的朋友庄周后来就曾写道：“藐姑射之山，有神人居焉，肌肤若冰雪，绰约如处子。”写的正是莘姒姑娘了。还有人说她道行圆满后成为灵妃，乃居此山；又说她“不食五谷，吸风饮露，乘云气，御飞龙”，这是王辛神话之类的说法了。

王诩任凭苌弘、王辛、庄周等人去制造神话，而不加以澄清，有时反而积极地附和。这是因为他喜欢造成一点神秘感。山中出云，龙才好去做乘云之游。人们都喜欢神秘感，那神秘感就是鬼谷子王诩所需要乘驾的云了。

他俩的行踪，本身并不神秘。由于有了那种神秘之云，才更引起人们的注意。好事者喜欢打听，而人们在传播听来的故事时，又喜欢根据自己的口味加油添醋。所以，鬼谷先生和他的夫人不用费什么心思，那样的云就自然布成，使自己藏头露尾不现形。

他俩到过太公垂钓处，又来到王诩常去观天的周公测景台，就住在他曾经住过的馆舍里。王诩决定在这里住一些日子，研究一番天文气象，白天测日影，夜里观星辰。

在颍水之滨的竹林里，他俩手挽手地漫步。王诩不禁想起了当初苌弘女弟子追他到这里的故事。他告诉她：苌弘梦中与他神游，为他画像，都发生在那一天。莘姒听了他讲的故事，似乎并不觉得新奇，只是说：“你们男人真粗心，苌弘的女弟子显然是爱上你了。能那样做，说明她的身上真还有几分豪爽之气。”

“你说错了，男人并不粗心。别说我，就是阿辛也看出来了，她是想要追我，只是我根本不想见她。——呃，阿姒，你长本领了嘛。我就讲了这样简单的一点事，你就能看清她有几分豪爽之气？”

莘姒笑了：“你的妻子哪有你那样的本领。我认识她。”

“你认识那位女史？”

“你料事如神，没想到吧？她是我的表姐，还和我谈起过你。”

“她对你谈起过我？”这回真使王诩吃惊了，“有这么巧的事？”

“你感到巧了吧？就是你暗中陪护老子去见西王母的时候。她到我家来看望我父母，见到了我俩的画像，还有苌弘为你画的像。她说，那是她亲自布置丹青，亲眼看着苌弘画的。当时我就觉得，天下的事真是不可捉摸，就请她讲了你们在周公测景台的故事。从她说话的神情，两眼望着画像的痴痴模样，我就知道，她心里深深地埋着你呢。”

王诩把她搂在怀里：“我的阿姒吃醋了？”

莘姒摇摇头，继续慢慢地讲：“我没有。我只感到骄傲和幸福，因为她对我说：‘姒妹，我祝贺你！你的王公子是条龙，我飞不到他那样快，追不上他。我的姒妹，你呀，是只凤，你不仅能追上他，而且能在他身前身后舞翩跹。我没有那个福分，你有。’她这样说时，我真有些怜惜她了，我说：‘没想到……’我找不出话来安慰她，但她止住了我，说：‘阿姒，你什么都不要说，那都成为过去了。我是来请你喝喜酒的，我的夫君为人忠厚，是周天子朝廷里的一个大夫。’我听了她的介绍后，向他们表示了祝福。”

“阿姒，”王诩很有感慨地说，“我想起了苌弘对恩师说的话，人生前途之门，对每个人都是关闭着的，你很难看到你自己的未来，你只能按自己的愿望勇敢地去跨越。我能看到别人许多事，预知别人的前程，但是我从未预见到我俩会走到一起。”

“这就是缘分呀。我们两个不需要预见，也不需要跨越……”

“道法自然，走我们的路。”

颍水在他俩面前有转折，竹林里的小路也曲曲弯弯。他俩漫步到很晚，到周公测景台观测完了日落之影才回馆舍。

一天黄昏，王诩观测到荧惑变色，天枪触地，星陨如雨，不由得大惊失色。荧惑就是火星，在古人看来，它出现变异，可不得了，史书说“出则有兵，入则兵散”。天枪是一种彗星，也是兵兆。加上陨星像雨点一般降落，那景象好不吓人。一般人见了也知道会有变故，更何况熟知天文的人。更使王诩惊心的，不只是因为有兵灾，而且他观察星象的分野，那灾祸正好应在自己的故乡。

当晚上了床，他还是心神不定。她温柔承欢，他巫山云雨，也无兴致。

莘姒便说：“阿诩，你怎么啦？如今的时代，何年不是兵荒马乱，星象异常怎么使你如此不安？”

王诩说："阿姒，那星象分野就在故乡，而且还有一种可怕的预感不时袭击我心头。"说话之间，王诩又感到一阵心悸。这种情况莘姒从未经历过，她见他这样，也感到不妙。夫妻二人商定，天亮就起程回家。

他俩正在准备起程，街头就出现了第一批难民。他们更是归心似箭。

他们先到了伊水莘氏之乡。这里如同遭了洪水一般，一切东西都被兵燹卷走了。总算见到了两个乡里人，他们告诉莘姒，她的父母兄弟都已散失，不知飘流去了何方，生死存亡也未可知。亲人遗物也找不到一件。莘姒不由得号啕大哭。所有亲人都一下子消失了，家也没有了。真是呼天天不应，叫地地不灵。王诩扶她上马，然后并辔南行，向自己的家走去。一路上她不停地抽泣。沿途所见，十室九空。

王诩回到家乡，见自家的房屋只剩下一片灰烬。他俩四处寻找，也不见一人一物，感到疲乏已极。王诩先下马，搀着莘姒也下了马，夫妻二人坐在一块石头上相拥落泪。

这时，从一片残垣的后面，颤巍巍地走出一个老人来。他右手拄着手杖，左手提着一个布包。王诩认出来了，他是里长。王诩急忙起身施礼，说道："里长先生安好！"

老人说："好个啥哟，这把老骨头也快要交代了。所幸能把此物亲手交予你，我的使命也就完成了。"

"老人家，这是什么？"

"这是你父母的骨灰。"

王诩和莘姒急忙跪下叩头。他们从老人手中接过布包，又问："里长先生，父母去时，可曾留有遗物、遗言？"老人长长地吁了一口气，说："嗨，能留下什么？他们还在睡梦之中，就被烧死了。家人不是烧死，便是逃散了。这些遗骨，还是王辛从灰烬中捡出来的。"

"王辛，我的好兄弟，他在哪里？"

"他被秦兵捉了去，听说是到楚国打仗去了。"

王诩捧着父母的骨灰，想到父母养育之恩丝毫未报，心里痛如刀绞。双亲的面容在眼前一幕幕闪现。当脑子里浮现出他俩新婚燕尔、二老喜不自胜的情景时，他深恨自己，不该远游，只觉得天旋地转，昏过去了。

莘姒没有想到，阿诩也会这样感情脆弱，慌了手脚。

老人则明白，这与他俩太累、太饿有关，急忙掐他的人中，唤醒了他，对他说："王公子，你不必如此想不开。这年月，天下不幸的人不知有多少，这里十家人有九家灭绝了。人死了，一了百了，也就好了。活着的人更苦哇，但是，人哪，总还是得活下去。请贤伉俪节哀自重吧，老夫去了。"

老人颤巍巍地走了。他完成了里长最后的责任，走向了他的归宿。王诩夫妇抱头痛哭。他俩是第一次尝到这人间最大的悲哀。

"我有罪呀！我只顾寄情于山水之间，而不注意观察世间之事。如果预先知道战争的发生，早些做些安排，两家人也不会败得这样惨！"

"阿诩，你怎么能这样想！你忘了苌弘对恩师说的话了吗？自己的前途之门，是看不到的。你能看到别人的命运，但看不到自己的，你的预测不能用于自己！"

他俩都感觉到像是从天堂一下子落到了地狱。人生最大的悲哀，折磨着他俩的灵魂；此时晴空的太阳当头照耀，他俩的感觉却是太阳已经失去了光辉，而自己像是处在深深的黑夜里。

只剩下孤零零的两个人，生存的依托丧失殆尽，他俩往何处去？过了许久，晚霞如血映照在天穹，眼看天要黑了，今夜不知如何存身。王诩用目光四下搜寻，看到故乡的驿亭还有几间房子没有倒塌。心想，这个平时不屑一顾的地方，今日倒是最好的栖身之所了。

王诩先站起来，扶起阿姒牵着马，趁着黄昏的余晖，拖着沉重的脚步，一步一步走向驿亭。亭长早已逃走了，亭中也没有旅人。他俩进屋，屋里也找不到食物。缸里还有水，他俩找到了瓢，喝点水，就找个地方躺下了。

夜里睡不着，夫妻二人商量认为，只有回到鬼谷山中去：物质上，生活之源不会断绝；精神上，可以继续修道，而又避开了纷乱的尘世。

他们本来想涉世，却又被迫出世。

到底是太累了，后半夜他俩还是进入了梦乡。

日上三竿，太阳光透过窗棂烤热了他们的脸，他俩醒来了。

"阿姒，你牵着马到河边去放牧，我去弄吃的，吃饱饮足好赶路。"

"好吧。"她懒懒地应着，心想：马有草吃，不会饿着，人可难免要饿肚子了，他能找到什么吃的呢？

王诩并不悲观，他有山中生活的经验，振奋精神，取了弓箭到山林里去打猎，准备烤些野味一路充饥。

真是天赐良机，王诩一进树林，就发现了一只羊，可能是在士兵洗劫之时逃脱了的。他捉住这只羊，牵回来向阿姒报捷，说："阿姒，老天爷怕我俩挨饿，赠以肥甘！"

大丧以来，阿姒第一次露出了欣喜之色，说道："天降少牢一具，我们正好可以用它做牺牲，安葬了父母然后进山修行。"

驿亭里，炊具和工具尚全。他俩忙碌了半天，喝了羊汤，掩埋了父母遗骨，祭了祖先神灵，把牺牲的羊肉烤好，装满行囊，然后双双并马而行。

他俩到了载鬼驿亭。山中野兽多，不敢在夜里走山路，便在亭中住宿。

这个驿站并没遭到破坏，只是驿丞、亭长等人都逃光了。他俩拣最好的房间住，自炊，自饮，自食。庖厨里面，剩下的稻米、粟米、油、盐、酒、酱虽不多，但他俩住上十来天也用不了。

莘姒把带来的羊肉切得细细的，加进不少调料，重新烹制一遍，但仍然觉得不如平常好吃。

"阿姒，你歇息吧，两家大丧，怎能食之有味！"

阿诩一句话，又引得夫妻二人抱头痛哭。晚上他俩躺在床上，也根本不能入睡。"阿姒，人是不能与天对抗的，无论是历史之天，抑或是自然之天，都不能呀！还是里长说得对，亲人去了，何尝不是一种解脱，我们活着的人，还得更好地生活下去！"

"道理是这么说，但是，让我怎能不想起爹娘！"

"唉，天地生人，大约就是为了经受苦难吧！"

他俩紧紧相依偎，他们的大智大慧，也参悟不透这天地与人生之道。

第九章　淄帏之林访孔子

第二天早晨，王诩和莘姒的情绪好了些，吃起东西来也感到有味道了，于是准备进山。他们把载鬼驿亭翻了个遍，凡是能吃、能用的东西，都收集起来，驮到马上。在墙上写几句话，留下取用物品的清单。对不起，暂时先借用了吧。

这里的主人，也不知他们是否还在人间。也许在几个月后，人们重新恢复了战前的生活时，来这里接管驿站、迎送旅人的是另外一批人了。无论是什么人，他们将是他俩在山外最近的邻居。

他俩策马到了鬼谷山口。在穿过第一道峡谷，进入第一重天地时，阿姒突然感受到了腹中的胎动。这几个月天葵不至，月水不出，现在证实真是有喜了。

四野无人，她指着肚子对阿诩说："阿诩，你来摸摸！"

王诩纵身一跃，跳到了夫人的马上，从身后抱住她，把手伸入她的衣裙之内。他除了感到皮肉的温暖，再没有别的感觉。他停下马来，细致地抚摩她的丹田处，也感觉不出胎动。但是他相信妻子的话，哄她说摸着了。

夫妻俩故作欣喜若狂的样子，策马飞奔，意在赶走这些日子郁积在心中的哀伤。

到了第九重天地，见到他俩的草庐洞府依旧完好如初。他俩把马安顿在山坡上吃草，便进了屋去。还好，一切用具都没有损坏，虎豹猿猴也未曾前来滋扰过。在这战乱年代，住到这里来生儿育女，也真是人间仙境了。

他俩只用了半天的时间，就把洞穴和几间草屋打扫干净了，庖厨用具也都清洗一遍，带来的羊肉和少量粮食，还有油盐酱醋，都存放妥当。然后，莘姒开始烧水，做饭，炖肉汤。这是莘姒第一次在山里做饭、用餐。他俩就这样拉开了过日子的架势。

晚霞升起时，王诩领着莘姒，骑上他们的雪青马，在洞府周围的树林里巡视一遍。他想让她领略一番这里的美景，体验一下住在山里的心情；而她望着起伏的重峦、无边的层林，感到天地间只有他们两个人，心里不禁生出了一种寂寥和森森然的感觉。

“阿诩，山里有些凉呢。”

“阿姒，不是凉，是凄怆，你是感到了寂寥孤单，感到了人在自然面前的渺小。”

“呃，你说对了，真有点是这样。”

“当初我刚进山时也是这样，习惯以后，就觉得自己与自然融为一体了。”

“那么，你是得道了。你让我出来骑马散步，原来是帮我悟道呀。”

“现在我们一起悟道，比当初我一个人在这里时要从容多了。”

这时，一群归林的鸟儿，飞过岭来落入前面的竹林里。阿姒觉得这些可爱的小生灵，是愉快地回了家。有了家的感觉，令人感到安全与温馨。

“战乱中，这些鸟儿只有在这里才能有它们的家。”

“我们也和它们一样，鸟是我们的邻居呀，这样的邻居还多着呢。我们已经有家了，阿姒，回家吧。”

他俩回到洞府，把两匹马拴在马厩里，就进了居室。

多少个日日夜夜，王诩曾在这里秉烛夜读。他的书还有一些堆在案头，他照明用的松明子也剩有不少，案头有火镰和火石，这些东西都还能用。王诩熟练地摸着了火镰，三下两下，就把火煤子点着了。他噗、噗地几口就吹出了火舌，点燃了灯。于是打开一卷竹简，准备要看一会儿书。

莘姒默默地看着夫君做完这一切，觉得他的道行真是不浅了，心想：这也是自己应该做的，明天一定学会做。今晚是太累了。

“阿诩，早些歇了吧。”

“听你的。我们是该好好睡一觉了。”

王诩曾经独自一人，在这里度过了许多寂寞的岁月，所以当他躺下时，就有一种如归的感觉。莘姒的感受完全不同：她还是第一次在这样的环境里，在这样简陋的卧室中睡觉。她浮想联翩，难以入梦。王诩已经进入了黑甜乡，莘姒还在辗转反侧。她忽然想起了表姐的话：“你那王公子是条龙，我飞不到他那样快，追不上他。我的姒妹，你呀，是只凤，你不仅能追上他，而且能在他身前身后舞翩跹。”她感到表姐太夸奖自己了，自己现在还是追不上他。但她决心追上他，很快适应这深山里的生活。

她身心都疲惫极了，也跟着王诩入了梦乡。

这是他俩来到鬼谷的第一天。以后的许多日子，天天都增长着他们的道行。

就这样，他俩在深山里开辟了战乱的岁月，过着那个时代人间罕见的闲适生活，一住就是许多年。

王诩夫妇隐居鬼谷多年，莘姒只生下一子，并不多产。

山居生活，使他俩悟出了一个道理，称为“出世入世两如之”。他们再也不像老子认为的那样，入世深了，才能出世悟道。

所以，他们身居鬼谷，但并不与世隔绝。相反，与天下各地的交往经常不断。最初的生活来源，就是以在山中狩猎所得的麝香、豹皮之类出山贸易，换些钱财，买些生活用品，并买来奴隶作为道童。家道治理，也极为精明。

岁月不留痕迹。不知不觉间，他们的儿子鬼谷少君已经十多岁了。他的品格学问就像他的父母一样，出众超群，都是他俩亲自培养。而且，鬼谷少君也有一副好身板，跟父母学得一身好武艺、一手好剑法。

山外的时代经历着巨变，五霸逞强的春秋时代将要结束，七雄并出的战国局面正在酝酿。王诩虽是身在山中，对天下大事作壁上观，但也看得客观清醒。他神神秘秘地不时到各国走一圈，回山之后把那些逸闻趣事说给夫人、儿子听。

夫人、儿子也爱出山游历，远近各国，周天子的王都洛邑，母子俩都熟悉。鬼谷少君是个翩翩少年，有时还独自出游。开始，莘姒不放心，曾在暗中保护他。见他能干，身上有一种他爹那样的性格，也就任他独自出山了。

有一回，鬼谷少君从山外回来告诉父母：听人说老子李耳在蒙山修道，不知所往了。

王诩一惊，直觉告诉他，恩师也许病重，也许不在人间了，于是对莘姒说道："阿姒，你赶快为我准备好行装。恩师年事甚高，会不会离开了人世呢？我不放心。我还想去了解先生晚年悟道的收获，必须到蒙山去寻访他老人家。"

"让我陪你去吧。"

"爹，让我也陪你去吧。"

"都不用了，我此番出山，除了拜见老师，还想会会朋友，探讨一些学问。人一多，人家就不便接待，讨论也难深入。还是我一个人去方便些。"

莘姒理解他的心思，也了解他的脾性。他和老子一样，喜欢独自出游，于是对他说："你放心去吧，我和儿子你都不用牵挂。"

莘姒为他收拾行装时，有一种预感，觉得他这次周游天下，日程必定很长。她和儿子对他十分依恋。娘儿俩送行，一直送出了九重深谷，在大路边伫立良久，直到他的身影飘过载鬼亭驿很远，才返回山里。

王诩喜欢独自出行，这样可以减轻雪青马的负担，跑得轻快。雕鞍边的褡裢里只带了两件衣服、少量黄金，再就是腰间挂一柄宝剑，此外别无他物。

王诩纵马向东飞驰，晓行夜宿。不几日，就到了鲁国边境。

去蒙山要经过曲阜。对于这个鲁国首都，王诩已经不陌生了，所以并不打算停留，也不想去见鲁国的王公巨卿。但他一入鲁国，就听人们谈论起私学的事。

自古庠序都是由王家兴办，建立私塾，是这些年才出现的新事。有的国家还没有私学的建立，而鲁国私学颇多，这与孔子的大力提倡有关。这使王诩增加了对孔子的好感，所以决定先去会一会这位老学友，然后再去寻找老子。

王诩在曲阜一家馆舍住下，向店家打听到了孔子办学的地方，便策马而去。

孔子聚徒讲学的地方，有一片郁郁蓊蓊的树林，人们称为“淄帏之林”。王诩来到树林里，马蹄就自然而然地放缓了。他悠然自得地漫步在林间，觉得这里真是一个读书的好地方。前面不远，在林畔有一片清澈的小湖；湖心有一座碧绿的小岛。王诩看不见岛的后面还有路，实际上是个半岛。这个地方，人们称为“杏坛”，那就是孔子授课之处了。

小小半岛上，真的设有一坛，那是一个土台子。王诩隔岸望见，台上铺有苇席，席上设有几案。孔子坐在案前，抚琴唱歌：

沧浪之水清兮，
可以濯我缨。
沧浪之水浊兮，
可以濯我足。

孔子唱着，弹着，忽然嘭的一声，琴弦断了一根。旁边的弟子中有人说道：“先生，可能有人在偷听。”

“不是偷听。我在光天碧水之间弹琴唱歌，乐声融入万籁之中，谁都可以听的。”

“先生，对岸有一个人，像是陌生人。”

“先生，你看，那人骑着白马，穿着白袍。”

弟子们还轻声议论：“看他那装束，该不是鬼谷子吧？”

孔子已经看到了，那确实是王诩。他依然身着在老子那里见过的那种衣装，心想：能与他重逢于自己的学园里，也真是有幸。

孔子悄声对身边的儿子伯鱼说：“鲤儿，你回去告诉你娘，让她准备一席家宴，好了来叫我们。”孔鲤当然明白，爹是要宴请鬼谷子，高兴地领命回家去了。

“有朋自远方来，不亦乐乎？”孔子的喜悦溢于言表，他对一位弟子说，“你快去邀请王诩先生到我这里来，一定要把他请来。”

孔子在老子那里时，与王诩相处还算亲密，离别时也是两相依依。但也知道王诩的性格奇特，苌弘先生多次邀请相见，他都没有去。如果现在亲自去请他，他却不来，自己在弟子们面前就未免有点丢面子。所以孔子把邀请王诩的事让一个学生去办。

孔子把断了的琴弦接好，抬头看时，那位弟子已经到了王诩跟前。他们说话的声音不大，隔着水听不见。但见王诩下了马，把缰绳交给了弟子牵着，二人一边朝杏坛这边走着，一边说话。于是，孔子对杏坛的弟子们说："王诩先生来了，你们可以到路边去迎接他。"

当王诩走到通往杏坛的小径上时，路旁已经站满了孔门弟子。不在杏坛的一些学生听说鬼谷子来了，也跑到这里来观看。

"恭迎王先生！"

"恭迎王先生！"

仲尼的弟子们热情地呼喊着。

"年轻人，谢谢你们！"

王诩脸上带着灿烂的笑容，向学生们答礼。这种情况有点出乎王诩的预料，也出乎孔子的预料，但二人看到这些年轻人，心里都高兴。一贯讲究严格礼节的孔子，也忘了"士相见礼"的规定，快步上前，伸出双手把住王诩的双臂：

"王诩先生，二十多年不见了，今日见于杏坛，是老天爷的安排吧？"

"仲尼先生，你仍然是笃信天命，今日我可是为了学习你兴学之道而来的。"

"不敢当啊，欢迎你来指教。"

二人说着一些互相问候、互相询问情况的话，不觉已经到了坛上。入席落座，王诩环顾四境，近处湖光潋滟，远处林木森森，不禁连声赞叹："好地方，好地方呀！仲尼先生，你的学苑真是令人羡慕！"

"王诩先生过褒了，人如果决心为学，有教无类，天下何处没有佳境。"

"仲尼先生说得好啊，决心为学，有教无类，就足以使天下苍生受福！"

"王诩先生也准备兴学吗？"

"眼下还没有这样的打算，但是，我终究会办起学来的。"

"但愿你早日成功。"

当年在老子那里时，二人的共同见解不多。今天一开始交谈，就有了共同语言，这使孔子感到十分高兴。王诩利用这个契机，详细地询问了孔子办学的情况。

孔子讲授的内容，概括地说是六艺：礼、乐、射、御、书、数。六艺中，重点是礼、乐，教学地点在杏坛。还有一些地方教授其他课程，他也准备领王诩去看一看。这时孔鲤来了，孔子唤他过来："鲤儿，快来拜见王诩先生。"

"拜见王先生！"孔鲤行礼之后，对孔子说，"爹，娘已经备好家宴了。"

于是，孔子请王诩到舍下小酌。王诩看他早有准备，却之不恭，便愉快地接受了邀请。

王诩在仲尼父子的陪伴下，来到了孔府。

孔府建筑并不很气派，只有五间正房，两侧是两间厢房。但院庭很大，足以容纳较多的人和车马。孔夫人亓官氏听孔子说过，老子及其弟子反对烦琐的礼节，所以她今天感到没有拘束，特别轻松、愉快，跑到门口来迎接客人。

"王诩先生，这是内人亓官氏。"孔子在王诩面前也不拘于礼节，随和地把夫人介绍给了客人，又对夫人说，"这是王诩先生。"

"亓官夫人，容王诩叫你嫂夫人吧，打扰你、辛苦你了！"

王诩一句话，就使亓官氏感到亲切。

孔子夫人亓官氏，接待过不少宾客，都是按照孔子要求的礼仪行事，不胜其烦地揖来揖去，跪来跪去；不像今天见王诩这样，拱手微笑就算礼成。按礼节接待那些客人时，自己不能张口笑，说话要垂着头，离开时先要退着走几步；而那些客人也不会像王诩这样叫她嫂夫人，说"辛苦""打扰"的话。

王诩无论到哪里，见任何人，都能很快体察对方的心情，说出的话使人乐于接受。所以，在孔府的家宴上，大家谈得十分融洽。平时待客，亓官氏不能入席，她和儿子孔鲤也不能随便搭话。今日王诩硬是要她娘儿俩同席，随意与他们说话。孔子知道，老聃和他的门生都是这样，所以见怪不怪，自己也变得随意起来。

孔子这样放弃礼，是有他的理论的，称为"庶富贵，行乎富贵；庶贫贱，行乎贫贱；庶夷狄，行乎夷狄”。用老百姓的话来说就是：到什么山，唱什么歌。没想到，礼制严密的孔府，在王诩拜访的几个时辰里，就成了不受礼制束缚的“山野”了。

这也使王诩感到，孔子做事也不是没有灵活性。

没有了礼的束缚，席间的话题就丰富起来。亓官氏和孔鲤感兴趣的是市间关于鬼谷子的传闻，问了许多，王诩都一一做了回答，但仍使他们如在云里雾里。

孔子想起在老子那里的情景，要跟王诩叙旧，而关心的则是老聃对自己的看法。

“我在老聃先生那里，把《礼》都看遍了。先生对礼不以为然，是不是认为我这个人冥顽不可教？”

“先生没有此意。相反，他对仲尼先生的好学精神是非常赞许的，不止一次要我们学习你‘三人行，必有我师’这种虚怀若谷的态度。”

“王诩先生，我学无常师，也就只能这样来充实自己。老聃先生让我向苌弘学《数》，向师旷学《乐》，向师襄学琴，我都照办了，果然大有所获。我是非常感谢的。”

“仲尼先生，我也曾是学无常师，但是，老聃先生的‘道’，确实是深入了我的灵魂。天下的礼，用心数年就可以观止；而道，尽我一生也未必能够参透。”

“老聃先生的道，我真是不懂。”

“人们都说，道不同，不相为谋。仲尼先生，依我看，你主张的礼，无非是想让今天的社会回到文王、周公那个时代。老聃先生要求的道，则是想回到伏羲氏以前那种‘小国寡民’的时代。你们都是希望社会向后退，这不正是你们的共同点吗？”

王诩经过悟道，已经在心里否定了老子的政治理想，而且认为孔子的政治理想与老子相比，只不过是“五十步笑百步”而已。孔子对此感到没有话说。

“王诩先生，你和老聃先生都把道看得那样重要。那道，到底是什么呢？看不见，摸不着，我们在生活中难道不可以不去管它？”

孔子觉得自己问得非常有道理，以为王诩很难回答。

但是，王诩不假思索就说道："仲尼先生，黄帝说：'道若川谷之水，其出无已，其行无止。'此话说得再明白不过了。所以我要说，只有人不知道，而无人不行道。不知道而行道，如瞽者夜行呢。"

孔子又感到没有话说了，心里佩服：这个王诩真是富于才辩呢。

"当年我曾视老聃先生如龙，如今看来，王诩先生你也是龙了。"

"当年你说老聃先生是龙，我就与你有同感。现在你说我是龙，这就不敢当了。要我说呀，我倒对仲尼先生有一比。"

"王诩先生把我比作什么？"

"我们谈的是四灵，仲尼先生好比是四灵中的麟——"

"哈哈，"孔子对这个比喻很满意，而且很动心，"我愿意是麟，我就是麟呀！"

从此，孔子真的以为自己是麟了，直到暮年，还以获麟而悲痛丧身呢。王诩却并不以为自己就是龙。

孔府家宴之后，孔子与王诩又谈了许久。

在他们谈话时，孔府那宽阔的庭院里，三三两两来了许多人。邻家媳妇为了看清鬼谷子，还拿了一只碗走进屋来，口里说着："亓官大婶，我没有盐了，求你借一碗盐给我！"而她的眼睛直往王诩身上瞅，想看看神仙和人有什么不一样。她出来悄声地对站在院子里的人们说："长得忒英俊！"

一个小伙子也进了屋，他对孔鲤说："伯鱼兄，你来，我有事要请教你！"用这个借口，很近地看了鬼谷子。

时间不早了，孔子陪伴王诩匆匆地看了几处教学场所。所到之处，都有学生和老百姓围过来看鬼谷子。

王诩与孔子告别时，太阳已经偏西了。

王诩策马离开淄帏之林时，看见几个年轻人在林畔游荡。他们见王诩来了，便一齐跪到他的马前。

"鬼谷先生，请你收我们为徒吧！"

"请你让我现在就跟你去！"

王诩下了马，扶他们起来，然后再与他们谈话。

"你们从哪里来，怎么知道我在这里？"

“我是仲尼先生的弟子，上午就看见你到了我们这里。”

“我是他的同乡，原先也在仲尼先生这里读书，现在已经离开淄帏之林，到少正卯先生那里去了。”

这些情况引起了王诩的注意：“少正卯先生授徒，与仲尼先生有什么不同吗？”

“仲尼先生的礼太严格了，现在天下纷乱，有谁来讲究这些。”

“少正卯先生呢？”

“少正卯先生的课程要实用一些，而且把道理说得雄辩有力。”

王诩感到，这些年轻人也和自己少年时代一样，强烈地要求学到好东西。但是，学问和器识，还得靠自己去掌握与探索，好的老师只是一种外在的条件。他恳切地说：“朋友们，我要请你们原谅，我不能让你们跟我去。鬼谷还没有设立庠序，我一时也不能收徒。我这次离开鬼谷，有许多事情要做。最紧迫的是要到蒙山里去，寻找我的恩师老聃先生。你们也不要失望，仲尼先生、少正卯先生都能教给你们很好的学问与品行。而一个人的器识，更是要通过自身的努力才能获得。”

王诩的诚恳使年轻人很感动。他们理解鬼谷子，心想：这回不能跟他去，将来也要找机会去向他领教。

“鬼谷先生，如果我们将来到了鬼谷，请你不要拒绝我们。”

“好吧，再见！”

“鬼谷先生，再见！”

王诩回到馆舍，觉得这次访问淄帏之林，最有意义的不是与仲尼先生叙旧，而是看到了他的学校，尤其是见了那些年轻人。

第十章　赞颂老子骑牛上青天

王诩来到了蒙山。

这是鲁国的附庸颛臾国之地。自西北向东南，七十二峰，三十六洞，重峦叠嶂，千沟万壑，苍翠的山岭，蓊郁的森林，绵亘百余里。其中龟蒙、云蒙、东蒙之峰，破雾穿云，直插九霄，尤为险峻。只有鸟兽出没，从来无人涉足的原始森林，莽莽苍苍，渺无际涯。要在这茂密的林海之中，寻找一个隐居的老人，简直就是大海捞针。

王诩骑着他的雪青马，在山里不停地奔走了十多天。在寻访了许多村社之后，终于大体地选定了一条山谷。他确信，恩师最后的行踪必定在这附近一带山里。在谷口的一座山庄里，他细致地询问了各家的青年、老人、妇女和孩子。他们都曾看到老子进了这座山里，还见过他的道童进出山岭。可是山民们都说，许久不见老聃先生了。前些日子，就连他的道童也不见了，人们为他老人家担心，曾四处寻找，也都未找到。

别人找不到，王诩却能找到。他知道，老师修道，喜欢僻静，常居清溪之旁，不会到险山上去。他还知道，老子最爱青牛。这是他的第二任青牛，晚年更是与它相依为命。老牛吃不动衰草，只能吃嫩草，应该循着这样的环境去找。

这样，又找了好多日子。

一天，王诩策马进山，转了几个去处，来到一个碧草如茵的地方。忽见旁边有一山洞，洞口安有柴门。这样的地方是老子最喜欢的。近前一看，柴门之外有一堆白骨。

王诩下马，仔细地察看。发现那是牛骨，尚能辨识牵牛的绳子上那块玉佩，牛角上还有几道他熟悉的刻痕。可以判定，这就是先生那条青牛的尸骨了。

王诩推开柴门进洞，只见老子仰卧榻上，如同睡着了一般。

“先生！先生！”他喊着，可是老子已经长眠了，哪能回应。

“先生，你就这样走了呀！弟子连一句最后的教诲也听不到了！”王诩悲痛万分，眼泪禁不住扑簌簌地往下掉，滴落在老子的卧榻上。他跪下来朝他叩头、膜拜。他没想过老子会死，一直以为还能见面，所以进山时未备香烛。现在，只能撮土为香。

老子的尸身不腐，还发出一股异香。可见他离开人世之前，已经做了充分准备，一连多日以香草所制汤药为引，进了所炼的仙丹。而且，他是预先把道童打发出山，只留自己一人悄悄离去。而那青牛，则是早于他很久就死了，只是他已经没有力气掩埋它。

先生的死，是如此静美，他是不愿在人间留下任何烦扰的。既然这样，也就不必去找他的徒儿徒孙们来为他送葬了。恩师啊，你就这样安息吧！

王诩走出洞来，在山涧里采集了成捆的山花，有幽兰，有野菊，有各种不知名的小花朵。他用鲜花把恩师的遗体装饰起来，然后把青牛的骨架移入洞中，安置于他的卧榻前。又看这柴门难以抵御虎豹豺狼的侵袭，便动手搬来石块，把洞口严严实实地封起来。他累得出了一身大汗，才算完工。

王诩稍事休息，又望洞口拜了几拜，才依依不舍地上马出山。

原来，这里离山外的村庄并不很远，骑马略走一程，鸡犬之声便可相闻。村里人说找不着他，可见人们是不懂得如何去寻找圣贤。

山外的人此时已经知道了，这些日子进山出山那位白袍白马的人，就是鬼谷先生。当人们见他出山来，便都上前询问：“鬼谷先生，你找到李老先生没有？”

“找到了，我向他作了别，就出山来了。”

“鬼谷先生，他在哪条山谷里，我们也想去拜见他。”

“你们再也见不到他了。我和他告别后，走了不远，就听到山谷里飘出了仙乐。回头一看，李老君已经骑着青牛上了青天。他还挥着手里的拂尘，向我招手呢！”

王诩说着说着，又禁不住落下粒粒泪珠。王诩痛惜恩师，在老百姓面前编织着老子离开人世的美好神话。他相信恩师应该是这样的，十分动情。这种天然流露的感情，也感染着在场的人们，他们也都相信王诩的话：老聃先生骑着青牛升天了。

王诩这些话，也是说给世间那些不理解老子的人听的，为的是让他们别去打扰老师的清梦。鬼谷先生说的话，人们自然相信。

王诩这是第一次正式在众人面前承认自己是鬼谷子。

王诩想：许多年前，苌弘、史墨、师旷、亥唐他们都以为自己是鬼谷子，夫人莘姒也这样以为，自己也早就以鬼谷为家了，现在每到一地，老百姓也这样看自己，真不如在世人中隐去姓名。于是，他从此就以鬼谷子的名字远游。

王诩夜宿蒙阴，在馆舍里写号时，第一次用了鬼谷子三个字。

店家用锥刀在竹简上刻写这三个字时，神情异常得意，对王诩毕恭毕敬，派人给他准备了最好的房间，安排了温汤沐浴。浴后回屋，好酒好菜就已经送到屋里来了。

王诩唤店小二，再取一副杯盏来。

王诩把上座让给恩师，为他置箸、斟酒。他想着恩师独自一人躺在山洞里，就不禁热泪盈眶。

“先生，请用酒吧！”他就这样开始了与老子的对话，就像在与恩师对酌一般。

“先生，自从两渡流沙归来，你我师徒二人分手，二十多年没有见过面了！”

他将先生杯中的酒捋于地上，又斟上一杯。

“先生，二十多年来，我已经悟到了正道。先生修道不止，先生之道，一定比弟子更高呀，可惜我来迟了，不得以闻！……”

馆舍主人见鬼谷子添了杯盏，还以为他是要人陪酒呢，便选了一位清秀的姑娘来侍宴，为他斟酒。王诩挥挥手，让她去了。

主人以为姑娘不好，领了她来赔罪："鬼谷先生，请你原谅这个小姑娘，她家穷，没有教养，使先生不喜欢！"

王诩笑着说："主人家，你弄错了，小姑娘很好，只是我需要安静，喜欢自斟自饮，你们去吧。"王诩说着，又从袖子里取出一枚金贝来，递给小姑娘，抚慰她说："拿去买点东西孝敬你的父母吧！"

"多谢先生！"姑娘感激得流泪了，跪地叩头，然后离去了。

王诩一边用着餐，一边继续与老子说话。多年师生情，两渡流沙苦，一桩桩都涌上了他的心头。他也不知道是饱、是饥、是醉、是醒，不知道自己是在做什么、为什么。

街头木铎敲了二更，馆舍主人小心地来问："鬼谷先生，还要酒菜吗？"

他这才知道，应该撤席了，于是让小二收拾了杯盘碗盏去。他责备自己："王诩呀，恩师登仙，你就这样不能自持，还称得上是悟道之人吗？"

没有人知道恩师出生于何年何月，也没有人知道恩师去世于何年何月，但是，王诩从他经历过的事件，计算出老聃先生的年龄，应在一百一十岁以上。先生以如此高龄而仙逝，也是人间难得的了。

王诩脑子里萦绕着老子的形象，倒在上床睡觉，也久久不能入梦，听着街头打了三更才合上眼。

一合眼，他就在梦中见到了老子——

"是王诩呀，你来！"

他听到了恩师的召唤，就觉得自己身轻如燕，飘飘然上了云端。

先生骑着一头青牛，在云中漫步，手里还牵着另一头青牛，对他说："你看呀，青牛兄弟已经团聚了。这一头是你的，你来骑上，我领你走一走，说几句话！"

"多谢先生！"他说着，便骑上了青牛，与老子同游云间。

"不要说谢，为师已经升入仙班，仙人就是真人，真人是不俗夫，只有俗夫才会让人们对自己感恩戴德。你也将会列入仙班，到那时，你就可以做逍遥游了！不过，你在凡间还要做许多事情，最主要的，是选择一些弟子，度他们为真人。”

“先生，学生还没有弟子呀？”

“你应该接收弟子，那仲尼不是有许多弟子了吗？你也会有许多优秀的弟子，要注意其中那些可以度入仙班的人，多帮助他们。”

“先生，我应该怎么做？”

“你不要性急，要一步一步地去做。”

“先生，怎样才算是真人呢？”

“真人是至善的、宽仁的、完美的人，是道法自然的人，是无为而无所不为的人，是能做逍遥游的人，是为人而不图人感恩戴德和报答的人……”

“先生，我怎么才能做到呢？”

“这就是修道呀！”

“如何修道呢？”

“你知道，还问什么，就像你所做的：知道、悟道以致于得道！”

“先生，你西出函关，两渡流沙，所悟之道还没授予弟子呢？”

“你不是陪着我去的吗？”

“先生何以认为弟子曾伴你两渡流沙？”

“当时不知道，得道之后我就悟出来了。”

“得道之后，是何感受呀？”

“得道之后，能看清过去、现在、未来之事，无我而有我，无为而有为，不囿于自身，就可逍遥于天地之间了。”

“先生，我怕达不到那种境界了。”

“你能。我两渡流沙之行，所悟之道，就是懂得了凡事不可为之过甚。为之过甚，就有违道法自然了。我那时是被穆天子的经历迷惑了，才执意西行的。这些方面，你比我看得更清楚呢，所以我知道你能成为真人。”

老师的夸奖，使王诩感到惭愧，但也使他增强了信心。

忽然，他感觉到云彩在降低，仿佛就要接触到石山、松林，都能听到林间的鸟噪声，还有车马声、人声。

原来外面已经天亮了，馆舍主人轻轻推开房门，见他在说梦话，便又轻轻退出去，关好了门。

王诩是被外面的人声、车马声吵醒的。不过，他睡的时间已经不少了，醒来时，阳光已经照到窗台上了。

王诩听到馆舍主人在招呼着门前来看他的人们，不许他们喧哗：“请诸位安静！鬼谷子从山中出来，太累了，让他多睡一会儿！”

王诩觉得昨晚的梦很有意思，可以说是自己悟道的总结了。只可惜这梦做得太短了，再也追不回来了。

这时，人们已经知道他醒来了，即有人送水来供他盥洗，随即又有人把早餐送进房里来。在他用餐的时候，馆舍主人进来了。

“鬼谷子先生，令尹大人一大早就派车来了，由邑大夫领着，要接先生去府上相叙，先生去不去？”

“当然要去，我来此地，本应前去拜访的。”

“令尹大人在府中为先生准备了上房，先生在本馆的一切用度，也由令尹府来结算。先生何时出行，叫小人送你上车就是了。”

“主人家，我不坐车，请你让令尹府的车马回去吧，留下邑大夫为我领路，我骑着我的雪青马去就是了。”

“小人遵命！”

馆舍主人退着从屋里出来，心想：仙人自有仙脾气，坐上令尹大人的车多么威风，他偏不坐，要骑马。

蒙阴令尹一面派出邑大夫，领了自己的车马仪仗去接鬼谷子，一面又准备好鼓乐班，在门前相迎。远远见到仪仗队和车马回来了，便立即吩咐奏乐。顿时，令尹府门前鼓乐喧闹，满街的人也早就出来看热闹了。

邑大夫手下的一个差人，抢在车马仪仗之前赶到了，他跃下鞍来，向令尹禀报道：“大人，鬼谷先生不在车中。”

“鬼谷先生不肯来吗？”令尹感到颇有些难堪。

“大人，不是的，鬼谷先生随后骑着自己的雪青马来。”

令尹放心了。他也明白了：仙人不喜欢喧闹。他望了望车马、仪仗、鼓乐队，吩咐道：“全都撤回去。”转身又对一个小厮说，“去告诉夫人，午宴之乐也改用清新之乐。”

令尹责怪自己，怎么就没想到道家喜欢清静？于是他又吩咐："把门外那些看热闹的人也赶回去。"

不久，就见两乘人马款款走来。前面一位是邑大夫，后面那白袍白马、飘飘欲仙的人，就是鬼谷子了。

两人在令尹府门前下了马，令尹即上前迎接："鬼谷先生来到鄗邑，是邑人大幸！关照不周之处，还请先生见谅！"

"令尹大人言重了！草野之人来到贵邦，本应先来拜见。只因我寻觅恩师踪迹心切，疏了礼数，倒是要请令尹大人谅解了。"

"先生客气了，快请到屋里相叙。"

进到令尹府正堂之中，互相见礼之后，蒙阴令尹与鬼谷子分宾主席地而坐。

"先生入山，可曾见到了李老先生？"

"在下真是不枉此行，已经见到了恩师老聃先生。他留下了不少踪迹，确实是在蒙山之中，跨上青牛白日飞升了！"

"李老先生以鄗邑为飞升之地，真是邑人最大的荣幸！"

王诩一句话，就使恩师之死有了官方的结论。地方官的这句话，载入简册，老子的终身之秘就定谳了，从此史家也就相信，便无他说了。

令尹与王诩说了一会儿话，看看时间已经不早，便吩咐准备开宴。他轻声对王诩说："鬼谷先生，拙荆说她与你曾有一面之缘。听说你到了蒙阴，早就想要见你。只是她要亲自指挥庖厨，所以到现在还没有出来。"

令尹的话使王诩感到意外："我何时见过这位令尹夫人呢？实在是想不起来了。"

令尹向后厅高声唤道："夫人，你忙得差不多了吧，快出来见鬼谷先生！"

厨下之事已经准备好了，乐舞也已安排妥当，令尹夫人回房整了整装，对着铜镜看了看自己的脸，就挑开珠帘，向令尹府正堂走来。

她本不是忸怩之人，还没跨进令尹府正堂，就先传来了她的声音："王先生，二十多年过去了，没想到还能相见，这真是我一生的大幸呀！"

她进屋来，对王诩微微屈膝行礼，说声"王先生别来无恙"，然后就在令尹侧面席地而坐。王诩看着她那麻利、泼辣的劲儿，就想起来了，自己见过的女子中，除了莘姒，只有她是这样的了。当看到她的面庞，便认定是她了，于是说道：

“是女史夫人呀，别来无恙！”

“鬼谷先生，你为何称拙荆为女史？”令尹感到有点如在云里雾里。

令尹夫人只是微笑，不吱声，回想着当年在周公测景台的情景。

“令尹大人，”王诩回答他的话，“我称夫人为女史，是想起当年见面时，她是苌弘天官的女弟子。后来，拙荆莘姒又跟我谈起过她，说夫人是她的表姐。如此，夫人也就是我的表姐，大人应该是我的姐夫了。”

令尹夫人说：“我的表妹福气好，有你这么个妹夫，我也感到荣幸！”

原来还有这么一档子事儿，蒙阴令尹高兴地笑了。

“哈哈！天下有这样的巧遇，真是可喜可贺呀！”他拉起王诩，说，“好哇，我的好妹夫，我们去用午餐吧，今日可要开怀痛饮！”

令尹府的午宴就设在后厅，出了正堂的后门，穿过一片花园就到了。令尹夫人把宴席准备得很丰盛。宴上用了二佾之乐。夫人知道修道的人喜静，令尹又派人关照过，所以十六个女子轻歌曼舞，用的都是清新雅致之乐，王诩觉得非常可观。

令尹夫人想：在过去的岁月里，莘姒、王诩可能和自己一样，经历了失去亲人的痛苦。她又体谅到，现在王诩心里必定会为老子而悲痛。她从莘姒那里知道，王诩与老子师生情谊很深，老子两渡流沙，他都在暗中相护，现在失去了恩师，心里怎么能不伤悲。她将心比心，自己现在还牵挂着恩师苌弘在朝廷的安危呢。想到这些，她就特别选了一首桧国的民歌《隰有苌楚》。这是一首身处战乱、失去家园和亲人的人，抒发心里悲苦的歌，是她在逃难的路途上经常咏唱、聊以自慰的一首歌。席间，歌者以清幽婉转的嗓音唱道：

低洼地里那羊桃，
枝叶复苏随风摇。
多么茁壮啊多么美好，
乐呵呵地啥也不知道！

低洼地里那羊桃，
繁花灿烂如彩霞。
多么茁壮啊多么美好，
乐呵呵地不愁没有家！

低洼地里那羊桃，
果子甘甜压弯枝。
多么茁壮啊多么美好，
乐呵呵地不恋亲人和儿子！

苌楚即羊桃，现在称为猕猴桃，低洼湿润的地方到处都可以生长。在那战乱的岁月里，人们经历着失去家庭和亲人的许多痛苦，就羡慕那些没有知觉和情感的草木。

王诩观赏了这番歌舞，失去恩师的悲痛仿佛从内心里得到了缓解。不期而遇的主人和客人，在心灵的层次上沟通起来了。

“表姐，”酒过三巡之后，王诩对令尹夫人说，“莘姒曾说，姐夫是周天子朝廷里的大夫，你们怎么到这里做起地方官来了？”

令尹代替夫人回答：“好兄弟，官场的事真是一言难尽啊。还不是因为苌弘先生与叔向不和，殃及了我们。于是我们就离开朝廷，到属县去做令尹。不久秦、晋大战一场，三水一带十室九空。我们有幸逃到了鲁国，来不及逃走的人，还不知死了多少呢。”

令尹夫人说：“我们曾赶到家乡去营救父母和莘姒一家，但是去晚了，所有亲人都在那一次失去了。”说到这里，令尹夫人垂下头，抹去了眼泪，半天才又继续说，“我失去了父母和亲人，是靠我的夫君才支撑下来了。我想，阿姒如果没有你，恐怕也难以渡过那一关。表妹她现在好吗？”

“她现在很好，我们的儿子也长大了。看来，大难来时，我们两家都一样，是夫妻共患难。你们逃到鲁国，我们则是进了深山。”

“你们是到了鬼谷吗？那个地方虎豹豺狼很多，好多人到了山口都不敢进去呢。”

“没有那样可怕，其实那里面山水之美，可以说是达到了极致。我早就在鬼谷最深处做了个窝，我们这一辈子是不会到别的地方去了。”

宴席上，互相说了许多家常话，又谈到了师友。

令尹夫人长长地叹了一口气，对王诩说："你的恩师老聃先生，活到如此高龄，自然终老，骑牛上天虽是神话，但也可以称得上是《洪范》九畴所要求的'考终命'了。可悲的是我的恩师苌弘先生，陷入了天牢，还有人欲置之死地而后快呢。我担心他死无葬身之地，我们这些无能的弟子，没有人能救得了他……"

令尹夫人泪珠滚滚，说不下去了。

王诩很久没有去洛邑了，也没去留意连一般诸侯都不如的周天子朝廷。说到苌弘，他感到自己是愧对师命的，因为老子早就要求他，要有仲尼'三人行，必有我师'的态度，与苌弘做些交往。但是，他没有对令尹夫人表示什么。

宴后休息，王诩心里想的，还是老聃先生。

令尹处理日常政务去了。夫人来和王诩说话，她特别细致地询问表妹莘姒和外甥鬼谷少君的情况，只想多听一些。她少女时代对王诩的那种爱慕之情，虽然被岁月压抑下去了，但是，现在面对面坐着，对他依然有一种亲切、信任的感觉，愿意把心里的话都对他说。她现在除了丈夫和儿子，已经没有任何近亲，莘姒和王诩是她仅有的还活着的亲人了。

王诩理解她，因为他们都有过共同的遭遇。他把阿姒和少君的情况、他们山中日常的生活细节，都说给了她听。

"你俩是我最羡慕的。鬼谷那么好，我真想去看一看。"

"我们全家欢迎表姐光临。"

他们又谈起鬼谷子这个名称的来历，王诩说要感谢苌弘先生那幅画像。这又勾起了她少女时代的梦想。

"我的好妹夫，这么多年过去了，我还不能忘记当年在颍水之滨的竹林里，你对恩师说的那些话。"

"那时我年轻气盛，对苌弘先生的评价可能失之严厉了。"

"你能这样说，我很感谢。当时我被你说得无言以对，回来后我仔细想，恩师性格上是有缺点的，他喜欢弄神弄鬼也是一个毛病。但是，他的内心并不坏，他爱人而又敬业，他在天文历算方面的成就，是很少有人能与他相比的。反过来说，妹夫你，现在不是也喜欢制造一点神秘感吗？你敢说不是？”

“表姐，你现在厉害起来了呀！”王诩还是第一次被人点到痛处，“我承认是的。我是在成了老聃先生的学生、西渡流沙见了西王母之后，又经历了诸多战乱之苦，才感到需要利用这样一点云雾的。”

“视神秘气氛为存身云雾，这样做，苌弘先生和老聃先生比你早得多。”

王诩点头表示赞同，又说：“表姐，老聃、苌弘两位先生到底还是不相同的。鲁国那位仲尼先生，表姐应该是知道的吧。当初他就把老聃先生比作龙，前些日子我见到仲尼先生，把他比作麟，他表示同意。现在，我想把苌弘先生比作蛇。龙和蛇，都需要借助云才能腾飞。但是，它们是不同的。”

她赞成鬼谷子的比喻：“我明白了，神秘是你们的云。可是，那苦命的蛇，永远不能再有它的云了。”

她说着说着，又开始落泪了。她这样念念不忘地谈论苌弘，王诩已经看出，她是想请自己去救苌弘，但是，她始终没有把这话说出来。王诩想：也许是自己当年竹林里的话给她印象太深，使她对自己不再抱希望。

王诩在蒙阴令尹府小住，心里总是回顾着在馆舍所做的梦。是自己日有所思呢，还是恩师在天之灵特意托梦给自己，对自己有所教诲？

表姐又谈了狱中的苌弘，他也实在可怜。自己和苌弘是有些缘分，恩师也说过应去见他，可是自己一直不理睬他。现在恩师去世了，去见苌弘，就算是完成恩师的遗愿。想到这里，他决定先去看看苌弘，必要时，按表姐的心思去给他一些帮助。

表姐领着她的儿子在院里玩耍。这孩子长得像母亲，清秀可爱。

令尹来到屋里闲坐，对他说：“妹夫呀，犬子十多岁了，已经在邑中进过蒙馆，现在要出外就学，不知去何处为好，请你为我出个主意吧。”

王诩感到，现在不比二十年前了，可以读书的地方已经不少：周天子王都洛邑、晋国、郑国、宋国、齐国都有好的庠序；天子失官，学在四夷，如果不抱偏见，被称为蛮夷的吴、楚两国也可以去就学，但是中原之人没有去南方求学的。

蒙阴是颛臾的属地，王诩想了想便说："小外甥要读书，也不必舍近求远，依我看，去曲阜就很好。"

"听说曲阜学校也不少，你说说，哪一家最好？"

"曲阜的学校是有好多家，但从现在的情况看，较好的先生只有两位。"

"是哪两位？"

"一位是少正卯，一位是孔仲尼。"

"嗯，我也知道这二位，他们之中选择哪一位好呢？"

"二位先生各有所长。仲尼先生我最了解，他曾和我受业于恩师李老君，现在淄帏之林，设杏坛授徒，前些日子我才去过那里，他的弟子中多有贤者。不过，仲尼弟子中已经有人到少正卯那里去了。我没有见过少正卯，不了解他的具体情况。"

"是这样，犬子便到仲尼先生那里去请业了。"

蒙阴令尹夫妇都非常满意这次相聚，一再挽留王诩多住些日子。但是，王诩此行的目的只完成了一项，现在心里又增加了对苌弘的牵挂，他哪有心思久留。

临行前，令尹准备了车马送王诩起程，又赠给王诩黄金二十镒。王诩不用车马，但是拗不过表姐的情谊，把黄金收下了。

第十一章　救助苌弘成蜀碧

王诩把恩师生前所说的话，以及梦中说的话，都当成恩师的遗命来执行。

这次离开鬼谷时，他本来准备在找到老子之后，前往吴、越一游。现在表姐的愿望萦绕在他心里，使他暂时搁置了南游的打算，掉转马头西行，回洛邑去见苌弘。

他回想：自己与苌弘在梦中神交三年，实际上彼此都长了学问，他主动寻觅自己，而自己一再避开他，恩师又一再劝自己见见他，如此说来是自己不尽情谊了。想到这些，他一改平日出游那种潇洒、从容的态度，快马加鞭，急速赶路。

不数日，人们就看到这位白袍白马的仙人飘然到了洛邑。

人们只感到他行踪的神秘，看到他出入于周天子的王宫和馆舍之间，却不知道其中的隐秘，以及故意造成的神话。

王诩探听到了，苌弘真的被关进了天牢里。他是三朝老臣，何以落到这种地步？有关苌弘的传闻颇多，但在王诩看来，都不可信。是何罪名，一时还弄不清楚，只有见了他本人才能确定如何救他。

晚上，馆舍主人亲自送酒菜来款待鬼谷子，王诩邀他共饮。

“主人家，请坐下来伴我小酌吧。”

“多谢先生。小人也正想向先生打听，有没有办法救出天官。”

“我还没见到他本人呢，现在也难说。”

“天官是个好人啦，他的本领也大着呢！”

馆舍主人喝下一杯酒，开始讲苌弘的故事——

还是在灵王的时候，苌弘天官曾经修建一座招神台。他请灵王登上台去，就见云天漠漠，两个神人乘云而至。头发、胡须都是黄白色，穿羽衣。灵王迎接他们坐在席上。

那时天旱，大地干裂，草木可燃。一个神人说，他能降霜雪，于是引气一嘘，就满天雪花飘飘，坐中之人感到寒气袭人。王宫里的池水、井水、河水都结了冰。灵王便令人取狐腋素裘、紫罴文褥来，这两件宝贝都是西王母贡献的。另一个神人说，他能降炎风，于是用手指弹席上，不久薰喧入室，坐中之人感到暖烘烘的，素裘、文褥都抛弃不用了。

那时天下诸侯，许多人都不来向周天子朝贡，朝廷势力衰微。苌弘就设了狸首，就是布袋人，写上不来朝贡的诸侯的名字，用针刺之，这些诸侯便心痛致死。因此，各国诸侯都深恨苌弘天官……

馆舍主人讲的故事，王诩是知道的。苌弘喜欢弄神弄鬼，不走正道，这也是自己当年规避他的原因；恩师说他不能登入仙班，大约也是这个缘故。他设狸首，不一定能使周朝受益，但却把天下诸侯都得罪了，这也是他的不智。

人啊，怎么能做这些阴邪之事！

王诩想：“这些年来，我若是不避开他，也许能影响他舍弃这些恶德，使他不至于落到这步田地，有个好的结局。”

王诩用计策和黄金打通了关节，得以去狱中探视苌弘。

在那潮湿、幽暗的囚室里，王诩的眼睛什么也看不见，过了半天才习惯下来，看清了躺在木榻上的苌弘。他卷曲着身子，像一只大虾，身上盖着薄衾。他的头发、胡须都像一团乱麻，瘦骨嶙峋的脸没有血色，深深陷在眼窝里的两个眼珠子，倒是还能转动。王诩想，这哪是当年梦中那个充满智慧、学问渊博的苌弘天官呀！

苌弘眼珠子突然亮起来了，忽地站起身来。

“是鬼谷先生！你叫我找得好苦哇！”他顿时老泪纵横，露出了会心的笑容。

“快坐下，苌弘先生，请快坐下来说话！”

“鬼谷先生，真的能与你相见，我这一生也算不枉活了！”

“你别这样说，只怨我没及时来见你。现在我要想尽办法，使你出狱。”

“鬼谷先生，这是不可能的了。虽然说人不可能看见自己的前途之门，但是，当大限来时，前面的门就对自己敞开了，是能看清楚的。不是我犯下了什么罪过，而是人家设定了陷阱，必须陷我于死地！”

“是怎么回事呢？”

“说是天下诸侯都恨我，但他们都离我很远。真正要我命的，是离得很近的两个人。一个是周朝内史叔向，一个是晋国执政赵鞅。”

“他们有什么凭据吗？”

“叔向伪造了一封信，说是我写给他的，他故意泄露给天子。信中说：‘请你为我告诉晋君，与君所定的时间到了，为何不快举兵？’他陷我向晋国出卖周朝。”

“这样的事，天子也会相信吗？”

“他是内史，常在天子身边，用了什么方法使天子相信，我不甚清楚。”

“赵鞅的凭据是什么呢？”

“他咬定晋国的内讧是由我挑动起来的。其实，何须我去挑动呢？晋国那些大家族争来斗去，从来就没有停息过，由六家变五家，变四家，现在是三家，天下皆知。前任晋国执政赵武，早就想要置我于死地；现任执政赵鞅是继承祖父志向，更是不能放过我。”

“看来，说服赵鞅很不容易，说服周天子倒是可以做到的。”

苌弘摇着头说：“鬼谷先生，这事已经没有余地了。天子后来知道了，那信是叔向造假的，才不杀我。但是他也不敢放我，因为赵鞅是绝不会饶我的。还有什么可说？”

“这么说，你若是被晋国要去，离开周朝，就会很快死去，在这天牢里倒可以不死，能活下去。”

“正是。不过现在对我来说，早死、晚死已经无所谓了。但是若到晋国，我会死得很惨。鬼谷先生，你能帮我的第一件事，是不让晋国引渡我。”

“还有第二件吗？”

“是的，请你找个可靠的蜀人，我死之后，葬我于蜀地。”

“请苌弘先生放心，这两件事我都能做到。还有别的事吗？”

“没有了。”

这时，王诩才仔细观察苌弘，看了他的面颜，又看他的手，还问了他的生辰，然后掐指计算起来。

“鬼谷先生，你不用算，我自己知道气数将尽，所以求你助我后事。”

王诩想要试一试，与气数做一次对抗，尽力来救苌弘于不死，于是说道：“我对苌弘先生有一个请求。”

“鬼谷先生请讲！”

“我会说服天子不杀你，但你在狱中也不要轻生。活下去，可以悟道，只有闻道，才不愧在世间为人一生。”

“鬼谷先生字字珠玑，苌弘永志不忘！我们相见太迟！只是你的一片心意恐怕难以实现，人力不能胜天呀！”

“让我为你尽最大的努力吧！”

苌弘点了点头。

二人还有话没谈完，狱吏来催促了，王诩只好离去。

王诩离开牢房，被外面的阳光刺得睁不开眼。看看时间尚早，便向宫里走去，想到便殿去见一见内史叔向，与他谈谈，并请他安排谒见周天子。

接待王诩的小史说：“叔向大人年事甚高，近来常常生病，很少侍候君王了，谒见之事不由他安排。鬼谷先生，在下倒是听天子问起过你。召见之事能成，你先回去等候吧。”

小史一番话，使王诩感到保护苌弘的事尚有可为。叔向不在天子身边，事情就好办多了。他心里高兴，正想离开这间便殿，就听到从宫中传来一片脚步声，说笑声中，颇有一些莺啼燕语的女子嗓音。

小史把王诩推入里间："圣驾来了，鬼谷先生，请你暂避！"

原来是天子要散步，由小史二三人在前引路，宫女三五人簇拥着，经过这间便殿，走向林苑。

当今的天子是周景王姬贵（公元前544年—前520年在位），登位好多年了，也无所事事。他还是在做太子时，就颇知道一些老聃两渡流沙的故事，又听过一些关于鬼谷子的传闻。他听见便殿里有人声，转身问道：

"里面是谁呀？"

小史急忙上前跪奏道："陛下，是老聃先生的弟子鬼谷子。"

"啊，是他来了，不必回避了，寡人还想见见他呢。"

外面说的话，王诩都听见了，但他还是从容不迫，等着小史前来宣旨，然后飘然出来，行跪拜大礼，朝见天子："草野之臣王诩，叩见君王，祝愿陛下，万寿无疆！"

"好啦，好啦，快快起来吧！"

"臣谢恩！"王诩说罢，不客气地站起来，垂下两手，立于周天子之侧。

"王诩，你就是鬼谷子吗？"

"陛下，自早年的天官苌弘至今日的百姓，都称微臣为鬼谷子，我已经习惯了。"

"日前寡人曾听说，你去蒙山寻找老聃先生，可曾见到了他？"

"微臣在蒙山见到了恩师，他已经跨着青牛，白日飞升了。"

"果然有此事呀，看来，还是做神仙逍遥自在呢。鬼谷先生，寡人要去游园了，你愿与寡人同游吗？"

"能陪伴陛下，是草野之臣终生大幸！"

"那好，随寡人来。"

周天子的灵沼，荡漾着清澈的活水，养有天下游鳞，最可观者，是金色之鲤、火红之鲫，这便是金鱼的祖宗了。

周天子的灵囿，养有各种珍禽异兽，最可观者，不是所谓凤凰、麒麟，也不是犀牛、大象，而是西王母送来的豹斑长颈之鹿，还有丹顶之鹤。

周天子的灵圃，千百种奇花异草，世间所无，最可观者，春有牡丹芍药，秋有大荔之花。

周天子的灵台，本是仰观俯察、观天候气之所，是王诩最看重的地方。但是现在，这里的观台只是供后妃们游玩，完全失去了它的实用价值。

王诩嗟叹道："可惜呀，天官不在这里，没有人来洞察天地之间的奥秘了！"

周景王姬贵听到这话，心里有所触动。姬贵明白，鬼谷子是怜悯苌弘。苌弘也确实有些冤屈，但是他弄神弄鬼，若让他再来登台，观天候气，也会使人心神不宁，朝中老臣也会议长论短，他还会在天下诸侯中招来事端。

姬贵只管在园中赏花观鱼，对王室的衰落早已木然处之，也不去接王诩的话茬。但王诩已经看出，他想到了苌弘的事，只是不便表态。

姬贵默默地在园中走了一会儿，又与王诩交谈，他所关心的话题，是当年老子西渡流沙会见西王母的事。

"鬼谷先生，李老君得到了不死之草，又被强盗抢去，真是太可惜了！"

"陛下，那西王母之地，是只知其母、不知其父的野蛮之邦，纵然有不死之草，日子过得浑浑噩噩，活一千岁又岂有幸福可言。"

"人死之后，真会变成鬼吗？"

"陛下，鬼神之事，是万古之谜，信之则有，不信则无。"说到这里，王诩加重了口气，"但是，人在大冤大屈之中死去，必然化为厉鬼，以图伸平冤孽。所以，为人处世，不可不存公平之心。"

"如何伸平冤孽呢？"

"陛下，冤有头，债有主，上天有眼，不平之事总会有报应的。比如叔向大人陷害了苌弘，苌弘下狱之后他就大病不起。"

鬼谷子到底不放过这个话题，这事不便当众谈，姬贵便屏退左右，只领了王诩一人进入灵台，进行密谈。

"鬼谷先生，狱中的苌弘和晋国的史墨，二人都说你深通天之历数、地之术数、人之气数，学问在他们二人之上。在你面前，寡人不说假话。苌弘、叔向二人之间的事，确实是有冤情，应如何处置，请先生教与寡人。"

"陛下，叔向对先王和陛下都很亲近、忠诚，他不信鬼神，而苌弘喜鬼神之事，共事长久，互相发生龃龉自然难免。但是，叔向所为，是太过分了。苌弘设狸首，本意是为王室；而叔向作伪，则是徇私情。所以，苌弘下狱之事使叔向心神不宁，以至于生出病来。”

姬贵感到鬼谷子言之有理，可是，事已至此，自己也不知如何处置，又真怕苌弘死后变为厉鬼，使自己不得善终。

“鬼谷先生，寡人当如何处置二人呢？”

“叔向已经老了，又有病，陛下可以多给安抚，让他致仕。他不在朝廷里了，就会少生出许多事来。”

致仕，就是告老退休了。这个办法稳妥，姬贵听了点头同意。

王诩又说：“陛下，苌弘的事弄到了这种程度，就难处置了。按理本应为他昭雪沉冤，放他出狱，官复原职。但是，其一，他人也老了，也难继续观天候气；其二，晋国执政赵鞅不会允许他出来；其三，朝廷多数臣僚与叔向一样，不希望他出来，不愿见他得到昭雪，这只怨苌弘自己，平日得罪了那么多人。”

说完三点，王诩不往下讲了。他看看姬贵，这位天子一直在点头，见他不往下讲了，便说道：“鬼谷先生，有话请直说。”

“陛下，即使没有第三条，也不能释放苌弘。”

“为什么呢？”

“现在晋国一再要求引渡苌弘，意在立即对他施行酷刑，或凌迟，或车裂，可见衔恨之深。如果苌弘出狱，晋国必定暗中派人来刺杀他。所以，释放他，为他昭雪，就是让他速死。只有陛下的天牢，才能保护他的性命。”

姬贵自从发现叔向伪造书信，就为苌弘下狱感到不安，不知如何处置，晋国又不断地来要人，使他头痛，一筹莫展。听了王诩一番话，感到清醒多了。

“鬼谷先生，寡人明白该如何处置了，只是难以对付晋国，对苌弘天官也难交代。”

“请陛下放心，让我到狱中去说一声，苌弘天官就会理解陛下的一片苦心。至于晋国，微臣也有办法前去说服他们。陛下只须把天牢安排得安全、舒适些，让苌弘先生能够读书、著书，在最后的日子里不要受到委屈。”

姬贵听了很高兴，在宫中赐宴，用了天子之乐、八佾之舞来招待鬼谷子。然后，又让他作为密使，暗中去新绛游说，赐给他黄金二百镒，全用兼金，便于携带。

王诩离开王宫前，再次去天牢看苌弘。

“苌弘先生，刚才我已经见过了周天子。”

王诩做事如此神速，使苌弘非常吃惊，难以相信，问道：“真的呀？有什么结果？”

“天子完全知道了你的冤屈，但又非常担心赵鞅不会放过你，你一出狱，就难免被他派人杀害。”

“是啊，狱中倒成了我保全性命之地。”

“也只能如此，以观其变。天子已经答应了两件事：一是让叔向致仕，再也不会来干扰你；二是好生待你，改善你在狱中的环境和生活，使你能读书、著述。”

“苍天如有眼，这是我最好的结果了。现在唯一要致我于死命的，只有赵鞅了。”

“我已经受命秘密地去晋国游说他。”

“以我对赵氏的了解，不能抱什么希望。所以，请你一定找到蜀人，安排我的后事。”

“你放心吧。今天已经不早了，明天我还来看你。”

王诩所住的馆舍里，就住有不少蜀人，其中还有苌弘的弟子，他们欲救恩师，也苦无门路。鬼谷子愿意相助，他们十分感激，自然愿意接受料理苌弘后事的托付。后来，是他们葬了苌弘，三年之后苌弘的骨血化为蜀碧。

第二天，王诩再到狱中去向苌弘告别。见狱中待遇已经改善了，苌弘脸上也有了笑容。他俩就在天牢里饮酒话别。

王诩回到馆舍，考虑如何去晋国。二百镒黄金，一镒二十四两，虽是兼金，比普通黄金轻了许多，但是带着重金旅行也不方便。王诩只好买了一匹马驮着，先送回鬼谷，然后再去新绛。

第十二章　晋平公赠金

王诩这次出山，回来得这样快，莘姒母子都感到意外。

儿子去为父亲牵另一匹马，搬马背上的褡裢，感到沉甸甸的，就喊道：“娘，爹带回来这么多黄金！”

“阿诩，这是从哪里得来的？”

“抢来的！”

“说正经的，你找到老聃先生没有？”

“找到啦，别性急嘛，有时间慢慢说。”

夫人为他准备香汤沐浴，儿子侍候他宽衣卸装，将黄金抬入密室保存。

太阳西斜时，一家三口在洞府饮宴，王诩开始讲他这次出游的故事。

王诩对夫人说：“阿姒，我送别恩师，走出蒙山，见到了以前想要和我相好的那一位女子，我的表姐。”

“胡说，你哪有什么表姐，我才有！”

“那不就是我的表姐吗？”

“是她呀，经历了这么多离乱，她还好吗？你快说说呀。”

“他们夫妇都很好，姐夫在蒙阴当令尹，他们的儿子比少君要小好几岁。”

莘姒很着急，想要知道表姐家庭生活的各种细节。少君是第一次听说山外有亲戚，也着急了："爹，娘，你们说的都是谁呀？"

莘姒说："是你的姨父、姨妈和表弟。"

"我要去看他们！"少君听说自己还有这么多亲人，心里非常高兴。

王诩说："你们娘儿俩这样打岔，我这次出去的故事三天三夜也讲不完了。"

"好，好，你从头说起——"

王诩从去淄帏之林、进蒙山，讲到夜宿蒙阴、在令尹府小住，然后又把到洛邑、见苌弘和周天子，以及受命秘密去晋国活动，全都详细地说给夫人和儿子听了。

莘姒最关心的是老子的登仙和表姐一家的故事，儿子最关心的是小表弟将要到曲阜去向孔子请业，娘儿俩对于苌弘的事都不大感兴趣。

"阿诩，老聃先生就这样寂寞归去，我们至今也没为他焚过一炷香、点过一支烛，没有尽到弟子的心意呀。"

"等明天，我们就为他设一简单的道场吧。先生喜欢清静，他说过，清静无为可以领导世界，我们就尊重他的性情吧。"

谈起儿子的学业，王诩说："仲尼先生是学无常师，我在请业于老子之前，也是学无常师。我儿资质聪颖，前一段是以父母为师，已经打好了基础，今后或投师，或无常师，就由他自己去闯荡吧。"

"你就不管儿子啦？"莘姒有些不放心。

鬼谷少君则十分自信，说道："李老君说得好啊，爹要有弟子，要成为一代宗师，孩儿会刻苦求学，将来也要传弟子。"

儿子先提出了要办鬼谷私庠的问题。

"先不要说这些，有了学问，悟了道，再说也不迟！"

"爹，孩儿知道。"

第二天，全家人素服清斋，祭奠老子。

王诩先作了一幅老子肖像帛画，挂在洞里，作为长久的纪念。然后，父子俩亲自动手在洞外建一祭台，就是一座土台。童仆们洒扫庭除，在祭台上面设香案，置供果。王诩又用帛书写《祭老聃先生文》，只有很短的一行字：

天之龙，人之真，天下之道正。

——弟子王诩 奠

称老子为天之龙，王诩是想起了孔仲尼对先生的称赞；他自己认为，论道德学问，老聃先生是真正的人，不愧为天下有道者的领袖，所以称为“道正”。焚香秉烛，燃帛告天，即告礼成。

王诩在家中住了几日，便又上路，继续他那没有完成的旅行。

人们看到一位白袍白马的仙人，飘然来到晋国首都新绛，在市北一家馆舍住下。

于是，街头巷尾，竞相传说：鬼谷子来到新绛了。市上有商人夸耀，说他们在蒙阴见过他，在洛邑也见过他。从王侯到庶民，只要他们家里有什么事，都想去找他问一问吉凶祸福，只是对于大多数人来说都难得有机缘。

消息传到南城负郭的亥唐宅里，亥唐夫人说：“这个王诩兄弟，多少年不见面了，到了新绛，也不到家里来住，去住什么馆舍！”

亥唐说：“这些日子，鬼谷子的传说到处都有，是不是另外又冒出来了一个鬼谷子，也未可知。”

“我敢说，不是别人，一定是他。”

“夫人根据什么这样说？”

“鬼谷子神威那么大，谁敢冒犯，有胆子去盗用他的名声！”

两口子正在议论，就见他们的小儿子领着一个青衣道人进屋来了。二人一看，来人正是王诩。

“嗬，兄弟换了这套衣服，真叫我不敢认了！”

“亥唐兄，要是真能这样就好了，我一换装，就可以摆脱人们了。”

“好个阿诩兄弟，你们一家三口快快乐乐，就把我们当媒人的都扔到脑后了，到了新绛也不到家里来住！”

“嫂子，你这话是在怨我忘情了。嫂子呀，高媒之恩，兄弟哪里能忘记！你这话可是错怪我了。”

“那么，你就从城北搬到这里来住。”

“不能呀，嫂子，我在市北馆舍，那里就终日车水马龙，要接我去为他们推断吉凶，这对馆舍主人来说是天大的好事，为他招徕许多的生意。我要是住到了你们这里，岂不吵得你们全家不得安宁？”

“这么说，我真是错怪兄弟了。你们先谈着，我去弄点酒菜来。”

亥唐夫人下厨了，剩下二人继续交谈。

“亥唐兄，你对苌弘下狱之事，有何高见？”

“这样的事，你也想要过问吗？”

“我安排了老聃先生的后事，在蒙阴见到了苌弘的女弟子。她是阿姒的表姐，希望我能帮助苌弘。要我去见苌弘，也是恩师老聃先生的遗愿。所以，我到周室的天牢里去看过他，周天子也希望我能设法保护他的性命。”

“阿诩兄弟，当初你要规避他，现在又要救他。前者容易后者难哪！苌弘的死是不可避免的了，依我看，现在没有人能救得了他。”

“太史史墨也救不了他吗？史墨与苌弘是同道，都是观天人哪！”

“别说史墨救不了他，就是晋平公、周天子加在一起，也怕是无能为力。”

周天子无能为力，王诩已有感觉，但还是问：“那就没有办法说服赵鞅了吗？”

“我看是没有办法，除非你亲自去说，也许有一线希望。”

“我想试一试。你得把他们关系的内情告诉我，然后再去见赵鞅。”

“这我也不甚了了，得去找史墨。”

王诩一直回避苌弘、史墨，为了遵从师命，他已经主动地去见过苌弘了，现在又决定去见史墨。

“亥唐兄，史墨也像苌弘一样怪僻吗？”

“史墨这个人，很平和，料事如神，有远见，朝廷人事纷繁，也没有人说他不好。他到周公测景台去了，要过些日子才会回新绛。”

王诩没有办法，只好等着史墨回来。这样无奈地等待，他总有些不安。

史墨也颇有见微知著之明。他在去周公测景台时，就听说鬼谷子到过洛邑，还去过王宫。他就感觉，鬼谷子可能是动了恻隐之心，要去看望和帮助苌弘。

史墨到周公测景台之后，又得到报告：有人看见鬼谷子到了新绛。他想：这是一个机会，可能见到他。如能见到他，或许可以设法得到他的帮助，挽救苌弘。为了朋友，哪怕只有一线希望，也不能放过。于是，史墨决定赶回新绛。

可惜呀，就在他回新绛的途中，得到了苌弘被杀的消息。

时间就在前日凌晨，有刺客潜入天牢，捆绑了狱卒，杀死苌弘，曝尸于市曹。幸好有蜀人为其收尸，只是尸体已经不知去向。

史墨闻讯，几乎昏倒于车中。

他与苌弘交往，切磋学问几十年，还一同寻找鬼谷子。

车马回到太史府中，沐浴更衣之后，史墨正要吩咐家臣，为苌弘设一灵位，祭奠一番。这时阍者就来禀报：亥唐先生来见。

亥唐是晋国的贤人、平公的宾客，史墨岂可造次，急忙起身迎接。只见同亥唐一起来访的，还有一位白衣白袍的贤者，飘然若仙，气度非凡，又令人感到面熟，史墨忽然醒悟：眼前这人必定是他无疑了。

果然，亥唐说话了："史墨先生，你和师旷先生许多年前就托我寻找鬼谷子，今天我请来鬼谷先生了！"

"幸会，幸会！鬼谷先生，下官思慕多年，今日得见，真令舍下蓬荜生辉，快请进正堂叙话！"

史墨虽然年高，步履尚健，热情地把着两个壮年人的手，缓步进入厅堂。

王诩目光何等敏锐，他一见面就感到史墨的神色不对，眼里含有忧伤之情。亥唐没有感觉到，他只想着如何交谈。

王诩先说话了："史墨先生，你从周公测景台归来，途中听到了什么伤心之事呢？"

史墨叹道："我友不幸啊！"

听了史墨的话，王诩大惊。看来，人不可能胜天。他知道苌弘气数已尽，但还是想要试一试，救他于不死，现在只得承认人力不可回天了。

亥唐不知道王诩想到了什么，对史墨说："鬼谷先生想要了解太史和天官、天官与执政之间的过节，然后去说服执政，宽恕天官。"

"晚了！"史墨悲痛欲绝地摇着头。

"苌弘已经不在人世了！"王诩说，"人力不可回天呀！"

亥唐惊奇地问："你怎么知道？"

"我从史墨先生的目光里就看出来了，他又说了我友不幸的话。"

"史墨先生，苌弘天官真的死了吗？"

"昨日凌晨，苌弘被刺于天牢，曝尸市曹，幸好有蜀人为他收尸。我相信，鬼谷先生会有办法说服赵鞅执政，但是，现在一切都已经晚了。鬼谷先生必定知道，苌弘气数已尽，而要试着挽回，所以嗟叹回天无力。"

王诩问史墨："赵鞅为什么深恨苌弘呢？"

"他的祖父赵文子任晋国执政时，与苌弘裂隙就很深。苌弘设狸首，写有赵武之名。赵武临死时，心痛十分惨烈，口吐鲜血，人们都说是因为苌弘用针刺狸首之心。所以，赵鞅是在报血海深仇。"

王诩没想到，周天子的天牢也是如此无用，竟保护不了狱中之人。

事已如此，也就没有什么好说了。

王诩随亥唐回家，骑马并辔，缓缓而行。一路上换了话题，不再谈苌弘，而谈起王诩将要进行的南方之旅。

王诩谈起他的打算：到天下各地去游览一番，体验人生，深刻入世，悟道而后出世。他没有去过、而现在准备去的地方，是吴、越，还有楚国。他想见的人，包括孙武、墨翟，还有在老聃先生那里的同学，以及姚花女、麻姑之辈。

"这些人，都是市井传闻，你也相信？"

"市井传闻，假假真真，关于鬼谷子的传闻不也是这样吗？未必不是真有其人呢。"

"孙武、墨翟会是什么人呀？你这样感兴趣。"

"是两个名不见经传的年轻人，但市井传闻说他们很不凡，如同少年时代的你我。如此，我们正可以从他们身上，找到人生可贵的东西。"

"茫茫四海，人流如织，你到哪里去寻觅呢？"

"我实践恩师遗言，学习仲尼'三人行，必有我师'。能见到什么人，就看缘分吧。听说孙武是学武的。现在楚国内乱，无人愿去，而吴国急需将才，还请晋国派人到吴国去教授车战之法，孙武若真有器识，到吴国必定会找到他。"

“那么，你是要去姑苏了？”

“正是。”

在他们谈话之际，一匹快马追上了他们。马上之人，是王宫里的一名小史，气喘吁吁地见了亥唐就说：“亥唐先生，叫我好找！”

“什么事呀？”

“大王召你去见他，快跟我走吧！”

王命岂可违，亥唐对王诩笑笑说：“兄弟，你先回家去吧，等一会儿我就回来。”说罢，随着小史折向王宫方向走去。

王诩一个人回到亥唐家宅，对亥唐夫人说：“嫂子，我把亥唐兄给卖掉了！”

“嘿嘿，你呀，”亥唐夫人笑着说，“别来骗嫂子了。宫廷的人来过啦，是我让他到太史府去找你们的。这位晋公，近来可能又建成了崇丽的亭台楼阁，要不，就是得到了漂亮的女子，要召些名士去显耀一番。看来，你亥唐兄又要享几天福了。”

“亥唐兄也不劝谏晋公吗？”

“没有用的。再说，亥唐是隐士，也根本不问政事。好兄弟，这些天嫂子备些好酒好菜，陪陪你。嫂子的厨艺，也比宫中那些庖人差不了多少。等他回来，你们相叙一番，然后再去做你的南方之行吧。”

亥唐夫人正在张罗下厨，就见亥唐快马加鞭地赶回来了，这叫她好不吃惊：“嗨，真是太阳从西方出来了！今日进宫，怎么这样快就回来了？”

“晋公不是要见我，他想见鬼谷子。我说，殿下若晚几天，他就到姑苏了。他说，你快去为寡人把他召来！”

“他要我进宫做什么呢？”

“外面传说很多，他只是想见见你，啥事也没有。快走吧！”

王诩爱弄神秘，厌烦礼数。这次晋平公召见是非正式的，不讲什么礼仪，正合他的心意。亥唐备有腰牌，秘密地领着王诩直入禁宫。

晋平公姬彪早就在便殿等候了。嫔妃们也想见一见这位神秘的鬼谷子，平公就让她们老老实实地躲在屏风后面。

这些美女平日见了亥唐，也觉得他气度非凡。今日见了白衣白袍的王诩，更觉得他不是凡间之物，发出一片啧啧声。平公生气地咳了一声，屏后的躁动才平息。

“殿下，鬼谷先生来了。”

姬彪起身迎接：“久闻先生大名，今日得见，甚慰，甚慰！”

王诩跪拜，行礼，说道：“草野之臣王诩，叩见君主殿下，恭祝殿下万寿无疆！”

“鬼谷先生快快请起，坐下说话。”

殿中设有一几案，上置什色佳果，香炉中燃着香木，青烟袅袅，满堂生香。姬彪坐于正座，王诩、亥唐侍坐于两侧。

“听说鬼谷先生善于相面，你看看寡人气象如何？”

“君主的面颜，是快乐霸君气象。不久之前，微臣曾拜见过周天子，他也没有君主这样的福相，更没有君主这样非凡的气度。”

姬彪听了高兴，又问：“你看寡人，近期之内有无病患？”

“君主之相，可保三年无疾。”

“三年之后如何？”

“那就要看君主的饮食起居如何了。”王诩这话，是要他注意食、色二字。王诩从他脸上，已经看出酒色过度的痕迹了。他以为姬彪不傻，能听懂这话，其实姬彪并未听懂。

“听亥唐先生说，鬼谷先生将要去姑苏？”

“微臣近期就要南行。”

“到了姑苏，请代寡人致候于晋国夫人。有她幼时用过之物，请带给她。兼金三百，聊助先生川资！”

姬彪是思念嫁到吴国的女儿了。叫带去的物品，只是一个小小的锦盒，里面装的是一只碧玉簪，王诩当即放入袖中。黄金三百镒，则由宫中的车送到王诩下榻的市北馆舍。

从宫中出来，王诩因为要接受重金，必须处置，所以只好和亥唐分手，回了市北馆舍，约好明日再见。

第二天，王诩雇了车，载着钱财物品离开馆舍，移住亥唐府中。

几箱光灿灿的黄金搬进屋里时，亥唐夫人说道：“还是兄弟面子大，晋公对亥唐的赏赐，没有一次有这么多。”

“嫂子怎么不说，我也就只有这么一次。而且，这是用作川资的，我得为晋国夫人送玉簪呢。”

“我这张嘴，怎能说得过你鬼谷子！”

“我出门旅行，也就是扛在肩上的这张嘴了，再加上雪青马的一张嘴，哪用得了许多黄金。晋平公这位天下霸主，还以为我像宰相出朝，车马卤簿长长一大串呢。这些黄金，要请嫂子为我保管了！”

“这好说，嫂子为你保管。我保证让你的金子生儿，金子的儿子又生儿，越生越多。弟妹阿姒母子也喜欢旅行，也便于他们随时来用。”

“亥唐兄真有福，有嫂子这样的管家，不用金子，用金子的儿子就够了。”

亥唐在旁边，看着妻子和王诩斗嘴，一直在微笑。

“你笑什么？”

“笑你鬼谷子，在说笑中就把事情安排好了，打马就可以走人，多么逍遥自在。我还想起一件好笑的事呢。”

“什么事？”

“你还没听说呀，最近仲尼先生和弟子们周游天下，在陈、蔡之间断了粮，差一点饿死，是农民救了他们。他们若能像你鬼谷子这样，那是何种气象？”

“我和他有过同窗之谊，若是见到他们那样窘困，我会送给他一些黄金。”

“嗨，你们这样清谈，有啥味道，还是让我去弄点酒来！”

“那就多谢嫂子了！”

王诩在亥唐家中住了两天，便离开了新绛。

第十三章 孙武子托付存兵书

鬼谷子到了江南，住在吴国首都姑苏城的馆舍之中。

吴国虽然不像中原各国那样敬重贤士成风，但吴王阖庐对于远道而来的名士，礼遇也不薄。入则迎入馆舍，视为上宾，不时召见；出则赠送黄金等钱物，以做旅费。

天下的事巧得很，齐国的孙武，即孙长卿先生，也是比王诩早数日来到了这里。鬼谷子在齐、鲁之间听到的那些街谈巷语，实际上并非虚言，可谓百姓有慧眼。这位长卿先生，正是一位在中原各国被埋没了的天才军事家。他著有《兵法》十三篇。在齐、鲁等国不得施展，才来到南方。在这里等待吴王召见。

王诩是估计到了这一点的，所以他的南方之行，首先要到吴国。王诩对于与孙武相遇，虽说很巧，但也并不感到意外，毋宁说正是他所期待的。

孙武见鬼谷子仪容非凡，听口音也不像是南方人，便自然地产生了一种亲切感，于是上前问道："敢问先生尊姓大名？先生可不像南方人士。"

王诩仔细端详着眼前这个年轻人，难道他就是孙武？

根据侍者对他的态度，称他孙先生，王诩心里已经猜出了几分，心想：也真是有缘分。亥唐曾为我担心，说茫茫人海，何处去找寻。没想到，根本不用去找，这样快就见到了！王诩欣喜之情溢于言表，笑着答道："在下是中原人，人们叫我鬼谷子。”

“啊，原来是鬼谷先生。久闻大名，今日得见，甚幸，甚幸！”

“侍者称你孙先生，敢问先生从何处来，是何名讳？”

“在下名武，字长卿，在齐、鲁等国不得意，到吴国来碰运气。”

果然是他，王诩心里高兴，鼓励他道：

“孙先生，不要说碰运气，只要你有信心，这吴国确实可以为你提供用武之地。”

“但愿如此吧，鬼谷先生，请到敝屋相叙。”

二人一见如故，孙武无意，王诩有心，他们很快成了好朋友。

他们终日在一起，不是在馆舍里探讨学问，议论天下大势，便是到太湖之滨散步。鬼谷子没有精神负担，唯一必办的事情，是去见晋国夫人，送上玉簪而已。何时去见她，早见晚见，都无所谓，完全听其自然。

孙武的心事则很重。齐、鲁各国的君主及朝廷，已经使他伤透了心，所以他在去见吴王阖庐之前，想了许多。归根到底，他担心的是自己的前途，以及自己著作的前途。

鬼谷子看出了孙武的心思，但又觉得像他这样富于智慧的人，必定会妥善调理自己的情绪，没有必要向他多说什么。孙武听人说过，鬼谷子道高学深，长于计谋，善于舌辩，所以还是要向他请教，应该如何面对吴王。

“鬼谷先生，我有意把《兵法》献与吴王阖庐，但又怕像在齐、鲁那样，得不到重视。更担心既失去了《兵法》，又身遭不测。”

“长卿兄弟，你是否顾虑过多了。据我所知，吴王阖庐这个人，性格虽然刚烈，但他渴慕贤才，十分恳切。你只要把书中的要点说得明白，我想他会采纳的。”鬼谷子说着，沉思了一会儿，又说：“不过，朝廷中也难免有佞臣，会忌妒客卿，对此你预先做些防备，不要让他们害了你这个人，毁了你这本书，倒也有必要。只是不要把这事看得过重了。最重要的，是要说服王者主持正道。王不正，则事不成。”

这真是推心置腹之言。得到友人相助，使孙武心中有数，增强了信心。为防万一，他把《兵法》又钞刻了一部，交给鬼谷子：

“鬼谷先生，这一部《兵法》请你为我妥善保存。我去见吴王，万一遭到不测，请你传与孙氏后人。”

“兄弟，请你放心。无论发生什么意外，只要我在，总有办法救你脱险。但是，你不要把吴王的性格想得太可怕，不要顾忌语言冒犯，我估计不会出现这种情况。现在，你要有信心，大胆陈词，让吴王采纳你的军事策略。”

“我知道。这样做，只是为防万一。请把我的书收藏起来吧。”

友人如此信任自己，鬼谷子不再推辞。于是再拜受书，说道：“兄弟你放心去见吴王，万一有闪失，我保证你的著作不致被劫去，或遭到泯灭，并保证传与孙氏后人。”

一天，吴王阖庐召见孙武于馆娃宫。

此宫建在砚石山，临近五湖，即今太湖。不远处的山上，就是姑苏台。来接孙武的车马驶出馆舍之后，鬼谷子便独自一人漫游，登上姑苏台。从山上眺望姑苏、太湖，无限风光尽收眼底。远处烟波浩渺，近处亭台楼阁，好一派繁华景象。

馆娃宫那边，三千佳丽，美人歌舞，管弦之声不绝于耳。王者在那样的气氛中召见一员武将，使鬼谷子感到，孙武建功立业的宏图大略，施行起来也颇不容易。

王诩又想：孙武进宫，已经放下了顾虑，没有后顾之忧，可以对吴王坦言一切，因此应该能够受到重用。

不久孙武回到馆舍，听驿承说鬼谷先生去了姑苏台，便又赶到台上来相见。鬼谷子见他登上山来，迎接他说：“长卿先生，你快来看，这姑苏之美，真是天下无双！”

“诩兄，我哪有你那样的闲情雅志，还有心思来观赏姑苏美景！适才吴王召见，在馆娃宫里，一边谈话，一边还目不转睛地观看美人歌舞，像是不理解我的一片心意。我担心，我那呕心沥血的兵书，又难免要遭到束之高阁的命运。”

“大王对你讲了什么？”

“他表示了热情欢迎，但我看他只是这么说说，并没提起用我之事。我把《兵法》十三篇呈与他，他看也没看，就置于几上，只是说改日再谈，还一再留我陪伴他观看美人歌舞。你说，我哪有心思去作乐！”

孙武颇有些失望，鬼谷子却说："大有希望！"

鬼谷子分析给孙武听："这位吴王，既爱美人，也爱江山。一再留你观舞，说明他对你印象不错，有留用之意。你要相信这一点。中原各国诸侯历来看不起荆、楚、吴、越等国，依我看来，南方各国的实力不亚于北国。吴王有心显赫于天下，眼下急需将才。他说改日再谈，那便是要细读你的《兵法》，然后再商议计策了。"

孙武听了鬼谷子的一番话，增强了自信。

次日，王诩见吴王阖庐的车驾还在馆娃宫里，便对孙武说："今日我也去见一见吴王，看一看他的态度。"

"我等你回来。"

鬼谷子便带了晋国夫人的碧玉簪，去馆娃宫中求见。

晋国夫人嫁到吴国这么多年了，难得有使臣传递亲情，心里十分思念故乡亲人。听说那位鬼谷子是从晋国来，恨不能立即相见。

"大王，那鬼谷先生从晋国来，让臣妾也见一见他。"

"那是当然，别说梓童，就是宫中那些美人，也都想看一看鬼谷子呢。寡人让她们都躲在帷幕后面，只带你陪寡人接见。"

阖庐就在他读书的便殿里接见客人，几案上放着竹简，晋国夫人侍坐在他旁边。

王诩被宫门的两位侍者引进大门，绕来绕去，穿过一重重花径竹巷，才到了阖庐所在的宫殿。两位侍者把王诩交给在殿外迎候的侍女，由她们领王诩入宫。王诩入宫，看眼前这位吴王阖庐，比起那周天子、晋平公来，更显得气度凌人，体格健壮，这才是实权人物之相。他旁边那位年轻美貌的女子，就是晋国夫人了。王诩跪拜之后，朗声颂道：

"草野之臣参见大王和夫人，恭祝大王，万寿无疆！"

"鬼谷先生远道而来，不必多礼了，坐下来说话吧。"

"臣谢大王。"鬼谷子再拜而后落座。

"鬼谷先生是从晋国来，今日在座只有寡人和晋国夫人，你在这里，就像在晋公面前一样，有事不必客气，对寡人有何见教，也可直言无妨。"

"微臣来贵国，也无别的事情，只是晋公殿下听说微臣要到姑苏访友，便令微臣带来晋国夫人少时用过之物，以寄思念之情。特来呈与晋国夫人！”王诩说罢，即从袖中取出小小锦盒，双手呈献给吴王阖庐。阖庐接过锦盒，打开一看，是一只碧玉之簪，便连盒递给晋国夫人。

晋国夫人接过玉簪，睹物思亲，不禁泪珠滚滚，说道：“鬼谷先生，寡小童也思念父王、母后，他们都好吗？”

“请君王、夫人放心，如今晋国，国泰民安，晋公不时便有崇丽宫室筑成，他们过得十分愉悦。”

晋国夫人有些担心平公酒色过度，但这话也没法说出口，只是说道：“国泰民安便好，多谢先生为寡小童传送父女之情，有珍珠一箪送予先生的女眷，权请转递。”

晋国夫人招手，即有侍女取来硕大的南珠一箪，盛入锦囊，递给王诩，王诩接过藏入袖中，再拜稽首，言道：“微臣代拙荆感谢晋国夫人！”

吴王阖庐说：“鬼谷先生来姑苏访友，不知是否见到了友人，要不要寡人派人去帮助你寻找？”

“多谢大王眷顾，微臣承恩师李老君遗训，广交天下贤士，探讨学问。到贵国来找朋友孙武，已经在馆舍里相见了。”

“啊？你说的孙武，就是来向寡人献《兵法》那一位吗？”

“正是大王昨日召见的孙武。”

“嗬，天下有这等巧事！鬼谷先生，你看那孙武学问如何？”

“大王！齐国乃太公之后，擅长韬略者甚多，学而有成，像孙武这样能够著书立说者，实为罕见。他论武重道，深得成功之本，所以我才来找他切磋学术。”

“鬼谷先生，你说他论武重道。那道，就那么重要吗？”

“大王，天地人心，尽在道中。天道、地道、人道，皆不可违。顺之者昌，逆之者亡。所以说，道是胜利之本。我友孙武论兵，注重道、天、地、将、法五事，这就是无往不胜的保证。”

“寡人知道了，”吴王阖庐翻弄着几上的竹简说，“这就是孙武送给寡人的书，待我读后，再召他来详议。”

只见吴王阖庐抚摩着那些竹简，有间，又说：“鬼谷先生，同你说话，寡人感到精神愉悦，思虑清新。不觉已经到了午膳之时，你就与寡人共膳，然后再陪我在园中闲叙。”

“草野之臣，得与大王共膳，十分荣幸。山谷林泉之思，能使大王愉悦，也是微臣的幸运，我愿与大王相叙。”

王诩在宫里与吴王一起用了午餐，又与他在馆娃宫里漫游了很长时间。原来，这阖庐也颇有心计，他是要单独与鬼谷子了解一下晋国和其他国家的内情，讨论一番各国形势。王诩谈了自己的看法，阖庐非常满意。

直到夕阳西下，王诩才告辞出宫。

孙武见王诩很晚才回馆舍，便问：“诩兄今日见了吴王之后，又到何处逍遥去了？满面红光，有什么好事呀？”

“让你说中了，就算有好事吧。我进馆娃宫里，见了吴王和晋国夫人，交谈的时间颇长，谈兵论道，也可以说是在那里逍遥了。还得了晋国夫人一箪珍珠的赏赐呢。”说完，拿出一锦囊珍珠给孙武观赏。

“诩兄，你的运气比我好呢，愚弟来此多时，至今也是一无所获。”

“我嘛，只是过路的客人而已，兄弟将是这里的大军统帅。”

“老兄是取笑我吗？”

“何言取笑，此事我看十拿九稳。我亲眼所见，吴王对你的《兵法》颇为重视，不久就有好消息的，你就准备好入对吧。”

果然，吴王阖庐细读《兵法》，觉得孙武所言甚有道理，但又怕他只是书生意气，纸上谈兵，想要了解一下他实际的治军才能。读完兵书，便在东殿召见孙武。

吴王称赞了孙武的谋略，谈了道、天、地、将、法五事的要领，又说“知彼知己，百战不殆”这话说得极是，真可谓千古制胜之理。

君臣这次谈话十分投机。

临别时，吴王说：“孙将军，寡人交给你一百八十名美女，请你教她们演习阵法，不知将军以为如何？”

“大王若授我以权柄，让我全权处置，我三天即可教会她们阵法。”

“真能如此速成？孙将军有何要求，请随时告诉寡人。”

“微臣不敢虚言欺君，只是需要我友鬼谷子协助练习。另外，请大王派甲士二十人供我调遣，为监军。”

孙武知道，即使是练兵，也须握有实权，手中要有可以动用的力量。

吴王完全答应，说：“寡人见过那鬼谷子，非常人也。由他襄助，正合寡人之意，你可与他同来练兵。寡人即令甲士和爱娃、丽娃二姬，率众女子来拜见将军。”

不一会儿，二十名甲士，爱、丽二姬及一百八十名美女就来到大庭，拜见孙武将军。吴王阖庐对孙武说：“孙将军，寡人就把她们交给你了，你就在馆娃宫里训练吧，三天之后，寡人将亲自来检阅。”

这样，孙武就忙碌起来了。

鬼谷子建议他，要准备好一百八十套小巧的女式盔甲，表演时让她们穿上，才能显示出军阵的威严。然后，二人把住处也搬进了馆娃宫里。一时间，宫中美女练舞这间笙歌管弦的大庭，变成了喊杀声不断的演武场。孙武是教官，又是统帅，鬼谷子襄助于他。

孙武把一百八十个美女分为十队，每队十八人。

用九队人马来布阵。其中八队，按照天、地、风、云四正，龙、虎、龟、蛇四奇，布于四围；一队为龙头，置于中央，布成一个九宫八卦阵。阵中这九队人马散开，摆直，可成为一字长蛇阵；聚拢，收缩，又成为一个圆阵。开阖之间，变化万端。第十队人马为游军，可以自由驰骋。在演练中，用游军来出击。

游军分为左、右两军，用吴王最宠幸的爱娃、丽娃二姬为将，由她二人率军出击。阵容展开后，击龙头则龙尾相救，击龙尾则龙头相救，击龙身则首尾并救。

孙武讲完阵法，立即进行演练。他亲领一队近卫甲士在旁监督，有违令者，轻则责以二十军棍，重则斩首。

每日从早到晚，馆娃宫中鼓声、金声阵阵，吆喝声、喊杀声不断。美女们觉得保持队形虽然很呆板，但拿着竹棍奔来跑去，也十分好玩。她们有练舞蹈队形的基本功底，所以，用两天时间就练熟了阵法、攻法。

要接受大王检阅了，她们更是高兴。有的美女入宫多年，也得不到大王宠幸。到检阅时，也可献媚于前，向大王一展自己的风采。她们对于检阅那天要脱下红装，换戎装，手执戈矛，觉得更有兴趣。

正式演武那天，姑苏台前那片旷场变成了校场。

吴王阖庐率文武百官来到了台上。随着一阵阵鼓角之声，一队队女兵进入了校场。旌旗招展，好不英武雄壮。美女们披坚执锐，风姿飒爽，吴王阖庐看了心里十分喜欢。八卦阵很快排好，以爱娃、丽娃二姬为左、右将军的游军，置于方阵之前。再往前是点将台，二十名禁卫军甲士作为执法队，陈列于台下。

鬼谷子观察这些换上了戎装的美女，性格各不相同，有的非常严肃认真，有的只顾卖弄风情，有的则显出一副毫不在乎的样子。这使他担心演练中会出问题，便轻声地对孙武说："要严肃军纪，最好能取得大王当众授权。"孙武点头，心领神会。布置好阵势后，禀奏吴王阖庐："臣启大王，队伍已经各就其位，请大王主持演练！"

吴王阖庐起身来到点将台，解下腰间佩剑，高擎在手，说道："寡人授宝剑与孙武将军，全权处置演武军务。"又面对军阵中的佳丽们说，"演武场就是战场，法纪严明，令行禁止，违者军法从事！"

吴王授剑与孙武，孙武跪拜受剑，然后送吴王回到座上。

孙武站在点将台上，把阖庐剑高高地举起，面对军阵高声宣布军纪："众将士听令：大王宝剑在此！本帅演武，如同迎敌，布阵攻守，军令如山，有违抗者，军法从事，杀无赦！都听清楚了吗？"

军阵之中，莺啼燕语齐声喊道："听清楚了！"但也有一些美女，平日受到吴王阖庐宠幸较多，她们对于军令不是十分在意。

演练开始，金鼓齐鸣，旗帜挥动。八卦阵很快展开为一字长蛇阵。这时，场上变得鸦雀无声。接下来该练习攻守了。随着三声号角，顿时鼓声雷动，长蛇阵中，旗帜摇曳，女兵们准备迎敌，齐声吼道："嗨……"

点将台上，旗帜指向龙头。龙头、龙尾的女兵们立即紧张起来，摆出架势，等待迎敌。可是游军将领爱娃、丽娃却不听号令，不发起进攻。

原来这二人经常得到吴王阖庐宠幸，自命不凡，看到场上眼花缭乱的变化，她俩乐得笑弯了腰，忘了自己的身份和使命。由于二位游击将军不动，整个游军女兵也按兵不动。气得孙武立即下令，鸣金收兵。

场上又变得鸦雀无声了。

孙武严厉地对她们说道："爱娃、丽娃二将军，你们违抗军令，可知罪？"二美女嘟起了嘴，不吱声。

孙武命令道："本帅谅你们是初犯，允许你们将功折罪，再度发起进攻时，你们要率领游军奋勇出击！"

于是，又响起了三声号角，鼓声雷动，军阵中吼声震天。但那爱娃、丽娃并没把孙武的话当真，只觉得好玩，女兵吼声再起，旗帜摇动，她们又乐得笑弯了腰。再次进攻仍不能进行，孙武又只好鸣金收兵。

军队指挥不动，台上文武百官开始交头接耳。吴王阖庐也有点不高兴。以来宾身份坐在观台的鬼谷子，很为孙武着急。

点将台上的孙武，遏制着自己的盛怒，已经考虑好了处置措施。他冷冷地对爱、丽二将说："你们违抗军令，岂能容许再一、再二，对你二人，本该问斩，念及你们有宠于大王，再给你们一次赎罪的机会。若再违抗，定斩不饶！"二美女见孙武那冷冷的口气，开始有点害怕了。但她们并没有把孙武放在眼里，心想："你敢问斩，说不定我们在大王枕边吹点风，先杀了你。"所以，第三次进攻号令发出时，她们虽不笑了，但仍然不行动，存心想看看孙武怎样暴跳如雷。

此时，在姑苏台上观看的王公大臣们，对于孙武的练兵效果已经议论纷纷了。那些文官不明白是怎么回事，武官们都在心里斥责爱、丽二姬不听号令，他们理解孙武的苦衷，为他感到惋惜。

此时，孙武没有忘记鬼谷子说的一句话："善战者不怒。"他不仅抑制住了暴躁情绪，而且格外冷静。鸣金之后，场上静下来，人们都注视着孙武，看他如何处置。

孙武对执法队下令："拿下游击将军爱娃、丽娃二将，斩首示众！"

大令下，即有数名甲士把爱娃、丽娃捉了过来，禀报道："请元帅验明正身！"孙武手一挥："推出去，斩讫来报！"

此时爱、丽二姬才知道犯了死罪，大呼："元帅饶命！"

台上文武百官这才感到孙武行军果断，毫发不爽。吴王阖庐想，这二女平日也太娇惯了。他怜惜她们，但又不便开口说情。太宰伯嚭善于观察大王颜色，急匆匆地奔下台来，口中高喊："刀下留人！"二美人见有太宰来为她们说情，心里升起希望，高喊道："太宰救命！""大王救命！"

太宰就是首相，在吴国，伯嚭是一人之下、万人之上。他劝孙武免了爱娃、丽娃的死刑，以便讨得大王的欢心："孙武将军，不看老夫的面子，看在大王的面上，也请你手下留情！"孙武说："军中无戏言。不杀她们，吴国将何以号令三军！"他举着吴王所赐之剑，"太宰若要放此二人，除非请来大王指令，收回此剑，并容末将即刻离开吴国。"

伯嚭不知如何回禀吴王，正在迟疑不定、左右为难之际，还想找什么借口，来阻止孙武用刑。"太宰，战场之上，岂容延误军机！"孙武立即把宝剑向执法的甲士一挥，促其执行命令，"行刑！"

只见军阵之前，行刑的二位甲士手起刀落，寒光一闪，两颗血淋淋的美人头落到了地上。太宰伯嚭叹口气，摇着头回去了。

孙武速令二女，代行爱娃、丽娃的军职，再次对女兵们宣告："军令如山，敢违令者，如同爱、丽二将！"

此时阵中女兵，一个个都严肃起来，知道军令不可违抗。

吴王阖庐和文武百官，台上台下宾客，见孙武斩了二姬，正在惊奇不已，思绪未定，只听演武场上鼓角声又起，喊杀声震天。

众人着看演武场上，旗帜猎猎迎风招展，军纪严明。随着号令，两支游军左冲右突，长蛇阵准确地变换队形，时而摇头趋进，时而摆尾迎敌，时而首尾相救。军阵变化万千，有声有色，练了足足一个时辰，最后成为圆阵，又回到最初的八卦阵容，鸣金收兵。

孙武从容地来到台上，向吴王阖庐复命。

吴王阖庐看到美人被斩，心中十分难过，气恼又不便声张，一股急火攻心，几乎昏迷。当他听到军阵中喊杀声再起，才又打起精神。他从未见过如此严密的阵法、准确的号令、严格的军纪。他对孙武大胆果断处理意外变故的能力、镇静的态度，十分赞赏，虽对失去爱姬感到可惜，但想到千军易得、一将难求，便也感到满足。所以，当孙武上台复命时，阖庐已经十分清醒了。吴王阖庐当即决定，拜孙武为上将军。

文武百官听了吴王的决定，同声赞颂大王英明。

演练归来，孙武对鬼谷子见人知心，料事如神，十分佩服。从此，他更是形影不离地和鬼谷子研讨学问。

孙武在姑苏城中设立了上将军府。

孙武初拜将，前来参拜新帅、报告军务的将校终日不绝。鬼谷子就住在府中，帮助处理一些急难军机，互相切磋军事。在这初来乍到而又急于用人之际，孙武感到十分便利。但是，鬼谷子怎么能长久地留在姑苏呢。孙武一再恳求："诩兄，你都看到了，重任压身，我简直分身无术，你就留下来帮助我吧。我去请大王拜你为军师，你千万不要推辞。"

鬼谷子直摇头："兄弟，我是闲云野鹤之人，哪堪滞留军中。这次在吴国已经逗留太久了，只想早日离开姑苏，继续云游天下。你不要再劝我了。"孙武知道鬼谷子不能久留，就说："诩兄，我今生是没有与你共事的福分了。在你离开之前，还望能以天下大势教我，使我用兵不失战道。"

"不敢言教。但在姑苏这些日子，我确曾对南方国家的政事做过估计。兄弟，我以为，吴国也好，楚国也好，都是王室自乱。这就和北方各国不一样了。在北方，晋国也好，齐国也好，鲁国也好，都是王者失去权柄，世卿望族乱政，而不是王室自乱。"

"诩兄所言甚是，中原和南方，何以会有这样的不同呢？"

"中原各国的王侯，都患了周天子一样的病，即不能驾驭诸侯和身边的重臣。看来，这是一种时代病。此病在远离周天子的地方要轻一些，比如西方的秦国，北方的燕国，南方的吴国、楚国，君主尚有权威，只是内忧外患也同样不少。"

孙武觉得，对于天下大势，没有一个人能像鬼谷子这样看得清楚，说得明白。可惜呀，他要走了。临行前鬼谷子把《兵法》还给孙武："兄弟，吴王不会亏待你了，兵书你可以留下来了。"

孙武说："诩兄，对于吴国的君臣，这些日子你我都有所了解。伴君如伴虎，将来功成之后，事将如何，也实难预知。吴国有我，有一部兵书，已经够了。这部书，还请我友为我保留勿辞。"鬼谷子说："那么此事不要让任何人知晓，也让我省些麻烦。将来我也不传别人，只传你的后人。"

孙武再拜稽首，感谢王诩。

第十四章 密晤越王论土风

鬼谷子轻轻地鞭打着他的雪青马，离开姑苏，沿着太湖，优哉游哉地继续他那没年没月的天下漫游。

他要认识各种各样的人，把天地间一切都观察仔细。他的逍遥游，并非无为之游，而是认识世界之旅。

马背上的褡裢里，密藏着孙武的《兵法》十三篇，还有临行前吴王阖庐赠送的黄金，虽是兼金，也使雪青马的负担很重。

他回想与孙武相处的这些日子，感到没有白交这个朋友。他对孙武的谋略与战法，已经十分熟悉了。他感到吴国有了孙武，本应能够强盛起来，孙武也应大有作为；但是他又觉得吴国朝野并不安靖，只是没有混乱到楚国王室那种程度。因此，鬼谷子判定孙武在吴国也是难以充分展现其才智的，他对自己说："王诩啊，你一定不能辜负了长卿的嘱托，要保护好他的书。"

鬼谷子深深感到，周天子和北方诸侯失去权柄，陪臣执政；南方吴、楚王室自乱，以及各国之间不停的战争，已经使天下苍生陷入了深深的苦难之中。

"天下乱，百姓苦啊！"王诩在马背上自言自语地叹道。

"哈哈！说得好，说得好啊！"从前边一片梅林里，闪出一个人来。

王诩让马停下，只见此人：骑着青驴，头顶无冠，所束青巾，随发飘动，身着青袍，不修边幅，年纪五十有余，看来比自己要大十多岁，身材单薄，面颊瘦削，但两眼炯炯有神，有点似曾相识。他微笑着对王诩说道："鬼谷先生，我在梅林里等待阁下多时了！"

"这位先生，你何以知道在下的诨号？"

"你是恩师的高徒，天下何人不知！"

王诩听他的话，知是自己的同窗，拍着脑门思索起来，又仔细地观察他的脸，这才感到这张面孔很熟悉，但又说不出他的名字来，只能试探一下。

"你是士成绮？"

"不是，士成绮学兄的道行比我高，恩师曾授他以道之根本。我……"

他说话的神态，使王诩想起来了，他就是那位往老子的香炉里添香最频繁的人，关尹子曾戏称他为"氤氲使者"。

"啊，想起来了，你原来是——"王诩有点不好意思说出他的绰号。

"你就叫我鄠云吧，我在鄠邑太白山中云岭修道，当地人都叫我鄠云先生了。"

"好个氤氲使者，现在成了鄠云先生，你老兄头上不戴冠，头发分披，又换了青袍，叫我怎能认出你来！你是在恩师西行之前就离去的，我们有二十多年不见面了吧？你的道行一定不浅了？"

"我天生愚钝，悟道哪有你多，这些年在山中，只是为百姓消灾减病而已。"

"师兄，人能尽其所能于百姓，也是功德无量。你怎么知道，在这太湖之滨可以等着我呢？看来果然是道行不浅呀！"

"不是我有什么道行，而是你的名声大呀。我闲来无事，云游越国都城诸暨，就听人们说吴国来了两个人，一个是鬼谷先生，一个是孙武将军。我在恩师那里见过苌弘所绘之图，知道那鬼谷子无疑是你，于是就赶到姑苏来，要向兄弟求教。"

"你是师兄，何出此言呢，有何吩咐，我照办就是。"

"当年兄弟随恩师两渡流沙，悟道必然很深，这是我所要求教之一；再就是，我离开之后，听说恩师对他的《道德经》又有增删，这是其二；其三是，我手中的《易》，错简多而不全，望兄弟能为我校正。如此烦劳，要请兄弟到我山中多住一些日子。"

这三件事，在一般人做来，颇要费些精力，但对王诩来说，也不过举手之劳。他想，既然到了江南，到越国一游又是自己计划中的事，走得更远些也无妨。于是说道："听从师兄安排就是了，只是难以久留。我要多见一些人，至今才见了孙武一个，所以在完成师兄嘱托之后，容我继续巡游四海。"

"一切听兄弟自便。这就有劳你了，让我在前面带路吧。"

于是，鄞云骑驴奔驰于前，鬼谷骑马追随于后，向南进发。这一青、一白两人，飞驰于大道之上，也颇引人注目。

横亘在他们面前一条大江，蜿蜒曲折，称为之江、浙江，也就是钱塘境内的浙江了。江上的渡船较大，鄞云和王诩连人带马带驴、一位客商的车马，都能同船渡过。上岸之后，继续向东南行，直奔会稽。

"鄞云兄，既然来到了这里，你我要去禹陵拜谒一番，才不辜负此行呢。你知道去禹陵的路吗？"

"知道，我也正想去呢，你跟着我走吧。"

禹陵地势稍高，在陵前可以眺望山阴的街市。二人撮土为香，拜过先贤之后，举目展望市容。这里不甚繁华，比起吴国的姑苏来冷清得多，也比越国的首都诸暨小得多。

这里还有少康的庙，鄞云也领着鬼谷子去庙中一游。

"越国是大禹的苗裔，开国之君是帝少康的庶子，所以各地建有不少康帝祠。"

"师兄，我看这会稽，地方虽小，却颇有王者之气。越君南迁诸暨，志在向南拓展疆土，开辟草莱，安定民生。若欲建功立业，则须还都会稽才好呢。"

"兄弟若欲向越王建言，我可以引见。"

"不，鄞云兄切莫去惊动越国朝野。此次我不想去见越王，完成了师兄所托之事，就要离去。一路之上，还是不要张扬才好。"

"那我们就默默地赶路吧。"

鄞云的青驴也非凡物，虽不能与关尹子的青羊相比，但它的脚力也不亚于一匹骏马。王诩的雪青马也换成新的一代了，比他早年的那一匹更好，虽然负重过多，行走起来仍健步如飞，十分轻快。二人悠然自得，飘飘欲仙驰过诸暨之后，便又折向东行。

他们虽不张扬，但在离开诸暨的时候，王诩还是发现，有几乘人马在注视自己。他稍加留心，便看出那是王宫里的人。王诩想：他们必定会禀奏越王，过些日子必定会派人来寻找，自己不见越王恐怕不成了。若去见，要有些准备才好。

“兄弟，你在想什么心事？”

“我感到越王会派人来找我的，你可要多教我一些越国的情况。”

“这事好说，我们走吧。”

越往东南，山水越美，人烟也越稀。比起中原来，这里确实是一片安宁的宝地。在这里找个地方修道，真是理想了。可惜恩师生前没能到此一游，他若是到了这里，也许还能见到小国寡民的影子，找到他理想的社会模式。

他们来到舜江待渡。

对于此地，王诩感慨良多。他家远祖本为妫姓之王、大舜后裔，见到舜江，就想到自己的先人曾经在此繁衍生息，便又立马江头，凭吊一番。

过了舜江，继续前行，即到鄞江。这一带山青水绿，竹木蓊郁，更胜于前。鄞江不宽，江中的渡船很小，一匹马就要占据好几个人的地方，所以一次只能渡他们一人一骑。王诩先渡，上岸后就在竹林边小憩，让马去啃林畔的青草。

在这渡口等待渡江的人中，有一个中年妇女，跪在地上抢天呼地地哭着、喊着：“老天爷呀，救救我的夫君吧！他前世造了什么孽呀，让他得了这种怪病，要这样来惩罚他！”

她旁边就是她的男人，张着大嘴合不拢来，不能说话，嘴里淌着涎液，眼里流着泪水，神情十分痛苦。谁也说不出他得了什么病、中了什么邪。

王诩走过来一看就明白了，这是下颌骨脱臼了。他正想问明情况，以便进行救治，就见那妇人过来，扑通一声跪在他的跟前，叩头拜了几拜，央求道：“大人！你一定是远道而来的贵人，求你救救我的夫君吧！”

原来她看见王诩仙风道骨，是个非凡的人，心里才升起了希望。

“这位大嫂，你莫性急，快站起来说话。”

“大人答应了救他，民女才起来。”

“你放心吧，我正在想怎样救他呢。”

妇人欣喜叩了头，又叩一次头，才站起来。

“你的丈夫，得病前都做过什么事？他是怎么得病的呢？”

“大人，他可是好人哪，从来没做过坏事，经常帮助邻里干活。前天他累了，靠在窗前大睡，昨天一大早起来，打个呵欠就合不上嘴了。”

“原来是这样，好人必有好报，他的病马上就会好的。”王诩说着，便卷起宽袍大袖，到江边洗了手，回来施行颌骨复位之术。他让男人正坐于草地上，然后把自己的两个大拇指插进他的嘴里，分别按住两侧牙床，其余指头也与拇指配合，把住他下颌的左右两边，两手握紧之后，两拇指同时用力下压，接着就势向前一推，颌骨就复位了。他抽出拇指之后，患者的嘴就能合上了。

夫妻二人顿时热泪滚滚，双双跪在王诩跟前，磕着响头。

“快起来吧！”王诩用手摸着他的腮帮子，说道，“里面有些痛吧，不要紧的，这几天不要吃硬东西，可以吃些稀粥，过些日子就好了。”

那对夫妻找遍全身，只找出了几两碎银子，那妇人又退下手腕上的一对玉镯，双手捧着呈送到王诩跟前：“多谢先生搭救之恩！我们家贫，没有好东西酬谢先生，一对玉镯和几两银子，只是一点心意，请先生不要嫌少！”

“这位大嫂，请不要这样，你们家贫，就留着这些钱财，好好地过日子吧。”

王诩为人做事，除非是王侯将相和有钱人家，对于其他人，一向都是分文不取的。

他们正在推让之际，鄞云已经过江来了。那对夫妇认识他，妇人便对他说：“鄞云先生，我们今天遇上贵人啦！这位先生治好了夫君的病，给他一点微薄的酬谢他也不收……”

“你不用说啦！快把你的玉镯和银子都收起来吧。他是仙人鬼谷先生，怎么能收凡间之物呢？！”

听鄞云先生这样说，岸边所有的人都跪下了。

“拜见鬼谷先生！”

“请先生保佑一方平安！”

“都起来吧，不要因为我而耽误了大家的活计，我们走了！”

王诩上了雪青马，鄞云上了青驴在前面领路，离开众人，在茂密的山林间款款而行。他们走了很远，回头看时，渡口的人还没完全散去。

不久就到了太白山。

曲曲弯弯一条清溪，一直通向太白山深处。山溪之美，胜过鬼谷，只是没有九重天地。二人穿过一段青翠的竹林，又经过一片擎天的杉树林，便到了一处山庄。这就是鄞云的居处了。

鄞云诚挚地对王诩说：“兄弟，这座云岭山庄，因为你的到来，从今日起就叫鬼谷山庄了。数百年后，兄弟随恩师登入仙班，这里便是鬼谷祠堂。”

“师兄如此错爱，令我心神难安！”

“以兄弟的道德文章，尚如此说，教我等如何能开山门，你就不要多说了。”

“反正我做完师兄令做之事就离去，随师兄之意处之。”

山庄里有道童数人，伴随着鄞云修道；有道姑数人，伴随着鄞云炼丹。鬼谷子来到后，他们便忙碌起来。要砍下南山之竹，来制作竹简；要用北山之松，来制备松烟；没有骨胶，就用糯米汤和松烟来调制墨汁，用于书写。

王诩在这里重新默写了恩师的《道德经》和周文王的《周易》。笔，本来是用刀锥刻竹之具，现在则是画管了。他蘸了墨来写，鄞云在他写好后，再用刀锥刻。调墨之砚起了墨垢，便到庄前的水池去洗，书成之后，庄前的水池已经成了墨池，被称为洗砚池，后来也成了王诩此行的遗迹。

王诩谈经论道，也讲两渡流沙的故事、老子飞升的故事，道童和道姑们听得津津有味，羡慕不已。

一天，王诩正在讲学，就听山外传来了马蹄声。他听出是两个人进山来了。鄞云派一道童去看视，道童回来报告：“先生，是鄞令大人微服来访，还有一个陌生人与他同行。”

王诩说：“那陌生人便是内史了。”

“兄弟何以知道那人便是内史？”

“师兄，这一定是越王来召我相见了。”

“那么，打开山门迎接吧。”

“师兄，现在我已经完成了你的嘱托，让我们从此分手吧，祝愿师兄早日得道！”

“兄弟稍候，待我出去看看他们，回来再说。”

鄞云暂别鬼谷子，去到门前。道童已经把山门打开，二位客人正好下了马，走进院里来。

“令尹大人光临茅舍，有失远迎，山野之人失礼了！”

“鄞云先生，莫要客气。这位是内史大人，微服来访，想要见鬼谷先生，请你快快引见吧！”

“鬼谷先生正在传道，”鄞云说着，转身令道童，“快去通禀鬼谷先生，说令尹大人和内史大人来了。”

鄞云领着鄞令、内史进入内庭，就见王诩及道童、道姑们出门迎接，于是做了介绍。四人互相见礼之后，进到屋里，分宾主席地而坐。众弟子散去，各执其事。

鄞令先说话了：“鬼谷先生来到鄗邑，路途中就施德于民，鄗邑百姓有口皆碑，令下官敬佩至极！”

王诩没有想到，为百姓解除一点病痛，就传到了令尹耳中。他想：这位令尹如此恭维自己，看来必有所求，他能求什么？无非是想要自己到他府上一叙而已，举步之劳，他若相邀，答应就是，从中也可了解一些南方的风俗民情。

“令尹大人言重了，人生于世，勿以小善而不为，勿以小恶而宥之，守道广德而已。区区小事，何足挂齿。”

“鬼谷先生到底是得道之人，”这是内史在说话了，“一出言，即令我等受益匪浅，难怪大王是那样急切地要见到先生。小臣奉了大王之命，专程来恭迎先生去王宫相见，大王将以大国上卿之礼来迎接先生，车辇卤簿已经到了令尹府中，只等先生早日出山。”

“内史大人，草野之臣感谢越王的爱惜之情，只是，车辇卤簿我受之不得，请带了回去吧。请禀奏越王：事不张扬，史不记载，只有这样草野之臣才敢进宫拜见。”

“大王有旨，一切遵从先生意愿，先生之言，小臣照办就是。”

“如此甚好，我与鄞云先生话别之后即可出山。”

鄞云感到，王诩真是料事如神。内史、鄞令已经把他们的来意说得很明白了，自己也不便强留王诩久住山中，只得匆匆话别，准备便宴，送三人下山。

内史、鄞令陪伴着鬼谷子，三乘人马到了鄞邑署衙。

这时天色尚未黑下来，满府上下都在大院中迎接，人人都想一睹鬼谷先生是何种风采。内史去召集执事人等，安排车辇卤簿回诸暨去，派人禀奏大王，鬼谷先生已经找到，将入宫拜见，要求不事张扬。

令尹夫人已经备下晚宴，款待鬼谷先生和内史大人。

晚宴之后，令尹和夫人在后堂与鬼谷子相叙，三人席地而坐，家人男女不少人躲在屏后。王诩看出，这对夫妇并没有什么事情相求，只是见见面、说说话而已。他见那夫人矮小瘦弱，面色蜡黄，便说：“夫人有大病，应当速治，延误不得的。”

夫人膝行一步，施礼说道：“请先生指示。”

“夫人是否觉得右胁下不时有胀痛之感？”

“正如先生所言。”

“夫人是否厌食油腻之物？”

“先生所言不爽，真是神人！”

“夫人之病在肝脏，肝乃藏精之所，治好此病，才能健壮体格，增添神韵。”

“请先生赐臣妾以方饵。”

于是，令尹唤人取来缣帛一幅，以笔墨侍候。王诩拾起画管，开了四味药：茵陈、黄芩、大黄、甘草。

夫人拜谢，收起药方。

王诩又说：“肝开窍于目，夫人每日若以菊花为饮，即可以清心明目。”

令尹夫妇对鬼谷先生感激不尽，定要送给他黄金百镒。王诩感到旅途之中，不缺盘缠，雪青马负担已经太重，再带那些重物在身，实在不便，所以坚辞不受。

鄞邑令尹只好说："先生如此德高望重，不受此金，下官只好以此在太白山中，为先生建一生祠！"

人还活着，就要享受香火，对王诩来说这是第一次。这又留下了一处遗迹。

次日，王诩和越国内史二人二骑，默默告别令尹夫妇，驰往首都诸暨。

太阳西斜之时，人们看到王宫内史领着一个白袍白马的人，神秘地进入了王宫。

越王允常在后宫设宴，款待鬼谷子。允常按照鬼谷子的要求，不事张扬，不让史官记载，也不让大臣知道，完全做到了绝对保密。所以，欢迎他的宴会是家宴，除了主人越王允常夫妇和他们那三四岁的王子勾践，再没有别的人来座中作陪。但是，宴会规格不减，殿中仍备有六佾之乐舞。

中原有的诸侯，甚至大家族，有时都僭用天子的八佾之乐，越王从未做过这类事。所以六佾之乐，在越国是最高礼遇。

越王允常接待鬼谷子，比吴王阖庐要热情得多。王诩觉得，这是大国之君与小国之君对待寒士的不同之处。

王诩观过周天子的八佾之乐，晋国之乐，鲁国之乐，吴国之乐。对于越国之乐，是第一次观看。越人断发文身，男舞者赤身裸体，头戴毛翎，肢体描绘得色彩斑斓，舞姿矫健；越女则体态轻柔如水，白皙娴静，明媚动人。男女舞者的装束、体态、性情迥异，然而男女组合，参差其舞，并无不协调的感觉，反而显得刚柔相济、阴阳和谐，深得《易》道之理。王诩感到非常新奇和喜欢。乐舞之中，有一首《越人土风歌》，歌声激越，歌词更有深意，歌者唱道：

越山崔巍兮，
峰嵯峨。
越水淼溢兮，
潮扬波。
越人砥砺兮，
英烈多。

此曲对越国的山、水、人都做了描写。越国的山，如黄山、天目、莫干、雁荡、天台，极尽东南之险峻。越国的水，以钱江大潮，汹涌澎湃，为天下胜景。越国的人，因山水陶冶其性情，钟灵毓秀，而以英迈酷烈而闻名。这些都是越王允常引以为豪的，但是他在鬼谷子面前也不夸耀。

越王允常夫人看出，鬼谷子对这首歌很喜欢，便特意问道："鬼谷先生，越人土风，难比中原各国的国风，这支曲子尚可入耳吗？"

"君王，夫人，草野之臣常听人说，天子失官，学在四夷。今日观赏了这首《越人土风歌》才知道，良工佳艺也尽在四夷了。更何况越国是大禹之苗裔，源远流长，文采斐然。此曲真是极妙之品。"

"鬼谷先生，寡人平日听惯此曲，也不知它好在何处，愿闻先生赐教。"

"君王是身在芝兰之室，久而不闻其香。草野之臣也知，仁者乐山，智者乐水，王者乐人。此曲是越山、越水、越人的写照，越国山非常山，水非常水，人非常人，在下是深有感触了。听了此曲，耳目一新。这便是草野之臣在贵国的感受了。"

越王夫妇对鬼谷子的一言一语都感到亲切，晚宴之后，就想与他长谈，于是撤了乐舞，屏去了从人，只剩下他们三人交谈。

"鬼谷先生，你对鄙国的山水民臣做了那么多的美誉。你可知道，寡人心中是常怀忧愁的呢。"

"君王之忧，自然是江山社稷。"

"先生以为，谁将危及寡人的江山社稷呢？"

"与越国连舆，能危及越国的，只有吴国与楚国。越为楚臣，因而楚国不会危害越国。现在吴、楚交恶，吴国无暇他顾。但是，早晚有一天吴国会对越国动干戈。不过，微臣估计，在三五年之内，吴、越两国之间尚可相安无事。"

"吴、越两国相安数百年了，今后就再也不能持久相处了吗？"

"很难呀，除非有得力之人，能周旋于吴、越两国之间。"

谈到人才，越王允常很有兴趣，移席靠近鬼谷子问道："先生对寡人朝中大臣印象如何，他们中能有这样的人吗？"

"君王，草野之臣与贵国大臣们向无接触，仅听鄞云先生谈过一些事情，知道贵国内政尚属修明，但与天下各国交往甚少。贵国大臣忠于王室，所缺少者，是远见卓识，对于经常发生的天灾尚难有长远计较，对于人事就更无深谋远虑。”

鬼谷子的每一句话，越王都点头赞许，深以为然。

“每临大事，寡人也深感朝中缺少足智多谋之臣，先生对此有何良策教与寡人？”

“十年树木，百年树人。造就贤才，非一朝一夕之事。从长远说，君王需要普施教化，广设庠序，传道树业。从近期说，则应广聚贤才。天下不乏贤士，可惜为人君者，常常囿于亲近而不能认识外人，囿于好恶而不能重用贤才。现在中原各国，乃至西方的秦国和南方的吴国，也都知道重用客卿。齐国孙武，就被吴王阖庐任为上将军；那伍员、伯嚭，本来也是楚臣。在晋、宋诸国，任用客卿也已经成为常事，楚才晋用已是人所共知。君王若要使越国强盛，也应如此。”

越王明白了，但还是问道：

“任用客卿，就能解除寡人之忧？”

“越国至少在两三代人之内，须得如此。”

越王感到鬼谷子指出了越国的要害。

鬼谷子的话，越王允常听得聚精会神，但坐久了他就感到有些困倦了。越王夫人说：“君王，现在已是深夜，鬼谷先生也需要歇息了，明日再向先生请教吧。”

“寡人只顾说话，忘了时辰了，请先生谅解。”越王允常说着，便吩咐人带领鬼谷子到一间寝宫歇息。

次日越王允常接受群臣早朝，按照鬼谷子的要求，并不言及见到鬼谷子之事。但大臣们却分明感到：君王胸中有了城府，脸上增添了睿智，说话也比往常果断。

越王允常也觉得和鬼谷子谈话后，想事情思路更清晰。散朝后，与鬼谷子一起用早餐，上午又继续交谈。

允常夫人关心的是王子勾践，听说鬼谷子善知未来吉凶祸福，便想请他看看。她传唤宫女：“快去带王子来！”

王子勾践在后花园里，由几个宫女陪着玩耍，此时正骑在一个小宫女的背上。

“王子殿下，夫人宣你去见鬼谷先生！”

“嗬，嗬，去见鬼谷子！”小勾践从宫女背上蹦下来，差点跌一跤。

“殿下，让我抱你去吧！”

勾践平时不大喜欢宫女抱他，他只愿骑她们，这回为了快些见鬼谷子，就说：“好吧，走快点！”

昨晚他就觉得这个白袍先生很有趣，可惜父王让他早早睡觉，没能多看几眼，今天可要看仔细了。

勾践被抱来，放在鬼谷子面前。他对着鬼谷子，笑得颇有自信：“鬼谷先生，让我好好看看你！”

“王子殿下，你父王母后让我看你呢。”他先看了他的两只手，又把着他的双肩，仔细观看他的面容。他的前额饱满，眉宇间开阔，高鼻，大嘴，尖唇，所谓长颈鸟喙，给鬼谷子很深的印象。

“让王子去玩吧！”鬼谷子说。越王允常夫人领会，便叫宫女把勾践抱走。

“鬼谷先生，你看我儿相貌如何？”殿中又只剩下三人，允常夫人急切地问。

“恭喜君王、夫人，勾践王子之相，贵不可言！”

“请先生详细说与寡人知道。”

“他的功业，将超过殿下及历代祖先。如果他能不犯大的过失，甚至有可能恢复大禹的业绩。”

对于允常这个只有子爵的附庸小国之君来说，这话的分量极重。大禹的业绩，就不只是向天下称王、称霸，而是要向天下称帝了。

“我儿果真是这样的贵相？”

鬼谷子点点头，又摇摇头，才说：“可惜呀，他注定要犯大的过失。不过，他虽会犯过失，但也可以称霸中原。此乃天机，万勿泄露！”

“鬼谷先生，我儿会犯什么过失？”

“请恕草野之臣，此事不可泄露。”

“鬼谷先生，可否告诉寡小童，我儿他这一生平安吗？”

“他的一生，大悲大喜，大荣大辱，都将超过前几辈人，但他最终是平安的。”

鬼谷子的话，说得越王夫妇时喜时忧，心里怦怦直跳，但最后还是放下心来。

王诩这样说，只是考虑到吴、越两国几代人的和平局面，势难保持下去，而越国的民风如《越人土风歌》所表达的，足以支持长久战争。越人有祖先大禹之余烈，有光复旧物的传统，不会甘居沦落；而吴国又相当强大，所以小勾践长大后，面临的将是不可轻易战胜的敌人。这样，大荣大辱，势难避免。

除了晋国的史墨，天下没有人能看得这么深远。

鬼谷子告辞，要离开越国。越王允常送他黄金二百镒，他坚辞不受。因为他要继续做逍遥之游，带着重金不太方便。允常过意不去，便用一柄天下少有的越王剑换下鬼谷子身上的佩剑，找一匹天下最好的雪青马换下鬼谷子的雪青马，并用大舟送鬼谷子过五湖，到长江北岸。

大舟尚在太湖之中，王诩就想，此次南游，收获大于以往多次出游。

第十五章　神秘逍遥会友云梦游

鬼谷子来到了长江以北，沿着淮河西行，做他的神仙之游。

他想去寻找淮河之源，到桐柏山的最高峰太白顶去询道求仙，于名山大川之间取得仙气。然后再去会见那姚花女先生、麻姑小姐，以及年轻学者墨翟之辈。

鬼谷子在入淮之前，曾在一处驿站上见到了一个年轻的木匠，自称是墨翟。那时墨翟行色匆匆，因为有机会获得不次之官，就没有停下来与鬼谷子长谈。但他们彼此印象都不错，说是后会有期。至于姚花女、麻姑，他感觉是属于另一类人。

王诩明白，姚花女也好，麻姑也好，他们未必就是什么真仙。

神秘文化的根蒂就在于此，王诩觉得：此类街谈巷议的人物，要么是隐士，要么是怪客。须知隐士中常有贤者，怪客中常有高人。结识他们，或许可以增长器识，或许可以增加神秘。增长器识有助于悟道，而增加神秘是为了布设龙翔所需之云。谚语说得好，“龙而无云，不如地螾”，龙的本领再大，如果离开了云水，就赶不上一条大蚯蚓。所以，作为鬼谷子，他需要制造一些神秘感。

神秘因于未识，寓于未知；探索未识、预见未知是人类智慧之旨趣、兴趣之渊源。总之，王诩感到会见这些人是有益而愉快的。

鬼谷子苦苦追寻当年伊尹流放太甲的桐宫，也不知道何处可得。

他到了一个地方，询问乡里，知道已经到了楚国信阳地界。还不知离桐宫有多远。他轻轻地鞭着马，来到鸡公山下。只见层林叠翠，飞瀑悬空。此山之美，使他惊叹。比起他的鬼谷来，有过之而无不及。到了这样的地方，他的雪青马就挪不动脚步了。

王诩进入深山之中，见有茅屋数间，有人居住。下马问讯，互通名讳，屋中老者自称药翁，身边有个十几岁的童儿，是他孙子。全家只剩祖孙二人，避兵山中，采药度日。

“药翁，现在山外已经太平了，你们祖孙何不出山去享些清福？”

“鬼谷先生，眼下这世间太平，岂能持久；尘嚣之累，也非老人所宜。如今天下大势，纷争不已，寄居山水林泉，福莫大焉！”

鬼谷子看那药翁也是出世之人，仙风道骨，几句话就使他感到，彼此很是情投意合。于是便留下来，在这里住些日子。

日间，药翁祖孙进山采药；夜里，就与鬼谷子谈经论道。鬼谷子向药翁学了许多医理，作为回报，他也把摄身导引之术、熊经鸟伸之法，授予祖孙二人。

鬼谷子的老师李老君在《道德经》中，对摄身之术说得颇为玄秘：

> 善摄身者，陆行不遇兕虎，入军不被甲兵。兕无所投其角，虎无所措其爪，兵无所容其刃。

这就是说，善于养生之道、修炼得好的人，兕牛猛虎也要躲避他，他去从军打仗也用不着穿戴盔甲。兕牛猛虎的角与爪，还有兵器的锋刃，都不能伤害他。功夫如何能练到这种程度？这真令人不可想象。那熊经鸟伸之术，乃是用人的身体去模仿禽兽的动作，在今天看来也是一种极其宝贵的体操或拳术。在深山之中，清溪之畔，进行这些运动，正如后来的南华真人庄周所说，可以“吹嘘呼吸，吐故纳新”，非常有益于健康。

更妙的事情，是药翁祖孙请鬼谷子饮一种矛锋茶。

这就是后人称为毛尖的那一种。此茶的采摘时机和泡制方法颇为考究。必须在当春三月，天气清新之时，掐下那仅放一叶、尚存一针的茶尖儿，就着新鲜劲儿焙干，入罐封存。将此茶用新沸的山泉泡开，茶叶仍展开成一叶一针，如同戈矛，故称矛锋。其味清香无比，沁人心脾。

鬼谷子赞叹道：“药翁，此地人们发明此物，真可以与神农尝百草同功！这真是神仙的饮品，人间岂能得享！”

“鬼谷先生之言甚是，却被我们山野之人受用了。”

“但愿此物将来能够大行于天下，以济苍生。昔者，神农尝百草，日遇七十毒，都因得此物而解了毒。如将此物冲淡而饮，于人不是大有好处吗？”

“鬼谷先生有好生之德，所言之事，必能成功。”

鬼谷子王诩在鸡公山过得十分舒适，流连忘返。闲来无事，也骑马到远近各处行走，看看市井人家生活。

一天，王诩在大悟村的街头徜徉。他觉得这个村子的名字很有意思，想必是一位得道的贤者曾经在这里居住过。他正想去找一位当地的老者，打听地方上的故事，就见前面有一群人，围着一个南来的商人，听他说途中见闻：“乡亲们，咱们这里又会有吉祥平安的日子了。这回我从郢都贩货归来，在云梦大泽见到姚花女真人和麻姑仙女啦。他们到哪里，哪里就会太平无事。”

这正是鬼谷子要寻访的人，他停下马来倾听。

“十多年了，他们现在老了吗？”

“仙人怎么会老，他们还像当年在咱们村显灵那样，没有一点变化。”

王诩想：这里的人如此信奉姚花女和麻姑，就像晋、齐、鲁、吴、越一些地方的人信奉鬼谷子一样。说不定这里也有到过那些地方的人，会认出自己来。想到这些，他感到不便走进人群里去，就趁人们还没有注意到自己，赶紧到人少的地方去转悠。

鬼谷子想：何必舍近求远，再去找什么当地的老人；这里最有学问的老人，不就是那位隐去了姓名的药翁吗？

鬼谷子回到山里，时间已经很晚了。药翁已经为他泡了一杯茶，在等他回来闲叙。小孙子在吹火，准备晚餐。

“鬼谷先生回来这么晚，到远处去了吧？”

“也不算远，到了大悟村。”

“嗯，那里是个好地方，民风淳朴，古迹也多。鬼谷先生看到什么啦？”

“我也没有去寻访古迹，只是听说，十多年前，姚花女和麻姑在那里显过灵。又听说，这两位仙人现在又回到了云梦。药翁，你能告诉我一些有关他们的事迹吗？”

“鬼谷先生，你是问对人了。那姚花女和麻姑，都是我的亲戚，当年我们是一起逃出来躲避战祸的。我抱着孙子进了深山，他们两个则四处漫游。只是，他们神神秘秘，什么时候成了仙人，我真是一无所知。”

药翁的话，使王诩不禁想起自己年轻时的境遇。他想：自己不也是这样，在不经意间就成为鬼谷子了吗？所以，这两个人倒也真是值得访一访。“他们在大悟村显灵，是怎么回事呢？”

“嗯，那件事算起来也真有十多年了。”

老药翁打开了记忆之门——

原来，这里虽说是楚国的地界，但离吴、楚边境并不很远。吴国人进攻楚国，曾经占领过这里。

那年，一支吴国军队深入这里，在凌晨发起进攻，到天亮时，就把一支楚国军队和大悟村的老百姓围困在村中。村子在山谷里，吴军在周围山坡上扎下营寨，居高临下，使楚军不能突围。吴军扬言：如果在天黑以前不投降，就杀死全村的老百姓和军人。当时姚花女和麻姑也被困在村子里。他们看到天气晴朗，就想出了打败敌军的主意。姚花女对守将说：“将军，请立即准备火攻，今日即可歼灭敌军。”

守将说：“天干物燥，风又大，我怕火攻不成，反而把村子给烧了。”

麻姑说：“将军，物燥风大，正好放火呢。我们会请火神祝融来保护村庄，请战神蚩尤来助战，火攻必定成功。”

守将对仙人的话不以为然，巡视军队去了。

村里百姓都相信姚花女、麻姑二位仙人，他们又能请来祝融、蚩尤助战，必定能获成功。于是，众人就请里长再去恳求将军。

里长回来告诉大家，守将还是有顾虑，不肯下火攻命令。

再迟疑下去，就要贻误战机了。老百姓和士兵们都很着急，盼望仙人能救大家。一些人围住姚花女和麻姑，向他们跪下了。

麻姑说：“乡亲们，都起来吧，你们不用急，我自有办法说服将军，让他下命令。”于是，她又到大帐里去找守将。

“将军，请你不要小看我们二人。我们摇衣生风，就能把大火引向敌营。请看——”麻姑说着，就舒展广袖，在守将面前舞动一番。帐里果然起了一阵风，守将闻到从麻姑身上散发出来的一股奇香，感到有点昏昏然，如同醉酒一般。

“将军，要什么风，我就可以招来什么风。你说可以用火攻吗？”麻姑问道。“可以，可以。”守将一边点头，一边说，“火攻，火攻！”

麻姑高声喊着：“好，好，将军下令施行火攻了！”

守将感到有点困顿，便坐下来打了一回盹。就这工夫，士兵们在几位伍长的指挥下，很快做好了火攻的准备。

中午时分，火具都准备好了。军民一起出动，到村外去，向四面山上放起火来。姚花女和麻姑则开始降神：让村里的巫师们奏乐，击鼓吹笙，他们二人随着音乐声，在村头的空地上舞蹈起来，一边舞，一边唱：

罡风降兮，
向敌营！
摧敌胆兮，
摄敌魂！

他们的歌声越唱越响，舞蹈越跳越急。军人和老百姓都感到意外：那火真的向山上燃烧而去，连成一片，越烧越猛。风也越刮越大，而且向山上刮去，一点风烟也没有朝村子飘来。风助火势，大火很快就烧进了敌营。

正在吃午饭的吴国士兵，开始还以为楚国军民发疯了，放火烧自己的村庄，有的还出来看热闹呢。不一会儿，熊熊的大火就向他们的军营扑来了。他们惊慌失措，饭也顾不上吃了。回帐篷里去拿武器，但是帐篷已经着火了。于是仓皇逃命，向山头跑。他们的腿哪有风快，大部分吴兵不是被火烧死，就是被烟呛死。

守将打盹醒来，看到火攻已经成功，大火已经吞没了四面坡上的敌营，于是传令乘胜出击。顿时山下金鼓齐鸣，士兵们踏着过了火的山坡，杀死了侥幸活着的敌人。这一仗打下来，没有一个敌兵活着回去。

敌人被消灭了，大悟村得救了。

傍晚时，人们在村里庆功。但是，姚花女和麻姑早已没有了踪影。

后来人们传说：姚花女和麻姑显灵，袖子一挥，大火就烧向敌营。

药翁告诉鬼谷子："当晚，姚花女和麻姑就到了我这里。他们告诉我：今天救了大悟村一村的人。鬼谷先生，你听了这个故事，一定知道故事里的奥秘了？"

王诩说："是啊，他们二位，真是参透了天文气象。《诗》里有一首《谷风》，说'习习谷风，以阴以雨'，那是雨天的谷风，《谷风》的歌者不知道晴天里山谷之风是怎么个吹法，姚花女和麻姑却知道：白天的风是由山谷吹向山顶，夜里的风是由山顶吹向山谷。他们掌握了晴天谷风的奥秘，将这种风利用得恰到好处。"

"鬼谷先生，他们显灵的秘密，全被你看穿了。"

"不，还有呢。药翁，麻姑袖里藏有一小瓶迷魂香，她也用得恰到好处。如果用多了，守将就说不出火攻的命令，而且到天黑也醒不来，那样就不能全歼敌人。"

"鬼谷先生，他们所做的一切全在你的掌握之中。看来，你是比他们技高一筹了。"

"倒也未必。凡是人哪，也都各有所长，各有所短。他们能参透自然变化，又善于炼丹，能炼出那样的药，可见他们的道行确实不小。他们有这样的本领，用做善事，而无恶行，这也真可以说是有道之人哪！"

"鬼谷先生，你这样评价我的亲戚，老朽也觉得荣幸。"

这时，药翁的孙子在里屋喊："爷爷，鬼谷先生，粥熬好啦！"

于是，药翁和鬼谷子到里屋去用晚餐。鬼谷子当晚就与药翁话别，打算明天动身去云梦大泽，访问姚花女和麻姑。

鬼谷子骑着雪青马，悠然南行，大山渐渐减少，河流渐渐增多，第三天就来到了云梦大泽之滨。

眼前一片水面，浩浩渺渺，横无际涯。

鬼谷子曾到过东海，他觉得眼前这云梦泽，就像海洋一样广阔。稍远处，云雾缭绕之中，水面浮出几个小岛，仿佛就是蓬莱三岛。

这里与大海相比，所不同的是水面上有绿森森的一大片雕胡，莽莽苍苍，连接天涯，有如辽阔的草原。只是这草是长在水上，叶子又特别巨大，像剑那样宽，比剑还要长。此草又称菰，也称蒋，其根称葑，其茎受黑粉菌感染而膨胀，就是茭白。

天色向晚，鬼谷子就向湖边的一家人家借住。

这家人就用雕胡穗上结出的籽来舂米煮饭，那饭又白又香；用雕胡根上长出的茭白来做菜，味道鲜美甘甜。这雕胡的生命力特别强，繁殖力也特别强，它盘根错节，生长在很深的水面上，可以不用土壤。岁月沧桑，雕胡的根枯朽堆积，就成了漂浮在水面的小岛。这种没有根的小岛，薄的可以在上面走人，厚的可以在上面建房。

王诩在湖滨的第一宿，睡得很香。早晨起来，就在湖滨散步，白天看这一家人干活，捕鱼、采莲、采菱、剥茭白。以后几天，天天如此。王诩感到水上的生活与山中完全不同，但是同样的自然、有趣。水乡深处，不为兵燹烦扰，也与深山一样可以作为出世的仙境。他想在这里住一些日子，再去寻访这里的仙人。

这家的男人，经常挑着鱼、莲、菱、茭白之类的鲜货到集市去卖，再买回一些家里需要的东西。这样，他家里住着一位远方客人的消息，也就流传开来了，自然也就传到了姚花女和麻姑的耳里。

姚花女和麻姑优游天下，自然知道关于鬼谷子的一些神话，而且这次来云梦时，已经知道鬼谷子到了鸡公山，住在药翁那里。不用多想，他们就断定是鬼谷子来了。二人都觉得，能与他在这里相会，真是太妙了。

问题是怎么相会：姚花女想以士人真身，做学术之游；麻姑说那样做，太平淡无味了，不如云里雾里，做神仙游。姚花女同意了麻姑的想法。

一天早晨，鬼谷子在湖滨漫步。雾霭中，徜徉着两个人影，王诩开始注意他们。

“老聃的弟子来了！”王诩听到莺啼燕语一般的少女说话声。

“他们是谁呢，怎么知道我是老聃先生的弟子？”王诩想，“能有如此知人的本领，一定是得道的高人，说不定就是自己想要寻找的人。”他这样想时，那两个人也向他走过来了，他立即觉得，自己的感觉没错。

“鬼谷子，别来无恙啊！”

“你是姚花女先生吗，怎么认识我的呢？我们还是第一次见面呀！”

“真是贵人多忘事，你是大鸿先生的兄弟，上古的真人，仙班里有谁不认识你呀！”

姚花女的话，使王诩想起了苌弘在自己画像上的题词，这一段神话流传已广。

“姚花女，鬼谷子已经投生到周朝，你提从前的事，让他又怎能记得起来！”

“这位小姐，你就是麻姑了？”

“奴家正是，鬼谷先生好眼力！”

“姚花女先生、麻姑小姐，我在鸡公山闲住多日，你们的亲戚药翁谈起过二位在大悟村显灵的事。这些日子我一直在寻找二位，今天总算见到了！”

“幸会，幸会！”

这时候，太阳升高了，晨雾将要散去。麻姑故意舒展她的袖子，在空中摇一摇，顿时雾气全消，玉宇澄清，水畔风光明媚。王诩当然看清了她的小聪明，也明白了：他们要以神仙的方式与自己交游。好啊，奉陪就是。

雾散了，他也看清了二位仙人的面容。

姚花女装束很是一般，头戴青巾，身着道袍，足蹬麻鞋，一副山野道人之像，只是精神健旺，步履轻快，行动敏捷。经历过千年风霜的那张脸，只使人感到智慧、端庄，看不出他的年龄。

麻姑仙子则是一位典型的美人：身材窈窕修长，云衣霓裳，非锦非绣，绮丽质地，素雅纹章，头顶上梳着高高的云髻，耳佩则似轻风明月，绰约如处子，面颜桃花色，看她的年纪，只有十八九岁。最具特色的是她那一双手，十指纤纤，如同鸟爪。

“麻姑，你在前面领路，让我和鬼谷子到你的仙坛小憩吧！”

“欢迎二位到寒舍一叙。”麻姑说着，远远地走在前面。

姚花女早就注意到王诩对麻姑的手感到新奇，悄声说道："鬼谷子，你在想入非非了：若是大背发痒，得用她那手挠一挠才好！她那双手可有来历了，她曾用那纤细的手指捉蛇，口啖蛇脔！"

王诩听着，不说话，只是呵呵地笑。

"男仙相聚，就爱谈论凡人俗事，"麻姑回过头来说道，"你们两个又在编排我什么？"

"我们不敢，我只是和鬼谷子笑那凡人，追求长生不老。"

"那有什么好笑？人人都会追求永恒，可是，天地间除了时间和空间，还有什么是永恒的呢？"

时间和空间，王诩想，这次与他们二人相聚，就探讨这个问题。

不久就到了麻姑居留之处。这是凡人为祈求长寿而在云梦泽畔建的一所麻姑仙坛，一座普通庙宇，从麻姑的嘴里说出来，就成了一片仙苑琼阁，说是有足够的精舍供他们谈经论道。

他们以凡尘为仙境，以自己为仙人，用神仙的语言，论凡间的学问。

鬼谷子王诩在云梦和姚花女、麻姑终日优游，做神仙会，谈论不朽与永恒的话题。其中，凡人所关心的问题，多是长生不老之道。鬼谷子乐于吸取各家之长，所以也希望能多加参悟，以便治病救人。

姚花女说："关于长寿，你找她算是找对人了。她送人一只寿桃，就足以使人颐养天颜，何况她还知道那么多的仙丹、仙药呢！"

"我也不能使人人都变成彭寿。鬼谷子，你既已入了凡尘，便需要多做善事，才能返回仙班。就劳你多出些力吧，你跟我来！"

麻姑把王诩领入一室，把天下何处有不死之草、何处之石可以炼成仙丹、何种之方可以祛病延年，详细地授予王诩。她慢慢口授，他一字不漏地笔录，三日之后大事成功，成为《天匮》一书。

"麻姑，"做仙人会，都是直呼其名，不讲究避讳与尊称，王诩已经习惯了，"我想知道的是天下之治乱、人事之废兴，如何才可以达到永恒，你能详细地告诉我吗？"

"鬼谷子，你一到了人世，就把你自己的学问都丢光了！当初在仙班，是你告诉我：人事之废兴，数十、数百年之事而已！现在，你反而要来问我了。看来，真是一入凡尘，即添愚昧！”

王诩不知说什么好，但他决心把一切都问个明白，于是说道：“麻姑，你莫取笑我，恩师说道法自然，那么请问，道可以永恒吗？自然可以永恒吗？”

麻姑笑了：“鬼谷子，你何必对我如此谦逊！你说的事，关系到一个寿字，我倒可以谈一谈：天地间，一切都不可能永恒，天、地、自然、道，一切都会变！所不变者，大约只有时间和空间，上下四方曰宇，古往今来曰宙，宇有内无外，宙无始无终，只有这两样东西是永存的。”

“你说自然也会变？”

“是的，自我进入仙班，已经三次看见沧海变为桑田！前些日子我同姚花女过蓬莱，见那里的海水又浅于往昔，岂不是又要变为桑田吗？”

麻姑说的各点，王诩大致赞同。

鬼谷子与麻姑、姚花女相处，感到十分快乐。过了许多时日，才想起自己还应去找墨翟一叙。

“姚花女，麻姑，”王诩说，“我到这里叨扰多日，也该与二位告别了。”

姚花女和麻姑也觉得，再留鬼谷子住下去，也没有什么学问好交流了。于是，姚花女说：“鬼谷子，这些日子的交游使我受益匪浅。你是尘缘未尽之人，还有别的事，就请自便吧。我们后会有期。”

“再见了！”麻姑与他颇有些依依不舍，“我会时常去看望你。”

鬼谷子又回到了药翁的山中。时近傍晚，药翁采药归来了。

“鬼谷先生，你找到姚花女和麻姑了吗？”他想了解亲戚的情况。

“见到了，与他们在云梦做神仙之游，十分愉快。”

“我不想知道那些游戏，只想知道他们的健康，他们身体还好吗？”

“与常人一样。姚花女看不出年龄，麻姑却似一位少女。”

“啊，十多年来没有变化，他们的确擅长养生之道。”

于是，鬼谷子又与药翁讨论起《天匮》来。一连多天，也没有更换话题。白天，药翁祖孙进山采药，王诩出山游逛，夜里长谈一天所获。药翁对于自己采的药，如数家珍，不时还取出一支来，让鬼谷子闻一闻气味，品一品药性。鬼谷子则把所知山外奇事、天下大事都说与药翁听。

一天，鬼谷子出山，在从宋国通往楚国的驿道上转悠，遇到两位步履蹒跚的人。为首一人葛衣草鞋，显得寒酸，但体格健壮，目光深邃，气色很好。近前细看，原来是他想要见到的墨翟先生。

鬼谷子心里纳闷：几年前，就曾在山外听人议论，说墨翟在齐、鲁等国，与国君过从甚密；最近又曾听说，宋国派人请墨翟回国，当了宰相。他今日何以如此贫困潦倒、疲惫不堪，只领着一个人，跋涉于山岭之间。

鬼谷子问："哎呀，老弟何以如此，你的车马仆从哪里去了？"

墨子虽然自成学派，但他早年曾受业于仲尼门人。仲尼与鬼谷子曾同学于老子。如果严格论起辈分，鬼谷子可以称为墨子的先师。鬼谷子入山前与墨翟初次交游，就很快成为朋友，但在墨翟心中，始终对鬼谷子以老师相待。

墨翟对鬼谷子说："先生不知，鲁国的公输班先生发明了攻城的云梯，被楚王用来攻打宋国，已经围困了宋城。两国正在交兵，我怎能以宋国上卿的身份进入楚国呢。我是化装出行，以个人身份去楚国郢都，告诉鲁班先生，他的云梯不能战胜我的守城器械，再跟他一同去说服楚王罢兵，以使楚宋两国百姓免遭涂炭。"

原来墨子此行，是实践他所著《非攻》的道义。这个学派的刻苦精神和墨翟本人的贤明，很得鬼谷子赞许。墨翟翻山越岭，攀崖拊林，已经走了许多日子。他的手足都起了血泡，生出重茧。鬼谷子见他如此劳累，便留他在山中稍事休息，用药液来治疗他的手足，以针灸砭石来缓解他肌肉和筋骨的酸痛。

墨子也想利用这个意外的相遇，向鬼谷子先生请教，如何才能有效地说服楚王和鲁班，使他们停战。

鬼谷子分析了楚、宋两国形势，说道："楚王自恃强大，又有鲁班的云梯，你若想要取得游说的成功，必须切中要点。你呀，此次游说，实属不易，难点就在于：要能证明并使楚王和鲁班都相信，云梯再好也不能战胜你的守城器械。如果鲁班说，他还可以改进他的云梯就告诉他，你也可以改进你的器械。要让他们知道最终也不能取胜，才会答应撤军。"

“请先生放心，我已经有了办法，可以在楚王和鲁班面前模拟演示，让他们亲眼看到战争的结局。”

“这样，就产生了一个危险。”

“什么危险？”

“他们会杀了你，从而楚军可以改进云梯，而宋军不能改进守城器械。所以，你只身入楚，对此要有妥善的预防措施。”

“这一点我不怕。我的弟子禽滑釐等人，完全掌握了我的技术。他们即使杀了我，弟子们也能改进器械，战胜鲁班的云梯。”

“那么，你必须证明禽滑釐确实有你那样的能力。”

“我能做到。”墨翟很有信心。

如此，鬼谷子预言墨翟此行必能成功。第二天，墨翟就出发了，

鬼谷子望着墨翟远去的背影说：“看来，出世与入世都可以彰德兴道，世上需要老子和关尹子，也不能没有孙武、墨翟这样的人。”

从这里翻过大山，离楚国郢都就不远了。墨翟以非攻之义，果然说得楚王罢兵。

墨翟救宋之后，他和他的弟子就经常与鬼谷子交往。

王诩这样在山中悟道，不知又过了多少年月。

有一天，药翁祖孙一起进山采药，傍晚归来的却只有孙子一人。王诩大骇，没有想到药翁去得如此突然。他不知道如何来安慰眼前这个年轻人。

年轻人却显得异常从容，他对王诩说：“爷爷去得很平静，要说的话也交代得很清楚。爷爷说：‘我能活到一百三十六岁，暮年还得鬼谷子陪伴，此生足矣！’”

“我没想到，你爷爷已经如此高龄，我们真不该让他再进山。是我对不起他呀！”王诩心疼，流出了后悔的泪水。而年轻人一直强忍着眼泪，没有流出来。

“爷爷说：‘我对不起鬼谷先生，没有告诉他我真实的年龄，只想着把自己知道的药物知识都说给他听，可是，至今也没有说完。上天不让我向他授完医药之理，请鬼谷先生自己去品味与体察吧。’”

“药翁，你和老聃先生一样，是我的恩师呀！”

“爷爷说：‘我长眠之后，请任何人都不要来打扰我的清梦，你和亲戚也不要再来看我的土丘，只请鬼谷先生在山外为我焚一炷香，让我灵魂升入更高的境界。’”

“恩师呀，你的境界很高，我要超度你升入仙班！”

“爷爷说：‘你为我送一送鬼谷先生。你自己也不要再住在山里了，你要有家室，娶一个本分的姑娘就好，你们到大悟村去卖药、卖茶……’”说到这里，年轻人再也忍不住了，抱住王诩放声恸哭起来。

当晚，王诩帮助年轻人在茅屋里设了灵堂。

次日，他们按照药翁的遗愿，在山外焚香。王诩写的《祭药翁文》与祭祀老子之文一样，只有简单的一句话：

今之药翁，古之神农，灵草宝茗，百世仰功。

——弟子王诩敬挽

祭祀礼成，年轻人就收拾东西，准备出山。

鬼谷子倚门遥望远山，看着药翁去而不归的那一条山谷，感受到一种空漠。自己对这座山，已经产生了难以割舍之情。

“鬼谷先生，我们准备动身吧。爷爷让我送你出山，你想走哪一条路呢？”

“我想去大悟村，我们就在那里分手，好吗？”

“好呀，爷爷就是让我住在那里。”

王诩去牵他的雪青马时，还在想心事：自己这次出游，也许接触的、看的、想的、思虑的太多了！但是，无论如何，这次是大长学问了。想到这些，王诩感到离家太久，应该回去了。

王诩开始想家了，就想到药翁的孙子还没有家。收拾起来的东西，人力也难以运走，于是王诩就为他买一头驴。到大悟村后，王诩为他买几间房，还给他几镒黄金。这样，一家药茶坊就在大悟村开张了，王诩也就安心地离去了。

第十六章　鬼谷兴学

鬼谷子云游天下，也不知过了多少个春秋，才回到故地。

久违了呀，我的洞府！他对鬼谷山中的一草一木都是那样一往情深。来到清溪边，他就跳下马来，捧起溪水畅饮。再转身上马，雪青马也像是理解主人的心情，进山的步伐特别轻快。

他刚经过第一道峡谷，进入第一重天地，就见有两匹快马在前边谷口一晃，便向深谷之中奔去，一会儿就消逝得了无踪影。他不由得心中一惊：难道这一向无人烟的仙山，如今已经有人来居住了？那么，妻子和儿子他们会不会已经迁移到了别处？

他轻轻催马，快步向前。从第二道峡谷到第七道峡谷，穿过重重福地洞天，两山依然鸟唱猿吟，一切如故。只是到了第八重天地，才见情况有异。清溪两岸，各有十数间茅屋。屋后缕缕炊烟直上，屋前有人读书，有人习武。

那些年轻的人，见他的马走出峡谷，进入这山间小平原，便都立即跑到山路上来，男左女右，整整齐齐地夹道跪成两行。鬼谷子见了又是一惊：哪来这么多聪明伶俐的少男少女？他正要开口问，只听那些年轻人齐声喊道：

“恭迎祖师爷归山！”

鬼谷子刚刚下马，又见从第九道峡谷里面飞出两乘白马白人，转瞬来到了自己跟前，跪在地上的年轻人向那两人喊着：

“师父！”

“祖师奶奶！”

原来是他的夫人莘姒领着儿子来了。鬼谷子急忙上前，把夫人拥入怀抱，扶起跪地请安的儿子，一家三口相拥，泪如泉涌。

莘姒转身唤起那些跪地的年轻人说：“都起来吧，祖师归来，你们从此可以朝夕承教了！”

“多谢师太！”

“多谢祖师奶奶！”

年轻女孩叫莘姒师太，男孩叫她祖师奶奶，欢快地喊着，都起身来围着鬼谷子一家。

原来鬼谷子周游列国，广结朋友，已经使鬼谷名扬天下。

那个时代，孔丘、墨翟先后开设了私学，都聚集有许多弟子门人，势将成为显学。在这纷乱之世，许多年轻人不愿学习孔丘那套束缚人的“礼”，又不愿进入墨翟那过于严酷的组织。他们向往鬼谷子那深邃而睿智的学问、俊逸而豁达的人生、临乱而清净的智慧，所以结伴来到鬼谷山中求师。

第一批来到鬼谷的年轻人，自己在第八重天地结草为庐，安居下来，每日到第九重天地叩门求教。莘姒无法劝走他们，也为他们的诚意所感动，于是答应暂且由他们母子来教这些年轻人攻读、习武，等待鬼谷子归来。

鬼谷子归期迟迟，而这里的学生不断增加，是莘姒没有想到的。

这些怀有奇志的男女学生，有的是来求经学道，有的是来练功习武，他们日夜盼望着鬼谷子归来，每天派人到山口探望。鬼谷子进山时看到的两乘快马，就是远远见到鬼谷子，飞马回山报告喜讯，这才摆出了列队欢迎的场面。

鬼谷子巡视了众弟子。这群少男少女拥着他们，走进第九道峡谷，步入第九重天地。

王诩惊喜地看到，在当年仙鹿献瑞的地方，建筑起了观星台和讲经坛。心想：夫人和儿子这些年功劳不小，不等自己动手，鬼谷私庠就已经有了眉目。再看坛前台下，已经摆下了宴席，迎接自己归山。

一张张苇席接连铺开，人们有次序地席地而坐，几案上陈列着山珍野味、甜果香瓜。师生共饮到金乌西下，玉兔东升。席间，鬼谷子谈到了他去过的国家、见过的朋友，讲了天下大势，最后答应数日之后为学生们授课。

太阳落山时，众弟子才离席散去。

洞府中只剩下王诩一家人了，莘姒把着夫君的手，眼泪像断线的珍珠，一串串地下落来："阿诩呀，你这次离家太久了！看你，变得又黑又瘦，受苦受累太多了呀！"

"阿姒，你怎么这样看我，你以为我会像仲尼那样到处碰壁吗？我这次出游，潇洒着呢！容貌的变化，只是说明我接受了天地日月的精华。听我详细地讲给你，你就知道我这次游历有多么快乐了。"

儿子少君听父亲说要讲出游的故事，高兴得轻声地对莘姒说："娘，让我去叫她来听听吧？"

莘姒点头，向儿子表示同意。

"阿姒，她是谁呀？"

"少君年纪不小啦，他看中了一位姑娘，名叫姬孟子，就在女弟子之中。"

王诩信任自己的夫人和儿子，高兴地说："这是好事呀，快去让她来吧！"

儿子高高兴兴地出去了，老两口互相依偎着，良久无言。

"阿姒，你在想什么？"

"我想起了伊水之滨，在老子那里，我为你画像，你又画我。最后，你拿出苌弘给你画的像来——真叫他说中了，你是鬼谷子！"

"我是鬼谷子，你也是鬼谷子，我们的儿子、孙子都是鬼谷子，你我是代代相传的鬼谷子世家！"

"好，我们是鬼谷子世家！"

他们正说着话，少君领着孟子来了。

这位姬小姐，敢于独自离家来深山求学，这就足以说明她敢作敢为的性格了。王诩喜欢这一点，莘姒也是因为她性格与自己类似，才同意儿子与她交往的。她的年纪与少君相仿，约有三十岁，但看起来只像是二十出头，这是因为她面容娇艳、气质良好。

他俩如此年纪而没有完婚，是因为好学，刻苦攻读，也是因为等待父亲归来为他们做主。

莘姒在王诩耳边轻声地说：“为了等你，他俩苦熬着青春年华。现在，我们不能让他俩再等了！”

王诩有些内疚，说道：“是我耽误了他们。那就依你的话，尽早为他们把喜事办了吧。”

姬孟子虽然豁达开朗，但初次来拜见公爹，仍然难免有些羞涩，少君为她壮着胆，她挪动脚步，刚走近前，就听公爹在说“尽早为他们把喜事办了吧”。她顿时脸上绯红，心里甜蜜，急忙跪地叩拜：“姬孟子拜见爹娘，祝爹娘福寿安康！”

“好啦，我儿，赶快起来吧！我们现在就是一家人了，你爹才说哩，要尽快为你们把喜事办了。”

孟子又拜一次，才起来站在少君旁边。

“爹，娘，我和孟子商量好了，婚事要办得简单些，我俩也要去漫游天下。”

“好啊，你们出去，也可用鬼谷子之名。我和你娘商量过了，我们是鬼谷世家，我家人人都是鬼谷子！”

“多谢爹娘的安排！”

一家人议了一会儿婚事，王诩便开始谈他的旅途见闻，一直到道童来请用夜宵。

饭后又回屋叙谈，少君和孟子对鬼谷子的逍遥之游，以及所提到的学问，听得如痴如迷。王诩也乐于跟家人谈论。

一家人谈到夜深，该歇息了，孟子才告辞，由少君送她回到八重天的寝室。

这对年轻情侣，在鬼谷最深处的第八、第九重天，不知幽会过多少夜晚，唯有今夜月色最美，可惜不能把时光留住。

“你见了我爹，印象如何，怕不怕？”

“他老人家并不老，比我想象的要年轻许多。他智慧而慈祥，何怕之有？”

“你不担心他不喜欢你？”

“在路上有点担心，一见到他，就什么顾虑都没有了。爹像是磁石，把在场的人的心都吸了过去；又像是阳光，把一切都照亮了。他说话的声音，也令人愉快。”

“你一见面，把他当成自己的爹啦。”

“我的亲爹没有他这样好。少君，我真幸福……”

两个人在竹林边的一块青石上坐下了，互相依偎着。见了父亲，心里的一切担忧都放下来了，感到特别踏实、高兴，想要在一起多待一会儿。

“我还没问你呢。以前父亲远游归来，一家人也是这样促膝长谈吗？”

“都是这样的，只是现在又多了一个你。”

月亮躲进了竹林，竹影罩住了青石，提醒他们，时间已经太晚了。他拉着她站起来。

“鬼谷夫人，晚安！我得回洞府了。”

“你拿娘的称呼来叫我，也不怕折寿！”

“爹娘有命，在二老不在场时，我可以称鬼谷子，你当然就是鬼谷夫人了！”

“你不知羞！我何时成为你的夫人啦？”

“你跑不了，过不了几天……”

“你走吧，天这么晚了，别叫爹娘担心！”

鬼谷子回山，安排了儿子的婚事之后，就静下心来整理他的学问，传道授业。

仲尼先生收徒，“有教无类”，无论什么人，只要交二十条干肉做束脩——学费，就可以到他那里去读书。鬼谷子办学，真正做到有教无类，连学费也完全不收。

仲尼先生不言兵，鬼谷子重视传授兵法。仲尼先生不兴女学，还说：“唯女子与小人为难养也，近之则不逊，远之则怨。”

鬼谷子说：“天地男女，不可缺失。”他要在鬼谷办好女庠。

鬼谷子公告天下：

夏曰校，殷曰序，周曰庠，学则三代共之。天子失官，学在四夷，大兴私庠，博施教化，此其时也，吾力行之！

鬼谷子向夫人莘姒问起学生们业已完成的功课，原来他们母子传授过的学问已经不少。鬼谷子觉得，所欠缺者是纲目不明，所授知识有些散乱，不系统。他与夫人商定，通过今后讲学，把鬼谷的学问编订为四大门类，即：道、数、兵、游。

道庠，传授老子学说的学校，鬼谷是天下第一所。

数庠，传授天文地理历数的学校，鬼谷是天下第一所。

兵庠，传授军事谋略的学校，鬼谷是天下第一所。

游庠，传授公关外交理论与实践的学校，鬼谷是天下第一所。

另外，还有女庠，允许女子读书的学校，鬼谷也是天下第一所。

鬼谷少君和姬孟子大婚之后，也学父母当年的样子，穿着白衣白袍，骑着雪青马，没年没月地漫游天下。天下因此而成倍地增加了鬼谷子的遗迹。

王少君和姬孟子四处漫游的结果，使人们既分不清鬼谷子的老少，也不知道还有鬼谷老子与鬼谷少君的区别，更无人能说清鬼谷子的年龄。

人们见到的鬼谷子：时而白发苍苍，时而少年翩翩。还感到他的行踪神秘莫测，有分身之术，能够在不同的地方同时出现。人们都当他是神仙，而行踪不定、年龄变化无常，都被解释为神仙的道行。

鬼谷少君夫妇回来时，鬼谷私庠的课程就定型了。这是鬼谷子的家学，他写的书，只供家人阅读，不让别人钞刻。共有四门学问。

第一门学问称为道。

鬼谷子所修的道虽源于老子的《道德经》，但不像他那样去苦行悟道。他不主张消极无为地出世。

鬼谷子对他的弟子们说："一个人立身社会，或出世或入世，应视其所处时代和境遇，按照道法自然的原则来确定，做到不失人之性和不失物之性。"

"先生，怎样才能做到道法自然、不失物性和人性呢？"

"就是要有所为，而又有所不为，凡事太消极和太积极，都是有失人性和物性的。”

鬼谷子要求学生，无论出世入世，都应该注重修真养性，摄身导引，服食养生，延年却病。所以他自己能长寿二百年。

他很看重生命，但不同意苟且偷生，他引用管仲的话告诫弟子：“全生之说胜，则廉耻不立。”他是反对好死不如赖活着的哲学的。

在他看来，性命如果不合于道，也就不合天理人性。他确信人可以得道而出世，登入仙境。这样，鬼谷子成了道家紧随老聃、关尹子之后的一代宗师。

第二门学问称为数。

仰观天文，俯察地理，中揆人事。掌握天之历数，地之术数，人之气数，这是那时最尖端的自然科学。道生一，一生二，二生三，三生万物，万物有序有节，也就有数。鬼谷子精通此道，善于运用这套本领，预测天文、气象、物理变化，预见人的吉凶祸福，预知行为的成败。这样，鬼谷子成了自然科学家、阴阳家、算命先生的宗师。

王诩一家，除了在鬼谷的观象台进行仰观俯察，还经常带弟子们去周公测景台研究重要天象。

第三门学问称为兵。

兵学就是军事学。鬼谷子精通风后的《握奇经》，太公的《六韬》《三略》，又和孙武切磋过《兵法》。历来最高的军事成果都在他的掌握之中。他若进行军事实践，必定是天下无敌。因为他行兵布阵，鬼神莫测，加上他善于预测吉凶，所以能在任何情况下都立于不败之地，稳操胜券。这样，鬼谷子成了军事家、战略家的宗师。

除了课堂讲授，日常练武，王诩父子在清溪之畔，列石为阵，撒豆成兵，带领弟子们演习阵法。

第四门学问称为游。

先秦诸子百家，都善游说。但真正成为一门学问，足以成为今日公关、外交理论与实践之源的，唯有鬼谷子的学派。鬼谷弟子个个博识广记，审明事理，察知人情，谈吐雄辩，世事洞明，人情达练。

《鬼谷子》这本书里，洋洋洒洒，纵横捭阖，把人际关系、国际关系的分析研究方法、具体运作，都阐述得清清楚楚。这样，鬼谷子成了纵横家、外交家、公关学家的宗师。

鬼谷子王诩不许学生们闭门造车，他经常派学生周游列国，他们一家人也不时地漫游天下。

鬼谷子在讲学中，要求学生们对四门学问都要有所掌握，但各人的天赋、能力和志趣不同，可以侧重一门，旁通其他。

鬼谷子在讲学中，对各点都讲得深刻、透彻，只是对有一层意思他没有点破，那就是：一个人如果精通了这四门学问中的一门，就足以显达于世；如果四门都精通，则将不屑于辅佐目前的列国诸侯，不遇尧、舜、文王那样的圣君，便不出仕而要隐于山林。这也是他暗中设定的教学目标，不讲明，而让学生自己去领悟。

鬼谷子心中藏着一个愿望：希望能多找几个对四门学问都精通的弟子，然后度他们进入仙班，也不辜负恩师老子对自己的期待。

鬼谷子对学生说："明于道、数、兵、游者，乃可臻于品学之至真、行为之至善、心灵之至美也。如此，可做逍遥之游，列入仙班而无愧也。"

仲尼终身汲汲于复兴周室，而鬼谷子根据自己对历史的预见，明确地告诉学生："在一个人的有生之年，二百年内，天下不可能出现尧、舜之君而致太平，你们若能行道于世，则行之；若不能行道于世，则隐归山林。"

鬼谷子与孔子就有这些不同之处。老子有位再传弟子，就是那位楚狂接舆，后来他"凤歌笑孔丘"，也是笑孔子不如鬼谷子之明。

鬼谷子授徒，来去自然。

他根据学生不同的资质、器识，就知道他们会有何等作为，当他们学得其所时，便让他们出山，不许久留。因此，不时有学生进山，出山。

在送走了最初的几批学生之后，鬼谷子又筹划着一次出游。

这一回是王诩、莘姒夫妇同行，他俩把山中的一切都托付给了儿子儿媳。少君和姬孟子也明白，这是父母要考验他们，看他们能否担当起鬼谷私庠的重任。

聪明智慧一家子，一切都是不用多说的。小夫妻俩唯一担心的是父母已经年高，坚持要二老坐车出游。鬼谷之中，沿着清溪的道路虽然辟出来了，但还很狭窄，不便行车，他们便备好了车马，在载鬼亭驿等候。

临行那天，全家送鬼谷子和莘姒出山，姬孟子把小儿王蝉子抱在马上跟来了，直到载鬼亭驿，祖孙三代才依依惜别。

王诩哪肯坐车："少君，孟子，你们放心吧！李老君暮年仍骑青牛两渡流沙，纵迹于高山深谷，我和你娘比他年轻、健壮得多，骑马旅行是安全方便的。"

儿媳和小孙子见二老远行，眼泪都落下来了。王诩觉得这样太累人了，便对夫人说："阿姒，我们得定一条家规，今后任何人出行，相送不要超过八重天。"

"送君千里，终需一别，送出家门也就够了。情在心中，与送别远近本无差别。"莘姒完全赞同夫君的话。

从此以后，鬼谷家人出行都免去了凡俗的礼节，亲人只是话别而不远送。

老夫妻鞭着马，飞快地离开了载鬼亭驿。

第十七章 语惊晋平公

他俩骑的雪青马，人们看来就是白马。这一对白袍白马的人在新绛出现，在市北一间他俩常住的馆驿下榻，人们就知道是鬼谷子又到了晋国。

王诩和莘姒到晋国，从来不带钱财。亥唐夫人为他家保存着一笔黄金。她曾说："你们每次来，用黄金下的崽儿就足够了！"

多少年来，那笔黄金年年生息，已经增值数倍了。他俩安顿好了之后，便又骑马穿过新绛街市，到城南负郭亥唐家拜访。

亥唐夫妇见王诩夫妇来到，喜不自胜，立即吩咐庖人备宴。亥唐夫人老了，还是那样伶牙俐齿，见了莘姒便嬉笑闲谈，就像回到了她们的年轻时代。

"好你个阿姒，孙子都好几岁了，也不带来我们瞧瞧！"

"上辈人不管隔代事嘛！"

"你言不由衷！我看哪，你亲孙子胜过了亲儿子，也胜过亲老头子！"

"哈哈，这说的是你自己吧！"

王诩和亥唐见面后，就让夫人们去唠叨，他俩则到另一间屋里坐下来，纵论天下大势、人间奇闻。

谈起晋国政事，亥唐说："正如你当年估计的，三家分晋的局面越来越清楚了！晋国六卿中有三家衰败了，多家豪门望族也和晋公一样，失去了势力，现在掌握国家大权的只剩三大家族，就是赵简子、魏献子和韩宣子。”

“这三家之间，相处得如何？”

“赵氏权重，三家之间利益均衡。曾经共同征伐祁氏、羊舌氏，瓜分了这两家的十县之地。后来又伐中行氏。看来，瓜分整个晋国也为期不远了！”

王诩摇着头说：“我看还得等几代人。”

“何以见得呢？”

“首先，自古以来，任何一个已经腐朽、看起来不堪一击的权力集团，虽然十分令人难以忍受，但它维持的时间也会比人们希望的长。因为人们害怕社会阵痛，而老百姓的忍耐力又是很强的。其次，现在晋国尚能勉强维持其霸主地位，如果分为小国，力量就单薄了，齐、秦、楚、吴这些对中原虎视眈眈的大国，岂能放过它们。那赵、魏、韩三家能把持晋国政局，岂能不懂得个中道理。”

他们谈得正起劲，就听吱嘎一声，房门开了，走进来的是亥唐夫人：“嗨，你们在这里干谈个什么劲儿！酒菜已经备好了，到宴席上去谈吧！”

“多谢嫂夫人！”

王诩和亥唐移座到宴席，一边饮酒，一边继续海阔天空地漫谈。

两位夫人不爱听国家政事，亥唐就讲一段不久前发生的神怪故事——

前些日子，有人一大早路过魏榆集市。离开市的时间尚早呢，却听见人声嘈杂。前面道路上像是聚集了一堆人在议论什么，侧耳细听，分明听出是在议论朝廷大事，好像发生了什么紧急情况。那人走过去，说话声戛然而止，举目四望，哪里有什么人，野地空空，只见有顽石数堆而已。

那人害怕石堆中有妖孽，快步走开了，仔细听，那几堆石头也再不出声了。这件事传到了新绛，不久就传到了晋公耳中。晋公害怕，病也加重了。

讲完故事，亥唐说道：“昨日晋公召我进宫，就是问我这件事。我也解释不清楚，没想到鬼谷老弟来了，正好，我明天就进宫去告诉晋公，你去跟他做解释吧。”

“亥唐兄，如果情况真是你说的那样，那就不用等你明天进宫，今天下午，晋公就可能派车到我住的馆舍去了！”

“很有可能，就让内史大人去扑个空吧。”

家宴散后，亥唐留鬼谷子夫妇相叙到太阳西下。

夫妻俩回到馆舍时，新绛城已是万家灯火。馆舍主人到门口来迎接，对王诩说：“鬼谷先生，贤伉俪到哪里去了？内史大人等你一个下午呢，刚刚才离去。”

“我们去亥唐先生那里了，内史大人找我有什么要紧事呀？”

“他来接你进宫呢，临走时说，明天早上再来，请先生一定要等着他。”

“知道了，主人家，忙你的去吧。”

当晚，王诩夫妇早早歇息。

第二天一大早，王宫内史的车马来到馆舍，院门还没打开。内史是奉了平公之命，微服来访，昨日没有完成使命，深怕古怪的鬼谷先生今天又早出，所以早些来堵他。他不知道，今天鬼谷子是准备好去见晋平公的。

馆舍主人见王宫的车一大早就来了，亲自开门迎接。

“主人家，鬼谷先生昨晚回来了吗？”

“内史大人，昨天你前脚走，他俩后脚就回来了。他们睡得早，起得也早，正在后院练剑呢！”

“那好，先别打扰他们。你快去备好早餐，知道鬼谷子的口味吧？要弄得好一点，我请他们在这里用餐，然后再回王宫。”

“小人知道了！”

馆舍主人喜不自胜，立即吩咐管事、庖人，拿出最好的酒菜来招待王家的客人。鬼谷子每次来到这里，他的生意就要红火一阵子。这一回更好，王宫的人也来光顾，用他的酒宴款待国君的客人了。

馆舍主人恭候在内史身边，不敢离去。

内史说：“忙你的去吧，我到后院走走。”

这家馆舍的后院颇为宽阔。古木参天，竹林环绕，清溪曲折流过，中间是一座大花园。内史信步入园，只见青翠的竹林边，白光晃晃，仿佛一团滚动的云雾，从中传出铿铿锵锵的剑击声——这就是王诩和莘姒在练剑了。内史根据他与鬼谷子的交往估计，这一对夫妇都应是年过花甲的人了，还能有这样的本事，真有些不敢相信。他俩体态的轻盈、武艺的高强，把内史大人看呆了，他想：神仙到底是神仙，与凡人就是不同呀！

“好剑！好剑！”内史击掌叫绝。

那团滚动的白雾停下来，消散了，在晨光熹微中，站立在林边的白衣伉俪，正是鬼谷子和他的夫人。王宫内史急忙走过去相见。

这位内史见过鬼谷子多次。当年第一次见面，平公托鬼谷子往吴国给晋国夫人带信物，就是他引见的，以后每次都是他带着鬼谷子神秘出入于王宫。内史大人虽然养尊处优，却已显得十分衰老，而鬼谷子仍然是那样年轻。

“鬼谷先生，早啊！”

“内史大人这么早来到馆舍，才真是起了个大早。”

“诚如先生所言，下官昨日没能迎着先生，已经有负王命，今日早来，就是要迎先生去见大王。”

“草野之臣也是多年不见君主了，这回到了新绛，自然愿意去拜见君主。”

王诩说的是真话。他在鬼谷，要对学生讲授谋略，必须及时掌握天下大势。现在天下的公、侯、伯、子、男，大大小小的方内国家数百个，还有东夷西戎、南蛮北狄，各种各样的方外国家也有数十个，它们大都不向周天子朝贡称臣，只是分别向晋、齐、吴、楚、秦、燕这些大国进贡。

天下各国在名义上都还是拥戴周天子，只有中原的霸主晋国，环抱着、挟持着周天子的王都及其所辖小国，可以挟天子以命诸侯。晋国有这样的地位，所以在首都新绛就能够大致了解天下大势。内史不明白这些，只当鬼谷子和晋平公真有君臣之谊。

“鬼谷先生在野，也不忘大王，令下官十分敬佩。下官已经在馆舍备了早餐，请先生和夫人用了餐就进宫去吧。”

“恭敬不如从命，那就叨扰了！”

如今晋国的王宫，比几年前又大不一样了，范围扩大了一倍。那些被赶出自己宅第的百姓，至今还有不少人没能建成栖身的居室，处于无家可归的境地。平民生计尚且如此，那些奴隶和俘虏，命运更要悲惨得多。

人间正道在何处，鬼谷子正是从天下漫游中，从对王侯到百姓的观察中来感悟。

鬼谷子看到，晋平公巍峨的宫殿群中，又增加了许多亭台楼阁，举目望去，雾回云转，幻如仙境。灵圃里的奇花异草，灵沼里的游鱼，灵囿里的珍禽异兽，不少都是从万里之外运送来的。宫中美女，也比以前增加了许多。

内史陪伴鬼谷子夫妇，默默地驱车直入王宫。在琼楼玉宇中转来转去，走了许久，才来到了平公的新寝宫。

这两年，平公喜好赤色，他这新寝宫的东、南、西、北四面墙壁，都漆成了橘红色，在上面用青、红、白、紫之泥金，描绘出苍龙、朱雀、白虎、玄武之像，极尽人间辉煌，远胜周天子之居。宫中的回廊廊庑，也都是雕梁画栋，光辉灼目。红氍毹铺满宫殿、长廊，一直铺到殿外白玉石阶。

这所宫室，称为彤宫。

一入宫院，就见美人们在嬉戏调笑，进进出出。又听到那被孔子称为“淫声”的郑国音乐，隐隐地从宫里飘逸出来。

一位美人见内史带领着两位白衣白袍的道人进院来了，就娇声说道：“内史大人，大王又制了新曲，好听着呢！”

王诩拉住内史，让他停步，听一听乐女们唱的是什么歌词。只听到歌声靡靡，但那歌词倒也不俗：

俟河之清兮，
人寿可乎？
赤鞭虽长兮，
不及马腹！

王诩听着这首歌，感到有些不伦不类。晋平公姬彪编出了这样的歌来，说明他对于公室的衰微感到苦痛，虽然身为天下霸主，但在国内失去权柄，对于众卿专权，杀伐兼并，感到鞭长莫及，盼望着黄河清，圣人出，天下太平。

歌词的意境颇佳，可以载入典籍。只是用了淫乐郑声，又由妖媚的女声来唱，就不伦不类了。若是太师师旷在世，一定会来制止的。

“内史大人，平公这首歌唱了多久了？”

“这是新歌试唱，尚未排练呢。”

“那就好了！”

对于鬼谷子这句话，内史没有听懂，也来不及问。他们已经到了彤宫门前，卫士已经向殿里唱禀：“鬼谷先生到！”

宫内乐声立即停止了，平公降阶相迎：“鬼谷先生，莘夫人，寡人等待二位多时了，快请进宫！”

“草野之臣王诩，数年不见君主，疏礼了！”

王诩说着，即与夫人莘姒在殿中跪拜，称颂万寿无疆。

姬彪扶起他俩，登上丹阶，在一张大几案两侧赐座，自己坐于正中，贴近身边便于交谈：“鬼谷先生，你我君臣私会，就不要讲什么礼数了！”

君主近在咫尺，王诩审视他的面容，老态龙钟，满脸病态，年纪比自己大不了几岁，看起来却老得多。

“鬼谷先生，你看寡人这身板，是大不如前了吧？”

“正是，臣愿君主惜身，更劝君主要惜命！”

姬彪听鬼谷子这样说，心里大惊，但是他不相信会有什么人要他的命。不过，魏榆石头说话的事，已经使他心神不安，所以他想弄清鬼谷子这话具体所指是什么：“鬼谷先生，你要寡人惜身，又劝寡人惜命，这话一出，就使寡人心惊。其中必有缘由，请先生明白地说与寡人知道。”

“君主，适才进入院中，微臣就听到君主新制歌曲《俟河之清》，这歌词如果传扬出去，可是要生出很大的是非来的！”

“如何会生是非？”

王诩移动身子，贴近平公，对他耳语道：“君主，请下令销毁此曲，屏退左右，微臣方可细说缘由。”

平公即命内史：“今日寡人所制《俟河之清》，立即停止排练，禁止传唱，书有此曲的布帛、竹简，立即付丙！”

“微臣遵旨！”内史领命出宫，不一会儿，即带人抬来铜炉一座，置于殿中，当面把那些帛书、竹简烧毁了。

平公望着火焰，心里微微有些痛惜。他赶着写出此曲，本意是想向这位被众人视为圣贤的鬼谷先生显示一下，自己并不是一位昏君，也是想有所作为的。没想到，不等拿出手来，就被鬼谷子否定了！

宫中有些新选来的美女，想要看一看鬼谷子夫妇，她们隐于屏风后面。平公对她们说："都出来吧！见过了鬼谷先生和夫人，全都退出去。"

美女们一个个从屏风后面出来，在平公和鬼谷子夫妇座前微微屈膝，捧手行礼，然后翩翩离去。

宫中只剩下了鬼谷子夫妇和晋平公三人，这才开始了密谈。

"新诗被焚了，君主感到可惜吧？此诗微臣已经背下来了。"王诩说着，即把那四句歌词背诵了一遍。姬彪听他娓娓而谈，微微颔首而不言语。

王诩当然明白，他心里有些不快。

"君主，你是心里盼望着黄河清，圣人出，像汤武革命那样，有个伊尹来辅佐商汤，有个姜尚来辅佐文王和武王。可是，君主不知，大圣人要经历大板荡，而且所谓河清海偃，也并非好事！"

河清海偃不是好事？历来的圣贤中，还没有人这样说过呢。晋平公感到，这个鬼谷子的学问真有些异样。

"先生何以如此说？"

"君主，所谓河清者，黄河枯竭也！这是大旱亡国之象。昔日伊水、洛水枯竭，夏朝灭亡。黄河枯竭，商朝灭亡。周朝幽王二年，三条河都枯竭，伯阳父说：不出十年，周朝就要灭亡。结果是平王东迁，形成今日这种局面，周天子是名存实亡。黄河清，圣人出，能辅佐君主安天下吗？"

这位晋平公姬彪，乃是一位好龙的叶公，见不得真龙的。他若真有复兴天下之志，又有足够的器识，就会像文王姬昌、武王姬发对待姜尚那样，恳求鬼谷子出山来辅佐自己了；鬼谷子也会同意辅佐他而不出世了。实际上他不行。

"听了先生之言，寡人不敢歌唱《俟河之清》了。"

"君主诗中的头两句——俟河之清，人寿可乎，唱唱倒也无妨，普天下的人都可以有此感叹。联系到后两句——赤鞭虽长，不及马腹，这就严重了！君主的赤鞭，是挥向赵、魏、韩三家中的哪一家呢？或者对三家一齐下手？"

姬彪听鬼谷子说到这里，额头上都冒出了冷汗。真所谓尾大不掉，末大必折，赵、魏、韩三家，哪一家他也不敢得罪！

“鬼谷先生，寡人未存此心，无意，也无力对卿士施行征伐……”

“君主若有此心，就应当密谋其事，千万不可张扬。君主若无此心，而放其言，岂不是自肇其祸！”

“嗨，寡人身边之人，尽都无用，寡人有失，也不知谏阻。今日幸好请了鬼谷先生进宫，否则诗歌一曲，又要为晋国添乱了！”

平公把话题转到了晋国之乱，准备引入召见鬼谷子夫妇的正题。这时已经到了用午膳的时间，只听内史在门外高声禀奏道：“大王，午宴已经备下，请大王、鬼谷先生、鬼谷夫人入席！”

“鬼谷先生，夫人，这是寡人的家宴，没有外人，请吧！”

“叨蒙君主赐宴！”

鬼谷子夫妇也不客气，随平公起身，在内史带领下步入平公的御膳厅。

这也是一间金碧辉煌的宫殿，殿中可以进行六佾之乐，能容纳数十名乐师和四十八个美女，在这里充分展示其才艺与姿色。平时晋平公的一日三餐，都是在这里，而且是要在美人歌舞声中享用的。

今日宴请的人，是喜欢安静的鬼谷子夫妇，按平公吩咐减少了歌舞美女的人数，只用二佾，十六人，乐师则和平日一样，有数十人之多。乐曲本来是要用《俟河之清》，此乐未演奏就已经销毁了，因此，用什么乐曲要等平公临时来定。

平日用惯了的郑声，在鬼谷子面前不便用了，平公一时也想不起什么雅乐，便点了仲尼新编选的《诗三百》的第一首《关雎》。这也是当时最流行的一首情歌，但鬼谷子夫妇听了并不反感，总算应付过去了。平公因为心事很重，又没有美人侍宴，所以午餐用得不多，只是吃了一点菜，喝了几口汤而已。

下午三人又在彤宫密谈，接着上午的话题，谈晋国之乱。

莘姒说道：“王室之乱，多起于宫掖。”

“寡人请鬼谷夫人赐教！”

“君主，自周天子至公侯伯子男，大小国家，内乱总是多于外患，并常常因内乱招致外患，何须多言。当今晋国执政的赵氏，不正是从这种内乱中死里逃生的吗？”

莘姒说的是赵氏孤儿的故事了。

赵氏孤儿就是赵武，即赵文子，是赵简子——赵鞅的祖父。景公三年，晋国大乱未已，屠岸贾诛灭赵氏全族。义士公孙杵臼牺牲了自己和儿子的性命，程婴忍受耻辱，救下了赵氏孤儿。景公十六年恢复了赵氏的爵位，田邑如故。到平公时，赵氏孤儿赵武成为晋国执政。现执政赵鞅的父亲赵景叔死得早，所以他是从祖父赵武手中继承爵位的。年纪轻轻，就成为晋国执政。论起辈分来，晋平公还是赵鞅的表叔。

“鬼谷夫人所言正是，赵氏在乱中不灭，能有今日，完全是靠了公室，所以寡人对赵氏祖孙是可以倚重的。”

“在三代人之内，公室与赵氏之间可以无忧。君主，常言道，君子之泽，五世而渐。三代人之后，君臣之谊就难免会有变化了。”

平公并不担心赵氏，所以，他转换了话题。

“鬼谷先生，令寡人不安的是眼前的异变。前些日子，有人在魏榆听到顽石发声，议论晋事，惶惶然将有祸乱发生。寡人曾与贤人亥唐言及，但不得要领。今日请先生进宫，正为请教此事。”

“君主，此事昨日我听亥唐先生谈起过。这也不足为怪。石头怎么会说话呢？那是因为有鬼神依附在上面了！”

“鬼神何以要附于顽石呢？。”

“君主大兴土木，崇饰宫室，而臣民失其家，怨气聚于民间，不得抒发，乃兴妖于顽石、草木之类。若是怨气聚于内人，则宫闱、庭树也可兴妖。君主欲使妖孽不出，其事也不难，唯有息怨而已！”

“息怨”二字，对于开明之君，并非难事。老百姓是容易满足的，只要为政宽仁，赋敛不苛，减少征伐，消弭匪患，就会歌颂仁君圣主了。

可是，晋平公姬彪却感到十分为难。他是以优越于天子的生活，来掩饰自己的大权旁落，显示自己的尊贵。他是放纵声色之好，来弥补自己内心的空虚、慰藉心灵的寂寥。若是没有了崇丽的宫室，没有了美女、美色、美声以及美酒、美味，他就完全失去了生活的乐趣，他也就不是晋平公了。

赵氏上一代执政赵武，为了掌握实权而纵容他酒色无度；现在的执政赵鞅，鉴于他扰民太甚，常来劝他不要纵欲过度，要有所收敛，但赵鞅也不便控制太严，以免引出事端。赵氏不能管他，天下就没有人能管他了。

姬彪把石头能言之事大致弄清楚了，若有所悟，但他又不想谈论息怨的话题，于是便回过头来谈论君子之泽。

“鬼谷先生，你说三代人之后，君臣之谊难免会有变化。那么，先生认为晋国的君臣关系最后又将如何呢？”

“君主是要听真话吗？草野之臣说出来，怕要有所冒犯呢。”

“这里没有他人，先生直说无妨。”

“君主，三代人之后，也许再过几代人，天下将不复有晋国，晋祀将绝矣！”

姬彪听到“晋祀将绝”四字，脸色顿时发白，几乎难以自持。

他略微定神之后，想到鬼谷子一向料事如神，心里又由恐惧变为悲哀，不由得扑簌簌地落下泪来：“鬼谷先生，你能推知未来，如果真有那么一天，那又将是谁有晋国呢？对此能有缓解之策吗？”

“君主啊，”鬼谷子见他那可怜的神情，用安慰的口气说，“一切都是气数所定，任何人都是无能为力的。未来必将是赵、魏、韩三家分晋，而且这三家都将列为诸侯。然而，三家经历的曲折坎坷，也不会比公室少。君主，人生不满百，常怀千岁忧，所忧者当世之功德耳！眼前之事尚且鞭长莫及，何必为身后之事过于烦恼呢？”

“鬼谷先生，我死后几世，就要断了香火，真不幸呀！”

“君主，人都是赤身来到世上，又赤身归土，王侯将相和庶民百姓一样，并无差别，所谓太牢之祭与鱼菽之祭，只是表现生者的尊卑而已，与死者并无关系。所以入土之后，有后人一炷香也就足矣！”

鬼谷子的话说得很轻松，但是，解不开姬彪紧锁的双眉。

鬼谷夫人说：“君主，你应该忧愁的，不是身后之事，保重身体才是最要紧的。”

莘姒想把话题引开，她的话果然见效了。与其说晋平公对自己的健康，尤其是对自己的寿命很关心，毋宁说他非常怕死。他对鬼谷子夫妇身体健康、精力充沛、气质良好，感到羡慕已极。

“鬼谷先生，你们夫妇的健身之道，可以渡与寡人吗？”

“君主，若欲健身，必先正本。”

“何谓正本，请先生教与寡人。”

“正本之道，因人而异。对于君主，草野之臣希望殿下能记住八个字：寡欲清心，平和宽仁。”

“然后又该如何呢？”

“除了健身正本之道，还有健身强体之术，是十六个字：早睡早起，摄身导引，伸缩呼吸，叩齿远目。对于此术，君主若能坚持数年，必有神效。”

“多谢先生，寡人将尽力为之。”

鬼谷子心里明白，平公对于自己所说各点，根本不可能做到。

鬼谷子见平公身上的病实际上已经不轻，而自己又不想为他诊治。因为全力医治也难见其功，所以在告别之时建议道：“君主，请听微臣一言，君主已经有疾，望能尽早延请天下名医，精心诊治！”

晋平公颔首称谢。

这次会见鬼谷子夫妇，晋平公说出了不少心里话，又听了一些出自肺腑的忠恳之言，时而惊吓出汗，时而悲痛落泪。鬼谷子描绘的前景非己所愿，但他觉得受益匪浅。所以他吩咐内史封出黄金五百镒，赠给鬼谷子，随车送到馆舍。

对于挥金如土的晋平公的赏赐，王诩也不推辞，称谢而回。

第十八章　通过秦后子请医和

晋平公姬彪与鬼谷子夫妇密谈之后，心境似乎好了些，把胸中郁闷向可靠的人倾吐了，感到了一种轻快。当晚用膳也特别香，他感到那些歌舞的美女仿佛也更妩媚动人了，夜里他就召了最得他欢欣的美女伴眠。

姬彪改不了他的本性，他的体质也就一天不如一天。但鬼谷子的建议他不敢忽视，开始派人寻求天下名医。

这时候，秦国发生了一件大事，在位四十年的秦景公驾薨了。景公之子即位，是为秦哀公。

在新绛的秦国人聚集起来，庆祝新君登基。出头主持其事的人是景公的小弟后子，新绛的秦国人叫他后公子，晋国的人则叫他秦后子。

秦后子来到新绛，已经五年多了。

秦后子到晋国的原因很简单：后子在秦国非常富有，因此有人向景公进谗言，说这不利于公室。后子怕遭到诛杀，便带着千乘辎重来投奔晋国。后子与景公并没有撕破脸皮，兄弟之情仍很深，所以后子离开秦国，对于秦晋两国的关系没有产生不好的影响。他在新绛兴建的宫室，人们称为后子宫，在晋国仅次于王宫，跟执政赵简子的宫室一样崇丽。

当年他的车队浩浩荡荡抵达新绛时，晋平公曾问他：“后子，你如此殷富，为何还要离开秦国呢？”

后子说："秦公身边有些人对我衔恨颇深，我担心遭到不测，所以一走了之。等到秦国新君登位时，我是要回秦国去的。"

现在，秦国新君登位了，出席后子宫中庆祝宴会的人，包括了晋国朝野的所有重要人物，除平公因身体不适，没有亲临，赵简子、韩宣子、魏献子都到了，隐士鬼谷子夫妇、亥唐夫妇也应邀出席。

白袍白马的鬼谷子夫妇到达后子宫时，只见后子宫前车如流水马如龙，门前的旷场上停满了轩车华盖，赤橙黄绿一大片。

王诩对夫人莘姒说："这位秦国的阔公子，新君的叔父，真可谓财大气粗，他宴请宾客，赶得上君王大宴群臣了！"

"阿诩，秦国虽然地处西鄙，但它的国力并不在中原霸主晋国之下，我们对它知道得实在太少了。"

"阿姒，你想西游秦国吗？"

"我嫌道远，有机会再说吧。"

"当年我伴恩师两渡流沙，经过秦国的不少地方，那里的百姓倒是各得其所。老师在西方虽然没有找到理想的国度，但那里确实要比中原安宁。这么多年过去了，不知那里现在富足到什么程度，我倒是想再去看看。"

后子宫门口，人流熙熙攘攘。鬼谷子夫妇的白衣白袍，在众多达官贵人那些色彩斑斓的锦袍绣服中，反而显得更加惹眼。阍者通报："鬼谷先生偕夫人到——"众人的目光都向他俩投射过来。后子听到通报，立即起身前来，把他俩迎入上座。

后子在晋国五年，和朝廷重臣交往并不多，他的活动主要是经商聚财。在年节时才去看望晋平公，平时则和新绛名士亥唐等人交往。由于熟悉亥唐夫妇的缘故，他得以认识鬼谷子夫妇。后子在归国之前大宴宾客，对于大臣们主要是出于礼节，对于晋国商人和学者则是依依不舍地告别。

宴宾礼成，送走众多客人之后，后子请鬼谷子夫妇留下相叙。

"鬼谷先生，夫人，每次与伉俪相叙之后，便觉得茅塞大开，耳聪目明，在下回国之后，再也没有你俩这样的良师益友了！"

"后子殿下过奖了，天子失官，学在四夷，贤人何处没有呢？譬如巴蜀，那里要远于秦国，就出了个天官苌弘，他的天文历算，中原就无人能敌。可惜呀，周天子不能用他，遭了惨死！”

“鬼谷先生这样说，倒使我想起，秦国有几位医生的医术还是很高明的。”

“后子殿下说的是医和、医缓他们吧，这样的医生，真是中原难求。”

“我说的正是医和他们，鬼谷先生也知道他们？”

“关于医和他们的医术，我在楚国时曾听隐者药翁先生谈起，这样的高手在中原也是很难找的。”

“嗯，鬼谷先生，日前我进宫去向晋公告别，晋公谈及鬼谷先生曾建议他寻访天下名医诊治。已经派了一些人去各国，但是都无所获，中原的良医就那样难找吗？”

“后子殿下，我当时就想向晋公推荐医和先生，只因关山远隔，怕难以成事，话到嘴边也没说出来。”

“鬼谷先生多虑了，我回国之后，派医和先生到晋国来为晋公诊治就是了，鬼谷先生以为如何？”

“秦国若能派医和先生到晋国来，那不仅是晋公有福，也是晋国百姓有福，但愿医和先生能早些来。”

鬼谷子把“秦国”二字说得特别重，意思是医和由后子殿下个人派遣，不如以秦国国君名义派遣更好。后子没有听出这一层意思，他只是有些不明白，鬼谷子何以要说医和到晋国也是百姓有福。

“鬼谷先生，那样一个晋公，也深受晋国百姓拥戴吗？”

“殿下不知，晋公崇饰宫室，广纳美女，百姓不堪徭役之苦，何言拥戴二字。在下一介山野道人，本无心过问政事，对天下纷争只是作壁上观。我只是希望，有人能够治好晋公的荒淫，这样就可以减轻百姓的赋役了。只有医和能够担当此任。”

“鬼谷先生如此怜惜百姓，推重医和，在下也为医和感到高兴。现在儒者西行不入秦，视秦国如荒服蛮邦，我真希望先生和夫人能到秦国去看一看。”

莘姒夫人听后子这样说，禁不住笑了。

“鬼谷夫人，在下的话失礼了吗？”

“殿下何出此言呀！殿下所言，正是我们夫妇所渴望的。我们在步入宫殿之时，就曾谈到，有机会时要去秦国一游呢！”

“哎呀，贤伉俪能有这样的愿望，真是令我高兴万分。在下恳请鬼谷先生和夫人游学秦国。贤伉俪任何时候来，我们都欢迎！”

鬼谷子笑着说：“多谢殿下邀请！儒者西行不入秦，我们道者行踪无禁区！”

在他们谈话的时候，多次有人来向后子问事。后子归国，车马辎重超过了他来时的五成，在一千五百乘以上，有一万多人马。出发之前，百事繁杂，鬼谷子夫妇感到谈话到了该终止的时候，便及时地告辞了。

那时秦国的首都在雍邑。

雍邑，在今陕西凤翔。那里靠近岐山，地理位置很偏僻。雍水是一条小河，向东经过岐山、扶风，而后汇入渭水。那里是周人的发祥地，周人的发达是在东迁之后，而秦国在那里建都，已经四百年了。

后子从方便货殖着想，感到不宜回到雍都。于是他把辎重大部分都留在咸阳，在这里建筑宫室，修造仓廪，作为他经营产业的大本营。一切都布置好了之后，他才带领百余乘人马回他的老家。

后子的旧宫室在雍水之阳，与王宫相毗邻。后子去了晋国，母亲思念他，就从太后宫搬过来，住在后子的宫室里。儿子景公驾薨，孙子哀公践位，多次迎老祖母回宫，她也不回：“我就在这里，等小儿子回来为我送终！”老祖母年迈多病，哀公夫妇每日都来请安，宫廷太医几乎是以后子宫为家了，住在宫中随时听候召唤。

后子回家，母亲见了他，病就大愈了。

初回故里的几天，后子很忙碌：安慰了母亲，又去悼念兄长景公，拜见新君哀公，先明君臣关系，再叙叔侄之情。叔侄俩本来就情深意笃，五年之后再相见，禁不住抱头痛哭。

从此，后子就在宫中终日陪伴老母。老祖母恢复健康后，太医们就清闲了，有工夫来请后子讲他在中原各国的故事。

后子讲了许多事情，使人们大开眼界。

谈到中原的学者，后子认识的就有鬼谷子、孔丘、少正卯、墨翟和亥唐。谈到王侯宫室的崇丽，他便讲起了晋平公。谈到晋平公，他就想起了与鬼谷子夫妇在告别宴会后的谈话。

“嗨！差一点忘了，我还允诺过鬼谷先生两件事情呢。”

太医医和很想知道后子与中原学者的交往，于是问道：“殿下，你答应过鬼谷先生什么事呢？”

“头一件事，是请鬼谷先生到秦国来讲学。”

“这是殿下对士人的关怀，他能来讲学，是秦国学子的大幸！还有一件呢？”

“还有一件事，就与医和先生你有关了。”

“殿下，我与鬼谷先生素未谋面，什么事会与我有关？”

“这要请先生谅解，我擅自为先生做主了，答应过鬼谷子，派先生去晋国为晋平公治病，要辛苦先生去做这样的千里出诊哩。”

“殿下为何这样说，能为殿下效命，是微臣的荣幸。再则，我也希望能有机会到中原一行，去见一见鬼谷先生。”

“如此甚好。鬼谷先生说，天子失官，学在四夷，极为推崇巴蜀苌弘先生的天文历数，也极为推崇你的医术！”

“微臣实不敢当！”

“先生过谦了，鬼谷先生还说，医和先生若能到晋国来，是晋公有福。”

“这是鬼谷先生抬举我了，但愿微臣此行，能不辜负殿下的信任。”

“那就请先生选个好日子，坐我的车出发吧。”

医和叩头称谢。

后子想到，让他东行数千里，以士人的身份旅行，途中会遇上很多艰难险阻，于是又对医和说：“你等一等，我领你去禀奏大王，取得君命，这样，所经各国都能受到关照。”医和随后子进宫，受到哀公接见，获得君命，领了符节，正式受秦国的派遣去为晋平公治病了。

后子为医和安排了车马仆从，又赠黄金三百镒为川资，送医和先生东行。

王诩、莘姒夫妇优游于新绛与洛邑之间，听说秦哀公派了名医医和来为晋平公治病，知道这是后子的安排。于是又回到新绛，下榻于他俩常住的市北馆舍，等到医和为平公开处方之后，便去找他探讨医学之道。

馆舍主人见鬼谷子夫妇来了，乐得颠前跑后，安排上等房间，准备好清雅的膳食，照顾好两匹雪青马。

秦国派太医医和来为平公治病，惊动了晋国朝野。平公闻奏，病已好了几分。执政赵简子派出家臣楚隆，率车马到数百里外黄河彼岸去迎接。

秦太医到新绛后，下榻于后子宫。后子回国后，此宫作为他在中原经营的基地，兼作接待秦国官员、士人、富商的馆舍。

医和东行，所带人员不多，只有一个跟他学医的弟子，以及为他们师生服务的总管、驭者、卫士数人。所带的东西也不多，只有几卷医书，灸针，贬石，少量急用药品，犀角、蟾酥、麝香、曼陀罗之类，全都装在他的褡裢里，财物则由总管带着。

医和感到这里的后子宫比雍都的后子宫还要宽敞、舒适，他进宫之后，即产生了如归之感。沐浴更衣，稍事休息，便到后院花园中散步，弟子跟随其后。师生二人谈着初到新绛的印象，就见一官员朝他们走来。来人很年轻，刚到弱冠之年，是赵简子的家臣楚隆。带人渡过黄河来迎接，送医和到后子宫的就是他。医和想：他到执政府去复命之后又来了，必定带有赵简子的旨意。

果然，楚隆见了医和便长揖说道："医和先生，执政大人听说先生平安到达新绛，甚为快慰！执政大人已经禀奏君主，希望明日上午就请先生入宫诊视。如蒙先生应允，明早内史大人即领车来迎接。"

"楚隆先生，鄙人感谢君主和执政大人的关怀，请转告君主和执政大人，医和遵命，于明日上午进宫。"

"承蒙医和先生应允，请歇息吧，容在下回去复命，告辞了！"

楚隆离去后，医和盘算着明天的出诊。平公的为人，他从后子殿下讲的故事中已经知道了一个大概。就此也可以判断出他所得之病的性质了。但是，为了更有把握，最好能找一个熟知内情的人来证实一下。

医和抬头看天，太阳还没有落山，还有些时间，于是对弟子说："你去向后子宫总管打听一下，亥唐先生住在什么地方，鬼谷子先生还在不在新绛。"弟子领命而去，不一会儿就回来了："先生，总管说，你找的这两个人，在新绛城里人人都知道。一个住在城南负郭，一个住在市北馆舍。"

“都离得这么远呀？”

“市北馆舍不远，从这里往北过三道街口就到了。”

医和开始有些失望，听弟子说市北馆舍不远，便喜不自胜，决定晚餐之后就夜访鬼谷子。

王诩和莘姒用完晚餐，到馆舍的后花园漫步，观赏落日余晖。鸟雀归林，竹叶筱筱，林里百鸟唱和，奏出一片天籁。

“阿姒，没有想到，在这里也能领略到鬼谷之乐！”

“有我俩这样的好心境，到哪里都有良辰美景，这叫作天下无处不鬼谷！”

“是啊，晋公也可算天下至富至贵了，周天子也不如他，可是他却是那样可怜！他拥有天下霸权，而我们拥有道，道法自然，他羡慕我们，也做不来。”

“阿诩，你说秦国来的医和先生，能够治好君主的病吗？”

“他没有得道成仙，即使神仙，也难有回天之力！阿姒，我想那医和先生，在医术上多有建树，就必定是一个很细心的人。那他在进宫为君主治病之前，会来找我，不然也会去找亥唐兄的。”

“为什么？”

“诊病如同侦敌，按孙武之言，知彼知己，才能百战不殆。但是为君主诊病，禁忌颇多，不能像对待一般病人那样详尽地询根问底，所以他必须慎之又慎。”

他俩在溪边闲谈，就见馆舍主人迈着快步走来了：“鬼谷先生，夫人，有两位陌生人求见，他们正在等着您呢。”

“这么晚了，来了两位陌生人？那一定是他了，而且他明天就要去见晋公！”

莘姒明白他的意思，馆舍主人却完全不知他说些什么，正等着他的回话呢：“鬼谷先生，你见不见他？”

“呵，主人家，麻烦你了，请你让他们在客厅里稍候，我等一会儿就去见他们。”

天色已经暗下来。市北馆舍的客厅里，灯火通明。馆舍主人领着一老一少两位客人，在客厅里席地而坐。几案上置有果盘，有几样干鲜果品。香炉里，燃着几片沉香木。几案上有一卷书，是老聃先生的《道德经》。

不一会儿，房门开了，进来白衣白袍的男女二人。客人抬头一看，很难判断这二人的年龄，但从他俩那仙风道骨、睿智贤哲的气质来看，立即明白了这就是他们要见的鬼谷子夫妇。于是，二人都站起来相迎。

王诩一进门就看见，二位客人身着皂青色的长袍，秦人尚黑，他俩无疑是来自秦国。老者那充满智慧的脸上，尚有风尘仆仆的痕迹，显然是秦国名医医和了。

“是医和先生吗？一路上辛苦了！”

“呵，贤伉俪是鬼谷子夫妇吧？幸会，幸会呀！”

“医和先生不远千里来到晋国，未得休息，就趁夜来访，想必是明天就要进宫为君主诊视了？”

“正是，执政大人已经禀奏了晋公，要在下明天就进宫。”

“这位赵执政，也不顾医和先生旅途劳顿！让先生休息好了再进宫也不迟嘛。”

“在下也不觉得累，还是早些为晋公诊治为好。”

莘姒见他们站着说话，便说：“快请坐下吧，医和先生不顾劳累来访，必有见教，请坐下来从容相叙。”

三人都坐下了，唯有医和的学生有些拘谨，垂手立于医和身后。

“年轻人，你也坐下吧。在鬼谷，弟子和老师探讨学问是不用那么多礼数的，在这里也一样。”

医和对他的学生颔首，年轻人才坐下：“能聆听三位尊师教诲，学生三生有幸！”

医和和鬼谷子说了一会儿闲话，便转入正题：“鬼谷先生，入国问忌，入境问俗。在下初来晋国，有些事情想要请教。”

“医和先生太客气了，晋国的事情，请先生随便提问。需要求教的是我们夫妇，待医和先生为晋公治病之后，我俩还要专程去后子宫打扰先生呢。”

“能接待贤伉俪，是我的荣幸，到时我会盛情欢迎，共同探讨。眼下我想知道，鬼谷先生医术甚高，为何不为晋公疗疾，而要荐我于千里之外呢？”

“医和先生，中原王侯之家，对医师的要求甚高。医非三世，不服其药。而我祖上未曾行医，我自己也仅是初通医理而已，岂敢妄自为君主处方呢。”

“晋公的病很难诊断吗？”

“倒也不难。”

“如何不难，请鬼谷先生详述之……”

“晋公的病情并不复杂，‘忧思惊魂，酒色过度’八个字而已。”

“既然如此，先生为何不加诊治？”

“非不为也，势不能也。我与亥唐之言，诸事他都能听，只是医术不能令晋公信服，我们并非医生，如何能取信于君主？”

医和明白了，鬼谷子是希望他以自己的声望来震醒晋平公。

医和原以为，鬼谷子出于君臣情谊才挽救晋平公。言谈之间，他感到，鬼谷子也是为了让晋平公少建宫室，少征美女，少祸害百姓。因此，医和对鬼谷子夫妇更为崇敬。

医和为了更有把握地说服平公，又和鬼谷子夫妇谈了一些晋国的政事，赵、魏、韩三家的情况。

街头初更鼓响过后，医和便回后子宫早早歇息了。

此时晋平公又有华丽宫殿落成，不过他仍然住在彤宫。

晋国执政赵简子领着秦国太医医和师生二人，进宫来为平公诊治。众多宫女围在平公榻前侍候。

医和师生对平公行跪拜礼，颂道：“秦医医和，奉我主秦公之命前来为君主疗疾，恭祝君主万寿无疆！”

“太医先生请起！太医不远千里而来，一路上辛苦了！寡人感谢秦公的深情厚谊，还请太医先生代寡人问候秦公。”

见礼之后，就开始诊脉。一艳丽女子送来锦绣小手枕，托着平公的手腕。医和先把左手之脉，闭目品味良久，再把右手之脉。把完脉又捧起平公的手臂，抚摩，察看。又仔细地观察平公的面颜、头发、舌苔，请平公哈气闻口臭。

“君主感到口渴吗？”

“不时感到口渴。”

“君主是否常出冷汗？”

“不时有盗汗。”

“君主经常感到气短乏力吗？”

“经常觉得很累。”

“君主是否梦很多，梦见各种可怕的事，有时梦见被巨怪捉住、被巨石压住，奋力逃走也逃不脱？”

“寡人经常做怪梦，占梦说，那都是好兆头，因为梦与现实是相反的。”

“君主的病，微臣已经完全清楚了。”

“请先生说与寡人听。”

医和环顾宫内，人多且杂，于是说道：“请君主屏退从人。”

平公挥挥手，屏去了一切宫中之人，只剩下他和赵鞅、医和师生四人。

宫中清静了，平公和赵鞅等着医和说话。医和还没开口，眼泪就扑簌簌地落下来。

“医和先生，寡人的病很重吗？”

“君主，你愿不愿听微臣的实话？”

“这里又没有外人，先生但说无妨。”

“君主，微臣难以完成秦公的嘱托，使君主的病体痊愈了。”

“先生是说，寡人的病不可治了吗？”

“不可为呀！这叫作：近女色，疾如蛊！非鬼非食，惑以丧志，良臣无助，天命不佑，若君不死，必失诸侯！”

医和一番话，说得晋平公姬彪胆战心惊，出了一身冷汗，头昏目眩，半天才说：“医和先生，女子不可近吗？”

“君主啊——”医和跪地，再拜稽首，开始了他的长篇大论：

对于女子及声色之好，千万要有节制！

乐者，和也。先王制乐，是用来调节百事，使人与天地万物和谐。所以有五节：迟、速、本、末相及，中声相和，卑下五音及烦乱之乐，不容许演奏。及至出了烦乱的演奏，淫秽的歌声，荡心淹耳，乃失去了平静与和谐，此为君子所不齿听者。

事物就是这样，出现烦乱，就需舍弃，如若不然，玩物丧志，就出病殃。

君子近琴瑟，是出于礼仪，和谐人神，并有节制，不是为了荡心悦耳。天有六气，运行不息，乃降生五味，发为五色，征为五声，淫生六疾。

六气就是：阴、阳、风、雨、晦、明。六气，分为四时，序为五节，越过限度，即生灾殃：阴淫寒疾，阳淫热疾，风淫末疾，雨淫腹疾，晦淫惑疾，明淫心疾。

女色，抑制阳物而增益晦时，淫之过度则产生内热惑蛊之疾。现在君主不节女室，不顺天时，能不生此病吗?

医和这番话，说的是外感六淫的医学理论，称为“六淫病理说”。平公未必都能领会，但把阳、晦二气与女色联系起来，他是明白了。

“医和先生之意，是劝寡人节女室，顺天时，如此便能救治寡人的痼疾吗？”

“亡羊补牢，须当力行呀！”

“请先生为寡人开处方吧。”

“君主若能不忘微臣之言，胜似服药。”

平公唤人送来缣帛墨砚，医和觉得他的病不是用药能治的，只开了几味最平常的药：地黄、防风和甘草之类，说道：“君主，此药乃是平常之药，君主之病，需于平常之中出珍奇，平常之药需配以平常之饮食。”

“先生之意，寡人当如何进食呢？”

“愿君主少用美味肥甘、山珍海错，常食瓜菜果蔬、稷黍稻菽，若能持之以恒，必有奇效！”

“寡人且依先生之言行之。”平公答应了，又转身对赵简子说：

“鞅爱卿，你代寡人款待医和先生。”

第十九章　纵论医理与治道

赵简子领着医和师生离开彤宫，驱车回到自己的府第。

车中，赵鞅对医和说："医和先生，君主在病中，太子夷身体也不适，命下官设宴款待先生。先生能临寒舍，是我赵氏大幸。"

"叨扰执政大人了，区区医者，能蒙上国执政大人错爱，甚幸，甚幸！"

赵鞅把医和接到家中来，一则是受平公所托，二则也想跟医和做些交谈。医和本想了解秦国朝野的一些情况，而赵鞅听了医和在平公榻前说出的那样惊人之语后，也想了解一下医和对赵氏的看法。

赵府对医和师生的宴请，客气而又热情，用了六佾之乐。

赵氏并未列为诸侯，不应当用此乐。赵鞅听人说过，儒者仲尼先生对于鲁国季氏八佾舞于庭，曾经大有微词。因此，他在席间对医和解释说："医和先生，我是奉君主之命宴请先生，所以敢用此乐，请先生不要以为赵氏僭越！"

医和笑着说："执政大人，天子失官，礼何存焉！我主秦公也曾用天子之乐八佾。音乐本来是为和谐天人而作，人数多寡何足道哉。不卑不淫，即是好乐。"

赵鞅见医和说话随和，宴后交谈也就不再拘泥。

“医和先生，你对君主说，‘良臣无助，天命不佑，若君不死，必失诸侯’，这话不仅君主听后失色，也令在下毛骨悚然。”

“执政大人以为这话说过头了吗？”

“如实论之，也不为过，只是说得太露骨了！”

“哈哈！”医和笑道，“执政大人，在下这样说还是客气的，晋公荒淫如此，真是病入膏肓，用钝刀子是割不出来血的。在下和鬼谷子先生谈过，他是希望我震动晋公一下，或许能有转机。”

赵鞅曾怀疑，何以医和初来，就敢出此惊人之言，现在才弄明白了：原来他已经见过鬼谷子。那么，医和这一番话，也反映了鬼谷子的看法。因此，赵鞅更想把这些话的每个字的含义都弄清楚了。

鬼谷子的先见之明，赵鞅是十分清楚的，他已经视鬼谷子为天下第一先知。

当初赵氏不容苌弘，致苌弘于死地，而鬼谷子曾竭力营救苌弘而不成。此事虽然已经过去许多年了，但是作为赵武的后人，赵鞅总觉得与鬼谷子心有芥蒂，不敢当面求教鬼谷先生，所以他特别重视鬼谷子对赵氏的看法。

“医和先生，你说良臣无助是何所指？那良臣是谁呢？”

“我说的良臣，不就是执政大人您呀！还包括前任执政，令祖文子大人。大人祖孙主政多年，使晋国有争无乱，有惊无险，诸侯朝贡无缺，难道不是良臣吗！然而，令祖文子大人纵容晋公淫佚，执政大人你也不加匡正，这不就是良臣无助吗？使晋公病入膏肓，大人不能推卸责任，所以我要这样说！”

医和说的“良臣无助”，原来是指自己和祖父，赵鞅听了抱屈地说：“医和先生，对君主我也是尽力相劝的，如果对他限制得太过分，就有越俎代庖之嫌了，大臣们还会说我专权，真叫我难办哪！”

“执政大人，在下理解您的一片苦心，但是，话还是要说得清楚些才好。”

赵鞅很钦佩医和的正直与坦率，又问：“医和先生，对于君主之疾，你说‘疾如蛊’，何谓蛊呢？”

“医道认为：蛊，淫溺、惑乱之源也！蛊乃毒虫，谷之飞也为蛊。在《周易》里有蛊卦，是指女惑男，风落山。人君受了蛊惑，既伤身体，又伤政事。”

“医和先生，你讲的这些道理，不是在医治国家吗？”

“执政大人，上医医国，其次疾人，固医官也！”医和这番话的意思是：最好的医生首先要医治国家，其次是治理病人，这才是医生的职责。

“医和先生，真是良医！”

赵鞅很满意，赠给医和黄金二百镒，然后送他们师生回后子宫。

在后子宫中的一间静室里，鬼谷子夫妇、医和师生四人在一起，终日探讨医理。

鬼谷子把掌握医理作为道法自然的一种实践，曾做过不少思考。他期待与良医探讨，今日才得以如愿。鬼谷子对于医和所述的六淫致病学说很是赞同，但又感到不足。

“医和先生，你说六种天气降生了五味、五色、五声。这就是说，气象变化造就了食物、男女、音乐舞蹈等，并对人的口、舌、鼻、耳、身的各种感官产生影响。人受到不适当的刺激，就会产生疾病。这里面，是否可以说既有天气的自然因素，又有人自身的精神和感情因素？也就是说，人的情志是否也能影响疾病呢？”

“鬼谷先生，是应当这样来看。”

“医和先生，以晋公之疾而论，人的情志因素似乎更要重于气象变化。”

医和颔首。他也感到，自己没能把六气与蛊惑、饮食男女之间的关系弄得十分明白，只是感到有关系，而不能明确地加以表述。

“医和先生，你对人的情志影响疾病，有何高见？”

“鬼谷先生，对于人的情志致病，在下实无所知，还望赐教。”

“先生是一代良医，在下是一介山野道人，岂可言教！先生的阳淫热疾，阴淫寒疾，风淫末疾，雨淫腹疾，晦淫惑疾，明淫心疾，使我明白了外感六淫的要领……”

鬼谷夫人也说：“医和先生所言医理，真是字字珠玑！”

“鬼谷先生，夫人，你们太恭维我了，让我无地自容！我来中原，也是想要多学些天、地、人事之理，还是请贤伉俪多谈些鬼谷的学问吧。”

医和态度十分诚恳，王诩也就敞开话题来谈了。

“医和先生，我研究游说，揣摩纵横捭阖之道，对于人的精神、情感、境遇，时常留心观察，竟然发现人的情志与健康关系甚大。我受到医和先生外感六淫致病学说的启迪，于是想到：人是否也会由于内伤七情而致病？”

医和听到这里，禁不住霍地站起身来，击掌说道：“好个内伤七情，太妙，太妙了呀！对此我体验颇深，可惜不能说出来。有了鬼谷先生‘内伤七情’四字，对于病因，既言其外，又言其内，这才是完善的医理呀。鬼谷先生，请不吝赐教！”

“人的情志，大略地说是喜、怒、忧、思、悲、恐、惊七个字，对健康的影响，是否可以这样说：过喜伤肺，过怒伤肝，过忧伤胃，过思伤脾，过悲伤心，过恐伤肾，过惊伤胆。这些，只是情志伤身的大略，是否切合实际，尚待详究，聊供医和先生参考。”

“鬼谷先生之言，才真是字字珠玑！容我们师徒记下来，作为今后行医的准绳。”

医和说着，就命学生拿出竹简和刀锥，把鬼谷子的话笔之于书。

医和又说：“有了内伤七情的医理，再来看晋公的病，就可以说得更清楚了。以晋公所处的地位和境遇，几十年来，喜怒忧思悲恐惊七个字他都占全了，而又没有适当的缓解办法，焉能不病？”

鬼谷子和医和都显得很兴奋，开始切磋，如何把外感六淫、内伤七情的医理表述得更精确，更严密，并用已经处置过的各种医案、病例来加以验证。

王诩虽然为不少人治过病，但他并不是一个医生，积累的病例也不多。医和在这些方面就不同了，他治疗过的病人数以千计，对于一些特殊病例记得尤为清楚。

于是，医和开始讲他的病人的故事，每讲一个病例，他们就用内伤七情、外感六淫的医理来加以说明，结果把一些比较模糊的病因都说得清清楚楚了。

就这样，王诩、莘姒夫妇每日都去后子宫，先是和医和探讨各种医理，后来各种学问无所不谈，还在后花园里切磋熊经鸟伸、吐故纳新之道。

这样一来，许多日子都没有到城南负郭亥唐家去了。

亥唐夫妇找来了。

亥唐夫妇来到市北馆舍，这里的气氛立即变得活跃起来，他俩还没进门，亥唐夫人的声音先传来了："好个鬼谷子，莘姒，有了新朋友，就把老朋友扔到一边了！"

"嫂子，你别怪我们，这些日子阿诩跟医和探讨了很多有趣的学问。要是你俩来，也会很着迷的。"

"哟！我们的鬼谷夫人，还是像小媳妇儿疼新女婿那样，护着自己的相公！"

"嫂子，医和先生也想到贵府去拜访呢。"

亥唐夫妇和鬼谷子夫妇说了一会儿笑话，才转入正题。

"阿诩兄弟，我昨天进宫去看过晋公了。看来，医和先生对他做的劝告，真还起了作用，现在他的情绪好多了。"

"但愿他不要三天打鱼，两天晒网，不要再像以往那样沉湎于女色。亥唐兄，你应该把晋公的情况告诉医和先生，过两天他还要进宫为晋公诊治，也便于对症下药。"

"阿诩兄弟，你对医和先生真是很关心呢！"

"我是为晋公，医和先生也是不远千里来帮助我们，而且他早就想见你呢！"

"好，我也想见见他。"

当初，秦后子接触较多的人是亥唐，所以他与医和讲在新绛的故事，谈得最多的人不是晋平公和鬼谷子，而是亥唐。医和一直想和亥唐见面，鬼谷子夫妇带领亥唐夫妇来访，使他无限欣喜，当即请后子宫总管备宴款待，安排房间留亥唐夫妇小住数日，并要鬼谷子夫妇也从市北馆舍搬到后子宫来。

这次三人做学术聚会，后来被称为后子宫之游。

这样一来，为晋平公诊断的就不只是医和一人，而有三人了。医和主治，鬼谷子、亥唐参谋，其效果自然不同。医和每次进宫诊视回来，带回的消息也不错，晋平公已经有了痛改旧习的行动。

平公的事聊可放心了，医和能够完成秦国的使命，与鬼谷子和亥唐探讨的学问就不只是限于医学了。

鬼谷夫人和亥唐夫人，听三人谈论学问听厌了，便到后子宫花园散步，或鼓琴瑟，或舒展歌喉，使后子宫中管弦之声不绝于耳。

一天，医和问鬼谷子："先生之学，天下士人难匹；先生之明，善断天时、地利、人事之变；先生之器大矣！天下之君主，竟无一人可以得到先生的辅佐，是何故耶？"

"医和先生是要我建立不世之功业吗？设若先生从政，你选择哪一位君主呢？"

于是，他们又谈论在位的君主：周天子周景王，十二诸侯鲁昭公，齐景公，晋平公，秦哀公，楚灵王，宋平公，卫灵公，蔡灵侯，曹武公，郑简公，燕悼公，还有吴王。

议论良久，医和说："这些公侯王者，似乎都难有作为。"

"他们之中，也不乏野心勃勃者，"鬼谷子说，"如秦公，自封的楚王、吴王，他们何尝不想称霸天下。但是，他们都不可能得逞其志，而只能使天下徒增更多纷乱。"

"是因为他们的力量太单薄吗？"

"不是的，他们手中都握有很大的力量，比汤武革命初期的实力强得多了，如秦、晋、齐、楚、吴、燕，号称万乘之国，但是，想要做到平天下，不能只靠实力。"

"那么，鬼谷先生，当今无人能平天下，这就是你隐居不出的原因了？"

"此其一也。更重要的是天之历数。治世、乱世的更替，乃时势所使然，而非人君的品质所能决定的。虽说周天了和各国诸侯之德，皆不足以平天下，但人的品德，包括王侯的品德，都会随时势而改变。我观天下，还得纷乱二百年。二百年后，必有王者兴。那时，才有人可以被称为'天之历数在尔躬'，如尧舜所说的那样。"

鬼谷子所说的，是他隐居不出的真实原因，但是亥唐、医和听了，都感到不得要领。

"鬼谷先生是说，时势二百年后才能大变，那么，时势又根据什么而改变呢？"

“太公《六韬》曾说：‘天下攘攘，皆为利往，天下熙熙，皆为利来。’所以呀，治乱之由在于天下利益之分配。天下公，利益平，则治，天下不公，则乱。”

鬼谷子引用了姜尚的话，医和、亥唐仿佛明白了。

“鬼谷先生，二百年之后天下才能达到治世，老百姓也太苦了呀！”

“医和先生，乱世会增加人间灾祸，使岁月苦多。但是，人间苦乐是无世而可免，只有程度上的差别。就其性质而言，至治之事，人间苦乐与乱世同。苦乐为人所必尝，何时能免！苦乐多少，全看各人的道行、德行与造化了。譬如晋公，不知道，德行浅，造化不佳，虽处至乐之境，而得至苦之实。我们尽了努力来治好他，结果如何就只能看他自己了。”

谈到平公和晋国，医和和亥唐又来了兴趣。

“鬼谷先生，你看晋国将会有乱吗？”

“不出十年，不仅晋国有乱，天下又将大乱一番。我们这些行医、修道、避世之人，还得与百姓共历苦乐！”

“医和先生，看来你我还得学鬼谷兄弟，在深山里有自己的安乐窝才好呢！”

“我们等着看天下之变吧！”

岁月流逝。

一切都像鬼谷子对医和、亥唐当初所预言的那样，晋平公亡羊补牢，为时已晚。他那被美酒佳肴弄坏了的脏腑，被女色掏空了的肌体，不可能使他长寿。医和回国向秦哀公复命，不过两年，晋平公在他即位的第二十六年就驾薨了。

那是公元前532年，春天，有客星进犯二十八宿的婺女，七月平公薨，他的儿子姬夷即位，是为晋昭公。这一年，十二诸侯中死了两个平公，还有宋平公也驾薨了，不过他比晋平公要幸运一些，在位长达四十四年之久。

晋国的国运，也应验了鬼谷子的预言。

晋昭公姬夷短命，在位仅六年，就驾薨了。他的儿子姬去疾继位，是为晋顷公。

在顷公姬去疾登位的头六年里，晋国的政权就完全被卿士控制了。顷公卑微，只剩下一个空架子，想要像平公那样过奢侈生活也不可能了。公室对于卿士，就像周天子对于诸侯那样，一切都只能言听计从。

这年周景王驾崩了，诸王子争位，天下诸侯看着周王朝瓦解，无动于衷。晋国卿士们觉得周天子这块牌子还是大有用处的，必须抓到手中。于是他们也不管顷公是何意见，是否同意，就以顷公的名义出兵，平定了王室的内乱，把姬丐立为天子，是为周敬王。

顷公在位十四年驾薨，他的儿子姬午继位，是为晋定公。晋定公在位达三十七年之久，这期间被鬼谷子言中的故事就更多了。不过，这时鬼谷子也不大关心晋国的事了。

晋平公的后人，一代不如一代，新君们也不再把亥唐当朋友，年迈的亥唐再也不到宫中去了。

鬼谷子看到周王朝、晋公室那样衰微，到新绛去的次数渐渐稀少了。每次去，便发现亥唐夫妇衰老得很厉害。他俩都显得老态龙钟了，而鬼谷子夫妇好像没有多大变化，仍然像是五六十岁的样子。

晋定公时代，有一回，王诩和莘姒又来到新绛城南负郭亥唐家。这些年，四位老朋友难得相聚，所以一见面大家就感到十分快乐。

亥唐夫人因为年老，已经不像当年那样行动麻利，但仍然快嘴利舌，喜欢逗笑。她禁不住对着鬼谷子夫妇看了又看，说道："咦！真是神了，你们两个怎么总不见老，都过了耄耋之年，你们怎么还能骑着雪青马到处乱跑，难道你们真是神仙不成！"

"第一个称我为神仙的是天官苌弘，以后这样说的人就多了，别人说我是神仙我不信，嫂夫人你说我是神仙，那我就是神仙了。"

"那么，把你的仙丹拿出来，给我们几粒吃吃吧！"

"嫂夫人要仙丹嘛，好说，好说，不过你们是凡人，凡人吃了仙丹立即就要升天了，这得要你儿子为你备好棺材才行呢。"

"老太婆，你快别向他要仙丹了。"亥唐看着老伴与鬼谷子斗嘴，插言道，"我们凡人可是承受不起的！年迈之人要长寿，还是夏天多游泳，冬天少烤火。"

"说得不错，"鬼谷夫人也开了腔，"阿诩也是这样，夏天，他天天都是在鬼谷的山泉里泡着；冬天，他可是从不烤火的。亥唐大哥是在谈长寿经了。”

亥唐夫人说：“他有什么长寿经好谈，要谈，还得请阿诩老弟来谈！”

鬼谷子笑着说：“嫂夫人点将了，我就当仁不让了。我先要问诸位，最有名的长寿者是何人呀？”

亥唐夫妇、莘姒都说：“当然是彭祖！”

“正是他，彭铿，相传他是陆终氏第三子，颛顼之孙，曾为帝尧做事，经夏代到殷末，都是贤明的大夫。彭铿活了八百岁，他的长寿之道是：常食桂芝，善于引导行气，喜欢讲述古代的故事。这些都是一般的传说。我研究他的生活，发现了他长寿的秘密……”

“啊，什么秘密？”

“你快说说！”

“他善于在‘人寿环道’上跋涉！”

“什么是人寿环道？”

“环道，就是周而复始之意。人寿的周期大约是七十到九十年，所谓人生八十如赤子，即是过完人生环道的第一个周期，又进入第二个周期的童年了。这叫作第二童年，这时，善于摄养的人，白发会退尽而生出黑发，牙齿落完而生出新齿……”

“对呀，是见过这样的人。”

“大多数人，在人寿环道上过完第二个童年便寿终正寝了。一个人若能在人寿环道上走完两圈，便是一百六十多岁的寿命了。”

“阿诩兄弟，你自己能在人寿环道上走几圈呢？”

“彭祖走了十圈，我嘛，估计能走三四圈而已。”

“在人寿环道上走三圈，你要活二百多岁呀！”

“怎么知道已经走完一圈了呢？”

“人来到世上，在娘肚子里，是坐着紫河车，泡在羊水里的。亥唐兄说夏天多游泳，这就是喜欢水了，这是要坐第二次紫河车呀，是正在进入第二童年征兆呢。在这之后，人的情态又要像孩童了。”

“这话真叫王诩兄弟说中了，”亥唐夫人说，“可不是呢，他现在老不正经，又像孩童那样喜欢调笑。”

亥唐真的开始调笑了，他拉起王诩的手说："兄弟，我领你去见一个人。" 亥唐是想拿一个假圣人来逗王诩玩。

"你让我见什么人？" 王诩有些迟疑。

"是你愿意相见的人，看到他你就知道了，他就在城南门边一间馆舍里。"

亥唐拉起王诩就走，神秘兮兮的，引得他的夫人和莘姒也跟在后面。进城门不远就到了那间馆舍，从院墙外往里看，院中有位少年，头戴高冠，身穿青紫之袍，腰系纯青之衿，正在庭院里舞剑。王诩仔细打量，根本就不认识他。

亥唐说："你别瞅那位少年，朝屋里看。"

王诩把目光移向屋里，分明看见了孔子坐在室中。

"仲尼先生！" 王诩禁不住惊叫道，"你怎么悄然到了晋国？" 鬼谷子和他有许多年没见过面了，正想和他交流学问呢，于是迈步就向院子里走去。

没有想到，这时几乘人马匆匆奔来，险些没有撞着王诩、亥唐等人。

"快走，快走！" 那些人叫喊着，把室中之人拥上马，便仓皇地出了院门，急速地跑出城去了。

"报应！" 院中练剑的少年停下来，追到门口，望着逃走的那些人骂了一声。

王诩对少年的举动感到奇怪，就问道："这位朋友，你认识仲尼先生吗？他们为什么要匆匆离去？"

"老先生，他哪里是什么仲尼先生，这家伙叫阳虎！"

"哈哈！一向精明的鬼谷子，这回可叫我给骗着了！" 亥唐拍着手，像个顽童似的笑着，引得莘姒和亥唐夫人也咏咏地笑。

阳虎？太像孔子了，鬼谷子对少年产生了兴趣，正想要问个明白，却见那少年朝自己走过来了。

原来少年一听鬼谷子三字，便转向他这位白衣白袍的老者，看他那仙风道骨，正是自己寻找的人，于是满脸惊喜，跪倒在地上，纳头便拜："鬼谷先生呀，弟子没想到能在这里见到你！"

这位操南方口音的年轻人，怎么自称鬼谷弟子呢？两对老年夫妇都感到意外。

“年轻人，快站起来说话吧。”

“先生答应收我为徒，我才起来！”

“我的鬼谷私庠，对求学的人是来者不拒的。你已经是我的学生了，起来吧。”

“多谢恩师！”少年再拜，起身说，“先生、夫人，请到屋里相叙！”

亥唐夫人对少年介绍莘姒说：“这是你的师娘，我们两个是他俩的朋友——亥唐夫妇。”

“啊，是师娘，亥唐师伯和伯娘，今天能见到四位贤者，真是幸会，学生有礼了！”少年说着，对他们深深长揖。

第二十章　鬼谷之道与仲尼之道

少年把两对老年夫妇领到馆舍正堂，恭请他们坐于正座，自己侍立在侧。“年轻人，你也坐下来说话吧。我们鬼谷私庠讲学，没有过多的礼数，师生之间是很亲密的。我已经收你为学生了，可是你还没告诉我你的姓名和身世呢。”

“先生，弟子姓宰氏，字文子，是越国葵丘濮上人，人们都叫我计然。我家祖上也是中原人，晋国是我祖邦，为避乱才去南方。”

王诩一边听他讲述身世，一边观察这个少年。看来他刚过弱冠之年，但举止颇为老成持重，谈吐不俗，显然已经有些学问，收他为弟子也很不错。

“你为何来到中原，又如何知道离去的那个人不是仲尼先生呢？”

“弟子到中原来求学，路过蒙阴时，听那里的士人议论天下之学，鲁国曲阜有仲尼先生和少正卯先生两家私庠，晋国鬼谷有鬼谷子先生的私庠，是天下最好的学校。我到了曲阜，先到淄帏之林仲尼先生的杏坛学六艺，仲尼先生之学倒也不错，只是那繁文缛节的礼，不仅束缚人的行为，也束缚人的思想。于是我又到了少正卯先生那里，少正卯先生的才辩令人信服，使得仲尼先生的私庠‘三盈三虚’，许多门生都离开了仲尼先生，来到少正卯先生那里。仲尼先生极为恼火，而学生们都感到，到少正卯先生这里来是进对门了。”

“那么，你为何又离开了少正卯先生呢？”

计然不好意思说自己业已学成，只是说：“少正卯先生所授学问，多为虚学，我想求得些实学，所以到晋国来向恩师请业。”

谈话间，王诩感到这位新学生确实有些学问，心里十分高兴，同时也感到，自己的鬼谷之学，无意中已经在与曲阜的仲尼先生、少正卯先生进行着竞赛。看来，今后需要多了解他们两家的情况，同时也要注意自己的学生出世、入世的业绩，多关心他们，这样才能使鬼谷之学无愧于天下。

鬼谷子想着心事，没有再说话。

亥唐插言对计然说：“看来，你在鲁国的时间不少，对于阳虎的事必定知道得更多，请对我们讲一讲吧。”

“容学生向师长禀报。”计然讲起了阳虎与孔丘的故事——

仲尼先生正为弟子离去发愁时，鲁国遭到了阳虎之乱。

这个阳虎又叫阳货，身材魁梧，相貌长得跟仲尼先生一模一样。他本是鲁国执政季桓子的家臣，曾在匡地方施行暴虐，因而匡人对他十分憎恨。有一回，仲尼和他的弟子来到匡，匡人错把他们当作阳虎来加以围攻。仲尼一行骇怕，突围逃跑。几位弟子在勇敢的子路率领下，保护着仲尼冲了出来。惊魂稍定，才发现颜渊不见了。过了好一会儿，颜渊终于脱险跑出来了。仲尼说：“回呀，我好难过啊，还以为你已经死了呢。”颜渊说：“有先生在前面，我颜回怎么敢死呢？”

仲尼说：“老天爷不丧斯文，匡人又能把我怎样！”

就是这个曾使仲尼吃过苦头的阳虎，竟然做大起来，把鲁国执政季桓子囚禁起来，自己掌握了国家大权。一朝权在手，便把令来行。阳虎想要召见仲尼，但被拒绝了。于是，他便想了一条计策：瞅着仲尼不在家的时候，让人抬着一头肥猪去送给仲尼。因为礼制上有规定，大夫有赐予士人，士人不能在家里亲自接受时，改日便应登门拜谢。不巧得很，正当阳虎他们往回走的时候，仲尼在路上碰见了他们，想让仲尼登门拜见的计策就失败了。

阳虎便对仲尼说：“来，我跟你说。怀有高贵的道德，而不救国家于迷乱，可以称得上仁吗？”

仲尼说："不可以。"

阳虎又说："很想要有所作为，而又失去了时机，可以称得上智吗？"

仲尼说："不可以。"

阳虎说："岁月流逝，时间不由己。"

仲尼说："是啊，你放心，我会去做官的！"

领受了阳虎一番讥讽，仲尼若有所悟："有教无类"的思想，怎么就不能贯彻到底呢？天下任何人都应该是可以改变的，怎么就不可以试一试呢？伙同阳虎一起囚禁季桓子的公山弗扰，占据费邑，举行叛变，也来召仲尼。仲尼有点动心了，想要应召前去。

子路很不高兴地说："莫要去！这公山弗扰跟阳虎一样无道，他来召怎么就要去呢。"

仲尼说："他不会是白白召见我，如用我，我就可以从东方来复兴周室了。"但他仔细一想，觉得公山弗扰未必是能改过之人，"吾其为东周"的想法未必能实现，所以还是没去。

阳虎不久就失败了，逃到阳关，又逃往齐国。

鬼谷子很关心仲尼先生，对计然讲的故事听得很仔细。他没想到：仲尼是那样没有办法去对付作乱者的烦扰，又看不穿这些人的本性，还对他们产生幻想。如果仲尼真的去了阳货、公山那里，他一生的清名也就毁了。

仲尼何以如此？鬼谷子想：这大约因为他一心想复兴周室，这种渺茫的政治理想迷糊了他的目光与智慧，他的学生子路都能看清的人，他却糊涂，抱有希望。鬼谷子还感悟到了一种人的心理：像阳货、公山弗扰这样作乱的人，内心是空虚的，他们得逞一时，也需要找贤人来为他张目。

仲尼说三人行，必有我师，鬼谷子则可以从任何事物中获取见识。

计然见鬼谷子没有言语，以为先生嫌自己絮叨，就不再说了。鬼谷子说："怎么不往下讲啦？仲尼是我早年的朋友，他的事我都想知道。"

计然继续说：

齐国准备囚禁阳虎，阳虎又逃到晋国。晋国也不能容纳他了，听说这回是要逃亡到宋国去。在我离开鲁国不久，听说仲尼由中都宰升任司寇，成为六卿之一，而且摄行相事，就是代理宰相了，而司寇是主管司法的官。仲尼先生大权到手三个月，便对少正卯先生下手了，宣布少正卯“心达而险，行辟而坚，言伪而辩，记丑而博，顺非而泽”五条罪状，开刀问斩。

为学术分歧而杀人，始作俑者仲尼焉！可怜少正卯先生人头落地，再也不能争辩了。

不过，仲尼摄行相事不久，就被鲁国执政季桓子排挤开了，他无力对抗，便挂冠而行，开始又一次周游列国。

——计然讲到少正卯被杀时，眼里涌出了泪花。

鬼谷子对亥唐说：“想不到呀，我自信能预料将要发生的事情，但仲尼先生这样对待少正卯，确实出乎我的预料！”

“这是因为恩师与仲尼先生有同窗之谊，一直以为他是真正的仁者。”

“亥唐兄，从此我知道人心难测了。”鬼谷子摇着头，从此仲尼在他心里的地位，已经如同寻常的政客了。

他们议论了一会儿，计然就准备在馆舍里备宴，款待四位先生。亥唐哪里肯答应，说道：“我家就在城边，举步之遥，何必用这里的庖人。再说，你少年离家，在外求学，生活清贫，怎能如此破费？不如搬到我家住些日子，也便于你们师生一起回鬼谷。”

“学生与师伯初次见面，怎能蒙此大恩？”计然十分犹豫。

鬼谷子发话了：“计然，你师伯是为师的挚友，到他家就像到鬼谷一样，你就收拾行李去吧！”

“计然叩谢恩师和师伯了！”

计然的行李十分简单，一匹青鬃马驮上一副褡裢而已，很像鬼谷子旅行时的样子。

亥唐原想与鬼谷子嬉戏一番，没想到此举为鬼谷私学招来了一位高才弟子。

数日后，计然轻轻鞭着青鬃马，跟着老师和师娘，沿着清溪北行。

蜿蜒曲折的清溪，犹如一条蛇，游动在淡淡的蓝色雾霭之中。旷古无人的山野，林木森森。林下不时有走兽出没，林中鸟唱蝉鸣，天空白鹭成行，水中游鳞悠然自得，甸中有巨鹤，曲颈向天长唳，声闻九天，响彻十里。

每过一道峡谷，便又是一重天地。计然以为，不久就可以到达鬼谷先生的洞府，哪知总也走不到头。

“计然，现在我们进入了第六道峡谷，前面是第六重天。学生的宿舍在八重天，我住九重天。”计然明白了，天有九重，鬼谷也是九重，是取道法自然之义。这个地方真可谓人间仙境了。

到了八重天，鬼谷子对计然说：“已经有不少学生完成学业出山了，现在还有空房，有的房舍只住了一人，所以不必新建房屋。你运气不错，当初有的学生进山，还得自己建房呢。自己先要能够生活下来，然后再来找我谈学问。”

“弟子明白了。”

鬼谷子夫妇把计然留在八重天，便策马进了第九道峡谷。

计然对鬼谷的一切都感到新鲜。但要过日子，一日三餐要自己来做，他就感到有些为难。幸好同学们都来帮助他。他们都是这样走过来的，生活经验都很丰富。几天之后，计然就习惯了山里的生活，一切都能自理了，他感到生存于世的本领增大了许多，这才进山向老师请业。

计然被山中景色吸引，不骑马，而是沿着清溪步行数里，走过峡谷，九重天的景致就展现于眼前，讲经坛、观象台建在两侧，中间是鬼谷洞府。这里十分寂静，虽有飞瀑声和鸟唱蝉吟，反而增其清幽。洞府门口，有一个十几岁的小道童，坐在竹椅里，捧着一卷竹简悠闲地观览。

“小师弟，请你通禀一声，就说计然求见先生。”

“你就是新来的计然呀，先生和师母都夸奖过你呢，说进山的弟子中数你学问最好。你没看见先生正在和两个学生谈话哩。”

计然往屋里看，看见一男一女跪在鬼谷子夫妇跟前。鬼谷子已经看见门口的情形了，高声说：“是计然来啦，今天我有些事情，你明天再来吧！”

“是，先生，明天见了！”计然一眼就认出了那个姑娘，她标致而和善，前两天她曾教自己生火，煮饭，使用竹筒吹火，她脸上有泪，是做什么错事了吗？

还是在鬼谷子夫妇带着计然回山那天下午，鬼谷女庠那位女弟子就到九重天来找鬼谷夫人。莘姒领她到一间房中单独相叙，她即红了两腮跪于地上叩头，说道："师娘！我辜负了你和恩师的教诲呀！"

姑娘说着，两眼扑簌簌地落下泪来。

"出了什么事，你慢慢讲。"

"师娘……"话到嘴边，她又咽回去了。

"这里没有别人，你说吧。"

"师娘，我已经有两个月，天葵不至……"

莘姒明白了，她与人有私，已经多时，而且怀了身孕。

这是一件很严重的事情。世间对于鬼谷兴办女庠，本来就大不以为然，责难之词不时可闻。此事如果处置不当，不仅女庠不能办了，鬼谷清名也将大受其累。

莘姒不能发火，也可怜跪在自己跟前这个无助的姑娘。为了弄清情况，她慢慢地加以询问。"你莫哭，事已至此，哭又有什么用呢？你要把事情从头到尾说给我听，我也好为你出个主意呀。"

莘姒说着，把那姑娘拉过来，坐近自己身边说话。姑娘受到师娘的抚慰，心情平复多了，就把她与大梧相好的经过讲了出来。

大梧是在鬼谷兵庠习武的学生，性格忠梗，并不是那种不负责任的人，姑娘有身孕的事他还不知道。同窗们也看出他俩相好，但想不到会发生这种事情，因为鬼谷弟子都是以自持力强为习尚，十分鄙薄意志薄弱者，并以此作为一个人处世立命最起码的条件。

"师娘，这事只怨我不能克制，品质不好……"

"你打算怎么办呢？"

"我不知如何是好，愿意接受恩师和师娘的任何处罚。"

"现在先不说处罚不处罚，需要考虑的是今后怎么办。你必须对我说真话，你和他能够长久吗？"

"师娘，你待我像亲娘一样，我怎能说假话。我们两个人，彼此都怀有真情。"

"明白了，这事你要去告诉他。你们都不要害怕，要相信老师会做出妥善的处置。"

姑娘给莘姒叩了几个响头，才垂着头离去。

莘姒把那女孩子怀孕的事告诉了王诩，犯愁地说：“年轻人真荒唐，这样把持不住自己，我真想不出给他俩什么处罚才好。”王诩笑着说：“哈哈，我若是孔仲尼，手中有礼，就按礼把他们沉塘算了！”

“出了这样大的丑事，你还笑！”莘姒真的生气了。

王诩不笑了：“事情再严重，也不必发愁呀。老太婆，想一想我们年轻时在一起的心情吧。年轻人呀，不是人人都能把握住自己的，要体谅他们。最重的处罚是逐出鬼谷，但这样做对他们的前途不利，于鬼谷私庠和两家的父母也无光彩，何必一举而损及四处呢。”

“你说说，到底该如何处置嘛！”

“正好，过几天有一批学生学成出山，少君夫妇也要出游，就让他们提早出山吧。到山外，由少君夫妇主持他们成婚，了结此事。”

“他们的婚事你也要管呀？”

“我们若不管，他们回去怎么见父母呀。”

“阿诩，我知道你的仁德了。”

“你那样发愁，是知仁，而不善成其仁。”

这样处置，他俩都感到了轻松，派道童召来那对年轻人来。

二人进入洞府，即跪地叩头，诚恳地悔过、请罪。

王诩对他俩说：“好啦，事情到了这种地步，鬼谷私庠是不能再留你们了，你们要做好准备，过几天就出山。”

二人听先生这样说，以为是要驱逐他俩，顿时泪如雨下，又不住地叩起头来：“先生，我们知错了，求先生容许我们改正……”

这就是计然在洞外求见时看到的情形。

鬼谷子让计然明天再来，回头又对两个年轻人说：“你二人要明白，你们已经无颜再留在山中了。这不是我要驱逐你们，而是你们做的事为世俗所不容。我为你们感到惋惜，所以允许你们提前结业，和学成出山的同学一起离去，这样，也便于大梧在外谋职。”

二人听说是提前结业，便双双叩头感谢。

男的说："感谢恩师成全我们！"

女的说："恩师，师娘，就要离开鬼谷，我们心里真不忍呀！"

"做事要有头脑，要牢记人生的这次教训。你们想过没有，出山之后，怎样去见你们的父母，还有你们那些邻里和亲朋？"

"这几天我只感到害怕，还没有想过如何对父母说。"

"我也没有想到如何去见邻人。"

二人这才感到，要面对那些人说出这种事，是很难启齿的。等到取得父母之命、媒妁之言，她早已显出身孕了，这可如何是好？

"你们年轻人哪，做事不考虑后果。"这是莘姒在说话了，"先生已经为你们想到了，让你们以夫妇的身份回家。"听到师娘这样说，姑娘脸上立即涨满了红晕。二人都不知如何来理解师娘这番话，露出了疑惑的神色。

"你们出山后，少君夫妇即为你们主婚，就说是鬼谷子有感于你们的忠贞，赐婚，并为你们办完了婚事。"

"恩师赐婚，是我俩今生最大的幸福！"

"这话在你们出山之前，不要对同学们讲。"

"弟子知道了。"

"好了，你们回去准备出山吧。"

处理了鬼谷兴学以来的第一桩丑事，鬼谷子便召来新进山的弟子计然。

计然来到洞府，行过叩拜之礼后，就说："先生，这两天学生适应了山中的生活，学会了自理，也知道了先生设置道、数、兵、游四门学问的主旨，特来请业。"

鬼谷子听了，十分欣喜。他觉得这个年轻人很快就能学而有成，满意地说："那么，你愿意学习哪门课程呢？"

"先生的四门学问都是弟子想学的，但是人的精力有限，我打算主修两门，旁通两门，不知先生以为这样可以吗？"

"可以，你就自已选择吧。"

"我想主修道、数两门课程，是否适合，请先生指示。"

"前些日子从新绛到鬼谷，一路交谈，我对你的学识已经有所了解，你选择道、数两门学问，是很适合的。我相信，也不用费多大力气、多少时间，你就能学成。”

“先生对弟子如此信任，弟子也就有信心了。”

“关于道，更多的是要靠自己去悟、去修，你先用些时间，每日到我洞中来，我口授，你刻写一部《道德经》，带在身边，可以随时观览。然后便开始学数。学数，先从仰观俯察学起，先学天文，再学其他。”

“弟子感谢先生的安排。”从此，计然开始了在鬼谷的刻苦攻读。

计然按照鬼谷子为他制订的学习计划，在开始攻读之前，先祭奠了祖师老聃先生，然后才开始听鬼谷子传授《道德经》。几天下来，他就感到，鬼谷子的讲学与孔子和少正卯有很大的不同，对每个玄之又玄的道理，都有生动实际的例证。

一天，鬼谷子坐于讲经坛上，几案上的香炉里，香烟袅袅，案上置《道德经》一卷。鬼谷子先念了一段：

故道大，天大，地大，人亦大。

鬼谷子说：“我们如何来理解老聃先生这句话呢？何者为大？先师有言：有无相生，相反相成。由是可以知道，物极必反，小大由之，各有所志：道大，是说道涵万物，万物存道也；天大，是说天覆大地，吞吐宇宙也；地大，是说地载万物，生生不息也；人生于天地间，短暂如白驹过隙，微小如沧海一粟，何言大哉？说人亦大，是因为人乃万物之灵，可以知地、知天、知道者也！人能如是，方可称大也。人若无知，类禽兽也，焉可言大！故尔，人大，非人人可大也，唯知道者乃大！”

说完这一番话，鬼谷子停下来，让学生们去记忆、品味。过了一会儿，再继续说：“我还要说一句，有人把老聃先生的‘人亦大’写成了‘王亦大’。这有媚上之意，非老聃先生本意。老聃先生论道，说人亦大，是指有道的抽象之人，并不是说只有某一种人可大，而另一种人不可大。老聃先生认为，人人皆可以有道而大。”

鬼谷子讲完一段，便问学生们：“都听明白了吗？”

“明白了！”学生齐声回答。

鬼谷子心里清楚，来求学的人良莠不齐，自然会有人不能完全听懂，因此说道："你们未必全都能懂，若有不解之处，可以随时来问我，也可以和计然探讨。"

听完讲后，学生们回到八重天。有些人不明白，老聃先生的九个字，鬼谷先生怎么能讲出一大篇。

有人问："先生今天讲学，主旨是什么呢？"

计然说："先生是让我们明白：知道乃大。"

"知道乃大，是什么意思呢？"

"人要使自己的一生有意义有价值，就应该知地、知天、知道。"

经过计然这一番解释，同学们才真明白了。

从此以后，计然就成了鬼谷子讲学的帮手，类似于今天的助教。

计然听了鬼谷子几次讲学之后，开始修道、悟道，而对于数这门学问的意义，认识更加深刻，学习也更加勤奋了。

按照老师规定的顺序，先学天文。从认识星空学起，白天听讲，晚上就在观星台，也就是观象台，仔细地观测星空。

天空的划分，是以帝车北斗为中心，把北方星空分为三垣，即：紫微垣、太微垣、天市垣；又把赤道星空分为四象、二十八宿：

东方苍龙角、亢、氐、房、心、尾、箕七宿

北方玄武斗、牛、女、虚、危、室、壁七宿

西方白虎奎、娄、胃、昴、毕、觜、参七宿

南方朱雀井、鬼、柳、星、张、翼、轸七宿

计然来到鬼谷之前，就懂得一些零散的天文知识，认识北斗七星，知道用北极星识别方向。他还认识东方苍龙七宿的心宿，西方白虎的参宿，传说那是帝喾高辛氏的两个儿子，一个名叫阏伯，一个名叫实沈，兄弟俩日寻干戈，征战不止，帝喾就命他们分别掌管商星（即心宿）和参星（参宿），这两颗星的赤经相差180度，在天空永远都是遥遥相对，永远不能走到一起。

还有北方玄武的牛、女二宿，那便是被银河分隔开来的牛郎和织女了。

西方白虎的昴宿，即昴星团，民间称为七姊妹。

南方朱雀的鬼宿，就是鬼谷子额顶发际那肉痣的形象。

每个星宿都有一个动人的故事。计然夜夜仰望星空，在满天星斗中去识别它们。和他一起上观星台的同窗，对着千万颗星星，总也看不出哪是苍龙、哪是玄武、哪是朱雀、哪是白虎。计然就耐心地帮助他们辨认。

掌握了恒星天空，就便于识别行星、彗星、客星在星空里的行踪了。做到这些，天上出现任何反常变化、灾异现象，都逃不出他的双眼了。

对于日、月和金、木、水、火、土五大行星的观测，有些项目必须到周公测景台去做。特别是日影观测，四时八节，即立春、立夏、立秋、立冬、春分、秋分、冬至、夏至，必须测得不差分毫。

掌握了观测，才谈得上运用。

这天，鬼谷子讲学，先让弟子们记下：

四时指针，皆系于斗。斗运于上，事立于下：

斗柄东指，天下皆春；斗柄南指，天下皆夏；斗柄西指，天下皆秋；斗柄北指，天下皆冬。

用天文定季节，是比较容易掌握的，让弟子们去做就是了。接下来又讲《环道》：

环道之理，存于天地，寓于万物，贯于古今：

历史兴替，人事盛衰，祸福依伏，此环道也。

日月盈仄，草木荣枯，江河涨落，兽禽迁飞，此环道也。

太岁轮回，四时更替，朝夕相继，此环道也。

鬼谷子讲了许多周期循环的例子，以便用于预测天时、地利、人事。这些理论极具深奥，操作起来也十分复杂，计然是掌握了，不少学生一时还难以掌握。

计然的学业进展较快，先学完了天文，再来学气象，判断云物氛祥。最后学《周易》，这样，数这门课程才基本学完。

鬼谷子的学生，在山和出山的，为数已经不少了。个个都有入世建功立业之志，尚无一人志在山林。鬼谷子度人的标准极高，有出世之志，而人品、道行、才智足以度入仙班者，至今也未得到一人。这使他感到完成恩师老子嘱托，度人入仙班，实非易事。鬼谷子曾寄希望于计然，然而计然也无出世的志向。

计然到鬼谷的后两年，道、数两门课程业已学完，就经常要到天下各国去漫游了。

鬼谷子关心弟子出山后的作为，曾让计然去看看大梧夫妇的情况。计然到大梧的家乡，只见到了大梧夫人。计然很感谢这位师姐，在他刚进山时，就是她帮助他很快学会了独自生活。她对恩师感激不尽，而大梧已经从军，很短的时间里就建立了功勋。计然回山向老师报告了大梧夫妇的情况，鬼谷子就放心了。

计然最后一次考察归来，到九重天向鬼谷子报告了一路见闻，对形势做了分析后，鬼谷子就对他说："计然，你已经学成了，和同窗们告别之后，就可以出山去建功立业了。"

计然感到这事太突然了，他觉得在鬼谷子身边有学不完的东西，可是老师分明是要撵他出山了，他跪地叩头说："恩师！计然还有许多东西没有学到呢！"

"计然哪，人的一生，学无止境，好学而有真知的人，在哪里也都会感到学不完的。你现在已经登堂入室了，再不出山，就误了你了。"

计然颖悟，明白老师深爱自己，便遵照鬼谷子的安排，准备几天后就告别恩师和师娘出山。

第二十一章　计然仕越

计然的青鬃马对鬼谷也有感情，离开清溪时，一步一回头，走得很慢。到了载鬼亭驿，计然不忍鞭马前行了，便停下来小酌。

计然考虑着往哪里去。

其时中原及北方各国，留给计然的印象都不佳。那么，南方的吴、楚、越三国，去哪一国好呢？越国是附庸，发展能力有限；楚国地域辽阔，本来是可以大有作为的，可是那里君不君、臣不臣，所以计然拿定主意要去吴国。

计然南行，到达楚国宛邑时，正遇上这里的士人迎接孔子来访。

他在这里，不期而然地见到了两个朋友，一个姓陆，名通，字接舆，一个姓范，名蠡，字少伯。

陆通年龄比计然长十多岁，是个不拘形迹的隐士，因为编了一首《接舆歌》当面嘲讽了孔子，乃兴致勃勃地拉了计然到临街一家酒肆畅饮，闲谈孔丘。

陆通没有想到，计然对孔子了解得比自己更多。二人谈得正投机，就见范蠡到了。范蠡骑的雪青马，与鬼谷子略同，身着绀青之服，头戴高冠，腰悬长剑，年龄比计然略小。

范蠡一下马，就埋怨陆通："只因你张狂，连累我不能与仲尼先生谈经论道！”

陆通说：“哈哈，塞翁失马，焉知非福！你听计然先生谈谈，孔子、少正卯、鬼谷子，哪家学问更适合你。”

于是，三人饮酒畅谈。

计然说：“少正卯先生已经不在人世了，不谈也罢。仲尼先生严守祖宗旧法，不谙天下变化，所授的礼、乐、射、御、书、数六艺，大多无用；鬼谷先生不拘礼数，对天下大势了若指掌，所授的道、数、兵、游四门学问，小可善其身，大可平天下。”

“文子兄已经学成出山，你可作为我们的老师了。”范蠡恳切地说，“你以为鬼谷之学与仲尼之学，有什么不同呢？”

“仲尼的学问以礼为核心，恩师的学问以道为核心；仲尼不言兵事，恩师重视兵法。仲尼几度周游列国，四处碰壁，以至于绝粮于陈蔡，诸事皆不得要领；恩师每次出游，在王侯公卿间，纵横捭阖，皆成文章，在士人百姓间，也备受欢迎。”

计然几番议论，说得范蠡下定决心，要去鬼谷求学。当晚，他就与计然作彻夜长谈，结下了终身友谊。

次日，范蠡送计然离开宛邑，便前往鬼谷求学。

计然到了姑苏，对吴国朝廷的情况了解一分，去朝廷谋职的信心就丧失一分。

他感到吴王阖庐的品性，和晋平公一样荒淫；吴王阖庐的为人，更是刚愎自用，连平公的那一点宽厚也没有。所不同的是，平公大权旁落，而阖庐握有实权。

吴国的大臣也使计然失望：那伍子胥太酷烈了，攻破楚国郢都之后，掘楚平王墓，鞭尸三百，令人生厌；那太宰伯嚭太贪婪，而伯、伍之间又形成了党争之势；太史之官，庸碌而无所作为，绝无史墨、苌弘那样的才学与器识。计然不想到吴国朝廷去做官了，也不想回越国去，便在姑苏独善其身。

计然有从鬼谷学到的本领，可以生活得自由自在。他化名计倪子，在姑苏城中开设了一家“稽疑神课馆”。几年时间，便以“料事如神”享誉姑苏，连王宫里决大事，也不找太史令而来找神课先生计倪子了。

鬼谷弟子即使隐居，也对天下大势洞若观火。计然对于吴、越两国的政事，更是了如指掌。

这几年，吴、越两国战争变得越来越严重了。

檇李之役，吴王阖庐丧命，计然为越国担心起来。

计然发现，越王允常驾薨之后，越国的政事忽然有了转机。原来是范蠡在鬼谷学而有成，和文种二人一起来到了越国，这样越王勾践就有了良弼。

然而，越王勾践不听范蠡忠谏，致有会稽之耻，勾践夫妇和范蠡被掳到姑苏，服臣妾之役。范蠡以其纵横捭阖之道，竟然使勾践夫妇都得以归国，自己留下为人质。这使计然感到，范蠡到鬼谷求学之后，造诣已经比自己高。

他想，既为隐士，就继续在暗中观察吴、越两国的风云变幻，看看范蠡、文种如何施展才智，岂不快哉！

有一天，姑苏街头，万人争看越国美女西施。

计然没想到，原来是范蠡找到了自己的表妹西施，用来献给吴王夫差。计然想："范蠡此举，必有大谋。为了越国，我得帮助他们实现其计策。"

稽疑神课馆的书斋里，挂有鬼谷子的画像。这是计然在鬼谷时画的。现在他一看到画像，就感到仿佛置身于那智慧之谷了，烦乱的思绪就会变得清晰起来。

"先生，王宫的车马来了。"这是童仆在门口向他通禀。

计然到门前，看见王宫内史已经下了车。

"内史大人亲临鄙馆，必有大事，快请进屋相叙。"

"计倪先生，吴国有大喜事呢！"内史边走边说，"大王信不过太史，特命下官到稽疑神课馆来找计倪先生。"

计然与内史进入稽疑厅，礼让落座，便开始议事。

"计倪先生，大王要册封西施为右世妇，让下官来请你选择吉日良辰。"

"啊，这真是吴国的大事。"

吴国的后宫，在正宫夫人（即王后）之下设左右世妇，称为东西宫，合正宫共称"三宫"，再下还有六院嫔妃等。古代尚右，右世妇就是西宫夫人，地位仅次于王后。

计然明白了，如果册封之事成功，表妹西施入主吴国西宫，那将大大有利于她和范蠡完成使命。但计然担心夫差反复无常，怕他夜长梦多，改变主意。为了使册封之事能够速成，计然就对内史说：

“内史大人，册封大典，事关重大，容我仔细测算一番。”

内史颌首，等待。计然从袖子里摸出算筹，在几案上摆弄半天，内史都有些着急了，问道：“计倪先生，情况如何？”

“内史大人，我算遍了半个月之内的所有日子，只有明天最好，是真正的吉日良辰，机不可失呢！”

“嗨，谁叫你算那么久，大王急得很呢，明天正好！”

内史回宫禀奏吴王夫差，夫差非常高兴，吩咐赏给计倪子黄金百镒。

西施入主西宫之后，得知是表哥计然在暗中帮助他们，便找了一个日子，女扮男装出宫来，约了范蠡一起来到稽疑神课馆。计然见到阔别多年的表妹，竟是这样一个美人，深为他俩祝福，领着他俩到书斋里密谈。

西施一眼就看到了鬼谷子的画像，端详了半天，才说：“表哥，这位先生看起来慈祥而亲切，好像见过面，可他不像我姨父呀。”

范蠡笑着说：“哈哈，你要是见过他，就会变得更神秘了！这是计然兄在神秘之谷为神秘先生画的像。”

“神秘之谷？”西施不解其意。

“阿施，‘神秘之谷’是几个鬼谷弟子用过的绰号。我们有时把鬼谷称为神秘之谷，有时又把它称为智慧之谷，还悄悄称鬼谷子是神秘之神和智慧之神。”

“你们对自己的恩师鬼谷先生这样不敬！”

“此不敬者，敬之极也！我们一看到先生的像，或在心里想到先生，立刻就会增长智慧，产生神秘和奇迹。”

三人说了一会儿闲话，才转入正题。

西施来此，一是畅叙离情，二是劝计然帮助越国。不用费口舌，计然欣然同意了。于是西施回宫，相约今后找机会再见面。

从此，范蠡和计然经常在一起商量如何助越。第一步，是要使范蠡能够早日返越，以帮助越王勾践制定复国大计。

经过计然、范蠡、西施三人一起努力，范蠡回国之事终于获得成功。临行那天，西施约了众姐妹到太湖边上为范蠡和计然送行。送了一程又一程，美人们个个泪如泉涌。

早有快马来到王宫，向越王勾践报告范蠡大夫回国了，还为越国请来一位好老师。国家用人之际，卧薪尝胆的越国君臣个个出宫，降阶相迎。

勾践看到，和范蠡并辔而来的，不是一位老人，而是一个翩翩少年。勾践估量他的年纪，跟自己和范蠡差不了多少，最多也不过文种那样。

勾践有点不太相信，这样年轻的人，能够做越国的国师？但是勾践想，范蠡做事自有他的道理，于是仍然诚挚庄重地迎接计然入宫议事。

在王宫分宾主落座，寒暄之后，便开始谈论兴国大计。

计然面对越王和众大臣，纵论天下大势：

“大王，吴国打败越国，已经引起了天下各国的关注。特别是楚国朝野，已经开始感到恐慌了。因为迄今为止，吴国的国力确实已经颇为强大。吴国早在阖庐时代，就曾在柏举打败楚国，还曾攻破了郢都。吴国把邗沟修成之后，南北水道沟通了，必然还要北伐齐国。但是，楚国有位子西先生，对吴国的情况却看得十分真切。他指出：吴国现在朝廷不睦，夫差视民如仇，野心大，傲慢，自负而又耽于享乐，完全丧失了他父亲阖庐那种励精图治、体恤民情的王者之风。所以，微臣以为，吴国的强大最终还是难以持久，越国还是有机会复兴和报仇雪耻的。”

计然将天下大势说得如此明了，使越国君臣头脑清新。

越王勾践说：“听了计然先生一番话，使我君臣士气倍增。”

“大王，越国至今所采取的措施，旨在麻痹夫差，使吴国君臣放松对越国的戒备，这方面是取得了成效的。但是，吴国也有不少有识之士，像伍子胥等人，他们时时处处都能看清越国的一举一动，了解越国的企图。所以，范蠡大夫虽已授意西施姑娘设法加深他们君臣的不睦，削弱伍子胥等人的影响，但越国做任何事情，仍然需要慎之又慎。”

勾践和满朝文武对这些话，点头赞许，侧耳聆听。

计然又说：“纵横之术不可忽视，外交和谍伺方面的活动固然很重要，但最根本的还是要增强国力。我要冒昧地说一句，越国在这些方面，至今也没有做出什么成效。‘十年生聚，十年教训’，还只是一种决心。只有决心是不能成事的。对于如何富国强兵，越国还缺乏有效的策略和切实的措施。”

勾践对于这种批评，听得入耳，不禁插言道：“计然先生所言极是，寡人恳请先生不吝赐教。”

“大王不必过谦，愚臣只怕言多有失，先说这些吧。大王，微臣有七条策略，容改日再与大王、列位大夫慢慢商议。”

越王勾践跟计然的谈话，从早晨一直进行到夜晚。其间午、晚饮宴，席间也不停地交谈。勾践向计然提出了九个问题，计然都发表了令人心服的见解。

多少年来，计然是第一次把他从鬼谷学来的满腹经纶，畅快地用于实践。

这天晚上，越国的天空没有一片云，空气里没有一丝风。如钩的新月，发出微弱的光辉，河汉纵横，众星朗朗。计然饮下一杯酒后，对越王说：“大王，我们何不移座院庭，观赏星空。”

于是，越王勾践和文种、范蠡一班大臣，都陪同计然在庭院中落座。

计然说：“大王亲自耕田，夫人亲自织布，竭尽全力来做，这是明智的，合于尧舜之道，也合于天时。”

勾践接过计然的话题，恳求道：“请先生教给寡人天地之道和天时。”

计然遥望着天空，侃侃而谈：

“大王，微臣的老师鬼谷子曾经说过：古代炎帝神农氏有天下，传给黄帝。黄帝既管天上的事，又治理地下万民。关于天域的分割，黄帝是让少昊为西帝，去治理西方，以蚩尤为辅佐，主管金星。让玄冥为北帝，去治理北方，以白辨为辅佐，主管水星；不过，也有说北帝是颛顼的。让太昊为东帝，去治理东方，以袁何为辅佐，主管木星。让祝融为南帝，去治理南方，以仆程为辅佐，主管火星。让后土为中央之帝，去治理中央，以后稷为辅佐，主管土星。天上的五方五帝，都有纲纪，不致乱了伦常。所以，不同的地方有不同的辅佐，行不同的策略，乃是万物的常理。大王若能审慎地运用愚臣所谈的对策，大则可以称王，小则可以称霸……”

天上的事，越王勾践听得似懂非懂，说道：“鬼谷子的学问太深了，能否请先生具体地谈一谈要点？”

“大王，请听微臣详述：太阴（月亮）在少昊金天的三年，是丰收年；在玄冥水天的三年，是容易发生水灾的三年；在太昊木天的三年，是康平的三年；在祝融火天的三年，是偏旱的三年。所以，要有计划地籴谷、粜谷，始终保持仓廪充足。关键在于判定万物的变化，注意三年而变的周期。要用智慧来判断，果断地做出决策，按自然之道办事。截长续短，增加仓储，过一年增加一倍，过两年又加一倍，到第三年发生了变化，也不怕，粮食供求仍然能平衡。在闹水灾的时候不要忘了备好车，在闹旱灾的时候不要忘了备好船。按照事物变化的道理，预先做好准备。天下六年丰收，六年康平，十二年发生一次饥荒，老百姓流离失所。所以说，圣人要预先知道天地变化的十二年周期，及早做好预防。商汤时大旱七年，不饿死人，大禹时大水九年，老百姓不离乡背井……”

这些具体规律，越王勾践记不住，更不会利用，只有依靠大臣们了。

谈到夜深，君臣都无倦意。但勾践请计然休息，保重身体。明天还要听计然谈兴国七策，大家这才散去。

许多日子以来，越国君臣讨论计然提出的七条对策：教化、大农、大工、大商、恤民、振武、谍伺。越讨论越觉得，这些意见十分中肯，十分高明，应该付诸实行。

越王勾践让朝中的大夫们去详议施行这些策略的细节，而他本人则想和计然多聊聊。他觉得和这位鬼谷弟子交谈，总是受益不少。

相处熟了，谈话也就随便得多了。这时越王勾践说：“计然先生，你对事物的分析是如此透彻，你的学识是如此渊博，寡人未曾想到，你竟是这样年轻。”

计然笑了，说道：“殿下，人和人是不同的。你没听说吗？惠种生圣，痴种生狂，桂籽生桂，桐籽生桐。先生者，未必能有智慧；后生者，未必不能聪明。所以说呀，贤君用人，不是看他年长年少。为人君者，必须懂得：有道者进，无道者退。这样，愚妄者会一天天减少，圣明者会一天天增多。

为人君者，不能有私；授赏者，必须有功。苟能如此，何愁国家不治。”

越王勾践再拜稽首，说：“好极了，先生论事这样精审，使寡人受益匪浅。寡人还有一个问题要请教：人们都说事物有妖祥，到底有没有呢？”

计然说：“有。阴阳万物，各有纲纪。日、月、星、辰、刑、德等，变化无穷，有吉有凶。金、木、水、火、土五行依次相胜，风雨寒暑，日食月蚀，万物都处于不断变化的状态。顺应万物的规律就有福，违反万物的规律就有殃。这就是妖祥……恩师鬼谷子说，做什么事情都必须适应天地四时的变化，分清阴阳矛盾。如果不懂得正确运用这些道理，做任何事情都会有殃。”

提到鬼谷子，勾践也有话说：“好极了！计然先生和范大夫都是鬼谷子的高足，你们可曾知道，鬼谷先生曾经来过越国？”

“恩师足迹遍天下，也经常谈及出访的见闻，只是我没听他说起在越国的故事。恩师的事，是弟子最关心的，愿大王赐教。”

“寡人那时年幼，是由宫女抱着去见鬼谷子的。当时的情形我已经不记得了，先王、母后告诉我，主要有三件事。”

“哦，许多年前，恩师对越国的事就有所见解，现在可以验证吗？”

“第一件事，是鬼谷子建议越国聘用客卿。这件大事，父王在世时没有取得进展，可喜的是寡人得到了范蠡、文种二位大夫，才使国运化险为夷。这正是鬼谷先生的先见之明，得到了验证。”

“敢问大王，还有两件事呢？”

“都是关于寡人的。母后请鬼谷先生为我看相，先生说我可以称霸，如果不犯大的过失，甚至可以恢复大禹之业。母后问是什么过失，鬼谷子说这是天机，不可泄露。再就是关于我一生是否平安，鬼谷子说我这一生，将要经历胜过先人的大动荡，大荣大辱，都是历代越君所未有的，但是，最终我还是平安的。”

“大王，恩师的这两条预言，不是正在为事实所证明吗？”

“正是如此。会稽之耻，是我先祖开国以来从未经历过的奇耻大辱，幸得鬼谷弟子范蠡大夫相助，才得以渡过难关。所以，寡人要请计然先生多多赐教。听先生之言，也当是听到鬼谷子之言了。”

“恩师说，不要犯大的过失，愿大王谨记之。这也是微臣的一点忠告。”

“寡人会谨慎一生。”

勾践虚心地向计然求教，大夫们也都虚心地向计然求教。越国君臣和老百姓，都受到了教益。

十多年后。

公元前484年，吴王夫差举兵伐齐。越王勾践心中暗喜，亲率众臣前去朝拜、祝贺，对吴国君臣个个送了厚礼。

吴国满朝文武，人人感到欣喜，只有伍子胥觉得可怕，他劝夫差：不要轻信越王勾践的话，要举兵伐越，而不要伐齐。在大军已经出动之际，伍子胥这样来扰乱军心，夫差气得火冒三丈，扔给伍子胥一把属镂剑，让他自尽。然后弃尸浙江。

至此，一切按计然的计策顺利进行。然而越王勾践却忘记了计然，也忘记了计然提出的一些忠言。幸亏有范蠡，使计然之策得以施行。

公元前482年六月十二日，越王勾践趁吴王夫差率大军亲征北方之际，开始举兵伐吴。吴国朝野这才如梦初醒。十天后越军大获全胜，俘虏了吴国的太子友、王孙弥庸、大将寿于姚。范蠡于六月二十二日占领吴国的都城姑苏，救出了西施。

这时候吴王夫差正在黄池会盟，七个信差拼死赶来报告国破的消息。夫差大骇，深怕此事张扬出去，被诸侯们知道，就拔剑杀了这七个人。

但是，在七月六日定盟时，还是让晋人看出了破绽。吴王夫差费了很大的劲，才在形势上占了先。于是回师迎战越军，用最大的努力来挽回败局。

吴国和越国从夏战到冬，军事上，两国打了个平局，这才罢兵。

对于越国来说，这是首战获利，从此完全摆脱了屈辱的处境。但也暴露了实力，知道吴国比自己强大得多。要彻底打败吴国，还是不容易。

公元前478年，鬼谷弟子范蠡率越国水军在笠泽进攻吴国，采取两边夹攻、偷袭，中间开花的办法，取得了一场水战的胜利，使越国的力量达到了与吴国势均力敌的水平。

公元前476年春天，范蠡策划：越国为了迷惑敌人，故意做出了举兵侵楚的姿态。到公元前475年冬天，越国才大举进攻，占领了吴国大部分国土，包围了吴国的都城姑苏。这时，在黄池之盟上约定“好恶同之”的一些国家，也不能挽救吴国了。

最后一战打了一年多。公元前473年十一月二十八日，吴国灭亡。越王勾践让夫差到甬东去住。那里就是今天浙江的定海，当时偏僻又荒凉。夫差说：“我老了，怎能侍候君主。”上吊自杀了。

越国报仇雪耻之后，越王勾践似乎忘记了这二十年的历程，只有范蠡记得计然的贡献，喟然长叹道：“计然先生的七条计策，越国只用了五条，就取得了胜利！”

范蠡深知勾践这个人可共患难，不可共安乐，便不再做官，和西施泛舟五湖。后来到齐国，号称鸱夷子皮。到陶定经商，叫陶朱公，做了大富翁。

文种没有及时离去，勾践听信谗言，赐剑让他自杀了。计然佯狂离开朝廷，隐居起来。人们不知计然先生死于何时何地。他留下的著作《万物录》《计倪子》二书，虽经范蠡整理得以流传，后来也未成为显学。

东南吴越，风云际会，策划者是鬼谷弟子计然，建功者则是鬼谷弟子范蠡。

第二十二章　纵横捭阖授兵游

回头再说范蠡。

当年范蠡送计然南行之后，就来到了鬼谷。

范蠡见到的鬼谷子，面貌清润，目光有神，真不敢相信他已是耄耋之年，看上去还是一个年富力强的人。

鬼谷子那白袍上绣有纹章，袍服阔绰，腰间佩剑，装束非文非武，是一位道高的学者，又是一位武士。范蠡就是要学做这样的人。

鬼谷子王诩也打量着范蠡，这个新进山来求学的年轻人，还不到二十岁的年纪，便束发冠戴起来。看得出来，他有一颗不受旧礼制束缚的灵魂。王诩喜欢这样的人，而不喜欢孔丘门徒那种过于循规蹈矩的人。

范蠡衣履轻便，腰带紧束，腰间佩剑，显得颇为精神。

范蠡环顾鬼谷先生的洞府，四壁的木架中堆满了图书。人们称饱学之士“才高八斗，学富五车”，范蠡估计，这些用丝线、牛筋串起来的竹、木简和帛书卷轴，十几辆马车也装载不了。读这么多的书，会长多少学问呀！

房中有好几张几案，鬼谷子在正中一张大案子后面席地而坐。范蠡上前向先生跪拜，作揖行礼。王诩一向主张礼节从简，他让范蠡在旁边的几案后面坐下，便开始谈话。

鬼谷子接待一位新弟子，总是先要了解他的籍贯、经历和已经具备的学业，并问及来此求学的缘由。

范蠡出生在楚国宛邑。其地历史悠久，人杰地灵，原是周天子的母后之邦——申国所在地，公元前732年，申国被楚国所灭，成为楚国的宛邑。春秋时代楚国宛邑地望，在今天的河南省南阳市。地处伏牛山、方城山之南，舞阳、桐柏之西，内乡之东，汉水之北。白河流贯全境而到襄阳、樊城汇入汉水。这里自古是荆、襄、关、洛的交通孔道，北距晋国的鬼谷，不过百余里之遥。范蠡后悔，早知咫尺有琼花，何必天涯寻芳草。

“先生，”范蠡在介绍了自己之后，说道，“鬼谷在我家乡的北边，相距不过百余里之遥，我却长年在远方游荡，今日才来见恩师，真是相见恨晚！”

“年轻人总需云游四方，你这样的年纪就来到鬼谷，何言晚呢？”王诩勉励几句，便提到了一些学问，来了解一下范蠡的学识。

范蠡对答如流。

“少伯呀，你读过的书不少了，你从书中学到了什么呢？”

“弟子从《书》这部夏、商、周三代官方文献汇编里面，学到了禅让事典、政治文告、战争宣言、檄文誓词、天文气象、地理贡赋的知识，知道了几千年来有关政治、军事、经济、社会的大事。弟子从《易》这本讲变化的书、占卜的底本里，学到了一些预测本领。人们对大事小情的抉择，都要依靠神示。老百姓要出门办事、破土建房、婚丧嫁娶、求神祭祖，都得占卜；天子出巡、郊祭、征伐，诸侯朝聘、会盟等，凡有活动，都要占卜，所以这些学问是很有用的。弟子从《诗》这部采诗官收集的各地民歌里，看到了人们丰富多彩的生活、生产、劳动、祭祀、战争、爱情、友谊……”

鬼谷子觉得，这个年轻人思想敏锐，学问广博，根底深厚，用一两年时间做些开导，必成大器。他为又得一位聪慧弟子而感到高兴。

“你来鬼谷，希望学什么学问？”

“我想向先生学习兵、游两门课程，兼学其他。”

“鬼谷弟子，一般都是主修一门，旁通其余学问。有破例者，计然曾主修了道、数二门课程。以你现有学识，主修兵、游二门也非难事，就按你的意愿来努力学习吧。”

鬼谷先生答应了自己的要求，使范蠡很满意。

鬼谷子授徒，有一条规矩：先明道而后树业，即先器识而后文艺。

鬼谷子所说的文艺，与我们今天所理解的大不相同。文，包括天文、地文、人文，是人类文明的总和；艺，是技术和能力。王诩要塑造的是本领很高强的人，而传授给范蠡的第一门学问依然是道。

鬼谷子对范蠡说："我们所修的道，虽然也是源于老聃先生的《道德经》，但是，我不主张像先生那样，苦修苦行地去悟道，也不主张消极无为地出世。"这话是他的经验之谈，对所有弟子都做过同样的交代。范蠡恭听，深深赞同。

王诩没有忘记要度一些人修道成仙，但是他认为此事要顺其自然，不可勉强。所以，鬼谷子又对范蠡说："一个人学而有成，或出世，或入世，应视其所处环境和个人的境遇，按照'道法自然'的原则来确定，做到不失人之性和不失物之性，不要极度地去追求，也不要极度地去回避。你明白吗？"

老师一开始就讲这些话，使范蠡觉得鬼谷的学问最合自己的心意。这样学习，再苦也不觉累，他说："先生，弟子明白了。一个人处理事情，太消极或太积极，都不符合自然，有违于人性、物性。"

"是这样的。所以一个人，无论他出世也好，入世也好，都应注重修真养性，并要摄身导引，服食养生，延年却病。这也是自然之理。"

传说鬼谷子王诩是活了二百岁的。当时他也传授给范蠡养生之术，希望他也能考寿而终。他认为这样才合于自然。

"重视生命，才符合道法自然，但也不可苟且偷生。你要记住管仲的话：'全生之说胜，则廉耻不立。'人不能苟且偷生，'好死不如赖活着'乃庸人之说，这样的性命不合于道，也就是不合天理人性。人生天地间，可以有道而入世，建功立业，独善兼济，顺其自然；也可以得道而出世，登入仙境，唯一不能做的是苟且。"

"恩师之言，弟子谨记在心。"范蠡对老师的话坚信不移。

王诩传授给范蠡的第二门学问是数。范蠡对于仰观天文、俯察地理、中揆人事，其兴趣超过计然。他感到掌握天之历数、地之术数、人之气数，运用这一套本领，预测天文、气象、物理变化，预见人的吉凶祸福，预知行为的成败，实在是太重要了。

这方面的学问，范蠡当初读《易》的时候，只懂了一点点，有很多东西都读不通。这回有老师，可以彻底弄个明白了。

王诩传授给范蠡的第三门学问是兵。就是范蠡要求主修的军事学。

王诩深通风后的《握奇经》、太公的《六韬》《三略》，又和孙武切磋过《兵法》。历来最高深的军事著作成果，都在他的掌握之中了。范蠡为有机会主攻此课而感到幸运。这是仲尼弟子望尘莫及的。

传说风后是五千多年前黄帝的四大臣之首，在炎黄大战中，他仿效旋转的北斗星做出了指南车，战胜大雾，打败了蚩尤。他著的《握奇经》有360字，太公增加到380字，是世界最古老的军事著作。“握奇”就是“握机”，即掌握璇玑，运用北极星座旋转的道理来行军布阵。商、周之际的大军事家吕尚，就是利用这部书的原理，发明了八卦阵图，这是军阵之宗。吕尚的《六韬》《三略》，是当时兵家的治军之宝。六种韬略是指：文韬、武韬、龙韬、虎韬、豹韬、犬韬。鬼谷子特别对范蠡强调了《文韬》，其中有周文王跟吕尚的一段对话：

> 文王曰：“敢问三宝？”
> 太公曰：“大农、大工、大商，谓之三宝。”

从这段对话可以看出吕尚的政治眼光，他把大力发展农业、手工业和商业，作为军事韬略的三大法宝，和儒家重农抑商决然不同。

鬼谷子教学，特别注重实际训练。他经常领着学生们在河滩上用砾石布置阵法，进行攻战、防御，在山谷、平原练习骑射，使用各种兵器。

鬼谷子不仅教给学生在战争中的生存本领，而且教给平日在社会上的生存本领。他把骑射作为一种课程，也作为鬼谷的一项生产。山中飞禽走兽，水里鱼鳖虾蟹，都是师生一同猎取的对象。

兵、游这两门课程，实际上就是鬼谷私庠的两大经济来源。

孔子主张“有教无类”，什么人都可以到他那里去求学，但他还要收学生的“束脩”，交学费。鬼谷子授徒，是不收学费的，骑射得来的收入，师生共享，而且很富足。

王诩传授给范蠡的第四门学问就是游。

在常人看来，出游是件很破费的事情，怎么会成为鬼谷的经济来源呢？鬼谷子的神秘之处也在于此。他无论是只身出游，还是带着学生做实习旅行，每到一处，都会有很多人去拜访。王诩的弟子们，会给人诊脉看病，选择房基、墓地和吉日良辰，解梦，算命，平民百姓把他们当作神仙，送些钱物也足够日常生活、车马用度。士大夫等前来求教，探讨学问，则会送些黄金，可为长久之资。至于造访各国王侯，为之谈经论道，策划政治经济，征战结盟，则常有百金、千金之赠，受用不尽了。

先秦诸子百家，都善游说。但真正从理论上构造成一门学问，足以成为现代公关、外交理论与实践之源的，只有鬼谷子一家。

王诩所传的游学，主要是讲纵横捭阖之道，就是《鬼谷子》书中《捭阖》《内揵》《权益》《计谋》等篇所讲的学问。这在春秋战国那个纷乱的多极世界，在那个爆发百家争鸣的学术环境，是政治、军事、学术上制胜的法宝。

王诩向范蠡他们传授纵横捭阖之道，只讲要点，让他们各自到实践中去体验。所传授的基本思想、基本运作方法，在今天看来，依然可以作为公关、外交、商务谈判理论与实践的宝贵借鉴。王诩在向范蠡讲游学的第一课《捭阖》时说："捭阖的根本宗旨在于存道，捭阖的基本原理在于不失天、地、人、物之性。"

范蠡不明白何以得出此说，便对老师说："弟子愚昧，请恩师向我等指示其详。"王诩对众弟子讲授道：

> 综观自古以来的经验，圣人在天地之间，是众生的先知先行者。他们仰观俯察，以阴阳二气的开阖来说明万物，认识生死存亡的道理，筹划万物的始终，沟通人际的思维与心境，预见变化的征兆与进程，从而把握好生死存亡的大关。
>
> 捭是阳，阖是阴，捭是放，阖是收。捭阖乃是天地化育万物的方法，譬如四时，阳是春夏，阴是秋冬；譬如草木，春生夏荣是捭是放，秋枯冬死是阖是收。

捭是放开，阖是关闭。鬼谷子认为，用好捭阖之术，就可以求得生存发展，把握时机，稳操胜券。

王诩向弟子讲述的是“燮理阴阳”之道。范蠡读过《尚书·周官》，书里说过：“立太师、太傅、太保，兹唯三公，论道经邦，燮理阴阳。”燮理阴阳，就是协调、治理阴阳。这是大臣的职责。

范蠡弄明白了做大臣的道理，乐在心里。

王诩讲述完捭阖的理论，又继续讲述捭阖的运作。他对学生们说：

> 捭阖之道，就在于用阴阳之理来说服人。这是基本的方法。对那些处于阳势者，要以崇高来求其伟大；对那些处于阴势者，要以低下来求其卑小。这样，你就没有什么地方不能出，没有什么地方不能进，没有什么事情不能做。你可以用这阴阳的道理来游说个人，游说家庭，游说诸侯及大小国家，游说天下。

对于忙碌之中的人来说，时间是有加速度的，会感到过得特别快。

范蠡对鬼谷子的学问，学得入了迷，在鬼谷度过了多少时光也没在意。他觉得学不完，但是，鬼谷子认为他已经学成了，准备赶他出山了。

鬼谷的学生，学成之后大都不愿离开。鬼谷子以为，要赶，才能使他割断师生之情，走到人世中去。但近日山外发生的事变，使鬼谷子忽然有了预感，不用赶范蠡走了，他家可能会出祸事，使他不得不离去。鬼谷子想到自己年轻时家破人亡的惨痛经历，顿时对范蠡家可能遭到的不幸，感到十分同情。

这天，鬼谷子把范蠡唤入洞中，对他说：“少伯呀，你学业已成，可以南归了。如果家中发生了什么事情，你要沉静处之，这类事情我在年轻时曾经历过，天下百姓如此者何止万千，你的道德学问，已经足以应付一切事变了。”

恩师的一番话，说得范蠡摸不着头脑，心里产生了几分不安。他觉得老师是让自己走，像是预见到要发生什么灾祸。范蠡还没有练成老师那种预见事物的本领，此时也不便细问，只是等着看验，到底会有什么事情发生。

范蠡在鬼谷山中忙于学习，没想到故乡宛邑遭了兵灾。王诩分析了这次郑、楚两国之战，会十分惨烈。因为宛邑自古是兵家必争之地，战火岂能轻得了？

这天，范蠡在鬼谷山中练剑。舞剑正酣，忽见一骑自山外飞来。原来是宛邑大夫派来的信使，他投给范蠡一片木简，便又飞马到别处报信去了。这一片简牍，很小，只有一行字：

宛邑兵祸，君家罹难，速归。

范蠡一看，就觉得大事不好，急忙收拾好行装，然后到九重天去拜别恩师。他进入洞府时，鬼谷子夫妇正在静坐读书，见他来了，都放下了手里的竹简。

“先生，师娘，弟子来向二老告别了！”范蠡跪地叩头，说话的声音带着哭腔，鬼谷子就知道，他家的不幸终于发生了。

“少伯，你家的不幸，我前些日子已有预感。既是这样，你就结业出山吧！”

“恩师呀，我不知道今后会怎么样呢。”

“你有很好的前途。对于眼前的不幸，你要坚定地跨过去。当年我和你师娘，在人生乐极之时，突然天降大难，失去了一切，只剩我们二人，孤零零地来到鬼谷……”

鬼谷子夫妇年轻时的经历，范蠡知道一些。这么说，自己也难逃那样的命运？顿时，他心里升起了一种莫名的恐惧。

鬼谷子鼓励他：“少伯，你的才智足以勇敢地面对一切。你的学识比我们当初强，你在思想上也有所准备，不像我们那样感到突然。离开鬼谷，到天下去吧。”

“恩师，师娘，弟子以后再来看望你们！”范蠡给鬼谷子叩了最后一次头，才不胜依恋地离开九重天。

范蠡策马飞快离开鬼谷。

范蠡的家遭了兵燹，丧失了亲人和家产。

这个战乱的世界，给多少人家带来了这样的不幸！也许那些全家都死光了的人，倒是彻底地解脱了。

他觉得自己就像处在大漠之中，像风中转蓬，不知漂泊何方。只有鬼谷子临别的话，使他感到一点慰藉。

思来想去，范蠡只好到郢邑去，投奔少年时的朋友庄生。

楚国的庄生，与晋国的亥唐属于同类人物。庄生在楚国也颇为知名，见楚国朝野纷乱，始终不肯到朝廷做官，而与楚王、令尹（宰相）常有交往。他靠近城墙建了宅院，奉养着老母亲。庄生也不到别处去巡游，只是待在家中，仰观天文，俯察地理，做他的学问。有时，朝廷有大事也来找他。

庄生的老母曾看着范蠡长大，见范蠡来了，心里很高兴。听范蠡讲了家乡的灾难，得知范家遭到不幸，又陪着范蠡流了许多眼泪："阿蠡，你就在我家住下吧，你长生哥和朝廷熟悉，可以领你去拜见君主和令尹，在那里找点做事。"

长生是庄生的小名，长生哥是范蠡小时候对庄生的称呼。

"伯母，长生哥他为什么不到朝廷去做官呢？"

"他的心思太深沉，你去问他吧，也好好劝劝他。"

范蠡与庄生谈起楚国政事，庄生摇着头说："不可为也。我友文种，曾在宛邑做了一年令尹回来，还想离开楚国，到越国去做事呢。越国虽是楚国的附庸，但那里有天下良工，山川秀丽，物产丰富，只是朝廷缺乏远见卓识之士，到那里是可以有所作为的。"

范蠡听庄生这样说，不仅想去越国，而且想见一见文种。庄生说："今天晚了，明日去请他到家里来一叙。"

第二天，庄生就把文种约到了自己家里。

文种字少禽，也称子禽，楚国郢邑人，就在本城长大，年纪跟庄生相仿，比范蠡长两三岁。这位少禽先生，也是满腹经纶，对庄生家的人很熟悉，对范蠡是一见如故。

三人畅谈天下大势，终日不累。

范蠡决定和文种一同去越国，寻找计然，等待施展才能的机会。因为长江一带常有吴国水军战舰出入，二人就准备走陆路，经豫章去越国。庄生为他们准备了快马、宝剑，为他们饯行。

范蠡、文种到越国后，没有找到计然。他们不知道，计然正在吴国姑苏隐居。文种先去见越王，由于他有过在楚国宛邑担任令尹的经历，很受越王允常的器重，当即授予大夫的职位。

越王允常在与文种单独谈话时，轻声对他说：“文大夫，寡人这些年一直希望多来些客卿，你知道是为什么吗？”

“微臣初来，确实不知。”

“没有人知道，寡人曾秘密会过鬼谷子。他料事如神，非常有远见。任用客卿，就是他为我出的主意。”

“君王提到鬼谷子，又这样推崇他，微臣不敢隐瞒，与我一起从郢邑来诸暨的，还有一位鬼谷弟子呢。”

“他是谁，怎么没有和你一起来见寡人？”

“他是鬼谷子的高足范蠡，此人深得鬼谷学问，他说要做好准备，再来见君王。”

“他要做什么准备？告诉寡人，也好给他一些帮助呀。”

“他在馆舍里，微臣可以把君王的关怀转告给他。”

范蠡准备走遍越国，寻访良工，体察民情，做好准备，然后才去拜见越王允常。没有想到，他还没有返回诸暨，允常就驾薨了。

范蠡认为，在吴、越水乡用兵与中原大不相同，陵师（陆军）的行动经常会受到限制，而舟师则起着很重要的作用。所以在鬼谷学到的东西，在这里必须加以变通。于是范蠡在举国大丧期间，研究了舟师的阵法，绘制出《水阵图》以便操练水军，培养习流。习流，是当时对水兵的称呼。

新登位的越王勾践曾听父王说过：“你年幼时，北方高人鬼谷子曾为你看相，说你能恢复祖宗大禹的业绩，但你一生的曲折坎坷要多于先人。还说，越国要发达，不可不用客卿。鬼谷子说，越国即使立即大兴庠序，也要二代人才能育出英才。”

越王勾践对鬼谷子的话深以为然。父王在世时，他就觉得朝廷一些大臣虽然忠诚可用，但是胸无大志、鼠目寸光。登位之后，面对强大吴国的威胁，他更感到人才奇缺。

这时，文种带着鬼谷弟子范蠡来了，越王勾践立即拜范蠡为上大夫。

第二十三章 发明纳音传陈音

鬼谷子一家五口，团聚的日子不多。他们不是自己出山，优游天下，便是带领学生出游。带学生出山，一般不会走得很远，最常去的地方是周公测景台；自己出游，则经常数月、数年不归。

那个时代的士庶人家，有一种难以打破的规矩：女眷与男人不同席共饮食，妻子要在陪伴夫君用餐之后，自己才由奴婢侍奉用餐，儿媳妇更无与公爹同席之理。鬼谷子一家没有这等规矩，一日三餐，全家围席，共享肴馔，其乐融融。

这天中午，王诩在餐席上说："少君，孟子，今年你们不要远游了。现在学生虽不是很多，但他们学得很费力气。以前有计然，计然走了又有范蠡，都能辅导同学。现在学生中没有那样的人了，我们需要多到八重天去看看，为他们解惑。"

"爹，"鬼谷少君说，"我和孟子曾想到吴、越一游，去入世悟道，追随爹当年的行迹，同时也看一看计然、范蠡他们现在如何。爹说先不要去，那就等一等再说吧。"

"就按爹说的办吧，"姬孟子也同意，"爹，娘，孟子不孝，自从嫁到鬼谷，经常四处漫游，难得有亲持箕帚、敬奉公婆的机会。这些日子，我正好下厨执炊，让爹娘也尝尝儿媳的厨艺。"

“好啊，好啊，要吃娘做的菜啰！”孙子王蝉放下箸，拍手赞同。

莘姒心疼儿媳：“孟子啊，你也不要太累，你要教蝉儿读书和骑射，还要照顾女庠。”

“娘，你不用为孟子担心，我们对道法自然感悟已深，不会亏了自己，做一切都会胜任愉快的。”少君说着，又把话题引开，提起了另外的一件事情，“爹，今年秋季鬼谷的射猎大赛，什么时候举行呢？”

“还是在秋社日吧，我算过了，那天天气晴好，就不要选别的日子了。”

鬼谷这种大型的狩猎活动，年年进行，时间一般都安排在不晚于秋社日。这回王诩把日子定得最晚，还因为今年秋社日的干支是戊寅，与己卯相连，按《纳音》属土，跨在姑洗的羽声与仲吕的宫声之间，是出猎大吉的日子。

“纳音”是王诩的新发明，道理颇深，他还没有整理成章，所以在餐席上没有提及。

“爷爷，射猎大赛，我也要参加。”王蝉恳求着。去年他就想参加，大人说他太小，不能骑马跑很多的路，所以他说：“今年我长大了！”

“哈哈，哈哈……”大人们都笑起来了，笑得蝉儿摸不着头脑。好在爷爷答应了：“哈哈，鬼谷的孩子一年就能长大，但是，鬼谷的老人会越长越年轻！好吧，好吧，爷爷答应你，今年你和女庠的学生一起参加。”

“爹，你莫要太宠着他——”姬孟子有些不放心，想劝公爹收回成命，但是，王诩打断了她：

“孟子呀，你不要担心，我不是让蝉儿去参加围猎。我和你娘商量过了，从今年起，女生们参赛的活动要改变一下。让这些女孩子去围攻虎豹熊罴，太危险了，以后改为采摘野果。让蝉儿也跟着去玩吧。”

莘姒补充说：“对女孩子来说，这样危险小一些，但采运果子也是很累人的。你爹的意思，是多酿果酒，也能使学生们的生活得到改善。”

孟子听爹娘这样说，对儿子参加大赛的事就放心了。她觉得公爹这个决定非常好。多少年来，只是利用了山中的飞禽走兽，满山遍野的野果不能利用，是太可惜了。

但是，她和少君又担心起二位老人来。年年秋社的大赛，二老都要参加，他俩劝不住，只好小心侍候在身边。

姬孟子牵挂着老人，又牵挂着小孩，都想照顾到。王诩夫妇自然能感受到她的一片孝心，但是他们觉得，自己还是身强力壮。

鬼谷山外，已经享有了几年和平，所以到了秋社之日，人们望着丰收的田野，就会愉快地放松几天，举行社火。山外最近的一处社火，是在载鬼亭驿旁的先农祠里举行，音乐、歌舞、游艺和物资交易，通常要进行三天。如果最后一天的交易依然是非常火爆，还会延长一二天，直到交易活动圆满结束。

鬼谷秋季狩猎大赛的成果，一般都能赶上这最后的交易。

今年的大赛，女庠的学生参加采集。

那天一大早，八重天的男女学生们就准备好了。马都喂饱，饮足，小伙子们备好了投枪、剑和弓箭，姑娘们备好了绳索、长竿和布袋。

晨光熹微中，从九重天的峡谷谷口走出五乘人马来，一色的白袍白马，腰系长剑。学生们知道，鬼谷子全家都出动了，兴奋地高呼起来。

“呵，呵，出发啰！”

“呵，呵，出发啰！”

这些年轻人平日勤学苦练，今天则要尽力舒展他们的筋骨，在辽阔的山野里纵横驰骋，驱赶原兽，夺取丰收。

今年大赛，按人数大致分为三组：第一组是主攻道、数的学生，为道数组；第二组是主攻兵、游的学生，为兵游组；第三组是女庠组。每组都是十七八个人。王诩在第一组，少君在第二组，莘姒、孟子领着王蝉在第三组。约定太阳落山时归来，明日处理完猎物，后日出山到先农祠参加社火的交易，以获得钱财最多者为胜。

由于八重天、九重天已经有了人烟，学生们平日也就近射猎，所以邻近的山里已经很少有大型的野兽了。想要猎获虎、豹、熊，就得走到更远的深山去。学生们早就为大赛做了准备，踩过点，等鬼谷子宣布了注意事项，三支队伍就立即出发了。

在茫茫的林海里，这样小小的三支人马，很快就消失得没有踪影了。他们在大赛中取来的丰硕成果，不过是沧海里的一滴水。仅仅是这么一滴水，也使鬼谷弟子的生活变得十分滋润。这使鬼谷子感受到天覆地载之功，自然之伟大，人之渺小。

鬼谷子立于林海之中、峻岭之上，仰天叹息，吟出了《秋社之思》：

老聃先生云：“道大，天大，地大，人亦大。”

又云：“人法地，地法天，天法道，道法自然。”

至美哉，斯言！

天何以大？无私覆也；地何以大？无私载也；人何以大？修道而自然也。

自然，道之所法则，天道、地道、人道之所宗也。

自然而然，天地之本性，人道之至美也。人不因私而违人之性、天地万物之性，是谓有道。

人而无道，虽承天覆地载，犹草木禽兽焉。

人而有道，不自然，毋宁死。

鬼谷弟子中，不乏博闻强识之士，有人听到了鬼谷子这一番叹息，就完整地默记在心里了。猎罢归来，刻于竹简，加篇名为《不自然，毋宁死》，在同学间流传。此篇反映了鬼谷的人生哲学，比起后来世界那些循道、循情、循亲、循自由的种种思想来，这种循自然的思想，更符合天地自然之道，也更美。

而在当时，众多的鬼谷弟子就认识到，这是此次秋社狩猎大赛最大的收获。

当红霞满天之时，三路人马都载着沉甸甸的收获，拖着疲劳的身体，回到了八重天。

道数组的猎物计有：鹿五头，麝四头，豕、獐、狍各三头，狐、狸各七头，各种小猎物如兔、雉、鹌鹑、鹧鸪之类，每种都在一百只以上。

兵游组的猎物计有：虎一头，熊一头，鹿三头，豕、獐各四头，豹七头，其余各种小猎物数量各在十只左右。他们走得最远，目标是大型兽类。这些未来的武士、将军，武艺都不同凡响，他们年年都会猎得虎、豹，今年豹子多到七头，还获得一熊，真是难得的丰收了。熊和豹都能上树，是最难猎杀的动物，鬼谷子为此赞扬了他们的勇敢与智慧。

女庠组的姑娘们，人人都采到了百余斤野果，马都驮得很累了。各种果子中，以山葡萄为最多，这是要酿制葡萄美酒的。其余依次是：苌楚（猕猴桃）、山枣、核桃、柿子等。

山外的社火，年年都是以庚日，即第三日为高潮。因为这一天人们不仅能看到鬼谷弟子的剑器舞，而且可以买到鬼谷山里的宝货。遇上这个机会，有些远道而来的旅人，宁可在偏僻简陋的载鬼亭驿多住几日，也要领略一番这最后一天的交易。

今年鬼谷弟子献给社火的乐舞，不是剑器舞，而是《葛天氏之乐》。

在上古时代，伏羲神农之间，有一个葛天氏，他的乐舞很简朴："三人操牛尾，投足而歌八阕。"

这个《葛天氏之乐》，已经失传了，但是，八首乐曲的名称还是保留下来。鬼谷子在山中闲适自得，就为这八阕古歌重新写了歌词，并谱成曲子。莘姒唱给女庠的弟子们听，她们很快就学会了。乐曲的"板眼"明快，节奏感强，男弟子们也会投足扬手，随着音乐而歌舞。所以，莘姒决定，今年秋社就献此乐。

在先农祠的社火上，《葛天氏之乐》成为最受欢迎的压轴戏。男女混声而歌而舞，八阕是：

载民
大地母亲，
抚育万灵。
功兮，无极，
德兮，永恒！

玄鸟
燕子飞来兮，
天地苏新。
春日融融兮，

万物臻荣。

遂草木

呢喃一声兮，

草木齐萌。

万卉竞放兮，

怡我性情！

奋五谷

田野茫茫兮，

满目金黄。

五谷丰登兮，

家家满仓！

敬天常

天道皇皇兮，

日月恒光。

风调雨顺兮，

万寿无疆！

建帝功

皇皇后帝兮，

万民之长。

捍灾御患兮，

繁荣我邦！

依地德

我邦田地兮，

肥沃滋润多芬芳。

阡陌纵横兮，

五谷六畜多兴旺！

总禽兽之极
五谷六畜多兴旺，
天下一片喜洋洋。
男女老少齐歌唱，
互相祝福：
万寿无疆！

鬼谷子恢复起来的这一组《葛天氏之乐》，使人想起老聃先生关于小国寡民的社会理想，这实际上是不现实的，与天下纷乱的局面显然不一致。但是老百姓都愿意听，因为这表达了他们渴望安宁幸福的心境。

人们对鬼谷的乐舞感到满足，对鬼谷的山货更是钟情。

今年鬼谷送到先农祠集市的山货，更是多于往年。果品就有苌楚、枣、核桃、柿子之类，生皮有虎、豹、熊、鹿、麝、獐、狍、狐、狸、兔，以及各种飞禽、走兽的野味，其中珍品就有麝香、熊掌、熊胆、鹿茸、鹿唇、虎鞭、虎骨等十多种。这些东西，在那些有人烟的山区已经很难得到了，而且品质也不佳。鬼谷送来的这些物品，采自没有人烟的原始森林，品质都是上上乘，所以今年远近客商都心满意足，一抢而光。鬼谷弟子是满载而归。

鬼谷弟子游玩了几天，又开始了学业。

数日之后，鬼谷子整理《纳音》成章，所有学生都到讲经坛前来听课。这是新作，莘姒、少君、孟子也都来听讲。

十月天气，秋日融融，天高气爽，人们的思绪也十分清晰，正好思考问题，接受学问。

鬼谷子先讲了他发明纳音的缘由：

“我们所知道的数术，源于上古圣人的仰观俯察。上知天文，下识地理，然后才可以预知阴阳变化、四时灾异、人事吉凶。我们优游于各地，那里没有观台、日晷，许多观察就不能进行了；我们到了南方，南方多雨，也不能观测星空。在这样的情况下，都难以获得预知未来的数术依据。你们想到了这个问题吗？”

鬼谷子让学生们议论一会儿。

有的提出：没有日晷，自己立一根八尺之竿为表，也可以做些观察。但是比起周公测景台的观测来，精度就差多了。而遇到了阴雨天，就毫无办法了。

鬼谷子继续讲：“天文历数方面的一些道理如行星的会合、太岁的运行、星象及分野，都很复杂，你们中只有一部分人能够完全掌握，灵活运用。不少人辨认起来都费力，用于预测就更难。为了简化这些问题，让大家根据历数就可以做出推断，我就发明了纳音。”

“妙哉！”

“妙哉！”

所有人都欢呼起来，然后静静地聆听鬼谷子讲授纳音。

鬼谷子说：

先来复习一下。从前，黄帝为了创造《调历》，曾让大挠作甲子，整理前人的历数，用十个天干：甲乙丙丁戊己庚辛壬癸，以表示十个数，配地上的五行；用十二个地支：子丑寅卯辰巳午未申酉戌亥，以表示十二个时辰，配天上的十二辰。把天干、地支组合起来，就得到了六十甲子。这些数目，你们都熟练了吗？

鬼谷子讲到这里，提了一个问题：“十干配五行，是怎么匹配的？”

有位学生回答：“甲乙属木，丙丁属火，戊己属土，庚辛属金，壬癸属水。”

学生对六十甲子的有关知识，都已经运用自如，于是鬼谷子便引入音律问题：

黄帝又令伶伦，到昆仑山之阴，取那厚薄均匀、没有竹沟的竹管，作为律管。伶伦用长短不等的十二根律管，来确定十二律吕。其中单数为阳为律，双数为阴为吕。阳律为：1. 黄钟；3. 太簇；5. 姑洗；7. 蕤宾；9. 夷则；11. 无射。阴吕为：2. 大吕；4. 夹钟；6. 仲吕；8. 林钟；10. 南吕；12. 应钟。十二律吕，每一律的音都有五阶，由低到高是：

宫、商、角、徵、羽。把十二律吕、五音组合起来，就得到了六十音律。

自古有以音律定气候之说，风雨晴霁，天地阴阳，人间祸福，庶事吉凶，皆可以以音律知之。虽则，黄帝令大挠作甲子，伶伦造律吕，全都是为了造《调历》，而容成综合诸术，却没有把音律与甲子配合运用。有鉴于此，我乃把六十音律纳入六十甲子之中，其数正合，称成“纳音”。

这样，六十音律皆有干支，皆有纳音，而五行也皆可得音。

五行之中，金、木、水有自然之音。火本无音，水激则响；土无音，陶埙则鸣，可以入音。

由《纳音图》可知：木、火之音在阳律，木为宫商，火为角徵；金、水之音在阴吕，金为商角，水为徵羽。唯有土之音跨在律吕之间，为羽宫。

《纳音》综合了甲子、律吕、阴阳、五行、数术的有关知识，排列起来颇为复杂，道理又比较深奥，讲着讲着，有的学生就听得不甚了了。

鬼谷子说：“不明白也不要紧，我做有一表，你们回去慢慢参悟。记住结论，就可以运用了。遇到不能仰观、俯察的情况，你们只须根据年、月、日、时的干支，就可以推断纳音所属；再根据琴弦缓急、环境阴阳，就可以进行风雨、年景和吉凶的预测了。”

纳音之课，鬼谷子讲了一整天。

这年冬天，鬼谷下了好几场大雪。据说山外先农祠冻死了人，而鬼谷的先师和弟子们，却在冬至后的日子里举行过多次围猎，日子过得热火朝天，对学问也大有增进。

春天又有一批弟子学成出山。

山里事情少了，鬼谷子的踪影又要神秘地出现在各地了。

首先，在晋国新绛街头，人们看到了鬼谷子。那是王诩，一开春就被亥唐接到新绛去的。鬼谷少君也酝酿出游，姬孟子支持他早些动身。王诩要过些日子才能回来，山里的事就暂时由莘姒婆媳来照料。

不久，在越国诸暨又有人见到了鬼谷子。

原来这是鬼谷少君。人们并不明白其中的奥秘，都以为还是原先那个人。他的雪青马行走如飞，但在到达诸暨之前是换了装的，不穿白衣白袍，所以一路上都没有引起人们的注意。他到诸暨时，正赶上越国君臣迎接范蠡、计然从姑苏归来，街谈巷议，士庶人等都在赞美计然向越王勾践献了七策。

少君想：计然、范蠡现在都能施展其才能，有了用武之地，又在得意之时，足以令父亲宽慰，又何必画蛇添足去见他们呢。于是，悄然离开了诸暨。

鬼谷子到达郢邑太白山鬼谷山庄时，立即换上了白袍白马的原装。

这里的人突然见到他，以为是鬼谷子从天而降。

鬼谷山庄依然如当年那样繁盛，现任的道长是郢云先生的弟子陈昱，其弟陈因还率弟子十余人在这里习武，以便保卫乡土。当鬼谷子在山门出现时，修道的、习武的，在院子里跪了一大片。

“恭迎鬼谷先生降临！”

“恭迎鬼谷先生光临！”

“鬼谷先生，没想到今生还能见到你呀！”几位老态龙钟的道人这样说着，一个个兴奋得老泪纵横。

“请诸位都起来吧！”鬼谷子下马，一边扶起老人，一边对年轻人说话，“快起来吧！鬼谷修道，不讲过多的礼数。”

陈昱、陈因兄弟陪着鬼谷子进屋，许多人就围在门口。人们纷纷要求，请鬼谷先生为大家传道、讲学。陈氏兄弟正式向鬼谷子表达了众人的请求。

鬼谷子说：“承蒙厚爱，我愿意向朋友们谈一点有用的新学问。”

得到了鬼谷子的承诺，人们才散去。

老人们议论：“鬼谷先生，真仙人也，看起来比当年还年轻了！”

山庄设盛宴款待了鬼谷子，陈氏兄弟又陪伴鬼谷子重游故迹。在洗砚池前，鬼谷子静默良久。

陈昱指着左侧的一道山岭说：“鬼谷先生，翻过岭去，就是当年令尹大人用黄金百镒为先生修建的鬼谷祠，先生不去看一看吗？”

“当然，应该去看一看那里的人们。”鬼谷子说着，望着那道小岭，又问道，“陈昱先生，那位令尹大人一家，现在可好？”

“令尹大人后来调任会稽，在越王被困那次战争中殉国了。令尹夫人也已去世。他们有一个儿子，现在在范蠡将军麾下任职。”

“也是忠烈一家呀，应了‘越人厽砢兮，英烈多’那句歌谣了。”

“鬼谷先生也知道《越人土风歌》呀！”

“那是在越王允常的宴会上听到的。”

岭子不大，他们说着话，不一会儿就到了岭上。即见那山坳里，万绿丛中有四阿重屋五间，绕以廊庑，构成一院。这所道院，就是鬼谷祠。里面有十余人，在修道和做学问。他们是鬼谷生祠的供奉者，见鬼谷子真身出现于岭上，便都到院子里跪地膜拜。

鬼谷祠道长前来迎鬼谷子、陈昱、成因等人入祠。

鬼谷子在众人陪伴下，环祠里缓步一周。这间鬼谷祠的规模，可以与山外的少康庙相比了。那夏后帝少康，是越王的祖先呀。鬼谷子走着，思绪万端，沉吟良久，乃叹道：

“有愧呀！今我鬼谷子，何德何能，受到世人如此景仰！”

“先生之德，高山仰止，景行行止，何出此言呀！”

“鬼谷先生，你当年治病救人的榜样，你留下的教诲，至今仍滋养着子孙后代的灵魂。这里的老年人没有忘记你说的话，‘人生于世，勿以小善而不为，勿以小恶而宥之’，而年轻人也都能身体力行。”

鬼谷子听到这些话，感到悟道之路又进了一程。

鬼谷祠里修道的人们，平日里对鬼谷子只是香火供奉，今天能以佳肴款待鬼谷子，感到真是大幸，也使鬼谷祠名副其实了。他们也要求鬼谷子为他们传道、讲学。

陈昱说：“山庄和祠堂，仅隔一岭，何必劳鬼谷先生多费精力呢，大家一起来听先生讲学岂不更好？”

“陈昱先生高见，”鬼谷祠道长说，“鬼谷先生讲学时，我们要来叨扰贵庄了。”

鬼谷祠的风光，比鬼谷山庄还美。鬼谷子在这里流连忘返。天色向晚，他才由陈氏兄弟陪着返回山庄，准备明日讲学。

时已初夏，山里气候虽然较山外清凉，但人也不宜在阳光下久坐。鬼谷山庄和鬼谷祠的人都进了大堂，等待着鬼谷子来讲学。大堂的所有户、牖，全部洞开，以便习习山风能够穿透，这样来使讲堂更舒适。

鬼谷子告诉大家，今日要讲的是鬼谷的新学问《纳音》。

在讲正题之前，鬼谷子先说：

鬼谷之学，讲究的是道法自然。

天枢运行，春生夏长，秋收冬藏，天地之正道，自然之理也，不可干而逆之。干之，虽功而不美，虽成而必败；逆之，灾祸立至也。

故尔，人亦有天枢，生、养、成、藏，其理如天，亦不可干而逆之。干之，事成而不如不成；逆之，虽存而必亡。

是故，持枢之道，为人生之要。

这里讲的是《鬼谷子》关于《持枢》的根本原理。枢是机枢，是开关的轴，是成败的关键。这是把握成败关键的原理。

鬼谷子说，为了持枢，就需要预测自然和人事的环境及变化。为了预测，就必须仰观天文、俯察地理、中揆人事。

接着，就引入正题，开始讲纳音及其运用。

在这里修道、做学问的人，虽说也读过一些书，但比起到鬼谷求学的那些人来，学识就相差得太远了。所以，对于纳音之学，大多数人都听了个稀里糊涂。

鬼谷子何许人，他面对的人有了什么情况，即使是不大的心理变化，他也能很快发现。当他见到这些人听不懂纳音时，立即转了话题：

诸位可曾听说，鬼谷弟子计然曾向越王谈及：太岁在少昊金天的三年，是丰收年；在玄冥水天的三年，是容易发生水灾的三年；在太昊木天的三年，是康平的三年；在祝融火天的三年，是容易发生旱灾的三年。

这里有个问题：你们在山中，这里多阴雨，怎么观察太岁在何处呢？即使在晴天，你们没有璇玑玉衡，又怎么观测得准确呢？

他现在说的，听讲的人都懂了，于是，大家又议论纷纷。

“我们没有计然国师那样的本领。”有些人，自暴自弃，不敢做预测的奢望。

“我们用老百姓的办法，看喜鹊在树上做窝的高低，来预测水旱。”

“哈哈，哈哈！”喜鹊做窝论一出，大家都禁不住笑起来。

人们活跃起来，鬼谷子继续讲学：“我把纳音编排的结果告诉大家，只要你们记住了：哪一年纳音属木，哪一年纳音属火，哪一年纳音属土，哪一年纳音属金，哪一年纳音属水，就能做年景预测了。”

鬼谷子讲纳音，人们只听了个结论，就感到满足了。

但是，陈昱兄弟感到还不过瘾。他们听出来了，鬼谷子没有把纳音的理论都讲完，所以在大家散去之后，便向鬼谷子单独请教。

当晚和第二天，鬼谷子向陈氏兄弟传授了《纳音》。陈因听得特别认真，也理解得最好，鬼谷子在这里又有了知音。

讲完了学问，陈昱兄弟就陪鬼谷子在山里游览，他们的话题也轻松起来。鬼谷子从闲谈中了解了越国的民情，以及人们对朝廷的态度、对官员的看法。

鬼谷子忽然觉得陈氏兄弟的名字很有意思，说道：“陈姓本为田姓。陈昱先生为人，是种田人‘立在日下’，锄禾之意也。”

“鬼谷先生要为我占一课呀。”

“不是，我是说令弟之名，本可以享有阳光，却没有用上那个字。”

“陈因请先生赐教。”

“你若改为陈音，则是种田人‘立在日上’，人比日高，便是寅时和申时了，日出而作、日落而息之意也！”

“哈哈，这个名字好，感谢鬼谷先生赐名！”从此，陈因就改作陈音。

“鬼谷先生的神思，真是细致入微，无所不达呢！父母给我们起名时，并没有想到这些；我们兄弟活了几十年，也没有看出这一点。”

陈音进一步要求：“鬼谷先生，你看我这样习武，能够尽到守土之责吗？”

“陈音，你的武艺高强，善于教授门徒，现在又掌握了纳音预测之术，仅为郢邑守土，真是割鸡用牛刀了。”

“鬼谷先生过奖了，我该如何做，还望指教。”

“鬼谷弟子范蠡正在为越国练兵，你何不去他那里效力？”

“先生，我又何尝不想？我和朋友南林、处子商量过，都想投到范将军麾下，但又怕人们说我们攀附。”

“那南林、处子的武艺如何？”

“他们的武艺，不在我兄弟二人之下。”

“现在正是你的祖邦需人之际，思虑过多，就不符合道法自然了。我写一竹简，你们拿去见范蠡如何？”

“感谢鬼谷先生推荐！”

于是，三人回到山庄，取来竹简和锥刀，鬼谷子在一片竹简上刻写：

郢邑陈音、南林、处子，武艺超群，兼善教习。

——诩

鬼谷子把这片竹简交给陈音：“你们放心地去吧，范蠡见了竹简，会欣喜万分的。”

陈音接过竹简，向鬼谷子跪拜，然后藏入袖中。

陈昱也非常感谢鬼谷子对自家兄弟的关心。他作为郢云先生的门生，可以说是老聃先生的再传弟子。但是，这里地僻东南，对中原的事知道得太少了。此时陈音决定要去范蠡麾下，他就非常想知道鬼谷的故事，特别是范蠡将军在鬼谷求学的经历。

鬼谷子说：“这也不是什么秘密，容我慢慢地对你们说吧——”

鬼谷子在郢云逗留数日，与陈氏兄弟谈了许多事，后来的行踪就不为人知了。

第二十四章　范蠡建功

公元前496年五月，吴王阖庐趁越国大丧，举兵伐越。

吴王阖庐亲率队伍打头阵。从首都姑苏乘巨舰越过五湖，到南岸登陆。接连打了几个胜仗，到了槜李。槜李在今浙江省嘉兴西南35公里的地方，吴王阖庐不敢继续孤军深入，于是布下阵势，准备与越军决战。

吴王阖庐在槜李布下的是八卦阵。

这是当年孙武亲自传授的，曾在吴、楚两国的战争中多次运用并取得了胜利。现在阖庐不用孙武了，但孙武的阵法吴国不少将领都已掌握。阖庐认为，此阵连楚国的将领都不认识，破不了，越国一向没有这方面的军事人才，他们将更是无可奈何。他等着看年轻的越王勾践来到阵前碰壁。

越王勾践来到阵前，见吴军的阵势非常严整、威武，不知敌人摆的是什么阵，如何能破，只好暂时按下大军不动，组织小股的敢死队，轮番向敌阵发动进攻。同时，派人到战略预备队中，去把范蠡大夫请到阵前来。

吴王阖庐摆下此阵，是要等待后军全部到达，然后集中全力，一举灭越。此时他稳坐军阵之中，处于龙头的位置上，对于勾践的一举一动都了若指掌。见勾践组织敢死队来冲阵，就明白了，勾践惧怕此阵，不敢以大军来冒险，又没有别的办法来进攻，陷入了进退两难的境地。

吴王阖庐只怨后面的军队行动太慢，不然几天时间就可以把越国军队歼灭。

越王勾践派了三次敢死队去冲击吴阵，三次都被吴军捉去了首领，带去阵中，小队人马溃散回来。这样下去，将会涣散士气，不战自溃。勾践心急火燎，正在无计可施的时候，范蠡赶到阵前来了。

君臣二人骑马并辔，来到一座小山上观察敌情。

这时天气很好，天色尚早，范蠡、勾践驻马山头向北望去，只见吴军阵内，杀气腾腾，旗帜招展。整个阵势，是按照四正、四奇的部局，洞开着八个阵门。八门之内，皆有伏兵，形势十分凶险。

范蠡看得明白，那旗幡浓密之处，兵员稀少，恐为疑阵。如此说来，敌人的兵力尚不足以充实此阵。而那旗幡稀少之处，倒应多加小心。范蠡观阵，已经有了判断，但他还有些拿不准。

说起来，范蠡虽是熟读兵书，在鬼谷子那里也曾演练过武艺和战法，部署过阵法，但是，到底没有经历过实战。现在要面对吴国的强大军队，心里真有些不踏实。但一想到自己已经对敌人的阵势颇有了解，也就有了信心。

这时有飞马来报："启奏大王：五湖之上，发现大队敌舰运送兵员、粮草，两日之后将要登岸。"

越王勾践听了探报之言，不由得心惊胆战。

范蠡心里忽然一亮：原来吴王阖庐是在等待后续部队，那么自己对此阵的判断是准确无误了。

"臣启君王，末将已经有了破敌之策！"

"请将军告诉寡人。"

"君王，吴军的阵势，叫作八卦阵，我在鬼谷曾多次演练，此阵最适合于居守势的军队。进攻部队虽也可用，但太费兵力。吴国主动向我发起进攻，现在何以要采取守势，选用此阵，曾使末将不解其意。听了探报，才知道吴王阖庐是在等待后续部队。敌阵多处都是虚阵，只要冲开阵门，便有希望大获全胜。"

勾践听了范蠡一番分析，也就有了信心。

于是，君臣二人策马下山，召开军事会议。勾践请范将军讲述敌阵军情，作战斗部署，范蠡说：

此阵相传是黄帝的大臣风后所作，由太公吕尚所传。孙武的《兵法》献给了吴王阖庐，阖庐以为天下无人能识。其实，我师鬼谷先生为孙武之友，早已传授过此法。

此阵按九宫八卦布成阵势，分为天、地、风、云四正，龙、虎、蛇、鸟四奇。四正就是设在南、北、东、西的四门，称为天门、地门、风门、云门。四奇就是设在西南、东北、东南、西北的四门，称为龙门、虎门、蛇门、鸟门。八门各有猛将，设有伏兵，暗中隐藏杀机。

中央是龙头所在，吴王阖庐就坐镇在那里。敌阵与我军正对的三门，正中是天门，是重兵所在之地，此乃实阵，突破此门，就可直驱吴王阖庐帐前。两侧分别是蛇门、鸟门，也是重兵把守之地，也是实阵，突破此两门就可斩断它的蛇头、蛇尾，使它不能展开为长蛇之阵，不能首尾相顾，失去进攻能力。

其余五门，吴王阖庐的兵力不足以充实其阵，因此多为虚张声势。根据这些情况，我军可以选择适当的进攻战术。

众将开始议论进攻的战术，提出了各种各样的打法。

范蠡听了各种意见之后，对越王勾践和众将说："按常规战法，应该避实就虚，攻打敌军的兵力薄弱之处。但是，面对此阵，我军若不攻打正面，而绕到后面去进攻，则在接触之前先要走许多路，而敌人却是以逸待劳，在力气上占了上风。而且，敌军实力未受打击，首尾相顾，可以对我施行夹击，正好发挥了八卦阵的长处。"

有位将领说："正面攻打，岂不是一开战就进入决战？"

灵姑浮大夫说："这样打痛快，我愿打头阵。"

范蠡说："已经攻打多日，现在能进入决战，正是好事。决战越早越好。若等敌人后续部队到达才开始决战，那就晚了。"

当时就议定：集中力量攻打敌阵兵力最重的天门、蛇门、鸟门，置其他各方于不顾。攻打三门的部署，是集重兵于天门。需要一员猛将，他要敢于孤军奋进，不管蛇、鸟二门进展如何，都能直插敌阵中心，打乱吴王阖庐的指挥系统。越王勾践确定：灵姑浮将军为中路前锋，当此重任。

为了撼动敌阵，越军先以死士三百人，分三批自刎于阵前。

第一批死士百人在敌军阵前自刎倒地时，吴军将士尚能无动于衷，敌人的阵势并不动摇。接着第二批死士百人又倒下了，吴军将士感到惊奇，不知越军在搞什么名堂，有的人好奇，有的人想：越国的剑非常宝贵，就丢弃在眼前，却不敢去取。当第三批死士倒下时，眼前血流成河，吴军将士再也忍不住了，有的出来观看，有的掉头不忍看，有的弯腰去捡死士们留下的宝剑。吴军阵前军心乱了，人也散乱了。

刹那间，越军阵中金鼓齐鸣。马、步三军一齐出动，奋力拼杀。吴王阖庐的八卦阵，正中的天门首先被灵姑浮冲开了。

吴王阖庐见中门被冲开，急令两侧蛇门、鸟门的伏兵出来相救。但是，两侧门也受到严重攻击，无暇自顾，哪能援救别处。不久这蛇、鸟二门也全被冲开了。

这时，吴王阖庐发现，阵势已经不能变换，首尾已经不能相顾，而全阵的其他部分都是虚阵，什么作用也起不了，对奋勇冲击的越军来说，如入无人之境。

吴王阖庐若有所悟："从越军战法来看，他们显然识破了此阵的秘密，掌握了我军后续部队尚未到达的情况，又善于攻打此阵。"

越军何时有了这样的高人呢？阖庐捶胸大呼道："这是老天爷要伤我吴军呀！"

吴王阖庐心不甘。楚国的郢都也曾攻下，今天岂能在乳臭未干的越王勾践面前败下阵来。他要不顾一切地亲自冲杀，激励将士再战十个回合，以便挽回败局。吴王阖庐的这种心理，正是范蠡的战术所需要的。

范蠡希望在冲开敌阵之后，趁敌人阵势混乱而不能胜、敌将恋战而不愿败的状态，多消灭敌人的力量。

灵姑浮看见前面二员吴将拥着吴王阖庐，且退且战，急忙策马猛追过去，挥动长戈，用力砍去。结果没有击中阖庐身躯，只是砍伤了脚大拇指，并把吴王阖庐的一只麻鞋钩了过来。吴王阖庐因足伤而落马。吴国太子夫差救起父王，火速退走。几员吴将赶来围战灵姑浮，才保住了阖庐。

这场恶战，从早晨一直打到天黑，吴军的八卦阵完全被摧毁。

吴军继续撤退，退到离开檇李大约七里的一个名叫陉的小地方，阖庐自知天命已绝，便叫人快把太子夫差叫来。他心里窝火，觉得这场战争败得很冤。急火攻心，要了他的命。他还想逐鹿中原呢，没想到竟在这小小的越国丧了性命。今生没能消灭越国，死后也要让儿子灭了越国。

槜李之役以吴国失败、名震中原的吴王阖庐丧命而告终。这是范蠡初试锋芒，也是鬼谷兵庠弟子中第一个获得重大战功者。

这场战役震动了天下。鬼谷弟子有在吴、越旅行者，立即回山向鬼谷子报告此事，鬼谷子说："知道了，少伯可为鬼谷军庠楷模。吴、越两国的长期较量，从此开始了。少伯的功勋将更大，但不是很快就能建立起来的。"

鬼谷子的话，不久有同窗传到了范蠡耳中。范蠡朝着西北方长揖，遥谢恩师。

鲁国的孔子得知，在写《春秋》时也记上了一笔：

五月，于越败吴于槜李。吴子光卒。

按鲁国纪年，这事是定公十四年。孔子瞧不起蛮邦的吴国，他只称周天子为王，称中原各国的国君为公、侯，对小国之君称子，吴子光就是吴王阖庐，对其死也不称薨，而用了一个"卒"字，记事也只用了十来个字。不过，左丘明写《左传》，记载要详细一些。

晋国人士对槜李之役反应较大。人们议论：当年史墨的预言可能是对的，在今后逐鹿中原的争斗中，越国也将成为重要的筹码，是可以利用的了。

楚国朝野对越国的胜利十分高兴。令尹子西认为，今后楚、越两国联盟，就能更好地抵御吴国。

住在郢邑城外的庄生，得到越国打了胜仗的消息，就明白了：这必定与范蠡有关。他对老母亲说："范蠡和文种到了越国之后，立了大功，他们在新越王的朝廷里，已经得到了施展才能的机遇。"

一些受过吴国欺压的小国，也为越国的胜利感到鼓舞，而对吴国的失败感到庆幸。

越国举国欢庆。灵姑浮将军一戈钩回的吴王阖庐的麻鞋，高悬于市曹供人们参观。越王勾践在人们心目中的威望，一下子上升到比他父王允常还高。但是，无论在朝廷还是在一般老百姓中，较为老成持重的人都明白，是新来的范蠡、文种两位大夫在战胜吴国中起了重要作用。

老百姓街谈巷议论英雄，拥护新君王，赞美范蠡、灵姑浮。不仅是在首都诸暨城里，还是剡溪之畔、苎萝村里，老人少年等也都在谈论越国的胜利。

西施、郑旦这些姑娘，正是在心中出现偶像的年龄。郑旦心里的英雄是灵姑浮，而西施心里的英雄则是范蠡，她们在争论一场之后，又用手指刮脸说："没羞！"

范蠡牢记恩师鬼谷子的训示："明于大道者，不以物喜，不以己悲。"越王的千金赏赐，他既珍惜保留，又不因此而乐以忘形。范蠡感到高兴的是：在鬼谷学到的兵法、韬略，第一次在实践中经历了考验，而且取得了胜利。范蠡认真地总结了槜李之战的经验教训，以用于今后再战。

新吴王夫差登位，发誓要在三年内消灭越国。而越国君王、朝廷众臣和全国百姓，还沉浸在胜利的喜悦之中，以为吴国并不可怕。

范蠡回味着鬼谷子捎来的话，深知吴、越两国的斗争是长久的，预感到了眼前巨大的危险，就对越王勾践献策说："君王，我们绝不可轻敌，当前最要紧的是尽力避免吴国的锋芒，增强与各国的交往，通过各种途径来取得同情，实现缓冲和延缓交战，这样来延长备战的时间。"

对于范蠡这个具有重大战略意义的策略，朝中和者甚寡，只有文种能理解他的主张。年轻的越王勾践，尚不懂得在各国开展外交活动的重要性，也不知道发挥范蠡的纵横捭阖之道。

范蠡按他的《水阵图》，加紧组织了一支可观的五湖舟师。

他仿照陵师阵法，设计了水八卦阵、水长蛇阵等舟师阵法，操练出了一支精干的习流。虽说这些水兵都是新招募来的渔民，战舰也是新造的，将校士卒都没有实战经验，但是训练工作做得好，演练起来有板有眼儿，看起来威风凛凛。越王勾践看了以后，认为有了这样的军队，一定能打大仗、胜仗。他只知道水阵难破，而不懂得舟师比起陵师来，更要注重天时、地利。

在范蠡看来，别说越国舟师还很稚嫩，就是陵师，虽有槜李的战绩，但比起吴国的军队来，也是很弱小的。槜李之役，从军事实力来说，并未伤及吴军的元气，在战略上绝不可以轻视吴军。

光阴荏苒，很快到了吴王阖庐战死于槜李后的第三个年头。离吴王夫差誓报父仇的期限越来越近了。

越王勾践沉不住气了，对范蠡说："范大夫，我们不能坐以待毙，必须先发制人，立即对吴用兵。"

范蠡说："君王，我军兵力远不如吴军，不可轻动。在出兵之前，先需联络好楚国，并尽量多地联络一些别的国家，使吴国难以集中强大兵力。微臣在鬼谷时，先生曾让我牢记孙子的一句话：'上兵伐谋，其次伐交，其次伐兵，其下攻城。'君王，谋而不远，邦交不修，不可以用兵！"

范蠡表示愿意亲自出使各国，越王勾践却认为不必要。他已经下令部署战事，范蠡感到再做劝谏也很难，但是为了挽救越国，他还是跪地不起，谏道：

> 君王，诸位大人，我以为现在不可用兵。据臣所知，兵器乃是凶器，打仗是不道德的行为，战争只是在不得已时才最后采取的一种手段。图谋做不道德的事情，喜欢用凶器，试身于不得已才采取的手段，是上天所不容的，做这样的事情对自己不利！

范蠡是遵从鬼谷子的教导，坚持道法自然，不做有违于人性、物性的事情。对于老子说的"天地不仁，以万物为刍狗；圣人不仁，以百姓为刍狗"（刍狗，是一种用于祭祀的稻草扎的人和动物，是没有生命和感情的东西），范蠡是深以为然的。范蠡认为，不能把老百姓当刍狗一样随意地驱上战场，去打那种有违人性、物性的战争，没有希望的战争。范蠡很赞同齐国军事家司马穰苴的"兼爱民"，即要爱敌我两国之民，也包括武装的民即士兵。范蠡认为，军事家的美德是孙武所说的"不战而屈人之兵"。

现在，吴国不用孙武，越国也不听范蠡。

有些大臣听了范蠡的一番话，对越国立即发兵有些彷徨了，这是勾践不愿意看到的，他站起来说："立即发兵，寡人之意已决！"

越国举兵伐吴的事，就这样决定了，越王勾践亲率舟师出征。

越军的目标是太湖中的夫椒，占领此山，可以威胁姑苏。陵师屯军于夫椒，可以随时出动；舟师在水面布成阵势，可以确保水陆大军联合行动。

越国舟师还没接近夫椒，天色忽然变得阴霾起来，强劲的北风骤然刮起，越军的舰队不但不能前进，还被吹得七零八落。没有经过风浪考验的越国习流水兵，一个个都晕头转向，苦不堪言。号令也不通达，根本无法布阵，一年多的演练功夫，现在都用不上了。

在夫椒山上坐镇指挥的吴王夫差，见北风刮起，对众将高声说："天助我也！众卿努力，活捉勾践！"

吴王夫差一声令下，比越国兵力强数倍的吴国舟师一齐出动，顺风快速挺进，在百里水面上，把越国舰队团团包围起来。吴国习流富于作战经验，不惧风浪，愈战愈猛，一艘艘战舰又对越国舰队进行穿插攻打，或击沉，或缴获，使越军战斗力迅速瓦解。

湖上的战斗整整进行了一天。到日落西山时，决战地点从湖中转到了陆上。吴军舟师兵员众多，在数十里湖岸登陆。战到天黑，不敢贸然前进，才扎下营寨，埋锅造饭。这时越军才得到了喘息的机会，越王勾践君臣方能休息。他们劳累了两天两夜，早已精疲力尽。

范蠡看到越国军队士气已难恢复。在吴军兵力数倍于我的情况下，要打几个胜仗已无可能，越国的灭亡实难避免。此时范蠡所能选择的道路，只有设法保住越王的性命和宗庙、社稷，以待时机，图谋东山再起。

军溃如水，一泻千里。越国君臣，包括足智多谋的文种大夫，都没有了主意。这时，大家都感到束手无策，唯愿倾听范蠡的意见。

范蠡对勾践说："于今之计，只能置之死地而后生。首先要请君王保重自己。臣等尽其可能，从全军精选甲士五千人，保护君王回都。我们尽最大的努力来组织军队，跟吴军周旋，鏖战。"

越王勾践带领五千甲士回会稽，在行进中发现吴王夫差亲率的大军也在南进。快马探得敌军人数，竟比自己多五六倍，不由得惊慌起来。他一面派人回去向范蠡报告，一面选择有利的地形准备应战。前面就是会稽山，勾践带领人马抢先登上山头，构筑鹿砦，准备炮石滚木，以备坚守。

夫差见勾践登上了会稽山，便指挥军队把此山团团围困起来。

这时勾践夫人领着一队由宫女组成的军队，带着羊、酒、财宝到前线劳军，敌人把美酒佳肴抢走不少，她们趁敌人狂呼胜利之际，冲破敌军的重围，向会稽山靠过来。勾践在山上，看见南边敌军的包围圈乱了阵脚，又见了自己的旗号，估计是夫人来了，立即派出一队人马去接应，把这队娘子军迎上山来。

很快就传来诸暨陷落的消息，这相当于宣告越国灭亡了。

越军士气再也难以提高，不堪再战了。为了生灵免遭涂炭，也为了给越国未来的新生保存实力和元气，范蠡让士兵藏好武器，分成小股散于民间，有的就遣散回家。范蠡与一些将领、大臣，率领一支精兵，冲破敌军包围，到会稽山上跟越王勾践会合，把大量的粮草、给养、武器也带到了山上。

会稽山头成了越国的缩影。

越王勾践和夫人把范蠡请到了他俩的住处。君臣相对无语，心情都十分沉痛。沉默良久，越王说："寡人当初不听将军之言，以至有今天，今后怎么办呢？"

"君王，保持祖宗的业绩靠天，扶助社稷的安危靠人，办好事情的财力靠地。现在只能以卑辞、厚礼向吴国求和。如不许，就只能卖身给他。能屈能伸，靠天靠地存人，而后以谋再生。"

越王勾践说："也只能这样办了。"

经过文种的努力，贿赂伯嚭，求和得以实现，条件是：越国的宗庙、社稷可以保存下来，但是越国称臣，每年向吴国上贡，越王勾践夫妇到姑苏服臣妾之役，范蠡到姑苏为人质。

正如当年鬼谷子所预言的，勾践经历着他祖宗所未经历过的大坎坷，在姑苏受尽屈辱。吴王夫差几次要杀他，伍子胥多次要灭掉越国，都因范蠡身怀鬼谷绝学，善于纵横捭阖而化险为夷。范蠡还用妙计，使吴王夫差放勾践夫妇回国。勾践感激涕零，与范蠡结为金兰兄弟。

越王勾践卧薪尝胆，范蠡为其谋划迁都会稽，以谋报仇雪耻。

范蠡在苎萝村访得西施，二人即以终身相许。

剡溪五日，他俩谈不完心里的话，说不完彼此的倾慕之情。西施为他弹唱一曲中原流行的民歌《郑风·子衿》，她的歌喉、琴声，使范蠡如痴如醉，琴曲已经终了，他还沉浸在她营造的那种甜美、清醇的意境里。

范蠡牵着西施的手，谈起他对吴王夫差做的选美的许诺，以及他自己筹划，要趁此选一名女子在夫差身边做谍报工作。谈话中，范蠡说了很多细节，讲了很多他在姑苏的故事。他要她能抵得上十万雄兵，他不知道她能不能懂得。

西施听懂了，完全明白了。这对她来说，好似晴天霹雳。几年前在她的少女心里，就是以他为偶像，老天爷突然把他送来时，她感到自己一下子成了天下最幸福的女子，现在却得知，他要她去做敌国君王的嫔妃，她感到就像当头挨了一闷棍！

“呜呜……”她感情上受不住了，伤心得痛哭起来。范蠡为她拭泪，她把头扭过去，哭得更厉害。

范蠡还是第一次见到女孩这样伤心痛哭，他拿她毫无办法。他心里也很苦，情绪也很乱。此时，范蠡也动摇了，第一次对自己筹划的事情产生怀疑，他想，要不要那样做呢？

“阿施，我也不知道怎样才好。要不，我就辞官归田，我俩永远相伴在一起？”

“你能那样，就太好了。”

“你知道这样做的后果吗？”

西施这时才想起：“后果会怎么样呢？我俩都称心如意，那不是很幸福吗？”她是一点就通。她又想到，越王不会同意的，文种大夫也会来劝阻，吴王会很生气。她把这些说给范蠡听。

“真是孩子之见，吴王夫差不会只是生气的。”

“他能把我俩怎样？”

“夫差不能把我俩怎样，我自有办法把我俩隐藏起来，让任何人也找不到我们。但是，夫差会兴兵向越国问罪，越国没有力量反抗，越国会灭亡，宗庙社稷会被毁灭，越国百姓会遭蹂躏。”

范蠡的话说得很慢，一句一句，西施都听明白了。越听，越觉得可怕，她已经不哭了，她抓住范蠡的手，几乎是绝望地说：“阿蠡，我怕！你不要抛弃我！”

范蠡也握紧她的小手，说：“阿施，我们永远都不互相背弃，你要相信我，我也相信你，我们会有一段时间只能长相思！”

西施愁眉苦脸，抽泣着说："何年何月才有个头啊？"

"阿施，你是负有一国君民重托，你是隐蔽的使臣，你更拥有你我二人的满怀深情。我俩在一段时间里，虽是身处异地，但头顶明月，婵娟可共，脚下江山，草木寄情。阿施，你明白吗？"

西施听了范蠡这一番话，心底的悲伤减轻了许多，说道："阿蠡呀，我把一生都交给你，我相信你，听你的。"

"阿施，我没看错，你是天下最好的姑娘，你天生就对乡亲父老有那么多的关切。我现在要求你的，是把这分爱心，扩大到全越国的百姓，也扩大到越国的君臣和越国的江山社稷。为此，你和我，都要做出牺牲。"

"阿蠡，我理解你的心！"

范蠡迎西施到会稽，准备入吴。勾践夫妇认西施为义妹。

西施入吴，范蠡随之再度入吴为人质。

范蠡意外发现，计然也在姑苏，还在暗中帮助西施入主西宫。他俩在离别多年后，终于又见面了。于是，他们经常密谈，西施也不时化装成男士出宫，三人共商对策，使范蠡得以回到越国，并带回计然为越国国师。

计然向越国献七策，政事方面由文种执行。范蠡负责军事，规避着吴国的监视，大量征召军队，训练陵师；大伐山林，制造战舰，训练习流。

范蠡在越国建立陵师和舟师，几乎是要从头做起。越国虽然不乏良工巧匠，但是数量不足。最大的困难还在于缺乏军事人才。

前些日子，范蠡曾听人说，有人在郢邑见到了鬼谷子。范蠡不由得喜出望外，他准备去寻找恩师，请求他帮助自己。他正要出发，就感到不妥了。恩师这次东南之行，显然是为了重游故地。范蠡知道鬼谷子的脾性，在外面没有特别要紧的事，是不会见弟子的。去郢邑必经会稽，他没有在会稽现身，这分明是要避开自己呀！所以，是找不到他的。

范蠡想："恩师，你只知道弟子现在可以施展才能了，哪里知道弟子孤立无援、无人可用呢！弟子多么想见到你呀！"

范蠡正在为难之际，阍者报告："将军府外有壮士数十人求见，为首的自报姓名，是郢邑陈音、南林、处子。"

范蠡吩咐："快请他们进来！"

三位壮士进入将军府正堂，向范蠡行跪拜之礼，范蠡请他们坐下叙话。三人称谢，各自在就近的锦垫上席地而坐。范蠡先问：

“三位壮士从何处来？”

陈音说：“我们从郢邑来。”

“郢邑？”范蠡眼前一亮，不由得移动席上锦垫，坐得离他们近些，“前些日子，听说鬼谷先生到过那里，你们可曾知道？”

“范将军，我们正是受到鬼谷先生指点，才懂得来将军麾下效命。”陈音说着，便从袖子里取出鬼谷子的竹简，呈与范蠡。

范蠡接过竹简来看，上面写着：

郢邑陈音、南林、处子，武艺超群，兼善教习。

——诩

范蠡看了竹简，禁不住两眼都湿润了，问道：“鬼谷先生，他现在在哪里？”

“他离开郢邑鬼谷山庄，就不知所往了。”

范蠡站起身来，走到门外，望着苍天遥拜，说道：“恩师啊，你为弟子雪中送炭呀！”

范蠡与三人长谈，得知陈音精通纳音，陈音之名也是鬼谷子所赐，感到自己仿佛增加了左膀右臂。三人成为三军的总教习，他们带来的几十位壮士，一个个都堪用为教习。

范蠡的建军工作，在武艺方面从此有了新的动力。经过数年的努力，他终于有能力向姑苏发动攻势了。

自范蠡送西施、郑旦姊妹六人入吴宫，不觉已经历了八年分离之苦。

这期间，西施离间吴国君臣，阻止夫差出兵浙江，致使伍子胥恨饮属镂剑，完成了范蠡对她的期待。范蠡与计然为越王勾践贡献七策，与子贡交游救鲁存越，致使夫差伐齐，会盟黄池，终于创造了出兵伐吴的机会。范蠡于公元前482年六月丙子，即六月十二日，领兵五万，向吴国发动进攻，不多时日，攻下姑苏，迎回西施。

勾践夫人说：“少伯贤弟，你一心想着国家和军队的事，顾不上自己的事了。你与义妹，牛郎织女，河汉相分，已经苦熬了八年。为嫂我若不玉成此事，便是无心之人了。今日攻下姑苏，是个最值得纪念的日子，我想，由我与你王兄做主，让你俩今夜就在王宫里结为夫妻，不知你俩意下如何？”

范蠡说：“少伯没有父母、亲人，君王兄嫂就是我的亲人，一切就请兄嫂做主了。”

西施说：“王兄是有命在天的君王，对于臣下来说，就是天；夫人自然就是地了。我俩拜了王兄和嫂夫人，既是拜了天地，也是拜了高堂，这就够了。”

西施的一番话，说得在场的几个大臣抚掌称妙，说：“好极了，合于古道。”有几位大臣附和，范蠡和西施便离席，双双对越王夫妇行了跪拜大礼。

越王起身，扶起范蠡和西施，说：“好了，礼成！从今天起，义妹就是范夫人了。”

于是，在座的人都举杯，祝贺范蠡、西施新婚。这一年，范蠡三十五岁，西施二十七岁，正当风华正茂之时。

东海霞日蔚，太湖风月霁。
龙阁迎勋帅，凤馆怡丽姬。
八年相思苦，一朝心愿遂。
功业千古颂，风流人何及？

范蠡和西施行了俭朴的婚姻大礼。夫妻二人枕边絮语，忆及八年之前，在剡溪之畔的五日欢聚，以身相许，往事历历，如在眼前。一想着这些年来的离乱、相思之苦，西施又流了许多眼泪。

弱小的越国，仅以数万之兵力，十余日的时间，就攻下了强大吴国的首都姑苏，已经使天下震惊，让各国诸侯都对越国刮目相看了。

天下第一英雄范蠡与天下第一美人西施终成眷属，使得胜利之君越王勾践也感到忌妒。

吴王夫差在黄池之会，从晋定公那里争得霸主地位，便挥师南下收复姑苏。越王勾践想屠城，焚毁姑苏而后撤退。

范蠡说：“姑苏百姓何罪，暴殄天物不祥，鬼神不佑，再者，将来灭吴之日，姑苏乃我越都。臣还计划用一座完整的姑苏，换取吴国一支舰队。”

越王勾践欣然采纳了范蠡的意见。

范蠡用计策，不战而屈人之兵，使吴王夫差恳切求和，答应以据守夫椒的吴国五湖舟师，换取一座完整的姑苏城。

范蠡到达夫椒时，一万多由吴军改编过来的习流齐声欢呼，迎接新统帅。

范蠡在夫椒做的第一件事情，是隆重安葬自刎的吴国五湖舟师统帅胥申大夫。

范蠡在新坟前对众将士说：

“吴国君臣中，我只敬佩两个人，一个是上将军孙武，一个是相国伍员。他们都已经死了，可惜的是，他们的才能在吴国不被重用，也没能为天下明君所用；更可悲的是他们的人生，忠耿而无好的报应。胥申大夫仰慕伍员的德行，而最终不能免却类似伍员的命运。他们三人若遇明主，怎能如此不幸！让我们永远都怀念他们吧！”

范蠡说的话，正是吴、越两国将士的心里话。新编到越军来的吴军将士们听了，深为能在这样的统帅麾下效命感到庆幸。

范蠡登上夫椒山之巅，心里感慨万端。十年前越王勾践不听自己的劝谏，举兵伐吴，把自己苦心经营起来的舟师派到这里鏖战，结果全军覆灭。今天，太湖之上，就几乎没有了吴国的战船。吴国即使花费大量金钱，也难以在一两年内再建一支五湖舟师。越军不战而获舰队一支，完全掌握了五湖的控制权。四个月前出征时，自己派遣出战的越军习流是二千人。现在，登上巨舰南行，浩浩荡荡带回的是一个庞大的舰队，共有舟师二万一千多人。

对于吴、越两国战和这样一件大事，《春秋左传》在哀公十三年（公元前482年）里，只记了五个字：“冬，吴及越平。”

孔子学派对于鬼谷弟子的功绩，有些视而不见。

好个“吴及越平”！越国这次伐吴，从夏六月出征，到冬十月归来，确实是把两国的关系扯平了。从此，越国不再向吴国称臣纳贡，每年省下的经费足以武装几万军队。虽然在军事上，越国还是不如吴国强大，但是不出几年就会旗鼓相当了。

鬼谷子得知此事，对弟子们说："少伯当年学业即胜于诸生，故有此功。然而，当年史墨预言越将灭吴之事，还需在十年之后才能实现。"

恩师之言，这回也传给了范蠡。范蠡感到，先生虽然相隔万里，但对于自己面临的重任，仍是了若指掌。自己一定要努力在十年之后，实现灭吴大计。

范蠡、西施凯旋于会稽，而此时他俩最得意之事，是他们将要有第一个儿子。

若干年后，范蠡以所练越国舟师与吴国舟师战于笠泽，全歼吴国邗沟舟师和扬子舟师，控制了吴国江南东部的长江口一带，使越国的实力赶上了吴国。

范蠡努力备战，筹划有年，佯攻楚国而暗自把重兵部署在吴国的西部边境，然后从东、南、西三面伐吴，围吴长达两年之久，以最少的牺牲再度攻下姑苏，一举消灭吴国。随即引兵北上，抚平吴国江北各郡县，把一个地域辽阔的吴国疆土交给越王勾践，并组织各国诸侯于徐州会盟。

公元前472年季春三月，越王勾践与晋出公、齐平公以及鲁、宋、卫等各国诸侯，会盟于徐州，共推越王勾践为盟主，安定四海，共尊周室。

会后越王勾践派相国文种为朝贡使，携带贡物前往洛邑，致贡于周天子。周元王接受了文种的朝拜，留下了贡物，派使臣册封越王勾践为伯，并赐予胙。越国开国几百年，爵位一直为子爵，从未受过周天子赏赐。今日被授为伯爵，越王勾践感到自己无愧于列祖列宗！而且，天子赐胙，非同小可。这胙，乃是祭祀天地、祖宗的祭肉。胙为天子所赐，就是说天子有命，越国可以报告上天，向天下宣布，越国享有现在的国土。也就是说，周天子承认了越国对吴国的灭亡、对其国土的占有及霸主的地位。

越王勾践成了霸主，不能与人共享安乐。在夫人和太子的催促下，才勉强兑现自己的许诺，即与范蠡分国而有，下了《分国诏书》：

越王诏曰，上将军范蠡功勋卓著，海内共鉴。孤特分封越国浙江以南国土予上将军治之。

范蠡谢绝越王勾践分国与他，写了《报越王书》，书中说：

臣蒙君王深恩，不可不报。臣尝面奏：主忧臣劳，主辱臣死。昔者主上辱于会稽，臣即当死，所不立死者，待报仇雪耻之日耳。今大事既成，特请诛之。君王不诛，且分之以国。越国者，祖宗之地，宗庙社稷所系，岂可裂之。臣若领之，实添新罪。为越国永久计，臣趁吉日，告别姑苏，畅游五湖，以遂生平之大乐也。将军府库黄金二万镒，馆娃宫中一应财物，皆由阿辛大夫妥为守护。臣有家臣僮仆百余人，今用十余，余皆充公。愿君王江山永固，百姓安宁。

范蠡不枉取一物，把自己的家奴也交给国家。他对越国，两袖清风而来，两袖清风而去。西施收拾珠宝财物，打点他俩平日用度不足千镒的黄金，运上范蠡所用的战舰，于当天下午离开姑苏。

范蠡就这样，在大功告成之后，在盛名之下，在朝野一片赞扬声中，领着西施和儿子，安全稳妥地隐没于烟波浩渺的太湖之中。

范蠡后来引舟北上，齐海置产，造福一方，齐人以其贤，拜为宰相。范蠡归还相印，散尽家产万金，离开齐国。父子在陶邑，智慧齐家，巧妙置产，家累万金，以微利造福黎庶，世称陶朱公。范蠡与西施，独善兼济，并获其功。

范蠡父子曾到鬼谷去看望恩师，恰逢鬼谷子外出，未能相见，使他万分遗憾。而鬼谷弟子，都以范蠡为楷模。

鬼谷子传奇

下部 玄微真人

谢世俊◎著

中国文史出版社

图书在版编目（CIP）数据

鬼谷子传奇 / 谢世俊著 . -- 北京 : 中国文史出版社 , 2014.12

ISBN 978-7-5034-5599-5

Ⅰ . ①鬼… Ⅱ . ①谢… Ⅲ . ①纵横家②鬼谷子—人物研究 Ⅳ . ① K825.2

中国版本图书馆 CIP 数据核字 (2014) 第 262241 号

责任编辑： 梁玉梅

出版发行： **中国文史出版社**
社　　址： 北京市海淀区西八里庄路 69 号院　**邮编：** 100142
电　　话： 010-81136606 81136602 81136603（发行部）
传　　真： 010-81136655
印　　装： 北京温林源印刷有限公司
经　　销： 全国新华书店
开　　本： 787 × 1092　1/16
印　　张： 37.5
字　　数： 531 千字
版　　次： 2015 年 1 月北京第 1 版
印　　次： 2022 年 3 月第 5 次印刷
定　　价： 69.80 元（上下册）

第二十五章　鬼谷子入秦

光阴荏苒，转瞬就是百年。从老聃的时代，经墨翟的时代，又到了尉缭、商鞅的时代，孙宾的时代，张仪的时代。

历史已经过了好几代人了，天下形势的变化，仍如鬼谷子所预料的那样。

当年先后称霸天下、挟天子以令诸侯的晋国，还有它的宿敌齐国，国君都已经改名换姓了：在齐国，是田氏代齐，不再是姜氏之国；在晋国，则是三家分晋，变出了韩、赵、魏三国。在东南，由于鬼谷弟子计然、范蠡辅佐越王勾践，越国这个楚国的附庸把强大的吴国也消灭了，并一度代晋、吴而成为天下霸主。诚如鬼谷子所预言，勾践因有重大过失而不能恢复大禹的业绩。鬼谷子最早的那些弟子，出仕于各国，成为风云人物，但他们大多也不过活到八九十岁，早于他们的老师去世了。看来，他们对于鬼谷子的摄身导引之术，并没有十分精通，鬼谷子的寿命要比他们长得多。

鬼谷的事业，也已经是几起几落了。

鬼谷老子王诩及夫人莘姒，不知所往。他们离开人世，大约也采取了太上老君李耳的方式，已经登仙了，留下了藐姑射之山心灵之石的铭文：

你见到鬼谷子的面容之日，

是你臻于练达颖悟而走向成功之时。

鬼谷先人的精神，实际上仍然留在其子孙的身上；他们的魂魄，也附在子孙身上了。祖孙成了一个人，世间没有人能将他们区别，也没有人想过要加以区别。

这样，不仅孙宾、张仪时代鬼谷子仍在授徒，就是到了东汉时代，蔡邕在他的《琴纂》里也说，他入清溪访问了鬼谷先生。

人世不知山中事，只当山中鬼谷子仍是二百多年前那个人。

他是神仙，因而他那鹤发童颜的容貌、健壮的筋骨，也就是长久不变的了。有时，他变得年轻力壮，或者少年翩翩，则被认为是神仙的幻化。鬼谷子自己也承认活了二百多年，免去了许多解释的麻烦，并使鬼谷子始终拥有那种龙腾之云，保持着神秘感。

他们需要这种自然而然形成的云，这种神秘感。

但此时的鬼谷子，只收少量的徒儿，鬼谷私庠已经不像当年那样学者如云了。鬼谷子对于弟子中的学而优者，劝其度归仙境；学而平者，则任其用之人世。天下扰攘，民生涂炭，若输送给各国一些贤明之人，也总算有补于世道。

当年秦国公子后子，恳切邀请鬼谷子到秦国讲学，鬼谷子夫妇也希望到秦国一游，但总也没有实现。后子在临终时，对儿子嬴裔说："秦国文化学术，应该赶上中原，所以你一定要请鬼谷子到雍都来讲学。"

嬴裔牢记着父亲的遗言，等待着机会请来鬼谷子。他几次出游中原，曾经拜访鬼谷，事不凑巧，鬼谷子都外出未归，而鬼谷子的出游又无定期，所以只得失望而回。

秦献公十六年（公元前369年）前后，秦国发生了许多怪事。

先是发生了日食，接着是瘟疫大流行，死了许多人，到了冬天，雍水之阳的桃树又开起花来，一连串的怪事像是没有个完。转过年，新建的陪都栎阳城又"雨金"，下起了陨星雨，从四月一直下到八月。雍都人心惶惶，又怕秦国发生内乱。

后子宫中的宾客终日聚集在嬴裔身边，议论如何应付可能发生的灾祸。

这群人中，为首的是贤人茅蒙，身边有他的弟子张师和苗苏。

秦国贤人茅蒙，字初成，咸阳人，博学多才，曾经拜蜀中一老者为师，学习过苌弘的学问，深通阴阳之道。二十多岁的年纪，就带了两个不到弱冠之年的学生。

茅蒙早就不想滞留在秦国了，尤其不想留在雍都。他也深知，中原世事纷乱，周朝气数已尽，所以产生了强烈的出世思想。

嬴裔见茅蒙半天不说话，便问："初成先生深谋远虑，必有良策赐教于我。"

"殿下，朝廷若不迁出雍都，将难成大事；殿下若不离开后子宫，恐怕也难免陷入是非之中。"

作为秦国王族的嬴裔，是属于改革变法派的，对于茅蒙的主张，他有同感，叹道："走，这也是一个办法。唉，要是能像鬼谷子那样料事如神就好了！"

这是嬴裔的老生常谈了，茅蒙知道，这也是他的一桩心事。每当有大事的时候，嬴裔就会想起父亲的遗言，想到还没有实现父亲把鬼谷子请到秦国来讲学的遗愿。这回茅蒙下了决心，想亲自去请鬼谷子，同时恳求鬼谷子引度自己出世。

"殿下，你如此想见鬼谷子，草野之臣有办法把他请到秦国来；我自己也想去鬼谷拜他为师呢！"

"先生有何良策，可以实现我们请鬼谷子入秦的夙愿呢？"

"殿下你就别问了，听说鬼谷是人间仙境，也许我就一去不复返了。"

"先生不归，叫我怎么办？"

"殿下，有事之时，我也帮不了你什么忙，只要鬼谷子来秦国讲学，启开君臣智慧，增进远见卓识，胜似我在宫中百倍。请殿下准备好鬼谷先生讲学的宫室吧，几年之内，我一定把他迎来。"

"建一所什么样的学宫呢？"

"鬼谷先生习惯居于山野，请殿下不要在宫中设坛，只要找一个风光旖旎之处，造个茅庐洞府就行了。"

"如此，请先生致意鬼谷先生，我会准备好一切，专候他来。"

张师、苗苏知道老师有出世之志，深怕他这一去就不回来了，一个想劝阻，一个想跟着他去。

“先生，去鬼谷路途遥远，何必单为此事走一趟呢？等殿下有事东行，顺路去请来鬼谷先生就是了。”

“先生要去，就让我陪你去吧。”

“张师，你不用来劝我；苗苏你也不用跟我去，你俩在家准备好学宫，等着鬼谷先生来讲学就是了。”

嬴裔不知道茅蒙有何妙法，能请来鬼谷子。

其实，茅蒙对鬼谷子早就有所了解，知道他愿意帮助人，也早有到秦国一游的心愿。嬴裔之所以请不来，是因为缘分未到，同时这位公子又不能在鬼谷久住等候。这回，自己决心到鬼谷去修道，长久住下去，就一定会有机缘请来鬼谷子。

茅蒙确信鬼谷子能度他为仙，是因为他曾经见过一位退役的老将军大梧。大梧曾经驻守秦国东关，任桃林之塞的守将。他退役之后，把妻子也接了来，在华山之畿结草为庐，颐养天年。茅蒙从他那里对鬼谷子有了初步的了解，只是还须更深地请教。

这次茅蒙东行，又重游华山。傍晚遇到风雨，到一家借宿，正好到了大梧将军家。柴门开处，迎接他的正是那位须发斑白的长者。

“老人家，可以在贵府借宿一夜吗？”

大梧见茅蒙年纪轻轻，却显得老成持重，一副仙风道骨模样，不由得想起自己年轻时在鬼谷的那些同窗。

“老人家，不认识我啦？”茅蒙见老人呆呆的，不知自己身上有何不妥，使老人生疑，正要解释，就听老人笑容可掬地说：“啊，原来是茅先生，你脸上多了些仙气呀！欢迎，欢迎，在老朽家里，住多少日子都行。”

“多谢老人家。”

大梧随即吩咐老伴和杏儿杀鸡，温酒，煮黄米粥。

茅蒙看出，这一家只有三口人。那杏儿虽是女仆，但老两口拿她当孙女看待。谈了一会儿，茅蒙深山遇故知，对大梧老人更加敬重，问起了他的家世。

“大梧将军，你俩怎么不和儿女们住在一起呢？”

"我只有一儿一女，儿子在军中，女儿已出嫁。我住在这里，是看上了华山这个好地方。只可惜我这一辈子福浅，不能登仙。"

这时候，杏儿端着热酒和一盘腊肉上来，置于几案上，说声"将军，鸡和粥还得等一会儿，请先用一点酒肉吧"，便又下厨了。

于是，两人开始饮酒。

"将军，你也想过修道成仙吗？"

"岂止想过，而且还在鬼谷学道数年。"

这个话题使茅蒙大感兴趣，又问了许多关于鬼谷的事情。直到鸡煨烂了，粥熬熟了，杏儿和老夫人也来侍座。

茅蒙急忙对大梧夫人长揖："多谢夫人，劳驾夫人了！"

"老婆子，杏儿，你们都来用餐吧。茅蒙先生不是外人，我们山野人家有鬼谷遗风，哪用那么多的礼数！"

一老一少二女入席，更增添了家庭气氛。酒过三巡之后，大梧的话就更多了。他回忆在鬼谷的日子，对鬼谷子夫妇充满崇敬，对在那里的生活无比怀念。

"将军，你为什么不在那里修道，而要离开呢？"

"我们两个犯下过失啦。她在鬼谷女庠，我在鬼谷兵庠……"

大梧讲起了他俩年轻时的孟浪故事，说得他的老夫人脸上红一阵白一阵，而茅蒙则感到，鬼谷子处理事情是那样细致入微，体贴入情。

茅蒙和大梧成了忘年之交。当晚，谈了很久才歇息。

大梧将军的茅舍，房间不多。正堂之东是老两口的卧室，之西是儿子或女儿来看望二老时住的房间，紧连着是杏儿的房间和厨房。茅蒙住在西边房间，夜里异常寂静，沙沙雨声听得分明，隔壁杏儿的鼾声都吵得他不能入梦。

后半夜雨停了，茅蒙躺在床上，隔窗望着华山树影，还有半窗的星光，心事浩渺，思绪万端。星空是那样的深邃，华山是那样的令人景仰，而人生则是那样乖谬。茅蒙寻找着自己在天地之间的位置，离道有多远，何处是道境呢？大梧将军夫妇刚要进入道之门庭，就因不能自制而离开了鬼谷，望道而不能行，功亏一篑。他俩还算幸运，是知道者，杏儿她知道吗？世间有多少不知道的人呢？

山中鸡鸣前，茅蒙进入了黑甜乡——

天空飘来一阵阵仙乐，香风习习，祥云缭绕，数名仙女拥着一位云髻高耸的仙姑，翩翩降临。这位仙班领袖，看上去是个年方二八的佳人，眉宇间春光无限。凡间女子，用尽吃奶的力气来打扮，也是望尘莫及。

“骊山老母，下面躺着的那个凡人，就是茅蒙。”

一位仙女莺啼燕语的声音使茅蒙醒悟，他看那位女主，青春焕发，何称老母？必定是仙姑降临，于是急忙起身，掸一掸身上的尘土，跪地迎接。

“茅蒙拜见老母！”

“好啦，平身叙话吧。你就是茅蒙？是何方人氏呢？”

“弟子茅蒙，字初成，秦国咸阳人，渴望修道成仙。”

“你为何要修道呢？”

“志士有言，朝闻道，夕死可矣！弟子对于道的追求矢志不移，请老母体察。”

“什么朝闻道，夕死可矣！你这乃是凡俗之志。明于大道者，生死早已置之度外。苟能得道，列于仙班，逍遥游于宇宙之间，并无死生之别，何来可否之说！”

“老母所言，是我大愿，望能超度弟子实现。”

“我正是听说你诚心修道，才来见你的。我很少接引凡间男子为仙，鬼谷子要想度人为仙，而至今未得一人，是以，我特意请他来接引你。”

骊山老母说罢，转身向天空召唤：“鬼谷子，你快来，我为你觅得一位好弟子！”

鬼谷子着白袍，骑雪青马，自云端飘然而至。

“骊仙，你说的是谁呀？”

“他叫茅蒙，是秦国贤人。”

“他若存心修道，让他到鬼谷来！”

鬼谷子说罢，拨转云头离去。茅蒙正对着他叩头，还没能看清他的脸，也没来得及叫他一声“师父”，感到非常遗憾。

“老母，你也不帮助我留住师父！”

“你未脱凡胎，所以性急。鬼谷子已经答应你了，你到鬼谷去就是了！”

骊山老母说罢，也飘然离去，留下一阵香气，竟然是凡间的芝桂之香。

茅蒙醒来，才知道那芝桂之香是从杏儿身上散发出来的。她正在为他打开窗户。

“茅先生醒来了，请盥洗之后就去用早餐吧。昨儿个夜雨，窗户紧闭，屋里污浊，我为先生换换气。”

餐席上，茅蒙对大梧将军和夫人讲了昨夜之梦。

“好梦，好梦呀！恩师会收你这个学生，不成问题，以你的聪颖贤明，去鬼谷学道，比老夫当年强多了。”

“将军，我闻道之后，还要到华山来修道。”

“好呀，我等着你回来。”

“我还负有嬴裔殿下的使命，要请鬼谷先生到秦国来讲学。”

“秦国是很需要他，到了恩师入秦之时，请你一定要接恩师到舍下一叙。”

“那是自然，我只是担心鬼谷先生不愿入秦。”

“恩师是喜欢旅行的，此事能成功。”

早餐之后，山中阳光和煦。茅蒙告别大梧将军夫妇，离开华山，踏上去鬼谷的旅程。过了桃林之塞，崤山，函关，函谷，就离鬼谷不远了。

茅蒙只身一人来到载鬼亭驿，亭长告诉他：由此前去不远，即是清溪，沿着清溪入山，就是鬼谷了。茅蒙高兴，略饮数盏甜酒，就辞别亭长进山。

山口早有二道童在那里等候，引他进山，说要穿过九重大地，才到鬼谷先生的洞府。

“多谢二位师弟，你们何以知道茅某今日到来？”

“我俩怎能知道？是先生说，骊山老母向他推荐一个学生，想必今日能到，要我们来接。”

茅蒙不由得一惊：鬼谷先生真是神仙了！我在千里之外华山一梦，他也能洞察。茅蒙一路观看鬼谷山景，这里真是神仙之地。

来到八重天，当年鬼谷私庠的规模依然可见，只是学生少了，有不少茅舍空余下来。道童让茅蒙选择一间居住，自炊自食，过几天再来引他去见先生。茅蒙从大梧那里已经知道鬼谷私庠的一些规矩，所以对这里一切生活之事都有所准备，又见一些学友前来帮忙，便想早些去见鬼谷子。

“二位师弟，我明日就去拜见先生，可以吗？”

“你觉得能够开始学业了，就去吧。”

第二天茅蒙就去拜见鬼谷子。他见几案后面坐着的老人，服装、体魄都与自己在华山梦中所见一样，当时没看清他的脸，现在可看得清清楚楚了。他哪像一百多岁的人，鹤发童颜，看起来顶多六七十岁的样子。

茅蒙虔敬地跪在地上，叩头之后说道：“弟子茅初成，拜见恩师了！弟子终于得见恩师，遂我大愿也！”说着，热泪滚滚。

“初成，你是我第一个梦中见过的学生，我自然寄希望于你。你平静下来，有话慢慢讲吧，坐近我身边来。”

鬼谷子这句“第一个梦中见过的学生”，后来被误传为“第一个学生”，于是茅蒙被描写成鬼谷的开山大弟子，这叫差之毫厘、失之千里了。

茅蒙只是第一个受到鬼谷子接引而最后成仙的人。所谓成仙，也就是像老子那样，秘密无闻地离开人世，而后留下一些传说故事在人间。

茅蒙坐定之后，师生之间的第一次谈话就开始了。

“你远道从古雍州来，想要学什么呢？”

“弟子想要学道、悟道，修道成仙。”

“鬼谷之学，分为道、数、兵、游四门，其中道是最难的。你为什么要修道成仙呢？”

“弟子感到周室衰微，天下失道，所以学道、重道；又感到人事扰攘，人生短暂，所以要请先生引度我为仙。”

“修道要耐人生最大之寂寞，成仙要历世间之大苦大难，你能坚持百年而成正道吗？”

“弟子所愿，虽百劫而不回。”

“看来你既有仙缘，又有决心，那么你就先在鬼谷苦读，而后再找个地方修炼吧。”

鬼谷学道之事安排妥当之后，茅蒙便想，秦国邀请先生讲学、华山之畿遇见大梧将军之事，也应先向老师禀报才好。

“先生，弟子还有些事要报告。”

“有什么事，你全都说出来。”

“弟子此次东来，还负有嬴裔殿下的使命。”

“茅蒙，你说的嬴裔殿下，应当是后子公子的后代了，他是遵从后子遗命，要让我到秦国去讲学吧？”

茅蒙听鬼谷子这样说，很是吃惊，他真是洞察一切呀，难怪秦国王室诸公子乃至秦献公都希望鬼谷子能去秦国。鬼谷子看到茅蒙那种惊奇的神色，只是微微笑了笑。

“先生真是事事洞明呀！嬴裔殿下已经在雍都附近，寻找山明水净之处，为先生建学造宫呢。”

“是我欠下了后子父子一段情呀！我帮助过天下许多人，从天子、霸君到奴隶，我都为他们做过事。就是愧对后子和他的儿子嬴裔。我答应过他们，去秦国讲学，而至今没能去。这回我是一定要去了。”

“那么，先生入秦，也可顺路去看一看大梧将军了。”

“大梧将军？”鬼谷子已经忘记他是谁了，对于秦国的军人，他不曾有过交往。

“他是鬼谷弟子，他说曾犯过失，先生不弃，还为他俩主婚。”茅蒙讲了他会见大梧夫妇的故事。

鬼谷子想起来了，说道：“知道了。他是卫国人，怎么到秦国去当了将军？这倒有趣，有机会我去看他们。”

茅蒙的话讲完了，鬼谷子先授予他《道德经》，让他每日诵读。又教他各种长寿之道、采石炼丹之法。茅蒙以学道为主，兼学其余课程，与鬼谷诸生无异。

茅蒙在鬼谷，不知度过了几个春秋，鬼谷子召他到九重天洞府，对他说：“你在鬼谷的学业已成，应该找一座适宜的仙山去修炼了。”

“先生，我的功课还差得远呢，天文、历数，都还不够精通。”

“该学的都学过了，你到了山中，有的是时间领悟。我也该到秦国去走一趟了。你准备到哪里去修道呢？”

“弟子早已选定了华山。先生入秦，要经过那里，大梧夫妇也住在华山之下，想要见先生一面呢。”

“那好，我们就同行吧。”

于是，师生两人准备入秦。茅蒙要为鬼谷子备车，一百多岁的老人做千里之行，应备蒲车。但是鬼谷子坚持要骑马：“李老君一生，从未离开过他的青牛；我出外旅行，也不会离开我的雪青马。”

茅蒙没有办法，只得同意陪着鬼谷子，缓缓而行。

说走就走，上路之后，鬼谷子却策马飞奔。那雪青马也真是一匹神马，茅蒙的马也追不上。但鬼谷子也不过于逞强，一路关山，风光旖旎，岂可有违于人性物性，而不去尽情地欣赏呢？回想当年陪伴老子两渡流沙，百年之后故地重游，又增许多感慨。

鬼谷子触景生情，缅怀往事，每当提起李老君之事，茅蒙就更希望得道成仙。

鬼谷子入秦的消息传得很快，师生两人到达桃林之塞时，许多百姓都聚集在道路两旁观看。守塞的军队摆开队伍欢迎，一位年轻将军挽着一对老年夫妇，出关来迎接。人们认得，那三人就是现任守将和退役的老守将大梧夫妇。

人们遥望潼关之东，远远地出现两乘人马，知道那白袍白马的是仙人鬼谷子，皂袍青马的是茅蒙。

鬼谷子来到迎接他的军队前面，下了马。茅蒙也下马，陪伴在他身边。大梧夫妇见了鬼谷子，就跪在他跟前叩头。

“恩师啊，没想到这一辈子还能见到你呀！”

“恩师啊，没想到你这样仙健！师娘她也好吗？”

“快起来吧，你师娘也很好，这回她没同我来。”

鬼谷子扶起大梧夫妇，见他俩老泪纵横，自己也湿了眼圈。回头来与年轻守将见礼。年轻将军甲胄在身，不能双膝跪拜叩头，只是屈膝跪一跪，行了个军礼。

“鬼谷先生，末将有礼了！”

“将军守塞辛苦，快快请起，多谢将军来迎！”

“鬼谷先生，大王和嬴裔殿下有旨，让末将款待先生，派兵送先生安抵雍都。请先生在塞中小住数日吧。”

“感谢君主和嬴裔殿下，就在塞上叨扰一天吧。”

秦国军人的待遇比中原各国优厚，士卒精神焕发，秩序井然。他们见到鬼谷子，都觉得幸运，以为沾了仙气，就能在战场上多获几颗敌人的头颅，多升几级爵位。各人怀着心愿，只是在心中默祷。

军人的队伍后面，道路两旁都是百姓。男女老少，士农工商，各有所思所愿，有的人就大声呼喊出来。

“仙人，保佑我们一方风调雨顺！”

“仙人，保佑我丈夫在军中平安！”

“仙人，保佑我老母安康！”

人们目送鬼谷子他们进入塞中，才慢慢散去。

大梧夫妇和鬼谷子相聚，回顾当年师生情谊，感到无比亲切。当年鬼谷子赐婚，为他俩主婚，他俩是那样年轻，鬼谷子当时已是老年；而现在，大梧夫妇已经很苍老了，鬼谷子却显得比他俩还要年轻得多。

“恩师呀，驻颜之术，弟子学得太少了。”

“这只是一个方面，你俩出世在外，经历许多风霜，而我在鬼谷，怡悦以至不知岁月的消逝，这就很不同了。”

“是啊，我俩福浅，不能修道延年。”

“你俩已是二度童年，若能从此清心修炼，到三度童年时，便是人间无人能比了。”

鬼谷子记起，这大梧是从卫国到鬼谷的，最终怎么成为秦国桃林之塞的守将，自己还不清楚，于是问道：“大梧，我记得你是卫国人，怎么不在卫国任职呢？”

“承蒙恩师关怀，还记得弟子的籍贯。我是卫国魏氏人，在卫国见公室混乱，难有作为，便到了魏国。在魏国，求仕无门，恰逢秦国征召军士，才投入秦军。数次作战之后，升为桃林之塞守将。这时家中老父亡故，我回卫国奔丧，不久老母也病故，家中没有他人了，只有我们夫妇和一儿一女，于是在丁忧三年之后，举家迁到秦国，仍复旧职，直到退役。”

“你不思念魏氏老家的亲友吗？”

“亲戚不常见，也就渐渐淡忘了。倒是有两个小表弟，一个叫公孙鞅，一个叫尉缭，在我为父母服丧的三年中，与我朝日相处，感情甚笃。他们少年有为，也不愿长久留在卫国，说送走我们一家之后，要到魏国去。这么多年了，他们可能已经在魏国谋得官职，所以我对魏氏老家已经没有牵挂了。”

鬼谷子擅长在闲谈中了解世情，他问一句，大梧就如数家珍地唠叨许多，他听着也不厌烦。

提到公孙鞅、尉缭两人名字，鬼谷子仿佛记得，在魏丞相公叔痤的相府中，曾见过这两个人。现在公叔痤已经不在人世，魏武侯也已经驾薨，继位的已经是魏惠王了，不知两位少年情况如何。

大梧夫妇热情邀请鬼谷子到他那华山之畿的茅舍去住几日，茅蒙也说：“恩师，那里风光极佳，不去乃是憾事。”

“我来到秦国，是为讲学。事毕之后，在归程中再去贵舍一游，岂不更好。”

“那么，弟子竭诚等候恩师归来。”

次日，桃林之塞的新老守将便送鬼谷子西行，茅蒙陪伴他同往。

第二十六章　池阳讲学慰太子

这几天，雍水之滨常有百姓聚集在后子宫外，等待着车马仪仗；他们备了笙箫鼓乐，准备迎接大仙鬼谷子降临。

秦国百姓哪里知，鬼谷子不喜张扬。鬼谷子在桃林之塞见众人迎接，即让守将转告嬴斋殿下，一切从简，不要迎接，君主召见也不要声张。嬴斋从已故父亲后子讲的故事里，就已经知道鬼谷子的禀性，所以奏明献公，一切都要遵从鬼谷先生之意办理。宫里传出话来了，于是宫外的热闹场面就悄悄地散去。

撤了鼓乐，人又轰走了不少，但还是有人默默地来到宫外观看。他们只看见数乘人马，拥着一白一青两位道人，驰入后子宫中。

年轻的秦国太子也在后子宫中等候鬼谷子，听阍者禀报鬼谷子到了，立即与他的季叔嬴斋步出宫门，降阶相迎。张师、苗苏等宾客也紧随其后。

“太子殿下，斋公子殿下，草野之臣茅蒙，迎接恩师鬼谷子到了！”茅蒙说着，先下马，搀扶鬼谷子下马。

鬼谷子上前欲行君臣见面之礼，早被太子搀住：“鬼谷先生是百岁长者，在秦国可以见君不拜。先生一路辛苦了，快请进宫中歇息吧！”

嬴斋也过来，与太子伴着鬼谷子进宫：“鬼谷先生，今日有幸，总算能在宫中迎接你了！家父生前时常谈起先生的德行，令晚辈十分敬佩。”

“裔公子殿下，是我欠了令尊的情啦。太子殿下，我这也是欠了秦国的情，今日终于可以相报了。老朽愿意坦诚地与贵国学者探讨学术，有什么事情，请二位殿下不要客气，早做安排。”

“先生路途劳顿，请先在宫中稍事休息吧。”

“先生讲学的精舍，已按先生之意造就，待明日国君宴请之后，即与先生前往。”

“二位殿下，老朽入宫拜见君主，也请不事张扬。我见周天子、晋君、吴君、越君都是屏退从人，大臣不预，史官不记，希望拜见秦公时也能如此。”

“如此甚好，父王也是此意，明日只由我与季叔陪伴先生进宫，先生以为如何？”

“太子与嬴裔公子如此安排，甚合我意。”

其实，公室中的许多事，也不宜让众多的大臣参与。太子和嬴裔也觉得，与足智多谋的鬼谷子交谈，可以涉及公室很深层的事务，越是秘密越好。

太子、嬴裔与鬼谷子定好了日程，便又随便议论别的话题。太子问及一路上的观感，这使鬼谷子颇为激动。

“二位殿下，一百多年前我伴李老君两渡流沙，先是自东向西经过秦国，后又自南向北经过秦国。那时，秦国百姓安宁，即胜于中原。现在中原国家十室九空，而秦国百姓安居乐业，生活富足，比中原更合于自然之道。”

在这样的场合，茅蒙也不便插言，他的弟子张师、苗苏更是只能在一旁敬听。直到后子宫中宴会开始了，庭中响起六佾之乐，师生三人之席离主宾座较远，他们才有机会畅叙离情。

张师、苗苏对于恩师茅蒙能在鬼谷学道，非常羡慕。

这年，秦国与魏国战于石门。秦将章峤斩卒六万，周天子还来讨好，遣人赐黼黻之纹章表示祝贺。对此，秦国朝野颇为得意，秦献公还把这种天子所赐的黑白相间的纹饰，缝在自己的袍服上。

对于这种违背道义的斩卒行为，鬼谷子从心里感到厌恶。他认为这样残杀人命，有违道法自然，是极端不道德的行为。只是想到自己初来秦国，不便直接斥责其君主，但是，他有话又不得不说。

秦献公召见鬼谷子时，只有太子、嬴裔陪侍在侧。

“鬼谷先生不远千里而来，有何良策赐教于寡人？”

“草野之臣，下车伊始，岂可妄言一个教字。君主之国，沃野千里，拥兵百万，远胜于文王、太公之时矣，善治之，可平天下！”

献公听了，十分喜悦；太子听了，觉得鬼谷子并未回答父王所提出的问题，而是顾左右而言他，心里一定有话未说。

“先生所言‘善治之，可平天下’，其策如何？”

“臣可以献于君主者，‘仁智其军，富足其民’，八个字而已。”

献公对于鬼谷子的八个字，似懂非懂。

倒是太子听明白了，鬼谷子那“仁智”二字，分明是针对石门斩卒而发。太子就曾认为，斩卒六万是不仁不智之举。可悲的是，此后的各代秦君，都不能实行“仁智其军”四字，后来白起攻破赵国邯郸，竟然坑卒四十万之多。

由于鬼谷子不喜张扬，献公只赐家宴，仅宫中亲眷数人陪席，但乐舞还是用了天子的八佾之乐。

秦国公子嬴裔为鬼谷子建的学宫，由茅蒙弟子张师、苗苏筹办，坐落在雍都郊外，池水之阳，地名池阳，环周有扶风、麟游、凤翔之地。南望秦岭，其主峰曰太白。这使鬼谷子想起当年在越国，为鄞云写经之处，那里的地名也是鄞邑太白山。

张师、苗苏没有到过鬼谷，而嬴裔是到过的，他俩就按照嬴裔的描述，在池水之畔建了一些茅舍，又在山中建了洞府。这里的风光与鬼谷比，清秀有余，幽静相若，而旷达不足。

鬼谷子对这里的风光十分赞许，连声说：“好，好！”

张师即让人取笔、砚、缣帛来，请鬼谷子为各处茅舍、洞府命名并题写门额。

鬼谷子提起笔来，笑了笑，随口对弟子们讲起了笔的故事。千百年来，各地对笔的名称叫法不一，鬼谷子说：

此物在中原，原是用于图绘丹青的工具，称为“画管”。

在楚国称为“聿”，是一只手拿着刀锥在刻写竹简。

吴国称为“不律”，昔者，黄帝使伶伦至大夏之西、昆仑之阴，取竹管厚薄均匀者，断两节间而吹之，以其音为黄钟之宫，这就是十二律之本。不律，乃是不做定音工具的竹管，即画管也。

燕国称为“弗”，是拂尘之拂的简化，大约北国是用类似拂尘之物做书写工具的。

你们秦国称为“筆”，是在楚国的“聿”字上加了个“竹”字头，是用竹管代替刀锥之意。

弟子们听了之后，鼓掌称赞说：“先生这段话，可以补周公《尔雅·释名》之失遗，就命之为《笔考》吧。”

“笑谈而已，快把砚台拿来，开始题写门额吧。”

鬼谷子题写的门额有“鬼谷洞”“太虚宫”“清溪”之类，这就在池阳地方留下了众多的鬼谷遗迹。

鬼谷子在池阳讲学，所讲课程与在鬼谷一样。这使秦国士人大受其惠。所不同的是，这里不是私庠，学生多是世家子弟。

鬼谷子在池阳讲学，大约有两年，其间他还四次做短暂的旅行，但不出秦国范围，常到的地方是咸阳，住在市北馆舍。

茅蒙始终陪伴着他，太子和嬴裔也常去听讲。除茅蒙外，学而最优的学生是张师、苗苏，两位也是鬼谷子有意要度之为仙的人。

鬼谷子准备离开池阳时，太子刚行过冠礼，是成人了，开始涉及政务。

太子领着鬼谷子进宫，向父王辞行。

这年秦国向东拓展疆土，又有大胜利，与魏国战于少梁，俘虏了魏国的大将公孙痤。秦献公接见鬼谷子时，面有喜色。即使这样，鬼谷子见到秦献公，还是大吃一惊：离上次见面不过两年光景，献公的体质就发生了这样大的变化！他的脸色，已经蜡黄带青；他还用手使劲压住右肋下方，分明是肝胆十分疼痛。鬼谷子断定：献公病情严重，是肝痈到了晚期，也就是肝癌后期了。但是，秦献公仍显得高兴而自信。

“鬼谷先生，你要寡人‘仁智其军，富足其民’，这些年，寡人实行了，先生你看效果如何？”

“君主之国，确实已经民富军勇，新近又开疆辟壤，攻取少梁，俘获敌将，可喜可贺。草野之臣，唯望君主保重身体，颐养天年，切莫操劳过度。”

“寡人是感到身体有些不适，多谢先生的劝告，寡人将依先生之言，注意调养。”

献公身体欠安，鬼谷子不便打扰，稍谈一会儿即告辞出来。

太子敏锐，已察觉出鬼谷子神色的变化。

离开王宫后，太子即请鬼谷子到自己宫中，两人相叙：“鬼谷先生，适才你见父王，心里惊诧，是何缘故？”

“太子殿下，你真是明察秋毫。老朽对你不能不说实话：君主已经病入膏肓，将不久于人世了！”

秦太子听鬼谷子这样说，感觉就像五雷轰顶，难以自持，两眼涌出泪水来。

“先生，你是我的恩师，你要救我，你要……”

“殿下！你要宽心些，静下心来，听我说……”

“先生，你要救我父王呀！”

“殿下，死生由命，人不能胜天。现在能做的，只是让君主安度余年，幸福地度过他最后的时光。”

“先生，弟子尚年轻，叫我怎能担当起一国的重任呀……”

“殿下已经明道，又学了纵横捭阖之术，何愁不能驾驭群臣，治理国家？”

太子听鬼谷子这样评说自己，心里稍安：“恩师，万一父王弃我而去，我最应做的事是什么？”

“有三件事，你需力行。”

“请先生教我。”

“第一件事是，立即登位，站稳脚跟。”

“这是自然，请先生教我另两件事。”

“第二件事是，广聚贤才，重用客卿。秦国人才不足，没有非常之人，难成非常之业。设若吴王阖庐不用孙武，越王勾践不用范蠡，岂能完成所建之业？”

“先生金玉之言，弟子当身体力行，请先生教我第三件事。”

“第三件事是，迁离雍都，建都咸阳。雍地偏僻，不宜进取，这还是其次；此地人物繁杂，抱残守缺之势力可谓盘根错节，十分不利于新君之业。但是，请殿下切记：此事需妥善行之。”

对于鬼谷子所谈的三件事情，秦太子深然之。

太子对鬼谷子依依不舍，又叹息秦国没有孙武、范蠡。他在宫中设宴款待鬼谷子，宴毕之后，恳切地说：“恩师，弟子恨不能亲自送你回到鬼谷仙居，再留在那里听你的教诲。今日一别，也不知今生是否还能相见。弟子也请恩师，听从我两件事。”

太子说着，脸上有泪。

“殿下何故如此动容，老朽听从就是了。”

“恩师，你如此高寿，请不要再骑马做千里之行，容弟子送你华盖一袭、轩车一乘及良马一驷，此其一也；再容弟子送你川资，黄金千镒。恩师已经有言，应允在先，这两件事弟子就独断了，请不要再议。”

鬼谷子领了太子的深情，离开王宫。太子赠送给鬼谷子的华盖、车马、黄金，以及驭者两人，也随鬼谷子离去。

这边，茅蒙也已经做好了准备，登车伴随鬼谷子东行。张师、苗苏与恩师在雍水之畔，挥泪而别。

第二十七章　尉缭子相魏

鬼谷子在茅蒙陪伴下离开雍都，到咸阳后，又停下来讲学。

这里是茅蒙的故乡，他的许多朋友都来恳求他，劝说鬼谷子多住一些时间。鬼谷子感到盛情难却，便答应在咸阳讲学一年。

鬼谷子在咸阳讲学不到一年，就传来了秦献公驾薨的消息，举国哀悼。太子即位，是为秦孝公，一切如鬼谷子所料。

这一年，关东六国并列为诸侯，他们是：齐威王、楚宣王、魏惠王、燕悼公、韩哀侯和赵成侯。所有小国，包括曾是诸侯的宋、鲁、卫等国家，都沦为这六国的附庸。

诸侯称王，周天子早就管不了了，但是秦国暂时还没有称王。

这一年，彗星出现在西方，柄在西，叫作“天授秦以柄”，天下各国都惧怕秦国会大动刀兵。然而，孝公登位后并未大举用兵，而是广布恩惠，赈孤恤寡，招募战士，明功行赏，并下了《召贤令》：

昔我缪公，自岐雍之间，修德行武，东平晋乱，以河为界，西霸戎翟，广地千里，天子致伯，诸侯毕贺，为后世开业，甚光美。会往者，厉、躁、简公、出子之不宁，国家内忧，未遑外事，三晋攻夺我先君河西地，诸侯卑秦，丑莫大焉！献公即位，镇抚边境，徙治栎阳，且欲东伐，复缪公之故地，修缪公之政令。寡人思念先君之意，常痛于心。宾客群臣，有能出奇计强秦者，吾且尊官，与之分土！

鬼谷子看到孝公的《召贤令》，心想，孝公是听了自己临别时的三点对策，中原必然会有志士来投奔秦国，那么秦国也将是鬼谷弟子建功立业之地了。

鬼谷子结束了讲学，由茅蒙陪伴着驱车东行。他们要到华山之畿，在大梧将军的茅舍小住数日，然后回鬼谷。

茅蒙远远就看见大梧夫妇的宅院扩大了，增加了好几间茅舍，显然是为迎接恩师鬼谷子而新建的。

他们的车到达时，出门迎接的不只是老将军夫妇两人，而是一大群人。原来，大梧的儿子、儿媳带着一群孙子来了，女儿、女婿也带着一群外甥来了。他们不只是来看二老，主要还是来看看仙人鬼谷子。

他们如愿以偿了，个个脸上都堆满了笑容。

出人预料的是还有两个年轻人，一个三十多岁，一个二十多岁。茅蒙不认得他们，记忆力非凡的鬼谷子却记得这两个人——在魏国已故丞相公叔痤府中见过的。大家见礼之后，大梧就要过来介绍。鬼谷子回忆着这两人的名字，向大梧摇手示意，意思是你先别说，让我想一想——

这两个年轻人，原来是尉缭和公孙鞅，他们从小就是朋友，两人在少年时代离开卫国，来到魏国求学。尉缭比公孙鞅要小几岁，所以在学问上，经常是公孙鞅帮助尉缭。公孙鞅二十多岁时开始著书，尉缭也跟着他治学。

这个公孙鞅（公元前395年—前338年）就是后来秦国的一代名相商鞅，因为出生在卫国，有的史书称他为卫鞅。历史上有三个尉缭，也称尉缭子，但那两个与鬼谷无关，不说也罢。

尉缭和卫鞅在魏国最敬佩的人，是魏文侯时代的丞相李悝（公元前455年—前395年）。李悝敢于废除世卿世禄，提倡农耕，奖励开垦，丰年平籴，灾年平粜，储粮备荒，使魏国富强起来。

公孙鞅束发冠戴之年，魏武侯去世，魏惠王新立。他一心想为国家效力，却总也不获机会，便领着尉缭投到丞相公叔痤门下，作为家臣，徐图晋升。

尉缭和公孙鞅在丞相府十数年，读了不少书。最使他们爱不释手的，是当年李悝丞相所编的《法经》，汇集了古今各国法律，这是中国第一部最完善的法典。他觉得若按这些法律来办事，便能平治天下。可惜的是，如今的魏国已经不能像当年那样推行法治了。

公孙鞅在魏国相府熬到三十四岁，自己的著作几乎可以定稿，尉缭也二十多岁了，两人还是不能一展他们的才华。这一年，公叔痤去世了。当老丞相病重之时，魏惠王曾去相府慰问。惠王问："万一爱卿不起，何人可以代卿为寡人支撑社稷？"

公叔痤趁机推荐说："公孙鞅年少有为，真乃奇才，君主可以国相托。"

可惜魏惠王缺少胆略，没有采纳公叔痤的推荐。这时，魏国的情况更使公孙鞅失望。恰好这年秦孝公下令征求天下贤才，公孙鞅和尉缭便快马离开安邑，来到秦国——

鬼谷子对着两人看了一会儿，想起来了，便说："如果老朽记得不错，你就是卫鞅先生，你是尉缭先生，我们当年在公叔痤家中见过面的。二位一定是响应秦公的《召贤令》，才到秦国来的。好啊，你们可以大展其才了！"

"鬼谷先生明鉴，晚辈仅是公叔丞相府的区区家臣，十多年了，还蒙先生挂齿，真是今生有幸！"卫鞅惊服鬼谷子的记忆能力和料事如神，这么大的年纪了，还精力旺盛。

"我深悔当年没能及时向先生求教，这回路过大梧表兄家，是特意等先生来，要向先生求教的。"尉缭知道大梧的经历，有些想到鬼谷求学，但是还没拿定主意。

"后生可畏呀，学问之事，还是互相探讨吧。"

大梧向两位表弟介绍："这位茅蒙先生，是恩师的高足，也是我的忘年之交，他这回要在华山修炼百年了。"

大梧夫人对大梧说："你这老糊涂，怎么让恩师和兄弟们在外面站着说话！请大家快进屋里去吧，杏儿已经把酒都温好了。”

于是，众人进屋，大梧、茅蒙陪着鬼谷子、卫鞅、尉缭，五人在正堂列席而坐，一边饮酒，一边谈经论道。其余家人，备有酒肉在另屋，各行方便，有的吃东西，有的过来听学者们交谈。

不期而遇的华山之会，或曰华山论道，使鬼谷子感到愉快。

早已作古的仲尼先生曾说，六十而耳顺，人到这年纪，对什么话都听得舒服了。鬼谷子说：“我都是三度童年的人了，能听听各种学问，乃是赏心乐事，诸位想谈什么，请海阔天空地谈吧！”

卫鞅第一个说话：“鬼谷长辈，齐威王在临淄稷下设立学宫，众多学者云集，百家争鸣。人们视儒、墨两家为显学。以晚辈看，这两家弟子门人所建功业，加在一起也不及鬼谷弟子之半。长辈为何不把鬼谷之学公之于世，让天下学者都受其惠呢？”

“我的学问，本于老聃先生，杂以兵家、医家朋友所传，鸡零狗碎，且有老聃先生的《道德经》在，我的书岂敢公之于世？所以也不希望到稷下学宫设立讲坛。”

“晚辈要斗胆说一句，长辈之言全属遁词。先生之学是密传，看来只有到鬼谷才能聆听得到了。”

鬼谷子听卫鞅这样说，只是微笑，也不解释，这引得尉缭暗下决心，要跟随鬼谷子进山求学了。

卫鞅又提出一个问题来请教：“鬼谷长辈，墨者提倡‘兼爱’，儒者提倡‘仁’，你以为他们两家何者是真仁呢？”

“墨翟先生和仲尼先生都是我的朋友。他们的学问，苟能中庸行之，也未为不可。然而，儒者是以礼归仁，这礼极而行之，便是杀人之利刃，何言仁哉！墨者的组织，是一种严酷的帮会，也是把政治和宗教合为一体，他们对自身也难以做到仁，何以仁天下？实际上，诸家学问，多有独断之思，这是暴君所喜欢的，是有违于万籁俱鸣、自然之道的，不合于道，故难称其仁。”

鬼谷子以为独断即不仁，而独断倾向各学派都有，卫鞅是法家的代表人物，他的思想更是要独裁，所以对鬼谷子的话不以为然，并提出了诘难。

“鬼谷长辈，晚辈不敏，敢问：天下纷乱，对于国之蠹虫、世之刁民，不绳之以法，不断然处置，天下能治吗？”

“法有私法与公法。公法如流水涤尘秽，此法之本义也；私法如儒者以礼杀人，此独裁之美辞也。”

“鬼谷长辈，如何能知其法之公与非公？”

“法之公与非公，视为政之道，公与不公。”

“如何知道为政之道公与不公呢？”

“此事上古贤哲即已阐明：大道之行也，天下为公，也就是所谓民为重，社稷次之，君为轻；为政者不独亲其亲、子其子，而亲其人人。这可以从为政者如何看待自己与百姓的关系来衡量之：为政者视自己为百姓之父母，窃天下之利以施恩于百姓，让百姓对自己感恩戴德，此谓之私，乃私法、独裁之源也；为政者视自己为百姓之子媳，以天下百姓为衣食父母，感恩戴德于百姓，此谓之公，此乃公法、众治之源也。上古贤哲有言：天视自我民视，天听自我民听，视民志为天意、民命为天命，此之谓也！”

鬼谷子说得卫鞅无言对答。但是，卫鞅不服。他此次入秦，就是要劝秦孝公采取铁腕手段，治理国家。

鬼谷子也看出，卫鞅的性格严酷，如同伍子胥。他想起秦孝公在做太子时的情形，感到孝公是需要这种人的。所以，当卫鞅转换话题时，鬼谷子仍然是坦率直言。

“鬼谷前辈，你在雍都时，新公尚为太子，曾向你请业。你以为他是位仁君吗？”

“人的地位变化时，他的有些秉性也会变化。太子是仁人，即位之后也是一位明君，他会欢迎卫鞅先生的。”

“但愿长辈之言，能够言中。”

华山之会谈了三天学问，卫鞅便要继续西行，经过咸阳去雍都。

尉缭本来是与卫鞅同行的，现在决定与他分手，跟着鬼谷子去鬼谷求学。尉缭向鬼谷子提出请求，鬼谷子从来没有拒绝过求学者，所以很高兴地答应了他。

尉缭和卫鞅两人相处十多年了，一旦分别，很难割舍。

“小弟我半途改变主意，不与兄长同行了。兄长只身前往，也不知前途如何？鬼谷先生料事如神，何不去请他为你占一卦？”

“好啊，我们去求他。”

鬼谷子正在习静，屏息运气，见尉缭拉着卫鞅来了，乃改为屈伸呼吸，以便于说话。

“先生，卫鞅兄要去雍都了，要请先生为他占一卦，看看他的前程如何？”

“好啊，请到案前坐下相叙。”

鬼谷子先坐下了，示意两个年轻人也坐。卫鞅一边坐下，一边伸手在自己袖中探寻，摸出一捆小小的算筹来。这是三寸多长的小竹片五十枚，是大衍之数五十，用《周易》六十四卦来占卜的。

卫鞅准备把算筹递给鬼谷子，但是，鬼谷子对他摇摇手说：“此物我有，用它来占卜，根据卦辞、爻辞来论事，太烦琐了。我有简便之法，请任取一物，便可用它推断一切。”

用任意取来之物占卜，尉缭、卫鞅都觉得新鲜，但也相信，因为鬼谷子是很有神力的。卫鞅看了看身上，便摘下胸前的一块玉佩，递给鬼谷子。

“长辈，你看此物可以吗？”

“甚好。”

鬼谷子接过玉佩，仔细端详起来，玩赏良久，才开始说话。

“此玉佩有两孔，系两绳悬于颈而宝之。看来，这就是你过去、未来之数了！”

卫鞅、尉缭睁圆眼睛，不解其意。

“请长辈剖析给我听。”

“玉者，贵于金，至宝也。卫鞅，你家过去曾享有尊贵荣华，其后家道中落，此玉是佩于胸前，所以你前途的尊荣将胜过你的列祖列宗，直到贵极人臣。”

“多谢长辈为此吉言！”

卫鞅不敢相信，但他确实怀有这样的希望。鬼谷子呢，则是鉴于卫鞅的才气，知道孝公急需这样的大臣，做出了这样的预言。他还估计到，一代君王主持政务不过二十来年，或者更短些；卫鞅离开卫国大约也是这些年数，所以继续说道：

“绳者，纠也，链也，取其谐音，九年也，两绳者，十八年也。这就是你未来事业之数。过去之数也是如此，你离开卫国十八年了，确乎？”

“晚生离开卫国，确实有十八年了。”

“你在秦国享有尊荣，也是此数。”

卫鞅对于十八年之数，感到少了些，但愿鬼谷子说的不准才好。他更关心的是结局。

“请长辈看一看，我在秦国的结果如何？”

鬼谷子皱起了眉头，叹道：“不好呀！一块玉佩，两孔两绳，左右相分。你的结果，就坏在一个‘分’字上！十八年后，你要谨防一个‘分’字。这就是占卜的最后忠告了。”

“长辈，这‘分’字是何意呀？”

这个分字，从较好的意义说，是分疆裂土的赏赐，君臣分离，离开秦国；从极坏的意义说，是身首异地，五马分尸。这是很难预料的事情。鬼谷子估计到，卫鞅会施行酷烈的政策，而政治上，作用力越强，反作用力也越强，如同竹篙撑舟，使劲越猛，舟动越疾，那么，可以断定卫鞅的命运将会是很悲惨的。所以，鬼谷子不便说。

“卫鞅，这是天机，不可泄露的，你好自为之吧。”

卫鞅离去时，想着好事，但也没忘记“十八年”“分”这几个字。他策马走远了，鬼谷子对尉缭说：“他酷烈如伍员，结果也不会比伍员好。”

卫鞅不远千里来到雍都，受到秦孝公的热情接待，引他见孝公的是孝公的宠臣景监。

卫鞅对秦国朝廷不摸底，第一次试谈尧舜帝道，孝公没有兴趣。第二次召见，卫鞅谈王道。对于文王、周公这一套，孝公仍不爱听。秦孝公对这位远道而来的公孙鞅，没有多少信心了。卫鞅却感到心里明亮，对孝公更有信心了。

第三次一见面，卫鞅就谈霸道，这是真心。他已经了解了孝公的心思，可以敞开心扉来谈，而且认为最紧要的事情是变法。孝公听得高兴，不觉离席，到了卫鞅身边，紧对着他的脸说：“寡人只想听强国之术。”

于是，卫鞅便对孝公讲起了李悝在魏文侯时代变法的故事，孝公听了心里喜欢。从此常常召见，一谈就是半天。

不久，秦孝公任命卫鞅为左庶长。按照秦国官制，设官爵二十级，左庶长为第十级，在国君身边做事。过了没几天，又一下跃升六级，任命为大良造，是秦国的第十六级官爵，离决策圈很近了。

雍水是一条小河，秦孝公常在岸边打猎，每次都邀卫鞅同游。这里是周文王事业的发祥地，朝中不少人颂扬文王、周公的德行，效法先王，主张以仁德王天下，与儒家在东方各国游说所推行的政治相呼应。孝公有时感到有点难以招架，说不过他们，他就出猎。

孝公让人牵着马，自己与卫鞅漫步于雍水之畔，问他怎样才能排除障碍，推行法治。公孙鞅以其所著《开塞》的道理，来使孝公解除疑虑，坚定信心。

不久，秦孝公任命卫鞅为丞相，执掌国政，逐渐地采取了一些变法措施，触及了贵族们的利益。

秦国自襄公开国，四百多年来，在雍这个地方已经形成了庞大的贵族势力。他们盘根错节地互相保护着世袭的利益。年轻的孝公要变法，每一步都有巨大阻力。

一天，孝公对卫鞅说："雍这个地方，真把寡人闷死了！我们出去走一走。"

这一走动，使秦孝公想起了鬼谷子对他说的三条，于是有了好主意：狠狠杀一杀旧贵族的威风，他们如果闹得都城不安宁，便迁都咸阳。他们的采邑、老窝在这里，也不会跟到咸阳去。雍这个地方，本来就太闭塞，迁都咸阳，也便于向中原各国进取。

公元前350年，三十岁的孝公实现了迁都咸阳的计划。从此，第二次变法已经可以提上日程了。此时，四十岁的秦国丞相卫鞅，已经是秦国政治的主要划策者。然而，他在最高决策层里并不占多数地位。他困难不少，但不气馁。

秦孝公召集决策集团三位核心人物升朝议事。

他们是卫鞅、甘龙和杜挚三位上卿。这就是著名的三大夫会议。议题是：分析形势的发展变化，严正法治的基本原则、统治人民的方法。这次辩论十分激烈，吵了整整一天，卫鞅最后说："礼、法、器具都要合于时宜，便于利用，该变就变。所以我认为：治世不一道，便国不法古。商汤、周武王不遵循古制，都兴旺起来了；殷纣、夏桀没有改变旧礼制，却都灭亡了。所以，违反古制未可非议，遵循旧礼也不值得赞扬。请君主实行变法，不必再犹豫。"

孝公说："讲得好！对于那些世俗的议论，寡人不再疑虑了。"

孝公变法决心已下，便让卫鞅拟订《垦草令》。这是一部彻底变革土地制度的法令。

这时候，中原一些先进国家早已废除了井田制度。然而在边远的秦国，井田虽已崩溃，但在渭水之滨，大片肥田仍在世袭贵族的手中，进行着井田奴隶式的盘剥。卫鞅变法，废除了大大小小数以百计的世袭王国，把全国乡邑划为三十一县，打开阡陌，彻底废除井田，准许买卖土地。他还创立了按男丁征赋的办法，规定有两个男丁的家庭必须分居，否则加倍征赋。封建经济，一户是一个生产单位，卫鞅以此来破坏奴隶制大家族，扩大生产规模，使更多的荒地被开发出来。

新法推行开来，秦国百姓得到实惠，也得到较多自由。农战有功者，还可以得到爵禄。对此，世袭贵族们强烈不满。幕后策划的主要人物，是太子太傅公子虔和公孙贾一帮人。

卫鞅入秦后的第十年，失去了旧日荣华的贵族们到处串联，制造事端。他们把希望寄托在公子虔身上。公子虔一方面牢牢地控制着十六岁的太子，一方面暗中支持那些反对变法的人，但自己不公开出面，用太子的嘴来说出他们想说的话。

以贵族祝欢为首的一批人，利令智昏，终于公开闹事了。从旧都雍邑到新都咸阳，处处人声鼎沸，要求孝公停止变法，恢复旧制。他们计划先弄得人心混乱，再准备以武力谋反。孝公和卫鞅采取果敢行动，把那些闹事乱法的人全都抓起来，治罪、下狱数千人，在渭水边杀了七百多个旧贵族。把幕后策划的公子虔、公孙贾也挖出来，投入监狱，听候发落。太子虽然未跟着他们谋乱，但是同情他们，为他们辩解。孝公谅其年幼，让他认真反省，没有治罪。卫鞅则按照刑无等级的法律，处公子虔以劓刑，割去鼻子，处公孙贾以黥刑，面颜刺字涅墨。旧势力经过这次打击，再也不能占优势了。虽然政局无常，人事多变，但卫鞅制定的一整套法令，在秦国始终未废。

公元前344年，卫鞅又颁布法令，统一全国度量衡，制定了标准的尺、秤和量具，颁行全国。变法十年，秦民大悦，道不拾遗，山无盗贼，家给人足。此时的秦国，可以说是天下无敌了。孝公感到实现了自己的目标。按照秦国的官制，以战功封公孙鞅于商，采邑十五邑，号为商君。从此，人们就称他为商鞅了。

然而，顽固势力始终不甘心退出历史舞台。公子虔受劓刑后，八年杜门不出，但仍在网罗党羽。该当商鞅不幸，也应了鬼谷子在华山对他的预言。公元前338年，秦孝公才四十三岁便驾薨了，商鞅的厄运也到了。

商鞅到秦国十八年，相秦十年，君臣相处如肱股。孝公晏驾，商鞅悲不自胜。孝公死时最大的憾事是未能亲取巴蜀，而这是举手可得之事。他遗命太子和商君，及早实现此志。取得巴蜀，就足以王天下了。

商鞅等大臣拥立太子为秦惠王。但是，惠王登位不久，旧势力便死灰复燃。有人对惠王说："大臣太重，国家就有危险；左右太亲，自身就有危险。现在秦国妇孺皆知商君之法，不说大王之法，好像他商君是主，而大王倒是臣了。"

二十三岁的秦惠王，感到自己几年前曾受辱于商君，本来有些怕商君，虽然受父亲的教诲懂得商君的功绩，但听人那样说，又下意识地有些恐惧。人们又劝他，不要忘记师生之情，更何况公子虔还是他的堂叔呢？

朝廷的气氛在变化，商鞅明白自己的处境，想到了鬼谷子的预言，不由得出了一身冷汗。才五十二岁的年龄，他便告老归田了。但是，他没能走脱，公子虔等一批失去了旧时权威的贵族，不久就回到了秦惠王的周围，他们诬陷商鞅谋反，孝公尸骨未寒，商鞅便惨遭车裂，五马分尸。

知情的人都惊叹，这正是鬼谷子在卫鞅入秦时预言过的"分"字和十八年呀！

华山论道后，尉缭和卫鞅分道扬镳。

尉缭在华山之畿大梧家，送走卫鞅之后，就终日跟着鬼谷子学习道、数、兵、游。他是以兵为主，兼通其他三门学问。

鬼谷子为茅蒙入华山修道做了安排，看着他进入深山，才带着尉缭离开大梧家。

这回上路，鬼谷子没有骑他的雪青马，而是坐上了当初的太子、当今的秦孝公送给他的轩车，上有华盖，轻便而舒适。尉缭与他并坐着，一路上不停地谈论学问。

从华山下，经桃林之塞，到函谷关、崤山，到处都有战争遗迹，鬼谷子就结合着自己的军事理论，对尉缭进行讲述。

尉缭跟着卫鞅从事法家学术著述，已有一定基础。但是现在他已经放弃卫鞅之学，专心地来思考鬼谷的兵学——军事学了。

尉缭来到鬼谷，被这里山水之美、景物之静所深深感动，从中悟出了老子之道——“清静为天下正”，产生了对山林的眷念，第一次有了出世之思。他开始理解茅蒙何以要上华山做百年修炼了。

但是尉缭深为鬼谷的军事学术所激动，特别为范蠡的业绩和人品所鼓舞，所以更加刻苦地学兵习武。

鬼谷子见尉缭对军事谋略十分颖悟，便把自己创造的“三十六天罡法”传授给他。鬼谷子言道：

天之大数曰一，析之为诸数，大者为九，九九归一；中者为六，六六最顺。天有六顺，谓之天罡；地有六顺，谓之地正；人有六顺，谓之吉祥；衍为十二，亦天之大数。是故有六六三十六天罡之法，演绎为六六三十六无敌神招，乃决胜千里之术也。

尉缭听鬼谷子这样讲，急忙拿起刀锥在竹简上记录，同时说道：“请先生讲得慢些，使弟子能够记录下来。”

天罡之招，曰：
斡旋造化，颠倒阴阳；
移星换斗，回天返日；
五行大道，六甲奇门；
逆知未来，起死回生；
飞身托迹，九息服气；

导出元阳，补天浴日。

这天罡之招，学问颇深，要深通天文历数、阴阳五行，才能理解。先要有仰观的学问，而后才能付诸实践。

地正之招，曰：
呼风唤雨，震山撼地；
腾云驾雾，划江成陆；
纵地金光，翻江搅海；
鞭山移石，降龙伏虎；
推山填海，点石成金；
指地成钢，潜渊缩地。

这地正之招，也要善于俯察地理，擅观气象，掌握四时寒暑，风云变幻，而后才能运用。

吉祥之招，曰：
正六无影，胎化易形；
小大如意，花开顷刻；
游神御气，隔垣洞见；
回风返火，掌持风雷；
飞沙走石，挟山超海；
撒豆成兵，钉头七箭。

这吉祥之招，则要善于人情世故，了解敌我双方，特别是用兵之人和指挥者的能力、气质、品性，以及临战时的心理状态，而后才能采取适当的对策。

尉缭一下子知道了这么多用兵的神招、计策，兴奋得一夜没有合眼。反复琢磨之后，又在清溪之畔演习。

在刻苦用功之余，尉缭也产生了著书立说的念头，在学习之时就注意积攒资料。尉缭不能忘记，在华山之会时，卫鞅曾劝恩师把鬼谷之学公之于世，恩师不同意。他认为自己得把这些学问秘藏起来，否则实在太可惜了。这三十六招经过尉缭的传播，历代兵家不断发展，成为著名的《三十六计》。

两年之后，尉缭学成，鬼谷子要赶他出山了。

这时从秦国传来消息，卫鞅很得秦孝公重用，已经升任大良造，不久又升为丞相。尉缭想，此时入秦，也可助卫鞅兄一臂之力。转念一想，又觉得不妥。自从华山之会以来，自己入了鬼谷，学术上与卫鞅大异其趣，到秦国不仅帮不了他，也许成为他的政敌。

于是，尉缭决定仍回魏国。

尉缭策马离开鬼谷，不日来到一山。山势迤逦数百里，处处林泉飞瀑，花香鸟语，竹木茂密，少有农田。进入山中，恍如离开了喧嚣的尘世，回到了鬼谷。

尉缭不忍离去，询问山中樵夫，知道此山名叫夷山。于是便在山中选择一个地方，建设茅庐、洞府，想学茅蒙，在夷山修道。茅庐初成，即有两个少年，执意要求入山为弟子。

于是，尉缭在山中，一面授徒，一面著述。

尉缭入夷山不过一年多，魏惠王便得知这位鬼谷高足弟子到了魏国，派遣使臣到夷山，把他接到了安邑。

魏国在秦国面前，一再地吃败仗，魏惠王感到急需有优秀的军事人才来充实军队，才有希望挽回败局。尉缭一到安邑，便立即被魏惠王召见。

“草野之臣尉缭，拜见大王，恭祝大王，万寿无疆！”

尉缭初次面君，行了跪拜大礼。由于是在便殿召见，除了魏王身边近侍，再没有别的人在场，因此，谈话可以直率、深刻些。尉缭正在想着如何对惠王陈述自己的政见，惠王先开口了。

“尉缭先生，快快请起。今日你我是便谈，不必讲那么多礼数。寡人虽是初次见你，但早已知道你是鬼谷子的高足，对于兵法研究精深。我军数次败于秦国，望先生能教寡人以决胜之道。”

“大王，草野之臣愿以两策说与君王。”

“先生请讲。”

“一曰‘兵以静胜’，二曰‘兵胜于朝廷’。”

“何谓兵以静胜？”

“兵者，极动也，疆场之上，雷霆万钧，何以静胜？老聃先生有言：躁胜寒，静胜热，清静为天下正。热则动，战场乃极热之境，故可以极静胜之。”

“先生之理太深奥了，寡人不甚了了。”

“静者，岿然不动也，安稳如山也。大王的军队果能如是，何愁不能稳操胜券！”

“原来先生所言的静，是指军队的稳定。”

“大王，臣之静，不只是军队的静，还包括君主、大臣、百姓之静，王室、国家根基及江山社稷之静。”

“先生这样说，寡人有些明白了。那么，何谓兵胜于朝廷？”

“大王，请纳微臣之言——”尉缭再拜稽首，言道：

夫地广而任得，则国富；民众而治者，则国治。富治者，则民不发轫，甲不出橐，而威制于天下，故曰，兵胜于朝廷。

农业称为任地，出车称为发轫。尉缭这番话，是写在他的著作《尉缭子·兵谈篇》里的，意思是：在广阔的土地上开发好农业，国家就富强；人口众多而管理得好，国家就稳定。国家富强稳定，那么，不用劳师动众，不用出动甲兵，就能威制天下，这就叫作“兵胜于朝廷”。

魏惠王听了尉缭这番对策，觉得很好。魏国这些年总是战败，不能不说在这些方面问题很多，民不富而国不稳，社稷不安。兵胜于朝廷，就是要整顿朝纲。这就需要用新人，能用鬼谷弟子，必将给魏国带来转机。

于是，魏惠王大宴群臣，当即拜尉缭为丞相，赐宅地为尉缭修丞相府。尉缭从此每日升朝议事。

在数年前，尉缭曾和卫鞅一起在丞相公叔痤府中为家臣，对于魏国朝野之事也颇知情，他俩就是不满于魏国的状况才去秦国的。现在尉缭身为丞相，便开始着手整顿朝纲。

尉缭估计，自己只有做家臣的履历，一出山就被任为丞相，会有一些人不服。只有处置几件重大政事之后，才能服众。在此之前，就任凭人们去议论吧。

“他只是公叔痤府中一个家臣，凭什么与我等平起平坐？”这是老臣的话。

“真是一个幸运儿，不过一当政就目空一切，长不了！”这是年轻大臣的议论。

一些不利于新丞相的话传到魏惠王耳中，惠王便在一次早朝上大发雷霆：

“你们这些老的、少的，一个个鼠目寸光，食寡人俸禄多少年了，对国家有何贡献！我国一再败于秦国，就是因为你们无能！曾是家臣就不能与你们平起平坐吗？！那卫鞅就是公叔痤的家臣，他比你们如何？寡人深悔当年没有采纳公叔痤丞相临终的推荐，没有让卫鞅执掌朝政，委屈了卫鞅，他才到了秦国，使秦国强大起来，欺凌我国。新丞相尉缭，当年就与卫鞅相伯仲，后来又就学于鬼谷子，你们谁人可与他相比！今后谁再嫉贤妒能，搬弄是非，寡人就割掉他的舌头！”

魏惠王以为他是为尉缭撑腰，尉缭会满意。

尉缭却很伤心。他感到惠王如此对待朝臣，看待秦、魏两国的兴衰，实在太浅薄。他感到惠王并不是那种有为之君。惠王以力服众，结果只能适得其反。尉缭对惠王的信心开始动摇了。

尉缭需要的，是魏惠王对他的策略的采纳，不动摇地认真推行，但是惠王做不到。尉缭提出恢复李悝的法令，这涉及不少人的利益，被惠王否定了。那些被惠王斥责过的老、少大臣放心了，他们说：“大王的心是向着我们的。”

鬼谷弟子，见微而知著。尉缭明白，他在魏国，不可能像范蠡在越国那样建立起不世的功绩。

就在这时，尉缭发现惠王很注意自己是否与秦国人有来往。

君王有了疑心，这可不得了。尉缭即刻想到，自己与卫鞅虽然长期未通音信，但与卫鞅有表亲，而且自幼在一起，这是尽人皆知的。于是尉缭在君臣之间裂隙未萌之前，及时向惠王提出了辞呈。

魏惠王是诚心诚意要挽留尉缭。

“尉缭爱卿，就因为一项政策未被采纳，你就要离弃寡人吗？”

“大王知遇之恩，微臣终身不忘。但是，魏国现在不乏谋臣，需要的是能在疆场御敌的战将。微臣生性爱好风光霁月，乐于遁迹山林，请大王成全我吧。”

尉缭去意甚坚，惠王挽留不住，最后说：“尉爱卿，希望你在山中，也勿忘你我君臣之谊，当寡人有大事之时，容许我派使臣到山中征询。”

“微臣虽在山野，也不会忘记大王，不会忘记魏国。微臣著有兵书《尉缭子》二十九篇，未曾传与他人，现在呈与大王，魏国或许有用它之时。”

尉缭子相魏，不到一年，便又隐归山林。《尉缭子》一书，后为武经七书之一。

尉缭子与商鞅的遭遇不同，当时即引起鬼谷弟子深思。

第二十八章　授孙宾庞涓兵法

一天，将要出山的最后两个弟子来向鬼谷子话别，偶尔谈起，他们前些日子在洛邑，曾见过孙武的后代。他虽贫困潦倒，但依然努力向学。鬼谷子不觉心里一亮，预见到他可能会找到山里来。

想起当年自己与孙武的情谊，鬼谷子就十分怜惜他的后代。几辈人了，他们都默默无闻。鬼谷子每次出山，都留意孙武后代的下落，终无所获，难道就让他的《兵法》这样断绝于天下吗？想到自己当年曾许下不使此书泯灭的诺言，而今此书却藏于自己的石室之中无人问津，不免感到惭愧。何况当今世上，也非常需要有道的武人。鬼谷子估计：旬日之内应有人来；若无人来，自己就应起程去洛邑找孙武的后代。

鬼谷弟子在洛邑见到的吴国名将孙武的后裔，就是孙宾。

当年的孙武，曾两度大破楚军，直到攻下楚国首都郢，使吴国声威远播，南迫楚、越，北威齐、晋，令中原各国刮目相看。吴王阖庐殒身醉李，传位于夫差；夫差志大才疏，刚愎自用，妄图争霸中原，却信用佞臣伯嚭，使孙武蒙冤，自己也被越王勾践所灭。

天道沧桑，人事莫测，孙武的后人家道中落，乃北归祖籍，流落于齐国，虽是将门后代，但不能驰骋于疆场，更不能涉足军事学术。

孙武的后代也不知道，祖宗的《兵法》还有一部保存在鬼谷子那里，一百多年来，不曾传与外人。

孙氏传到孙宾父亲一辈，举家移居齐国的阿镇、鄄城一带，过着小康生活。孙宾出生在阿、鄄之间。此时，孙家的家道也曾有希望中兴起来。

孙宾的叔叔孙乔，到齐国朝廷做官，已经做到齐康公的上大夫。但此时齐国田氏代齐的历史已经开始了。新兴的贵族田氏，用收税的办法来承认土地私有，史称“初税亩”，仿效范蠡在齐海置产的办法，解放耕奴为农民，使社会上出现了拥有私人土地的地主，并用田氏祖传的小斗进大斗出的办法来笼络人心，因而能在与公室的斗争中节节胜利，逐渐发达起来，兼并了不少旧贵族的土地财产，最后取代了齐康公的爵位。

公元前379年，田氏把齐康公流放到海岛上，把朝中大臣赶下了台。国君亡了国，士大夫亡了家，死的死，散的散，孙乔大夫当然也在被驱除之列。

可怜那孙宾，四岁丧母，九岁丧父，刚记事就只能由叔叔孙乔收养。叔叔家有堂兄孙平、孙卓，年龄比孙宾大一二岁。孙宾最小，叔叔就把他当亲儿子一样看待，一同读书。田氏代齐，孙乔就领着他们兄弟三人逃命。

齐国的邻国韩、赵、魏等国，都不是他们的久留之地，他们沿着黄河奔波，流落到了周王朝首都洛邑的街头。偏又遇上大旱之年，遍地饿殍，一家几口都处于被饿死的境地。为了有一口饭吃，一家骨肉都分散了。

孙宾被卖到洛邑北门外一户有钱人家做工，聊可糊口。

后来遇上丰年，生计转好，孙宾一边做工，一边还可买些书读。这家主人见孙宾聪明过人，品貌非凡，也常常把家藏之书借给他阅读、钞刻。

日子过得好些了，孙宾便到处打听叔叔和两个兄弟的下落。人们问起他的来历，才知道他是将门之后。大家为他不幸的身世叹息，但这在那时也是常有之事。那个时代，许多国君都亡了国，许多士大夫都亡了家。孙宾也知处世之道，乐天安命，虚心向学，一心只想以自己的勤奋，争取好的前程。

孙宾听邻人议论，说颍水之滨有个鬼谷山。山里得道的鬼谷先生，长生不老，道高学深，其学问在当今两大显学孔、墨两家之上，更为其他诸家所不及。他的学生范蠡、计然，当年曾是吴越之际的风云人物。孙宾一惊：世间竟有这么好的学问，何不前去鬼谷山中求教呢？

孙宾努力积攒一点盘川，以便早日登程去鬼谷山。他想，到仲尼弟子门下读书，束脩每期至少也得十条干腊肉。不知鬼谷先生要多少束脩，备不齐怎么办？后来又想，我以至诚感动老师，或以为恩师做工来作为报答，总有办法让他收自己为徒。主意拿定，孙宾就为此而努力。不过半年工夫，他就备齐了川资，买布做了整洁的衣裳，穿上新的草鞋，便向鬼谷山进发。

孙宾晓行夜宿。他身上似乎有一种灵感，不用问路就知道往哪个方向走。尤其是到了十字路口，他的判断都十分准确。不日就来到颍水上源，北汝河岸，清溪之畔。到一山口，孙宾感到前方远处之山，必定是自己老师喜欢居住的地方。这回他又判断对了。

孙宾正要举步前行，从大道那边一间名叫载鬼亭的驿亭后面，奔来一乘人马，马上是一个英俊青年。他朝孙宾笑笑，便策马而去。孙宾想和他打个招呼，也来不及。

马上那青年便是庞涓，魏国人，看起来虽不像王孙公子那样阔绰，却也不是贫困人家。他是从魏国旧都安邑南渡黄河而来。他的家境较好，也不像孙宾那样孤苦一人。他出身士大夫家庭，二十岁举行冠礼之后便已成婚。夫人贤惠，生下一个儿子取名庞英，也已经发蒙读书。他的兄弟庞洪也娶妻生子，名叫庞蕙、庞茅，也能入学。

庞氏家族人丁兴旺，兄弟皆有报国之志，庞涓建功立业之心尤为迫切，觉得不能总是待在家乡。于是，由庞洪领着儿子、侄儿在家中读书习武，庞涓则远离家乡寻访高人。

可惜魏国国运不济，最大的威胁来自西方秦国。虽然魏国沿着洛川修建了魏长城，但根本挡不住秦国的进攻。秦国不仅占据了黄河以西各郡县，而且经常出兵越过黄河，占领河东国土，危及首都安邑。安邑靠近天下产盐中心解州盐池，繁荣富庶，但魏惠王迫于形势只好把首都迁往大梁。从此人们该把他称为梁惠王了。国运如此，庞涓想，若欲建功立业，必先学好军事。

庞涓在安邑就听说，前相国尉缭子是鬼谷弟子，那位鬼谷先生，道高学深，兼善兵法。于是他就慕名南下，去鬼谷求学。

庞涓求师心切，到了鬼谷山，也不认识鬼谷门。他鞭打着马，跑了几个山口，也是白跑。适才遇到一个徒步行走的青年，相视一笑也就错过了。他想，说不定那人也是去鬼谷寻师，不如回去问询一声。

于是拨转马头，回到原来相遇之处。只见那人已经远远地进了第一道峡谷。庞涓策马追上，于峡谷中拱手施礼问道：“朋友，敢问你是进山寻找鬼谷先生的吗？”

那人就是孙宾，也拱手道：“正是。你怎么得知？”

“我也正要去向鬼谷先生求学，如此，我们正好同行。”

他们边走边谈话，互相通了姓名、籍贯，各人简要介绍了家世。说话间，两人步出了峡谷，来到第一重天地。这里就有一种渐远红尘之感。举目四望，杳无人烟。山间小盆地中，清溪两岸，芳草萋萋，仙鹤吟唱。鹤鸣九天，声闻百里，是这里唯一的声音。他们的到来，惊起了林中飞鸟，但没有惊飞远处的仙鹤。庞涓心想，这样的深山，很可能适合鬼谷先生隐居。过了一片大草甸子，便进入第二道峡谷。

庞涓对孙宾说：“我们这样行走，未免太慢。请与我同乘一马，也可快些。”

孙宾想，既是同学，就不必客气了。于是两人上马，一起向深山进发。

他们两人都没想到，此山竟是如此之深。当他们穿过第七道峡谷，进入第七重天地时，庞涓有些怀疑此山是否有人了。他怕进入无人之境，陷入虎豹之穴而找不到出山之路。但孙宾观察山势，觉得不会迷路。百里荒无人迹，也正符合鬼谷子远避尘世的旨趣。

他们进入第八重天地，见两侧山坡有茅屋，才卸去心中疑惑，相信鬼谷先生可能隐居于此山。但是下马探询，只听清溪流淌，所有茅屋都杳无人迹。

原来此时山中，最后的两个学生也已经学成离去了，鬼谷私庠出现了多年未有的清闲局面。山里只剩鬼谷子和一个道童，这里怎么会有人呢？

这是孙宾没有料到的，他担心鬼谷先生是否还在山中。

庞涓叹道：“看来先生已经出山，你我白跑一趟了。”

孙宾观察两岸茅屋，断定这只是门生居住之地，不像鬼谷先生仙居。又见此谷未到尽头，前面还有峡谷，便说：“先生在前面一重天地，也未可知。”于是劝说庞涓上马，两人继续前行。

穿过第九道峡谷，进入第九重天地，果然见到这里与别处不同。正中那万丈绝壁之下、飞瀑之旁，有一洞府，连接仙庐，东侧有观星台，西侧有讲经坛。好一派福地洞天，不愧是仙人所居。

孙宾说："先生必定住在这里了。"于是两人都下了马。

庞涓心绪也安定下来。他感到这位同伴料事精明，处处都强于自己，心里已有一层敬意。他把马系在林下草地，便与孙宾一同走向山门。只见竹篱上和园圃中，处处奇花异草，赏心悦目。篱旁竹榻上卧着一个童儿。

孙宾上前问询："敢问仙童，此地可是鬼谷先生仙居？"

那道童有十六七岁年纪，名叫云霓，见有人来，拦住门口说："两位何人？找俺家先生何事？"

孙宾说："我是孙宾，他是庞涓，我们是来拜师学道。"

"学道？"云霓侧身自语道，"一大早先生就吩咐过，今日会有人进山来，若是习武的，且有将门之后，就留他们住下。"叨咕几句之后，又打量两人一番，然后才说："你们是来学道的，先生没有说过留不留你们！"

庞涓已经听清了云霓自言自语的那一番话，急忙说："不是学道，我们是来习武的。孙宾就是当年吴国将军孙武之后，请仙童领我们去见先生吧！"

云霓说："先生不在洞中。这里喧闹百年，好不容易才得今日的宁静。前些日子已经送别了所有学生，正要出山云游四海。他去向山水告别，尚未归来。"

孙宾、庞涓听说先生要云游四海，不免担心此行求师不果，但对道童又能说些什么呢。正在踌躕中，只见密林深处飘出一片白云。定睛细看，乃是白衣白袍、鹤发童颜、骑着白马一老人，正向这边飞驰而来。两人知道，这就是人们说的几百岁的鬼谷子，自己梦寐以求的老师了，于是急忙跪地拜见。

孙宾、庞涓果然来了，鬼谷子首先需要考察他们的人品，确实是否可以授之以兵法。至于是否授予孙武之书，那就更应慎之又慎了。

鬼谷子看人是何等澄澈。他让这两个年轻人站起来，交谈几句就感觉出两人品行上的差异：孙宾忠厚稳健，庞涓机巧灵敏。为了考验两人求学的诚意和生活的本领，他不给他们安排食宿，也不设宴为他们洗尘，只让云霓给他们每人白米三升、盐巴二两，到前面八重天去安顿，三天后再来谈授业之事。

庞涓有点不满意，觉得老师对弟子不够关怀，但也没有丝毫的显露。别人看不出，但鬼谷子明白他与孙宾心情不一样。

孙宾为有盐、米感到幸运，不会挨饿了。等三天，他不以为是怠慢，而认为正好理一下自己的思绪，安顿好一切，然后就可以潜心攻读了。

两人领了盐、米，拜谢了老师，走出九重天来。

八重天的两排房舍，分男左女右。男庠的房间较乱，一切用具也不整齐、不干净，剩下的柴草也不多。女庠的房间一切井然有序，灶间柴草也堆放得很整齐。

庞涓选了右边女生用过的房屋，孙宾自然也一起到右边女庠。两边的房屋，每间都可以容纳十数人，一人住着，空荡荡的，凭生许多孤寂。孙宾想两人合住一处，又怕庞涓不愿意，也就罢了。

有米无菜，孙宾趁天色未晚，射了两只山鸡回来。厨间还有盐，又剩有豆酱和盐梅，有此调料，两只山鸡炖一锅，味道极佳。他想起庞涓未见出猎，便盛了一碗给他送去。

原来庞涓的包袱里面带有两片咸肉，此时饭已做好，正在美美地享用。见孙宾为自己送来雉羹，感到有点羞愧。他请孙宾共进此餐，孙宾说："我那边饭也熟了。"辞谢而去。

当夜两人各自睡在空荡荡的大屋之中，各想心事，都意识到：进山第一件事，便没能经受住老师的考验，两人不能很好地互助合作，这怎么行？庞涓机敏，第二天一大早，便去请孙宾搬到一起来住。

孙宾自然十分高兴。早餐就同炊。然后庞涓去潭边钓鱼，孙宾去山上射猎。庞涓把马让给孙宾用。晌午时分，孙宾射到一头很壮的鹿，足有二百多斤，幸亏有马才驮了回来。庞涓也获得了满筐的鲜鱼，制成酱鱼和腌肉，已经够他俩长久享用了。

于是他们商议，不如出山去买几石白米，再备办些姜、桂、食盐、豆酱和盐梅之类，做好长期生活的准备。办好此事，他们就可以在山中攻读了。

第三天两人同猎，收获就更大了。他们竟射死了一只大熊。用马驮回，马也累出一身大汗。为处置此物，两人差不多累了一整天。他们炖上了熊掌，又在山中采了猴头、竹笋、木耳、黄花之类，可以做成十分丰盛的宴席了。

第四天，鬼谷子正要派云霓去召唤孙宾、庞涓，却见山口那边，两人抬着木盒走来了。

孙宾、庞涓抬着木盒，不敢摇晃。来到鬼谷子端坐的席前，把木盒稳稳置于席上，然后跪地禀报："蒙师父不弃，让我们安顿三日，现在一切就绪，可以就学了。特备薄宴，请师父与学生共享。"

原来木盒中是一桌丰盛的宴席。鬼谷子已料知此事，对两人的生活能力很满意。一边说话，一边就开始了传道，他说："你俩不必多礼。我乃山野之人，不讲什么礼数，只是平心相见就够了。我当年侍奉在李老君身边，鲁国孔丘来学礼，老君就十分厌恶那些烦琐的礼。今后师生相见，要免去那些礼节。"

孙宾、庞涓齐声说道："学生谨记。"

"那还不快快起来，坐下畅饮。"鬼谷子说着，又命云霓取出洞中陈酿来。

孙宾、庞涓不再拘束，起身把盒盖打开，香气立即溢满室内。他俩把一碗碗、一碟碟佳肴陈列于鬼谷子座前的几案上，计有鹿唇、鹿肝、鹿肾、熊掌、熊筋、熊白、鱼脍、鱼羹、萱汤、猴头、清笋等美味十多种。师徒四人围着几案席地而坐，大享口福。

鬼谷子说："古代伊尹，曾以滋味说得汤王实行开明政治，那也是事实。然而，仲尼学派却编造说，伊尹不是以滋味要求汤王，而是以尧舜之道要求汤王。那全是胡说。他们主张'君子远庖厨'，而自己却又'食不厌精，脍不厌细'，全是假仁假义。他们也崇拜伏羲氏，但违背伏羲古义。伏羲就是庖牺，他们是亲自下厨的，难道不是君子？我的学问，是上存古义，下合时用，一切都要顺乎自然，合乎天理人性。你两人已经有了伊尹烹割滋味的本领，也要懂得伊尹治国之道。"

孙宾、庞涓齐声说道："学生谨记。"

鬼谷子说："那伊尹本是汤王妻子有莘氏的陪嫁奴，他能烧出一手好菜来给汤王吃，趁机劝汤王实行王道，就是因为他本人有很高的学问和道行。他在伊水之滨，掌握了跟风雨洪水斗争的本领。他既懂天宫的事，又懂人间的事，在汤王面前敢于说自己是先知先觉者。伊尹的学问，都保留在我的道、数、兵、游四门课程之中了，你们要好好学习。”

孙宾、庞涓齐声说道：“学生谨记。”

鬼谷子哈哈大笑，说道：“你们两人呀，一席未散，就说了三次‘学生谨记’。学问学问，是要问；道行道行，是要行。你们要多用心、多动手才是。”

孙宾、庞涓两人也笑了，这回说的是：“学生明白了。”

鬼谷子奉行老子的主张：道法自然。从不做强求之事，饮酒也从来不许过量。孙、庞两人还没尽兴，他就让云霓把陈酿老酒收藏起来了。饮用适度，享用佳肴也多得滋味。

散席之后，鬼谷子让云霓来上茶。制茶法还是他从信阳鸡公山药翁那里学来的。每年春天都采制一些，供一年之用。泡开之后，鬼谷子指着白瓷杯中那一针一叶的茶片说：“这就是矛锋。”

孙宾自幼在贫困之中长大，从未见过饮茶之事。庞涓虽然知道此事，也只是听说那是楚国给天子和个别王侯的贡品、礼品，仅有少数王侯将相之家享用过。老师也精通此道，真是出乎他意料。两人受宠若惊，轻呷几口，便觉得满身爽快，美味佳肴带来的油腻感也消去了。

鬼谷子要休息了，孙宾、庞涓两人才告辞出来。至此，他们才感到鬼谷先生非同凡响。即使是吃饭，他也句句都有很深学问，使他们茅塞顿开。只恨入山太晚。

他们还感到，坐在鬼谷子的身边，灵魂仿佛也得到了净化，使自己想事情合乎正道，做事情合乎自然，待人顺乎情理。师生、同学的感情也亲近了。

孙宾、庞涓每天早餐之后，便沐着晨光，踏着草上白露，到鬼谷子那里听讲。每次在讲经坛前讲一两个时辰。道、数、兵、游四门课程，轮番传授。

他们两人都志在学兵，但在道、数两门学业未精之时，讲兵不适宜，所以最初讲得较少。孙宾理解老师这种安排，庞涓则急于要学兵书。鬼谷子洞察到庞涓有些急功近利，便引导他沉静致远。

鬼谷子告诉两人，对于兵家来说，道与数是最基本的课程。根基不固，则事业难成。

论道是在讲经坛，学数则是在观星台。

除了传道授业之外，鬼谷子十分注意学生的体质锻炼。锻炼的科目，也就是熊经鸟伸、吐故纳新之类。山中空气极好，所以认真练习之人，身体就十分健康。但那庞涓对于锻炼不如孙宾认真，所以久而久之，身体就比孙宾差了。体质不如，精力、脑力、记忆力也显出差异来。

鬼谷子给孙宾、庞涓两人安排的课程，按现代人的标准来看也够分量。因为他们进山前，没有良好的学业基础，所以学习的时间就会很长。

他要他们掌握周天日月星辰的运行，别说四季星空变化的规律，就是记住那满天星斗的位置和名称，学会观察它们有无异常变化，都至少要用一年。

还要掌握天下各国地理，名山大川，都邑城防，关津隘口分布，四时寒暑变化，各国风俗人情，这也至少要用一年。

还要熟悉华夏、四夷各国的历史、公室、私家，古今人物，政治得失，经济要略，君臣百姓期望与避忌，这又至少要用一年。

这些都掌握了，才算初知天地人“三才之要”。其间还要云游四海，做一番验证，然后才可以言兵学，然后才可以言游学。学好这两门具体运作课程，又得三年。鬼谷子称他这一套授业方法为“先道、数而后兵、游”。

庞涓听了老师的安排，知道了进山修道之难。但他也不能打退堂鼓，只好硬着头皮学下去。他和孙宾一样，每日听讲，风雨不误。有的功课他听不懂，回来后孙宾就解释给他听；有的功课他记不住，回来后孙宾就陪着他，两人共同学习。

他们两人一日三餐，本是轮流来做。每当功课紧了，或者逢上四时八节，必须彻夜观星候气，观星台上离不开人，道童云霓也会来帮忙，有时也留他们在洞府与先生一同进餐。

山中生活对于孙宾来说不觉其苦，反觉其甜。庞涓却觉得这样的生活不易领受。想他平日在家，活到三十多岁，也很少过问庖厨之事。轮到他做饭之日，两人有时要吃夹生饭或烧焦了的苦饭。孙宾常常教他炊事，有时就自己多做。庞涓对孙宾充满了感激之情。

过了几个月，孙宾与庞涓商议给老师送束脩之事。进山时孙宾颇为此事踌躇，庞涓身边也无多少钱财。两人商议，只得积攒一些鹿茸、熊胆、麝香之类，奉献给老师。学习之余可常到山中射猎，但不知需用多少方好。他们便去向云霓打听。

云霓摆着手，笑着说："先生授徒，从无束脩之说。先生不事聚敛，每次周游列国，君侯多有赠予，他一生也用不完。他还周济一些穷困之人。两位学兄请专心攻读，学业有成，也就不愧先生一片心意了。"

原来如此。孙宾、庞涓更是敬佩先生道德之深，一心效法先生之德。

一个秋夜，庞涓值班观星，独自一人在观象台。上半夜还是星汉灿烂，山中寂静，没有一丝风，只是有些闷热。他观察记录了子夜的星象之后，有了倦意，便以手中竹简为枕，侧身躺在台上，竟慢慢进入了梦乡。没想到这一睡，睡出毛病来了。

原来那鬼谷子传授给孙宾、庞涓的天文气象，都有实用价值。夜里只需仰观星空，根据星象分布，即可知道当时是何年、何月、何日、何时、何刻，还可以推算出一千年的冬至、夏至时间，现代人若学会了这种本领，也就用不着年历、月历、日历、钟表了。

鬼谷子让学生在观测星象的同时，还要记载气象。如果遇上阴雨天气，不能从星象知道时刻，也不要紧，洞中点着香，那香是可以计时的，仍然有准确时间来记录气象变化。那天夜里庞涓在值班时打瞌睡，误了对雷雨的观测记录不说，自己也重病一场。

发生的是一场突然袭来的暴风雨。鬼谷山中，风雨也奇。那迅速移动的风暴到了山谷，便要加快速度，增加强度。本来还是繁星满天，刹那间就浓云四塞，电闪雷鸣，风雨大作。当第一声巨雷震醒庞涓之时，滂沱大雨已经倾泻下来，雨中夹雹，雨点极冷。庞涓急忙回洞中看时辰，那记时之香才燃到丑时刚过。他无法弄清天边出现乌云和开始起风的时刻，但可以记下此时情况，风、雨、雹都甚为猛烈。他睡觉时是把那一卷记载天象的竹简作为枕头来使用的，现在想起要用，急忙回观星台去取，却怎么也摸不着了。借着一道闪电的光，看清台上并无此简，必定是风吹雨冲，飘走了。近几天的记录都在此简上，必须把它找回来。漆黑的夜，风雨交加，伸手不见五指，如何去找?

庞涓回到洞中，点燃一支松明火把，跑到风雨中去寻找。那火把哪经得起风扑雨打，刚出洞不久就熄灭了。他没有找到竹筒，这时冰雹又加大了。

“啊——”一粒鸡蛋大的冰雹打在他的头上，他惨叫一声昏倒了，倒在冰冷的雨雹流中。幸好这时鬼谷子和云霓都已起来，把他救回了洞中。

原来鬼谷先生对这场暴风雨早有预报。那天傍晚日落之时，天空无云，但烧红到了天顶，再现大雨之兆。临睡前感到出奇的闷热，知道必有雷雹，但估计上半夜无事。他不知今夜孙宾、庞涓两人谁来值宿，为检验他们的学业，事先也不告诉应如何处置，只告诉云霓早点安歇，半夜但闻雷声，便立即起来察看值班者如何行事。

老人睡眠浅，鬼谷子最先起来，到外间唤醒云霓，那时正有一股凉风吹入洞府。师徒增添衣服，穿好之后才到前洞来。洞中灯光很幽暗，只见一人仓促入洞，也分不清是孙宾还是庞涓，因他两人高矮胖瘦都差不多，他的动作又快，点燃一支松明子就往风雨中跑。

“他要做什么？”鬼谷子和云霓都感到奇怪，跑到洞口来看。原来他是在寻找什么东西。鬼谷子正要做出判断，就听风雨中那人发出凄厉的喊声。师徒两人急忙前去救护。抬入洞中，见是庞涓，他已经不省人事。

云霓有些紧张，不知如何是好。

鬼谷子泰然自若。他治病救人有方，何愁这点小小疾患。他先取出一粒药丸，用右手拇指、中指压住庞涓腮边两个穴位，见那紧闭的牙关微微张开，左手即把药丸送入他口中。然后，又让云霓掐他的人中，自己则推拿、屈伸他的四肢。不一会儿，庞涓就醒来了。

庞涓外伤并不重，精神上也只是略受刺激，但他感受到的风寒却不轻。醒来之后，体温就升到很高。云霓把手指放于他的额上，便感到烫人。好在邪气只是侵入体表，未曾深入脏腑。

鬼谷子说：“只需调养数日就好了。”

此时已是卯时初刻，孙宾推开洞门进来了。洞外已经天亮。一场大雷雨过去，满天乌云已经渐渐散开，风也渐渐停了。林中禽兽经过一夜风雨之苦，现在似乎感受到了安宁与喜悦。洞外竹林里，多种鸟儿在叽叽喳喳地进行着清晨大合唱。

云霓见孙宾来了，说道：“师兄，今天怎么来得这样早？”

孙宾说："我想来跟庞涓对一对昨夜大雷雨的记录。"

原来昨夜孙宾在第八重天，对这场雷雨也做了记录，刻入了简册中。没想到正好补救庞涓对雷雨开始时间的缺测。

对于这场雷雨，庞涓虽为值日，却未能预报出来。孙宾已初步领会鬼谷子的有关学问，认识了若干雨兆、雷兆，和鬼谷子一样预知了当夜有雷雨。由此可知，虽是一个老师所教的同学，收效却大不同。

孙宾见庞涓染疾，很是为他难受，恨不能分担他的病痛。谈到要对记录，庞涓只好以实情相告，他担心找不到那卷竹简了。孙宾劝他说："不要急，能找到的。"

天已大明，雨后阳光分外清朗，空气格外爽洁。孙宾和云霓一起去找那冲失的竹简。顺着地势由高到低，在十几丈远的小沟旁边找到了，一半已经埋入沙中，如全部被掩埋，就很难找了。那记录是用刀锥刻画，不是笔写，所以被水冲刷也不要紧。

孙宾把自己的记录补记入值日的简册，以保持完整的记载，便于日后研究。鬼谷子感到满意。

孙宾和云霓用竹竿扎成担架，把庞涓从鬼谷先生的洞府抬回八重天自己的茅屋，精心地为他治病，帮他调养。此后多日，先生也不时派云霓送来仙药。庞涓感到，即便是亲生的父母兄弟，对自己也莫过如此了，一定要和孙宾结为兄弟。

论起年龄来，孙宾三十有六，庞涓三十有五。于是，他称他为宾兄，他称他为涓弟。两人情同手足。《易》说得好："两人同心，其利断金；同心之言，其臭如兰。"庞涓痊愈之后，与孙宾同登观星台，焚香三炷，共祭天地万物、宗亲师长，宣誓同生死、共患难，永不相负。

一天，云霓来到八重天，对孙宾、庞涓说："两位师兄，先生要出山数日，说啦：这几天不授课了，两位如果有兴趣，由我传给你们剑法十式、徒手十二招，尊意如何？"

孙宾、庞涓听人说过，鬼谷子无论剑法还是徒手格斗之术，都非同凡响，没想自己也能学到，便都来了精神，要苦练苦学。

“小师弟，多谢你了。”

“小师弟，你能不能先让我们见识一下？”

既然师父有命，要传授给他们，云霓自然愿意显示一下自己的功夫。未曾施展，他先要吹嘘一通：“这两套招数和手法，先生是不肯轻易传人的，当年先生和夫人舞剑，如同白云过涧，于百万军中任意出入，万弩不伤，水泼不入。我是练得不好，比师父差远了，在两位面前献丑了！”

云霓说着，掣出腰间宝剑就舞起来。孙宾、庞涓哪见过这样绝妙的剑法，看得眼花缭乱，鼓掌叫好。

“小师弟，剑法如此繁杂，如何着手练呢？”

“这套鬼谷剑法十式，你们先记下式数，然后一招一式地来练，功夫到了，自然精通。”

鬼谷剑法十式：

一曰奇式意外闪击；

二曰绝式空前绝后；

三曰高式上穷碧落；

四曰怪式神鬼莫测；

五曰阴式下竭黄泉；

六曰毒式不可救药；

七曰猛式山岳摧崩；

八曰化式烟消云散；

九曰套式层出不穷；

十曰式中式别有洞天。

孙宾、庞涓记下这些式数，每日学会数式，先掌握基本要领，而后自己去练。

云霓又传新课——

鬼谷徒手功十二招：

一曰腾招直上九霄；

二曰挪招轻移莲步；
三曰闪招飘风扬絮；
四曰让招先礼后兵；
五曰避招鞭长莫及；
六曰速招雷鞭一闪；
七曰吸招底气如虹；
八曰转招机枢灵动；
九曰走招步履轻盈；
十曰巧招虚与委蛇；
十一曰进招稳扎稳打；
十二曰退招海阔天空。

孙宾、庞涓学得一些剑术、招式基本动作，鬼谷子就回山了。开始教他们阵法，除了历代兵家诸多的阵法，鬼谷子自己创作的就有“七星阵”“颠倒八卦阵”“阴阳五行阵”等。

孙宾、庞涓在八重天演习行军布阵之法，用草秆为旗帜、细砾石为甲兵、粗砾石为战车，互相攻守，如同千军万马鏖战在沙场。

两军对垒，庞涓总是敌不过孙宾，但他也从中学到许多招数、韬略，十分高兴。

第二十九章　传张仪苏秦游说

布衣孙宾去鬼谷求学，在洛邑本地一些士人中引起反响，慨叹自己志短。苏翁家的几个儿子尤其羡慕鬼谷名声，愿去求学，以苏秦求学之心最为迫切。

苏秦表字季子，兄弟中数他最聪颖，有做一番事业的志向。

苏家本是一个大家族。周朝衰落，许多士大夫之家也随之衰败下来。这些年苏家出了好几件不幸之事。

苏翁的长子苏孟子早逝；次子苏仲子，前年也死了，留下寡妻苏嫂，就是苏秦之嫂。虽是如此，苏家人口仍算兴旺。两位老人苏翁、苏妪都健康，苏秦已有了妻室，他后面还有两个兄弟苏代、苏厉，都已长大成人。由于家道衰落，家奴都已走光了。男耕女织，事事要由苏家父子、婆媳、妯娌来做。

一家人谈起去鬼谷求学之事，苏秦、苏代都想前往。兄弟两人欲同行。但苏翁以为，只留苏厉一人在家耕田，难以糊口。他只放苏秦一人出门。苏家日子一天不如一天，也只得如此。那时上等的农民一人能养活七人，中等的农民一人能养活五人，下等的农民一人能养活三人。由士人敝落的苏家成年劳力，只能抵得上一个下等农民。需要两人耕两人织，才能指望家计过得去。

看来，鬼谷子此时的四个大弟子，都不是大富大贵之人。比较起来，庞涓家境好些，其次是苏秦，最贫的是孙宾。张仪的家境也比孙宾略强一点。

张仪表字余子，魏国人，虽是孤苦伶仃，但已有了妻室。让妻子独守空房，自己去深山苦读，实也于心不忍。但他那位妻子十分贤淑，深明大义，为了丈夫的功名富贵，她甘心回娘家独居数年，只望郎君早日春风得意。张仪离开魏国那天，妻子长亭送别，依恋之情难割难舍，她为张郎流干了眼泪。

张夫人不放心："张郎，你一人在外，吃饭要自己做，衣服要自己洗，衣服破了，谁为你缝补呀？"

"夫人，你不必这样担心，天下的事没有我张仪不会做的，倒是你独自一人在家，要多保重呀！"

张仪来到洛邑，在城郊驿亭遇见苏秦、苏代兄弟。苏代很羡慕三哥，送三哥上路，送了一亭又一亭。古时一亭是十里路，苏代送了几十里。古道上，有公侯的轿车、士大夫的快马，也有小商小贩们的牛车、驮驴和其他行人。都没有像苏家兄弟这样依依不舍的，苏代是恨不能跟了哥哥去。

张仪与这哥俩脚跟脚同行几十里，语言中也听出了他们的兄弟关系，立志苦学的心情，自叹道：多么情深义重的哥俩呀，可惜自己没这么好的兄弟！真是——

棠棣之华，
鄂不韡韡，
凡今之人，
莫如兄弟！

苏秦听这位朋友吟《诗·棠棣》，赞美兄弟之好，想到自己出门在外，没有兄弟在侧，患难之时还得依靠朋友，顺口就吟出了同一首诗中的后面一段，那是赞美朋友的几句：

丧乱既平，
既安且宁，
虽有兄弟，
不如友生！

张仪听他吟出这几句，也会其意，便上前搭话："这两位朋友，贵兄弟两人如此亲爱，真是令人羡慕呢！"

"朋友，我看你陪着我们兄弟行路多时了，莫非也是要去鬼谷求学吧？"这是苏代在答话。

"正是，我与令兄将要成为同窗呢。"

"真是幸会，我为能有你这样的同窗而感到幸运，敢问朋友的尊姓大名？"

"在下张余子，单名一个仪字。敢问朋友……"

"在下苏季子，单名一个秦字，我的兄弟，名叫苏代。"

张仪、苏秦互相通了姓名，知道都是去找鬼谷先生求学，便结伴而行。三人同行，又走了一些路。

送君千里，终须一别，在张仪、苏秦的劝导下，苏代依依惜别而回。

张仪、苏秦并肩行走，谈得十分投机。一路晓行夜宿，在一家驿馆里，两人结为兄弟。张仪比苏秦长半岁，因此张仪称苏秦为季弟，苏秦称张仪为余兄。

不数日，他们到了颍水之源北汝河畔，寻找鬼谷。根据当地人指点，经过前面不远那个驿亭，便能看到鬼谷山口了。想想就能见到老师，张仪、苏秦两人十分激动。他们想象着老师是个什么样子，见面时如何相求才能被接收为徒。

那座驿亭处在这段道路的最荒僻处，留宿的人很少，过往的官民人等，有的甚至不在这里歇脚，所以人们不大知道它的名字。张仪、苏秦连日赶路，颇有些累，又看快要到达目的地，便到亭中歇一会儿。

两人刚坐下，便有亭长来送酒。张仪心细，一边饮酒，一边察看环境。此亭背靠平缓山坡，前面是一片平甸，实在是一个好地方，可惜人烟稀少。再看这驿亭，门柱上刻着三个古朴的字：载鬼亭。他想，这便是这个驿站的名字了。他觉得这个名字好怪，大概与鬼谷有关吧。于是问道："敢问亭长，此亭为何取名载鬼亭？"

那亭长是个粗人，只知道送酒卖饭，招待过往客人，哪能回答这个问题。忽然，见到从鬼谷里面走出两个人来，上了大道。他知道那是鬼谷门生，便对张仪说："鬼谷子的学生来了，你问他们吧。"

不久那两个人来到亭上。亭长请他们上席入座，张仪、苏秦也起身相迎。这两人正是孙宾、庞涓。四人互相见礼，然后席地而坐。亭长又为他们送来了一小坛酒，添两个凉盘，置于几案上。

张仪先说话，问道："敢问两位朋友尊姓大名，可是鬼谷先生的门生？"

"承蒙贵友相问，在下孙宾，师弟庞涓，都蒙鬼谷先生垂爱，在山中攻读。"

"果然如此，我和谊弟也是来向鬼谷先生求学的，在进山之前能见到两位学兄，真是三生有幸！"

"两位真是来访鬼谷先生的，可见先生真是料事如神！敢问两位尊姓大名？"

"在下张仪，谊弟苏秦，正是来向鬼谷先生求学的。庞兄说先生料事如神，难道先生知道我俩来访？"

庞涓笑着说："你说对了！出山之前，先生对我们说：你俩快去快回，近日会有两个人来，他们乍入山中，生活上需要你们帮助。"

张仪、苏秦听了，惊奇不已。

其实这也不怪，因为前些日子鬼谷子带着云霓出山漫游，在一个驿站无意中听人说："有两个年轻人去鬼谷求学，他们的决心真诚感人，没有马骑，就步行去鬼谷，脚上都起了血泡，不知何日才能走到颍水。"

这种别人漫不经心的事，云霓也没在意，鬼谷子却据此推知，这两人何时将要进山，应该帮助他们。这样极为简单的事，在一般人看来，也说鬼谷先生料事如神。

张仪问起山中生活，需要做些什么准备。看来进山之前必须备办一些物品。今日是来不及了，于是四人商定今晚共宿驿中，也好做长夜之谈。

驿舍中的房屋很简陋，四人共居一室。张仪没忘记这载鬼亭的奇怪名字，说："这真是鬼的亭，还有鬼山和鬼谷。"

孙宾笑着说："这鬼字是个假借字，应该读着傀！"

"有此一说，据云，古时鬼字与傀字通用。那么，载傀亭又是何意？"

“我曾向先生请教过鬼谷名称的来历。先生说，上古时代这里曾有人聚居。当在神农氏之前，伏羲时代，人们以狩猎为生。伏羲氏虽然规定了嫁娶之礼，以俪皮，即两张鹿皮为聘礼，但仍保持抢婚习俗。那时这里多雨，一次迎亲途中遇上了雨，于是留下了一首歌谣。周文王在羑里狱中衍《周易》，把这首歌谣保留在《易》辞里，作为《睽卦·上九》的卦文。”孙宾吟诵了那首歌谣，其文古朴难解：

见豕负涂，
载鬼一车，
先张之弧，
后说之弧，
匪寇婚媾，
往遇雨则吉。

孙宾说：“用这睽卦来卜男女之事。卦上说，前去迎亲遇上雨，表示吉利，所以要唱这首歌。歌词的意思是：‘看见猪在泥里滚，一车傀儡都被淋，搭箭张弓却不放，摇着弯弓笑盈盈，不是来抢劫，而是来迎亲。’载鬼一车，就在这个地方。那车上载的所谓鬼，也就是被雨淋的鬼，当然不是真鬼，而是戴着假面具的人，也就是抢亲傀儡戏的扮演者。”

“原来这载鬼亭本意是载傀亭，鬼谷就是傀谷。”

“这鬼谷虽不是很大，但也是个人间大舞台。只是进入鬼谷却需去掉假面具，才能求得真学问。”

夜里他们谈了许多，但未谈及孙宾、庞涓出山的任务。张仪、苏秦不知鬼谷规矩，也不便贸然深问。

载鬼驿亭这天夜里有投宿四人，使亭长得了一笔好生意。次日，张仪、苏秦要备办一些生活用品才进山，亭长又热情地送他们去市场，还充当中人为他们买了一头小驴，以便驮运物品。

四人分手之时，像有许多话还没说完。张仪说：“不知两位仁兄此次出山云游，何时能归来，可不要让我们等候太久了。”

孙宾说：“不过旬日之间，我们便会回来。”

苏秦禁不住好奇，还是问道："两位仁兄出山有何使命，仙机可露吗？"

庞涓笑道："哪有什么仙机！先生授以数术，讲习天文，最看重的是实际运作。每逢春分、秋分、冬至、夏至这些重要节气，都要到登封的周公测景台，测量日中的影长。取得数据，即可转回归程。有时也做一些游览。"

张仪心想："如此说来，入山求学修道，并不只是读书，还要掌握自然的变化，接触天下各国事务。"

张仪、苏秦还不知道鬼谷子四门学问的详细内容，即已对进山学习产生了浓烈的兴趣，觉得不虚此行。但又担心鬼谷子是否会收自己为徒。孙宾、庞涓说了，他俩可以住在八重天左侧那几间茅屋，但这并不是先生所指派。先生预知他俩会来，那意思像是要让他们四人互相帮助，但也没有说就要收留他俩呀。

张仪心里不踏实，就向孙宾探询："孙兄，我们未蒙允许就进山去住，先生不会撵走我们吧？"

"先生对于到鬼谷求学的人，来者不拒，去者不留，一听自便。先生的主张是道法自然，对人对物都不强求，从来不委屈人之性和物之性，而是助其自然发展。"

"先生的境界，真如日月经天、江河行地呀！"

"是啊，先生倡导的，是人与人、人与天、人与万物之间的和谐相处。对于天地，先生要求敏于观察而不违背其道；对于万物，先生认为可以取而用之，又需使之欣欣向荣；对于人，先生主张按其品德和天赋，授以适当学问，能用之于入世、出世而不失其正道。先生之道，本于老君，是道法自然。"

听了孙宾一番话，张仪、苏秦放心了，也觉出先生道德之高深，感到自己来得太晚了。

张仪、苏秦躬送孙宾、庞涓沿着大道远去，而后赶着小毛驴，走向深山。

那天风和日丽。未时三刻，夕阳西下。鬼谷子端坐于洞口，云霓在侧，长剑挂于柱上，雪青马拴于洞前草坪。他看见前山袅袅炊烟直上，心想孙宾、庞涓已经去了周公测景台，有人为炊，必定是那新来的学生进山了，便吩咐云霓：“你去取两包医治脚伤的草药来，给前山的年轻人送去。”

“孙宾、庞涓二位师兄出山未归，送与何人？”

“又有两人来了，他们长途跋涉，脚上起了泡，还出了血、生了茧，你叫他们将息数日再来见我。”

云霓知道先生神机妙算，也没想到他料事如此精细，但他相信先生的话，急忙应道：“知道了。”于是拿了两包草药，揣入袖中，把剑挂在腰间，便骑马往前山去了。

又不是出远门，云霓为何要带剑？原来时近傍晚，深山行人，为防猛兽长虫，剑不能离身，虽然只需穿过一片山间草甸和一道峡谷，但也不得不防。

张仪、苏秦两人，按照孙宾、庞涓的吩咐进入鬼谷山，经历漫长无人地带，穿过八道峡谷之后，果然见到两山近水处各有一排茅屋。他们去到左侧的一排房屋，视察一番，除了寝室、书房之外，还有厨房。只是那些房子长久无人居住，已经失去了生气，一切用具都蒙上了灰尘，墙角上结了蛛网。两人忙着收拾打扫，见天色不早，感到肚子饿了，便挑了水来，生火做饭。

张仪、苏秦正在用餐，就听到马蹄声由远而近，有些惊异。只见一个少年手举宝剑，推门而入，高声喝道：“哪来的野人，擅自闯入我家！”

这少年便是云霓，他想吓他们一下，试一试这两人会不会惊慌失措。张仪、苏秦岂是胆怯之人，他们遇事并不惊慌，脸上的惊异之色也一掠而去。两人互相交换一下眼色，便镇定地放下碗箸。

张仪起身，拱手相迎：“朋友，请息怒。我们两人远道而来，岂敢擅闯。只因在载鬼驿亭遇见师兄孙宾、庞涓，蒙他们推荐，才来此屋安歇。”

“你们是何人，怎么称孙宾、庞涓为师兄？”

“在下苏秦，他是我谊兄张仪，我们都是来向鬼谷先生求教的，和孙宾、庞涓自然就是师兄弟关系了。”

云霓见这两人气度不凡，伶牙俐齿，说起话来有根有底，紧绷着的脸儿早已松弛下来，手中的剑也插入了鞘中。他还未脱孩童气，看着张仪、苏秦那副一本正经的模样，便忍不住笑了。

云霓的笑，倒使张、苏两人惶惑不解了，面面相觑，不知如何说话。云霓说："两位师兄不要见怪，原谅我刚才唐突。我不是来诘问你们，而是来给两位送药的。"

"送药？"张仪不解其意，自语着。

苏秦问："小兄弟，你是谁？"

"我是云霓，鬼谷先生身边的道童。先生知道两位来了，说你们途中艰辛，脚上起了血泡、老茧，破出了脓水，特命我送来草药两包，供你们煎汤洗脚。先生让你们好生将息，数日之后你们再去见他。"

张仪、苏秦听了，感到先生真是活神仙了，不但知道我们来到，还了解我们一路的辛苦。受到先生关怀，感到无比幸运、温暖。两人从云霓手中接过药，便向北边跪拜，说道："弟子多谢恩师！"

张仪问："云霓兄弟，先生何以如此神机妙算？"

"这几天先生并未出山，我就在他的身边，也未曾远离。他闭目端坐，就说两位已经来了，还让我送药，我也不知其故。"

苏秦说："多谢先生垂爱，也多谢云霓兄弟送药，请跟我们一同用餐吧。"

"多谢张、苏两位师兄了，时间不早，我还要回洞府去向先生复命呢，就请两位师兄自便吧。"

云霓说罢便出门去，他步履轻捷，上马遁去，有如天边一片云，不久就消失在前边峡谷中。张仪、苏秦感到，真是遇到神仙了。来此求学，三生有幸。但是怎么学习，学习什么呢？当晚他们计议着，过几天如何去见先生。

鬼谷先生生性平和，是容易见到、容易相处之人。张仪、苏秦初次拜见师父，也无烦琐礼节。

两人进入洞府之时，看见有一人头戴上大夫冠冕，身穿官服，席地坐于鬼谷子之侧。张仪暗想："在尘世做官的人，怎么也来到山中？"

鬼谷子一眼就看出了他的心思，便说道："张仪、苏秦二生，让我来引见一下，这位是宋国上大夫禽滑釐先生，他是我朋友墨翟先生的高足弟子。"

张仪、苏秦忙向禽滑釐行礼，禽滑釐还礼，大家再入座。

交谈起来，才知禽滑釐是来鬼谷找他的老师墨翟的。墨翟自从与鬼谷子有了交谊之后，也爱四处云游，没有定处。现在鲁国发兵攻打宋国，要毁其宗庙社稷，楚国又不相救。楚王向来听从墨翟之言，禽滑釐是奉宋侯之命，来找老师前去救宋。墨翟许久没到过鬼谷了，禽滑釐只好先听听鬼谷子的教诲，然后到别处去寻找师父。

张仪、苏秦见禽滑釐要和先生谈话，便请改日，再向先生求教。

鬼谷子微微摇头说："你们两人在旁听听也无妨。人多些，正好议论天下大势。"

鬼谷子又转身对禽滑釐说："我知道墨翟先生主张非攻。但宋国的处境也确实太难，挟在鲁国与楚国这两个比他强大的国家之间，若是给鲁国当附庸，楚国会攻打它；给楚国当附庸，鲁国又会攻打它。楚国现在不救它，是因为它在两国之间摇摆不定。它与鲁国打一仗，虽是自取灭亡，但鲁国也会因此大伤元气，这是楚国求之不得的。鲁国虽为周公所建，但国家气数将尽，早晚会被楚国所灭。"

鬼谷子预言：宋、鲁、越等国都将被楚国所灭，禽滑釐、苏秦都不大相信，因为鲁国本是周公之国，而越国灭吴之后，范蠡时代曾经是齐国、晋国都屈从的霸主，现在势力虽然不能列入六国诸侯，但仍强于宋、鲁等国。

张仪对于先生之说颇为相信，他还有些看法想请教于先生，便说道："老师所言甚是。自平王东迁以来，许多诸侯已亡其国。以学生所见，不仅现存的宋、卫、郑等国已经失去诸侯，就是周王朝也难保了。请问老师，天下诸侯何时不再互相征伐？"

鬼谷子说：

> 那要到现存各国都已灭亡之时。天下万国，现在可以独立行政者七国而已，兼并之势仍会持续下去。其中，燕、赵、韩、魏、齐、楚六国在函谷、武关以东，排列成南北向的纵势，可分为内外二纵。内纵为三晋，即韩、赵、魏，与秦国紧密相连；外纵为北方的燕、东方的齐、南方的楚。受秦国威胁最大的，是内纵三国。秦国若要进攻外纵三国，必须借道于内纵三国。函谷关以西，是秦国的辽阔疆域，呈横势。而今国力增长最快的是秦国。纵横之势不均，征伐就不能停息，天下苍生的苦

难也日渐增多。

鬼谷子一番话，说得在座的人个个点头称是。张仪、苏秦二生觉得，先生此言乃是总观天下之纲，已经默默地记了下来，以为日后所用。

说话之间，鬼谷子遥见山外一行白鹭被惊起，叹道："平日山中无人问，今日又有客人来。诸位请暂且到洞外沐浴日光，做一回熊经鸟伸之戏，容我接待宾客。"

鬼谷子预言有客人来，众人自然相信，但不知是何人，使鬼谷子要另做安排，单独接待。

鬼谷子、禽滑釐、张仪、苏秦、云霓等人都到了洞府之外，在观星台与讲经坛之间的平地上排开阵势，做熊经鸟伸之戏。各人的四肢、腰、颈、头部都要动弹，做各种动作。如实论之，他们那姿态真像现代五禽戏、太极拳、迪斯科、霹雳舞的某些动作，但又都不像。这对于健身，却是十分有益。

在他们手舞足蹈、曲伸呼吸之际，从山外走来一位亭亭玉立的女子。一身缟素却掩盖不住她的窈窕身姿：冰清玉洁的肢体，带露桃花的面颜，光彩照人。她身上没有任何金珠宝饰，头上也只插着一朵初绽的山花。看年纪十八九岁。她的手中提着一只小巧的竹篮，篮里是碗口大的两个鲜桃。

鬼谷子一见是她，就知道是姚花女先生派遣她来献寿来了。他只顾接待禽滑釐，忘了明天就是自己的生日。他想，仙家何日来何日去，华诞与升遐之期都是仙机，不必让尘世之人知悉，他是从来不让弟子们为他祝寿的。因此，他必须单独接见她，于是对众人说道："我有事需回洞中，失陪了，各位请自便。"又对云霓说："麻姑来时，请她入洞府来见我。"

那女子飘然而至，禽滑釐、张仪、苏秦都看呆了。云霓迎上前去，施礼道："云霓迎接仙妪！"

那女子道："云霓兄弟，适才我见鬼谷先生还在这里，怎么转眼就不见人了，先生可是不愿见我吗？"

"先生在等你呢，他请仙妪洞中相叙。"

那女子自己进洞去了。禽滑釐、张仪、苏秦都围着云霓，询问关于那女子的事情。对于鬼谷山中的任何客人，云霓都不隐瞒什么，有问必答。

原来那女子就是麻姑，十八九岁就升遐为仙，道行不浅。

阳春三月，何来鲜桃呢，且又是如此巨大？云霓说，那不是人间一般树上所结之桃，乃是王母瑶池蟠桃。每年此时，如果鬼谷先生不在别处云游，住在山里，姚花女先生便会派麻姑前来献桃。

禽滑釐戏问："先生可曾让你尝过那桃是何种滋味？"

云霓说："此桃甚甜，甚美，有灵芝、糕饼之味。"

张仪暗想："该不是用面粉、药材之类蒸的寿糕？"他没作声。

苏秦问："那麻姑看起来年未及笄，如此年少，你为何称她仙妪而她也不恼怒？"

云霓笑了，说道："你当她年轻？她的年龄虽不能与鬼谷先生相比，至少也有几百岁了，是我们年龄的许多倍。"

云霓尽量把出世之人长生不老、道高之人永葆青春之类的话说了许多，想要让张仪、苏秦也萌生出世之念，多习出世之学。但张、苏两人用世之志难改。

禽滑釐、麻姑告别鬼谷子出山那天，正值孙宾和庞涓从周公测景台回来。四人在第五重天荒野途中相遇了。

麻姑劝孙宾、庞涓早日得道出世，她对两人说："鬼谷先生对你们很是器重，不要辜负他的希望。"

禽滑釐则劝他们早日入世，建功立业："天下扰攘，百姓多难，正需要你们这样的才智之士去救民于水火。"

他们各说各的理，互不强求。孙宾、庞涓各有主意，客气地送他们离开鬼谷。

张仪、苏秦听了鬼谷先生总观天下一席谈话之后，都要求学游说之学。

云霓对他们说："先生对弟子的要求是：道、数、兵、游四门学问都要兼攻，然后方可精通一门。"

张仪机敏，一点就通，说道："四门学问互相关联，道、数是根本，兵、游是利用，我们要苦读数年，努力学通。"

此后，在鬼谷私庠中，孙、庞、张、苏四人经常共同学习。虽然主攻课目不同，但四大课程常是在同一个讲经坛下授业。

一连数日，鬼谷子为四个弟子讲纵横捭阖的入门学问，主要是讲《捭阖》《内揵》《权益》《计谋》之术。

捭阖说人之法，其术有十：

一曰捭阖此天地之大道，人伦之要津也。

二曰反复洞明世事，蠡测人心之验证也。

三曰内建建言献策，深入君心也。

四曰抵隙见微知著，出奇制胜也。

五曰飞箝声誉飞扬，钳制其心也。

六曰忤合正反在握，明确方略也。

七曰揣摩揣情摩意，暗致心服也。

八曰量权审时度势，永立不败之地也。

九曰计谋阴道阳取，事谐功成也。

十曰决疑析情辨疑，不失万事之机也。

在东周列国那个多极时代，在百家争鸣的政治和学术环境中，游学是制胜的法宝。鬼谷子提出的一些基本思想和运作方法，千百年后，也可作为公关、外交和商务谈判的理论与实践的宝贵借鉴。

捭阖之术，鬼谷子是作为游学的第一课来讲的。他对孙宾、庞涓、张仪和苏秦说："早年我对计然、范蠡讲过此道；前些年，我对尉缭强调过。捭阖的根本宗旨在于存道，捭阖的基本原理在于不失天地人物之性。他们在入世之后，都是记住了，做到了，希望你们做得更好。"

四人表示，竭尽全力去做。

"用好捭阖之术，你们就可以求生存、求发展，把握时机，稳操胜券。"

鬼谷子把复杂的纵横术，简化为开、关两项运作，就像现代电脑用二进制数学解决万分复杂的问题。这就是捭阖。

鬼谷子提出一个命题来让四个弟子讨论，哪些事物属于阳，哪些事物属于阴？

这不是一道困难的作业，孙宾、庞涓、张仪、苏秦很快就列举出大堆事例，一长串对比的词儿：阳阴、捭阖、多言沉默、生死、始终、动静、安乐忧患、富贵贫贱、尊荣屈辱、赏刑……

分析了万物、万事的阴阳变化，懂得了如何燮理阴阳，就可以讨论捭阖的运作了。

鬼谷子强调了他对许多学生说过的话：“捭阖之道，就在于以阴阳之理说服人。善于此道，你就没有什么地方不能出，没有什么地方不能进，没有什么事情不能做。可以用这阴阳之理来游说个人，游说家庭，游说国家，游说天下。”

鬼谷子一连多天做这样的传授，不仅自己觉得累，也使孙宾、庞涓、张仪、苏秦脑子涨得满满的。但他们很乐意听。

山外春光将要逝去了，鬼谷子又想出山去云游四海，逍遥度日。学生们要求他再授些课再出山，这样他们就可以在山中自修了。

鬼谷子答应在出山之前再讲一课《抵隙》。这是他用于防微杜渐的道术，乘隙出击制胜的法宝。

四个学生正襟危坐于讲经坛下。鬼谷子坐于坛上，慢慢地说道：

> 平王东迁以来，天下纷乱。朝中没有明君，诸侯没有道德，小人得势张狂，贤良遭到压迫，圣人逃隐深山。贪利诈伪之人胡作非为，君臣之间互相猜疑，国家纲纪土崩瓦解，父子离散，夫妻反目，各种裂痕都萌生出来了，这些就叫作“隙”。圣明之人，在萌芽之初就能明察隙痕，并采取适当的方法，这就叫作“抵”。
>
> 抵隙之法，不外乎两个方面。世道如果还有办法治理，抵的办法可用堵塞、弥补来加以改善；世道如果已经无法医治，抵的方法就可用消灭、取代来重新建设。五帝时代用前者，三王时代用后者。当今天下之事，诸侯间互相攻伐，难以数计，用世者，以能巧妙地运用抵隙之道为上。

鬼谷子讲得很慢，一句话重复几遍，为的是让学生能用刀锥在竹简上记下来，以便习诵。讲完一段后，他问道：“记下了吗？”

众弟子道：“记下了。”

鬼谷子又讲：

天地万物的生死合离，必然生出种种裂痕，不可不加以明察。善于用捭阖之道来明察秋毫，就是圣人。圣人是天地的使者，世间无事，就深深隐居以待时机；世间有事，就要出来谋划。圣人握否泰之术，纵横捭阖，立大道以经世，是天地的守护神。

孙宾、庞涓、张仪、苏秦学到了捭阖、抵隙的一些基本道理后，就想学习在人际交往中、在谈话时如何运作。这样，先生不在山里时他们就可以互相演练、切磋。

鬼谷子又告诉他们：

我曾与墨翟讨论过三个概念：服、执、睨。在与人交谈时，要掌握好这三种状况。服：就是交谈双方意见相从，而不争执；执：就是交谈双方意见相持，而不相服；睨：就是交谈双方意见不服、不执而相伺，就是在试探清楚之后再决断之。

鬼谷子看弟子们都记下了，又说："交谈之中，真真假假，有时明里与你相执，实际已经相服或在与你相伺；有时玩弄假象，明里与你相服，而实际与你争执。情况千变万化，因而必须采取飞箝、忤合、揣摩等术，弄准情况，做出适当权谋与决策。游的学问尚多，还是以后再讲吧。"

鬼谷子出山，优游数日，回到山中，孙宾、庞涓、张仪、苏秦立即到九重天请业。

鬼谷子先讲游说中的策略，要因人而异的道理：

与智者言依靠博学；
与拙者言依靠舌辩；
与辩者言抓住要点；
与贵者言依靠权势；
与富者言依靠高贵；
与贫者言依靠利益；

与贱者言依靠谦和;
与勇者言依靠壮烈;
与过者言依靠锐气。

鬼谷子说:“这些道理,你们自己去领会吧。在交谈中,一定要注意对象。比如,你不能和贫困的人谈高贵,不能和猛烈之士讲恭谦。此外还要避免患五种毛病。”

鬼谷子说的五种毛病是:

病言中气不足,神思恍惚,无精打采;怨言伤心太甚,六神无主,无所适从,悲观泄气;忧言忧心郁结,言语不畅;怒言怒不可遏,大发雷霆,妄言狂语,用词不当;喜言喜形于色,思绪混乱,信口开河,不着边际。

鬼谷子说:“在游说中如果犯了这些毛病,你未曾开口,就已失败。你们四人,就先学这些入门的道理,过些日子,再学更深的学问吧。”

第三十章　送庞涓出山

尉缭子辞去魏国丞相职位，是明智之举。

鬼谷子得知，对弟子们说："尉缭此举合于自然之道。你们将来从政，也可作为借鉴。但是，对于魏国来说，不能用尉缭，乃失去了一次中兴的机会。魏王之器，小哉！"

魏国处境每况愈下，魏惠王又一次以重币招纳天下贤者。

这一年，号称天下学术中心的齐国稷下学宫，有三位大学者来到魏国，他们是儒家的孟轲、阴阳家的邹衍、墨家的淳于髡。他们学问很深，都是各自学派的执牛耳者。

孟轲后来是儒家的亚圣，地位仅次于孔子，其时正当壮年，本应风华正茂。但是，由于生活不宽裕，或者说孟轲对于自己提倡的浩然之气，也养得不够足，所以他的身体显得颇为单薄。当他风尘仆仆来到大梁的时候，看起来有点像个老头儿，以至于魏惠王一见面就对他说道：

"叟，不远千里而来，亦将致寡人以利吾国之策乎？"

叟就是老人，魏惠王讲的"利吾国"，是指富国强兵，这并不与仁义相矛盾，可是，这位孟轲先生却说："大王何必言利，我对大王，只能讲仁义而已。"

接着，孟轲讲了利一大堆害处：君王、大夫、士、庶人都来讲利，国家就危险，会造成杀父弑君，等等。

魏国把首都从安邑迁到大梁后，并未改国名，但孟轲总是把魏惠王称为梁惠王。

儒家学派从孟轲开始，把义与利对立起来。孟轲说的那些话是针对魏惠王而发，但惠王并不在意，只是敷衍几句。魏惠王只希望这位孟轲先生能够提出强国的良策，使魏国兴盛起来。

魏惠王约孟轲游灵沼。这是个开凿有人工湖的园林，里面养着飞禽走兽和鱼鳖，是用来观测天文气象和物候的，旁边还有观天的灵台，即古观象台。

魏王的园囿，比起当年晋平公在新绛的灵沼、灵圃、灵囿来，规模小得多了，但仍十分可观。

观赏着鸿飞鹿鸣，魏惠王问孟轲："贤者也喜欢游园吗？"

"君王，贤者能享受其欢乐，不贤者虽有美好的林园也不得其乐。《诗》里就有一首《灵台》，歌颂周文王与民同乐。为人君而不能与民同乐，就不能有欢乐。"

"寡人尽了努力来改善国家。河内发生饥荒，就运粮到河内，移民到河东。河东发生饥荒，也同样妥善处置。我看邻国还不如寡人这样用心治理，为什么邻国人口不见减少，我国人口不见增多？"

"大王喜欢谈战事，就让我用打仗来作比喻吧。士兵弃甲而走，有的逃了五十步，有的逃了一百步，五十步笑百步，怎么样？大王如此，怎能希望人口多于邻国呢。"

孟轲劝魏惠王施行仁政，批判了"庖有肥肉，厩有肥马，民有饥色，野有饿殍"的社会现实，说"此率兽而食人也"。天下诸侯，包括魏惠王，对于这种社会现实，早已习以为常了。魏惠王要听的不是这些，而是对策。

魏惠王叹息。当初魏氏和韩、赵三家分晋，硬把一个大晋国毁了。魏国王位传到他这一代时，西边的国土被秦国占去七百里，失去了少梁，后来又数次屈辱献地。而南边败于楚国昭阳君，丧失七邑。东边又遭到齐国进攻，常吃败仗。他沉痛地对孟轲说："这是寡人的屈辱，寡人愿为死者昭雪，应该怎么做呢？"

孟轲还是用一套旧话，劝惠王施仁政于民，省刑、薄赋、重耕。魏惠王感到失望，若用这个天真的人来治国，一切都将行不通。

孟轲对魏惠王也很失望，他对人说："梁惠王，不仁哉！"

淳于髡与孟轲不同，他见魏惠王，不是来推行自己的政治主张，也不是来求官，只是闲游，遇有急事，仗义行侠帮闲忙。

魏惠王的宾客（接待使）领着淳于髡进宫，拜见惠王。惠王屏退左右，想与淳于髡单独谈话。可是这位老兄干坐着，一言不发。

魏惠王觉得奇怪，出门转一圈，回来又与淳于髡对坐，他仍是一言不发。

魏惠王对宾客说："你说那位淳于髡先生，才高八斗，学富五车，一代贤相管仲、晏婴都不如他。寡人见了他，他却一个字也不说，难道他是认为不值得与寡人说什么吗？是什么原因呢？"

宾客拿了魏惠王的话去问淳于髡。淳于髡说："当然。前次我去见魏王，魏王只顾骑着马奔跑；第二次我又去见惠王，魏王一心听他的音乐。所以我觉得对他无话可说。"

宾客又把淳于髡的话报告给惠王。惠王说："是啊，淳于先生真是圣人呀！前次淳于先生来，有人送给寡人良马，寡人正在试骑，没有注意到先生来了。第二次淳于先生来，有人送给寡人歌伶，寡人正在试她的琴瑟和嗓音，也没有注意到先生来了。寡人在宫中见他，虽然屏退了左右，但仍想着良马和歌声，也是有的。"

于是，魏惠王再次召见淳于髡。这一回，君臣两人谈得很投机，谈了三天三夜也不觉得困倦。

魏惠王决定给予淳于髡卿相的待遇，留他在魏国讲学，淳于髡坚决辞谢，只表示愿意在魏国有事时出些主意。于是，惠王送给他安车驷驾，束帛嘉璧和黄金百镒。

魏惠王又接见了邹衍，与之交谈。

邹衍是稷下学宫的领袖，他的理论"闳大不经"，被称为"谈天衍"。他谈的是当时的新宇宙论，也谈些治国道理，都不符合魏惠王的心意，魏惠王不能用他。

魏惠王需要的，是能够为他带兵打仗的人。他没用上鬼谷弟子尉缭，但终于得到了鬼谷弟子庞涓。

洞中方七日，世上已千年。

山中修道的日子过得很快。孙宾、庞涓两人修完道、数二课，专修兵法，不觉也已数年了。仰观天文，即可知道方向、季节、时辰；俯察地理，即可判别阴阳、寒暑、风雨。对于主攻的学问兵学，更是样样精通。鬼谷先生所授行军布阵之法，也在八重天里设下的九宫田、石八阵中，多次进行了演练。

孙宾觉得，学术上还可精益求精。庞涓却觉得，所学本领已经足够应付天下之事了。

庞涓求取功名富贵心切，每每有人进山，他都留心打听列国动静。每次出山办事，也很注意倾听行人谈吐。

一日，孙宾、庞涓两人出山办事，夜宿载鬼亭驿，听到有过路的士人谈论魏国的事情。庞涓便以耳贴壁，倾听隔壁的人在发些什么议论。薄壁透风，听得倒也真切。

“魏王招贤，真正的贤者去了，他却不能用。”

“未必然吧，我看他是诚心要用人的。前些年尉缭子走了，他就感到很伤心，期待着再遇上贤明的人呢。”

“那么，从稷下学宫来了孔门大弟子孟轲、阴阳家宗师邹衍、墨家高徒淳于髡，魏王为什么一个也没有用？”

“那得看他们都有什么本事，能做什么。那孟轲去见魏惠王，惠王说：‘老头儿，你不远千里而来，能够告诉我怎样做才有利于国家富强吗？’孟子却说：‘大王何必谈利，我只是来讲仁义。如果从大王、士大夫到老百姓，大家都讲利，见利忘义，国家就危险了，会出现败坏风俗、杀父弑君的局面。’这是什么话，迂腐到极点！假若我是魏王，我也不愿用孟轲这样迂腐的人，只想用能够富国强兵的人。我看魏王布告天下，是诚心用重币招揽贤才，任为将相。”

“嗨，可惜你我都苦读诗书，未习兵法，不是魏王需要的那种擅长武艺的人！”

庞涓听到隔壁的这些话，心想，幸亏当年没投入仲尼之门，而是到鬼谷来学军事。他对魏惠王求贤已经动心了。

整个晚上，庞涓都难以入睡，一心只想着如何辞别恩师，到魏国去建功立业。

次日上午，两人要去市场购买山中所需物品。庞涓说：“宾兄，一切烦你代劳了，我想去和几个故乡人聊聊。”

“好吧。”事情并不多，孙宾爽快地答应了。

庞涓是专门去向那两个人打听魏惠王招贤的事情。他急于回到祖国，生怕失去这次机会，迈步到了隔壁房间。

“两位朋友，听口音，你们像是魏国人。”

“正是，我们从大梁来。”

“如此说来，是我的故乡人了，真是幸会！我离开魏国已经好多年了，家乡可有什么新鲜事？”

“这几年发生的事太多了。鬼谷弟子尉缭子出任魏国丞相，曾使魏国有了希望。可是朝廷容不了他，不到一年，他就挂冠而去了。魏国国运继续不振，连吃败仗。无奈从安邑迁都大梁。魏王招贤，儒家、墨家、阴阳家的贤人都来了，可是，他们既不会领兵作战，又拿不出振兴魏国的策略，很使魏王失望。”

“魏王到底需要什么样的人呢？”

“魏王需要能够安邦定国的人，能够带兵打仗的人，就像当年的尉缭丞相那样的贤能之士。”

谈到这里，庞涓心中有数了，但是又想：“那未曾谋面的师兄尉缭子，为何不去实现他建功立业之志，而要隐归山林呢？”为了解人们如何看待这件事，庞涓问道：“多可惜呀，魏国朝廷为什么就容不下一个尉缭丞相呢？”

“朋友，这就是你不了解内情了。”

“此事还有内情……”

“你长年在外，有些事未必知道。人们都说是朝廷容不了他，其实以尉缭丞相之才，处理好朝野关系并非难事。他的离去，还有更深一层的原因。”

“是什么原因？”

“这可是秘密。据了解内情的人士说，曾有人秘密向魏王进谗言，说秦国丞相卫鞅是尉缭子的总角之交，还是表亲。这种瓜田李下的事，是说不清道不白的。以尉缭子的精明，他能不离去吗？”

庞涓明白了，尉缭子真是个英明之人，是范蠡一样的贤者。前车之行，后车之鉴，譬如当年助越灭吴的英雄文种，他英明一世，却不如鬼谷弟子范蠡，最后死于越王剑下。

鬼谷之学使庞涓英明，也使他过于自信。他了解这些情况之后，觉得自己处世能力比孙宾还强。

孙宾觉察到庞涓的神情有些不同于往常，只当他是动了思乡之情。因为孙宾只看到他同操乡音的人谈得很亲密，未曾注意他们谈话的内容。

“涓弟，又思念弟媳和孩子们了吗？”在归途中，孙宾问他。

“是有一点，”庞涓说，“离家这么多年，我那英儿已到行冠礼的年纪了。”

“涓弟学业有成，后继有人，真乃人生大幸。”孙宾说着，叹息道，“愚兄无能，还不知何时能有家室。”

“宾兄，你何必叹息，自怨自艾。以兄之才，远胜于我，又何愁出山之后不会有个好嫂子！”

“我还没有想过出山之事呢。”

“若有机会，出山未必不可。”庞涓没有把话说下去，没有提到魏惠王以重币求天下贤才之事。其实此事孙宾也已闻知，只是未动心思而已。

回到八重天茅屋，孙宾一如既往地刻苦攻读，庞涓却有些坐不住了。

他总是担心，怕失去了眼下魏国招贤的机会。那天晚上他辗转反侧，半夜也未能入眠，第二天起来，眼圈都发黑了。孙宾准备好早餐，他也吃得很少。

他们到讲经坛听先生传授新课业，庞涓也走神。

鬼谷子是何许人，对学生情绪变化早已看在眼里。他知道，前天孙宾、庞涓两人出山，必定听到了魏王求贤的消息。

鬼谷子早已知道，自上次禽滑釐、麻姑访问鬼谷之后，庞涓即有了出山之思。

鬼谷子看出，庞涓想要出山谋取功名，一旦萌发了这种念头，留住人也留不住心。他想庞涓这人的德行，也只能如此了，再留他在山中修行也只是白费时间，不如让他早日为世所用。

让他去吧，鬼谷子只是担心他能否恪守道义，便精心地预测了他的前途。天机不可泄露，不能对他说明，只可做些暗示。

庞涓越思越想，出山的心情越迫切。他几次想向先生说出自己的要求，又怕先生不允许，反而对他产生不好的看法。那天午饭后，他正在犹豫不决，只见云霓来到八重天，对他说："庞师兄，先生请你去见他。"

庞涓想，恩师召我单独相谈，正好提出自己的心愿，立即跟随云霓前往九重天。

云霓飘然前行，庞涓却走出了一身大汗。进入洞府，才感到浑身凉爽。鬼谷先生端坐洞中，闭目养神。听庞涓跪地请安，才睁开眼对他笑笑，让他席地坐下，想听听他对他自己的估计如何，便问道："庞涓，你与孙宾进山多少年了？"

"庞涓承蒙恩师教诲，学道、学数略有三年，习兵、习游也略有三年。"

"你自己说说，你的道德、学问达到了何种程度呢？"

"弟子不才，难及先生所望，但已受先生教诲多年，也聊可用于安邦兴国。"

庞涓的话中充满了自信，由此鬼谷子认定，庞涓自以为可以入世了，他求取富贵心切，再也难以有所长进。于是又问："你的时运已到，没有想过下山建功立业吗？"

庞涓闻言，膝行靠近先生跟前，叩头道："恩师，这正是弟子所向往的事，但不知是否能成功？"

"你去山前摘一枝山花来，让我为你占一卦。"

此时正值盛夏六月，百花谢去，前面山坡哪有像样的花朵？

庞涓一出山洞，就感到暑热难当，树上蝉儿"知了，知了"的鸣噪声，叫得人心烦意乱。

烈日之下，尽是杂草。庞涓寻找半天，只看到树林下有一根柔弱细微的带有叶蔓的小草，草上还开着小花朵。他采下这一根，准备拿回洞去给先生看，又想：“这哪算得上是花呢！微贱弱小的一根草花，难成大器。”他把它扔了，再找。湿地上有一种像稗子的野草，穗上也有花，但那是一些粉状物，更不像花了。庞涓无可奈何，只得把那根扔掉的草花又捡起来，揣到袖筒子里，回到洞中禀报先生：“恩师，山里已经没有花了。”

“既然没有花，你袖子里揣的是什么？”

庞涓羞红了脸，只好把那草花拿出来，呈与先生。鬼谷子接过草花，看了看。那花经过高温烈日，又在袖中藏了很久，已经蔫萎了。

他摇头叹息，问道：“你认识此草吗？”

“弟子不认识。”

“此草名叫马兜铃，是野细辛中最弱小的一种。它一生只能开十二朵花，这就是你享有荣华的年数了。”

庞涓听说自己只有十二年荣华，很不甘心，也不服气。但他知道先生有先验之明，只希望老师这次预言错了。庞涓心里难过，也没有吱声。

鬼谷子继续说：“此花采自鬼谷，日晒而萎。鬼字旁边加个委字便是魏字了。庞涓呀，你既然出生在魏国，建功立业必然也在魏国了。”

这一点庞涓相信，因为他想的就是去见魏惠王。

庞涓很希望先生能够在临别之前，再给自己一些教导与指点，于是再拜稽首，说道：“恩师，弟子行将进入纷乱人世，深知自己道行未深，必有许多事情难以妥善处置，还望先生多加指点。”

“庞涓，你若是能经常自省，必当前程辉煌。但须切记：人无道不立。第一，你不可违背天之道；第二，你不可违背地之道；第三，你不可违背人之道。自古一理：无道不义，必自毙。”

对于这些至关重要的话，庞涓只觉得是老生常谈。平日修道讲的是不能离道背义，学数也讲不能离道背义，学兵、学游也讲不能离道背义。他不想听这些，只想知道具体该怎么做，便说：“请恩师明示。”

鬼谷子只对他讲人之道义：“人之性，莫不恶死而乐生，避辱而趋荣。你要遵从人之道义，不可做欺人之事，如若不然，日后反为他人所欺。切记：损人利己反害己。”

庞涓向先生保证：“弟子的道德，还不至于沦丧至此。”

“你的前途，有八个字需要牢记。”

庞涓听鬼谷子说到自己前途，忙问：“哪八个字？”

鬼谷子说：“遇羊而荣，遇马而瘁。”

庞涓不解其意，说道：“请恩师为弟子剖析。”

鬼谷子说：“此乃天机，不可泄露。”过了一会儿又说：“我要告诫于你的，都已说了。你自己去准备出山，与众学友告别吧！”

庞涓跪拜，叩首而出。

孙宾听说庞涓要出山，不胜惋惜。他要在庞涓离去前的这些日子里，天天做宴席为他饯行。

张仪、苏秦知道了，也想搬到右侧茅屋与他们同住、同炊。知心朋友中，以后只剩下三人同住此屋了，多年同窗之谊，使他们依恋难舍。

当晚还是张仪、苏秦同居一室，两人谈起庞涓出山，也心有所动，想要早日学成，到社会上去建功立业。

张仪挂念着住在老丈人家的妻子，而苏秦想的是父母、妻子和兄弟。尘世间种种牵挂袭上心来，也无心思苦读了。

鬼谷子对于庞涓下山形成的冲击，心如明镜。

第二天在讲经坛授业，讲“飞箝之术”，只讲了“见内外之辞，知有无之数”。

这就是要详察对方公开讲的是什么，想的是什么，是虚还是实，从而确定道与术能否施行，还没有讲到考察内容、具体运作，怎样牵着他人思想走，如何把对方的真实情况全部弄清楚等实用技术，便打住。鬼谷子不再往下讲了，让弟子们留着悬念。

他改讲宁静致远的功法，让弟子们坐下来净心悟道。这样才使众弟子的心踏实下来。这三个弟子都是有自持能力的人，很快就安心就学了。

庞涓做好下山的准备，拜别了老师、学友，便高高兴兴下山了。孙宾送他出深山，一直送到载鬼亭驿站。

孙宾无限感慨地说：“涓弟，想当年你我一同进山，共乘一马，仿佛还是昨日之事。而今你去魏国建功立业，不知何日才能与贤弟相见呢！”

庞涓也动了感情："宾兄，我与你结下了八拜之交，誓同富贵。愚弟此行到了魏国，若能受到惠王重用，必当全力荐举宾兄，共创大业！"

"贤弟此言当真？"

庞涓发誓说："我庞涓今后若食言，必定死于万箭之下！"

誓愿是不可轻发的，天地鬼神共鉴，庞涓此言，必有后验。孙宾听了，急忙止住他说："涓弟呀，你我既是兄弟，何须重誓，愚兄多谢贤弟的厚谊了。"

两人洒泪而别。孙宾要把马给庞涓，庞涓怎么说也不要，要把马留给孙宾使用。

孙宾目送庞涓，直到他的背影消失于远山之中。他把马留给自己，一个人徒步远行，使孙宾感到过意不去。

他俩同学数年，情如兄弟。孙宾作为兄长，在一些小事上常常迁就他，使庞涓感到他的宽容与友爱。庞涓习以为常，不知图报，还常常耍些小聪明，但都不出孙宾预料。久而久之，庞涓就产生一种自卑感，觉得自己处处不如孙宾。孙宾则是大智若愚，从不以为自己哪一点比庞涓优越。

现在庞涓走了，孙宾倒真有点为他担心，他的小聪明会不会妨碍了大事业？如果有一天能与他共创大业，还可以互相帮助。

庞涓离开鬼谷，开始在新的天地里活动，一时也产生了一种孤独感。但他以为孙宾没有魄力，已经学得一身好本事，也不敢出来闯荡天下。

他平日感到，老师似乎更偏爱孙宾一些，或者说更信任孙宾一些，但在传道授业方面并无亲疏厚薄之分，因此他知道自己学的东西并不比孙宾少。可是，庞涓忘了一点：师父领进门，修行在各人。孙宾所学实际上比他更为精深。对此他虽有些感觉，但又不愿承认，失去了客观态度的庞涓，宁可自欺欺人。

此时，只有庞涓一个人行走在从周到魏的路上，他才觉得有些空虚。庞涓感到自己前途未卜，若有孙宾同行，那将更有利于战胜艰难险阻。

庞涓想着恩师鬼谷子要他牢牢记住的八个字："遇羊而荣，遇马而瘁。"不管应验与否，庞涓还是在出山时不把自己那匹马骑走，而是留给孙宾。

避开了不祥的马，他所希望的吉利的羊也没出现。一路上也没碰见赶着羊群的人，连山坡上也不见牧羊人。

原来这时烽烟遍地，处处兵灾，老百姓家里就是有羊，也不敢赶到外面来放牧，怕被人偷抢，宁可把牛羊圈在一个秘密地方喂养。庞涓一路所见，十室九空，满目荒凉。战争给天下百姓带来了太多苦难，他想，魏国应该有强大的军队来保境安民。

庞涓行走多日，北渡黄河，到了安邑。

回到故乡，只见沿街行人都是面色惶惶。他们携家带口，流落于街头，有的是逃难而来，有的又是要仓促离去。

原来秦兵已经东渡黄河，安邑难保。有钱人家早已迁徙千里，奔往新都大梁了。

庞涓回到家中，全家喜出望外。妻子见了他就抱头痛哭。儿子庞英已经长大成人，跪地向父亲请安。兄弟庞洪和弟媳也领了两个侄儿庞蕙、庞茅前来相见。

庞家举族欢庆，然后准备东迁大梁。

庞家兄弟加上子侄，五个男子，个个都有一身武艺，庞涓又是从鬼谷学兵归来，邻里乡亲都来致贺。

在战火纷飞的岁月，有这样一家勇武之人，给邻里带来了极其宝贵的安全感。庞涓此时登高一呼，便会有一支人马集中于他的麾下。这样就可以报效国家了。

邻里中的那些年轻人，都聚集到了庞家。他们怂恿庞涓出头，组织一支勤王之师，与秦军对抗。

大家商议，暂定组织五百人的队伍，由庞涓去向令尹大人请领所需兵器、甲胄、黄金、粮秣。

令尹府中一片忙乱，令尹大人在百忙之中，很客气地接见了庞涓等人。

“庞壮士的拳拳报国之心，令下官感动。现在前方将士还缺少供应，别说是五百人，就是五十人所需之物，下官也难以备办。庞壮士的义举难能可贵，下官可以尽快奏明朝廷，以成其志。”

庞涓明白，令尹这只是托词，朝廷岂能管这些事。

地方官不能相助，要在百姓中筹集军粮、军械，更是不可能的。组织义军之事只好作罢。于是，只能由几家人聚集一起迁徙，二十多个年轻人互相帮助，保护着家人向大梁进发。

第三十一章 还孙宾祖书

孙宾送走庞涓，回到山中继续攻读。在课余，为了排遣友人离别的孤寂之感，他就在院庭里舞起剑来。

云霓飞马前来，传递师父之命：今日张仪、苏秦各自在茅屋里自修，不必前去听课，单调孙宾一人去洞府议事。

那鬼谷子平日讲经论道，总是要召集诸生于讲经坛下，或观星台上。单调一人进入九重天的洞府，是稀有之事，看来必定有重要事情发生。

孙宾奉命来到鬼谷洞中，跪地向师父请安。鬼谷子让他席地坐于侧畔，然后问道："孙宾哪，庞涓已经出山了？"

"出山了，弟子送他到载鬼亭驿。"

"庞涓之去，你是依依惜别呀。"

"同学情深，岂不痛惜。他去之后，弟子我甚觉孤寂。"

闲叙一会儿之后，鬼谷子认真地问："孙宾，你觉得庞涓之才，足以担任大将吗？"

"承蒙先生多年教诲，充任大将，有何不可？"

鬼谷子摇头说："他的兵法，还没学完。用兵之道，还深远得很呢！"

听先生这样说，孙宾睁大了眼睛，好不吃惊。

孙宾想不明白：既然如此，先生为何要放他出山？

他的话虽然没有说出口，但鬼谷子已经看出了他心里的疑团，因此说道："庞涓去意已定，如箭在弦，强留他也无用。看来，他的造化也只能如此了。庞涓与你不同，他既自视过高而又易于满足，求胜过急而又夹有过多私念，此非大器也！"

恩师这话虽然是在说庞涓，但孙宾也以此来衡量自己，如何才能成器，成大器。

鬼谷先生说完，不再言语。他对学生观察入微，但也不想太多地谈论那些琐碎的细节，点明即止。

对于庞涓，孙宾平日了解甚深，对他身上的一些弱点当然也有所感觉，但彼此情深义重，对许多问题没仔细思量。恩师鬼谷先生说得如此明确，使他颇觉意外，但又觉得言之成理。孙宾只当这是恩师对自己的告诫，跪地说："弟子不才，但是愿随先生刻苦攻读，精诚向学。"

鬼谷子没说别的话，只是吩咐云霓："你守在洞口，不要让人进来打扰我们。"然后拉着孙宾的手，进入内室。

这间密室是鬼谷子的卧室，学生们入山多年，都从未进过，孙宾是第一个得以进入此屋的学生。

这间屋里像是藏了灵芝姜桂之物，有一种馥郁氤氲之气，沁人心脾，令人舒适。光线幽暗，进屋片刻之后，才可看出人的面容。屋内陈设简略，有一床榻，上有薄衾、玉枕。有一几案，上置薰香炉。有一木格，放有竹简多卷。借着洞中微光，鬼谷子也可以手执刀锥刻写著述；于别人则嫌暗，不易写读。

鬼谷了让孙宾坐下，自己坐于榻上，从玉枕下取出竹简一大卷。孙宾看到，鬼谷子捧着竹简的双手在微微颤抖，神情十分庄重地说道："孙宾，这就是你祖上孙武先生当年留下的《兵法》十三篇。"

孙宾闻言，又惊又喜，叩头问道："师父，你知道我祖上的事情吗？"

"岂止知道。"提起这个话题，当年在姑苏台的绵绵往事，不禁又重现于鬼谷子的记忆之中，他说，"我曾与你祖上孙武同游于吴国姑苏城。你祖将这十三篇兵书呈献给吴王阖庐。吴王任用你祖为将，采用兵书之策，大破楚军，名显天下。吴王阖庐不想使兵书为天下各国所知，便锁于铁匣之中，藏于姑苏台楹楼之内。阖庐死后，吴王夫差失国，越兵纵火焚了姑苏台，人们便传说此书失传了。”

“书既失传，恩师又何以得到此书？”

“当年你祖上去见吴王阖庐之前，曾与我商议：‘此去前程未卜，或有闪失，也未可知。此书我刻有两部，留你手中一部，以防万一。’我受此书，即向你祖上说：‘我以性命担保，不使此书泯灭于世！’我与你祖上深交一场，多年来已对此书做了详细注释。你祖上行军用武的秘密全在此书中了，我从未对外人言及。你入山多年，我看你为人忠厚诚实，聪慧过人，乃传此书于你，也不辜负我友的重托。”

孙宾跪在地上，已经热泪盈眶，再拜受书，低声说道：“弟子自幼失去父母，宗族离散，苟活性命。虽听人言，曾祖父曾有此书，实际只字未曾传下。今日得见此书，是我孙氏全族有幸！”

孙宾说罢，又对恩师叩头礼拜。

鬼谷子扶他坐起来，说：“你必须认真攻读，铭刻于心。”

“先生深通此书，又做了注释，为何不早日传授于我与庞涓，只在今日传我一人？”

“此乃你家之书，岂可轻易传与外人？我平日讲学，只提及书中部分内容。此书又至关重要，有道之人得之，善用之，有利于天下百姓；无道之人得之，滥用之，则有害于天下苍生。即使是孙氏后代，也未可轻传。庞涓不是有道之人，岂可传他。今日只传与你一人，你一定不要辜负了你祖的用兵之道。”

孙宾深感责任重大，再拜稽首，说道：“弟子谨记恩师之言，不忘祖训。”

鬼谷子说：“只给你三天，你要苦读，背诵下来，然后此书仍要保留于密室。此书之事，你还要严守机密，以免生出许多麻烦和不幸之事来，你明白吗？”

鬼谷子知道，此事若张扬出去，必然有人来求、来盗、来抢，甚至危及性命。如今纷乱之世，不可不防。孙宾自然也深明此理，于是说道：“弟子明白。”

“你去认真攻读吧。”

孙宾正要出门，鬼谷子又说道："你回茅屋，立即让张仪、苏秦两人来见我。"

张仪、苏秦见鬼谷子单叫孙宾一人相见，心想：必定有重要事情发生。当时又不便向云霓打听。其实，云霓也不知道先生找孙宾是为何事。两人见孙宾回到八重天茅屋，便问："宾兄，先生单独传你有何要事？"

"只为我继续学兵之事。"

张仪、苏秦想，眼下学兵的只有他一人，所以先生单叫他，也就不再疑心有什么大事发生了。

孙宾又说："老师请你们两人立即去洞中见他。"

张仪、苏秦得知自己也被传唤，急忙去到九重天洞府，向恩师跪地请安。鬼谷子让他们席地坐下，问道："庞涓出山了，你们有何想法？"

张仪说："弟子也想早日出山，建功立业，但想到学业未精，尚须努力攻读，也就静下心来了。"

苏秦说："庞涓出山，是为了利用魏王求贤的机会。弟子觉得，天下扰攘，诸侯竞胜，各国诸侯都会招揽天下贤士，机会必然不少，因此也就不再性急了。"

"你们的头脑比庞涓要清醒一些。一个人只要学得了真本事，出世入世，处处皆可通达，何须性急呢。"鬼谷子说着，略微停顿，又说，"今日找你们来，也有一个机会，是让你们两人出山数日，多接触社会各方面人士，了解天下最新态势，以增进你们的学业。你们愿意吗？"

两人齐声说："请先生吩咐。"

"过两天就是夏至了，今年夏至日，到周公测景台去观测日影之事就由你两人去做。以往此事都是孙宾、庞涓去做的，他们对于天文历数，已经十分熟练，掐指即可算出千年的二分二至之日。此事你们也要努力掌握。"

"那周公测景台上观测日影的方法，与先生教我们在观星台上竖立土圭测影的方法有何不同呢？"

"道理是一样的，但是周公测景台很高，测得的数字也最为精密，远胜于在鬼谷所做的观测。"

"感谢先生给我们机会，到周公测景台去见识一番，也可趁机瞻仰先贤胜迹。”

“你们要尽快起程，否则就要错过时机了。观测完毕之后，归途中可以游览，增多见识。但也不要太贪玩了，你们的学业还很多呢。”

两人叩头道：“弟子知道了，我们立即起程。”

张仪、苏秦两人从九重天回来时，见孙宾正在打扫房屋。

张仪说：“宾兄，你一个人要孤寂数日了。”

“两位兄弟要出山吗？”

苏秦说：“正是，先生让我们立即去周公测景台，在测得日影数据之后，还可以优游数日。过去是你和庞涓完成此事，常令我们羡慕，今日我们也有机会去了。”

“祝你们旅途愉快！”孙宾想，恩师为自己安排得真是周到。不然我读兵书，怎能避开两人的好奇心？他俩若看了兵书，岂不乱了大计。

恩师遣人调兵，如同天然，不留痕迹。将来若将此道用于战场实践，岂不稳操胜券？孙宾想到这一层，对鬼谷子的英明，对先生给自己的关照，感受更深了。

张仪、苏秦去了周公测景台，孙宾独自一人在八重天茅屋里。他把房间打扫得干干净净，准备了膏油灯烛，以便夜里攻读。

孙宾把几案正对门户，做一简单祭台，焚上三炷香，把《兵法》置于案上，遥祭天地祖宗，三跪九叩，诵祝道：

> 曾祖父啊，曾祖父！孙儿今日能见到你的书，真是家族有幸呀！我父母在天之灵也可得到安慰了。我散失的叔叔和堂兄若是知道，不知该有多么高兴。我祖建功有术，兴国有道，愚孙当不遗余力发扬光大，使孙氏之业万古不废，使祖传之书永不泯灭！愿父母及列祖列宗，地下安息！

孙宾祭了祖宗之后，当天下午就读了几章，默记心中，累了便略事休息。

其时，夜幕降临鬼谷上空。孙宾到院庭舞剑练身，出一身汗。

孙宾仰望星空，河汉纵横，他静思远虑，神志清醒，记忆明晰，而心中纤尘不染，已无丝毫杂念。这才回到屋中，燃膏继晷，捧着祖宗之书，悉心诵读。

当夜诵读《始计》《作战》《谋攻》三篇，直到卯时天明，完全能默诵下来。他感到有些困倦，便抱书于怀，侧卧床榻，小眠一会儿便进入梦乡。

只见有一年迈武将向他走来，说道："我乃你祖孙武是也。我友鬼谷子传我的书与你，我黄泉之下也甚欣慰。你要切记，用兵之要，在于守道存仁，不战而能制胜，乃为上军。当今天下少有义战，你要以大义灭不义。知己知彼，百战不殆；不明敌我，不开战端。上知天文，下识地理，中揆人事；天时，地利，人和，方可以战。军有阵势，而无常法。沙场之上，风谲云诡，兵不厌诈。今日就谈这些。时辰已到，我先去矣！"

孙宾听了曾祖父之言，有如醍醐灌顶，爽快万分。听说曾祖父要去，就大声喊道："曾祖父勿去，曾祖父勿去！"

——孙宾被自己的梦话惊醒时，已经是日上三竿。日光穿过窗格，照在脸上，微微有些发热。

孙宾好生惊奇，但曾祖父梦中所说的话，他仍清楚记得。急忙拿了备用的竹简，刻写下来。再背诵昨夜记下的三篇兵书，也能完全记忆。

孙宾感到精神极佳。在院中稍做熊经鸟伸之戏，便又回到屋里诵读《军形》《兵势》《虚实》三篇。直到金乌西下，玉兔东升，他又把这三篇都背下来了。

酉时初夜入梦，他又见曾祖父托梦前来指点，于是借着微弱灯光，刻下曾祖父所说的话。然后再默诵日间记下的三篇兵书，仍是一字不差。

他乘兴到院中舞剑，直到微微出汗，便又回到屋里诵读《军事》《九变》《行军》三篇。直到卯时天明，他又入梦，与曾祖父相见，领受教诲。

就这样，孙宾像是走火入魔，不食不饮，又记下了《地形》《九地》《火攻》《用间》等篇。《兵法》十三篇，全部记住了。共用了两天加一个上半夜。其间多次在梦中与曾祖父孙武相见。

孙宾提前一天完成了鬼谷子要求他做的事，这才感到肚子饿了。煮了一锅饭，炖了鹿唇、熊白、清笋，美餐一顿。

饭后，孙宾把《兵法》和记录曾祖父梦中谈话的竹简，分别揣入两个袖筒中，到树林里散步，一字不差地背诵祖书全文两遍。又把新刻的这一卷竹简称为《孙氏祖训》。此书为子虚乌有，当然也不会流传了。但在当时，孙宾视之为祖宗真言，很怕丢失了它，所以揣在袖中，卷不离身。

孙宾深入林中，便见草丛中跑出一只白鹿，衔了一枝花瓣特别大的花，掷于他的身前，转身便跑得无踪无影了。

孙宾十分惊异，把花捡起来一看，原来是一朵荷花。夏日山中无花，庞涓采花不得，而这只鹿竟不知从何处水塘采来此花。全花甚好，只是荷茎上有两处折断，尚有藕丝联结。此是何兆，是吉是凶，孙宾也不去想它。

他只是在树荫下，静下心来又一次默诵《兵法》十三篇，确信已经记得一字不差。现在，他可以把书简还给老师。

三天过后，孙宾到九重天鬼谷子的洞府复命。鬼谷子仍把他引入密室叙话。孙宾从袖中取出《兵法》呈与师父。鬼谷子展书在手，问道："你都记下来了吗？"

"弟子全都记住了。"

鬼谷子十分高兴，开始抽问，先问道："你祖上认为，研究兵学意义何在？"

"曾祖父在书中说：'兵者，国之大事，死生之地，存亡之道，不可不察也。'研究兵学是关系到天下安危、生死存亡的大事。"

鬼谷子又问："那么，你祖上认为，军事上最重要的五件事是什么呢？"

"那五事，按顺序是：道、天、地、将、法。"

"道指什么？"

"道指战争的正义性，无道不可以用兵。用兵无道，必自焚。真正的兵家，不打非正义之仗。"

"天指什么？"

"天指阴阳、寒暑、时制、气象条件。"

反复问了一些问题之后，鬼谷子知道孙宾确实已把全书记住了，夸赞道："你能这样，你祖上孙武的学问可以长存了。"

于是，鬼谷子开始讲他对《兵法》的注释。他掩上竹书，正襟危坐，对孙宾传授道：

你祖上的兵书讲了，兵家最重要的五件事，首先是道。这是因为：有道与无道决定了战争性质和战略目标。兵家司马穰苴认为道是"本仁"，爱民为本：

一是要爱本国之民，掌握好气象条件和百姓健康条件，做到不违时、不病民，才有战斗力；

二是要爱敌国之民，不要在敌国百姓遭了天灾人祸之时还去加兵于他们，增加他们的苦难。这是不义的，这也会引起更深的敌忾；

三是要兼爱敌我双方之民，掌握战争季节，冬日严寒，夏日酷暑，都不要兴师动众。

以上是从战略来考虑的。

战术上，天时、地利是临战的关键因素，这会影响战争的形势。你祖上说："兵无常势，水无常形，能因敌变化而取胜者，谓之神。"

用兵如神，在阵法上，要正奇相依，灵活地运用天文气候、山川地形。

接下来，鬼谷子又引用太公之法、风后《握奇经》，讲了孙武对八卦阵的发展和应用。还讲起了当年孙武在姑苏台演练八卦阵，斩了吴王阖庐两个不听号令的爱姬的故事。

鬼谷子讲累了，便停下来饮茶，休息一会儿。

孙宾也听累了，这时他才感到，没有学会的东西还很多很多，庞涓不应该那样早就下山。

孙宾拜受了曾祖父的《兵法》，每日继续跟鬼谷子学兵。

现在，师生之间的感情比以往更深了一层。孙宾心里有任何事情，都向老师吐露。有两件事还没向老师说，他就感到寝食不安。一件是他袖中还有一卷书，即《孙氏祖训》，没有向老师禀报；另一件是那天他在林中散步时，白鹿衔来一枝荷花，掷于他身前，也不知是什么朕兆。

这天，孙宾又到洞府。

鬼谷子一眼就看出他有心事，便说：“孙宾，你有什么话只管讲吧。”

孙宾从袖筒里拿出竹简，对鬼谷子说：“师父，在我背诵曾祖父兵书那几天，困倦时一合眼，便见曾祖父托梦来为我讲解，醒来之后，居然还能清清楚楚记得。我便刻于竹简，就成了这部《孙氏祖训》。弟子不敢私藏，今日呈与师父一览。”

鬼谷子接过竹简，细细把玩，一边往下读，一边点头叹道：“真是精诚所至，金石为开呀。你攻读你祖上的兵书，肉体累了倦了，躺下来休息，而你的心、你的魂依然还在用功。孙宾啊，常言道：‘日有所思，夜有所梦。’这不是你祖上托梦，而是你自己在思考。不过，你的所思所想，已经与你曾祖孙武的思想完全合为一体了。这卷《孙氏祖训》，实际是你自己的书了。”

“那么，我还需要经常诵读它吗？”

鬼谷子笑道：“不必了。既然是你自己的思想，就自然在你的心里。为了不让他人窥了去，凭空生出许多是非，造成种种闪失，甚至以子之矛攻子之盾，危及你的生命，你必须将此书焚去。”

孙宾有点舍不得，但仔细一想，又觉得师父言之有理，当即去洞口把这一卷《孙氏祖训》烧掉了。

鬼谷子又举着孙武送回的《兵法》，对孙宾说：“此书更不能让人窥去。既然你已经熟记了这本书，现在就必须把它稳妥地收藏起来。”

鬼谷子说完，拿出一只铁匣，将竹简放入其中，然后加锁。再把铁匣放进墙壁上一个小小的石龛之内，以一块石板封住，外面抹上灰泥。这样，石龛就隐埋在墙体之中了，任何人也看不出来。

鬼谷子说：“此壁中有你祖上之书，只有天知、地知、你知、我知！”又仰头向天说，“孙武我友啊，你的嘱托我已经办完了！你有这样的后代，也可以欣慰于黄泉了！”

孙宾跪地，向壁叩头，又向鬼谷子叩头，感谢师父为他所做的一切，又说：“弟子还有一事，未曾向恩师禀报。”

“你且讲来。”

“弟子那天读完了祖父的书，在林中散步，忽然跑出一只白鹿，口衔一枝荷花掷于我的面前，便跑得无踪无影了。恩师，我不知道这是什么征兆？”

鬼谷子感到有些意外：那荷花娇媚而脆弱，是难以表达一个武将的胸怀的。略加思索之后，才说道：

“此乃佳兆。荷花出污泥而不染，兆证你和你祖孙武一样，有馨香之德。”

馨香之德，是指有道之文德；浑腥之德，是指失道之武德。鬼谷子觉得应有一种表示“正德”之物，才能表示孙氏祖孙的品德，这荷花是不足以有此意蕴的。那么，这事可能还有别的含义？

鬼谷子总有些不放心，想了一会儿，又问道：“那枝荷花柄茎是否完整？”

“柄茎尚属完整，只是那茎上有两处折断，虽然断了，但有藕丝紧紧相连。”

鬼谷子听到这话，微微一惊，但未露出神色。他知道此非吉兆，但也不能十分肯定是何种征兆，也许是预示孙宾有皮肉筋骨之灾，还得观察分析未来的发展才能确定，因此说道：“花既完好，也就大体无事了。”

孙宾对于荷茎折断，本来有点担心，听先生这样说，也就放心多了。

第三十二章　庞涓仕魏忘恩师

庞涓带领一家人，风尘仆仆来到首都大梁。他们先到一家馆舍住下，然后再设法去求见魏惠王。

庞英心情急迫，也不顾旅途劳顿，即到大梁士人中去打听情况，回到馆舍，对庞涓说：“爹，孩儿已经弄清楚了，大王已经把招贤的事委托给老丞相王错全权办理。”

“如此说来，不宜直接去王宫，要先去见见王错丞相才好。”

庞涓夫人问：“这是初次去相府，要不要准备一份见面礼呢？”

“免了吧，我一介寒士，身无像样之物，礼物微薄，反见得被人笑话。”

庞涓叫庞英去取一片木牍来，在这一块方木片上面写了几个字，举在手中摇一摇，对家人说:“这就是最好的礼物！”

这是庞涓临时制成的名刺。妻子为他挑选了最好的一件衣服，帮他穿上，束好腰带，戴上高冠，挂上佩剑。庞涓把名刺揣入袖中，又唤了兄弟庞洪，儿子庞英，侄儿庞蕙、庞茅，五个人豪情满怀，一起坐车去相国府。

魏相国府离王宫不远，是一座深宅大院。门前有甲士守卫，庞涓的马车停下之后，即有阍者前来询问。

对于贫寒的士人来说，王侯好见，大门难入。司阍之人，对于布衣百姓，若不暗中递上钱物，是不会给予通禀的。

庞涓没有钱物，递上去的只是木片一块，就是他的名刺："请向相国大人通禀。"阍者拿着名刺，待答不理，想要扔掉。但是在他举起木片正要扔出之际，看到了上面的字，就立即把手缩了回来，脸上也立即有了笑容，毕恭毕敬地说道："请先生稍候，容小人入内报告相国大人。"

庞英这才知道，父亲的名刺确实有用。庞涓并不计较阍者的态度变化，也不答话，只是颔首笑笑。

相国王错今日有闲，在府中观赏美人歌舞，兴致正浓，家臣递上阍者送来的名刺，他放在几案上，看也未看。

"相爷，来人是一员武将，阍者等着回音呢。"

王错听了身边家臣的提醒，知道来人是一员武将，才拿起名刺来看，上面赫然写着：鬼谷弟子兵家庞涓。

王错看了，兴奋起来，说道："嗨，你怎么不早说！快打开大门，鼓乐迎接。"

于是，府中美人歌舞停了，笙箫鼓乐班到院中排开队伍，演奏起来。大门敞开，相国王错用了迎接同僚上卿之礼，来迎接庞涓。

王错并不知道庞涓是何许人，只是"鬼谷弟子、兵家"六个字，使他不敢造次。王错想到惠王对于尉缭子的辞官，曾是那样的痛惜，就知道这庞涓是惠王最需要的人。

庞涓看到相府大门敞开，相国王错率众家臣、宾客出来迎接，就知大事有望。他十分高兴，礼仪上也更严谨。

庞涓见到相国王错，即率兄弟、子侄们向他行跪拜大礼：

"贫士庞涓，率子侄参见相国大人！"

王错受惠王之命，广招天下贤才，事必躬亲。见到庞涓一家，一下子就来了五员战将，个个佩剑在身，英姿焕发，在相府跪了一大片，喜欢之情溢于言表，急忙将庞涓等人扶起来，引他们到相府正堂相叙。

宾主在堂上落座之后，王错向庞涓表示欢迎，重述魏王求贤令中尊贤尚武的条件，然后说："大王为了富国强兵，竭诚招纳天下贤良之才，用为将相。老朽素闻鬼谷先生道高学深，未知庞武士从学多少年，所学为何种技艺？”

“在下入鬼谷已逾六载，蒙先生精心教诲，道、数、兵、游四门学问皆通，兵法则为专攻，优于其他诸学。”

“大王最爱将才，庞武士学兵，都学了何种兵法？”

“鬼谷先生授我以太公《六韬》《三略》、周公之术、司马穰苴之法、孙武之法，以及先生自创的各种阵法。”

王错叹道：“哎呀，这可了不得！如此说来，天下兵法尽在庞武士掌握之中了，快快与下官去见大王！”

王错请庞氏稍候片刻，自己入内室更衣，出来即领庞氏五人同去王宫。

魏王宫离相府不过半里之遥，王错、庞涓等人入宫不需车马，只是步行即可。不是朝参大礼，也不用大队仪仗。王相国只用了十数人鸣锣开道而去。

王错在兴奋和匆忙中，也没注意时间，到王宫时正是魏王用膳时刻。由于是相国来见，宫廷卫士也不挡驾，放他们进去。

魏惠王用膳在便殿，有王后陪餐，嫔妃侍宴。歌舞用六佾，不想僭用天子八佾之乐。这六佾美人四十八位，挥动长袖，扭着细腰，甚是好看。乐师们也很努力，乐池中长长的一架编钟之前，还有一架编磬，以及众多的羯鼓、笙、箫、筑及各种管弦乐器、打击乐器一大片。

魏惠王今天兴致很高，听宫人通报说老相国求见，他一边吃饭，一边说道：“宣他上殿。”

王错从美女丛中穿过，径直上殿，跪拜于惠王食案之前，奏道：“臣启奏大王，今有安邑武士庞涓，率兄弟子侄四人，应召前来报效大王。”

“那庞涓有何种本领，能为国家所用？”

“他曾到鬼谷山中，跟鬼谷先生学习兵法逾六载，太公韬略、周公道数、司马兵法及诸多阵法样样精通。”

惠王听了大喜，问道：“此人现在何处？”

“正在宫外等候。”

魏惠王放下手中碗、箸，兴奋地说道：“如此甚好，寡人即刻见他。”

说罢，挥手停了乐舞，让王后、嫔妃等人暂且退席。

不一会儿，庞涓等人就应召来到殿前，跪地拜见。王错让庞涓解下佩剑交与卫士，便拉着他的手，一同上殿。惠王见相国和庞涓登阶，便降阶二级相迎，同到殿中。惠王落座，王错、庞涓又跪拜。

魏惠王问："爱卿可曾用膳？"

"臣等拜见大王心切，未曾用餐。"

"如此，请二卿与寡人共膳！"

于是传旨赐宴。执事人等在惠王左右各设一席，供王错、庞涓两人用膳，并在殿下设席，赐庞洪、庞英、庞蕙、庞茅诸人用膳。殿中歌舞又起。这时庖人新进一道佳肴，乃是蒸羔全羊，香气四溢，令人口里生津。

庞涓没有想到王错这样快就举荐他，更没想到惠王这样快就召见他，并降阶相迎，殿上赐宴。当蒸羊送到几案上时，他不由得想起下山时鬼谷先生所说"遇羊而荣"的话，果有验应。他神采飞扬，胃口也特别好。

席间，魏惠王赐酒，王错、庞涓举爵共祝大王，万寿无疆。

樽爵交辉，酒过三巡，魏惠王说："吾国东有齐国，西有秦国，南有楚国，北有韩、赵、燕诸国，都势均力敌，难于应付。前者，秦国一再割我土地。更可恼者，赵国也夺去我中山之地。此仇不报，难平寡人郁愤。先生饱学，有何良策教与寡人？"

庞涓离席，再拜稽首，言道：

> 大王的郁愤，也是臣下的郁愤、国人的郁愤。微臣愿肝脑涂地，与大王分忧。以臣愚见，眼下魏国尚不够富强，兵不够精，将不够广，不可大举用兵，只可徐徐图之。常言道，君子报仇，十年不晚。当年鬼谷弟子范蠡辅佐越王勾践灭吴，乃是"十年生聚，十年教训"，历二十年而大功告成。但以魏国之强，胜于越国，不用十年也可争霸中原。只是切不可好高骛远，而要从小处做起，逐步推进，积小胜为大胜，最后战胜强国。

魏惠王觉得庞涓所言有理，便说："先生之言，比起那仲尼后生孟轲之言来，要有用多了，请为寡人详述之。"

庞涓说："大王，魏国首先要训练一支精兵，先打小仗，战胜宋、卫、郑、鲁等小国，使自己强大起来，然后再徐图强秦、强赵，如此则大仇可报。”

魏惠王听了庞涓的主张，点头称赞道：“好计策！”

魏惠王当即传令，赐予庞涓连云甲第，良马、布帛、黄金，并说改日再拜授官职。

大梁城里新开将军府，庞涓的家族顿时成了富豪之家。当初那个沿着黄河、随着难民流向东迁徙的八口之家，几日之间就变成了拥有众多家臣、成群奴隶、僮仆的数百人口的大家庭。

官位虽然还没定下来，将军府的喜庆气氛却越来越浓。从庞将军府到城郊演武场的道路上，车马来来往往，好不热闹。

郊外已经竖起了数十座新军营，成千上万的年轻男子应召前来，开始了严格的训练。这些人大多是奴隶，也有犯人、俘虏。在这里，庞涓用严格的军纪加以管束，没有一个人敢于做出越轨的行动。曾经有人想要逃跑，当即被捉了回来，砍下脑袋，挂于高竿之上，示众三日。对于这些士兵来说，逃跑是死路，在军中虽然也可能战死，但也有发迹的希望，获得敌人首级一颗，便能赏爵一级。

半个多月之后，这支上万人的步兵队伍就练得秩序井然，能够按照号令进行整齐的队列操练，看起来军威雄壮。

还有同样数量的战车队伍和骑兵队伍，在更远的郊区田野里进行操练。

魏惠王不断地派出使臣，来视察庞涓一族训练步军、车军、骑军的情况。得到的报告是马步三军的情况都十分令人满意。魏国训练新军，效果如此之好，是多少年来未曾有过的。

多少年来，魏国对于赵、秦、齐、楚等国的侵犯，疲于应付，少有主动。一吃败仗，难民就到处逃窜。尤其是在魏国的附庸中山国被赵国夺去之后，魏国上下更是惶惶不得安宁。今日能如此振作，从魏王到百姓都感到安心。

魏惠王很高兴，准备把拜将典礼办得十分隆重，借此来提高全国士气。

拜将台设在大梁近郊，步军演武场的正北面。

这是一座用黄土垒起来的高台，台高八仞。台上和登台的甬道上铺设了红毡毹。台上建有彩棚，其中设有王座、百官之席，并置有几案，薰香炉。台上台下，旌旗似海。

所有旗帜都有讲究，有大常、九游之类的许多名目。单说这大常，乃是大旆。帝王所建大常，上面绣有太阳、月亮，下面有旒，两旁有升龙、降龙。诸侯所建大常，不能有日月，也没有升龙、降龙，而是以蛟龙为饰。现在周天子的地位降到了相当于附庸小国的境地，所以各国诸侯用的旗帜也随意起来。台上及周围布满旌旗，有些难免是僭用了帝王之仪的。台后正中大纛上绣着一个巨大的“魏”字，台前帅旗上绣着巨大的“庞”字。

广阔的演武场上，士兵排成方阵，旗帜如林。军阵四方设置的大旗是：左青龙，右白虎，前朱雀，后玄武。鼓角喧天，金鼓阵阵，好不威武雄壮！

午时初刻，演武台下高奏《九章》军乐，台前甲士做干戚之舞。王城方向，见有长长的卤簿（仪仗队）为前导，引来了魏惠王及文武百官。卤簿之前还有马步三军开道，仪仗队里旌旗之后，有军械、节杖、候风乌等，延绵约半里之长，其后才是葆羽、华盖、魏王宝辇、王后凤车、宫官乘舆，也有半里多长。近卫武士夹王车而行，随后是相国王错、庞涓以及众卿、大夫的车骑队伍，又有一里多长。

魏王、王后率文武百官登台。随从人等一大片，位列演武台的两侧。台前还有观礼台，高四仞，供各国来宾数百人观礼。

拜将典礼由相国王错任司仪。惠王及王后先祭天地、祖宗、黄帝、蚩尤、山川神祇，用太牢。蚩尤是战神，凡用兵都要祭他。所谓太牢，就是宰牛、豕、羊三牲具全，是最隆重的牺牲。然后宣读王命，拜庞涓为上将军，领元帅之职。封庞洪、庞英、庞茅、庞蕙为将军。惠王起身，授剑，拜将。庞涓跪地受剑，谢恩，宣誓效忠，礼成。

礼成之后，场上就开始演练阵法。庞涓在台上发号施令，鼓角齐鸣，杀声震天。阵中的将士闻风而动，旗帜不乱，号令严明。惠王及文武百官看了，甚是高兴。

演武之后，便是阅兵。演武场上军阵撤去，一片空场。忽见东边天际，尘土飞扬。转瞬马军来到，千军万马，奔涌如潮，威震敌胆。那时各国军队，多以战车为主，轻快的骑兵尚不发达。后来赵武灵王提倡胡服骑射，战争中马军才有了大发展之势，那是后话。此时骑射乃是稀罕之事，也是一个新军种。大队挥戈而过的马军过完了，才是以弓弩和剑为主的轻骑兵，一个个搭箭拉弓，射中箭靶。观礼台上的人们齐声喝彩。

马军过后，来了战车群。自黄帝战蚩尤以来，战车就是重要武装，车战是作战的主要形式。车辚辚，马萧萧，车上战士威风凛凛。自古天子为万乘之君，诸侯为千乘之君。如今七国称雄，个个自称万乘之国。魏国今日检阅的战车就有数百乘之多。惠王想，这在各国中也可以提高声望了。

最后是步军，全是庞涓新近才操练出来的军队。人人执长戈，披重甲，步伐整齐。戈矛和铁甲在阳光下闪闪生辉。每个方阵由一百人组成，来到拜将台下，便齐声高呼："祝我大王，万寿无疆！"

举行了拜将典礼之后，魏惠王大宴群臣。以后数日，庞涓又在帅府大宴将士，煊赫一时。

秋日，庞涓向惠王奏道："臣下练兵已成，可以初试锋芒。"

惠王心喜，当即传令太卜，占卜可否出征，何方吉利。占卜的结果，可以出兵，东北方大吉。这与庞涓的自卜也相吻合。

大梁东北方是卫国。卫国是个小国，按照庞涓积小功为大功的策略，正宜出兵征服。于是，魏王颁令征伐，择吉日良辰出师。

卫国本是周武王同母少弟姬封之国，曾是春秋时代十二诸侯之一，爵位为公国。在卫鞅去秦国那年，贬爵位为侯国。

卫国不乏人才，像秦相卫鞅这样的人也不止一两个，其中还有鬼谷弟子。只可惜历代卫侯都不善用人，才使商鞅跑到秦国，为秦国建立了大功业，而原籍卫国的鬼谷弟子都去了别国。

卫国继续衰落，到卫平侯以后，再次贬号，连侯爵也不能称了，改称为君。

当朝的卫成侯也只知苟且偷安，忽闻魏国大军压境，才仓促调兵遣将迎敌。

卫国也有几员骁勇善战的武将，曾顶住了魏军的推进。但他们哪有庞涓那样的智谋，并且又是寡不敌众。几战之后，魏军便推进到了卫国首都帝丘城下。

卫成侯为了保住宗庙社稷，只好求和，称臣纳贡。庞涓收得卫国作为附庸，感到目的已经达到，为了保存实力，便班师回国。

魏国很多年来都没有打过这样的胜仗。消息传到大梁，全城欢腾。庞涓回到首都那天，惠王亲自到城郊迎接。十里长街，笙箫管弦，欢迎庞将军凯旋。

魏惠王为庞涓设宴庆功，犒赏三军，赏赐黄金布帛、车马僮仆，全国士气为之大振。

魏国自从有了庞涓，军威大振，国势渐强，几大邻国暂时也在观望，不来侵犯。魏国百姓暂能安定，休养生息。惠王欲向赵国报中山之仇的方针未变，庞涓拟订的策略顺利进行。

下一步出征哪一国？占卜的结果在西南方向，那就是宋国了。

宋国在春秋时代也曾是十二诸侯之一，不幸现在已很弱小，一时归附鲁国，一时归附楚国。过去墨翟及其弟子多次保卫过宋国，但几代宋侯总也不能发愤图强，虽有贤才也不能用，曾有功于宋国的墨家弟子禽滑釐、淳于髡等人，更是对宋国失望，到列国周游去了。

三年前，庞涓还在鬼谷求学，到宋国有过一段危险经历，至今记忆犹新——

那次庞涓和孙宾受鬼谷子派遣，到东方各国考察旅行。他俩是学兵的，自然对各国军事情况十分关心。两人在商丘北面一个要塞观察，被宋国守将发现，当作楚国间谍抓起来，就要砍头。

庞涓说：“你不能杀我，我是鬼谷弟子！”

“死到临头了，你还冒充鬼谷弟子，欺我找不出见证人呀！”

守将一句话，提醒了孙宾，他急忙说：“这位将军不可造次，宋国就有人可以做证。”

“你说来听听。”

“宋国贤人墨翟先生，就是我的师叔。”

孙宾的话说得很平静，守将不敢不信，只好暂时不杀他们两人，真个押着他们去见墨翟。

墨翟周游天下，正巧这时回到了宋国，尚未离去。他见守将和两个士兵押着孙宾、庞涓来到馆舍，忍不住笑了：

“哈哈，看来两位命大。过几天我就要到楚国去，如果那时两位被抓住了，天下岂不少了两位鬼谷大弟子——将要带甲百万的大将军！”

“师叔，人头都快落地了，你还来取笑！”

墨翟对守将说：“幸好你刀下留情，否则你要犯大罪了。”

“墨翟先生言之有理，末将对不起两位了！”

守将拱手对墨翟、孙宾、庞涓一揖，便带着士兵走了。

墨翟设宴招待了孙宾、庞涓之后，就离开了商丘。

庞涓来到了当年他和孙宾被抓的那个要塞，见这里的守将不知到何处去了，士兵也逃光了。

这样一个小国，在庞洪、庞英看来，是很容易攻下的。但是庞涓不以为然，每一仗都认真对待。从鬼谷军庠出来的庞涓，深知骄兵必败的道理。同时，他也知道，宋国有周旋于大国之间的经验，是不容易依附于魏国的。

魏军进入宋国之后，庞涓总是不动用主力，用小股偏师出战，而且打到将要获胜之时，便鸣金收兵。庞洪不甚理解，责问哥哥：“对于宋军，元帅何以如此优柔寡断！”

庞涓说：“宋国不同于卫国，那宋侯可不是兵临城下就会投降的人。”

“不投降就灭了它！”

“你不知道，宋国有很强的守城技术和经验，当年鲁班发明了最好的云梯，楚国用来围攻宋国，很久也攻不下来，到最后只得撤军。你我怎能重蹈楚军的覆辙？”

“那怎么办？”庞洪深深佩服哥哥的谋略，不愧是鬼谷弟子。

“办法是有的，那就是把宋侯引出商丘城来，包围宋侯这个人，而不是包围宋国首都商丘城。”

庞洪这才理解了哥哥的用兵之道。

“现在进入宋境渐渐深了，不仅不能急于打胜仗，还应打几次败仗，造成一种假象，让那宋侯以为魏军并不可怕，是可以赶出国境去的。只要引得宋侯亲自出城来督战，就有成功的希望了。”

兵不厌诈。胜胜败败，真真假假，反复多次。

宋国朝野哪有鬼谷弟子这样多谋善算之人，他们不能识破庞涓的诈败。宋军在打了一次大胜仗后，宋侯终于决定出动主力，亲自出城督战，把魏军逐出国境。

宋国大军出城不远，便闻身后鼓角声起。那些溃散的魏兵，忽然形成了阵势。两侧魏军的战车群，也向城下做钳形攻势，眼看就要合围。宋侯见此大惊，知道是中了庞涓之计，急忙挥军入城。

宋侯及众将在城下苦战数十回合，双方损兵折将，最后才回到城中。他急忙收起护城河上的吊桥，关闭城门。可惜许多宋兵都来不及进城，成了魏军俘虏。

宋侯虽然回到了城中，但主力丧失大半。太子和相国在城外，已被魏军包围，鏖战多时也不得脱围。

庞涓见宋侯退入城中去了，正愁难以屈服宋国，忽见庞英来报：

“元帅，宋太子和相国已被我军重重包围！”

庞涓一听，喜出望外。于是从城下以响箭射书致宋侯，命其投降。宋侯为了保存宗庙社稷，只得向魏国纳贡称臣，成了附庸。

庞涓班师回国，惠王相迎于郊，赐宴，封赏有加。

庞涓屡战屡胜，连服卫、宋两国，郑、鲁两国见势不好，为了免于刀兵相见，都派使臣到大梁来朝拜。魏惠王觉得霸业有望，中山之仇终有报日。庞涓也以为自己立下了旷古的大功。

魏国的强盛，引起了各大国的注意。东方齐国乃太公之后，兵家辈出。在当朝国君齐威王殿前，齐威王之弟田忌、齐威王之子田婴都是名将。

一日早朝，齐威王说：“众卿，近年魏国突然逞强，臣服了卫、宋两国，郑、鲁诸国也与之亲近，如此势必不利于我国，可能危及我西部疆域，对此不得不有所谋划，众卿可各抒己见。”

田忌出班奏道：“王兄，据末将所知，积弱多年的魏国，近年突然振兴，是因为上将军庞涓来到的缘故。”

“那庞涓是何许人呢，竟是这般厉害？”

田婴出班奏道：“父王，庞涓本是魏国人，到鬼谷子那里学了军事，很有些本领。”

“鬼谷先生不是晋平公时的人吗？他是孙武之友、范蠡之师，怎么如此长寿，还在人间授徒呀？”

“儿臣听说，鬼谷子已经成仙，是长生不老的。”

齐威王听田婴那样说，有些害怕：“如此说来，庞涓之术是仙人所授，这可如何是好？”

田忌说：“王兄勿忧，魏国实力到底如何，我们要先进行侦察，弄清楚情况之后，再议对策。”

“是应如此。你如何对魏国实力进行侦察呢？”

“王兄，可以采用两种方法：派人谍刺，或以兵力试探。”

“寡人同意，两种方法并用，彻底查明情况，再作计议。”

于是，当朝议定，由田忌引兵试伐之。不求攻城略地，只是一战便回，但要大张声势，以此作为一次实战演习。

魏国君臣正在得意之中。庞涓积弱为强、先小国后大国的战略进展顺利，正在商议下一步的举措，忽见烽烟从东方传来，即有守军飞马来报：齐国大军犯境！

魏王听了有些惊吓，问庞涓：“如何是好？”

庞涓说：“臣以为，应火速迎战，以挫其锋，不使再犯。”

于是魏惠王颁令，全国动员，与齐国交战。

庞涓深知，对大国用兵，必须十分谨慎。大军抵达前线时，他根据地形，以主力布好阵势，静以待敌。只派少数游军，前去挑战，试探敌阵。庞涓自己则登上阵后高山，察看敌情。只见入境之敌，人数不很多，而齐军大部人马还在国内，严阵以待。

庞涓一看便知，田忌采取这种态势，不是真正进攻，意在试探。前军若胜，便出兵追击；前军不胜，则固守国土。庞涓明白了：齐军并无大举进攻、进行决战之意；那么，魏军新胜，也不应与大国决战。

庞涓当即定下战役目标：把齐军赶出国境即收兵。

齐军田忌也在自己阵后的高山察看，见魏军只出游军，庞涓阵势严明而有法度，必有来历，不可轻犯。

双方主将对于敌方行军之法、用兵之意都看清了，此仗的打法也就明确。只用不多的军队厮杀一通之后，便各自收兵。齐军也全部撤回了国内。

田忌探到了虚实，知道庞涓必须认真对付，齐、魏两国不可轻开战端，就此完成了出兵的使命。

对于魏国来说，这却是一次胜利。

多少年来，对于大国，魏国都未打过胜仗，不是被俘去了将领，便是丢失了城邑。这回东方大国来侵犯国土，被赶回去了，足以增强魏国声威。

鬼谷弟子庞涓，再次成为魏国的大英雄。

但是，庞涓已经忘记了自己是鬼谷弟子，忘记了恩师，更忘记了孙宾、张仪、苏秦这些同窗，忘记了对孙宾发下的重誓。

第三十三章　魏惠王高车迎孙宾

鬼谷山中，夏天去得快，秋天来得早。在世的鬼谷子坐在九重天的洞府门口，遥望远山，心连广宇。

他在思考着：庞涓在魏国建立了不世之功，他能不能使魏国获得太平呢？他的军事能力和道德力量都是不够的。孙宾能做到的事情，庞涓不能。庞涓若能坚持正道，他就应该邀请孙宾与他共同辅佐魏王。

鬼谷子想："孙宾、庞涓两人若能真诚合作，其功业也将不在范蠡和文种之下。"

鬼谷子心里，挥之不去的是对最后这几个弟子的关心。庞涓去后，学业优异的弟子只剩下孙宾、张仪、苏秦三人了，更使他感到很依恋。

他已经决定，今后不再收弟子，准备把鬼谷私庠停办了。但要做得符合道法自然，就免不了还有人来求学，鬼谷的传统是，对有志于学问者不使失望，那就难免还要收徒。这时，年轻人毛遂带着几个同伴进山来了，鬼谷子还是收留了他们。

鬼谷子对自己说：记住，你八十岁时，是二度童年；一百六十岁时，是三度童年；现在已经过了二百岁，应对人说，我不会再活到四度童年了，我将要回归仙班。

他还对禽滑釐说："了结了鬼谷私庠的事情，就该去云游四海。云游四海归来时，在华山修道的茅蒙也该成功了。”

他念念不忘的是，要多度几个弟子成仙，但是，除了茅蒙、尉缭、张师、苗苏能理解他的心意，别的弟子大多不存出世之思。

为什么呢？连墨翟都能受自己遁迹山林的影响，却不能影响更多的弟子出世，这使鬼谷子感到，自己对于道，还是没能彻底修成，没能领悟更深。

鬼谷子想做逍遥游，去悟道，便想到了恩师老子。自己曾为他两渡流沙，也悟道不多。西王母那里他是再也不想去了，他想到老子未曾经历过的东方去。不能和墨翟同去，或许能和姚花女或麻姑去。试试吧，如果找不到同伴，独自一人去也未为不可。不能做凡间之游，就做梦幻式的神游也未为不可。他在对别人讲自己的经历时，经常是有意地把这些游法都混同起来，使人看他如在云里雾里，在人们心中产生了浓厚的神秘感。

他正在想入非非，云霓提醒他：“先生，山外有人来了。”

他知道，来人可能是墨翟。

大约是由于鬼谷子与墨翟有过神游式的交往，不知何时，人们就把墨家的祖师爷墨子也仙化了。那个登遐为仙的墨翟，喜欢纵迹山川，云游四海。不过他还是那么一副尊容：身着粗布葛衣，脚登麻鞋，头系青巾，腰悬宝剑。黝黑的脸上，布满皱纹，但精神矍铄，目光炯炯，不用坐骑代步，走起路来步履如风。

这天，墨翟又来到鬼谷，看望老朋友鬼谷子。在经过八重天茅屋时，见孙宾正在埋头攻读，便进屋闲坐。孙宾见墨翟来了，急忙放下简牍，拜见行礼，说道：“不知师叔到来，有失远迎！”

“客气什么，我四处云游，随意乱闯，真是打扰了。”

“师叔何出此言。你在商丘救了我和庞涓的命，又那样热情周到地招待我们，这种师生情谊，孙宾是永志不忘的。自那以来，就没见过师叔了。这些年来，师叔身体可好？”

“我没有什么身体之疾。倒是你师父，虽是仙人，却和你一样为凡身，难以免除人间的病痛。孙宾，我许久没到鬼谷来了，你师父近来身体可好？”

“多谢师叔问及，师父健康一如往常。师叔知道的，他从来不生病，多少年来，容颜不变。师叔，让我陪你去见他吧。”

“不急。孙宾，我且问你，庞涓已经下山多年了，你为什么还没有下山呢，是不是立下了出世之志，想学茅蒙修道成仙？”

“师叔，我可不想出世。”

“不想出世，那就是要入世，求取功名富贵了。”

“我虽然想要入世，但把功名富贵也看得淡薄，主要是为了使祖宗的《兵法》为世所用，不致泯灭。”

“志向可嘉呀，你想去哪里呢？”

孙宾还没有想好去哪个国家，庞涓到魏国之后，也没履行他俩分手时许下的诺言，没来约他去魏国。这些话，孙宾不便说出来。

隔壁的张仪、苏秦、毛遂等人，听说墨翟来了，都来拜见，并询问世间情况。

“师叔，这些年战争又频繁起来，路上行人稀少，我们在山中也很少出去，对山外音信也听得少了，师叔能赐教于我们吗？”

墨翟说：“我不相信，鬼谷弟子会不了解天下大事。你们真不知道？魏国自从有了庞涓，就逐渐强盛起来，这些年庞涓打了不少胜仗，卫、宋、陈、郑各国君主都去大梁朝贡。那庞涓真是不负鬼谷先生教诲，建立了大功业。”

“这位庞兄呀，”张仪插言说，“他自己有了功名富贵，是不是就忘记了我们这些深山里的兄弟呢？”

苏秦说：“也未可知，不然，为何多年来都不见音信？”

孙宾听到这些话，不免有些担心，但转念又想，庞涓不是那种没有信义的人，便说：“不通音信，也许自有原因。”

墨翟说：“你们不必说了，改日我到魏国，顺便去看看他的情况就是了。”

墨翟说罢，又关心地问起这些年轻人在山中修行的情况。

年轻人在学业上的长进，真可使墨翟刮目相看了。孙宾对兵法、阵法的掌握，都已达到炉火纯青的地步。张仪、苏秦对于游说，也可以说是举世无双了。只是新来的毛遂等人，学业才刚刚开始。

墨翟劝他们说："孙宾、张仪、苏秦，你们三人学业已成，道行也已很高，或早日用世，或决心出世，不可再延误了。"

三人听后，深以为然。他们实际上都想入世，但也知道得有时机才行。墨翟已经明白了他们的情况，心里想着，一有可能，就帮助他们实现各自的志向。

此时的墨翟，已经是个喜欢独来独往的人。他告别三个学生，径直到九重天洞府找鬼谷子去了。

墨翟见了鬼谷子，就说："好个鬼谷子，你迷恋人世，就忘了仙班，在这荒山里流连忘返了！"

"我可不像你，你对弟子们是撒手不管。我还想多度几个弟子出世呢！此时我这学业将成的三个弟子，一个个都可以算是人间的龙，可是他们都太热心于人世，不愿在清静无为之境修行。"

"既然如此，你为什么还不放他们出山？"

"凡事听其自然，我知道，他们是在等待时机，就让他们等待着吧。对于以前的学生，我关心不过来；对于这三个学生，我是想看一看他们如何用世。"

"你是想找机会，劝他们出世吧？"

"可以相劝，但还是顺其自然为好。墨翟，我们多年不见了，这回你就在山中多住些日子吧。"

"自然喽，这回我要和你多弈几局。"

"好啊，我有好茶，还有好香。"鬼谷子说着，即命云霓备好棋盘，焚香，烹茶。一边弈棋，一边闲话。

鬼谷子陪墨翟在山中数日，话题总离不开学生。老朋友谈的是心里话。墨翟一贯的主张是"非攻"，反对战争。但是，他终于也接受孙宾、庞涓这样的军事人才，他说："鬼谷子，如果军事家都像你的弟子这样明于大道，有崇高德行，由他们主持的战争，也许能够用于治理乱世，安邦定国。"

鬼谷子笑笑说："你只知其一，不知其二。我这几个学生，无论是学问还是德行，都参差不齐。"

“我怎么看不出来，他们有什么差别？”

“约而言之，庞涓急功近利，利己难仁。孙宾则忠厚宽仁，品德很高，学问也胜过庞涓。我很想超度孙宾出世，我的话他是能听的，但又不忍心看着他祖上的兵法埋没于世，所以听其自便。”

墨翟关心孙宾，听了鬼谷子的话，未免起了帮助孙宾之意。他准备亲自到魏国去走一趟。

墨翟离开鬼谷，路经洛邑，到了大梁。

他到帅府去见庞涓，守卫大门的甲士见到这位山野老人，便横戈拦住。司阍的老者见多识广，看出这位敢于直入帅府的老人绝非凡人，便前来询问。

“这位老先生，敢问你是何人，到帅府来有何事？”

“请你通禀庞将军，就说墨翟来见！”

阍者闻言，急忙打躬施礼道：“原来是墨翟先生，老夫失礼了，怠慢，怠慢。不用通禀，快快请进！”

墨翟大贤，天下诸侯哪个不礼遇几分！阍者引领墨翟，穿过数重深宅大院，才来到帅府堂前。只听堂上鼓乐喧阗，庞涓与妻妾们正在观赏四佾之舞。这三十二个年轻俊俏的女子，和一个几十人的乐队，是魏王前日才赏赐的。庞涓见墨翟来了，急忙到堂下相迎，同到堂上相叙。他一挥手，女乐全部撤去，只剩庞英等人在侧。

庞涓介绍道：“墨翟先生，这是犬子庞英。”即唤庞英：“快来参拜墨翟先生！”

庞英屈膝跪地施礼道：“末将庞英，拜见墨翟先生！”

墨翟扶庞英起来：“少将军快快请起。”随即对庞涓言道：“庞将军仕魏才数年，便使魏国强盛起来，真乃不世之功，令山野之人羡慕不已。”

“墨翟先生过奖了，这也是大王英明，百姓有福。”

墨翟从庞涓的话中，听不出他的学问来自鬼谷子。墨翟想起鬼谷子对他的评价，看来，他已经忘记了自己的恩师，更不用说自己这个师叔了。

墨翟与庞涓谈了许久，暗中把庞涓与孙宾进行比较。孙宾不忘师生的情谊，尤其不忘在宋国自己救过他和庞涓的命，热情地招待他俩；而庞涓早就忘了帮助过他的人。

墨翟见庞涓对自己虽然彬彬有礼，却始终不曾问及鬼谷先生和师兄孙宾的情况。他想："也许是因为他不知道我刚访问过鬼谷，是从鬼谷而来。点破此事，再来看看。"于是说道："前些日子我漫游到了鬼谷，见鬼谷子向孙宾、张仪、苏秦传道，一如往日。"

庞涓这才问道："我师父及学友们都好吧？"

"他们都好。"

墨翟已感觉出，庞涓对鬼谷师友都已淡忘了，丝毫看不出他有向魏王引荐孙宾之意，也就告辞而出。

庞涓却已想到，这次墨翟到魏国来，虽是漫游，但他在与魏王交谈时也免不了会提起孙宾，自己应有适当对策才行。

墨翟到魏国相府去跟王错叙旧。这位老丞相以上宾之礼迎接墨翟，只是不用官场的礼仪与排场，而是推心置腹相谈。

"相国真是老当益壮呀，这些年来，治绩可嘉，魏国已是今非昔比，声威大震了！百姓也有了安宁。"

"墨翟先生，老朽有何能耐，所幸的是有鬼谷弟子庞涓来主持军事，才使魏国免于沦为鲁、卫等国的境地。"

"鬼谷弟子就有那么大的本领呀？"

"正是这样，魏国若是没有庞涓将军，哪会有今日，墨翟先生不相信吗？"

"相信，但相国是否知道，在鬼谷，还有一个和庞涓同学兵书的孙宾，乃是吴国名将孙武的后裔，更得鬼谷真传，他的本领不在庞涓之下。"

"是吗？老朽未曾听庞将军言及此事。"稍停，王错又问道，"这孙宾与庞将军相处得如何？"

老丞相深谋远虑，他想到了要请孙宾到魏国来，但又担心他们两人是否能互相协作。

"他们两人有八拜之交，情同兄弟。"

"如此，若能请得他出山，魏国便是如虎添翼了！先生愿与老朽一道去见大王，言明此事吗？"

“在下从命。”

于是，王错让人备肩舆二乘，抬着他俩，由一支小小的仪仗队鸣锣开道，直向王宫而去。

两位老人来到王宫。

魏惠王还认得墨翟，立即降阶相迎，召见于便殿。王错、墨翟行礼之后，惠王赐座。王错禀奏道：“大王，老臣又来为魏国推荐一位贤才。”

惠王以为是王错说服了墨翟出仕魏国，心想，魏国能留住天下大贤，乃国之荣耀，急忙应道：“若得墨翟先生辅佐，则魏国有幸，寡人更是三生有幸！”

惠王说着，就要唤人拟诏，赐墨翟连云甲第、车马僮仆、黄金布帛。墨翟忙说：“大王，老朽不敢当。刚才王太公向大王推荐的不是老夫，而是孙宾。”

惠王有点失望，问道：“孙宾？他是何人呀？”

“孙宾乃是吴王阖庐的名将孙武的后裔，他曾与庞涓结为金兰兄弟，一同学兵于鬼谷子。”

“孙武还有后裔在世，而且是鬼谷弟子、庞涓将军同窗，真是令人高兴。如此，寡人即应遣使召之。”

次日早朝之后，魏惠王留下庞涓议事。

“庞爱卿在鬼谷学兵之时，是否有个孙宾与你同学？”

庞涓对此事已有准备，听惠王提起，急忙跪地奏道：“大王，是有孙宾与臣下同学鬼谷。他本是孙武的后裔，臣下曾与他结为兄弟，他是我的谊兄。”

“那孙宾德才如何？”

“臣兄之德才，在臣之上。”

“如此，爱卿为何不曾向寡人推荐他？”

庞涓跪拜稽首，奏道：“大王，此事臣下反复思虑很久了。只因他是齐国人，宗族都在齐国。若请他到魏国来做官，只怕他处理事情会为齐国着想，于魏国不利。”

“庞爱卿，你过虑了。士为知己者死，寡人善待他，他的宗亲也可移居魏国，何必一定要用本国人呢。请他到魏国来，与你同为寡人肱股，岂不更好？”

庞涓明白，惠王惜才，孙宾才能又在自己之上，他必定要召他出山。如此，自己则地位难保。已经习惯了荣华富贵的庞涓，很怕被人超过。他想：“为今之计，也只好召孙宾来魏国，然后再设计除掉他。”主意已定，他便向魏王奏道：“蒙大王不弃，欲召宾兄前来与臣下共建大业，臣当修书一封，请宾兄出山。”

“如此甚好，此事你要速办。”

庞涓回到帅府，即铺开布帛，草拟致孙宾书。

庞英见了问道：“父帅，你常叹自己受老师恩宠不如孙宾叔叔，孙叔叔又多学数年，本领必定更加高强。他来魏国，我们家族难免都要受他驱使了。”

庞涓对儿子说：“为父下山时曾有许诺，要引荐他。魏王初用我时，也曾想过召你孙叔叔下山来共事魏王。常言说，一岗难容二虎。因有此念，这些年我自食其言，未向魏王推荐。不料墨翟先生漫游到此，已使魏王知道了你孙叔叔。如此，不得不召他前来。今后如何，且看命运了，你要谨慎从事。”

“孩儿心里有数。”

庞涓写好帛书，即去王宫叩见魏惠王，呈上所修帛书之后，奏道：“大王，早朝之后，承蒙大王允诺，召鬼谷弟子孙宾出山。微臣已经修书致孙宾，他接书后，必定愿意前来侍奉大王。”

魏惠王接过庞涓所写帛书，观后甚是高兴，即命使臣，以高车驷马，载黄金白璧，并带庞涓帛书，前去鬼谷聘请孙宾出山。

使臣领命，即星夜西行，赶往鬼谷。不数日，车到载鬼亭驿，亭长告诉山中路狭，大车不能行驶。于是，使臣让车马人等留住驿中，只带了从人骑马进山，一应礼品由另外两匹马驮着。

孙宾在八重天茅屋攻读，忽见魏王使臣来到，便请入室中叙话。恰逢张仪、苏秦在侧，一见王使，便知是来聘请孙宾出山，脸上有羡慕之色。

孙宾与王使见礼之后，分宾主席地而坐。

王使命从人，置礼物中的白璧一双、珍珠一箪、金冠一顶、朝服一袭于几案之上，堆满一案，另有黄金百镒，盛了两箱，从马上卸下来放在地上。王使把礼单递给孙宾，然后说道："孙宾先生，这是大王的见面之礼。大王求贤之意甚切，待先生到大梁之后，大王将赐甲第，并另有赏赐。庞涓元帅也有帛书，下官特呈与先生。"

王使说完，从袖子里取出庞涓的帛书，递与孙宾。

孙宾接过，展开来读。他为人忠厚，事事往好处去想，看不出庞涓的用心，已经决定应聘出山了。于是对王使说："王使大人，在下已经决定去魏国效力了，请大人随我去见恩师吧。"

于是孙宾起身，领了使臣去见鬼谷先生。

魏王使臣随孙宾进入九重天，他对这里山水之美，鬼谷洞府及观星台、讲经坛之典雅素洁，惊叹不已。正在目不暇接地观赏之际，鬼谷子到洞口迎接来了。孙宾急忙引见："师父，这是魏王派来的使臣。"

王使对老人施礼道："下官拜见大贤鬼谷先生！"

鬼谷子还礼道："不敢，不敢。王使大人敢莫是来请我徒儿孙宾出山？"转脸又问孙宾："庞涓书信中讲些什么？"

王使听了这两句话，好不吃惊：世上真有这样善于看穿事物之人，他怎么知道我是请孙宾而不是请别人？又怎么知道必定有庞涓的书信来？真是神了。

其实，这些事早在鬼谷子料定的常理之中。那日墨翟离开鬼谷之后，他就料到他会去魏国，会有今日之事，连对时间的估计也不差两天。

孙宾把帛书呈与鬼谷子："师父，这是庞涓师弟给我的帛书。"鬼谷子接过帛书，展开来看，上面写的是：

宾兄大鉴：

弟托兄之庇，一见魏王，即蒙重用。临别荐引之约，铭心不忘。事有多忤，延至今日，已荐于魏王。大王思贤如渴，即请吾兄驱驰应召，共图大业。

愚弟庞涓 再拜顿首

鬼谷子看完帛书，很为孙宾担心。

这种判断，也只有鬼谷子能做出来。因为他从这份帛书中，证实了他的判断：庞涓确实是个只知谋取功名富贵、因利忘义、刻薄忘本之人。他得了高官，就忘了师父与朋友。这帛书没有一字言及鬼谷之情，问及师父和提及其他学友。若不是墨翟去了魏国，岂会有今日魏王的聘请和这封致孙宾的帛书?

从帛书中，鬼谷子看到了孙宾前途的险峻。他想要劝阻，但魏王使命郑重，高车驷马已在山外，又见孙宾本人心意已决，如箭在弦，此时再劝他留些时日，或去别的国家，都很难，而且不符合自然了。

魏王使臣和孙宾看到鬼谷子读了帛书，良久不言，不解其故，都睁大眼睛等着他。鬼谷子见此情景，方知自己险些失态，乃命云霓引王使大人到洞中品茗，安歇。转身又对孙宾说："你去采撷山花一枝，待我为你占卜。"

王使觉得这鬼谷子真是个怪人，弟子出山做官，本是好事，还卜个什么。

此时正值九月重阳，秋高气爽。孙宾走到前坡，便见满坡菊花，一片金黄，十分喜人。他采下一枝，正要往回走，忽然又想到师父几案上的白金花瓶还空着，不如多采一些拿回去献给师父。

孙宾拿了大把菊花回到洞府，插在几案上的花瓶中，又取一枝呈与师父，说道："请师父为我占卜。"

鬼谷子拿着菊花，观赏良久，说道：

> 此花虽受风霜摧残破折，不甚完好，但无伤大体，无性命之忧。
>
> 此花之性，苦辛芬芳，虽受风寒，经霜不凋。
>
> 此花之发，不争春夏，是在他花之后，虽有残害，不为大凶。
>
> 可喜此花，供养瓶中，为人钟爱。瓶乃范金而铸，列钟鼎之属，可成大器。

孙宾仔细思考老师这些话，觉得老师像是在反复暗示自己，将大器晚成，将受到摧残等。但不知凶从何来，又不便问，因为老师会说"天机不可泄露"。

鬼谷子揣摩着，庞涓将会如何对待孙宾。

他想，庞涓一定会加害于孙宾，这只是为了权位，并无大仇，不会致孙宾于死命。那么，刑罚之中，除了大劈，余下的是：黥、劓、刖、杖、笞等，使鬼谷子担心的便是刖足了。因为鬼谷子想起了夏日的荷花之卜，那荷茎被折断，已是先兆。

古人有个习惯，为了消灾，可用改名之法。于是鬼谷子说道："孙宾，你会有灾殃，但若改个名字，或许可能幸免。"

孙宾说："请师父为我赐名。"

"你要在那宾字旁边加一个肉月，即为膑字，如此可图进取，可以免灾。"

"多谢师父赐名。"

鬼谷子还是担心孙宾此去性命难保，为防万一，他又对孙宾说道："你等一等。"

鬼谷子说罢，便回到密室，剪下小小一方黄绢，写了两个字，放入两寸大小的一个锦囊中，用针线封好，拿出来交与孙宾说："到了万分紧急之时，方可拆开来看。"

孙宾谨遵师命，把锦囊藏好。

鬼谷子对弟子交代完毕，对魏王使臣略以茶点款待，然后一行人到八重天茅屋。

张仪、苏秦、毛遂等人已经备好宴席，为孙宾饯行并招待王使大人。宴毕，看看天色已晚，第二天才送孙宾和王使出山。

第三十四章　为张仪苏秦占卜

庞涓在魏国建功立业，显赫一时，孙宾又被魏惠王遣使以黄金白璧、高车驷马接了去，张仪、苏秦两人在鬼谷山中再也不能安心了。

秋夜，窗外飞着流萤。天气虽很凉爽，但两人却辗转反侧，难以入梦。

“余子兄，”苏秦问张仪，“你说我们两人的学问，是否足以经国致用了呢？难道当今天下，唯独学兵才最有用吗？”

“季弟呀，”张仪说，“行军布阵，需靠将帅来运筹帷幄，而将帅则由君王来遣置。虽说是君主主征伐，但诸事也不可能由君主一人擅专，而要受制于天下形势。先生还说，按孙武之学，‘上兵伐谋，其次伐交’，这个谋与交，正是鬼谷学问所擅长的。你我所学游学，也正是用于审时度势，游说于天下人君之间，所以我们的作用要先于军事，而又高于军事。这些年我们向先生学的道理，已经足以担当此任了。”

张仪、苏秦两人所学课程，用今天的话来说，相当于高级外交学院的博士生课程，是这方面最高、最早、最专门的研究。可以说，他们已经掌握了在天下各国君主之间进行穿梭外交的本领。

鬼谷子授徒，又不是死读书，经常让弟子们以老百姓的身份漫游天下，对各国自然、社会和历史的方方面面都有实地观察，又善于进行综合思考和比较分析，因此，他们的活动能力也是很强的。

两人对自己能力的估计并不为过，苏秦听了张仪一番话，增强了自信。

“余兄，明天我们就去向师父请求出山，可以吗？”

“我看可以，师父也会理解我们的心情的。”

鬼谷子知道两人求去心切，但又深爱他们的才能。孙宾、庞涓都走了，鬼谷子不忍心让张仪、苏秦也轻易陷入尘世，想做最后一次挽留。他不知如何才能有效果，且想，如果他们两人都去了，那么毛遂等弟子也是不会出世的，因此不免有些伤感。

次日，张仪、苏秦果然来到九重天洞府，谈起出山之事。

鬼谷子问：“你们可知，天下最难得的是什么？”

张仪不知鬼谷子所指何事，便说：“请先生指示。”

鬼谷子说：“我讲人哪。天下最难得的是聪明之士。你们两人的品质，人间难求。若能做到凡念俱灰、诚心修道，必能登遐成仙。何苦要忙忙碌碌于尘埃之中，为浮利虚名所累而苦苦追逐驱驰呢！”

张仪说：“先生！弟子不才，但这些年刻苦攻读，原是为了建功立业，名扬后世。蒙先生教诲，弟子今天能够学而有成，实难有违进山的初衷。”

苏秦也说：“弟子的初衷，也是想要显赫门庭，光宗耀祖。”

鬼谷子沉吟片刻，说道：“自古也有此理，人生不满百，常怀千岁忧。但你们就不想像我这样，活过二百岁吗？”

两人齐声说：“弟子如何能有师父那样的资质！”

鬼谷子叹口气说：“唉，你们对于出世太灰心，对于入世又太热心。你们哪，出世可以为仙，入世也须守道。你们两人中，真就没有一个人肯留下来与我做伴吗？”

张仪、苏秦两人都低着头，不想答应师父的要求，但又不好意思说出口。

鬼谷子知道此事不可勉强，又长叹一声说：“唉，真是仙才难求啊！既然如此，我为你两人各占一课。”

张仪、苏秦想，前者庞涓、孙宾下山，师父都让他们去前山采一枝花，现在我们去采什么花呢？

鬼谷子看出了他们所想，便说：“你们不用花了，且用文王八卦来占卜。用这种方法要烦琐些，但这也是最为根本的方法，今天也为你们用一回。”

对于张仪、苏秦来说，用卦用爻，先生教过他们《周易》，他们自己也能解释的。只是他们没有那么深的经验，也没有掌握那么多奥妙和天机。

鬼谷子让云霓取来竹筮，便到观星台开始算卦了。

鬼谷子所用的筮，不是蓍草，而是用小竹片做成五十枚算筹，用来计数。所谓大衍之五十，运作时只用算筹四十九枚。

占卜之前，鬼谷子率领弟子整冠、净衣、盥洗、焚香，祭天地日月、伏羲文王，然后才用筮来确定卦与爻数。这种占法相当复杂，做法十分烦琐。

当初庞涓和孙宾下山，鬼谷子都只是简单地拈花为占。那是因为他对二生前途的预测，已经十分有把握，只不过需要借花来向学生加以表达罢了。那根本不能算作卜筮。

张仪、苏秦的情况就不同了。此二生要游说的是天下各国，不像孙、庞那样只在少数国家供职。张仪、苏秦要处理的不只是各国的内外关系，即今天的公关外交，而且还要涉及政治、军事、经济、文化、风俗、民情等方方面面，接触的人物也更多。因此，对他俩的性格、品质虽很清楚，而对他俩前途的预测，难度则较大。鬼谷子感到把握不大，才用文王八卦来进行严格认真的占卜。

鬼谷子所用并传给弟子的文王八卦，乃是真传。他是受之于师父李老君。老子李耳当年曾任周朝守藏室之史，是从他掌管的周朝皇家图书中得来的，是文王八卦的真本。

当年殷纣王囚西伯侯姬昌（后来的周文王）于羑里，殷朝大贤人箕子曾到狱中探望，并帮助西伯侯编纂《周易》。书中的卦辞、爻辞，都是周文王在羑里囚室中编定的，引用了《夏易》《殷易》中的一些行之有效的卦辞。

这套占法用了大衍之数五十。大衍就是用大数来推演八卦。先从五十枚算筹中取出一枚，以为太一之数。然后对余数一分为二，以成阴阳之法。再分下去为三才。这就是太上老君的“道生一，一生二，二生三，三生万物”了。宇宙一切奥妙都包含在这里面，都可以由数来反映其运动、变化，以此预知未来。经过反复操作，得出六爻，成为一卦。传说伏羲时代本来只有八卦，经过周文王的推演，成为六十四卦，这是姬氏把前人功绩加给周文王的传说。出土甲骨文字表明，在早得多的殷代中期就用六十四卦了。

鬼谷子先卜张仪，得到的是三阴三阳，就是否卦。否者，不通之意也，没有出路了。张仪见了此卦，有些不好受，想要重算。

“先生，请你为弟子重算一次吧。”

“使不得的，再算就不灵了。”

张仪无可奈何地说：“请先生为弟子解释。”

否卦的卦辞是：

否之匪人，不利君子贞，大往小来。

鬼谷子看了之后说：“你这卦是先凶后吉。你初出山，会有许多不利。不利于君子，便利于小人。但不是说你这个人不能通达，而是要在经过诸多苦难之后才能通达。不要怕这否卦，否极泰来，大有希望在后头。”

听了先生的解释，张仪说：“为了最终能建立功业，弟子不怕经受各种磨难。”

解释了卦辞，再来看爻辞。前三爻都是阴爻，这些爻辞是：

拔茅茹，以其汇，贞吉，亨。

苞承，小人吉，大人否。

苞羞，位不当也。

鬼谷子解释：“从这三爻来看，除了你矢志于君子之道而外，都很不利。小人会得势，你非小人，所以不能得势。苞羞即粗馐，只能吃粗食，与你君子的地位很不相当。你的衣食都会很苦。”

张仪也明白，说道：“我会很不幸，但我不怕苦。”

鬼谷子说：“能有这样的思想准备，就不怕了。”

接着看后三爻，全为阳爻，事事亨通，那爻辞是：

有命无咎。畴离祉，志行也。

休否，大人吉。其亡其亡，系于苞桑。

象曰：大人之吉，位正当也。

倾否，先否后喜。

象曰：否终则倾，何可长也。

鬼谷子看完，剖析道：“经过前期的苦难之后，你的愿望都可以达到了。‘其亡其亡’，是说你会失去很多很多，会遇上很多危难。‘系于苞桑’则是说你根基稳固，最终能战胜困难。苞桑是桑树之本，根系发达而牢固。你是先忧后喜，但最终还是要谨慎从事。”

张仪明白，这是说苦尽甘来、功成名就之后，还会有波折。不能忘乎所以，否则还会发生不测。他很感谢师父，为自己剖析得明白。

卜完张仪，再卜苏秦。将算筹摇匀，再按文王之法来推演。最后得到的是泰卦。泰就是通达。苏秦见了，面有喜色。先看卦辞，是这样的：

泰，小往大来，吉，亨。

象曰：天地交而万物通也，上下交而其志同也。内君子而外小人，君子道长，小人道消也。

“由于万事亨通，就可以以较小的代价，获得较大的成功。”鬼谷子对卦辞做了剖析之后，对苏秦说，“你的事业，不会因为有小人当道而阻止得了。”

“先生，我也会像张仪那样，先凶后吉吗？”

“你要比他早得志。”

苏秦也觉得，自己的卦比张仪好，但是又有点不敢相信。再看爻辞，前三爻都是阳爻，均是吉兆，其辞如下：

拔茅茹，以其汇，征吉，志在外也。

苞荒用冯河，不遐遗，朋亡，得尚于中行。

无平不陂，无往不复，艰贞无咎，勿恤其孚，于食有福。

鬼谷子看了这三爻，没有凶兆，可以放心。但是否能成事，尚须看当时环境和苏秦自己的努力。于是对苏秦说：“你入世之后，没有大凶，但也不是风平浪静，像那连根拔起的茅草，又好像过河无船，只得用葫芦涉水而渡。朋友相助不能成事，要自己创造条件，才能成事。”

苏秦感谢师父指点。再看后三爻，全是阴爻，其辞是：

翩翩不富，以其邻，不戒以孚。

帝乙归妹，以祉元吉。

城复于隍，勿用师，自邑告命，贞吝。

看来这三爻不如前三爻。“翩翩不富”，是徒有富贵其表，不确实；“不戒以孚”，是说心里的愿望难以实现。

苏秦有妻室，所谓“归妹”“元吉”的好卦，对他来说好像是白说了，其实是说他会交“桃花运”。“城复于隍”，表明“其命乱也”，含有凶兆。这些都是应验了的。那“桃花运”的预兆，后来就应验于燕国的黄金台。

鬼谷子对苏秦说：“你入世之后，虽无大患，但还须努力奋斗才能得志。你会做成一番大事，但最后的命运不佳，且有危险。”

苏秦说：“如此说来，弟子一生都需努力奋斗才行。前期可以无殃，后期必须防祸，是这样吗？”

鬼谷子说：“正是。看来，你若不及早出世，凶灾难免。”

苏秦听鬼谷子这样说，只当恩师是劝自己不要出山，所以不肯相信。

鬼谷子为张仪、苏秦占卜完毕，师徒三人回到洞府，端坐话别。炉中燃着三炷香，几上放着三杯茶。

在鬼谷子寄予希望的弟子中，最后两位也将离去，鬼谷子颇为依恋，心里像有许多话还没说完。

鬼谷子再次提起占卜的话题：“你们兄弟两人入世，苏秦是先吉后凶，张仪是先凶后吉。苏秦先获成功，张仪大器晚成。你们两人的事业相同，或许会有所抵牾，但一定不要忘了兄弟之情。”

张仪、苏秦不知师父提起这话的用意如何，因为他们结为兄弟多年，从无不和之事发生。

鬼谷子知道两人心中所想，便说：“前者孙宾、庞涓两人在山中亲如兄弟，但是我看出他们品性上有差别。庞涓显达之后，果然于师生、朋友的情谊都淡薄了。看来他们两人今后势难相容，必有相残之事发生。我尤其担心孙宾，他为人忠厚，最易受人欺负。你们两人，今后一定要互相辞让，不要彼此争斗伤害，不要忘了同学之情，要为天下士人做个榜样，留下美名。”

张仪、苏秦两人听了，跪拜于师父之前，说道：“我们谨遵师父之言。”

两人又互相执手，言道：“你我之间，兄弟情谊永存！”

鬼谷子见他们如此，心里喜欢，说声“你们稍坐”，便转身回到密室。不一会儿，取出两卷书来。

张仪、苏秦看鬼谷子手中那竹简，尚存新绿，知道是鬼谷子不久前才刻写的。此书就是后人编《鬼谷子》时，定名为《本经阴符》的七篇文稿，外加《持枢》《中经》两篇，共是九章。

其实，若是按照鬼谷子本人的意思，这九章属于他的《天书》《地书》《人书》三部之中的最后一部，即是《人书》九章。可见，这九章之名，并不应以《阴符》七篇再加上另两篇而名之。

从九章的名称和法象来看，明显地可以分为精神、运作、决策三部分，每部分又三章。这一卷书，鬼谷子在授予张仪、苏秦之前就对他们传授过，也曾传授给毛遂等人。

这三部分九章是：

精神部分

盛神——法五龙

养志——法灵龟

实意——法螣蛇

运作部分

分威——法伏熊

散势——法鸷鸟

转圆——法猛兽

决策部分

损悦——法灵蓍

持枢——法四时

中经——法圣人

决策也应视为一种运作，但是，决策是宏观的驾驭，运作是微观的处置，在法象上也有宏微、虚实之分。

张仪、苏秦接书在手，观看之后，说道："先生，此书弟子习诵已久，今日先生又把它送给我们，必有大用。"

鬼谷子说："此书你们虽然已经学过，但未能领会其中精神。你们出山之后，如果事情不顺利，遇到困难时就拿出此书来诵读，可从中寻取教益，必然会有收获。"

张仪、苏秦两人再拜稽首道："弟子多谢师父！"

鬼谷子叹道："唉，从今以后不能再帮助你们了，你们要好自为之。我在教完毛遂他们之后，也要经常逍遥海外，不再长住这里了。"

张仪、苏秦乘马，并辔离开鬼谷。

多少个春夏秋冬，多少个风雨寒暑，他俩共读于八重天茅屋，情同手足。他俩的马，也是一步一回头地离开了第八道峡谷。

行行重行行，无限相思情。他俩到达载鬼亭驿，天色已晚，于是两人投宿驿中。

驿中夜话，除了离情，便是去处。

张仪、苏秦这时出山，没有庞涓那样的好运气，没有赶上哪国诸侯重币求贤，更没有像孙宾那样受到国君以高车驷马来迎聘。他俩还不知道去哪个国家好呢。

这一夜，他们除了回顾入山以来的师生情谊、同窗友谊，就是分析天下大势，从中选择自己的方向。

天下形势，恩师是讲得非常清楚的。自平王东迁，周室衰微，已历数百年了。天下人心，也如仲尼弟子和其他学派所云，总是希望以统一求安宁。要完成此业，需要一位有道的国君，一个强盛之大国。

当今最强的国家，莫如秦国，苏秦表现出了去秦国之意。其次应是楚国了，张仪便说自己有意去楚国。

去秦，必倡东西连横；去楚，必倡南北合纵。

连横易见功，合纵难成效，这是显而易见的。既然事业尚未开端，张仪主动说要去楚，也有把难处留归自己之意。苏秦也明白，因此对张仪深藏着感激之情。

但是，眼下无论去秦去楚，都无门径，又无人引荐。

“余兄，你去楚国，我去秦国，都是两眼一抹黑，这可如何是好呢？”

“也只好一步一步地来了，凡事急不得的，再说我们离家这么多年，也应该回去看一看了。”

“是啊，我也思念故乡和亲人们。”

“季弟，我是先要回岳父家去了。”

“是应该去，这些年也太苦了嫂子。”

两人都想好了，先回故乡与亲人商议之后，再决定行止。

谈起故乡亲人，张仪所思念的只有自己那贤淑的妻子。正值青春年华之时，他为了求学，就让她独居于岳父之家。此时她一定是望穿秋水，等待着他的归来。

苏秦的大家庭拖累颇多。一家人都等待着他衣锦荣归，但他一时还是不能使亲人满意，使家道中兴起来。

两人都想家，又都想建立功名富贵。尚不知如何开辟草莱，寻求路径。思绪万端，不能入寐。直到过了子时半夜，苏秦先有了鼾声，然后张仪才步入梦乡。寅时鸡鸣，卯时天亮，

两人便起身告别，各奔前程。

第三十五章　逍遥四海点化徐福

鬼谷全盛之时，九重天里洞府的主人曾经五世同堂，老少鬼谷子多达九位，童仆之数多达十余人。八重天里鬼谷私庠的弟子也曾多达百人。山里如此熙熙攘攘，已经不符合清静无为之旨，有违道法自然之趣。不自然，毋宁死，所以鬼谷老子对此十分厌倦。

鬼谷子乃以勉励出游，来分散家人；以一苗独传，来减少子孙的繁衍；尽量少收学生，来减小鬼谷的尘嚣。对于这三项措施，鬼谷子都做得合符自然，不违人性、物性，从而达到了愉悦与和谐。这样做，费了很长的时间，才做到从容自然而成事。

现在，鬼谷不再熙熙攘攘了。一脉相承的鬼谷子，认为凡事都应有始有终，正准备结束这已经有一百多年历史的鬼谷私庠，而去做他一心向往的逍遥之游。

毛遂等人，以学游为主，兼通道、数、兵三门学问。

鬼谷子在送走张仪、苏秦之后，就尽心尽力来培养毛遂等人。他希望，这是鬼谷私庠的最后一批学生。他准备，今后即使遇到求学的人，也不带他们到鬼谷来长留。到了何处，就在何处传授学问。

天如人愿，近几年来，再没有人进山来求学。

鬼谷子在送走毛遂等人之后，就准备出山远游了。

他对云霓说："清静了，你愿意陪伴我出游吗？"

"先生，我早就盼着这一天呢！先生想到什么地方去？"

"我们先去太公吕望垂钓的渭滨、险峻的华山、登封的周公测景台、信阳的鸡公山，然后再远上北漠，去燕国的医巫闾山和辽东的仙山，再到碧海之中的蓬壶三岛和扶桑、巨海之中的十洲，最后才进入仙班。"

云霓听鬼谷子说要去这么多好地方，兴奋得手舞足蹈："太好了，这回我能见到许多神仙了！"

云霓又问："先生，我们要做些什么准备呢？"

"这是仙家的逍遥游，一身轻快，啥也不要带，不需要准备什么。"

话是这么说，云霓还是为鬼谷子准备好雪青马、宝剑、白色的道袍；为自己准备好小青马、宝剑、青色的道袍。还有一些日常必需的物品，其中少不了兼金，收拾成一个褡裢，以便出发时放在自己的马背上。

鬼谷子仍然要把鬼谷作为经常居住之地，到海外漫游，也不是永别，但他还是十分依恋。他静坐室中，浮想联翩。云霓来请他用餐了，他还在回味着往事。

鬼谷子回味往事，是为了更精巧地编织神秘之云，这是龙翔的依托。而云霓，则一心向往着神秘的仙境。日有所思，夜有所梦——

这天晚上，云霓梦见他和鬼谷子出发远游。只见鬼谷子用手中的拂尘在空中画了一个圆圈，他俩的马蹄下就升起了白云，他们连人带马在天上急驰如飞。

鬼谷子留恋鬼谷，在鬼谷上空绕行三匝，才慢慢离去。

鬼谷子在云中、马上，不言不笑，只是注视着地上。

他们到了夷山上空，只见尉缭子带领弟子们跪地迎接，恳请先生到他洞中一叙。

"恳求恩师，到茅舍小住数日。"

云霓告诉尉缭子："先生要赶路，下次再说吧！"

他们到了魏国和赵国交界，这里原是中山国的地界。有两位将军，各领一支人马，奋勇地追杀敌人，原来是孙宾和庞涓。两人见了云端的鬼谷子，都下马来叩头。

“求恩师保佑我们旗开得胜！”

“求恩师保佑我们再建奇功！”

鬼谷子这才说话了：“你俩的成功与失败，全系于你们两人能否精诚团结！”

鬼谷子说完这句话，拨转云头就走了。

他们到了华山深处，在那险峻的山岩之下，有一处茅庐，茅蒙正在里面炼丹、修道。鬼谷子见了他，也没有说话。

茅蒙跪地恳求：“弟子茅蒙，恭迎恩师鹤驾降临！”

云霓代鬼谷子答话：“茅蒙，你大功将成，先生不打扰你了，你好自修炼吧！”

他们又到大梧将军的茅舍，大梧夫妇都已经作古了，房屋也换了主人。两人不胜感慨，到大梧夫妇的坟茔上空转了一圈才离去——

翌日醒来，云霓睡眼惺忪地去向鬼谷子讲述他昨夜的梦。鬼谷子笑着说：“你是真梦，我却是假梦。我也在半醒半梦的状态下，做了一次神仙之游。这种状况，我一生已经经历过数次。最早是与苌弘天官交游，后来与李老君、墨翟、姚花女、麻姑，都可以说是梦非梦，亦幻亦真，人莫能辨。”

云霓并不懂得鬼谷子的话，只是说：

“先生，跟你远游，实在太有趣了。”

“那就准备出发吧。”

他们先游海内神山。

既然是逍遥之游，就没有订出什么日程。想到哪里，就让雪青马走向哪里。对什么地方的风光感到愉快，就在什么地方徜徉往返。

第一个去处是鲋鱼之山，医巫闾山是也，在燕国的东北部。山的南边是颛顼大帝之墓，山的北边葬着他的九嫔，每座墓园由四条巨蛇保卫着，无人敢近。这里没有什么好看的东西，鬼谷子和云霓转了一圈，就离开了。

在藐姑射之山，鬼谷子出乎预料地见到了庄周。

云霓知道，鬼谷子与庄周的缘分不多；他还知道，这位晚生也崇敬老子的学问。先生说过，庄周的相对主义达到了“齐物我，齐是非”的程度，对世间一切都要画等号，结果他自己也弄不清是庄周梦见了蝴蝶，还是蝴蝶梦见了庄周。

庄周则是把鬼谷子视为祖师爷的，见了鬼谷子急忙下跪，互相见礼之后，说道：“鬼谷先生雅兴，也到这座神山来了。这藐姑射之山，一切都是那么的美好，山上的花木，一年四季常开不败；山上有位仙女，绰约如处子，只有十八九岁的年纪。”

鬼谷子觉得，这山中的风光确实不错，他想：“那女子是不是麻姑呢？”

“庄周先生，待我上山去看看。”

鬼谷子让云霓看着马，在山林间陪庄周说话，而自己独自上山去了。这样，才有助于创造那种神秘之云——

鬼谷子在山林景色绝佳处，见到了那位十八九岁的仙女。她看到鹤发童颜的鬼谷子，好不吃惊，喜得流出了眼泪，喊道：“孙儿呀，是你来了！”

原来，庄周说的这位藐姑射之山的仙人，就是成仙之后的莘姒。而此时来逍遥游的鬼谷子，是莘姒之孙王蝉。他见了祖母，急忙跪下叩头。

“奶奶啊，你和爷爷升遐之后，孙儿在鬼谷继承了你们和父母之业，世间之人都还以为孙儿就是你们，你们仍然留在人世呢！”

“你做的一切，我和你爷爷、你爹娘都知道的，不用说了。等你见过你爷爷之后，你就到仙境各处去游览一番吧！”

“爷爷也在这里呀？”

“我与你爷爷逍遥于仙境，从来都是在一起的。”

在祖孙两人说话之际，年纪轻轻的王诩过来了。王蝉见了，急忙跪地请安：“孙儿拜见爷爷！”

“快起来吧。论年龄，你也是百岁之人了。你把鬼谷私庠停了，善始善终，此举甚好。周朝气数已绝，战国时代也将结束，天下复归一统的局面将要出现，你也该超度一些人登入仙境了。”

“这是爷爷和爹娘一生之业，孙儿即将完成了。”

“所以，你要到仙境各处都走一走。”

“孙儿的旅行安排是：先海内，再海外，最后到巨海。”

“你既要做海外之游，也不要忘了弟子们。”

“孩儿知道了。”

鬼谷子祖孙相叙两个时辰，王蝉便下山了。

世人只知道一个鬼谷子，以为他活了几百岁。正在仙山的庄周也未必知道，鬼谷老子与王蝉在藐姑射之山相聚过，他甚至也不知道，他自己写入《南华经》里的那个藐姑射之山的仙女是谁。

人们都知道，龙，只有在云雾之中才能飞翔，但只有少数人知道那云雾是什么。那些知道者，大多明白和理解藐姑射之山心灵之石的铭文：

你见到鬼谷子的面容之日，
是你臻于练达颖悟而走向成功之时。

鬼谷子在逍遥游中制造了这些神秘，就下山告别庄周，带着云霓去做海外之游。

所谓海外之游，就是通过云霓，传播更多的神话故事。

首先，他对云霓说的是：海外仙山很多，他们只神游蓬莱、瀛洲、方丈三山。山上之树，皆为玉树；山上之花，皆为琼花；山上之草，皆为瑶草；山上之兽，为麒麟、獬豸；山上的鸟，为凤凰、青鸾。所有山上之物，都是那样光洁灿烂。

仙山里没有人间烟火，未脱凡胎的云霓是不能去的。于是鬼谷子又讲起了大荒之外的巨海。巨海之中有十洲，它们是：

一曰祖洲；
二曰瀛洲；
三曰玄洲；
四曰炎洲；
五曰长洲；
六曰元洲；
七曰流洲；
八曰光洲；
九曰凤麟洲；

十日聚窟洲。

对于这十洲，鬼谷子说，他曾经游过其中的一两个，也是走马观花。这回他要一个一个地看个仔细。

鬼谷子带着云霓，来到大海之滨。他准备到一个海岛上去，在那里畅论海外十洲的故事，才有意思。

云霓是第一次来海滨，鬼谷子说："我们已经到了大荒之外的巨海。"

他们轻轻地鞭打着马，沿着海岸漫步。前面有一个小渔村，岸畔有十几条渔船。稍大一点的船，就足以运载两乘人马。鬼谷子让云霓去询问一下，能否送他们上岛去。

接待他们的是一位少年，年纪与云霓相仿。

"这位小哥，敢问你贵姓，能否送我们去岛上一游？"

"在下是渔民徐福，乐于为二位先生效劳。"徐福说着，仔细打量起鬼谷子来。

这徐福虽然年轻，但志在远游，曾跟父兄乘船去过深海，也去过齐、鲁等国的大都会，听人说过白袍白马的鬼谷子的故事。他看眼前这两个人，一副仙风道骨的模样，就想到会不会是鬼谷子。但又想，鬼谷子怎么会到这样偏僻的海边来呢，于是问道：

"敢问二位先生——"

云霓主动介绍："他是恩师鬼谷子，我是他的道童云霓。"

"俗人徐福，拜见鬼谷先生！"徐福听了云霓的介绍，便跪地叩头，并说，"我家的船，足以供先生做海上之游。若蒙不弃，徐福愿陪伴先生出海，大小海洲，任意遨游。"

鬼谷子已经下了马，扶起徐福说："年轻人，不必多礼了。我们这次海上之游，就烦劳你了。"

徐福领着鬼谷子师徒两人，连人带马上了一条船，搬上几桶淡水和一些食物，又回去牵了一头驴上船，做自己的坐骑。这样，三人开始了海上之游。

这天风平浪静，只是海上轻雾蒙蒙，所幸头顶日光融融。徐福升起了一片帆，不久，四周都不见了陆地，也没有了海岸，天上、海上和轻雾都只是一片蓝色。云霓是初次下海，有些着慌。

“先生，我都分不清哪是上，哪是下了！”

“有太阳之处是天，是上，无太阳之处是海，是下。海天之间，蓝中带白的那一个大圆环，就是海与天的交界线了。”

“先生，我们往哪里去呀？”

“我们要一个个地走遍十大洲。”

不知过了多久，前方出现了海岸线，总算见到陆地了。岸上有碧野、绿树、琼田，风光胜似人间仙境。

“先生，这是什么地方呢？”

“我们到祖洲了。”

徐福曾经到过这个地方，但叫不出名字，鬼谷子说是祖洲，那就是祖洲了。三人各自牵了坐骑，上岸巡游。

祖洲有许多祖宗的遗迹。最早的，是盘古开天辟地时留下的一块石头，是一块鸡血石，世间没有的美玉。旁边就是女娲补天炼出的五色石，红黄绿蓝青，十分美观。鬼谷子对云霓说：“许多人修道，炼丹，一辈子也炼不出这么多的好宝石！”

云霓想下马去捡一些五彩缤纷的石子，鬼谷子急忙制止他：“云霓，人不可以贪婪，你如果破坏了这里的万古平衡，也就回不去了。”

云霓还想回人间，所以不敢造次。

伏羲氏的遗迹是一块八卦石，周围是八卦的记事符号，中间是太极双鱼图。这种图形，云霓见得多了。鬼谷子的白袍上，也用银线绣着此图。

帝尧时代留下来的遗迹是冥荚，一种历草，可以当日历牌使用的。这种草，从初一日开始，每天结出一个豆荚，从十六日起每天落下一个豆荚。如果是大月，十五个豆荚便会落尽；如果是小月，则会有一个豆荚枯焦了，但不落下来。

鲧、大禹父子留下来的遗迹是息壤和禹余粮。这也是两种宝贝。息壤是一种会随着水面增高而生长的土壤，用它来筑堤，就不会发洪水了。但也不可妄用，黄河成为一条高于楼顶的悬河，不能不说与堵水有关。禹余粮则是一种好东西，是一种褐铁矿石，能强身健体，治多种疾病。它就是麦饭石，至今人们还用它发财。

“先生，我可以取一些回去治病救人吗？”

“也不可。说到治病救人，那就不必用它了，还有更好的东西。”

“请先生提醒我。”

“前面就有了，你看！”

云霓顺着鬼谷子指示的方向看去，只见前面是一片浅滩，长满了萋萋芳草，正是：

苹萍泛沈滩，
菰蒲冒清芊。
岛屿无人迹，
鹤翎舞翩跹。

鬼谷子、云霓策马近前，徐福骑驴紧紧跟随。只见眼前莽莽苍苍一大片青草，一群群仙鹤时而飞起，时而落下。

“先生，这不是雕胡吗（又称为菰，上面能结菰米，下面能长茭白）？此草怎么能治病救人呀？”

“你再仔细看一看！”

云霓走到跟前细看，才看出这种水草很是奇特：既不是菖蒲，也不是蒲棒草，更不是雕胡。远望是碧绿一片，但它并不是丛生之草，而是一株一株单独地生长。

“鬼谷先生，此物人间没有见过。”徐福也跟着说。

“这里便是琼田，此草就是祖洲不死草，又叫养神芝。此草一株可以救活千人！比西王母的不死药好多了。”

云霓感到大开眼界，徐福则想：“自己上此岛也不止一次了，怎么啥也不知道？看来，自己是肉眼凡胎，守着仙岛也不识宝。”

师徒两人在徐福陪伴下，离开祖洲琼田，又兴致勃勃地前往其他洲。

他们在海上遨游了太多的日子，以至渔村的人们都开始感到不安了：他们的船是不是触了礁？是不是遇上了海盗？如果他们回不来了，就应该为他们举行祭奠。

徐福在这种逍遥之游中学会了许多东西，但始终没有感受到仙缘，跟不上鬼谷师徒的思想，不能有那样的智慧。

他们的船回到渔村时，全村的人都出来迎接，男女老少在海岸边跪了一大片。人们都呼喊着同样的话：

“鬼谷先生，保佑渔村平安！”

徐福请鬼谷子到自己家里小住，鬼谷子很感谢。

于是，众人拥着他们三人，来到了徐家。这是一个大家庭，庭院大而深。这一家人也因鬼谷子的到来，从此远近闻名。

徐福要求鬼谷子指点自己修道。鬼谷子传给他《道德经》，对他说：“徐福呀，你要毕生行道，闻道，修道，悟道，以至于得道。”

第三十六章　孙宾刖足改孙膑

魏惠王的使臣从鬼谷迎来孙宾，高车驷马回到了大梁。在馆舍安排停当，便去王宫复命，同时通报庞涓元帅。

这时，魏国的招贤馆虽然比不上燕国的黄金台、齐国的稷下学宫，却也是一派通霄广宇，幽深宅第。巍峨的宫殿之间，曲径蜿蜒，花木成荫，是个清新宜人的住处。孙宾经过多日行车，风尘仆仆，沐浴更衣之后，仍有些困倦，正要静卧一会儿，即见庞涓来访。

庞涓一进屋就说："宾兄，这些年来，愚弟饱尝了思念之苦，今日总算相见了！让我好好看看你。"

兄弟两人交臂而抱。

庞涓看孙宾仍然是当年那样清瞿，目光炯炯，一副仙风道骨的模样。

孙宾看庞涓，却是发福多了。身体有些发胖，眼睛也肿出了眼泡，说话喘气都带一种富贵气象。可见，朝中之人与山野之人到底不同。

两人开始闲叙旧情。

庞涓回顾当年，如何一同进鬼谷山，如何向先生求教，引得孙宾动了感情，以为庞涓是不忘旧情，处处关心着自己。

其实庞涓心里想的是：自己下山这么多年了，孙宾在山中又学到了些什么？鬼谷子又把多少学问传给了他？弄清底细，好想办法。

“宾兄啊，愚弟下山好几年了，你继续在山中苦读，学问一定要比我强十倍了。先生又传授了什么学业给你，能否说给我听听，也长一些见识。”

孙宾对他并不设防，正要回答，忽见王使前来传诏：“孙宾先生，大王急于召见你，请先生随我入宫。”

王使见庞涓在此，便说：“庞元帅，大王已经遣人去帅府，召元帅进宫陪见孙宾先生。元帅在此，就请同去吧。”

孙宾说：“如此甚好。我本是山野之人，不知朝廷法度，有贤弟同行，正好随时纠正我失礼之处。”

庞涓说：“宾兄，我们走吧。大王思贤若渴，急于召见，不要让他久等了。”

于是，孙宾、庞涓跟随王使出了门。

馆舍离王宫也不很远，但门前仍有车马伺候。这是孙宾第一次去拜见魏惠王。

孙宾、庞涓应召上殿，行了参拜之礼，魏惠王即命两人平身，赐座。惠王坐于正中，孙宾、庞涓侍于两侧。殿前女乐歌舞全已撤去，无关人等也已退下。惠王安排了一种适宜畅谈的气氛。

“孙宾先生能来魏国，是寡人大幸，国家有幸！魏国是天下贤士大显身手的地方。庞元帅仕魏数年，已有大功于国。今日先生来了，更将大有利于国家。”

“承蒙大王厚爱。宾虽不才，愿与庞元帅共同为大王效力。庞元帅已经屡建奇功，宾之所学，乃是纸上谈兵，还须到战场上检验。”

孙宾这样说，既是出于谦逊，也是希望获得实战机会。惠王听了觉得合乎情理，而庞涓最怕的就是孙宾掌握兵权。

“宾兄过谦了。当初你我兄弟同学，鬼谷先生就曾夸奖吾兄学业在我之上。我下山这些年，宾兄继续在山中攻读，所增加的学问，又不知比愚弟高出多少了。”

惠王也说：“先生既是孙武之后，当年孙武仕吴的《兵法》也必定有所承传。”

魏惠王提起的话题，正是庞涓所要试探之事。其时，此事各国皆有传闻，有的说当年那部《兵法》，已经随着吴国的灭亡而毁于姑苏台，有的则说尚在流传。真真假假，虚虚实实，谁也弄不清楚，所以魏惠王也就顺便问起。

孙宾是个心怀坦荡的人，经魏惠王亲问，也就说道：“大王，实不相瞒，这些年我在鬼谷山中所学的课程，主要就是我曾祖父的《兵法》十三篇而已。”

孙宾话一出口，便感到有些后悔了。因为在鬼谷山中，先生把传授此书视为十分隐秘之事，不让任何人知道的。但他又想，魏王敬贤，庞涓亲如兄弟，也就放下心来。

庞涓听了这话，既惊心又嫉恨，但是丝毫也不露声色。

他恨鬼谷子当年竟一点也不向他传授，而在他出山之后才传给孙宾一人。他一直担心的就是孙宾强于自己，现在更加证实，孙宾比自己强得太多了。

庞涓以自己之心，度孙宾之腹，感到一种危险，以为孙宾可能会夺去他的一切。庞涓心里这样想，脸上却露出欣喜的笑容，而且站起身来，向孙宾拱手致贺：“可喜可贺呀！吾兄能发扬光大祖业，当年孙武将军的兵书后继有人了，且能流传于世。可惜我在山上时，先生对于《兵法》，虽然也传授给我一些，但那只是只语片言，不比吾兄学而精深，今后还要请吾兄多多指教了。”

孙宾听了这番话，心想：“庞涓什么时候学会说谎了？我俩一同在山上的那些日子，先生根本没有提到过有《兵法》这回事，在授课中涉及有关内容，也从未说明其来源，何来先生对他传授过一些？”

孙宾想起先生亲口说过，不能把《兵法》传授给庞涓这样的人。他开始有了疑惑，但仍然从好的方面着想，以为庞涓仍然改不了耍小聪明的恶习，这只是在惠王面前夸耀自己。

其实，庞涓这样说，也真是为了给魏王造成一种印象：他俩所受的学业都是一样的，孙宾只是多学一点，比自己稍强而已。

果然，惠王接过庞涓的话说：“孙宾先生，你俩正应互相探讨，对于祖宗之法，要做到精益求精。”

魏惠王好糊涂，《兵法》是孙宾的祖宗之法，岂能让庞涓视为祖宗之法，并由他去精益求精？这实质上是让孙宾把祖宗之法传给庞涓了。

庞涓趁势说道：“谨遵大王明示。为了畅叙兄弟之谊，也为了切磋军事和武艺，我愿请宾兄到我府中去住。宾兄住在馆舍里，生活起居也无人照应。住在我的府里，家人僮仆，一切方便。”

庞涓是想把孙宾的一切都控制在自己手里。

孙宾想推辞，说道：“初来大梁，怎么能打扰贤弟？其实大王馆舍里的招待甚是优厚，我在那里久住也无妨。”

“馆舍再好，也比不上家里。正是因为初来乍到，诸多不便，所以才请宾兄先到我家。等到宾兄宅第造成之日，有了家眷，我们再来同贺乔迁之喜。”

惠王也说：“庞元帅一片厚意难却呀，孙宾先生，你就在帅府暂住一时吧。寡人即命大司空，为先生建造连云甲第。建成之日，孙宾先生即可住进去了。”

君王有言，孙宾只好依从了。

庞涓把孙宾迎入帅府，单辟一套宅院供孙宾居住，派僮仆、女奴侍候生活起居。日日饮宴，夜夜长谈，热情得有些过分，不像平日相处模样，反使孙宾暗自生疑。

孙宾想起师父鬼谷子临别时讲的一些话，曾指明庞涓是个见利忘义的忘本之人。他不大相信，但是也觉得害人之心不可有，防人之心不可无。

庞涓跟他谈起《兵法》，他又想起师父说过此书不宜传授给庞涓。但由于自己一时不慎说出了此事，魏王又要求他们互相切磋，一点不传是不行了。孙宾想了想，要谈也只谈其一，不谈其二；只谈一般可以想见的东西，不谈更深的内容。当然也不全是敷衍，全是敷衍，就会被庞涓觉察，只是必须留一手。

幸好孙宾有了这样一点提防，才未造成大错。

一天，孙宾亲口向庞涓传了八卦阵，八门如何开阖，如何颠倒，如何转换成一字长蛇阵。从早到晚讲了许多，又在屋里比比画画。庞涓学到了如此奥妙的阵法，喜不自胜，约好明日到步军演武场，共同操练。

参加操练的都是老兵，熟悉号令，三天就练成了。孙宾见此，十分高兴。于是两人同到王宫，请惠王观阵。

此次魏惠王观看的八卦阵，比起庞涓初到时操练的简单阵法来，要严明得多了。那休、生、伤、杜、景、死、惊、开八门，每门都森森然不可侵犯，每门都变化万端，全阵又可以自由开阖和转换。惠王看了，称赞鬼谷子道术高明,《兵法》十三篇宝贵，又夸奖孙宾、庞涓治军有方。

回宫之后，惠王召见孙宾，计议如何授予孙宾官职。

魏惠王为此已经思虑多日。魏军此时以庞涓为元帅，无军师。惠王曾与相国王错商议，授孙宾以军师之职。

王错即与庞涓商议，庞涓说："孙宾为我谊兄，任为军师，位在我上，我自己觉得应该。但是宾兄寸功未见，即领此职，只恐众将难服，于宾兄恐也无益。"

其实，是庞涓不能容许孙宾位在自己之上，可是王错不能觉察，他只觉得庞洪、庞英、庞蕙、庞茅这些将军，一时难容孙宾位居庞涓之上。他把这些考虑禀奏惠王，惠王听了，也觉得暂时不宜授予孙宾高于庞涓的官职。但是，也不能长久地空悬孙宾，不授以官职。高车驷马，火速迎来，而又闲置不用，成何道理？惠王认为，此事即应解决。

现在殿上只有惠王、孙宾、庞涓三人。

惠王说道："这些日子，寡人思考如何授予孙宾先生官职。两位情如兄弟，有何意见不妨直说，只有你我三人知之。我意授予孙宾先生副元帅之职，统帅军队，只在寡人及庞涓元帅之下，可乎？"

孙宾推辞道："大王，在下初来魏国，没有尺寸之功，怎能登此大位。"

孙宾的推辞，正合庞涓之意。

庞涓不仅不让孙宾位在自己之上，而且惧怕孙宾握有实权，于是说道："大王，末将也以为，不宜授宾兄副元帅之职。我兄的学问、才能均在末将之上，我愿辞去元帅，请大王授元帅之职于宾兄，末将甘为我兄之副。"

庞涓显然口是心非，忠厚的孙宾却信以为真，急忙对惠王叩头道："大王，贤弟之言万万不可行，军中易帅涉及天命，不可造次，在下有罪！"

魏惠王看不清庞涓玩的把戏，只觉得授予一个副元帅实在太难了。惠王处事不喜欢这样拖泥带水，他心里不痛快，叹息道："也罢，也罢。寡人不授予副元帅之职了，姑且授孙宾先生为魏国客卿，拜先生为上卿，如何？"

孙宾拜谢。

庞涓也不说什么了。作为客卿，不执掌兵权，庞涓放心了。

回到帅府，庞涓置酒祝贺孙宾官拜上卿。

这也是庞涓的计谋。他要趁着酒兴，提出从齐国迎接孙宾家族到魏国之事，摸清孙宾宗亲情况，以便制造孙宾私通外国的证据。

"宾兄现在已经官拜上卿，连云甲第不日即可造成。何不从齐国把亲眷都接到魏国来，共享富贵荣华。"

"多谢贤弟关怀。你我同学多年，却未知我的家事。可叹我四岁丧母，九岁丧父，由叔叔孙乔把我抚养成人。"

"除了孙乔叔叔，你可还有兄弟在齐国？"

"我没有任何亲人在齐国。"

庞涓听到这话，感到有些失望：孙宾在齐国既然没有亲眷，又如何能加给他私通齐国的罪名呢？

人喝了酒，头脑就会变得简单，话也会多起来。这时孙宾又说话了："我虽没有兄弟，却有乔叔家和两个堂兄，但是他们也没在齐国。"

孙宾无意间说出这些多余的话，却给庞涓留下了机会。

"宾兄，你叔叔和堂兄都是做什么的呢？他们现在在哪里？让我派人去迎接他们到魏国来，与你团聚。"

"叔叔在齐康公时为齐国大夫，后来田太公把康公赶到海岛上去了，杀了康公的许多旧臣。叔叔带着堂兄孙平、孙卓和我，逃走了。在洛邑遇上荒年，为了活命，把我卖到北门外，从此我就再没有听过他们的音信了。我哪有什么亲眷可接来。"

这是当年田氏代齐时的事了。那时孙宾年纪尚小，但这些经历对他影响至深。回忆起这些往事，孙宾有无限的悲凉感。他不想多说，要回屋休息了。

庞涓知道了这些情况，就忙碌起来。

经过多日策划，他用孙平、孙卓两个的名字，伪造了一封"家书"，又找来一个操齐国口音的家奴贾四，扮作齐国商人王三，让他去向孙宾“投书”，详细交代了要他做的事，并对他说：“此事你知我知，若泄露于第三人，定斩不饶。”

贾四领命而去。

贾四来到孙宾的宅院，进入孙宾的房间。孙宾责问：“你是何人？竟敢擅入？”

贾四跪地道：“小人是齐国商贩王三，花钱卖通了阍者，才得前来为大人送信。”说罢，从袖中掏出一幅帛书来，呈与孙宾。孙宾接书在手，展开来看，上面写的是：

宾弟：

愚兄在齐，闻弟官拜魏国上卿，伯父及家父在九泉之下也可告慰矣！特致书相贺。那年天旱，家父饿死于洛邑城郊。愚兄两人寻弟不得，乃辗转回到齐国。托祖宗之福，现已居不次之官。田忌将军素慕吾弟之贤，切望共图报国大计。你我兄弟，也望早日相聚。何日得见，请示之。

愚兄平、卓手启

孙宾哪知其中有诈。他与两个堂兄少年分离，现在见面恐怕连人都不能认识，怎能认得笔迹。读到叔叔在大旱之年饿死于洛邑城郊，禁不住唏嘘落泪。读到田忌将军切望共图报国大计，还问何日得见，不觉一愣，感到此中含有危险。但又想，孙平、孙卓二位堂兄既在齐国做官，提出这种要求也是可以理解的。不过，此事必须当机立断，表明态度，加以拒绝，以免引起误会。

于是，孙宾对贾四说：“多谢你为我传书。你回齐国之后，请转告我的两位兄长：我们现居两国，各为其主。我希望两国和好，不要以兵戎相见，那样总会有相聚之期。”说罢，又拿出一锭黄金交与贾四，说道：“给你在路上买酒喝吧。”

可是，贾四并不离去，跪在地上说：“大人，二位老爷说了，要小的把回信带回去。”

孙宾想，既有书来，也应有信往，于是剪下一方布帛写道：

平、卓二兄：

愚弟在魏国得志，未忘吾叔养育之恩。报效国家，人臣之责。兄弟现居两国，各为其主，只要两国不以兵戎相见，总会有相聚之期，不可急切。

愚弟宾 手启

贾四得了孙宾手书，藏于袖中，又收好金锭，然后叩头再拜，离开了孙宾的宅院。

贾四得了孙宾回书，即来呈与庞涓。庞涓看后点头叫好，然后将后一句话改动两字，成为“共为其主，只要两国将以兵戎相见”。墨迹一样，意思全变了。庞涓重读一遍，感到十分满意，笑着对贾四说：“你把它拿去送与孙平、孙卓吧！”说罢，把书信掷还给他。

贾四跪地叩头道：“元帅，你叫奴才往哪里送去呢？”

庞涓给他一锭黄金，说：“你有腿，不会自己去找！”

贾四说：“齐国那么大，怎么去找？”

庞涓生气道：“还不快滚！”

贾四漫无目标，踉踉跄跄向院外走去。庞涓站在画廊之侧，看贾四走到与孙宾住宅相连的一道廊庑，便大呼：“来人！”

侧面值日卫士的房间里，立即跑出几位甲士，由侍卫长领着，来听庞涓吩咐。庞涓对侍卫长说：“你看前院那人，刚从孙大人院里出来，行动异常，去把他捉来搜身。”

甲士们认得那是帅府家奴贾四，把他捉了来，掷于庞涓面前，又从他的袖筒里搜出黄金两锭、帛书一张，呈与庞涓。

庞涓从侍卫长手中接过帛书看了，顿时瞪目竖眼，大声喝道：“你是何人？”

贾四叩头道：“奴才是齐国商贩王三。”

甲士们听他自称王三，无不吃惊。侍卫长道：“你不是贾四？”

庞涓怒吼道：“什么王三贾四，分明是混入帅府的齐国奸细，岂能骗过本帅，给我推出去斩了！”

元帅要灭口，奴才只有掉脑袋的份儿了。

当甲士提了贾四血淋淋的头来向庞涓复命时，正值相国王错来帅府议事。庞涓出门迎接，搀扶着他说：“老相国有什么事，何必亲自前来，唤末将去相府就是了。”

王错见帅府杀了人，便问：“庞元帅，发生了什么事？”

“不得了啦，帅府出了齐国奸细。此事关系重大，恐怕还要累及末将，还望老相国信任我，帮助我！”庞涓说罢，就要下跪。

王错非常吃惊，扶着他不让跪下，说：“到底是怎么回事？”

庞涓挽住王错的手，两人进入室中，席地坐定。庞涓把两锭黄金放在几案上，又把帛书递与王错，然后说：“这些都是从奸细身上搜查出来的。”

王错拿起篡改了的孙宾帛书，双手举得老远，轻声读道：“……未忘吾叔养育之恩。报效国家，人臣之责。兄弟现居两国，共为其主，只要两国将以兵戎相见，总有相聚之期，不可急切……”念完，把帛书往几案上一扔，说道：“真是太危险了！”

发生了如此大事，王错早把自己来此相叙的事忘了。他想，为了断决此事，只有一封回信还不足为凭，便对庞涓道：“孙宾与齐国联络，必然还有书札往来，要能取来，才好做出判断。”

庞涓说：“此事他还未觉察，待我去探探口气，或许能把他们的往来书札套出来。若套不出来，我可以用武力搜查吗？”

王错说：“若有必要，搜查也是可以的，但要先向大王奏明。”

“如此，请老相国稍候，且在堂上观看乐舞。”

帅府这边，相国王错坐在堂上，堂前笙箫管弦，金钟玉磬，美人歌舞。庞涓则独自去了孙宾的宅院。

孙宾正在读书，见庞涓来，急忙让进屋里叙坐。

“宾兄，只怨愚弟无能，这些日子托人为兄探寻孙乔叔叔和孙平、孙卓二位兄长的下落，访了几国，至今也没有音信。”

"多谢涓弟为我操心。我已得到二兄来信，只是叔叔久已不在人世了。"说着，不禁又落下泪来。

庞涓劝道："请宾兄宽心。战乱岁月，哪家不失去几个亲人？二兄健在，也足安慰。他们现在何处呢？愚弟即可安排人去迎接他们到魏国来。"

"不劳贤弟费心了。二位堂兄现在都在齐国，并有不次之官，我也放心了。"

"二兄来信，可否借我一观，以分享宾兄的欢乐？"

孙宾毫不设防，随手就把庞涓伪造的帛书递与庞涓。庞涓读后，佯作大惊，叹道："宾兄啊，这封帛书太危险了！"

"贤弟是说田忌要求为兄之事吗？此乃大节，我已是魏国上卿，效忠魏国之心已定。已经回信给二位堂兄，申明各为其主，明确地拒绝了他们的要求。"

"此事关系重大，宾兄不要骗我。"

"绝不骗你。"

"宾兄，此屋没有机密金柜，此信留在这里，恐不稳妥。宾兄如能信任于我，我愿将此书藏于帅府密室金柜之中。"

"那就有劳涓弟了。"

两人又说了些闲话，庞涓便带了那张帛书离去。

庞涓回到帅府堂上，见王错还在欣赏美女歌舞。他凑近老相国耳边说："我已经得到确证了。"

"是吗？"王错对乐舞失去了兴趣，想要听听详情。

庞涓挥走女乐及闲杂人等。堂里静下来之后，他把帛书递给老相国。王错老眼昏花，他把帛书展开在手中，拉开距离，看完之后说道："原来他是跟齐国大将军田忌有了勾结。"

"看来宾兄是故国之情难忘。当初我迟迟未敢向大王推荐他，正是出于此虑，但终于还是把他引荐给了大王。不曾想他今日果然做出这种事来，让我在大王面前怎能推脱得了责任！"

"你俩虽是情如兄弟，但这事又怎能怨你？大王是信任你的，请不要多虑。"

“知我心者，老相国！在大王面前，还望相国多为我开脱，表明我的一片忠心。”

“我们两人同去奏明大王吧。”

“相国以为，对孙宾应如何处置呢？”

“先将他下狱，然后再审问定刑。”

“如此，末将实不忍心为之。”

“此事紧急，奏请大王定夺吧。”

魏惠王正在后宫与嫔妃们游乐。

这魏王的后宫，紧连着王家的灵台、灵圃、灵囿、灵沼。灵台相当于现在的观象台，是王者和司天官员们观天候气的地方。古人认为君权天授，君王要看老天爷的脸色行事，而老天爷是通过风雨雷电这些气象变化，以及动物、植物等的异常变化，来把他的感情传达给人间君王的。所以，灵台是观天台，灵圃是植物园，灵囿是动物园，灵沼是养生池，都是用来观测物象的。这些便构成了一个王家公园，既观察天意，又供人游玩。当然，老百姓是不能进去的，谁敢误入，便要砍头。

惠王和美女们玩得开心，跑到灵台上去了。灵台是大梁城中最高的建筑物。惠王在上，望见西边天际乌云滚滚，觉得好玩。台中的观天人员前来禀报：“请大王回宫，不久就要下雷阵雨了！”

惠王和美人们刚从台上走下来，便见王错和庞涓匆匆地赶来了。

惠王问：“何事如此紧急？”

王错说：“大王，大臣中有人叛国。”

惠王听后，让嫔妃们散去，领了王、庞二卿到就近一座便殿，听取两人奏报。坐下之后，惠王问道：“何人叛国？”

王错奏道：“客卿孙宾，与齐国大将田忌勾结，互相约定要以兵戎相见。”

“有什么凭据？”

“捉住了齐国奸细，从他身上搜出了黄金和孙宾给他在齐国的堂兄孙平、孙卓的回信，还从孙宾手中得到了来信。”王错说罢，从袖中取出黄金和两张帛书，呈与惠王。

惠王只取了帛书去看，看完后叹道：“可惜呀，寡人福薄，孙宾不能为我所用！真叫寡人不明白，他不来助我也就罢了，既来做官，又为何要背叛于我！”

庞涓见惠王已经相信，才说道：“此事也怨末将，当初不该推荐他到魏国来。”

惠王安慰他：“庞爱卿，此事怎能怨你。你们虽然结为兄弟，但人各有志，各人做事各人当。”

王错问：“大王，我们应如何处置孙宾呢？”

“不能给孙宾以权力，也不能让他去齐国。除了这两条之外，如何定罪，你们自己去议吧。”

此时，大梁城里雷雨大作。君臣三人所在宫殿一片昏暗。惠王心烦，不想说话了，只盼着早些雨停，回寝宫歇息。王错年迈，也不想多管事。庞涓趁机揽权，说什么话，惠王、王错都点头，也不管震耳雷声中有些话没听清楚。他们对于庞涓，完全放手。

这样，处置孙宾的事，实际上由庞涓全部承担下来。孙宾的生死，完全掌握在庞涓手里。

雷雨过了。

一队武士来到孙宾居住的宅院，进入孙宾屋里。为首的军校问道：“你是孙宾吗？”

孙宾答道：“正是，你们闯进来要做什么？”他看见进屋来的这些人，个个刀剑在手，惊诧不已。

军校说：“奉大王之命，革去你的官职，下狱候审！”

孙宾听了，喝道：“我犯了什么罪？我要见庞元帅！”

在孙宾大声呵斥军校之时，庞涓来了，孙宾向他喊道：“贤弟，大王为何怀疑我，你为何不向大王解释？”

此时庞涓已经改变了态度，不再以兄弟相称，而是责备道：“孙宾，你不该骗我，使我险些受到连累，幸好大王还信任我。”

孙宾哪知发生的一切，惶惑地问道：“你说什么？我何曾骗了你？又连累你什么了？”

“你还想抵赖呀！你与齐国大将田忌勾结叛国，要两国以兵戎相见。”

“这话从何说起？真是天大冤枉！”

“你还说冤枉，齐国奸细王三已被擒获斩首。从他身上搜出了你给在齐国的堂兄孙平、孙卓的密信和黄金。还有孙平、孙卓给你的信，上面写着田忌将军慕你之贤，约你共图报国大计。事已至此，我只好把那封信呈与大王，才摆脱干系。”

庞涓这样说，意在表白自己尚念兄弟之情，不得已才交出帛书，不能保护孙宾了。他施展诡计来害人，却又扮作好人。

庞涓这番话起了作用，忠厚的孙宾还以为是别人在加害他，而不怀疑庞涓。他只怨庞涓是一个为了洗刷自己而出卖朋友的小人，从心里鄙视庞涓，不再指望庞涓为自己辩白，也不指望庞涓帮助找到陷害自己的人。

孙宾被带走，投入大牢。

这是一间潮湿的单人囚室，十分阴暗，只能从牢门和碗口大的窗孔透进一线光亮。借着微光，孙宾看见一张铺了谷草的卧榻。孙宾坐下来，抑制着悲愤，在阴暗的囚室里细心地寻思着：在魏国，在天下各国，自己并无仇人，也没得罪过任何人。那么是谁这样狠心，蓄意要加害于自己呢？

孙宾百思而不得其解。

在大牢里，一日三餐只有橡实粗饼，一碗菜汤也不见一点油腥。别说这样的饮食，就是送来山珍海错，此时的孙宾又怎能咽下肚去。狱卒见了，也觉寒心。

一天，孙宾被解除了枷锁，带到了一个去处。

这里是一座独门独院的小宅子，是帅府的养猪场，靠近大梁城郊。前面临街有几间房子，供猪倌、僮仆们居住；后面是十几间猪圈排成一列；再往后是黑森森的树林。孙宾来时，见大街和树林里处处有人走动，心想，我不会逃跑的，何必如此禁卫森严。

给孙宾的房间临街，敞亮，睡处有衾、枕，屋里有几案、竹简，可以读书、著书。

监管人对孙宾说：“你知道这是谁为你安排的吗？”

孙宾知道是庞涓所为。但他已认定庞涓是个无情无义之人，这样做必有目的，所以沉默不语，静观事态发展。

“是庞元帅念及同学之情，才让你到这里来的。”

“他为什么不来？”

“你别忘了你是囚犯，元帅日理万机，岂能管你。”

但是第二天庞涓就来了。孙宾见了庞涓，也没有别的话，只是说：“你放了我，我没骗你！”

庞涓本以为孙宾到了这种地步，会低三下四来求他。见孙宾的态度，就知道孙宾是从心里鄙视他。他想要维护自己的尊严，又想得到《兵法》，却没有别的计谋，只得用威逼的办法了。

“孙宾，事已至此，你想得救，必须把《兵法》十三篇全部写出来。写了，有好酒好饭；不写，只有猪食！”

庞涓说罢，拂袖而去。他背后响着孙宾的狂呼：“放了我，我没骗你！”

孙宾这才明白，庞涓的目的，原来是为了得到孙氏祖传的兵书十三篇。庞涓这样来逼迫，既说明了他已经道德沦丧，又表明他的智力低下。那《兵法》岂是逼得去的。孙宾想：“这表明：他很怕我，是因为他怯懦。而怯懦，正是狭隘、自私、无能的表现。怯懦者往往具有难以自制的残忍，如此看来，自己的生命也处于危险之中了。”

这时孙宾才感到，恩师鬼谷子看人是多么准确。此时，他非常思念亲人，尤其思念鬼谷子。

监管人到屋里来催逼说：“孙宾，你还不快写！”

写了又怎样？孙宾想：“祖传的《兵法》被他拿去，他就能放过自己吗？自己更精通此术，比他强，所以他是绝对不能相容的。其结果只能是飞鸟尽，良弓藏。”想到此点，孙宾掌心、额上、背脊上都不由得冒出了冷汗，因为那样的结论是：十三篇兵书写完之时，就是他生命终结之日。

自己写也得死，不写也得死。孙宾真是感到有些无计可施了。

孙宾只得拖延时日，慢慢来想脱身之计。

于是，孙宾拿起刀锥和竹简，刻写第一篇《始计》。一边刻着，一边自叹：“师父啊，当年你若不授给我祖传之书，也许就不会有今日之苦了。”

但是他又想，不能怪师父，只能怪自己。师父早就提醒过，庞涓是个忘本负义之人，是不能把《兵法》传给他的。他恨自己没有记住师父的话，轻易暴露了兵书的事。师父临别时说的那些话，是多么宝贵啊！

孙宾想着师父说过的那些话，突然心里一亮，想起了师父曾授予他的小小锦囊。现在已是生死关头，可以拆开看了吧！

孙宾趁无人之际，撕开内衣的夹层，取出了锦囊。拆开一看，小小的黄绢上只有“佯狂”二字。孙宾跪在窗前，望天膜拜，感谢师父。

佯狂就是装疯。看来只有装疯能救自己的命，能使自己不写兵书。但是，装疯必须装得像，必须在受到大刺激时疯起来，别人才能相信。在佯狂之前，可以做些小疯之态，使庞涓觉得自己有些神摇魂荡，精神恍惚，神经错乱。要给庞涓一个接受的过程。

孙宾写兵法《始计》篇，每隔一片、半片竹简，便写上“放了我”或“我没骗你”字样。字迹也歪歪扭扭，不成样子，绝不是他平日的严谨学风。写完一些竹简，监管人便来拿去，送给庞涓。

庞涓欣喜若狂，以为这回可以得到一部好书。但读下去，便感到不通了。“放了我”，这是何意？看到后面字里行间还杂有“我没骗你”字样，这才明白是孙宾申诉之辞。申诉他何不写成文章，何不偷偷写出申诉书托人暗转惠王，为何要这样乱写呢？

庞涓想起，这些日子见到孙宾，也没听他说过别的话，只是狂呼“放了我，我没骗你”这句话。看来他有点神经错乱了。那么还得逼他快写，要是哪一天他完全疯了，就写不成了。

庞涓去观察孙宾的情况。孙宾在摆弄着竹简，两眼有些发直，嘴角有些歪斜。见庞涓在窗外，急忙扔下竹简朝他笑笑，笑出的样子非常难看，是庞涓从来没见过的。孙宾笑着朝他走去，像是去抓他，嘴里喊道：“放了我，我没骗你！”

庞涓下意识地躲开，一边说：“你别这样，别这样！”心想，此人是有些精神崩溃了。庞涓怕他会做出什么事情来，便吩咐监管人：“小心看着，让他每日多书写，饮食可以好一点。”

庞涓的用心被孙宾看得清清楚楚，一切是为了书。好酒好食他照吃不误，但是书他不写了。瞅个机会逃跑，能跑出去是大幸，跑不掉就趁此装疯。

这天猪坊屠宰了几口肥猪，人们忙碌不停。孙宾趁机出逃，不幸的是跑出不过半里路，便被捉了回来。

不一会儿庞涓赶来了，怒不可遏，狠狠地对孙宾说："我看你今后还跑不跑！"说罢，喝令刀斧手："给我动刑！"

于是，四五个刀斧手一齐上，按住孙宾的头、身体和四肢。动刑的刽子手用利刃割开他的双膝，剔除膝盖骨。孙宾惨叫一声，便不省人事了。

孙宾躺在血泊之中，惨不忍睹。然而庞涓并不满足，又令人在他额上针刺"私通外国"四字，涅之以墨。

庞涓同时对孙宾施行了刖、黥二刑，离去时还命令："严加看守！"

猪坊老奴不忍心，跪地求得监管人允许，为孙宾清洗了膝部的创伤，敷了药，包了布，把他从血泊里抬到干草堆上。

天黑了，老奴家人轮换守护着他，而孙宾一直没有恢复知觉。

半夜，天有点凉，老奴没有别的御寒物，只有一张发黑的薄衾，为孙宾盖上。孙宾眼皮动了，他醒来了。他感到额头和膝盖痛得很厉害，身体像灌了铅一样沉，一动也不能动，嘴巴干裂，呼痛也呼不出声来。他听到老奴在唤儿子，快拿汤来。老奴的儿子从厨房里弄来了热汤，跪在孙宾身边说："孙大人，请喝一点吧。"

这时的孙宾，连做出答应的力气也没有了。他只是微微地张开口，让老奴一勺一勺地给他喂肉汤。

孙宾稍有了点力气，眼睛还睁不开，喊出的第一句话就是："放了我，我没骗你！"

当他终于睁开了眼睛时，两眼直勾勾的，好像眼前就站着庞涓，仍喊着那句话："放了我，我没骗你！"

老奴看出孙大人疯了，这个人完了。见他完全脱离了危险，才说："孙大人，你休息，我们也休息去了。"

孙宾感激他们父子，但不能正常交流，仍然是讷讷地说："放了我，我没骗你！"奴隶们听了，也寒心。

孙宾身体疼痛，仰面躺着不能动。但他思想特别清醒。望着星空，他心里悲凉，欲哭无泪。他悔恨自己为什么就认不清庞涓，师父说过的话自己也不信。落到今日这种地步，只能怨自己。看来真应了师父的预测，当初没有听师父的话改名，这回该改名为孙膑了。

他想了许多，太累了，在黎明前进入了梦乡。

第二天日上三竿，人们看见猪坊里的乱草堆上，躺着一个血肉模糊的人，衣衫褴褛，披头散发，像猪一样呼呼大睡。

街头有人议论：

“这就是庞元帅的结拜兄弟孙宾，他犯了大罪，动了大刑。”

“才拜为上卿，就遭到厄运，这是怎么回事呀？”

守卫的人把围观的人赶走。听着吆喝声，孙膑也醒了。他吐着舌头，流着口涎，直着眼珠子，不时地对着人高喊：“放了我，我没骗你！”

人人都认为，孙膑被刑罚逼疯了。

第三十七章　齐王蒲车迎良将

墨翟云游四海，到了齐国首都临淄。

白天，他常在稷下学宫与弟子、诸友谈经论道，夜里则留居于田忌的将军府中。

一天，墨翟的学生禽滑釐从魏国来到将军府。墨子便问他：“你从魏国来，可知孙宾在魏国情况如何？魏王尊贤，一定会有大用吧？”

“师父还不知道呀，孙宾在魏国受到指控，说是与齐国田忌将军勾结，已被庞涓处以刖刑、黥刑，逼成疯人了。”

墨翟一听大惊，心想，当初是我向魏王推荐了他，今日他蒙此大难，是我的罪过了，得想法救他。

于是，墨翟、禽滑釐师生两人去隔壁的一间屋中。此屋是将军府里一间幽雅静谧的居室，是田忌日常起居之处。田忌正在与夫人饮茶，见墨翟、禽滑釐师生来到，便邀请共饮，唤侍女送茶来。

夫人知道墨翟来此必有要事，稍坐即揖让施礼，而后回到她的卧室中去了。

田忌说：“墨先生，你们师生来得正好。我饮此茶，乃是楚国新进的信阳矛锋茶。楚王送来一百斤，大王得了此物，赏赐三公九卿，我也得了二斤。请品尝一番吧。”言毕，侍女已经为墨翟、禽滑釐两位先生端上茶来。

田忌正要细说此茶的妙处，不想墨翟先开口说话了："如此佳茗，请让我与将军讲来。此茶产自楚国信阳，以鸡公山之阳所产之茶为最佳。需在当春三月，清明前后，茶叶刚放出一叶一针之时采之。故到泡开之时，其状如矛，甘芳清冽，沁人心脾，饮之令人心旷神怡，志虑清远。"

"此乃最新发明之物，先生何以知之？"

"此物本为民间所制，山野之人所饮。许多年前，我就曾和鬼谷子在鸡公山中饮过。鬼谷子盛赞此茶，说百年之后，此物必将大行其道。我也认为，此事必然。他回山之后，年年自制自饮，不想此物今日已被王侯将相视为珍品，应了鬼谷子当年的话了。"

田忌道："现在尚不是所有王侯都能享用的，听说魏王就想饮此物而不得呢。"

谈了一会儿茶，墨翟便问："田将军，我有一事，要请你如实相告：你可曾与魏国客卿孙宾暗自交通？"

"末将素慕孙宾之名，但从未蒙面。与庞涓也只是在国境线上远远相望一次，未见其人。何来与魏国将领暗自交通？将来若有机会访问魏国，一定要去相见。"

"如此说来，魏国有人指控孙宾与将军勾结之事，纯属诬陷了？"

于是，禽滑釐把他在魏国所知的孙宾受刑、被逼疯等情况，从头对田忌说了一遍。

田忌惊异道："有这等事！待我进宫去向大王禀报，想办法前去营救。"

墨翟说："如此甚好，我有两个学生，可以为将军效力。"

墨翟向田忌推荐的两个学生，便是禽滑釐与淳于髡。

田忌急急忙忙来到齐威王的深宫之中，其时齐威王正在与靖郭君品茗闲话。

靖郭君就是田婴，威王的小儿子，是一名英俊的武将。威王问他："你在军中，与叔叔切磋军事，可有长进？"田婴的叔叔，就是田忌。

田婴回答："父王，叔叔与我的武艺虽然日益精进，但他常说若得鬼谷弟子孙宾之术，则齐国可强矣！"

威王父子正谈及田忌，田忌就进宫来了。威王说："你来了，正在说你呢。"

"王兄说我什么呢？我来，是有急事禀报。"

"天大的事，也要坐下来再谈嘛。"威王说着，便命宫女献茶，三人共饮。

田忌把墨翟弟子禽滑釐从魏国带来的有关孙宾的消息，从头到尾对威王父子说了一遍。

田婴插言说："适才我跟父王谈起叔叔的话，若得孙宾之术，则齐国可强。不料竟发生这样的事情，那庞涓也太无情无义了。"

"依我看，孙宾遭此荼毒，也不能说完全是由于庞涓嫉贤，魏王不能因才用人，也有过失。孙宾的德才既在庞涓之上，就应使其位在庞涓之上，权也在庞涓之上。庸才在上，俊才在下，必生倾倒吞噬之事，此乃败事之根。"

"如父王所言，若使庞涓居于下位，他必不服，岂不也会发生倾倒之事？"

"孙宾的才智足以使军中稳定，也使庞涓服从。先贤管仲说，能不当其官，功不当其禄，德不当其位，是祸乱之源。孙、庞之事乃是又一例证。"

"王兄，魏国不能用孙宾，我们正应该用他。于今之计，最要紧的事情是要尽快救出孙宾。"

"叔叔，听说他已疯了，救出来又有何用？"

"其用大矣！一者，救出他来，可以让天下人知道齐国重贤，且善用贤；二者，了解病因，他的疯病也可治愈；三者，孙宾智高，我想他未必是真疯，很可能是佯狂。庞涓对他严加看管，正是出于对他的疯病存有怀疑。"

"如你所言，要紧的是尽快把孙宾救到齐国来。此事机密，宜用智取，你有什么好办法呢？"

"墨翟先生对于把孙宾引荐给魏王很后悔，很关心孙宾，正在商议营救之策，他的学生禽滑釐、淳于髡可以效力。"

"如此，就请他们去办吧。"

有了君王的旨意，田忌又回府，与墨翟弟子商议营救孙宾之事。

淳于髡和禽滑釐都是墨翟的高足，各有一套非凡的本事。

当初，邹忌来到临淄，以善于鼓琴受到齐威王重视。在他为威王弹了一阕美妙的乐曲之后，又对威王谈了一大篇治理国家的道理。威王句句听得入耳。因此，威王封邹忌为成侯，受以相印，让他主持国政。一时，邹忌、邹衍、邹士成为齐国的“三邹子”。淳于髡对于邹忌以琴相齐，很不服气，曾率领他的弟子去找邹忌辩论一番。

这个淳于髡，个儿矮小，滑稽多变，曾多次出使各国都不辱使命，而且不因身材矮小而受到个人屈辱。因而，在各国诸侯之间，他是一位颇受敬重的名士。用今天的话来说，他是一位使人乐于接受的外交官。

禽滑釐看起来是一个面孔黧黑的粗人，但有一身好武艺和守城本领，处事胆大心细，也善于随机应变。

田忌在将军府里用矛锋新茶招待淳于髡、禽滑釐，与他们共商营救孙宾之策。两人对于孙宾的遭遇甚是不平，早有救援之心，但也苦无良策。

淳于髡曾设想过，此事需取得王命，以使臣身份去魏国，由手下人在暗中行事。但是，他找不到两国通使的借口。贸然而去，必生怀疑。

今日喝着矛锋新茶，淳于髡突然喊道：“有了！”

田忌问：“先生有什么良策？”

淳于髡说：“向魏王献新茶。那魏王听说已经有齐、楚等国诸侯饮茶，很想知道茶是什么滋味。现在我们何不给他送些去，让他也高兴高兴。”

田忌明白了，淳于髡是想借遣使献茶，暗中进行营救。

禽滑釐说：“也不知大王手中还有多少茶，肯不肯割爱。”因为他知道楚国只送来新茶一百斤，并已赏赐给各位大臣不少。

田忌沉思之后说：“此计可行。你们两人继续商议行动步骤，待我再去禀报大王，回来之后准备尽快出发。”

田忌再次来到王宫，见了威王，便笑着说：“王兄，我又来讨茶吃了！”

威王说：“你这样高兴，必定有好事。”

田忌报告了他们的计划。

齐王宫中，只剩下新茶二十三斤。威王也觉得，淳于髡以进新茶来营救孙宾的计谋可行，便说："寡人宁可不饮茶，也要救出孙宾将军！"

当即决定遣使向魏惠王送新茶二十斤，传令准备国书和礼品。

主要礼品是二十斤香茶，用锦盒包装，每盒一斤。其余各种礼品，分装于两辆车上。名为茶车，实际车中之物大都不是茶，足见此茶是何等珍贵了。

齐威王指定淳于髡为进茶使，禽滑釐装扮成随从，押了茶车、礼品车、使臣车、从人车及数十乘人马，拥着王命节杖，洋洋洒洒地驶出了临淄稷下门，直向魏国首都大梁进发。

不数日，齐国献茶的队伍到了魏国境内。边关迎入，早有快马飞奔到大梁王宫报告。

魏惠王得知齐威王遣使献茶，以通两国之好，喜不自胜。

这不仅是因为茶是少数大国王侯的时髦饮品，是他想要得到的新鲜之物，更重要的是可以从此和东方大国齐国修好，免去了边患，对于他从赵国夺回中山的大计，将十分有益。魏惠王巴不得茶车早日到达，传诏沿途官民人等欢迎献茶使者，对齐国人友善相待，给予方便与照顾。

献茶使者到达大梁那天，全城百姓夹道观看。那时北方各国都不知茶为何物，如何饮用，有何益处。人们哪能想到，千百年后茶竟成了老百姓开门七件事之一。

茶车队伍经过城郊之际，路过庞涓放置孙膑的猪坊。最后一辆车里的禽滑釐偷偷地观看，孙膑仍像死猪一般躺在墙角的乱草堆中。他的目光险些与孙膑相遇，他急忙扭过头去，看街头围观的百姓。

献茶队伍到了王宫，宫外早有文武百官迎候。相国王错、上将军庞涓，在最前面迎接，陪同进茶使淳于髡进宫。魏惠王降阶相迎，步入大殿，行礼如仪。然后淳于髡大使呈送国书，敬献礼品，致颂词：

> 齐国使臣淳于髡，奉我主齐王之命，敬献新茶二十斤，愿两国世代修好，百姓安宁，恭祝魏王，万寿无疆！

魏惠王致答词：

> 寡人深谢齐王赠茶之情，请淳于大人转告齐王，愿魏、齐两国世代

修好，百姓安宁，祝齐王万寿无疆！寡人也备薄礼，送与齐王，请淳于大人代为转呈。

献礼完毕，魏惠王传令，在王宫设宴招待进茶使一行，文武百官都来作陪，并令文武百官明日齐集王宫，听淳于大使讲解茶法。

宴会之后，淳于髡、禽滑釐等回到馆舍，两人详细分工：淳于髡做各种官方应酬，禽滑釐则暗中活动，救出孙宾。

次日，淳于髡进宫讲茶法，魏惠王、王错、庞涓及文武大臣都入宫听讲。禽滑釐正好行事。

淳于髡讲道：

茶者，何物？

当年神农尝百草，一日而遇七十毒，得茶，烹而饮之，诸毒尽解。其味始苦，故曰苦茶，不为人所常饮，仅为敬神祀品。唯蜀、楚山中有人饮之，用其芽，名之曰茗。茗者，萌也。

鬼谷先生曾言，此物将大行于世。

齐国所献者，茗也。当春三月，茗芽初放，嫩绿如璧，窈窕少女，悉心采之；芝桂为薪，文火烘制。需用之时，沸水浸之，细品之，始苦而后甘，芬芳沁人心脾，明目养神，强身健体。山珍海错，膏脂肥甘，美味佳肴，食而腻厌，品茗数口，顿觉清爽，赛若神仙。

淳于髡把茶的妙处说得天花乱坠，魏国朝野都对茶产生了兴趣。但只有那些身份很尊贵的人，才有希望从魏惠王那里分享到一点点茶叶，回家来泡上一两杯。

庞涓也把注意力放到了茶上，正有利于禽滑釐在暗中进行他的活动。

孙膑自伤愈以来，已不能站立行走，也不能骑马了，只能坐地跪行。他蓬头垢面，满身污秽，装疯装得很像。但庞涓还是半信半疑，又用各种办法来考验他。

庞涓派人用竹签来刺孙膑的指尖。十指连心，谁不呼痛惨叫，孙膑却哈哈大笑，说：“痒，痒！”

庞涓又派人把孙膑拖到猪圈里，他竟与猪同食，同卧于猪群中，也不说臭！

猪坊的人对庞涓这样虐待一个刑余之人、一个疯人，都十分气愤，对孙膑起了恻隐之心，允许他到处乱爬，到干燥的乱草堆里去睡觉，到墙根下去晒太阳。虽是如此，还是有人看守着他。

那些看守孙膑的人知道他爬不了多远，一个疯人也不懂得逃跑，有时也偷懒不管他。

孙膑痛苦至极。但他仍然不灰心，想着总有一天要查清陷害他的人是谁，要报仇伸冤。

齐国来献新茶的事，街谈巷议，孙膑都听在耳里。他想，孙平、孙卓二兄在齐国为不次之官，知道自己在魏，会不会混在献茶人中来探听自己的消息？两位兄长若是知道自己的遭遇，不会不来相救。

献茶队伍进城那天，孙膑和平常一样疯疯癫癫，躺在墙角乱草堆里。但他的眼睛偷偷察看送茶队伍中的每一个人。进茶使淳于髡他认识，但他的车有帏幔遮掩，没看到。其余的人孙膑都不认识，正有些失望，忽见最后一辆敞车上坐着一个黑脸汉子，像是禽滑釐。孙膑发现他一见自己，就急忙把脸转过去了。

孙膑心里生起了希望：他一定是认出了自己，那么他不会不管的。

齐国使者在大梁逗留了几天，明天就要回国了。孙膑没见禽滑釐来，也没办法接近齐国人，无法请他们给孙平、孙卓二兄传个口信。

孙膑很失望，觉得这次机会就这样错过了，十分可惜。心想，要在猪场中寻找一个可靠的人送信才行。

就在这天晚上，子时半夜，有人轻轻推醒了他。他醒来，疯态一如往常，张口就说："放了我，我没骗你！"

那人见孙膑如此模样，不由得扑簌簌落下泪来，孙膑感觉到了，但仍然不敢做清醒状态，只是蜷缩在草中。

那人轻声说："孙先生，我是禽滑釐。我已经察看过了，四处无人，可以说话。这次淳于髡出使齐国，不是为了献什么新茶，而是奉了齐王之命，来秘密接你去齐国。我师父得知你的冤屈，言于田忌将军和齐王，才定下此策。我们要为你报仇伸冤。”

孙膑听着这些话，僵直如木，但是内心活动激烈，泪如雨注，渐渐地消去了佯狂之态，良久与禽滑釐紧紧相抱在一起。

“禽滑先生，这不是梦吧？”

“孙先生，真是苦了你了，这回是苦到头了。”

“如果事情不成，要连累你和淳于先生了。”

“你放心，庞涓的智谋是斗不过我们的。”

禽滑釐帮助孙膑把脏烂的衣服脱下来，披在陪他来的小厮王乙身上，让王乙扮着孙膑模样，睡在乱草之中。孙膑则穿上齐人的衣服，由禽滑釐背走，藏在自己的温车之中。

所谓温车，即是卧车，车中可以睡人、休息。此车日间已经装满了魏惠王回赠齐威王的礼物，并加了封条。但中间预留了足够孙膑仰卧的空间。孙膑藏在卧车里面，外面围着物品，可保安全。

齐使回国，庞涓送到十里长亭，置酒与淳于髡告别。

淳于髡说：“庞元帅，自从鬼谷别后，我们就再未见过面了，如今你是功勋卓著，今日我已完成使命，倒真是应该痛饮几杯！”

“淳于大使有如此雅兴，在下十分高兴。”

“魏王情义深重，回赠齐王的礼品甚丰，温车行动缓慢，我们也不要耽搁太久。”

“让辎重温车先走吧，大使的轻车是容易赶上他们的。我俩饮酒，一定要尽兴！”

淳于髡要的就是庞涓这句话，于是让禽滑釐等人先行，自己的车押后。

淳于髡和庞涓在长亭饮酒快两个时辰。

这段时间，禽滑釐的一队人马离开大梁之后，飞驰前进。在魏国境内，孙膑伏在温车之中，也不露面。

淳于髡告别庞涓后，飞车急追，快到国境时才追上禽滑釐他们。进入齐国喘了口气，大功告成。

这时，从魏国那边飞奔来一匹快马。原来是王乙，他也脱险赶回来了。

王乙报告：“我裹着那身脏衣服，睡到日上三竿，也无人来问津。我估计车队离城已经数十里远了，才抽身出来，在邻街饭铺吃点东西。这时猪场里的人大约发现事情不对，只见到一堆脏衣服。我看见他们乱成一团，往井里去打捞尸体。我急忙吃了饭，趁庞涓还未到这里来，飞马追赶齐国的车队。不想我们的车队走得这样快，追到齐国才追上。”

到了齐国境内，在一驿亭，淳于髡、禽滑釐便停了车，住下来休息。先为孙膑沐浴、更衣。然后三人共坐，举爵相庆。

多少日子以来，孙膑苦不堪言，这时才有了欢笑。他高高举起斟满美酒的金爵来，先敬天地、威王、恩师，再谢朋友，高声说：“孙膑不死，天地有灵。若无恩师锦囊之计，若无威王、田将军、墨翟先生和两位朋友相助，我孙膑今日哪能脱离虎狼之境！”

禽滑釐说：“孙先生的佯狂，也真是做得太像了。要是我，早就露出了破绽。”

淳于髡说：“此也真是天意呀。孙先生蒙难之时，禽滑学兄恰在魏国。他来到齐国，又正值我们师父在此，然后与田忌将军商议对策，奏明齐王。不多时日，我们的计划就完全成功了。”

他们开怀畅饮到很晚，尽兴之后才歇息。

次日天明，早餐之后正欲起程，忽见威王派来迎接孙膑的蒲车到了。这种蒲车，就是用蒲草包了车轮的软车。在古代，是天子封禅时，怕伤了山上土石草木才用的，或者在征聘年迈的隐士时，为了防止山野行车颠簸而准备的。威王和田忌想到孙膑身有残疾，在魏国境内又急速驰骋，怕伤了身体，需要特别照顾，所以备了此车前来迎接。

孙膑作揖遥谢威王，从人把他抬上蒲车。走起来果然十分舒适。

孙膑、淳于髡一行行进在通往临淄的大道上。沿途不少老百姓知道了，站在道旁向蒲车里的孙膑施礼、问安。他们要看看这位回到自己国家的同胞孙武的后代，在魏国受到残害的良将。

孙膑感谢父老乡亲们，以为这是对自己最大的安慰，也是对背信弃义者的最大谴责。天理人心，尚存于自己的祖国，使他感到自己还能有所作为，祖宗之业也不会荒废了。

田忌出城十里相迎，在临淄城外长亭置了酒席，为孙膑接风。将才惜将才，两人相见如故，语言投机，小酌，相叙。一会儿之后，田忌说："孙先生，我们进城吧，大王还在宫中等你呢。"

于是，田忌与孙膑共坐蒲车，进入临淄。

车入稷下门时，稷下学宫众多的学者都出来与孙膑相见。田忌命车辆稍停，让学者们都能与孙膑接触。其中，有老、庄、孔、墨、荀、孟、邹等学派的人物，都来看望和问候这位鬼谷弟子。

孙膑知道，天下贤者不少都到了齐国，这里是人才济济，喜不自胜，几乎忘了自己的病痛之身，与他们一一施礼问询。

车到王宫，只见田婴、邹忌等将相及文武百官都在那里相迎，有两人抬着小乘舆请孙膑坐上，由田忌为他们引荐，寒暄之后，一同进殿面君。

齐威王在殿上，看见田忌陪着由两人抬着的孙膑到来，便降阶相迎，把手问候。

威王说："先生遭此大害，真是痛杀寡人也！"

于是命人换了步辇，抬孙膑上殿，坐在自己右侧谈话。众将相大臣参拜见礼之后，都赐坐于殿中。

威王看孙膑，虽然下肢残损，受了许多磨难，但气色仍好，精神旺盛，目光清澈有神，一副大智大慧之相，十分喜欢。心想，此人虽身残，仍可大用。

接见、叙谈之后，威王便请田忌领孙膑回府休息，明日宫中再开大宴。

田忌伴孙膑回到府中。

淳于髡向威王复命，转达了魏惠王对威王的问候，呈献了回赠的礼品。威王说："你救回了孙膑，此乃最宝贵的礼品。你又一次出色地完成了使命。"

随即，命人把魏王所送黄金绢绸分出一部分，赏赐给淳于髡和田忌。淳于髡代田忌谢恩，领了奖赏便去田忌将军府。

田忌正与孙膑闲坐。淳于髡送来威王的奖赏，并向田忌报告出使魏国的经过。田忌说："应请墨先生也来听一听，还有禽滑先生，功不可没，也应请他来。"

淳于髡也想，大家相聚一叙最好。于是亲自乘车去馆舍请自己的师父和学兄。可是，找遍了馆舍和稷下学宫等处，也不见人影，无奈只好驱车回到将军府。

田忌、孙膑听到门外车马声，进来的却只有淳于髡一人，不免有些奇怪。田忌问："墨先生和禽滑先生为何不肯赏光来舍下一叙？"

淳于髡说："田将军，不是他们不肯来将军府。师父一向云游天下，禽滑师兄自从离开宋国，也是东流西荡。他们已经养成了逍遥自在的脾性，侠义成性，今又不知云游到何方去了。在临淄城找不到他们了。"

田忌道："可惜呀，如此大贤大才，终不能用之于世。墨先生来向我提出营救孙先生，现在大功告成，人却走了，也不来见孙先生一面。"

孙膑说："我师父鬼谷子也是这种脾性。助人成事，从不言报。有时突然来访，有时又不辞而别。"

田忌与孙膑、淳于髡谈了一会儿墨翟、禽滑釐的情况，便又转过话题来谈孙膑的事。

田忌问孙膑："孙先生，你平白无故受了如此大的冤屈，庞涓是以何事为由，加害于你的呢？"

"庞涓指控我私通齐国，与田将军密谋'以兵戎相见'，凭的是我堂兄孙平、孙卓给我的一封家书。"

"孙先生，如果你真是与田某有谋，倒也好了。你我再笨拙，也不至于愚蠢到把证据流露给外人的地步。"

提起这事，孙膑想起孙平、孙卓的手书，因而问道："田将军，我曾得堂兄孙平、孙卓家书，说他们在齐国已有不次之官，熟知田将军，且代将军向我致意。请快快唤他们来相见吧。"

"他们代我向你致意？真是奇了！"

"家书确实是那样写的。"

"我所知道的人，并无叫孙平、孙卓的。若说有不次之官，齐国更是无此两人了。前年大王曾令我整理古代兵法，编成《司马穰苴兵法》之后，又在全国寻找孙武的子孙后代，想求得当年孙武呈与吴王阖庐的《兵法》十三篇，并整理保存，曾差官吏层层查访，当时从士大夫到奴隶都问遍了，也未找到孙家的后人。齐国如何会有孙平、孙卓兄弟，还说有不次之官？"

“哎呀！”孙膑这才醒悟，“原来那封所谓的家书，乃是庞涓伪造出来骗取回信、蒙骗魏王的！”

第三十八章　桂陵之战

鬼谷子领着云霓，由徐福带领，对于那些民间传说中的、文献记载的，乃至人们闻所未闻的海内外仙境，都无所不至地“神游”一遍。

神游者，子虚乌有之游也。或是梦幻，或是遐想，这些故事他都讲给云霓和徐福听，由他们传播给弟子，由弟子又传播给天下人。

鬼谷子不是庄周，不会像庄周那样，弄不清是庄周梦见了蝴蝶，还是蝴蝶梦见了庄周。因此鬼谷子让他那些逍遥游四海的故事随意传播，就不是没有意义的了——鬼谷子及其弟子在纵横捭阖时就多了不少谈资，使他们的活动如在云里雾里，也更增加了神龙见首不见尾的色彩。

鬼谷子和云霓在海滨告别徐福一家之后，在神州大地继续做逍遥游，这就不再是神游，而是身临其境的旅行了。每到一地，鬼谷子都很关心弟子们的情况。

师徒两人在齐鲁之间漫游时，知道了庞涓残害孙膑的消息，心情十分沉痛。鬼谷子甚至准备一改他那不干预世事的作风，要亲自参与其事。

“云霓，我们一定要把孙膑救出来，然后度他为仙。”

“先生，我们怎样救他呢？”

“此事不难，只需我对魏王说一句话就行了。”

“那么，我们立即到魏国去吧。”云霓相信先生有这个能力。

于是师徒两人走出山林，取道临淄，前往大梁。

由于他们长期逍遥于林泉，对世间的消息知道得太少了，也太晚了。他们在临淄西郊，遇上了齐威王向魏惠王献茶的车队。主事者急于赶路，没有注意到路边这两个道人。鬼谷子与一个从人说了几句话，得知献茶使者是淳于髡，从人中有禽滑釐，立即就明白了这队人马去大梁的用意。

云霓希望和这些人一同去大梁：“先生，去见见淳于髡、禽滑釐吧，我们和他们同行，就能很快救出孙师兄。”

“没有必要了。”

“先生不管孙师兄的事啦？”

“已经不需要我们去救了，齐国会救出孙膑。而且今后齐国会胜过魏国。我们还是去漫游天下名山吧，要是有兴趣，继续去神游四海。”

云霓听鬼谷子这样说，才明白齐王献茶意在救出孙膑。但他又问：“先生，你那样喜欢孙师兄，想要度他为仙，何不趁此机会去劝他出世。他经历了尘世的大难，正好得到仙缘呢。”

“这事不能急。他还有尘缘未了，他祖宗之书尚未得到承传。时候到了，我会去度他到深山为仙的。”

鬼谷子和云霓轻轻地鞭着他们的雪青马和小青马，离开齐国临淄，继续做他们天上人间的逍遥游。

齐国有三件事名显诸侯。

第一件事，是设立了稷下学宫，广召天下贤士，使首都临淄成为当世百家争鸣的学术中心。

第二件事，是开辟了超过周天子狩猎围场数倍的王家狩猎场，供王族射猎之用。

第三件事，是建立了天下最大的赛马场，可容纳万人观看赛马。

一般赛马都有赌注，最大的下赌者是王家，围观百姓也有上万人。每当君王出来赛马，那就更是盛况空前，万人赛马场也嫌小了。

这天，齐威王与田忌将军赛马。一大早，赛马场上就已经人山人海了。孙膑自从来到齐国，还是第一次领略赛马的风采。

田忌对孙膑说：“我每次赛马，都负于大王，这次你有办法助我取胜吗？”

“敢问将军，大王和你赛马，是赛骑术呢，还是赛车战之术？”

“我们赛的是马车。”

“如何决定胜负？”

“是看双方实力。参赛的是马车，共分三棚进行，每棚双方各出一驷。号令一响，立即出发，看谁的车先到达终点，即获胜。”

“历次的比赛，将军都未曾取胜吗？”

田忌摇头：“每棚赌注为一千金。每次比赛，三棚赛下来，我不是三败输三千金，便是二败一胜输一千金，偶尔能获得一棚的胜利，但从未得胜二、三棚。”

孙膑觉得，偶尔能胜一棚，说明田忌的马与威王的马相比，最多只相差一级。如此便有获胜的希望。

孙膑从田忌所述历次赛马的经过，看出了威王和田忌的马，都有上、中、下驷之别。

按马的优劣，单个进行对抗赛，威王的上驷强于田忌的上驷，威王的中驷强于田忌的中驷，威王的下驷强于田忌的下驷。威王不仅有个体的优势，也有总体的优势，田忌实难取胜。

但只要改变一下策略，转化优势对比关系，局面就大不相同了。

孙膑对田忌说：“将军的马虽然处于劣势，但是善用兵者，也可以劣势之师，制胜优势之敌。”

“此事能做到吗？”

“取胜并不难，只是在大王出上驷时，将军出下驷就行了。”

“你叫我白送一千金？”

“无负不胜。后两棚，你以上驷对大王的中驷，以中驷对大王的下驷，必可获胜。”

田忌拍腿大叫：“妙哉！”决定依计而行。

第一棚比赛开始了。威王的上驷很快就把田忌的下驷远远地抛在后面。车上驭者拼命吆喝、驱赶，围观的百姓呐喊助阵。不久从终点那边传来了百姓的欢呼声：

“大王胜了！”

“大王胜了！”

接下来第二棚、三棚，形势大变。每棚比赛终了，百姓的欢呼声都是：

“将军胜了！”

“将军胜了！”

多少次赛马，还是第一次出现这种局面，赛马场上的人们看得开心极了。

齐威王第一次净输千金，输得也很高兴。

齐威王知道，这是孙膑帮助田忌策划的结果。他感到孙膑所具之才，不是一般的将帅之才，虽处劣势，也可制胜。岂止是赛马的韬略今后要改变，齐国的军事战略也要借重他来建立新的路数。

齐威王和田忌都倍加珍惜孙膑之才，赐连云甲第，赏赐万金。

大梁城中，魏惠王认为国势已盛，众小国服从，东方大国齐国也献茶修好，从赵国夺回中山之地的时机已经成熟了。多少年来未报之仇，现在可以报了。于是召庞涓进宫，商议伐赵之事。

“庞爱卿，寡人欲实现夙愿，收复中山，向赵国报仇，你看现在时机如何？”

“君王，现在齐国与我修好，向赵国用兵是时机了。”

“那么，就请爱卿为寡人谋划，发兵中山。”

“君王，臣以为，收复中山小国不难。但是如果不伤赵国元气，必然还有反复争夺之势。不如直捣邯郸，灭它主力，即使不灭其国，也要使它从此一蹶不振。”

“就依爱卿之言，加紧准备吧。”魏惠王采纳了庞涓的策略，部署大军直指赵国首都邯郸。

赵国当朝之君赵肃侯，也不是个无为之君。

有一回他率后妃们游大陵，也就是三家分晋之前的平陵。一路春暖花开，风光正好。车驾刚出了鹿门之山，即有大戊午叩拜于马前，禀奏道：“大王，此时农耕正急，一日不作，百日不食。”

赵肃侯思忖：“寡人这一出游，途中不知多少官吏百姓要为迎接我而奔忙，真要误了农时，便不好了，不如回到宫苑去吧。”

想到这些，赵肃侯便走下车来，亲自扶起大戊午说：“寡人深谢贤士！”乃命从人，赏黄金百镒。

由于肃侯体察民情，他在位多年来，赵国百姓安居乐业。魏国欲报中山之仇，也不敢轻易犯境。

那日赵肃侯正与群臣议事，忽见烽烟传来，俄而飞马来报：魏惠王以庞涓为将，率领十万大军，大举伐赵，魏军主力都已渡过了黄河，前军快要到达赵长城了。

于是，赵王更改议题，专议退敌之策。

肃侯知道，此时的魏国已经十分强盛，经过多年备战才来进攻赵国。大军压境，不仅中山难保，而且邯郸也万分危急。邯郸若是被攻破了，赵国的江山社稷也难保了。

赵国君臣平日也没忘记居安思危，时时都注意着各国形势，甚至也估计到会有今日，曾考虑过种种对策。

对策之一是紧急关头可向齐国求援，且与齐国早就订立盟约。现在魏国大军已临国境，赵肃侯即与群臣做出决议，割出中山之地献与齐国，以求得齐国火速发兵相救。赵王当即派了特使，带了中山地图，星夜赶往齐国。

中山国，乃是春秋时代白狄别族鲜虞所建之国。韩、赵、魏三家分晋之后，赵、魏两国为争夺此地，结下了世仇。齐国今日若是得了此地，疆土就可以向西扩展许多，在赵、魏之间打进了一个楔子，在军事上大有益处。且不说两国早有盟约，就凭赠予中山之地，齐国也十分愿意出兵去保护赵国。

齐威王见了赵国特使，立即召文武百官入朝，颁令发兵救赵。

威王本想拜孙膑为大将，引兵出征。孙膑说：“我乃刑余之人，行动不便。领兵作战之事，还是请大王授予田忌将军。”

威王想，孙膑言之成理，乃拜田忌为大将，孙膑为军师。田忌引军作战，孙膑藏于辎车之中，筹划帷幄，不显其名。

这辆特备的辎车，是一种宽敞的车，有车盖、帏幔遮蔽，可坐、可卧、可载重物，是威王专为孙膑建造的。孙膑用它或坐，或躺，或休息、睡眠，都很方便。车中空阔，布置有阵图及地形图，可容数人坐饮、议事，可以当成一座活动的前沿指挥所。

齐国大军浩浩荡荡出了临淄城，不久就来到一个三岔路口。两条大道，一路向西，一路向西南。

向西之路直通赵国首都邯郸。赵国特使一行人，飞马向西疾驰而去，喊道："我们先回国报信，请田将军快行！"

田忌恨不能尽快飞到邯郸城下，正要策马向西追去，孙膑却让他暂时把队伍停下来。田忌下马，进入辎车之中，问道："军师为何不火速前进，邯郸危在旦夕！"

孙膑说："对于一团乱麻，你不能用手指一根一根地去理；两人扭打成一团，第三人岂宜参加进去？再说，我军直驱邯郸去援救，也来不及了。赵国现有的将领都不是庞涓的对手，等我们的军队赶到时，邯郸城已破了，赵国已不可救了。"

"这可如何是好？"

"不如取道西南，直奔襄陵。庞涓举国伐赵，首都大梁一定很空虚，襄陵一失，大梁不保，庞涓必然星夜引军赶回。"

田忌觉得此策甚妙，便掉转马头，引军向西南进发。

这一战，就是军事史上著名的战例：围魏救赵。

其实，围魏并未真围，救赵却是达到了目的。田忌指挥着大军，浩浩荡荡向西南方向挺进，一路扬言：齐军即将攻下襄陵。

襄陵曾是春秋时代宋国的织锦中心，以盛产锦绣天下闻名。因为宋襄公安葬于此，乃有此名。

这时襄陵已经属于魏国，它既是一个经济中心，为魏国军费之源，又是一个战略要地。南有襄陵，北有桂陵，成为大梁的屏障。襄陵若失去，魏国经济则少了依靠，首都大梁也失去屏障。

以当时齐、魏两军的态势，魏军的主力已在赵国，国内空虚，齐军势力强大，拿下襄陵不费吹灰之力，包围大梁也容易做到。魏国君臣听了，惶恐万状。

大梁城中的魏惠王闻讯，坐立不安，急忙派人去前线请庞涓回兵救援。

正在围攻邯郸的庞涓，先是听说田忌率领齐国大军奔来援救，心想："齐国无人，天助我也！"

庞涓想要尽快攻下邯郸，然后休整军队，以逸待劳，迎击赶路而来、疲惫不堪的田忌。

魏军在突破赵长城时，已有一些损失。现在到了邯郸城下，完成包围，军队才稍稍得到了休息和补充。庞涓下令三军，杀猪宰羊，饱餐一顿，然后奋力攻城。

庞涓在攻城时，受到了赵国军民的顽强抵抗。因为城中将士听说齐军已经上路，个个信心倍增，决心血战到底。

庞涓攻城不下，心中恼火。他深知这场战争拖延不得，待田忌的军队赶到，内外合攻，那就难以处置了。庞涓正要部署兵力，增强攻势，忽然接到飞马来报：田忌的大军即将攻下襄陵！

庞涓大叫："不好了！"话音刚落，又见魏王使者赶来，传下王命："火速回兵，援救大梁！"庞涓这才感到自己只有回兵一途，再无别的计谋可施了。

庞涓觉得奇怪：这一回，田忌怎么忽然变得如此精明了呢？

孙膑、田忌引大军向西南进发，扬言即刻攻下襄陵。

但是，他们并没有冒险把军队开到魏都大梁以南、敌国纵深的襄陵去。孤军进入大国纵深，乃兵家大忌。他们也没有包围大梁城，甚至也不去攻打大梁北边的桂陵。

以当时齐军的实力，齐、魏两国军队的态势，围攻首都大梁，或攻打它南、北两翼的襄陵、桂陵，虽然都能成功，但攻下之后如何处置，都会使自己背上包袱。孙膑不会为了立功，去做那种分散兵力、束缚自己的事。"田将军，请你立即停止进攻。"

"敌人城池眼看就要到手，军师为何犹豫？"

"将军，现在襄陵、桂陵乃至大梁，都可以攻打下来。将军可曾想过，占领城池之后，需要多少军队来守卫，又需要多少文官来安抚百姓？如果此时庞涓的军队赶了回来，又有多少军队可以迎敌？"

田忌明白军师的意图了："仗该怎么打，请军师部署吧。"

“请将军把部属召到我的车中来，共同商议。”

临时的军事会议上，孙膑策划帷幄。将校们对他的战法、阵法理解尚不深刻，还未在实战中运用过。现在要决战了，他要反复叮咛，最后才进行战斗部署。

田忌按照孙膑的部署，从容不迫地把军队插入桂陵、邯郸之间的中道。在靠近桂陵的地方，选择了最有利的地形，布下阵势，以逸待劳。

庞涓若是不解邯郸之围，那就派一支队伍先攻下桂陵，而后直驱大梁，逼迫庞涓从邯郸撤回，使赵国获救，而后齐、魏两国决战于桂陵中道。

这是孙膑为庞涓设下的不得不走之路。兵出临淄时，孙膑的抉择就使齐军获得了主动权，举手投足皆可牵制庞涓。

庞涓攻不下邯郸，又不得不回兵救大梁。退兵途中，庞涓又窝气又犯疑：田忌用兵，不可能如此精明，难道真是孙膑未死，去了齐国吗？

那时关东六国诸侯的军队，魏军以彪悍著称，齐军被认为是懦弱之师。庞涓不相信齐国军队一下子就能振作起来。

庞涓心想：“你田忌胆敢围攻我大梁，毁了我攻下邯郸的计划，今日我要你陷入我的重围，不得脱身！”想到这里，他传令军队拔营起程，火速南进。

魏军攻城死伤的人马尚未妥善处置，就急急撤军。赵国君臣也不示弱，整顿好受到重创的军队，出城追杀。真所谓哀兵必胜，他们把魏军一直追赶出赵长城。

赵国得救了，但损失巨大，无力深入魏国境内。庞涓检阅自己的军队，感到仍然十分强大，晓行夜宿，军营连绵十余里。

第二天起程时，有飞马来报：齐军未攻下襄陵，也未攻大梁，桂陵之围也撤去了。那么，齐军向何处去了？

庞涓想：“必定是田忌见我全军撤回，害怕与我交锋，又采取远远观望的策略了。哼！你坏了我的大事，保了赵国，我岂能容你平平安安地返回齐国！”想到这里，庞涓传令军校：“严密封锁国境，不许齐军一人一马轻易撤回！”一面派出数支小队人马，寻找齐军主力，以便围而歼之。

庞涓的大军向南推进，金戈铁马，浩浩荡荡，地动山摇，大有不可阻挡之势。

忽然，前面马军将校报告：在桂陵中道，齐军布下了严密阵势，不可靠近，不可逾越，几次交战均已失利。

庞涓听了不觉一惊：难道必须在此决战一场？

庞涓急忙下令停止行军，把派出的各路游击军都召回了营，集结队伍，准备决战，很快形成了两军主力对峙的态势。这是庞涓没有料到的，却是孙膑计划之中并等待了许久的事情。

庞涓带领将校，策马来到前沿，登上一座小山遥遥观看。齐军庞大的阵势，摆得十分周密。他认识这是八卦阵。他想："幸好此阵孙膑曾向我传授过，在魏王面前也演练过。"对此，庞涓以为他已经懂得了破阵之法。

其实，对于此阵，当时孙膑就留了一手。也幸亏孙膑有了这一点戒备，否则他将难以制伏庞涓了。

庞涓立在马上，观看桂陵中道的八卦阵，好不威风。八门的旗帜迎风招展，阵中军队整齐威严，杀气腾腾，戈矛刀剑，寒光闪闪，像是对人昭示：进得来，出不去，谁来闯阵，死路一条。庞涓身边的将校，一个个看得胆战心惊。

庞涓经过多次战争，对鬼谷智慧已经运用娴熟。他一看就明白了，此阵绝不是齐国的田忌所能设置的。至此庞涓断定：孙膑不但未死，而且正在田忌军中，出谋划策，与自己作对。难怪，这次田忌用兵不同于往常。但是庞涓也不害怕，他心里说："孙膑啊孙膑，谁叫你当初那么蠢。今天我要以其人之道，还治其人之身了。等到破阵之后，让我在齐军中找到你，定斩不饶！"

庞涓不急于攻阵。他先调集军队，操练破除八卦阵的方法。

原来马步三军将校见了此阵，心里恐惧，听庞涓说此阵可破，又演习了阵法，这才恢复了士气。

庞涓不攻阵，使孙膑担心起来：他是不是要采取拖延战术？

齐军深入异国之境，是拖延不得的。于是，孙膑一边派人加紧监视敌军动静，一边考虑着可以采取的对策。

很快探明，庞涓没有采取拖延战术，而是在积极准备决战。这就是庞涓策略上的错误了。如果是孙膑，他会对深入国境的敌军采取围而不歼的战术，不消耗自己实力，而让敌军因粮草断绝，最后自行瓦解。可是庞涓，一心想的是尽快取胜。

庞涓只知此阵可开可合，可变为长蛇。他把兵力配置好了，而且留有预备队：对于开时应如何攻击，合时应如何攻击，都做了部署；对于阵势变为长蛇时，如何使它首尾不能相顾，如何吃掉其蛇身，再除掉蛇尾，都预先做了准备。

一切都布置好了，庞涓才下令击鼓进军。顿时，齐、魏两国数十万人马投入鏖战，金鼓齐鸣，吼声如雷，杀声震天。

魏军马步三军，全力闯阵。数十里山岳震动，河水倒流，沙尘弥漫，日光变色。魏军像是碰上了石头，处处坚固，冲击不动，反被杀得人仰马翻。

头一次闯阵失败，庞涓气急败坏，整顿队伍，再次下死令出击，拼命进攻，总算进入了阵势，只是死伤十分惨重。

忽然，齐军阵中八方旗色全都转换，使魏军眼花缭乱。

面临阵势的突然变化，别说是那些处在阵中的魏国将校、士兵，就是那在山上督战的庞涓，虽然居高临下，也分辨不出哪是休门、生门、伤门、杜门、景门、死门、惊门、开门。将校们不知道如何指挥军队，士兵们不知道往哪里跑。齐军戈甲如林，滴水难进，任魏军东冲西撞，就像无头苍蝇瞎碰乱闯，找不到出路，非死即伤。

正当魏军官兵晕头转向之时，齐军阵势突然又变化起来。原来八卦阵并非只有一种，此次所建，乃是按另一种九宫之势布阵，战车军马共分九队，八队守八方，中央戊已属土，置龙头。刹那间又展开为长蛇之势。

庞涓一见是长蛇阵，心里高兴，急忙按演习好的部署来歼灭长蛇。胜负在此一击，他把预备队也全部用上了，意在必胜。

庞涓只知有长蛇之变，不懂得别的变化，更不知此时的长蛇乃是佯装。兵不厌诈，阵中也能诈出许多花样来。

齐军抽出首、尾二军为游军，以备迎击魏军外援。在外线作战，此是必不可少的。庞涓却以为齐军长蛇阵的首、尾已被切断了，集中兵力猛攻。不料齐军号令又改，旗色又变。远远看去，阵上呈现出了环渊之势。

所谓环渊，就如同一个大涡旋。这是何种阵法？庞涓不识。

原来，齐军只是变成了简单的圆阵，把全部魏军团团围困在阵中了。魏军车马人群，都被卷得人仰马翻，或弄不清方向，或分不清敌我，或失去目标，跟随人流盘旋乱跑，互相挤压，失去了战斗力。

庞涓见势不妙，急忙鸣金收兵，但是哪能收得回来。伐赵的魏军眼看着损失殆尽。齐军游军又包围了庞涓所在的小山，眼看就要被擒。庞涓只得领了残兵败将，夺路逃跑。

庞涓的一哨人马跑了不远，又被齐军的另一支游军拦击，险些被擒。奋力杀出，逃回大梁，庞涓还在胆战心惊。

孙膑、田忌大获全胜而还。

第三十九章　孙膑田忌遭嫉陷

庞涓回到大梁，悔恨自己当初没有斩了孙膑。

痛定思痛，庞涓回想桂陵之战的全部经过，看出了齐军获胜的原因在于：孙膑设计，田忌用兵。若无田忌，孙膑的计策再妙，也不得施展；若无孙膑，田忌也不会有如此高明的战法。

庞涓狠狠地想：“若欲战胜齐军，此两人必去其一。”

庞英说：“父帅不必忧虑，我庞家满门英武，总有办法战胜那孙膑的。”

“办法是有的，你不要问，只管先练好你的兵就是了。为父先要制订出一套制胜孙膑的策略来，然后再去见大王。”

庞英也不同父亲谈战胜齐国的策略，练兵去了。

庞涓苦苦思索对付孙膑、田忌的办法，把他在鬼谷学到的道、数、兵、游各种学问，从头到尾回顾了一遍。

道义上，感到自己无法压倒对手。

数术方面，天文、地理、历数，从天地万物中也难找到胜过对方的因素。

军事上，他自知不如孙膑。想到这些，他就怨鬼谷子偏心。

游说方面，庞涓也感到自己的学问未必就比孙膑强。

想来想去，庞涓认为唯一能利用的就是“抵隙”之术，明的不行，就来暗的。这样，一套战场之外的功夫就被他运用起来了。他对此道并不擅长，但他却感到很得意。

魏惠王知道，此次收复中山不成功，伐赵失利，不完全是庞涓的过失，主要是由于齐国的干预，且有孙膑相助。所以他也没有怪罪庞涓之意。

魏惠王一直不知道魏国失去孙膑的原因，看不到庞涓的嫉贤妒能，只以为孙膑一心为齐、通齐，终于施展智谋去了齐国。

魏惠王过于信任庞涓。现在与齐国交恶，他也只能与庞涓商议对付齐国的策略了。

一天，魏惠王召庞涓进宫，商议如何对付齐国。庞涓只说出了两个字：“用间。”所谓用间，就是派出间谍，暗自在敌方的要害人物之间施行离间计。鬼谷弟子都是一些舌辩之士，在外交场合善于纵横捭阖，在暗地里也善于施展计谋。

具体办法，庞涓已经反复地考虑多日了。

“庞爱卿为何要采取用间之策呢？”

魏惠王一问，庞涓即向他禀报早已考虑好的一些设想：“大王，微臣以为，齐军难克，主要是因为有孙膑的计策、田忌的指挥，两人相合，如虎添翼；若去其一，则齐军易克。所以必须用间。”

“庞爱卿准备如何用间呢？”

“大王，在微臣看来，要离间孙膑与田忌的关系，或孙膑与其他齐国大臣的关系，都是很困难的。孙膑刖足，他不可能取代齐国任何将相的职位，所以齐国朝廷任何文臣、武将，以及齐王本人，都不会怀疑孙膑有个人的野心。这样，齐国君臣对孙膑的忠诚就坚信不疑，我们就没有办法离间其关系，也就无法施加影响于他了。”

“那么，应如何办呢？”

“大王，我们只能把注意力集中在田忌身上，想尽办法离间田忌与齐国将相的关系，或田忌与齐王的关系。田忌不在其位，孙膑也就无计可施了，其他齐将，如田婴与孙膑的配合就不如田忌默契。”

“可以试一试，庞爱卿，你放手去办吧。”

庞涓从魏军谍报人员中，挑选出了智巧、灵敏又操齐国口音的徐甲，赏爵一级，赠黄金百镒，收为亲信间谍，准备派到临淄去施行离间之计。

庞涓对徐甲说："如何行事方便，你可自行酌定。"

徐甲跪地谢恩，然后对庞涓说："禀元帅，奴才在齐国也有几个熟人，他们只知我在魏国经商，不知我已投入元帅帐下。"

"你的朋友中，可曾有士大夫人家的子弟？"

"小人的朋友中，有个公孙阅，曾劝我一同去投奔丞相邹忌门下。小人与他多年不见了，不知他现在情况如何。"

庞涓听了不由得惊喜万分，说道："你到临淄，一定要找到他。此人若还在邹忌门下，便可行事。若不在，你可以从旁相助，让他先入丞相之门，等他取得了邹忌丞相的信任之后，再行其事。"

于是，庞涓让徐甲扮成在魏国发了大财的富商，去临淄经商，暗中以千金贿赂丞相府中之人。

齐国丞相邹忌，曾以声律论道，官至相位，为著名的"三邹子"之首，自然也非等闲之辈。想那邹衍，首倡五德终始学说，闳大不经，漫谈天衍，成为稷下一个大学派阴阳家的领袖，其名声也在邹忌之下。

邹忌善于从平常事物之中阐发出大道理，使齐威王信服。那时临淄城中的人都传说，城北徐公是天下最美的男子。邹忌回到家中，对着铜镜问自己的妻妾："你们说我美呢，还是城北徐公美呢？"

妻妾们都说："当然是夫君你美，城北徐公哪能比得上你！"

邹忌又拿同样的话问进屋的客人，客人说："相爷比徐公美多了！"

邹忌上朝时同样问朝中大臣，大臣们也说："当然是相国大人美，城北徐公算得上什么！"

一天，邹忌见到了来访的城北徐公，才知道自己根本不如徐公美。他由此悟出了一个道理，便去见齐威王。

邹忌对齐威王说："大王，臣不如城北徐公美。妻妾说我美，是因为她们偏爱我；客人说我美，是因为他们有求于我；朝中大臣说我美，是因为我左右他们的前程。这些人都是因为有求于我，所以都不对我说真话。齐国地方几千里，城池有数百座。宫中嫔妃侍卫，无不偏爱大王；朝中大臣，无不畏惧大王；举国上下，无不有求于大王。这样看来，大王能听到的真话，可能比臣下还要少得多了。如此，会受到许多蒙蔽，国家也就危险了。”

齐威王听了说：“邹爱卿，你讲得好啊！”于是发布命令：

官吏百姓，能当面指出寡人过失者，受上赏；能上书劝谏寡人者，受中赏；能在大街上和在大庭广众之中指责寡人过失者，受下赏。

开始的时候，进谏受赏的人很多。几个月后，偶尔有人还能指出朝廷错误。一年之后，想找毛病也找不出来了。周围国家知道这件事后，都来朝贺齐威王。

这就叫作胜敌于朝廷之内。这个故事太感人了，后来被写进《战国策》里，又收入《古文观止》。

邹忌虽有自知之明，但是后来他的身上沾染了那个“人类之恶德”，起了忌妒之心，就坏事了。

邹忌忌妒田忌，怕他夺去自己的相印，取代自己的相位。其实这是多虑了，是一种有害的情绪。田忌不是他想象的那种人，也不会做他担心的那种事。

但是，一个人一旦起了忌妒之心，就很难自拔了。若不及早醒悟，便会越陷越深，邹忌就是一个例证。

自从孙膑到了齐国，与田忌将军一拍即合，邹忌心里就不痛快。待到齐国围魏救赵、桂陵一役大破魏军之后，孙膑、田忌战功显赫，名震天下，邹忌就更担心自己相位难保了。每当听到有人称颂田忌的功业时，他就妒火升腾，以至于丧失了理智。

这时邹忌一点也没觉察，庞涓所派的奸细徐甲已经到了临淄，并且不久就找到了公孙阅。公孙阅将会对他的忌妒火上浇油，直到把他烧毁。

公孙阅早已成为邹忌门人，住在相府，受到信任。公孙阅的话，邹忌也爱听。他在府中有僮仆侍候，出门有车马随从。

一日，公孙阅在临淄闹市游荡，遇到了腰缠万贯的富商徐甲。徐甲见到公孙阅，喜出望外，便拉他到金爵酒肆饮酒。

这家金爵酒肆，是临淄有钱人家、纨绔子弟寻欢作乐之处，不是一般落魄士人所能进来的。

公孙阅、徐甲谈起当年穷困潦倒之时，都有不尽的感慨。酒过三巡之后，就忘乎所以。公孙阅酒后吐真言，讲了许多相府里的事情。

公孙阅说："徐甲，齐国三邹子之中，我最佩服的是我们丞相。相爷说什么，大王都爱听。田忌将军也不行。别看他与大王是兄弟，但大王还是愿意听丞相的。相爷学富五车，天下莫敌。但是我知道，相爷心中有个秘密，嘿嘿，我不能说……"

"不能说，相爷的秘密，对谁也不能说！"

徐甲又敬公孙阅几樽酒，然后说："听你这么说，我徐甲也佩服相爷了。我呀，也佩服公孙兄你！相爷心里的秘密，我也知道，可不能往外说，不能说！只能是你知、我知。不能说！你知道，相爷最喜欢什么呢？最怕什么呢？"

公孙阅醉醺醺地说："你不知道，我知道，相爷最喜欢鼓琴、歌舞……相爷怕什么，怕什么呢，他不说，我可看出来了，他怕田忌将军……我不告诉你，他心中的这个秘密，我看得出来，他怕田忌将军拿走了相位，我不告诉你……"

徐甲让人把烂醉如泥的公孙阅架回自己下榻的馆舍，让他安睡一宿。次日醒来，徐甲请他用过早点之后，便把黄金千镒送给他。

如此重金，公孙阅不敢收，说："无功受禄，心何能安？"

徐甲说："公孙兄昨晚言及，邹丞相害怕田忌取代其相位，此话已值千金。你为魏国立下了大功。"

公孙阅听了这话，不禁大惊，问道："你是何人？此言何意？"

徐甲说："我不是徐甲吗？公孙兄，你何必如此吃惊，你不是知道我从魏国来吗？请听我慢慢讲来。"

徐甲对公孙阅如实讲了他来齐国的使命，说这次秘密行动是绝不会被人知道的，也不会有什么妨害。还说："你我兄弟相处多年，我也不会为难你，不会要你去做危险的事情。只是在相爷向你问计之时，你略施小技，推动他与田忌、孙膑相斗就是了。等到大事成功之时，还有重谢。"

公孙阅完全应承下来。

邹忌在相府欣赏美女歌舞。

庭中女伶个个如同天仙，扭动着杨柳细腰，挥动长袖，所唱歌曲是公孙阅最新调教，歌颂齐国围魏救赵，田忌的智谋与军威功高盖世。这样的歌词，邹忌听了哪能受得了。他站起来，挥手愤怒地喊道：“退下，退下！”

相爷生气，乐工、美女都悄悄地溜走了，堂上的闲杂人等都退去。邹忌对公孙阅说：“你怎么不练几首好听一点的乐曲？”

“相爷，大王传令把伐魏救赵的战功载入国史，文武百官都称颂田将军，相府女乐不演奏这种乐曲，恐怕于相爷不利！”

“演奏就演奏，我不听！”

公孙阅献计道：“演奏好了，相爷不听，可以献给大王听、献给田忌将军听。”

“你要我去讨田忌的欢欣吗？”

“非也。相爷，只有如此来表明相爷的心迹，然后才大事可图。”

邹忌当然明白，公孙阅说的大事可图是什么意思。他曾听他建议过，要表面说田忌好话，而暗中加以诋毁。

此前，邹忌心地尚是光明磊落的。自从犯了忌妒，就阴暗起来。此时他想，为了保官，也不得不做一回小人，来个阴一套阳一套了。邹忌明白，但还是要装糊涂，问道：“什么大事可图？”

公孙阅跪地再拜，然后说：“相爷，小人实在为你担心。当初相爷荣升，就有那淳于髡不服，找到相府来与你辩论。他虽服了，但是不服之人未必不再有。现在田忌将军功高，大王又信任，又是手握重兵之人，他想要的东西没有得不到的。”

精明而被妒火烧昏了的邹忌，觉得公孙阅言之成理，便问：“依你看，应该怎么办？”说着不觉离席，靠近了公孙阅。

公孙阅把嘴巴凑近邹忌耳朵，说可以如此如此。

相府女乐在歌颂田忌的功业，而相府门客却在暗中搞鬼。

临淄城中有一家文王神课馆，算卦的先生精通文王八卦，相传其祖上曾任周朝太卜之官。家道中落，但祖宗学问代代相传。来到这大国首都开馆授业，已有数代人了。

这天夜里，街头更夫手执木铎已经敲过了二更。家家户户都已经关了门，有的人家已经进入了梦乡。公孙阅扮成田忌的家臣，来敲神课馆的门。神课先生在门里说："客官，夜已深了，明日再来吧！"

公孙阅说："我家主人有天大的事，必须夜里卜问。"

公孙阅这个假家臣在门外紧敲不走，闹得没有办法，神课先生只好开了门，放他进屋。公孙阅带来了黄金百镒，堆在几案上像一座小山，说道："请先生收下。"

神课先生哪敢收这么多黄金，问道："先生何人？要问何事？"

"先生收下，我便说。"

"客官不说，我不能收。"

公孙阅无奈，便说道："我是田忌将军的家臣。我家将军是田氏宗室，兵权在手，欲取王位，请先生卜问吉凶。"

神课先生听了大骇，战战兢兢说道："这种悖逆不道之事，在下不敢参与。"

"我会为你严守秘密，如嫌钱少，可以增加。"

"无须多言，此卦我绝不算。"

"你既然不肯断卦，又想保全你的性命，就请先生万勿泄露此事！"说罢，拿了黄金悻悻而去。

假家臣公孙阅回到相府，向邹忌报告了卜算经过。邹忌立即差相府侍卫长带人捉了神课先生，押到相府审问。

侍卫长说："深夜占卜，必有不轨之事，你必须从实招来。"

神课先生说："确有不轨之事，有人欲夺王位，但是在下并未给他占卜。"

"他是什么人，胆敢如此张狂？"

"他自称是田忌将军家臣，还说握有兵权在手。"

"谁能证明你与此项阴谋没有干系？"

神课先生无法辩白，只是说："苍天可鉴！"

侍卫长说："此乃大案，我带你去见丞相。你必须说出真情，否则死罪。"

神课先生在邹忌面前，跪地长揖，据实说了一切，只是拿不出证据来说明自己与田忌家臣没有干系。

邹忌说："此事重大，我不得不带你去见大王了。是死是活，看你能不能说实话。我相信你说的是实情。只要你在大王面前如实说话，我可保你无罪。"

神课先生不住地叩头，求相爷救命。当夜他就住在相府，明天一同去见大王。

第二天早朝之后，文武百官退朝散去。

太子田辟疆、靖郭君田婴兄弟相约，来找田忌。辟疆说："叔叔，今日天气甚好，我们一同去郊外打猎吧。"

田忌满口答应说："你们兄弟既有如此雅兴，我也很高兴同你们去，活动一下筋骨，也不辜负这好天气。"

叔侄三人告别威王出宫，就见朝房那边邹忌领出一个人来，像是要进宫去见威王。邹忌看到他们三人出宫，急忙把那人遮挡一下，深怕被他们瞅见。田婴眼细，早已看出那是街上文王神课馆的卜者。他也注意到，他们走远了，邹忌才领了神课先生进宫去。

田婴说："邹忌带着神课先生，躲躲藏藏，搞什么名堂？"

辟疆说："也许是父王嫌太卜无能，要试试街头的神课先生。"

田忌说："说不定丞相发现卜者算卦灵验，要把他推荐给大王呢。"

叔侄三人懒得去管那些闲事，都上了马，并辔走向郊外，命大批仆从准备好饮食、酒酱、野餐烧烤之具，要在围场大享野味。

邹忌领了神课先生上殿，面见威王。威王屏退了从人，只剩下他们两人跪在地上。神课先生据实说出了昨夜发生之事。威王听后颇为惊异，但很快定了神。

齐威王也不是那种轻信之人。面对跪在地上的两个人，起了不少疑问。他不相信自己的兄弟会做出这种事情。他既不动怒，也不提高嗓门，只是严肃认真地问道："丞相，你的侍卫怎么会想到在夜里捉神课先生呢？"

大王怀疑了，邹忌额上冒出了冷汗。但他已有准备，还是能从容地奏道："大王，臣的侍卫长说，他在巡逻时见到深夜有人问卜，心中起疑，以为会有不轨，于是捉了卜者来问。”邹忌隐瞒了是他派侍卫长捉人一节，以为威王能够相信他。

威王又问卜者：“你有什么证据能证明，向你卜问的人就是田将军的家臣，而不是别人冒充呢？”

神课先生说：“小人没有证据，是听那人亲口所说。”

威王觉得此点大为可疑：如此大阴谋，岂可由家臣去卜问，而不亲自进行。若是田忌、孙膑果有此心，也不会如此愚蠢，怎么会把知情的卜者留在外边而不置于府中？而那家臣又岂会蠢到自报身份？再说了，占卜的事，世间无人能胜过鬼谷弟子，有孙膑在，根本不需要再去求人。

威王怀疑是大臣中出现了互相倾轧之事，立刻感觉到一种危险：此事如果张扬出去，便会朝廷不和，国家分裂。必须妥善处置。于是对邹忌和卜者说：“田忌将军忠于国家，不可胡乱猜疑。此事寡人自会处置。今天寡人不治你们惑乱人君之罪，但是你们要切记：你们进宫及所谈之事，不许外传，只是你们两人知道就是了。否则，如有丝毫泄露，便治你们乱国之罪，定斩不饶！”

邹忌和神课先生诚惶诚恐，跪在地上，不住地叩头道：

“微臣不敢！”

“小人不敢！”

齐威王没有好气地说：“你们走吧！”

齐国太子田辟疆、靖郭君田婴和上将军田忌三人在郊外射猎一整天，叔侄三人十分开心，带了一车野味回到王宫。其中有三人共同射杀的一头大熊，对熊身上之物田忌一点不取，全让辟疆兄弟俩带回宫去献给威王。辟疆要割下一对熊掌给叔叔，田忌也不要。

兄弟俩回到宫中，感到累了，想早些歇息，不想父王却召他们到内宫议事。

齐威王问两个儿子：“你们两个今天跟叔叔玩了一整天，可曾见到有什么异常的事情发生？”

辟疆、田婴觉得父王问得好奇怪，射猎就射猎，会有什么异常？他俩想了半天，也想不起什么来。

田婴说："父王，射猎、野餐都没有什么异常，倒是早上出宫时见到一件怪事。"

"什么怪事？"

"散朝之后，我看见丞相鬼鬼祟祟地把神课先生领进宫来，要见父王。"

"你们都看到了？"

辟疆说："都看到了，还议论了。"

"怎么议论？"

辟疆把早上他们三人说的话都讲了一遍。威王想："这就是说，田忌对神课先生告密之事毫无反应，并无张皇之态，说明他完全是无辜的。那么，是何人在暗中加害于他呢？还是他的家臣背地里做了此事而没禀报于他？"

这事太严重了，威王也不敢完全排除对田忌的怀疑。他把丞相和卜者所奏之事告诉了两个儿子。辟疆和田婴都认为叔叔无辜，但威王说："此事重大，不得不防。"

此事既不能公开，也不能派大臣去调查。派谁都不行。那样会在朝廷掀起波澜，乱了朝政。威王能做的事情，就是暗中派宫里的禁卫军校，化了装，秘密监视将军府和相府两家的行动。

孙膑、田忌何许人，两人相依，天下无人更比他们精明。威王对他们态度的微小变化，他们都能觉察出缘由来，更何况他们发现了有人暗中监视将军府。

田忌想去捉一个监视他们的人来，审明原因。孙膑劝阻道："在齐国，没有别人敢如此对待将军，他们必是王宫之人。捉了人，反而会使大王加深对将军的怀疑。"

"那么让我进宫，直接去向王兄问个明白，如有必要，也好剖白自己。"

"君王的怀疑，你越是剖白，就越难说清楚。说出来了，还会在朝廷里造成纷乱，有害于国家。"

"那怎么办呢？"

孙膑建议田忌，仔细回忆这些日子以来的异常之点，同时派出谍报人员，在暗中做些查访。

田忌想起一件事：那天与太子、靖郭君出猎，见丞相偷偷领了神课先生去见威王。

孙膑觉得此事大为可疑。想起邹忌对田忌的态度，以往最不愿听别人称颂田忌，前些日子却一反常态，自己练了乐舞来称颂田忌，并得到了威王的嘉许。两人商议，要特别注意丞相家人的活动。

田忌为了用兵，在府里训练了一批精明的细作，他们长于探听各种秘密，经常出入敌国、敌军内部，取得重要情报。在临淄城中，任何人也难以躲过他们的秘密查访。其中一人，专门跟定公孙阅。

一天，细作见公孙阅和徐甲进了金爵酒肆，便跟进去监视他们。

那两个人怕自己说的话被别人听见，找了一个最僻静的角落，在一张几案边席地而坐。要了好酒好菜，边饮边谈。细作买通店家，得以躲在屏风后面听两人谈话。

徐甲问："公孙兄，多日不见，事情进展如何？"

公孙阅说："事情正巧，丞相怕田忌夺他相位，苦于无法对付，找我去商议。我顺势为他出了主意，已获结果。"接着，他把如何找神课先生卜问田忌如何带神课先生去见威王，详细地说了一遍。

徐甲听得高兴，说道："公孙兄做得好，大事已成一半，待完全成功之时，庞元帅将奏请大王重赏于你。"

"据我观察，齐王确实生了疑心，已经使人暗中监视田忌的行动了。"

"好，让我们开怀畅饮！"

徐甲、公孙阅自以为他们的话无人听见，其实不只是隔墙有耳，除将军府的细作外，还有两位侠客也在暗中注意到了他们。

两位侠客一个穿着青袍，一个穿着白袍，行动神秘，是不久前才住进金爵酒肆来的。他俩对将军府的细作、徐甲和公孙阅都了解得很清楚。

白袍侠客几次想干预徐甲的行动，都被青袍侠客阻止了。青袍侠客主张作壁上观。

细作向孙膑、田忌报告了在金爵酒肆探听到的秘密。原来徐甲是庞涓派来施离间计的，现已初步得逞。

细作去后，田忌问孙膑："邹忌丞相处事一向精明，他怎么就没有发现他的门人与间谍勾结在一起了？"

"丞相忌妒将军战功，陷得过深，已经失去判别是非的能力了，真是可悲。他也许还自以为得意呢。"

"那么，让我派人去把徐甲捉来，送与大王审理，便可使真相大白了。"

"捉拿徐甲易如捉虱，但此事只可秘密进行，不可使庞涓知道，也不可让邹忌丞相知道，更不可送大王审理。"

"却是为何？"

"将军想的是摆平干系，让大王知你忠心不二。其实大王只是怀疑，并未认定。你自己去洗刷，反觉不好。你本无辜，何须洗刷自己呢。更不宜者，丞相向大王送卜者，你向大王送间谍，给人留下你们各自暗中斗法的印象，且不说于你两人无益，在文武百官中也会造成无尽的裂痕。将相不和，危害国家。此事秘密，万万不可公布于众，贻笑天下。"

"那么，我们怎么办？"

"将军府可以密捕徐甲，审理清楚，留下证据，囚于将军府内严加看管。邹忌现在仍公开称颂将军的功德，即使到了他出来贬低你时，你也不必与他作对。一切都当没有发生任何事情一样。"

"大王正怀疑我，我又如何向大王表明心迹？"

"无须表明你的心迹。将军称病请辞，我也请辞就是了。"

"你我都请辞，齐国军队怎么办？"

"现在平安，没有战事，有靖郭君掌管军队，将军可以放心。你我不如就此清闲一些，过一段愉快的日子。一旦国家有事，大王就会起用我们。"

田忌想，这倒也是一个好办法。清闲无事之时，背着一个将军的名称又有何用。于是，决定照孙膑的话办。

田忌称病辞去了上将军之职，同时孙膑也辞去了军师。

两人无官一身轻。昔日将军府车水马龙，人来人往不断，每日进进出出万余人。现在只剩下家丁千余，食客数千。闲来无事，只是探讨学问，或游山玩水，好不自在。

齐威王见田忌、孙膑坦然辞职，交出兵权，心里怀疑全部烟消云散了。只是太子辟疆、靖郭君田婴觉得叔叔冤屈，他们常去看望田忌和孙膑，但又不便道出真情，只是对他们十分钦佩。

孙膑、田忌对此中秘密了解得比两位王子还清楚，但是也不想说破。

丞相邹忌的忌妒心理得到了满足，觉得相位可保，也无意落井下石，但他的心灵仍得不到平静。

邹忌十分不安，害怕门人公孙阅所施的计谋败露。他根本不知道，孙膑、田忌对此事已经了如指掌；更不知道有个徐甲，并已经被关押在将军府里，只是未向齐威王奏报而已。

公孙阅在临淄城中到处寻找徐甲，又不见踪影。他哪里知道，想要叫徐甲为他向庞涓请赏，是永远也不可能了。

最心安理得的是孙膑、田忌。他们终日清茶一杯，焚香秉读，或研讨兵书，或对坐弈棋。他们这种闲适心境，来自他们对天下形势的清楚把握，做到了《兵法》所说的“知己知彼，知天知地”。

他们想，魏国的对手庞涓和魏惠王，听到他们双双失去职位，一定在庆贺用间之计获得成功了。

孙膑、田忌也不知道，还有两个侠客也在关注着他们。

第四十章　马陵道万弩射庞涓

鬼谷子领着云霓漫游，心里只想着孙膑，寻找机会度他出世。但是，孙膑与庞涓这一对冤家的恩怨，关系到齐、魏两个万乘大国的政治、军事和江山社稷，也不是一时就能了结的。他又不能干预他们的事，也就只能听其自然。于是，继续在各国漫游。

云霓说："先生，我想回鬼谷了。"

"鬼谷太清静了，我还想听一听世间的尘嚣呢。"

"先生，我是说着玩的，在不打仗的时候，城里总比山里快活些。"

"那就不要让人们知道鬼谷子又来了，要改变一下我们的容貌和装束才好。"

"先生变，我也变。"

鬼谷子不穿白袍，换了一件青衣，仍然骑雪青马，面容变得年轻些，像个壮年人。云霓则变得更老成些，换成了白袍，仍然骑青鬃马。他们更像两个朋友。

师徒二人给人的印象是两位豪爽的侠客。

"先生，我们到哪里去？"

"你说要去城里，到哪里去也随你了。"

"先生，我想到临淄去。"

“你是想去看看孙膑吧？好，我们去临淄。”

鬼谷子和云霓在临淄城中逍遥，正遇上了孙膑、田忌桂陵大捷，举国欢庆的盛事。

“先生，我们不为孙膑师兄的胜利庆贺一番吗？”

“巨海十洲都神游遍了，你还脱不尽凡气！”

鬼谷子话是这样说，还是对孙膑的胜利感到喜悦。一切都是按他的预见在发展。胜利之后还有挫折，他相信孙膑能够处置得很好。云霓确实为孙膑感到高兴，他要选择个满意的地方吃住，以示庆祝。鬼谷子一切都听从他。

师徒两人到了金爵酒肆，要享受一番人间最美的佳肴。店主见这两位豪爽的客人非同凡响，为他们准备了最好的酒食和住房。鬼谷子知道这里是藏龙卧虎之地，足不出户就可以了解齐国和天下的许多大事。

熟悉之后，金爵酒肆的店主称鬼谷子为青衣大侠，称云霓为白衣大侠，师徒两人都不在意。

店主对于每日进进出出的王孙公子、文人学士、巨商大贾、三教九流人等，吵吵嚷嚷说些什么，都毫不留心，眼里只看见这些客人从袖子里掏出的黄金。鬼谷子坐在酒肆里，却从这些言谈中知道了临淄城的各种重要消息，乃至齐国朝野的动态。

鬼谷子注意到了常来酒肆的徐甲和公孙阅。这两人经常提到相爷、田将军、孙军师、庞元帅这些人。也注意到了田忌将军府的细作。

师徒两人选择了一处临窗的坐席，这里对于堂中每个角落的声音都能听见。久而久之，这里就成了他俩的专用坐席，他俩不在时，店中小二也不把客人往那里领。客人也知道，那里是青、白二侠坐的地方。这天，鬼谷子和云霓没有出游，仍坐在那里饮酒。

他俩看见进门的徐甲和公孙阅，神态比往常诡秘，到最僻静的角落去落座，说话。田忌将军府的细作也来了，让店主人把他隐藏在屏后偷听。这一切，都没能逃过鬼谷子师徒的眼睛和耳朵。

那些神秘人物离开酒肆后，云霓也没有心思饮酒了，他拉着师父回房间，关起门来说话。

“先生，孙膑师兄和田忌将军就要遭到陷害，我们快去救救他们吧！”

“不，现在我们可以离开齐国，回鬼谷去住了。”

“你就忍心看着孙膑师兄再次遭到不幸呀！”

“从将军府派细作跟踪公孙阅这件事来看，孙膑、田忌采取的是主动行为，他们现在可以明了一切，今后就更主动了。”

“先生是说，他们没有危险了呀？”

“岂止没有危险，孙膑和田忌还会辞去官职，过一段清闲舒适的日子。”

“丢了官，还不危险呀？”

“孙膑会有周密考虑的，我们准备西行吧，顺便也到魏国去看一看那里的情况。”

鬼谷子没有对云霓说，他心里想的虽是度孙膑为仙，但也想看看庞涓的结果。他不会出面干预，一切仍要顺其自然。

一切如鬼谷子所料，几天后金爵酒肆的食客们，议论的话题就全是关于田忌将军和孙膑军师辞官的事情了。

人们也发现，青、白二侠的坐席无人来坐了。

临淄政局的变化，很快传到了大梁。

魏惠王以为，庞涓用间的计策已经取得了成功。

庞涓庆幸孙膑、田忌丢掉了官职，失去了兵权，计划着如何对齐国用兵。不料风云突变。

韩昭侯举倾国之兵力，灭了郑国，并把郑国的首都新郑作为韩国的首都。对此，赵肃侯派相国公仲侈率领一个使团，绕道齐国去向韩国祝贺。

赵国首相亲自出马，绕道千里，真的是为了祝贺吗？

明眼人一看便知，当然不是。原来公仲侈领了赵侯使命，是去跟韩侯签订盟约：两国一南一北，把魏国夹在中间，共同伐魏，共分其地。

孙膑、田忌得知此讯，感到非同小可。但自己已经不掌兵权，此事又不直接危及齐国，所以决定：暂且作壁上观。

庞涓得知此讯，如坐针毡。

魏国受到南北两个大国夹攻，将如何用兵？幸好齐国已经不用孙膑、田忌了，否则不堪设想。

魏惠王见庞涓神情不安，更是害怕。

一时间，韩、赵、魏、齐各国都紧张起来，各国朝野都密切注视着形势的发展。各国外交使臣和将军府里的谋士们，都通宵达旦地研究形势变化，准备应急方案。

不料这年夏天，赵国发生了大旱，赤地千里。到了秋天，禾谷不登，人无口粮，马无秣草。赵国已经无力发动一场战争了，于是派出使臣去通报韩国："今岁遇上荒年，待来年再行进兵。"

庞涓派出的细作探得赵国饥荒，无力出兵，他想："真是天助我也！"于是进宫奏报魏惠王。

惠王问庞涓："如此，北方的军事威胁稍减，元帅以为如何才可以转危为安？"

"大王，现在赵、韩两国结盟未成，齐国已经不用孙膑、田忌，我们可以先发制人，击毁一国。"

"元帅以为，应先伐赵国呢，还是先伐韩国呢？"

"赵国虽遇荒年，但齐、赵两国结盟已成，不易取胜。韩国新灭郑国，军队疲惫，人民未安，宜先伐韩国。"

庞涓一时不敢伐赵，还有一个原因，就是桂陵之役使他仍然心有余悸。如果再度伐赵失利，他将无颜面对天下之人了。向北用兵，庞涓有惨败的教训，而向南用兵，他还没有失利的记录。

惠王说："既要伐韩，就必须全力以赴，获取全胜。"于是颁发命令，调集全国兵力，以太子申为上将军，庞涓为大将，准备向韩国发起进攻。

魏国的战争机器运转起来了。

兵马未动，粮草先行，不过月余时间，就动员全国兵力做好了进攻的准备，择吉日良辰，祭了天地祖宗、战神蚩尤，衅了钟鼓，祭了帅旗，浩浩大军便向韩国首都新郑进发。

魏国大军到达外黄。道路上有布衣徐生拦住了太子申的马头，劝谏他不要举兵伐韩。徐生叩头出血，对太子申说：

郑国新灭，民生涂炭，殿下又来加兵，是为不仁；韩国未占魏国尺寸之地，魏国举兵侵略，是为不义。不仁不义，必遭天谴。此去凶多吉少，望太子殿下深思之，慎纳之！

魏军自从离开首都大梁，沿途各处士人多有阻谏，又出现了一些不祥之兆、晦气之事。太子申就产生一种预感，觉得此次出兵，难免重蹈桂陵覆辙。于是传令三军，暂停前进，驻下来从长计议。

魏军总部升帐议事，上将军太子申谈了心中疑虑，提出奏请大王回师大梁。

庞涓说："大王把三军托付给殿下，由殿下统领，是为能够重振魏国的军威。现在魏、韩两国的军队尚未接触，更不知胜负，突然挥师北还，这跟败北有何两样？不战而溃，魏军之耻！"

众将校也不愿空手而归。太子申不能做主，于是浩浩大军继续向南进发。

不久闻知魏国全国动员，将以倾国之兵来犯，韩昭侯慌了手足，只好备了厚礼，派遣使臣去向齐国求援。这是韩国唯一的希望。昭侯是想，齐国曾经救过赵国，此番也必定能够救助韩国。

此时齐国之君，已经是齐宣王了。

原来齐威王在位三十七年，已经立下不世基业，临死之前还做了一件他未完成的好事，就是妥善处置孙膑、田忌的冤案。

当初田忌、孙膑辞去军职，威王便知两位良将冤屈。但他年迈体衰，来不及处置此事便病笃了，从此再未能离开病榻。临危之际，他把太子辟疆、靖郭君田婴唤至榻前，对两人言道："你叔叔和孙膑将军对国家一片忠心，我去后，你们要善待他们。你们要记住：有了他们，齐国就安全、兴旺。"

田辟疆、田婴素来知道田忌、孙膑忠良，听了父王临终之言，兄弟两人都涕泣落泪。威王在了结了最后的心事之后，就溘然长逝。顿时，齐王宫中一片哀哭之声。

威王去世之后，太子辟疆承袭王位，是为齐宣王。

齐宣王也是一位有为之君，跟他父亲一样礼贤下士，善待亲朋。他扩建稷下学宫，更加诚心地广纳天下贤士。初登大位，即带了兄弟田婴去田忌将军府，进行慰问，准备为田忌、孙膑恢复官职。

田忌迎接兄弟俩进屋，说："大王初登位，百事云集，何必如此性急来看我？"

宣王说："这是父王临终遗命，岂可怠慢。叔叔为了国家，受了如此巨大的冤屈，侄儿岂能任其长久？"

田忌见新王如此重情义，便将辞职之事的原委详细地告诉宣王和田婴。拿出徐甲供词给他俩看，叫人把徐甲带来，让他亲口向宣王招供。

田忌说："当初把此人捕入府中时，孙将军一看便认出他是庞涓手下之人。他只好如实招认了扮作富商来齐国用间、怂恿公孙阅扮作田府家臣去占卜等事。"

徐甲被带来了。他跪地要求恕罪，然后详细地供出了一切。供毕又被押回囚室。

此等情节，宣王和田婴是第一次知道，都惊奇不已。过去他俩只以为，叔叔是糊里糊涂地蒙受冤屈，现在才知道他们十分清楚事件的原委和魏国的大阴谋。

宣王问："叔叔蒙此大冤，事情早已清楚，为何不向父王奏明，而要自己请辞？"

田忌说："此乃孙将军为使国家安定所献之策。他对我说：邹忌暗中向大王告你，你又暗中向大王陈述。他送卜者，你送间谍，将相不和，有事不能言于当面，国家就危险了。所以你我所受冤屈，眼下不能剖白，否则文武分裂，不利国家。"

宣王和田婴兄弟听了，眼泪不禁夺眶而出。

田婴说："平日我只觉得叔叔和孙将军忠耿，不知其中还有这么多隐情。叔叔，你和孙将军忍辱负重，为田氏江山社稷着想，受苦太多了！父王临终时说，有叔叔和孙将军在，齐国就兴旺，侄儿今天才算真的明白了。"

在叔侄三人相抱痛哭之际，孙膑膝行过来相见。田婴、田忌急忙过去搀扶，说道："孙将军慢行。"

孙膑笑道："我国君臣能如此一心，真可以说天下无敌了。"稍停，孙膑又对宣王再拜稽首，说道："大王，臣下还有一事，请求陛下慎重处置。"

宣王道："是何事，请将军畅言。"

孙膑说："还望大王不要公布此事，不要责怪于邹忌丞相。此事我们数人知道就是了，否则朝野哗然，文武百官议论纷纷，便会有人为私利而互相攻讦，又会无故生出许多事端来，反使魏国得计。所以，徐甲被捕之事，我们不可让庞涓知晓。"

宣王点头赞同。如此，齐宣王在即位之初，便做到了世事洞明。

齐宣王再拜田忌为上将军，孙膑为军师。此事不张扬，在朝中默默进行。丞相邹忌知道，在宣王为太子时，他们就十分友善，所以不再起离间之心，也出班称贺。

朝政刚刚有了眉目，就有韩侯的使臣前来告急：魏惠王派太子申、大将庞涓，举倾国之兵侵犯韩国。韩侯以重币请求齐王发兵救援。齐宣王让韩国使臣暂驻馆舍等候。

齐宣王即位之后，这是第一次考虑用兵，事关重大，乃召集文武百官升殿计议。

朝臣之中，最先站出来说话的是丞相邹忌。他说："韩侯是个无义之人，新近才灭了郑国，毁其宗庙社稷，把郑国的首都作为自己的首都。对于这样的人，救他何益。何况我们发兵去救韩，国中必然空虚，若魏军乘虚进攻我国，岂不自招损失？"

田忌则主张救韩，说道："春秋以来，天下无义战，但凭实力而已。郑君不图自强，百姓苦不聊生，被韩国所灭也是自取。韩、赵、魏三家分晋，各自独立，本应互相尊重。可是魏国倚仗庞涓之力，前次伐赵，今又伐韩，曾与我战，可谓好战成性，频生战端，涂炭生灵，若让其自大，必将有害于齐国。所以，即应发兵救韩。"

田婴也主张救韩，他说："韩国之君有求于我，我力所能及而见死不救，是为不义。这会使天下之人对齐国失望，今后再难有与我相友善者。前者赵国求援发兵救之，今者韩国求援则不救，天下之人将怨我厚此薄彼。所以，即应发兵救韩。"

在邹忌、田忌、田婴热烈辩论之时，孙膑一直沉默不语。齐宣王就对他说道："军师一言不发，是何缘故？难道救与不救，此二策均不可行？"

孙膑奏道："正是如此。诚如丞相所言，发兵前往韩国，国内必然空虚，难免为庞涓所乘，不利于我。也如田忌将军所言，让魏国灭了韩国，发展壮大起来，于齐国也是不利。又如田婴将军所言，失望于天下，也是可虑。"

朝臣中有人问："救也不可，不救也不可，如何是好？"

孙膑说："如今之势，我有恩于赵，韩有求于我，此两国与我皆友善，既无相害之心而又有相助之意，岂不正是我国向魏国用兵的大好时机？真可谓天时、地利、人和皆有。眼下齐国的劲敌为魏国，人皆知之。今魏国以倾国之兵伐韩，那么，我何不引兵直取大梁？"

齐宣王击掌道："妙哉！"

文武百官都称赞此策。于是，齐宣王决定举兵伐魏，乃召韩国使臣言道："请大使回国向韩侯致意：寡人已决定发兵直取大梁，再行当年围魏救赵，韩国即可转危为安。若韩军愿为助战，当魏军撤退时，请袭扰其后。"

"理所当然，臣代国君感谢大王！"韩国使臣连声称谢，再拜于殿中，完成使命而回。

魏军在太子申、庞涓率领下，浩浩荡荡杀进韩国。韩军奋力招架也难以抵挡，且战且退。

魏军才深入韩国境内不远，便有飞马来报：齐军以田忌、田婴为将，孙膑为军师，直取首都大梁。

庞涓闻知孙膑、田忌复出，大惊失色，感到事情不妙，急忙将后军改作前军，撤回魏国去。

魏军刚撤离韩国，又有飞马来报：齐军已进入魏国境内。

庞涓想："孙膑如此迅速，是想趁我国内空虚之机，我也必须迅速迎战，否则齐军逼近大梁，形势就难挽回了。"

庞涓不敢粗心，又加派轻骑兵，严密侦察齐军兵力和动态。

齐军刚入魏境，孙膑便对田忌、田婴说："三晋之兵向来轻视我军，自以为魏军勇悍，视齐军为怯懦。我们正应利用这种情绪，因势利导，助长庞涓的骄气。吾祖《兵法》有言：敌人急驰百里来争利，其后军只能赶来十分之一，这就可以擒住他们三军的主将。敌人急驰五十里来争利，其后军只能赶来一半，这就可以擒住他们的上将。我们可以引诱庞涓，让他急进争利。”

田忌问：“军师有何良策？”

孙膑说：“增兵减灶。今日初入魏境五万人，做十万人之灶。明天又进五万人，共十万人，但减为五万人之灶。后天我军仍然是十万人，但减为三万人之灶。”

按照孙膑这种增兵减灶的办法，前者约一百人设一灶，到后来三百人设一灶。炊事之后留下的灰堆数，初入境时大约为一千堆，后来减少到五百堆，三百堆。吃饭的人没有少，为炊的时间就要延长，灰量就要增多，对于这些都要仔细计算，采取一些可行的办法来补救，才能迷惑敌人。

田婴想到，除了减灶，还要派一些散兵扮着逃兵模样，奔往山林中，但他们在布阵时仍要回来。

庞涓派出的侦察、游军、细作等人，刺探军情十分勤奋。只是齐军严密防奸，使他们难以知悉内情。白天齐军拔营之后，他们就跟在后面详查灰堆数。晚上宿营时，他们在山头数火堆数。还去查点见到了多少逃兵，隐入山林。

庞涓急速回兵。

到第三天，就听到前方报告敌军人数减少的情况。庞涓不禁大喜：“我说齐军胆小嘛！才入国境三天，逃兵就超过一半！这仗看你怎么打。孙膑和田忌复职不久，就想立大功，也是太自不量力了。”

前方又有报告：齐军减缓了进军速度，看样子不想前进了。

庞涓心想：“大约是孙膑看到兵员损失得太多，想要撤退。岂能让他溜走！你坏了我进军韩国的大事，现在休想回去！”

于是，庞涓决定抛下步军，交由侄儿庞葱率领。庞涓和儿子庞英拥着太子申，以骑兵、战车轻装前进，以便尽快与齐军接战。

孙膑、田忌、田婴领兵进入魏国境内三日，前军即到达马陵。

马陵乃魏国军事要邑，若失马陵，则大梁危急。其比襄陵、桂陵更逼近大梁。

孙膑想："庞涓一定会星夜奔驰，越过马陵前来迎战。争夺马陵，乃是平庸的战法，我军如果拿下马陵，便无戏了。不必白费兵力与他争夺，在马陵决战，也容易处于被动。应在马陵的这一面，找个适宜地方，以逸待劳，进行决战。"

前军报告：队伍已经进入沙鹿山，此地通往马陵的道路，有数十里都正好夹在两山之间。

孙膑察看地形，两山树林茂密，草丛深厚，十万甲兵隐藏于此，也绰绰有余。正是一个迎战庞涓的好地方。于是，趁着天色未晚，把十万大军严严实实地埋伏于两山之中，并在山谷前后留下精兵，封锁山口，以待庞涓的骑兵、战车进入山谷时，关起门来堵杀，不使一人一马漏网，务求全歼。

孙膑派人砍倒大树，置于道中阻拦敌军车马。将一棵大树剥了树皮，在白净部分用大字写道："庞涓死于此树下。"吩咐两山伏兵，但见火光一起，万弩齐发。

此时正值十月下旬，没有月光，天黑后伸手不见五指。庞涓及诸将飞驰到达马陵，已是半夜了。

马陵尚在，大可放心。

前军探得沙鹿山一带没有动静，庞涓想："必定是齐军先锋尚未到达，沙鹿山地势险要，万万不可落入敌军之手。"于是，庞涓不顾人困马乏，下令连夜进军，驱动战车、军马，借着微弱星光摸黑赶路。

魏军的骑兵、战车摸黑缓缓而行，到了马陵道中间，峡谷中有大树拦路，车马不能再进。将校中有人报告，发现一片白光，细看乃是剥了皮的大树。

庞涓惊异，心想："此是何人所为？"于是叫人点燃了火把来看，只见那树上赫然写着："庞涓死于此树下。"

庞涓顿时感到危险就在眼前，大叫："不好！"他正要部署退兵，就听到两山金鼓齐鸣，万弩齐发，杀声震天。

庞涓身中数十箭而亡。咽气之时他才明白：中了孙膑计了！

当初鬼谷子送庞涓下山，曾赠送给他八个字，说是关系到他的命运前途，要他记住。那八个字是："遇羊而荣，遇马而瘁。"

史家记述此事时，都说鬼谷子有先见之明，那“遇马而瘁”，就是暗示庞涓将死于马陵道中。

其实，鬼谷子的话跟任何算命先生的话一样，都不可能说得十分确切。他只是根据庞涓刻薄、忘本、不仁的品质和禀性，断定他难免死于兵刃。既死于兵，那就免不了与马有联系。有哪个武将不骑马、战车不用马呢？遇马而瘁只不过说出了必然之事罢了。

马陵道中火光一起，便有千万松明火把燃于山谷之中。两军在此混战一场。

齐军以火箭射向魏军的战车，挤在道中的战车全遭焚毁，山谷里火光冲天。魏军的人、马、车全都在道上，在明处，在谷底，施展不开：车不能驰，马不能跑，人成了齐军的活靶子。齐军则在暗处，居高临下，猛射，猛冲，猛杀。

从半夜杀到天明，几个时辰便使魏国的骑兵、战车全军覆灭。

孙膑坐于辎车之中，第一个前来向他报功的是田婴将军，他擒获了魏太子申。

田忌将军在大帐前，也接到两名战将前来献功。战将袁达献上了庞涓的头颅，战将令狐献上了庞英的头颅。父子两人，被乱箭射死在相距不远之处。

孙膑对于魏太子申，给予了礼遇，不加捆绑，交大营看管。但是在齐营一片欢庆声中，太子申乘人不备，自刎而死。

孙膑闻讯，让驭者把辎车赶过去，看着太子申的尸体说：“你不该这样，你为何要以轻生来使你的父王痛心！”

孙膑想起在魏国时，太子申也不是一个刻薄无义之人，千罪万罪只在庞涓，于是命人看守好太子的尸体，不为野兽所害，不为他人所辱。

说话之间，对战场已做了初步清理，烧毁的战车、树木和死人、死马都横陈于道旁沟中，处处都在冒烟，到处都血迹斑斑，但是道路已经开通了。

孙膑把庞涓的头挂于车上，与田忌、田婴引兵出了沙鹿山道，驻进马陵。

才到马陵城邑，前面哨兵来报：魏将庞蕙率领步军将要到达。

孙膑乃命将校以竹竿挑了庞涓、庞英的头前去招降。魏军步军见主帅已亡，自行溃散了。庞蕙自缚来到齐军大帐之前，跪地叩头，乞求饶命。田忌本欲斩之，孙膑劝道："千般罪恶皆在庞涓一人，他的儿子尚无死罪，何况侄儿。"

田忌说："请军师发落。"

孙膑对庞蕙说："恕你死罪。你领了太子申和庞英的尸体，回大梁去禀报魏王，让他火速前来齐国朝贡。如其不从，齐国即刻进兵大梁，魏国江山社稷不保！"

庞蕙谢恩，领命而去。刖足之恨，孙膑终于得报。

第四十一章　鬼谷子间山度孙膑

年迈的魏惠王在宫中坐立不安。

他有一种直觉，只怕此次发兵韩国，会重蹈上次伐赵的覆辙。他派太子申领军前往，就是希望太子在必要时能对庞涓有所影响。他不知军中将校宁可信任庞涓，也不受太子申的节制。在战争中，庞家军势力太大，太子申起不了多大作用。

当魏军刚刚进入韩国之时，即有一个神秘人物来访魏国王宫，与惠王密谈。

此人就是淳于髡，当年向魏王献新茶、救走孙膑的齐国使臣。他早已不在稷下学宫了，长久地云游于天下。魏惠王把他迎入大梁，作为上宾，其待遇胜过当年对待孟轲。但不知为何，此次举倾国之兵伐韩，惠王和庞涓都没有向他征求意见。也许是因为他当时去了夷山，魏惠王和庞涓忙于发动一场战争，无暇到处去找他。

淳于髡到夷山见尉缭子，是在魏国向韩国发动战争之前，因为他得知鬼谷子从海外云游归来，在齐国逍遥了一些日子，现在又到魏国弟子尉缭子这里来了。

淳于髡是单人独马，优哉游哉地来到夷山。他一边观赏山中的景色，看飞瀑流泉，听鸟噪蝉鸣，一边策马上山。他还没到尉缭子的洞府，就见一人在林下舞剑。勒马近前，原来是云霓在做爽身之舞。

“云霓兄弟，别来好啊，鬼谷先生果然在这里呀？”淳于髡说着，翻身下了马。

“淳于学长来啦，你好，先生正在和师兄下棋呢。”

“云霓兄弟，你和鬼谷先生云游海外，真是长了见识！”

“游了十洲，方知天下之事物，无尽无极，天下之美好，无限无涯，而人间之促狭，如黄河之沙。不出去走一走，便不知道自己过去看事，如同井底之蛙，不知天地之大。”

“我正是来向鬼谷先生请教的呢。”

“请淳于学长随我进山吧。”

淳于髡由云霓带领着，在林间拴了马，走到尉缭子的洞府，见鬼谷子、尉缭子师徒正在对弈，便进去相见。

“弟子淳于髡，拜见鬼谷师伯！师伯别来无恙？”

“我一直很好。你是从大梁来吧，见到你我很高兴。”

尉缭子笑着说：“好你个淳于大夫，你身为魏国客卿，国家正有大事，你却跑到我这里逍遥来了！”

“魏国有大事？如此说来，真要伐韩了，可是魏王和庞涓一点也没向我谈过。”

“你还不知道？先生估计，出兵就在这两天。”

淳于髡的到来，使鬼谷子和尉缭子都无心下棋了，于是就议论起魏国伐韩的话题来。鬼谷子先没说话，倾听着两位的议论。

淳于髡说：“可怜那韩侯，他才灭了郑国，就要被魏国所灭。这叫螳螂捕蝉，焉知黄雀在后！”

“韩国未必会灭，它会有盟国援助的。”

“赵国无力相救，齐国新君方立，孙膑、田忌被黜，有谁能救韩国？秦国、楚国都是鞭长莫及的！”

“当初救赵国的是齐国，这回救韩国的还是齐国。”

“齐国的田婴，未必是庞涓的对手。”

一直微笑不语的鬼谷子，这时才说：“淳于你没想到，孙膑、田忌辞职，只是他们的一种策略。这回孙膑还会与庞涓交战。这两个人呀，他们的恩恩怨怨，可能会在这场战争中有了结。”

“鬼谷师伯，你这两个大弟子，将来还会如何呢？”

“庞涓已经没有将来了，至于孙膑，我想度他出世。”

“师伯是说，这场战争魏国将败，庞涓将殒命？”

“你等着看吧。”

尉缭子和淳于髡都感到，鬼谷子的预见是不会错的。他俩也知道鬼谷子对这两个学生之间的恩恩怨怨，再也不会去管。先生都不管，他俩也不想去管，只是作壁上观。

淳于髡在夷山逗留了几天，才回大梁。

魏国伐韩的大军已经出动了，淳于髡才知道此事，作为只有虚衔的客卿，他也无所怨尤。淳于髡只是觉得，受到惠王礼遇，不应再向惠王隐瞒某些实情。

于是，淳于髡神秘地访问王宫，与魏惠王密谈。

他首先对魏惠王讲了孙膑所蒙受的大冤屈，以及孙膑贤于庞涓百倍，桂陵之役实际是孙膑指挥。齐国丞相邹忌虽也忌妒孙膑、田忌，但不像庞涓那样刻毒。齐威王贤明，临终明白了孙膑、田忌的冤情。齐宣王即位，便恢复了孙膑、田忌的军职，并知道了威王怀疑他们是由于中了庞涓的离间之计。

施离间计，是庞涓与惠王商议的。惠王所不知者，是孙膑本来与齐国无涉，是庞涓出于忌妒，才诬陷他私通齐国。

此时，魏惠王才知道失去孙膑，给魏国带来了多么严重的后果。他万分痛惜。

魏惠王还不知道，由此带来的遗憾还没结束，更严重的后果还正在演出。但他已开始埋怨庞涓不能容人，忘本绝情了。

魏惠王得知孙膑、田忌辞职只是一种策略，两人将会复出，就感到这对于此次伐韩关系太大了，更加不安，因而问淳于髡道：“先生以为，齐国会像当年援救赵国那样去援救韩国吗？”

“必有更大举动。”

“有何举动呢？”

淳于髡不便把鬼谷子的预见实言相告，只是说："将于魏国十分不利。"

淳于髡与魏惠王的密谈未完，即有军校进宫来报：齐国以田忌、田婴为将，孙膑为军师，直向大梁进发，前军已进入国境。

淳于髡见惠王军务繁忙，便告辞离开王宫。

魏惠王很后悔，发兵之前没去招贤馆征询淳于髡的意见。招来不少贤人而不用，只听信自己周围所信任之人，此乃最大过失。现在国内空虚，齐国大军将至，没有别的办法，只能急忙派人去韩国前线请庞涓回兵。

传达王命的使臣离开大梁不久，便有将校从韩国赶回，向惠王报告：太子申和庞元帅已从韩国北上，迎击来犯的齐军。

惠王稍安，乃率文武百官在大梁城郊设立祭坛，大祀天地、黄帝和蚩尤，乞求保护魏军获胜。但是，战神蚩尤又怎能挽救他当初不辨贤佞带来的后果。

魏国马步三军覆灭于马陵道中，也不过是数日之事。

那天魏惠王率领群臣于玄武门郊外进行祭祀时，忽然起了大风，吹折旗杆。惠王及群臣都为之惊吓色变。难道天神不保佑魏国？惠王回到宫中，险些忧郁成疾。

次日即从马陵传来消息，魏军惨败，太子申及庞涓等为国捐躯。除庞葱所领步军溃散之外，全军覆灭。

魏国再无可以野战之军。

魏惠王再也不能进食了。他痛心的是，国家已经丧失了防卫能力，眼看宗庙社稷也将不保。魏惠王捶胸顿足叹息道："我有何面目去见列祖列宗呀！"

他老泪纵横，伏卧于地上。

魏国上下一片哀鸿。

在从马陵通往大梁的道路上，由各种车辆组成的乘载了将校尸体的灵车队，绵延十余里。成千上万的战死的士兵，都就地掩埋。能运回大梁的，只是那些有较高爵禄、军阶的将校的尸体。为首的是太子申的灵柩，其后是庞英等。

庞涓的尸体被齐军将士肢解，散与凶禽猛兽，首级则被齐军带回临淄示众。

魏国举国哀丧。路上围观的百姓中，也有许多人披麻戴孝，因为他们的亲人已经战死在马陵。

大梁城里，从王宫、帅府到寻常百姓家，处处都设立了灵堂、祭坛，祭奠各自亲人的亡灵。

中原十月的秋天，并不很凉。三天后太子申和庞英的尸体运到王宫，都已发臭了。魏惠王抱住太子申的尸身，失去了君王的体面而号啕大哭。

军校跪地奏道："大王，太子殿下不该寻短见呀。当初军至外黄，布衣徐生谏阻，殿下即有回师之意。殿下在马陵道中被擒，齐军将士也未见辱于他，齐国军师孙膑十分关心他，也嗟叹太子不应轻生。"

魏惠王听军校如此说，更觉太子申死得冤屈，又止不住地放声悲号。

群臣劝魏惠王节哀，国家诸多大事都等待他裁决。惠王让庞蕙把庞英的遗体领回帅府安葬，太子申的国葬由朝廷举行。

军校奏报："齐国田忌、田婴二将军在马陵，主张进军大梁。军师孙膑说，倾灭一国宗庙社稷事大，还须向齐王请旨，再作定夺。所以齐军暂时停止前进。"

庞蕙奏道："孙膑军师命令末将回大梁禀报魏王，请魏王火速前去齐国朝贡，否则社稷不保。"

有大臣跪奏："大王，孙膑、田忌都是贤明仁将，势已如此，所提要求也不为过。为了魏国宗庙社稷，请大王忍辱负重，向齐国纳贡称臣。"

魏惠王已无别的选择。为使齐军停止向大梁进兵，只得遣使赴马陵，致意孙膑和田忌、田婴，请其宽限时日，待魏国处理完丧事，即亲往临淄纳贡称臣。

孙膑他们在接待了魏惠王的使臣之后不久，齐宣王派来劳军的大臣也到了，带来了齐宣王的旨意：保留魏国宗庙社稷，不灭其国，免使百姓遭受涂炭。

于是，齐军在马陵庆祝三日，杀猪宰羊，大犒三军，然后班师回国。

齐宣王在朝中，不停地接到从前方传来的捷报，十分高兴。

派给丞相邹忌的任务，就是调集粮草支援前方，准备猪羊犒劳三军，开辟土地供新来的奴隶（俘虏兵）屯垦。如若将相一心，同心同德，这些工作做起来也会觉得是有功于国。齐宣王自己也很重视这些工作，看作是胜利的保证，有时还亲自参与。然而邹忌总觉得自己不如孙膑、田忌的功劳大，未免不乐。

孙膑、田忌、田婴率大军凯旋。一路上，处处有百姓观看归国的战士。他们希望从军队中见到亲人。平民立了战功，少不了赏爵封地；为奴隶的可以获得自由；斩首一级赏爵一级，是各国惯例。军队快到临淄时，齐宣王率文武百官到郊外十里相迎。

在演武场上，田忌将军向齐宣王献俘，献宝马良驹以及各种战利品，献敌将庞涓首级。群众三呼万寿无疆。

齐宣王回到宫中，大宴群臣，又颁令举国欢庆三日。

魏惠王料理完太子申的丧事，即备了黄金、绸帛、珠宝、美玉、白璧、宝马、美女等，亲自前往齐国临淄，向齐宣王称臣纳贡。

驿使报告魏惠王来到，齐宣王想，那魏惠王已是年迈之人，不远千里亲自来朝，也不可怠慢他。

齐宣王知道，年迈的孟轲当年曾与魏惠王交游，著书时称他为梁惠王。孟轲还在稷下学宫为客卿，于是便请他担任迎宾使，烦他走一趟，到国境去等待魏惠王到来。

魏惠王一出大梁，就悲悲戚戚。他想，以自己年迈之身去见年事不高的齐国新君，尚不知要受多少羞辱。但是，魏国积弱，不善征战，既得到这样的后果，为了宗庙社稷，也只得拼着老脸千里迢迢去临淄走一遭了。

魏惠王一入齐境，便见到孟轲来迎。孟轲还告诉他，齐宣王是个贤明仁爱之君，魏惠王就平复多了。

魏惠王的车队还没到临淄，齐宣王就郊迎十里。

魏惠王感到孟轲之言大致不差。魏惠王欲向齐宣王行君臣朝见跪拜之礼，齐宣王也以年迈不宜行此大礼为由，免了此礼。魏惠王最大的担心，是怕齐国君臣要求割让魏国河东之地，其实齐国没有想过要提出领土要求。魏惠王觉得，自己有点以小人之心度君子之腹了，齐人真有泱泱大国的风度。

魏惠王在临淄，驻于齐宣王亲自安排的王家馆舍之中，心情比出国时坦然多了。作为败国之君前来朝贡，并未受到屈辱。他回顾自己登位多年，在许多政事处置上不如齐国君臣贤明。自己的国力并不很强，就不能善待赵、韩等国。他尤其悔恨自己当年不能识别庞涓的忌妒，残害了一代良将孙膑。他觉得应该去拜访孙膑将军，表示自己的痛悔之意。

次日，齐宣王来馆舍与魏惠王共饮。魏惠王言及欲见孙膑先生，齐宣王乃命起驾，陪同魏惠王去田忌将军府。此事流传开来，将军府里迎二王，一时传为临淄佳话。

二王驾到时，孙膑、田忌正在品茗对弈。宣王屏退从人，不许通禀，只与惠王直入深宅。孙膑、田忌凝神着棋，目不离局，只是偶尔把目光移向户外，忽见二王步入，急得慌忙扔下棋子，跪地拜接，说道："不知君王驾到，有罪，有罪！"

宣王紧步上前，扶起两人："叔叔，孙军师，在自己家中，何必如此多礼！"

四人寒暄之后，共围一几，席地而坐。齐宣王、魏惠王并坐于中间，孙膑、田忌侍于两侧。家人前来献茶。

魏惠王饮了茶，先开口道："大王说，既在家中，何必多礼。寡人今为齐国之臣，也请二位将军视我如同一家人。"

宣王忙说："魏王不必介意，从今以后齐、魏一家，也是百姓之福。"

惠王又说："寡人今日特来田将军府里，是来感谢孙军师、田将军保存魏国宗庙社稷之恩！"

田忌说："魏王言重了。此乃是我与孙军师奉大王之旨，保留魏国宗庙社稷，不使百姓再遭涂炭，你应谢大王才是。"

惠王说："为臣已经谢过大王了。大王说，你应该感谢孙膑军师和田忌将军。古人言，将在外，君命有所不受。向使军师和将军非大仁大义，不在马陵停兵，当大王旨意到达时，大梁城及魏国宗庙早已付之一炬了！"

魏惠王说的是心里话，不免有些激动。过了一会儿，他又说："寡人来见孙军师，是特来向孙军师请罪。请孙军师原谅当年寡人昏庸，不识庞涓的忌妒与奸计，才使孙军师身遭重刑，遗恨终身……寡人罪重呀……”

魏惠王说着，不禁老泪纵横。

孙膑说：“人生祸福自有天命，魏王何苦如此自责呢？”

“对于军师的冤屈，寡人知道得太晚了。直到庞涓引兵伐韩之后，淳于先生才对寡人谈起。寡人真是昏庸呀……”惠王说着又啼泣起来。

“魏王何必如此，我一直不曾怨尤于你，千错万错，只是庞涓一人之事。”

“寡人知道孙军师宽厚仁慈。寡人的过错，足以令天下人君引为鉴戒！孙军师与庞涓之事，也足以令天下士人引为鉴戒！”

齐宣王一直不语。魏惠王与田忌、孙膑的谈话，引起他无尽的深思。他想：“贤者遭忌妒，此乃人间最为不平事，又是一般人最易犯的过失。人生会因之增加许多不幸，社会也会因之失去许多正义与良知。人啊，为何不能多一些谦让与宽容呢！”

齐宣王还想：“以父王之贤明，生前也差一点儿犯魏王那样的过失。若不是自己和田婴劝阻，田忌叔叔和孙军师深明大义，自行隐退，齐国岂能有今日。今后对于人事，必须慎之又慎。”

魏惠王朝贡回国之后，齐宣王整理国政，考虑着朝中人事，特别是邹忌与田忌。

一天，齐宣王与儒家泰斗孟轲长谈，首先谈起君臣关系。

孟轲说：“大王，君视臣如手足，臣视君如心腹；君视臣如犬马，臣视君如路人；君视臣如草芥，臣视君如寇仇。”

齐宣王听了不太满意。他本想与孟轲探讨一下，当初魏惠王没有处理好孙膑、庞涓关系，应该吸取哪些教训，不想引出了孟轲这样一番话，好像自己不能善待臣下似的。他确信自己对臣下是亲如手足的，不知孟轲何以要这样说。

过了一会儿，宣王又问：“卿有什么不同吗？”他是想知道，孙膑和庞涓为什么如此不同，如何才能认识其差异。

孟轲说的又是另一回事：“卿是不同的，有贵戚之卿，有异姓之卿。”

齐宣王觉得自己对卿是一视同仁的，想不到人们还是这样来加以区分，便问："贵戚之卿怎么样？"

孟轲说："当国君有大过之时，就劝谏，反复劝谏而不听，就把君臣的位置换过来。"齐宣王听了这话，气得脸色都变了。

孟轲忙说："请大王不要见怪。大王问臣下，臣下不敢不直言。"

齐宣王恢复了常态，又问："异姓之卿又怎样？"

孟轲说："当国君有大过之时，就劝谏，反复劝谏而不听，就辞官离去。"

对于孟轲这一番议论，齐宣王初听有些不愉快，但认真思考之后也觉得不无道理。他想，世间之人多种多样，有的质朴无华，有的哗众取宠；有的宽厚仁德，有的尖酸刻薄；有的忠信守义，有的忘恩负义。不仅品格道德各有不同，才能更是千差万别。作为人君，最重要的事莫过于详察事理、人心，明判是非曲直，力戒偏信偏宠，使人人都各尽其能，各得其所，这样就不会有大过。若有偏颇，遗患无穷。

齐宣王觉得，孟轲的话，有意无意像是在为邹忌说项。

他想："父王和自己都没有因为邹忌是外姓之卿而怠慢他。自马陵之役以来，邹忌总有些不安，最近又称病提出辞去丞相之职。父王在位时，邹忌作为丞相，治理齐国是有功劳的。但他忌妒田忌叔叔并无道理，他害叔叔更是大错，父王临终明白了叔叔的忠耿，但也没怪罪于邹忌。也许，这就是他感到不安的主要原因。"

宣王又想："邹忌良心发现，有所悔悟而又不能明言，也应体谅他。他辞去相位后，会对齐国政局产生何种影响呢？文臣中有不少人与他友善，稷下学宫大批贤士也是他的朋友，他不当丞相了，这些人还能不能为齐国出力呢？"

其实，稷下学宫这些人也是宣王之友，跟田忌、田婴也很友善，他们很了解宣王，会很好效力的。邹忌丞相也确实年纪大了，就让他安安稳稳地颐养天年吧。

齐宣王感到与孟轲谈话不得要领。他不能从孟轲那里征询到处理邹忌的好主意，于是就自己来做决断。

当邹忌上奏章辞去相位时，宣王照准，抚慰有加，并亲自送药问候。然后举行大典，拜田忌为相国，总领军国大事。对此，举国上下无不拥护。

齐宣王推行文治，喜欢与文学、游说之士交谊，天下学者云集于稷下学宫，皆赐列第，授以上大夫之官，坐而论道，不授实职。这在战国时代成为罕见现象。由于有田忌为相、田婴为将，各国也不敢轻易侵犯齐国。

天下太平，宣王也不忘军师孙膑的功劳。他几次要对孙膑大加封赏，可是孙膑对于爵位、俸禄、金银全都拒之不受。

宣王不解其故，问于相国田忌："叔叔，孙军师对于齐国立有大功，却不受封赏，这是何故？"

"军师深受鬼谷子出世之说影响，视功名利禄为身外之物，心志高远，非同凡响。"

"那么，他为何还要苦学兵法，参与战争？"

"是为了祖宗之法，不致泯灭。也为了一句话：入世未深，不知出世。"

"以叔叔所言，军师现在认为入世已深，行将出世。那么，孙军师将再也不能为齐国所用了？"谈到这些，齐宣王感到很失望。

"据我观察，他终将要做出世之游。"

齐宣王一心想要留住孙膑，常与田忌伴孙膑共饮，观察他的心愿，竭力使他事事如愿以偿。

孙膑如此之精明，早已看出了齐宣王和田忌的心思，于是推心置腹地言道："大王和相国待我之好，先王救我之恩，孙膑永志不忘。我乃刑余之人，有何能耐？之所以能以军功显于天下，全赖齐国君臣百姓、相国和靖郭君鼎力相助，也赖恩师鬼谷子先生授我祖父的《兵法》。当初魏王迎我下山之时，鬼谷先生即有度我出世之意。今日，教我之术，祖宗遗我之法，已大用于天下，扬威于齐国，正可以复归山林了。"

宣王说："军师真要见弃于寡人，难道先生不念及齐国百姓，竟愿意看到齐国从此衰落下去吗？"

"在大王治下，齐国贤者如云，岂会衰落？就以军事而言，相国和靖郭君都是一代良将，有他们在，何人敢侵犯齐国？"

田忌说："军师所言差矣，设若没有军师坐镇辎车，筹划帷幄，我与田婴怎能立下这多次的战功？"

"大王，我所运用的谋略和战术，如今相国和靖郭君均已通晓。再者，我正欲把祖父《兵法》十三篇和我自己的军事实践，笔之于书，作为齐国用兵秘籍。齐国有了此书，又有识得此书的相国和靖郭君，有我无我都一样了。望大王成全我的心愿，让我接受恩师鬼谷子的召唤。”

“如此，齐国有负于军师太多了。”

“大王何出此言，存我祖宗之法，也足以快慰平生了。不过，关于兵书之事，还要请大王和相国秘而不宣，以免为他人窃用，遗下后患。”

话都说得很明白了，齐宣王便事事让孙膑自便。

齐宣王为孙膑准备了最精致的竹简、最锐利的刀锥，安排了最清雅舒适的环境，让孙膑著书。

孙膑写的《兵法》十三篇，除了他能完全背下来的祖父孙武的原话，又加进了自己行军作战的经验。他一面写书，一面在脑子里检索战场上那些金戈铁马的场面。

孙膑着手写《攻谋》，专谈军事谋略。他从历次战争中得到的经验是：力求全歼敌人才是上策，只求击溃敌人是下策，因为后者达不到战略目的。

如何达到战略目的？孙膑认为百战百胜也不是最好的办法，巧用智谋，“不战而屈人之兵”，才是最好的办法。

在战争策略上，以智谋取胜是上策，其次是以外交战胜敌人；军事进攻只是中策；最不好的下策是去攻城。你去攻城，准备器械、车辆得三个月，修筑攻城的土山也得三个月，将帅愤怒，沉不住气，赶着士兵像蚂蚁般的去爬城墙，结果死亡三分之一，这真是灾难！善于用兵的人决不去做这种蠢事。

孙膑提出用兵的办法：有十倍优势的兵力，可以包围敌人而全歼之；有五倍优势兵力，可以发起进攻；只有一倍的优势，就要分散敌人各个击破；敌我兵力相等，则尽最大努力来战胜它；兵力弱于敌人时，则要善于避开它，尤其是不要与它决战。要善于进攻，也要善于退和守。

有三种情况注定要失败：

一是盲目进攻；

二是不懂军事而去干预军事；

三是不懂得运用兵权而去指挥。

有五种情况可以预见胜利：

一是不盲目作战；

二是懂得不同兵力配置下的战法；

三是上下一心；

四是有准备；

五是将帅有才智而君主不牵掣。

孙膑在总结了种种经验之后，写上了曾祖父的话："知己知彼，百战不殆。"

孙膑写完一篇，感到轻松愉快。田忌来看望他，又让女僮为他送茶。田忌拿起刚写完的竹简来看，拍案叫道："好个'知己知彼，百战不殆'！你祖上的话，真是金玉良言，千古要诀！"

齐宣王和靖郭君也常来孙膑著书处闲坐，送些外方新贡的佳果、新茶之类，劝他不要过劳。又欲派人为他捉刀，著书只是由他口述就行了。但孙膑不让无关之人参与其事，只是自己动手。

《兵法》十三篇终于写完了。这十三篇与当年孙武献与吴王阖庐的十三篇已有所不同，连决战马陵、擒庞涓和太子申的经验也包括进去了。所以，它实际上是《孙膑兵法》。当然也不是近人在银雀山出土的那部兵书，那书已是后人传抄，但基本不失孙膑原旨。

孙膑著完兵书，齐宣王田辟疆、相国田忌、靖郭君田婴三位齐国首脑都来向他祝贺。宣王想要大宴群臣为他庆功，孙膑说："不可，此书只是大王、相国和靖郭君知道便了，请不要外传，只作为齐国之宝传下去。"

齐宣王答应了孙膑的请求。

孙膑又说："如今齐国，国泰民安，我的书也已著完，请大王送我归山。"

齐宣王、田忌和田婴哪里舍得军师离去，三人都来苦劝，孙膑也不答应。齐宣王无可奈何，只好对他说："军师有大功于齐国，寡人岂能不遂军师之意。但求容许寡人在齐国境内，选一座最好的山，送军师归山修行。"

"如此便深谢大王了，还请让我早日成行。"

齐宣王派人查访齐国最幽静的山林，不多时日查得石闾之山环境最佳。此山层林叠翠，清流飞瀑，四时花鸟，炎夏风清。齐宣王把这座山封给孙膑，又为他派了贴心的道童，然后送他归山。

临别那天，齐宣王和相国送他到十里长亭，望着马车远去，还不忍回城。靖郭君田婴则一直陪送他进深山，到居处的草庐，把一切都安排妥当，才回临淄向兄长齐宣王复命。

孙膑入山之初，齐国遇有大事，田忌、田婴就不时前来求教。他们把他视为山中军师，后来齐梁之际注《鬼谷子》的陶弘景，效法此事，被人称为山中宰相。

然而，孙膑觉得这样子不能算是出世，他想，必须彻底了结尘缘。恰好这时恩师鬼谷子和师弟云霓来到了闾山。

孙膑多年不见恩师了，这期间经历了那么多的磨难，又经历了那么多的辉煌，他拜见鬼谷子时，禁不住泪如雨下。

"恩师呀，弟子这些年……"

"孙膑，不用说了，你所做的一切，都无愧于鬼谷弟子的名称。你和庞涓两人的恩恩怨怨，为师都是清楚的。现在你已经光大了你祖上的业绩，又洗净了自身尘缘，可以逍遥于天地间了。"

"恩师，你怎么知道弟子在这里呢？"

云霓插言说："师兄不知道，师父时常都在关心着你呢。"

鬼谷子向云霓摇头，不让他说，而对孙膑说道："自从你和庞涓、张仪、苏秦相继下山之后，为师又在鬼谷授完了最后一批弟子毛遂等人。然后就超然物外，云游四海，游于齐、魏等国，在尉缭子那里小住之后，曾回鬼谷，又去辽东的医巫闾山、千朵莲花山，再度历经碧海、蓬莱，到了齐鲁之际的泰山，等候你隐入林泉。齐王赐你石闾之山时，我就知道你在入世之后，终于明白了出世之道，道行业已高远，可以度你为仙了。"

孙膑又叩头谢恩。

于是，鬼谷子带着孙膑和云霓，一同仙游到远方去了。

第四十二章 苏秦刺股

鬼谷子自闾山接引、安置好孙膑之后，又回到鬼谷。

进山的道路由于长久无人行走，草丛就来占领。还好，这些杂草无碍于鬼谷子的雪青马和云霓的小青马奔跑。这回他们又改变了主意，准备要长久地住下去了。所以每种马都备有两匹，驮着一些日用物品进山。鬼谷子还准备增加一些道童。

到了八重天，当年鬼谷私庠那些房舍一座座都圮废了。鬼谷子驻马观看一会儿，沉默不语。云霓却禁不住落泪了。

“先生，当年的学友们，现在都天各一方了。”

“天地沧桑，人事更是倏忽多变，何必如此多感呢？”

师徒两人策马进入第九道峡谷，这里鸟儿更多了，被马蹄声惊得乱飞。遥望九重天，高悬的万丈飞瀑，仍是那样动人心弦。鬼谷洞府两侧，砖石建造的观星台和讲经坛依然完好如初，只是草坪上多了些杂草，还生出了小树。

两人四马来到柴扉之前，打开那尘封多年的山门，进入鬼谷洞府的小院，仍有满园的鲜花迎接主人归来，只是这些花木未曾修饰，高高矮矮，参差不齐。

洞门开后，室中一切完好，只是蒙了尘土，屋角也有蛛网。

师徒两人用了一个时辰，便使一切都恢复了生气。云霓还煮沸了水，沏开了茶，在几案上焚上了香。鬼谷子取出糕饼，一边品茗，一边进餐。

当晚鬼谷子得了一个好梦，梦见的却是苏秦和张仪。

次日，鬼谷子和云霓闲坐，议论起鬼谷弟子们的事情。

“孙膑、庞涓这对冤家，恩恩仇仇，牵涉到了齐、魏、韩、赵诸国，最终也算有了了结，各自都有了归宿。”

“先生一直不肯回归仙班，一心想多度几个弟子为仙，终于在间山度了孙膑，他也算不负先生一片心了。”

令鬼谷子高兴的是，终于能够度孙膑，使他出世。其他弟子的事情虽然没有完结，但鬼谷子已经不太注意他们的行止了。他现在关心的，主要是张仪和苏秦的事，觉得这两个弟子人品不错，希望能在他们入世很深之后，也能在某个时机度他们出世。

“难啊，天地间一切，数人心难回。我要看看张仪、苏秦两人，他们怎么至今也没有消息，人到哪里去了呢？”

原来张仪、苏秦的事业，不像孙膑、庞涓那样容易成就。

苏秦与张仪离开鬼谷，在载鬼亭驿分手之后，径回洛邑家中。

此时苏秦的大家庭里，虽然无人做官，却也比他离家时兴旺多了。周朝数年无水旱疾疫之灾，也未遭兵燹，所以老百姓的生活渐渐有了改善。苏家的田亩之中，又招来一些战乱中从魏国逃来的农奴做活。兄弟苏厉经营家产，苏嫂、苏妻从事纺织女红，还能供苏代读书并与士人交游。如此，堂上父母苏翁、苏媪也能乐享天年。

苏秦回家，阖家欢庆。苏代召集了洛邑城中一些贫寒的士大夫人等，与苏秦相叙，其中少不了当年一些好友。人们都觉得苏秦的言谈举止已大不同于往常，真是有了很高的道行，很深的学问。众人盼望苏秦能出人头地，大家也好沾光谋些事做。

数日之后，苏秦便与家人商议道：“爹，娘，嫂子，我离家这些年，亲人们都辛苦了。学成归来，就希望能谋得一官半职，一来光耀门庭，二来也使父母晚年过得安宁些。”

“你有何打算，说说吧。”苏翁鼓励苏秦说，“一家人都盼望着你呢。”

“爹，我想，只要我做了官，家境就大不相同了。现在能不能变卖一些家产，作为川资，让我游历天下各国，然后去秦国做官。”

苏秦此言一出，苏妪、苏嫂、苏妻的脸都拉了下来，不高兴了。

“季子呀，你一去就是这么多年，为娘和你爹都指望你不要再远游；再说了，眼下这点家产，也得来不易呀！”苏妪最不同意变卖家产。

“季弟不知道，为嫂和你妻子一丝一缕地纺织，熬过了多少个寒冬酷暑，才积攒了这样一点家产。”苏嫂附和母亲。

“你这个不争气的，一回来就要卖家产……”苏妻说着，就呜呜地哭起来。

婆媳三人都不愿意，苏厉、苏代兄弟不言语，苏翁也难以决断。一家人都像哑了一样，闷着，无人说话了。

闷了半天，苏代想起了一个办法，说道：“三哥，你何必舍近求远，不如先到周朝去谋取一个官职，有了一些积蓄，然后再做进一步的打算。”

全家都说苏代的办法好。苏秦想，没有别的法子，也只好先到周朝去碰碰运气了。

此时的周朝，虽说名义上没亡，周王仍被称为天子，但实际上已经不如一个诸侯国，顶多只能相当于秦、楚、齐、赵、魏、韩、燕七雄之下的一个附庸小国。

苏秦知道，在周朝做官不可能有什么作为，但也只好去了。王宫就在洛邑城中，也不需什么川资，不需车马，徒步前去就是了。

周朝的宫殿倒也不难进。苏秦以一介布衣，到宫门求见，阍者也肯进去通禀。这大约也是因为苏秦有鬼谷弟子的名声。不久，宫中传诏：命鬼谷弟子苏秦进宫朝觐。

此时坐在王位上的是年迈的周显王（公元前368年—前321年在位）。此王在位四十八年，却未在历史上留下什么业绩。他的势力虽不如附庸小国之君，但头上戴的仍然是周天子的皇冠，垂着十二冕旒。朝中歌舞也是用八佾，即六十四人的大舞蹈队。势单力薄还那样讲究排场，苏秦虽是头一次见到这种大场面，但也感到有些滑稽，心想：“要使周朝振兴起来，是绝无可能的。”

苏秦以礼跪拜于显王座前，说道："寒士苏秦拜见陛下！"

"爱卿平身，赐座。"显王说着，即有宫女过来，置锦团于显王之侧，让苏秦席地坐下。

"苏爱卿，听说你的老师是鬼谷子，他一向可好？年寿几何？"

苏秦奏道："吾师正是鬼谷子，他鹤发童颜，从不生病，今年二百四十多岁了。"

显王叹道："哦，寡人要是能享有他一半的寿数也就好了。"

苏秦道："愿吾王万寿无疆！"

周显王听了高兴，又谈了一些闲话，没言及天下大势，各国废兴；也没言及民间疾苦，各业兴衰。最后，周显王命人领苏秦到馆舍住下，说等到国家用人之时，再召见他。

周朝的馆舍，也只是聊可供给一日三餐而已，一些士人在里面，也无所事事，根本不能与那些有势力的诸侯国的馆舍相比，更不能像齐国的稷下学宫那样，有天下学者争鸣，谈经论道。

苏秦闲得无聊，便到王宫的东胶、西序，去看看年长的国老和年轻的国子（学生）们，他们读书也没有多大劲头。

苏秦到守藏室去找皇家图书来看，因为老君李耳当年任守藏室之史，那里图书是很丰富的。恩师鬼谷子还到里面读过许多书。可是，这个皇家图书馆现在更衰落了，许多珍贵图书已流散到了各诸侯国，甚至随着"畴人子弟分散，或在夷狄"而流散到了外方，即辽远的少数民族地区。

想在周朝这个小朝廷里做官，还得有显王左右保举。这些人收不到贿赂，是不会保举人的。苏秦开始不明白，后来明白了，又不屑这样做。所以他在馆舍里住了一年，也不得进身。他这一年是白费了。在这样的地方毫无希望，毫无前途。苏秦愤然离去了。

苏秦离开周显王的馆舍，徘徊于洛邑街头。忽见一人骑马仗剑，拦住了他。原来是少年时的朋友李兑。两人一见，欣喜万分。李兑即刻下马，拉着苏秦的手，走进一家酒肆，要了肆中最好的酒菜，两人共饮。

酒过三巡，李兑说："听说季子兄受业于鬼谷子，有那么好的学问，却来敲周朝的破门，岂不可惜！”

苏秦叹口气，把家人不许变卖财产、馆舍里一年的无聊等情况，向李兑说了一遍。

李兑笑笑说：“怎能叫金钱难住了英雄好汉。”他拍拍胸脯，又说道，“好办，好办，我可以让你堂而皇之地去秦国咸阳，那里才是你施展才能的地方。”

原来这李兑自幼即有一股豪爽之气，长大之后成了一名游侠，结交了一批朋友，漫游天下各国，无有定处。侠肝义胆，除暴安民；路见不平，拔剑相助。法家的一位重要人物曾说：“儒者以文乱法，侠者以武犯禁。”在那天下无道的时代，有这帮人，虽为社会增加了不少纷乱，却也救了一些苦人，锄了一些奸贼，让一些不义之人丧胆。钱财对于这帮侠义之人来说，是无所谓的东西。

“季子兄，请稍候。”李兑说罢，起身跨马走了。

苏秦不知他要去做什么，只是斟好了酒，等他回来。

不久，李兑就费劲地提了一个沉甸甸的包袱回来了。他把这包袱往食案上一掷，案子都压得摇动了。

李兑说：“季子兄，这够你用了吧？”

苏秦打开包袱一看，金灿灿的，原来是黄金百镒。如此重金，苏秦岂能轻易接受，他急忙推谢，但李兑不肯。苏秦无可奈何，便取了两镒，表示感谢，说道：“暂借贤弟黄金两镒，也就够了。”

“这些黄金全是你的，你若不受，就是看不起愚弟了。不能帮助吾兄，这只手生来何用，不如砍去了吧！”说着，便拔出剑来，要砍掉左手。

苏秦知道，此人是说得出、做得到的，见势不妙，急忙抱住李兑左手，以身体挡住他的剑，说：“贤弟住手，为兄听从你就是了！”

李兑把剑一扔，兄弟两人相抱而哭。

两人继续饮酒，尽兴出来，苏秦邀请李兑到家里去小住数日。李兑说：“我还有事，改日再去看望伯父。”

苏秦望着骑马远去的李兑，禁不住热泪盈眶。

苏秦拿出黄金一镒，制了紫貂轻裘，备了车马仆从。有了金钱，苏秦一日间就成了倜傥佳士。他先是周游列国，察勘山川地形、气候物产、风土人情、朝野动向。旅行经年，掌握了各国的最新情况，然后驱车向西，出了函关，直奔咸阳。

苏秦入秦，一路看到，商鞅相秦十年多，辅佐秦孝公变法，秦国已经强盛起来，大有希望。他想，此行必能有所成就。

但是，当他到达秦国首都咸阳时，王宫里发生了大事。秦孝公才三十四岁就死去了。太子即位为秦惠文王，也称秦惠王。太子太傅公子虔，是太子的堂叔，当年他们曾勾结一帮旧贵族，反对商鞅变法，被孝公和商鞅严厉地镇压了，公子虔被处以劓刑，割去鼻子；公孙贾被处以黥刑，面颜刺字涅墨；太子幼冲，没有治罪，被令反省。现在太子登位为惠王，公子虔等人卷土重来，诬陷商鞅谋反。孝公尸骨未寒，商鞅就被五马分尸而死。

此时秦国朝野都不安宁。苏秦这个时候到咸阳来游说秦惠王，提出连横之策，对秦国虽是上上之策，但也很难施展了。苏秦感到情况不太妙，但也只能知难而进。

二十三岁的惠文王虽然心烦意乱，但听说鬼谷弟子来了，还是召见了苏秦，认真听他陈述。

苏秦说："大王的国家，西边有巴蜀、汉中的富饶，北边有胡貉的马可征用，南边有巫山、黔中的险要，东边有崤山、函谷的坚固。田肥美，民殷富，战车万乘，精兵百万。沃野千里，蓄积丰厚；地形地势，攻守两宜。这就叫天府之邦，天下雄国呀。以大王的贤明，百姓的众多，将士服从命令，士兵熟悉战法，可以兼并诸侯，吞灭天下，建立一个强大帝国。恳请大王稍加留意，倾听微臣的策略和实行这种策略的前景。"

惠工说："寡人听说，羽毛不丰满，不可以高飞；法律不成文，不可以诛罚；道德不崇高，不可以调动人民；政教不通顺，不可以烦劳大臣。先生不远千里前来登廷指教，寡人十分感谢。但是现在不行啊，改日再谈吧。"

苏秦说："臣本来怀疑大王不能用我之言。从前神农伐补遂，黄帝伐蚩尤，尧伐驩兜，舜伐三苗，禹伐共工，汤伐夏，武王伐纣，还有那齐桓公，都是以武力霸天下。由此观之，岂有不战而能成功的。古人车马往返，合纵连横，不修兵备，造成许多弊端，结果反而弄得战乱不已，天下不亲。于是又废文用武，欲开疆辟壤，虽是五帝、三王、五霸，明主贤臣，也常常不能成功，所以战争连绵不断，战场上见分晓。这样兵胜于外，义强于内，威立于上，民服于下。今日想兼并天下，非兵不可。今日的君主多疏忽于此，礼教不明，政治纷扰……由此看来，大王就是不能用我了。”

苏秦费尽口舌，从各个方面来激发秦惠王，但是始终没有陈述自己策略的机会。

这样，苏秦也不甘心。他在咸阳城里住下来，把他的连横学说写出来，献给秦惠王，希望能得到重视。

苏秦分析天下大事，关东六国自北而南为燕、赵、齐、魏、韩、楚，是为纵；关西广大地区为秦国一国所据，是为横。六国联合起来攻秦，叫合纵；由秦国与东方各国分别联盟，分离六国，各个击破，叫连横。在军事、外交上采取连横的态势，对于秦国是最为有利的。秦惠王不能用，并不是苏秦的策略不好，而是秦国内部形势不允许。年轻的秦惠王不能宁静下来。

苏秦在咸阳，十次上书给秦惠王，他的书加起来有十万余言。每次呈送上去，秦惠王都会浏览一遍，有时还会称赞数句，但是，就是不见录用。

苏秦虽精明，但还是初出山林，少了一个心眼。当时，他根本没有看出相国公孙衍对他的忌妒。

堂堂秦国相国，忌妒一个布衣，害起人来岂不容易？公孙衍见苏秦的策略比自己高明，处事比自己干练，又长于舌辩，最怕秦惠王用了他。苏秦多次求见秦惠王，都因公孙衍从中作梗而不能实现。

有一回，惠王读苏秦所上之书，觉得不仅有道理，而且文字也精辟，便要召见苏秦，派内史召相国公孙衍进宫来。

公孙衍应召入宫，跪于年轻的惠王跟前，完全明白惠王召见的原因，但装作不知地问道：“大王召见微臣，有何要事？”

“公孙爱卿，你读过鬼谷弟子苏秦所献之策吗？”

“微臣读过。”

“你以为苏秦的连横之说，于国有利吗？”

“大王，微臣以为，鬼谷弟子苏秦之说，将天下大势讲得十分透彻，是很值得重视的。”

“那么，你快去召他进宫，寡人要与他长谈一次。”

“微臣领旨，一定尽快找到苏秦先生。”

公孙衍是当面欺君，苏秦的住处他知道，苏秦也曾多次求他奏请惠王接见，他竟对惠王说要“尽快找到”。

当然，这次他又对惠王说：“没有找到苏秦。”

公孙衍每次都满口答应，说立即传诏，实际上根本不去召苏秦，让惠王等得心烦，然后入宫报告：“大王，苏先生不在馆舍，不知到何处郊游去了。”

几番如此，便使年轻的惠王不想见苏秦了。

鬼谷子有不少弟子在秦国。他回鬼谷住了一些日子，又经常外出漫游，常到秦国去，就像早年常到晋国去一样。

当年鬼谷子到新绛，常驻市北馆舍，现在他到咸阳，也常驻这里的市北馆舍。

云霓化作游方道人，在咸阳市曹闲逛，不费工夫，便知道了苏秦在秦国献策、不能见秦惠王的情况。

“先生，你也不帮一帮苏秦学兄呀？”

“这种事是做不得的，要道法自然。只是到了必要的时候，才可以去引导他们出世。”

“先生，你看苏秦献策能成功吗？”

“他在秦国，不会得到机会的。”

“苏秦与秦王都已经心心相印了，只是那公孙衍像一层帷幕隔开了他们，这就过不去啦？”

“世间许多事情，就像只隔着一层窗户纸，但是没有机缘，就捅不破。”

鬼谷子的话，又一次应验了：苏秦在秦国没有机会。

苏秦在咸阳住了一年多。百镒黄金用完了，紫貂轻裘穿破了，养不起车马仆从，把他们都遣散了。

苏秦最后一次去相国府，要求公孙衍向惠王引荐自己，公孙衍也不出来见他，只让家臣出来接待，气得苏秦愤然离开相府。

苏秦只能步行回洛邑了。

几百里关山远阻，漫漫长路，对苏秦是严酷的考验。他用布条把小腿裹起来，穿上草鞋，背上书籍行囊开始上路。沿着黄尘滚滚的驿道，与商贩步卒为伍。

此时的苏秦，经历的是他有生以来最落魄的困境。他披星戴月，晓行夜宿，每到一个驿站，也无钱吃好的饮食，住好的房间，只能跟小商贩甚至奴隶们混在一起。走在路上，他形容枯槁，脸色蜡黄而带黑。此时，他只想快些回到家里，得到亲人的抚慰。

过了函谷关，苏秦回头遥望西方的秦国，心里有种说不出的愤恨。即便连横之策不能采用，对一个士人也不该如此轻慢。秦国的君臣，真是一些没有心肝的人哪！他开始构想着合纵之策，总有一天要联合六国击败秦国。

一路上，苏秦数着袖中最后的一些刀币，计算着还得住几宿才能回到家里，路上还得吃几餐，不要落得个露宿沟壑，沿街乞讨。

这些天来，见路旁酒肆有好酒好肉，他也不能去买。人们看他背着沉重的包袱，还以为他的行囊中有什么好货呢。其实都是一些书，即几卷竹简。

有时，苏秦也想把这些书卖掉几卷，换点钱来用。但是当他拿出那些他十分珍爱的书时，又舍不得卖掉了。他拍着竹简说："书啊，书啊，我不能没有你！"

快到洛邑的前一天傍晚，苏秦遇到了剪径的强盗，是两个蒙面的黑汉子。他们手执长剑，拦住了苏秦的去路。其中一人喊道："把包袱拿过来！"

苏秦把包袱扔在地上，禁不住哈哈大笑。

"哈哈哈哈……"苏秦止不住笑，笑弯了腰。他这一笑，把两个强盗也笑蒙了，不知所措。

原来这两个强人是楚国军队的逃兵。他们本是耕奴，逃走之后无处谋生，才干起剪径的勾当来。他们已经干过几回了，遇见的都是小商贩，见了强盗便献上包袱，跪地求饶说："山大王饶命，小的钱财全在这里了。"

他们也不把事情做绝，取走一些钱也就罢了。没想到今天遇到这个人竟然哈哈大笑。强盗中的一个，也忍不住跟着笑了。

另一个强盗虎下脸来，问道：“你是何人？”

“读书人。”苏秦答道，仍在笑。

“你笑什么？”

“笑你们不会看人，抢到我头上来了。包袱里全是书，袖筒里只有这几个刀币，全给你们吧，今晚我就宿在露天里了！”

两个强盗没想到是这样，读书人也会落到这步田地。他们用手探了一下苏秦的包袱，里面除了竹简，的确没有他物。于是什么东西也不要了，还从自己的身上摸出一些刀币，扔给苏秦，说道：“赶你的路去吧！”

苏秦也不客气，也不称谢，拿了刀币，捡起包袱就走了。

书还在，他很高兴，心里却想，这世道真是怪了，有秦王那样不近人情的国君、公孙衍那样不近人情的宰相，也有这样深明大义的强盗。乱世之中，人心并未全毁。当年的仲尼先生，盗泉之水也不饮；今天这强盗之钱，我偏要接受了。

当晚，苏秦到了驿亭，要了好房间，要了好酒食，虽然比家庭宴席差远了，也算是这些日子以来最好的享受。快到家了，仿佛又像当初去西秦时那样阔绰了。

苏秦昨夜遇盗，才美美地过了一夜，今天睡了个懒觉。好在离家只有半天路程了。他经过长途跋涉，脚上起了泡，出了脓水又干了，结了茧，周身的肌肉筋骨都疼痛，好歹总算回到自己的家里了。

苏秦到家时，家人已经吃过午饭半个时辰。

一家人都在干活，妻子在织布，见他那穷困潦倒的样子，都没抬头看他眼。

“娘子！”他喊她，她也不动声色地只顾织布，他本想对她说“我饿了”，也说不出口来。

苏秦又去见嫂子，说道：“嫂，你好，你给我弄点饭吃吧。”

嫂子嘴一撇：“你去看看厨房里有没有剩饭！”说罢，只顾摇着纺车纺她的麻线。

看了妻子、嫂子的冷面孔，苏秦满腹心酸，肚子也不觉得饿了。他到堂上去见父母，拜见二老，老人却扭过头去，不对他说话。

苏秦叹道：“妻子不拿我当丈夫，嫂子不拿我当小叔，父母不拿我当儿子，这都是因为秦国不用我呀！”

天黑了，一家人都回来了。只有弟弟苏代略知仕途艰辛，能安慰他几句：“三哥，你不要埋怨亲人们，你这样，他们失望呀。不过，你也不要灰心。”

哥俩搂抱着，苏秦眼里流出了泪水。

全家共进晚餐，苏秦吃不下去，只吃了小半碗饭。

苏秦想起下山时师父说过，如果事情不顺利，可以拿出《人书》九章来读，这九章就是《鬼谷子》一书中的《阴符》七篇，外加《持枢》《中经》两篇。

苏秦从当夜开始，日夜攻书，反复诵读，领会书中要旨。对于重要的话都背下来，结合天下形势，揣摩如何处置各种关系。有时读书读得困倦了，就用写字的刀锥来扎自己的大腿。鲜血流出来，一直流到脚跟。

他自叹道：“苏秦啊苏秦，你这样用功，难道还不能说服人君，拿出金玉锦绣来拜你为卿相吗？”

他又叹道：“师父啊，你的道德学问，难道就不能由弟子用之于世吗？”

他一边自励，一边想：“张仪要去楚国，他的本领比我强，一定在楚国获得大用了吧？今后我们兄弟两人应南北配合，共倡合纵以拒强秦。我可不能落后呀。”

第四十三章　张仪受辱

张仪跟苏秦离开鬼谷，两人同行一段路程之后，就分手了。苏秦回了洛邑，张仪回到魏国。

张仪在自己的老家已经没有了亲人，只好到岳父家去找自己的妻子。

张仪岳父一家，大舅小姨，与张仪的妻子相处得十分融洽。他到家时，妻子正帮助小姨缝制嫁妆。姊妹俩的女红都极佳，做出的衣裙都很合身、很漂亮。

小姨一边试衣，一边对着铜镜欣赏自己那明媚动人的脸蛋儿。镜子是朝着窗外的，窗户大开着，她从自己的脸蛋后面瞧见一个腰间佩着长剑的男人，正从马上跳下来，要到院中树下去拴马。

她眼尖，认出了那人就是姐夫，便转身朝窗外看，同时喊道：

“姐姐，姐夫回来了！”

张仪夫人被妹妹的喊声惊了一下，手中的针差点儿扎进了手指。姊妹俩都跑出闺房，到门口迎接张仪。三个人都发出了亲切的呼唤：

“官人！”

“贤妻！”

“姐夫！”

“小妹！”

万种亲情，都在这出自肺腑的呼唤声里了。

年轻夫妇离别多年，今日相见，幸福的热泪不由得滚落下来。夫妻两人回屋相叙。小姨子脱下试穿的新衣，下厨去为姐夫烧水、备酒、做饭菜。

张仪与夫人相叙一会儿，便去向岳父、岳母请安。

张仪又向老泰山谈及自己的计划：在家住些日子，略尽孝道，便领妻子去周游列国，求取功名富贵。

老人舍不得女儿离去，但又不能耽误他们夫妇的前程。于是要求他们多住几日，等小姨婚事办完之后，再择个吉日良辰远行。这也是人之常情，张仪自然应允。他十分感激岳父岳母，很愿陪他们多住些日子。

当张仪亲自驾了轻车，载着妻子，跋涉数百里去魏国首都大梁的时候，魏国已经发生了很多变化。

张仪首先听到的是孙膑的不幸。

张仪感到很震惊：魏惠王高车驷马、黄金白璧把孙膑接到魏国，却又不用他，还加害于他，结果孙膑被齐国派淳于髡救了去。

张仪和妻子住在大梁城中一家馆舍，一时拿不定主意：去不去见魏惠王？

张仪没有想过要去见庞涓。下山之前，师父鬼谷子就对他和苏秦说过，要他俩不要像孙膑、庞涓那样互相倾害。魏国活生生的现实证明，师父对庞涓的估计是对的，怎能与这样的人交游呢。

终日在大梁与一些士人闲游，互助度日，也不是长久之计。张仪还是去了王宫，谒见魏惠王，贡献自己复兴魏国之策。

张仪向魏惠王提出的策略是合纵，他对惠王说：

> 魏国真正的敌人是西方的强国秦，南方的强国楚，东方的强国齐，而不是别的国家。三晋韩、赵、魏和北方的燕国都应睦邻友好，联合起来，共拒强敌。

但是，魏惠王根本不这样想，他对张仪说："先生此言差矣！魏国的宿敌是赵国，中山之仇不报，寡人死不瞑目。"

张仪看出，惠王是认为，只要依靠庞涓这样的名将，就可以与各强国争霸，他一心想的是报中山之仇，征服赵国。

不久就发生了征伐赵国之事，结果是桂陵之役庞涓惨败。

这时张仪再去见魏惠王，劝他痛定思痛，改弦更张，这样魏国还有兴旺之日。但是，魏惠王还是不能采纳张仪之策，也不授予张仪任何官职。张仪想为祖国效力的愿望，再次不能实现。

后来又发生了派太子申和庞涓伐韩之事，马陵之役中，太子申被俘自尽，庞涓丧命，魏惠王去齐国纳贡称臣。

这时张仪对孙膑的智谋非常敬佩，感到恩师鬼谷子对孙膑、庞涓的评价十分深刻，而对于魏国政事，张仪感到伤心已极，彻底失望了。他与妻子商议，尽快离开祖国而去南方的楚国。因为当初他与苏秦分手时曾经约定，苏秦去秦国，自己去楚国。

从大梁到楚国首都郢邑，路程十分遥远。张仪夫妇所选的路径，是经过韩国首都新郑，穿过韩国，然后进入楚国境内。

楚国地域辽阔，他们夫妇翻越多座大山，到宛城，经荆襄，过汉水，经过众多的江河水泽，最后到了大江之滨的郢都。

对于中原士人来说，南方楚国的生活、百姓的语言，都不适应。张仪夫妇到郢，早已疲惫不堪，到馆舍安顿下来，简直就像刚刚大病了一场。

人生地不熟，经过几天休息之后，张仪才准备去拜见楚国君臣。

此时楚国在位的是楚怀王熊槐。

楚怀王是个腐败的昏君，但又自以为是个了不起的有为之君。他宠信妖冶的女人南后郑袖，任她干预政事，这样一来，朝廷里便聚集了一帮奸佞之臣，如上官大夫靳尚。这些人擅作威福，忠义之臣便受到排挤，像三闾大夫屈原这样的贤臣，就遭到放逐，后来于五月初五投入汨罗江自尽了。

张仪没有先去楚王宫中求见，而是先去见令尹（相国）昭阳君。昭阳君见他千里迢迢来到楚国，口齿伶俐，是个有才学的人，也就收他为令尹府门客。

昭阳君迟迟不奏请怀王授予张仪官职，而是把他留在令尹府慢慢考察。因为他急需网罗一批有才干的人，如果张仪真有大才，他便把他拉入亲信之列。所以，他在令尹府为张仪夫妇安排了上等的住宅，供给上等的饮食、器物，配备精良的车马仆从。他们夫妇可以随时进入令尹府深宅，与昭阳君一家人相叙。

张仪夫妇来到令尹府之后，心情十分愉悦，感到一路的艰辛没有白费。张仪想等到自己对楚国朝野有了较深的了解，熟悉这里的情况，提出了一套策略之后，再去拜见楚怀王。这样，也就不辜负昭阳君对自己的礼遇了。

张仪很快就遭到了令尹府一些门客的忌妒。有人议论，一个外乡人，对楚王或昭阳君并无尺寸之功，凭什么受到如此高的礼遇?

忌妒这种情感是人性的瘟疫，很难有救治的办法，它能烧毁相当多人的理智，使恶人更恶毒，甚至使一些本来尚称贤明的人，也失去仅有的宝贵品格而做出不宽厚、不仁义之事，以至成为恶人。

那时各国豪门贵族盛行养士之风，昭阳君的门客也跟当时各国著名君相的门客一样，三教九流，什么样的人都有。其中也有一些鸡鸣狗盗之徒，免不了要生出许多是非来。和氏璧的失窃，就掀起了轩然大波，殃及了张仪。

楚国的和氏璧曾长期流散外邦，好不容易才找了回来，那时正藏在昭阳君府中。此物价值连城，天下君王没有不想得到它的。楚怀王特别吩咐过昭阳君，要他妥为收藏，因为那是他们祖先留下来的，传了四百多年的最珍贵的宝物。

据史书记载，还是在楚厉王的时代，楚国人卞和在荆山得到一块天下无双的玉璞，也就是一块未经琢磨的普通石头，但里面包藏着美玉。卞和拿去献给厉王，厉王君臣却不识货，传令玉人来看，当年楚国那个攻玉的高级技师也不认识，以为是石头。厉王因此判了卞和欺君之罪，砍掉了他的左脚。

厉王驾薨，少年的武王继位。卞和又拿了那块玉璞去献给武王。武王朝廷中的文武大臣和玉人们还是不识货，认为那是石头。武王又以欺君之罪砍掉了卞和的右脚。这位武王在位长达五十年之久。

武王驾薨之后，文王继位。年迈力衰的卞和再也不敢去奉献那天下无双的美玉了。老人哀叹世人不识宝，抱着玉璞坐在荆山下日夜痛哭。卞和眼泪哭干，流出血来。文王游猎路过荆山，见老人哭得那样悲伤，便派人去问他：“老人家，你这样痛哭，是不是因为失去了双脚？”

卞和说：“失去双脚算得什么？我感到悲痛的是人们不辨真伪，分明是美玉，却说是石头，一片忠心，却说是欺君，是非曲直被颠倒了！”

文王命玉人把这块玉璞拿去琢磨，去掉外面的石层，里面果然是晶莹的美玉，为天下无双，乃稀世珍宝。于是命名为和氏璧，列为楚国的国宝，世代相传。

从楚厉王到楚怀王，四百多年来，王室历尽了沧桑之变，和氏璧也不只是在楚国王室成员中转移，也曾离开过楚国。自从找回来后，就藏于昭阳君府中。

一天，怀王祭祖，照例是要让昭阳君拿出和氏璧来，置于香案之上。昭阳君开箱取璧，却发现那和氏璧已经不翼而飞了。

昭阳君丧魂落魄赶到王宫，向楚怀王报告和氏璧已经失窃。

楚怀王简直不敢相信，天下竟有如此大胆的窃贼。但看昭阳君的神情，又只得相信此事。和氏璧历来是祭祖必用之物，每次大祭之后还要让群臣观看。这回没有了，不仅使祭祀黯然失色，怀玉在祖宗和众臣面前也丢尽脸面，还让参加祭礼的各国使节笑话。

发生这样大的事，昭阳君府中的人，没有一人能脱得了干系。

张仪叹道：“此宝若是流落于外方，那些诸侯强国不知又要如何争斗了。”

张仪的话是很有预见的。和氏璧怎样流来传去，虽不清楚，但后来到了赵惠王手里，秦昭王说愿以十五城相换，演出了蔺相如“完璧归赵”的故事。但当时张仪就因为说了那样一句有预见的话，竟蒙受了不白之冤。

和氏璧失窃的大案发生在令尹府，这是府中从来没有过的重大事件。楚怀王召集群臣，商议在全国捉拿窃贼，传令边境各城严密防范，勿使和氏璧出境。

昭阳君身为令尹，府中发生了如此大事，他感到在群臣中抬不起头来。怀王对他勉慰有加，又对他说：“这样的窃案，一定是内外勾结才能得手。寡人已经下令在全国搜寻，你在令尹府里细细查访就是了。”

昭阳君很后悔，当初不该留下此物。若是在怀王登位时把此璧献给怀王，藏在王宫里，也不会有今日从自己手中丢失国宝之事了。好东西是贪不得的呀！

昭阳君散朝归来，即召集所有门人，商议破贼之事。和氏璧深藏府中，平时也不拿出来赏玩，用时去取方发现丢失，因此，是何时丢失的也难以确定。现在要破此案，简直无从着手。

这样的事情如果交给张仪来办，以他的精明，也许能理出蛛丝马迹，把那盗窃的高手抓出来。张仪初来南方，对所有人都无成见，最能客观、公正地处理各种争讼，调查工作也能不受干扰地进行。

可惜昭阳君既无知人之明，也无用人之明。他现在怀疑所有的人，而又对任何人都说不出怀疑的理由。昭阳君采取的办法是：发给每人几片竹简，让所有门人都写出：你怀疑何人？你和周围的人都做了什么事？都说了什么话？

昭阳君没有想到，这给那些忌妒张仪的人提供了一个陷害张仪的好机会。

张仪主动向昭阳君请命，表示愿意帮助他查清这件失窃案。他建议先不要怀疑某几个具体人，而要注意事发后人们的反应，暂时不许门客离开郢都，离开令尹府出门办事也要有人陪同。等有了初步线索，再采取进一步的行动。

昭阳君则太性急，恨不能马上逼得门人互相揭发，咬出盗宝的人来，他根本听不进去张仪的建议。

令尹府门人上千，提出的怀疑是千奇百怪的。但是，如果善于动脑筋，交给张仪这样的人来分析那一大堆竹简，也不难理出一些线索来。然而昭阳君先看了那些平日跟他亲近而又忌妒张仪的人所写的竹片。其余竹简堆满了一屋子，他不能亲自都看，也就交给那些门人去看。

昭阳君已经对张仪产生了怀疑，宁可让他闲着，也不许他去清理那一屋子竹简。原来那些忌妒张仪的人，都指名道姓说是张仪盗走了和氏璧。他们没有实据，但搜罗和编造了一些似是而非的疑问。

他们说，张仪是魏国人，他家离中原各国都很近，为什么要跑到遥远的、人生地不熟的楚国来？言外之意是张仪来楚国本身就有问题，可能就是为了盗宝而来。

他们指出：令尹府门人中，有几人能经常出入于令尹府深宅？言外之意是只有张仪夫妇才有盗宝机会。张仪所受的良好待遇反而成了蒙冤的证据。

他们指出：和氏璧失窃后，张仪曾说："此宝若流入外方，诸侯强国又不知要如何争斗了。"这无意之中暴露了他盗宝的目的。若是楚人盗宝，怎么会流入外方？

对于一个思维正常的人来说，这种种说法都只能视为捕风捉影之谈。但对丢失国宝束手无策、连风和影都捉不到的昭阳君，已经认为这很可疑的了。

众口可以铄金。昭阳君不仅听信那帮佞人的谗言，最后还让他们之中一个名叫靳良的人来审问张仪。

昭阳君门人靳良，乃是上官大夫靳尚之侄。靳尚就是后来谗害屈原之人。靳良比他叔叔更早地干起了陷害忠良的勾当。张仪落到他手中，就别想有好结果了。

靳良做的第一件事，是拿不出任何证据就把张仪抓起来，投入大牢。

那天，张仪正在和夫人一道吃午饭，女奴涓儿为他俩端上最后一道菜，便回厨房去了。夫妻俩商量如何帮助昭阳君侦破盗宝的贼人，根本没想到令尹府里已经刮起了陷害他的黑风。饭没吃完，靳良就带了武士进入张仪宅中。

靳良说："张仪先生，对不起了。靳某奉了令尹大人之命，前来收你下狱。"

张仪近日来已感觉到昭阳君对自己有些疏远了，但没想到会发生这样的事情，说道："这是为什么？"

"盗窃和氏璧，最大的嫌疑犯就是你！"

张仪怒斥道："全是无稽之谈，我要去见令尹！"

靳良冷笑道："令尹要是能见你，就不会把你交给靳某来处置了，快走吧！"他使个眼色，让武士动手，把张仪架起来就往门外走。

"我要见令尹！"张仪一面挣脱，一面喊着。

"你们不能这样对待先生！"张夫人在门口伸开双臂阻拦。但是这有什么用，她只能眼睁睁看着丈夫被人抓去了。

张仪夫妇在楚国举目无亲。发生这样的事情，张夫人不知所措，坐在屋里眼睛都哭红了。天黑以后，涓儿为她送来晚饭，她一口也吃不下去。涓儿劝她道："夫人，你好歹吃一点，人不吃饭不行。"

张夫人说："我不能吃，你去牢房，给先生送去吧。"

涓儿说："先生的饭我另外准备了，这就送去。夫人，你可要爱惜自己的身体。"

张仪在黑牢里，怒气难平。靳良抓他来，离开牢房时扔下几句话："好好想一想，彻底招供你为什么要偷和氏璧吧。你不是说，此宝流入外方，各国诸侯都要来争斗吗？"靳良说完，就幸灾乐祸地离开了。

"呸！"张仪唾了一口，心想："因为那么一句话就怀疑我，还抓我入狱？这令尹府的一帮人也真够昏庸的了。"张仪以为自己到楚国不久，并没与人交恶，所以没想过会有人忌妒他。

张仪想着如何脱身，在这没有人熟悉自己的环境里，也真是苦无良策。

天黑了，涓儿打着灯笼来给他送饭，对他说："先生，请你用饭吧。夫人哭了一下午，晚饭一口也没吃，奴婢真不知如何是好了。"

张仪想到妻子为他受累，心里痛楚。他也无心吃饭，但为了安慰夫人，接过碗就大口地吃。吃罢，对涓儿说："涓儿，你回去告诉夫人，要吃饭，要多吃，把身体养好。我们是忠良无辜的人，自有苍天保佑，不要畏惧一时的危难。"

"自有苍天保佑！"涓儿重复一遍张仪的话，说道，"先生，吴夫人也是这么说的，我应该用这话去劝夫人才好。"

涓儿说的吴夫人，是昭阳君之妾，涓儿原来的主人。

张仪夫妇入相府之后，吴夫人见他俩无人照顾生活，才把涓儿送给他俩的。闲来无事时，张夫人常跟吴夫人下棋、弹琴，涓儿也总是在一边侍候，上香，递茶。

听了涓儿的话，张仪忽然想起了恩师鬼谷子的各种教导，眼下正可以用抵隙之道来打开希望之门，可以先让妻子跟吴夫人疏通一下感情，诉说一下怨情，于是说道："涓儿，你去对夫人说，我在狱中不担心别的事，只怕夫人身处异乡，一个人孤单寂寞，希望她多跟吴夫人谈谈心，解解闷。"

涓儿说："奴婢知道了。"

当晚，涓儿回房侍候张夫人睡觉，把张仪在狱中的情况说给张夫人听。

张夫人听后稍安。她也想跟吴夫人多谈谈，但是以后一连多天，涓儿每次从狱中送饭归来，带回来的全是令张夫人心碎的消息。

靳良之辈不肯轻易放过张仪。从第二天起，每日鞭笞逼供。张仪岂是严刑之下就能屈服之人，因此他就要多受皮肉之苦了。

头一天，靳良手下的人鞭笞张仪，要他招认盗窃和氏璧的动机。

张仪怒斥道："你们是无端诬陷，快放我去见昭阳君！"

打手说："你还嘴硬！"举起鞭子连抽十余下。

张仪只是说："诬陷！诬陷！"

第二天，打手又来折磨张仪，要他招供盗窃和氏璧的经过。张仪的回答只是："诬陷！让我见昭阳君！"他们鞭打张仪的背部，从此张仪睡觉不能侧卧和仰卧了，只能趴在榻上。

第三天，他们把张仪吊起来打，逼他招供把和氏璧藏到了什么地方。直到张仪奄奄一息，才放下来，但他口里仍然只是喊着两个字："诬陷！"

这时，典狱长接到昭阳君命令：不许再用刑，释放张仪。

不一会儿，涓儿领着张夫人来到牢房。张夫人见丈夫被打得那样惨，扑过去抱住他，泪如泉涌。

张仪对夫人说："我的舌头还是好好的，我的心还能思考，我们的事业还大有可为，不必哭了。"

张仪劝妻子不要哭，他自己却为怜惜妻子动了泪，妻子则哭得更厉害了。

张仪在妻子和涓儿的搀扶下，能够站起身来，但他周身疼痛，迈步很困难。他们一步一步地挪动，走回自己的住处。

他们回到屋里时，见吴夫人已在那里等他们。

原来吴夫人从涓儿口中、从张夫人哭诉中，不断地知道张仪的凄惨遭遇。从第二天她知道张仪被鞭打开始，就在昭阳君面前使气，要他禁止手下人对一个读书人动大刑，昭阳君只是敷衍她。

第三天，大理寺卿派人到令尹府来报告：

令尹大人，三闾大夫屈原手下的人接到怀王诏令，在全国查访和氏壁之后，已经查得了准信，和氏壁已被盗往中原某国了。盗宝之人是令尹府的卫士某甲、某乙，大理寺卿请令尹大人处置此两人。

昭阳君对来人说：“我知道了，请回府告诉大理寺卿，我立即派人捉拿二犯，送交大理寺。”

昭阳君这才明白张仪的冤屈。吴夫人听了，哪能允许他再延迟，催他立即放人。

“夫人急什么，我立即就放他！”

“你手下那些人陷害无辜，现在水落石出了，也不能饶了他们，你也应该向张先生道歉！”

“你别唠叨了，事情忙着呢！”

昭阳君急忙让人去释放张仪。

他又派人去捉拿某甲、某乙，管事的人回来报告：两人已经离开令尹府十多天了。原来和氏璧早已被盗走。

遍体鳞伤的张仪，万分悲愤。

平白无故受到如此冤屈，昭阳君也不来看望，靳良之流更不来道歉、请罪，这令尹府里都是一帮什么人哪！能和他们相处吗？

人而无义，不知其可，楚国这个地方不能久留了。眼下，这令尹府也不能住了。

当时，张仪拖着伤痛之身，就要离开令尹府。张夫人、吴夫人劝他暂住一宿，他说：“我爬，也要爬出这个地方！”

吴夫人说：“张先生，你的心情我完全理解。自从你们夫妇来到令尹府，我与张夫人情如姊妹。现在你们有难，让我来尽一点朋友之谊，好吗？”

张仪夫妇与吴夫人交情已深，他不能拒绝，于是说：“吴夫人，只要你不劝我留在令尹府，别的都好说。”

吴夫人说：“那好，就让我来帮助你离开令尹府，送你俩到城里的馆舍去住。请稍候，我和涓儿去安排车马。”

吴夫人走后，张夫人开始收拾行囊。

不久，吴夫人坐着自用的马车到了，她把涓儿领来交给张仪夫妇说：“张夫人，涓儿对你们已经有了感情，我就把她送给你们，跟从你们到天涯海角。”

涓儿跪下说：“请先生和夫人收下我，奴婢愿意一辈子服侍先生和夫人。”

张夫人急忙扶起涓儿，对她说：“我一定好好待你。”

吴夫人又说：“张先生，我知道你手中不宽裕。刚才你说过，只要不劝你留在令尹府，别的事都好说。我送给你黄金一百镒。这是我省下的脂粉钱，我留着它也没用处，但对于你们来说则是很需要的，你不得拒绝。”

张仪有些为难了。涓儿又跪下说：“先生，吴夫人是一片真心。今后多了我一张口，三人过日子，也需用度，请先生和夫人收下这些黄金，不要拒绝吴夫人一番深情。”

吴夫人对张夫人说：“你我姊妹一场，今后只怕再难相见了，这点心意你不能不领了。”

张夫人说：“难得吴夫人这样侠肝义胆，我和余子拜谢了！”说着就要行大礼，吴夫人哪里肯让，急忙拥抱了她。

二位夫人垂泪惜别。张仪在夫人和涓儿的搀扶下出了门，上了车。华丽、轻快的马车，驶入了郢都黑夜的大街。

主仆三人在馆舍住了一些日子，张仪身体痊愈了，他们一同离开了楚都。

离开楚境时，张仪想：“今后对这个国家的君臣，不能讲什么信义。”在他们心里，楚国朝野的好人太少了。令他们不能忘怀的，只有一个吴夫人。

几年后，涓儿成了大姑娘。张仪免除了她的奴籍，像待亲侄女一样为她择婿，嫁给一位年轻士人。而张仪在事业上，仍是长期无缘施展，只得流落各国之间。

第四十四章　苏秦身任六国相

鬼谷子在秦国，漫游于华阳诸山，或上太白之峰，或登华山之顶。云霓知道，此时先生放不下的只有两个高足弟子，一个是张仪，一个是苏秦。

“先生，让我去打听一下两个学兄的消息吧？”

“不要去管了，道法自然，路由他们自己去走。”

“先生不是说，时机成熟了，可以接引他们成仙吗？”

“那得等到他们苦难历尽、事业有成之后。”

“先生不去打听，怎么知道他们事业有成呢？”

“他们若是事业有成，也就名扬天下，何须打听。”

云霓不再说话，轻轻地鞭着他的小青马，跟着鬼谷子进了一道山谷。他想，张仪、苏秦出山这么久了，也无音信。世间之事，也真是难有作为呢。

苏秦闭门苦读鬼谷子的《天书》《地书》《人书》中的一部分，研习太公《阴符》等篇。过了一年，才思大进，悟出了一些前所未通的道理，便又入世去建功立业了。

苏秦想：“若要结束天下纷乱的局面，最易成功者依然首推秦国，最佳的策略也依然是连横。那西秦形势，也胜于关东六国，若采纳连横之策，对关东六国即可各个击破，实现一统，以安天下。可惜呀，秦王不能用自己的主张。”

苏秦一想到离开秦国时那种落魄的情景，对秦国君臣即升起一种愤恨之情。他本来是寄希望于秦国的，但是不能再去。他已经经受不起再次拒绝了，不得已而拟订一套联合六国、合纵拒秦之策。

苏秦分析六国形势：韩、魏两国内政不修，还喜欢对外征伐，势力也弱。齐、楚两国很强，自恃足以独自拒秦，而齐国与秦国并不接壤，所以对合纵的态度不会很积极。燕国则远在最北边，对于拒秦，也不如中原国家迫切。

六国大势如此，所以苏秦选定了赵国，作为他实施合纵之策的突破口。

苏秦变卖了自己的部分家产作为川资，循近道经过燕乌、集阙，去赵国首都邯郸。

按照礼数，他应先去见相国，再请相国向赵王引荐。

赵国自从以中山之地与齐国结盟，孙膑、田忌在桂陵之役战胜魏国之后，国家尚且安宁。赵肃侯也喜欢接纳贤士。但是，此时赵国的相国为公子成，封号为奉阳君，他对于舌辩之士一向没有好感。

苏秦只知赵侯敬重贤士，不了解相国其人，就贸然去相府见奉阳君，且开口就谈六国形势，合纵大计。奉阳君根本不愿听，也不肯引荐苏秦于赵肃侯。

又是相国挡道，苏秦在赵国无计可施，万般无奈，只好离开邯郸，向北到遥远的燕国去碰碰运气。

他苦笑着对自己说：“苏秦啊苏秦！你命运多蹇，连横本是上策，却与你无缘，只能取合纵这个下策；合纵之策赵国为最易行，燕国为最难办，现在，你只能取最下之策，走最难之路了！”

鬼谷弟子，明智之士，欲安天下，何其难哉！

燕国虽然远在北地边境，但疆域辽阔，战马良多，如若治理得好，国力不在中原各国之下。到了燕国首都蓟丘，苏秦想，就从这里发展事业也未为不可。他决心在这里住下来，徐图进取。苏秦吸取了在秦国、赵国的经验，他不想再由别人去向诸侯引荐，而是准备直接去见国君。

此时燕国在位的君王是燕文公。

苏秦了解到，这位燕文公是一个想要有所作为的君主，如有得力之人辅佐，可成大事。于是，他决心与燕文公详谈。

苏秦没有想到，阍者这一关就很难过。他多次到王宫的大门口，都被左右挡了驾。一般人都是以貌取人，以衣冠取人。苏秦相貌端正，只是没有好的衣衫，守卫的人就是不肯通报。

不见文公，苏秦不死心。他在燕国，一边了解国情，一边等待时机。在燕国住了将近一年，眼看川资就要用尽，开始在馆舍里饿肚子了。

这天，有个旅客同情他，借给他刀币一百钱。

困境使苏秦想出了绝招：花一百钱吃了一顿好酒饭，便守在王宫门口等候。他看到燕文公的车马出去游猎，一直等到车驾回宫时，便伏在道中拦马求见。

燕文公的车马奔驰得很快，拉车的马险些踢着苏秦了。车停下来，文公并没发怒，而是令近臣前去看望，询问拦路者是否受伤，是否有什么话要说。

“喂，快起来，你是什么人？”

“鬼谷弟子，周朝士人苏秦。”

“大王问你呢，你有什么话，就说吧！”

“我有兴国大计，必需面见大王。”

燕文公虽没正式称王，但是国人早就称他为大王了。

近臣回到文公车前，禀报：“大王，拦路者是周朝士人，自称鬼谷弟子，说有大计要献与大王。”

燕文公说：“既是周朝士人，且不可怠慢了他，那就带他回宫，沐浴更衣来见。”

燕文公游猎回宫，感到有些累了，在宫女侍候下沐浴更衣。稍卧片刻之后，燕文公便恢复了精神。他想起了回宫时遇见的苏秦，于是在便殿召见。苏秦在王宫里洗了澡，换了衣服，也觉得精神焕发。

燕国是边远荒服之国，文公很想知道一些中原之事，以及那名存实亡的周朝之事。对于文公所问，苏秦无不对答如流。文公确信，苏秦是个有才、有识、有德之人，十分高兴，于是问道：“先生拦马欲见寡人，有何见教？”

苏秦再拜稽首，言道：

> 大王，当今天下大势，强秦欲吞六国，而六国不能联合以拒虎狼之秦。
>
> 魏国步步东退，河西诸郡全都给了秦国，但也未能换来安宁。
>
> 韩、赵两国不敢抗拒；齐、楚虽强，也只是在观望。
>
> 长此以往，各国终有宗庙社稷不保之日。大王之国虽远在北方，但那秦国还是不停地要来滋扰。秦王对于燕国西南边境的肥美之地，也早就垂涎三尺。

燕文公想，苏秦之言，句句在理。燕国易水流域之地，秦国早就想来强占，应该怎么办呢？燕文公问道：“先生要献给寡人的大计是什么呢？”

苏秦说：“如今天下大计，只有两策：要么是东西连横，由秦国与关东诸国分别联合，对六国各个击破而逐一兼并之。要么是南北合纵，关东六国联合拒秦，各保江山社稷。在下要献与大王的，便是合纵之策。”

燕文公听了苏秦的一番议论，觉得他把天下大势说得再清楚透彻不过了。这是别的大臣和外国使臣都未曾讲过的。他想，鬼谷弟子到底不同凡响。燕文公感到心里明亮起来，对于国家的前途，似乎也更有信心了。他十分高兴，便吩咐在殿中设宴招待苏秦，并召来一些大臣作陪。

燕国还守着古制，作为诸侯只用六佾之乐舞。宴会上，四十八个细腰长袖的美女，在殿中舞蹈起来。

燕国的宫廷乐舞，比起中原各国来也并不逊色，还多一些刚劲之气。

苏秦轻声对燕文公说：“微臣也曾在洛邑观过周朝八佾之乐，虽说那是天子之乐，但周朝衰微了，现在奏乐只不过是人数多些，气势还不如大王之乐呢。大王之乐，有蓬勃之气，此乃燕国勃兴之象。”

苏秦一番话，显然是在运用鬼谷子教给他的纵横捭阖之道了。但他的话说得不露痕迹，无谄媚之嫌，有根有据，有凛然之气，燕文公听了很高兴。

苏秦乘势劝说燕王，鼓足信心，使国家强盛，与五国联合抗秦。燕文公已经准备采纳苏秦之策了。

燕文公大会群臣，商议如何推行合纵拒秦之策。满朝文武听了苏秦的建议，齐声称赞："此乃上上之策。"

但是，由谁来完成这一大计，是否由燕国来与各国诸侯联络，议来议去却难以得到一个结论。

武将们认为：燕国的实力，还不足以纠合天下诸侯。历来诸侯会盟，都是以武力为后盾，此时燕国无此实力。

文臣们认为：燕国现在还没有一个能说遍天下的宾使，足以担当如此大任。

那时的宾使，用现代语言来说就是外交家。

燕文公说："寡人不想当齐桓公，九合诸侯，一匡天下。寡人只求六国诸侯能像苏秦先生所说的那样，合纵拒秦。哪个国家当盟主，寡人都赞同。"

文公能有这样的表态，使苏秦感到事情大有可为。

然而，燕国诸臣像是约定了似的，信心都不足，无人敢出面担当此任。

其实，苏秦在经历失败之后，苦读一年，总结经验，温习鬼谷先生教诲，目的就是为了承担起连横、合纵的大任，不能在秦国连横，所以现在决心主持合纵，以抗强秦。他等待的，就是这个机会。

苏秦说："我知道大王及众大臣所担心者，是各国诸侯能否参加纵约。在下不才，愿承担此任，去说服各国参加合纵。自北而南去说服各国诸侯，可以先从赵国说起。"

苏秦自愿出使赵国，燕文公和满朝文武都十分高兴。

于是，燕文公赠给苏秦金帛川资、高车驷马，派骑军壮士百人为侍卫，持了燕国符节，作为燕文公的特使去游说赵肃侯。

苏秦还是第一次得官。

他手中有钱，有权，有卫队了，并不忘本，随即派人取了黄金十镒，去酬谢那位借给他百钱的旅客。

那位旅客以百个刀币，换来黄金十镒。一镒即二十四两，一日之间得黄金两百四十两，发了一笔大财，千恩万谢。

苏秦做好准备，拜别了燕文公，便离开蓟丘向南进发。从蓟丘到邯郸，约有千里之遥。苏秦心里喜悦，走得愉快，一路晓行夜宿，需走三四天。

燕文公特使苏秦的车马队伍，一路风光地进入了赵国国境，即有边关放行，并有边将以快马飞报邯郸。

苏秦想，这一回，再也不需要奉阳君来引见了。奉阳君，你等着吧，让我们在赵肃侯面前舌战一场。

苏秦没有想到，这次在赵国他已经没有了对手，不用舌战了。赵国的奉阳君公子成已经去世，赵肃侯正愁没有适当人选来继任相国呢。

赵肃侯听说燕文公特使苏秦将到邯郸，心想："在燕国的大臣中，从来没听说过此人，那么，这苏秦是个什么样的人呢？"

朝中有知情者，向肃侯奏报："大王，苏秦乃是鬼谷子的弟子，和他同时师事于鬼谷子的有孙膑、庞涓、张仪等人。"

赵肃侯一听，好不惊喜：原来苏秦曾与孙膑同学。庞涓曾使魏国强盛一时，而孙膑当年桂陵一役打败庞涓，解了邯郸之围，他可是赵国的救星呀。苏秦是他们的同学，学问自然不错了。对于这样的学者，岂能怠慢。

知情者又奏报："大王，前年苏秦来过邯郸，当时奉阳君没向大王引荐他，所以他去了燕国。"

赵肃侯叹道："原来是奉阳君怠慢了贤者，使寡人与苏先生失之交臂，今日万万不可造次。"当即吩咐，对苏秦要隆重迎接。

苏秦抵达邯郸那天，赵肃侯带了一帮大臣，亲自步出王宫相迎。《战国策》记载这次见面，说苏秦"见赵王于华屋之下，击掌而谈，赵王大悦"。此事不假。

苏秦下车之后，赵肃侯即与他手拉着手，共同登上王宫里最华丽的大殿，亲切交谈，观赏六佾舞乐，设盛宴洗尘。

苏秦谈了他此行的使命，肃侯很是赞同。

赵肃侯对苏秦说："寡人与燕国、齐国都已结为盟好，边关无事。只是与西方的秦国、南方的魏国关系不好。魏国自桂陵之役以后，已不敢再犯我国；在马陵战役以后，魏国已向齐国称臣。寡人与齐国有盟，故而从道理上说，魏国已经不再是赵国之敌了。如今只是西方强秦，难以对付。"

苏秦说："大王所见极为英明，以目前赵国的地位，可以作为纵约六国之盟主。大王若欲完成合纵拒秦大业，微臣愿不遗余力，为大王奔走于各国诸侯之前。"

赵肃侯正愁朝中乏人，听了苏秦一番话，感到内政外交都有了指望，不由得站起身来，抚掌说道："寡人闻先生之言，如醍醐灌顶。寡人欲拜先生为丞相，兼为纵约长，代寡人出使五国，先生愿意辅佐寡人吗？"

苏秦见赵肃侯起身，自己也站起来，聆听君王之言。

赵肃侯所要求的，正是苏秦求之不得的事，他当即对赵肃侯跪拜稽首道："微臣愿为大王效力！"

于是，赵肃侯拜苏秦为丞相，佩丞相金印、紫绶，封武安君，赐连云甲第，兵车百乘，锦绣千匹，白璧百双，黄金千镒，任为纵约长。

这样，一夜之间，苏秦成了当时地位最高、最煊赫的宰相和巡回大使。

邯郸城里的新相府，为天下士人所羡慕。

苏秦显贵以后，即以黄金、白璧、锦绣孝敬父母，由小弟苏厉在洛邑家中侍奉二老，把大弟苏代接到邯郸来，作为自己的从人，协助自己处理军国大事。

不多时，苏代也由赵国朝廷授以不次之官。

苏秦接受丞相之职不过半年，即把赵国内政整理得井井有条：能当其官，功当其禄，德当其位，公正贤明，大有当年管仲相齐的遗风。贤者进，佞者退，官无侥幸进爵之心，士有忠心报国之志，天下平复，人心安定。

赵国一时成了各国政治的楷模。

不到一年，苏秦在说服燕、赵两国参加纵约之后，先后又说服了韩、魏、齐、楚四国参加纵约，完成了六国合纵的大业。

此时，苏秦身佩六国相印，为纵约长，即六国联盟的秘书长。

从此，关东六国诸侯，互相亲从，贤于兄弟。

这就叫作"贤人任而天下服，一人用而天下从"。

苏秦派人把六国所订的纵约投给秦王，秦王看了，深悔当初没采纳苏秦的连横之策。

从此，在那个以战国命名的时代，竟然有连续长达十五年的时间里，六国诸侯不以兵戎相见，秦国不敢轻易窥视关东，不敢对六国用兵，天下百姓得到了休养生息的宝贵时机。春秋战国时代最灿烂的文化，在这时得以建设起来而没有破坏。

鬼谷子在秦国咸阳市北馆舍，对天下大事了如指掌。苏秦终于成功了，云霓在他面前高兴得手舞足蹈。但是，鬼谷子还是不动声色，像是无事一样。

“先生，你时常念及张仪、苏秦二位学兄，现在苏秦成功了，你不为他高兴吗？”

“苏秦的成功使我感到快慰，但也使我感到担心。”

“先生，你担心什么呢？”

“张仪的才智，不在苏秦之下，可是他至今没有消息。”

“先生是担心张仪？”云霓飞快地活动着心思，若有所悟地说，“明白了，先生是担心张仪和苏秦两人，会不会像孙膑和庞涓那样，互相伤害？”

“你真是鬼机灵，张仪、苏秦两人的品德，与孙膑、庞涓又不相同，他们是不会互相伤害的。”

“那么，先生担心什么？”

“我担心苏秦，他所促成的连横，是有违天下大势的，实在难于长久。”

云霓不懂，连横、合纵，只是政治外交的策略而已，怎么就有违于天下大势？

鬼谷子看出云霓心里的疑问，便对他说：“周朝气数已尽，天下大乱几百年，现在已经到了复归一统之时，天下大势是海内一统。合纵，就是要保持诸侯分割的局面，所以苏秦最终是不能成功的。”

“先生，苏秦能知道这些吗？你不去提醒他？”

“无此必要，张仪、苏秦两人都非常明白。”

“那么，苏秦为什么还要合纵，而不找到张仪，两人一心，共同连横？”

“世间的事哪有那样简单，他两人都不愿下决心出世，而要入世建功立业，也就只能因势利导，待机而为之，这样，就难免要做一些自己不想做的事情。”

“是这样，叫我看，真不如出世好！”

“但愿他们两人，在历尽磨难之后，能出世为仙。”

云霓明白了，先生等待的原来是这个。

赵肃侯见合纵之策取得成效，天下各国对赵国刮目相看，便想学齐桓公，来个大会诸侯，自己做纵约主。用现代的话来说，赵王想召开六国首脑会议，并当六国联盟的主席。

于是，赵肃侯派苏代为特使，与各国商议会盟之事。会盟地点，赵肃侯采纳苏秦的建议，定在洹水。

鉴于苏秦驻赵国，中原及北方各国的君主都无异议，并已表示愿意相会于洹水。唯有对南方大国楚国，尚未就首脑会议问题与之进行沟通。这是一个非常艰巨的任务，当然要落在苏秦的肩上了。

于是，赵肃侯派苏秦出使楚国。

邯郸和郢都相距数千里，关山远隔，为了完成合纵大业，苏秦也愿意去做这次穿梭外交之旅。

此时苏秦出行，真比洛邑城中的周天子还要威风了。兵车百乘伴他上路，队伍几乎可与各国诸侯相比。

这次出使要经过洛邑。苏秦决定：在故乡洛邑稍事停留，看一看自己的亲人们。这些年他忙于合纵大事，奔波于各国诸侯之间，时常怀念着二老和亲人，却没有机会回家乡去探视他们。

苏秦的家，早已不是当年的老样子了。

苏翁、苏妪得了儿子送回的黄金，即让苏厉承办，建起了华丽的宫室，配备了车马僮仆。在洛邑，除了周天子及其王公大臣，没有人的宅第能与苏翁相比。

苏翁、苏妪听说三儿子出使楚国要路过洛邑，数日前就命僮仆洒扫宫室，清道除尘。又让苏厉张罗饮宴，准备仪仗、乐舞，在十里长街吹吹打打来迎接。一连数日，苏府内外，好不热闹。

苏秦到达洛邑那天，苏翁、苏妪领着一家人，坐上马车，跑了三十里路，到城郊去迎接三儿子。

与苏秦一道衣锦还乡的，还有他的弟弟苏代。兄弟俩在车中，远远就看见了父母。车一靠近，便急忙下车叩见，请安。苏翁、苏妪见了儿子，禁不住老泪纵横。当初他们没想到苏家会有今天，又感到过去对儿子看得太轻了。苏翁想要说什么，苏秦止住他，不让他说。苏秦知道老人是后悔当初不拿他当儿子。但是，儿子怎能埋怨对自己有养育之恩的父母呢？父子之间感情相通就够了。苏秦伸手扶了父亲，苏代扶了母亲，在官道上缓缓地行走。

沿途的行人，路旁田里的耕奴，都来围观这位袖中揣有六国相印的苏大人。

长长的道路两旁，跪满各色人等，延绵十数里。

苏秦的妻子躲在奴婢丛中，无颜正面来看自己的官人，只是在那里斜着眼睛偷看，心扑扑乱跳。

苏秦的嫂子扭动着腰肢，蛇行前来，匍匐跪拜说："多谢叔叔对一家人的眷顾。一家人的好日子，全靠三郎你呀！"

苏秦早已看见了妻子，他怨她，但并没有想要抛弃自己的结发之妻。此时见嫂子跪在自己跟前，便对妻子说："夫人，赶快扶嫂子起来吧！"

"嗯，嗯。"苏妻这才从奴婢中走过来。一声夫人，已使妻子泪水盈眶了，她急忙过来，扶起了嫂子。

苏秦对嫂子说："嫂嫂，你何必呀，以前那样倨傲，现在又这样卑恭。"

嫂子说："因为三郎现在官位高，黄金多呀！"

苏秦微微仰面，长长地叹了一口气，摇头说："世间之人哪，贫穷时亲人都不理你，富贵时则又畏惧你。自然之道安在，天伦之情何寻，人生在世，权势和财富就是如此不可忽视吗？！"

苏秦在家住了些日子，对周天子也做了礼节性拜访，然后就出发去访问楚国了。

楚国地域辽阔，实力强大，对于去洹水与其他五国会盟，并以赵国为盟主，颇有些不甘心。当初订立盟约时，让苏秦担任楚国丞相兼纵约长，楚怀王就有些勉强。

现在，兼任六国丞相、纵约长的苏秦来了，楚国朝廷却没有一个人能提出理由来拒绝洹水会盟。所以，楚怀王接见苏秦，只得十分客气，以免在会盟之时吃亏。

楚怀王会见苏秦时，令尹昭阳君陪侍在侧。行礼如仪，苏秦转达了赵肃侯对楚怀王的问候，楚怀王也请苏秦转达他对赵肃侯的问候，谈话随即转入正题。

“苏爱卿，郢都至洹水，关山远隔，寡人身体也不胜远行，我想派昭阳君代寡人去会盟，苏爱卿以为如何？”楚怀王这话，显然是托词。但苏秦不假思索，就能对付他。

“大王，微臣略通医术，看大王玉体康健，何言不胜远行？大王，身体不胜远行这话，可是千万不能外传的。”苏秦说这话时，神情颇为庄重。

“寡人这样说，有何不妥呢？”

“大王本来健康，却这样说，此话若是被外人听去了，难免要怀疑楚国内忧已甚，局势不稳，不堪一击，这将十分不利于楚国！”

楚怀王、昭阳君都被苏秦这句话击中了要害，无言可对。

楚国的内部确实很乱，暴露出去，不但会降低威望，而且可能招来兵祸。尤其是秦国，难免要钻空子。

苏秦继续说：“昭阳君自然是要陪同大王赴洹水的，宰辅不到，各国岂不笑话楚国君臣上下不能一体？”

君臣不能一体，也是祸乱之源。

昭阳君说：“微臣自然是要赴会，陪侍于大王左右。”

楚怀王干脆把话说透：“苏爱卿，如果楚国不赴洹水之会，结果又将如何？”

“大王，那结果是微臣极不愿意看到的。各国都结为同心，只有楚国孤立于外，不出三月，秦国大军就会直下宛洛、汉中！秦国窥视各国久矣，好容易才见到孤立无援者，岂能放过！”

这是非常现实的威胁，楚怀王和昭阳君听了，都冒冷汗。

“寡人只是戏言，洹水之会，寡人和令尹都将前往。”

被认为是很重大的外交难题，苏秦用不长时间，几句话就说定了。大事定了，接下来的话题就轻松了。

苏秦关心的是张仪，他应该早就到了楚国，现在为何默默无闻？

“大王，昭阳君，微臣想要打听一个人？”

“苏爱卿打听何人？”

“鬼谷的学兄张仪先生，他是要到楚国来的，现在何处呢？”

“此事令尹最为清楚。”

“苏丞相，张仪先生曾在鄙府多日，后因与府中门客有隙，早已离开楚国。”

听了昭阳君的话，苏秦想：“与相府门客有隙就要离开，这真是笑话了，国君和令尹是干什么的呢？”苏秦想到自己曾在秦、赵遭到的冷遇，就对张仪学兄的情况十分担心。但是，苏秦没有再往下问。他觉得，有关张仪在楚国的具体情况，由手下的人去了解清楚就是了。

苏秦出使楚国回来，六国诸侯会盟于洹水之事就定下来了。

所有关东大国都参加会盟，这是历来罕有之事。春秋时代的五霸会盟，从来也没有这样大的疆域。这更是赵国外交上最大的成功，是赵国从未有过的荣耀。赵肃侯好不欢喜，要着手张罗会盟盛典了。

但是，好事多磨。中间又发生了变故，纵约经受着战争的严酷考验。

原来六国的纵约并不坚固。各国都有自己的打算，不能一心一意地互相救援。秦国看准了这里面的裂痕，便准备向较为弱小的魏国发起进攻。

在这种情况下，魏国能不能利用纵约国的援助去迎战秦国，就成了纵约的试金石。魏国若是被秦国吓服了，去向秦国求和，秦国就会得寸进尺，势必引兵攻打赵国。赵国如果不能迎战，或者战而不胜，或者不能得到别国的援助，那么，纵约也就成为一卷空文了。

这样一来，哪还谈得上什么巩固纵约，哪还有六国诸侯的洹水之盟。

在这样的形势下，赵肃侯最怕苏秦离开赵国。那样一来，赵国的内政、外交都无人主持，无法与秦国抗衡。国运难保，更何况纵约主的地位了。

苏秦明白，要使纵约不消亡，六国诸侯洹水之盟能实现，从而加强纵约的威力，使六国紧紧联合起来，目前的关键是使秦国不向赵国发动进攻。这样可以争取时间，一切都还大有可为。

阻秦伐赵，一时成了苏秦外交和军事的焦点。

这是个大难题。苏秦自己又不能离开赵国去进行活动，否则，作为纵约主的赵国先垮了，事情就无法挽救了。

此时，苏秦想到了请学兄张仪出面相助。

张仪现在何处也不能确知，怎能让他去秦国，并说服秦王不攻打赵国呢？

然而，这件事苏秦、张仪却做成了，实现了阻秦伐魏。所以六国诸侯会盟才得以在洹水举行。这也足以说明，鬼谷弟子张仪、苏秦纵横捭阖的本事之大。这事后面再说，先说六国会盟。

六国君王的大会盟，是在周显王三十六年（公元前333年）。会盟的君王，从北向南来说是：

燕文公

赵肃侯

齐宣王

魏惠王

韩哀侯

楚怀王

六位国家元首聚会于洹水之畔，真乃空前之大盛事。

每位王侯随驾的从人、侍卫车马，都在千乘以上。每国的丞相等官员都伴随君主赴会，再加上百执事人等。一时之间，洹水之畔，连营百里。

大会之前，苏秦召集各国大臣开会。六国的大臣，为君主座次问题真是大费脑筋，颇费了一番攻夫才确定下来。

论资格，楚国最老。齐国也不晚，但君主已经由姜姓换为田氏了，所以与韩、赵、魏一样被视为新国。然而，战国之际，已经不能全凭资格服人。周王虽有天子之号，会盟中也根本没有他的份儿。

要论国力大小，楚国最大，齐国次之，再次之才是赵国、燕国、魏国、韩国。但是，魏国跟楚国、齐国一样，已经称王，而燕国称公，赵国、韩国只称侯，按爵位排座次与按实力排座次又不相符。

苏秦建议：从此次会议开始，各国一律称王，座次按国力大小排列。这样，才做到了皆大欢喜。

六王相会，实质性的谈判并不需要拿到大会上来，纵约早就拟订好了。洹水之会，只是重申纵约，加强军事和外交合作。

六王共聚一起，先祭天地，举行盟誓典礼，然后检阅各国军队，观赏各国乐舞。礼成之后，举行盛宴。

从此，燕、赵、韩三国之君不只是在国内称王，各国之间也互相称王，也不管有无周天子的封号。

赵肃王成为纵约主，受到各国敬佩。

苏秦完成合纵，为纵约长，功盖天下。

第四十五章　张仪两辞秦相印

六国会盟前，秦国举兵伐魏的消息，使六国合纵的盟约受到严峻考验，赵肃侯和苏秦都坐立不安。

只有使秦国不攻打魏国，才能挽救纵约，使六国君王在洹水的会盟得以实现。谁有那么大的能力，能说服秦国不出兵呢，唯有学而有成的鬼谷弟子担当此任。苏秦不能离开赵国，便想到要请学兄张仪相助。

张仪此时在何处？

怎么去找他呢？

他一介布衣，又怎能使他去说服秦惠王？

苏秦想出了一条计策，便让自己门下心腹毕成去施行。他对毕成交代：张仪若已经在秦国，即当如此如此；张仪若还没到秦国，又当如此如此。

“这是军事秘密，只有你我两人知道。”

“请相爷放心，毕成一定不辱使命。”

毕成领命后，按照苏秦所定计策积极奔走，不久即访得张仪此时正在魏国首都大梁。苏秦知道了张仪的下落，心中大喜，即让毕成扮着贾舍人，依计而行。

张仪在楚国吃尽苦头，对楚国君臣怀着满腔愤怒，带着妻子和女奴涓儿北归中原，优游于各国之间，相机行事。

涓儿有功于他夫妻俩，张仪免除了她的奴隶身份，把她许配给了一位魏国士人。从此夫妻俩就在大梁闲居。

张仪在大梁城中酒肆，无意间遇见了一位赵国富商贾舍人。张仪根本不知道，他就是苏秦的心腹毕成。张仪无意，贾舍人却是有心。他早向店家打听过了，知道张仪闲来无事爱到这里坐坐。

这天，贾舍人瞅见张仪又进店了，便对沽客们高声谈论苏秦身佩六国相印的气派："啧啧，人生一世，草生一春，做人要学赵国的武安君，那才不枉在人间走一遭！"

"这位客官，你说的武安君，就是鬼谷弟子苏秦吧？"

"除了苏秦，天下哪有第二个武安君。他一身兼任燕、赵、魏、韩、齐、楚六国丞相，袖藏六国相印，普天之下，就只有秦国的相印没有揣在他的袖筒子里了！"

"他到秦国走一趟，不就得了。"

"他哪能去，秦王就是给他磕十个响头，把相印送给他，他也不会理睬，谁叫那秦王当年把他拒之门外呢……"

张仪当然知道，苏秦游说六国合纵成功了，但不知详情，听人们说得那样动情，便来到贾舍人食案之前，搭话询问。

"敢问先生尊姓大名，何以知道苏秦合纵之事？"

"在下是个商人，你就叫我贾舍人吧。我的家人常向相府供货，跟相府门人厮混熟了，所以知道的事情颇多。请问——这位官人，你不像是个生意人，倒像是一位有学问的先生，敢问尊姓大名？"

"在下是个闲人，名唤张仪，号余子。"

"啊，原来是张先生！"贾舍人故作惊惶之状，急忙离席跪拜，说道，"小人失礼了！"

张仪急忙扶起他，说："你这是为何？"

贾舍人道："在下曾听相府之人说起，武安君对他们讲过，他在鬼谷先生那里攻读时，有位学兄张余子先生，道德学问在他之上，要去楚国建功立业。武安君说，他出使楚国，楚怀王却说不知有张先生，原来先生到了魏国，今日能见，真是三生有幸！"

“季子贤弟如今事业成功，愚兄真为他高兴呀！不瞒你说，我的仕途坎坷得很呢。”

“张先生是大器晚成，不去楚国，到了别的国家，还不是照样建功立业。”

贾舍人十分客气地邀请张仪共饮，张仪也不拒绝。

张仪和贾舍人酒过数巡，便成了朋友。张仪约贾舍人常去家中相叙，以便了解苏秦的情况，贾舍人也不推辞。

苏秦合纵成功，使张仪很是兴奋。夫妻俩收拾行装，准备去邯郸访问，但又有些发愁。他俩已无钱添置好的衣服，车马川资也难以筹足。正好这时贾舍人来了，主动要求陪伴他俩同行，并把自己的好车好马供他俩使用。

张仪夫妇把仅有的一点银钱都快用完了，又无进项。他俩是穷怕了。这次到赵国，只想能得到苏秦的举荐。张夫人想，苏秦身佩六国相印，在哪个国家不能为他安排一个官做。

到邯郸第二天，张仪便去相府见苏秦。到了相府大门口，把名刺递上去。阍者说：“武安君今日不见客。”不肯通禀。

一个阍者，守门人，哪有那么大的权力，敢于阻拦相国的金兰兄弟？原来毕成回相府报告了情况后，苏秦特别告诉阍者，张仪来访，五日内不准通报。

张仪哪知这些，他不死心，天天去，阍者总是那句“武安君今日不见客”。

其实别人投名刺，阍者都去通禀，只是挡住张仪一人。张仪心里有气，也无处发。一直到第五天，张仪决定，如果阍者再不通禀，就要与他论理直闯相府了。

这天阍者却把名刺送了进去。张仪心想，苏秦见了他的名刺，一定会亲自出门来迎接。不想等了半天，才从深宅大院之中走出一位执事官员，昂头说道：“哪位是张仪先生？丞相说了，他今日事忙，改日再派人去请先生相会。”

张仪恨不能打执事官一记耳光，一想这是苏秦不重兄弟情谊，与执事人等何干，也就忍了。

张仪回到客店，等了几天，始终不见相府人来请。他想要离开邯郸，店主却说：“张先生，你何必性急嘛，既然来了，不妨再住数日。”

原来是贾舍人吩咐过，房租由他付，只要留住张先生不走。张仪想找贾舍人，却又不知去向。

这天相府来人了。也没派高车驷马，只有几个家臣，来领张仪徒步去相府。张仪好不寒心。

苏秦把见面时间正好安排在吃午饭的时候。这时相府堂中演奏着六佾乐舞，众美人步态轻盈，轻歌曼舞，钟鼓管弦之声不绝于耳。苏秦的食案上，摆满了美味佳肴，山珍海错，什么鹿唇熊掌，猴头燕窝，鲍鱼飞龙，不下数十种。家臣通报“张先生到了”，他只是若无其事地点点头。见张仪到了跟前，头也不抬，眼也不睁，只顾饮酒大嚼。

张仪站在旁边拱手道：“季弟，一别多年，一向可好！”

苏秦也不注意站在一旁的张仪，只顾抬起头来为美人歌舞叫好。张仪气得脸都发紫了，又说了一声：“季子先生，别来可好！”

苏秦这才转过脸来，看着气得要炸的张仪，轻描淡写地说了声：“是余子兄呀，快快请坐。”

张仪已经站了半天，也不客气，一屁股席地坐下。这时家臣对苏秦说：“大人，张先生还没用午膳呢。”

苏秦吩咐道：“余子兄未用膳，快设席侍候！”

于是，僮仆为张仪搬来食案，呈上菜肴，只有两样素菜，一碗羊肉，也没有酒。张仪见此，心想：“季子兄弟平日也不是这样，做了大官怎么就变得这样无情无义了。”他是一点食欲也没有了。

张仪压抑着怒气说道：“季子先生，在下虽贫，也不至于……”他说不下去了。

苏秦说：“余子兄既言贫，我也不能不相助于你。”即转身令家臣道：“快取黄金一镒，赠予余兄。”

家臣即从袖中拿出黄金一镒，置于张仪食案上。张仪见苏秦是在打发乞丐了，怒火再也忍耐不住，猛地站起身来，说声：“在下告辞了！”便离开相府，头也不回。

苏秦见张仪走了，痛苦至极，喝令停止乐舞，撤下宴席。他再也吃不下东西，让人们都退去，独自一人时，他面对着画屏说："天哪！不想我们兄弟，相别多年，只能如此相见一面。从今往后，尚不知有无见面之时！"

苏秦的两眼里，泪如泉涌。

苏秦想，毕成扮的贾舍人应能趁此时机，赶快送张仪去秦国才好，大事的成败，就看他们了。

张仪怒气冲冲离开相府，不料想在大街拐角处遇见了贾舍人的马车。贾舍人即请他登车，送他到客店。

张夫人见他回来，便问："官人在相府与丞相共叙兄弟情谊，为何脸色如此难看。"

张仪说："休要提他！他做了大官，已经变成忘本无义之人。我真后悔，这次根本就不该来邯郸！"他把去相府的经过说了一遍，贾舍人在一旁听着，也表同情。

张仪说完，贾舍人忙说："请张先生放宽心。张先生此次邯郸之行，只怪在下从中撮合。我没想到丞相会慢怠先生。在下帮人帮到底，张先生是鬼谷弟子，何愁不能显达。今后有什么打算，在下愿意全力以赴，助你实现鸿鹄之业！"

"岂敢有劳于你，那不妨碍你做生意吗？"

"此次我本想去秦国做一笔大生意。但为了先生，我可以改变主意，到哪国去经商都行。买卖人，以四海为家嘛。"

"我正是想去秦国。"

"我原准备明天就动身，你来得及准备吗？"

"明天就明天，我只想早些离开这里！"

于是，贾舍人出资，为张仪夫妇备了高车驷马，买了僮仆从人，制了精美衣装，又送川资黄金百镒。贾舍人自己的五辆车中也装满了货物。次日天明即离开邯郸，六车同行，向秦国首都咸阳进发。

贾舍人陪伴张仪夫妇，晓行夜宿，不数日就到了秦国。

他们在咸阳城中馆舍住下，贾舍人即以车中所载金银玉帛，贿赂秦王左右，当即确定，次日秦王在深宫召见张仪。

这时秦惠文王得知六国订立纵约，正在后悔当年没有采纳苏秦之策。苏秦所上十万言的策略，把天下大势说得清清楚楚，对于连横、合纵的要旨讲得十分透彻。惠王越是拿出来翻阅，就越后悔，是自己没能把苏秦留在秦国，他才去游说六国合纵拒秦。现在六国纵约已经成立，六国诸侯还将会盟于洹水，自己将处于孤立境地，怎么办呢？

正在这时，有人禀奏："鬼谷弟子张仪到了咸阳。这位张仪曾与苏秦结为兄弟，道德学问皆在苏秦之上。"

惠王听了说道："此乃天助我也！"他恨不能连夜召见张仪。

左右奏道："张仪先生旅途劳顿，大王，还是明天再去召见他吧。"

惠王左右得了好处，腿也勤了，面君之后又回到馆舍来，向张仪和贾舍人报告："大王说，他恨不能连夜召见张先生。请张先生安歇，明日再见。"

次日，在秦王深宫，秦惠王与张仪相叙，君臣之间情投意合。

张仪对天下大势的分析，所谈的对策，果然不在苏秦之下。秦惠王大喜，把心里话也和盘托出来了："据云，张先生曾与苏秦结为兄弟。现在你主连横，他主合纵，兄弟相斗，你能抛开情面吗？"

张仪不提苏秦变心之事，只是说："各为其主，各尽其忠，何言情面？兄弟之间，不可像庞涓那样残害人，但各以智谋相争，各建功业，也就是大义了。"

秦惠王听了高兴，当即决定授予张仪丞相之职，佩紫绶金印，赐予宅第，开设相府。

张仪见驾归来，告诉夫人和贾舍人，惠王已经授予自己丞相之职，将在咸阳开设自己的相府。

张仪夫妻俩正要重谢贾舍人，贾舍人却说："张丞相，此行一切开销，均是武安君所赠。你们只可谢武安君，不可谢毕成。我只是执行苏丞相之命而已。"

"毕成是谁？"

"在下不是什么贾舍人，而是相国门人毕成。请张丞相不要责我欺瞒之罪，我是遵从相国旨意行事的。”

张仪夫妇不敢相信自己的耳朵：“果有此事？”

毕成从袖中取出黄绢一幅，呈与张仪道：“相国有书信在此。”

张仪接过黄绢来看，那上面写道：

余子吾兄大鉴：

请吾兄宽恕愚弟逼兄赴秦之罪。

向者，与兄论及天下大势，唯连横、合纵二策可以安之。连横为上，合纵次之。相约弟去秦国，乃私贪上策；而兄去楚国，实甘领次策，此已愧对余兄。无奈愚弟不才，秦王不用，时势变迁，不得已而行次策，为纵约之长；兄之功业，乃在上策，此天意也。

纵约初订，洹水之盟待成，乞兄说秦王暂勿伐魏，使愚弟小有所成，不碍兄之大业也。

千万。

愚弟　季子顿首

×月×日

张仪读罢书信，不禁眼泪夺眶而出，说道：“原来贤弟在邯郸故作无礼，是为砥砺我决心入秦，建立大业。如此，他在相府那样待我，想必他的内心实为痛苦，我是错怪于他了。我们兄弟，竟是那样见面，又那样分手呀！”

张仪对毕成说：“连横之功，确在合纵之上。我弟既让之于我，我也请你回邯郸之后向他转告：只要季子贤弟在赵国，我就决不言伐魏二字。请放心，我完全能说服秦王。”

毕成得此允诺，知道使命完成，跪地再拜稽首，辞别张仪夫妇，回邯郸复命去了。

秦不伐魏，遂使赵王为纵约主、苏秦为纵约长的地位得以巩固，洹水之盟得以实现。十五年之内，秦国不轻易出兵征伐关东各国。

但是，正如张仪、苏秦所估计的，合纵是安天下之次策，六国诸侯各怀异心，最终不能各保其国。

张仪倡导的连横，终于导致秦灭六国。然而对于张仪来说，也有诸多难处。

秦惠王拜张仪为丞相，封武信君，对于张仪所定计策，都任其执行，使秦国战略目标变得清楚了，举国上下都以连横为建立帝王之业的基本策略。

秦惠王在重大问题上不听张仪意见只有一次，那就是先伐蜀还是先取三川。

那天，丞相张仪和将军司马错，在惠王面前进行了一场著名的争论。司马错主张伐蜀，张仪说不如伐韩。惠王让他们各自摆出理由来，再作定夺。

张仪振振有词地说：

> 我们先和楚、魏两国修好，攻下韩国的三川之地，据有伊水、洛水、黄河之间的地区，周朝就失去了屏障，周王知道王位保不住了，必然交出九鼎宝器和图籍。这就可以挟天子以令天下，天下诸侯莫敢不从。这就是帝王之业了。
>
> 没有韩国挡道，也更有利于向楚国、魏国用兵了。
>
> 要说那西蜀，是个边远的地方，攻下它既无名也无利。臣听说争名于朝，争利于市，三川之地就是天下的朝市，不去争它，与帝王之业相去就远了。

秦惠王听了张仪的长篇大论后，觉得有道理。张仪想："但愿司马错把他的理由说得更充分些。"果然，司马错抢着说：

> 不然！臣听说，想要富国，必须扩大疆土，想要强兵，必须富民，想要建立帝王之业，必须修德。做到这三点，帝王之业就成功了。
>
> 如今大王地少民贫，所以臣愿为大王拓广疆土。西蜀正在混乱之中，攻下它，就像狼逐羊群。取它之地可以扩大疆土，取它之财可以富足百姓。管理得好的军队，不会伤了百姓。攻下这样的国家，天下不会认为是暴行，诸侯不会说成是贪财，一举而获得禁暴止乱的好名声。
>
> 如果去攻韩国，劫天子，只会落得个不义的恶名，也无利可言。周朝知道自己难保，韩国知道三川将失，必定合力奋战，向齐、赵求救，与楚、魏和解，把九鼎送给楚国，把三川送给魏国，大王也拿他没有办法。所以说，这样做很危险，不如伐蜀更好些。

张仪听着司马错的议论，颔首微笑，也不再反驳。以鬼谷弟子的舌辩才能，他是很容易把司马错驳倒的。但是，张仪却不说话了。

对于这番千古佳论，张仪是故意辩输，自古无人看懂。

原来，伐韩虽不同于直接伐魏，但也会破坏纵约。因为张仪向苏秦许诺的暂不伐魏，实质是暂时不破坏纵约。取三川，实际上是实践连横，是对纵约施行破坏，是张仪所不希望的。延缓东进，秦国也正好利用这段时间，整顿好内部，把领土扩大到巴蜀。这既实现了秦国先王的遗愿，对于发展国力也大有好处。这是在做推行连横之策的物质准备。

秦惠王看张仪也无异议，便对司马错说："好，寡人就听你的意见，兴兵伐蜀。"

张仪作为丞相，全力来支持司马错将军伐蜀，并以丞相身份去蜀，处置军政大事，建设好成都及蜀中各地城邑，治理好蜀郡。

在咸阳市北馆舍里，云霓对鬼谷子说："张仪学兄对于先生的纵横捭阖之道，学得那样精通，为什么在朝廷辩论之时，竟然说不过一员武将？"

鬼谷子听着，只是笑。

"先生，你说呀？"

"他是为了不破坏苏秦的好事！"

"他这样，不就放弃连横了呀？"

"伐蜀是为壮大实力，准备连横。连横之事，功到自然成，道法自然就是了。"

云霓似懂非懂。鬼谷子感到，张仪对鬼谷学说的利用，可谓炉火纯青。

鬼谷子认为张仪、苏秦二生能这样精明地左右天下大势，又能互相有所照应，就觉得可以放心了。他们即使到了利益冲突之时，也不会像孙膑、庞涓那样相残了。

"人能存此心，通此道，是可以引导他们成仙的。"

云霓听师父这样说，知道他对张仪、苏秦不仅怀有深情，而且抱有希望。

张仪相秦，十数年间，使秦国疆域扩大了许多。他按秦惠王的愿望，支持司马错攻取了巴、蜀二郡，使秦国国力增了一倍多。

司马错的主张实现了，就该实现张仪的主张了。

为了取得韩国三川之地，张仪第一次辞去秦国相位，交还相印，去到大梁，在魏惠王的朝廷里任魏国客卿。

张仪的目的是破坏纵约，使魏、楚两国不去救韩国。其时，楚国的使臣正在魏国访问，张仪就在魏惠王招待楚国使臣的宴会上说：

> 今日的西秦，已是天下最强之国，岂可不与关东六国相交易。三川之地乃是与关东各国交通的必由之地，是秦国必须取得的。大王与楚王若不明此理，秦王就会另找出路，比如：魏国的上郡，楚国的汉中，都有可能成为秦国首先攻取的目标。

魏惠王和楚国使臣，那经得住张仪的这一番说辞。他们只想到自身的利害，早把纵约、韩国置于不顾了。

“张爱卿言之有理，寡人的上郡岂能让秦国夺去。”

“大王，魏国不愿失去上郡，楚国更不愿意失去汉中！”

楚国、魏国就这样，在张仪的游说下，眼巴巴看着秦国占领了韩国的三川之地。

韩国失去了三川，周朝就没有了屏障，周天子及九鼎神器，已在秦国手心里了。

纵约被秦国张仪攻破了，苏秦在赵国的威望大降。对于他们两人来说，这是早在预料之中的事情。

苏秦深知六国诸侯各保自己的这种本性，他们没有统一天下的大志而又妄自尊大，所以合纵之策必难持久。坚持了十多年，也算是很不错了。苏秦不仅不恨张仪，而且从心里感谢张仪。除鬼谷子外，当时无人理解这一点，后来的史学家更是搞不明白。

苏秦已经不得不致力于合纵事业，他只能寄希望于最东边的齐国和最北边的燕国。一则是因为这两国疆域辽阔，再则这两国遥远，如果联合得好，可以成为秦国最后才攻下的国家，使合纵可以多维持一些时间。

但是，这两国君臣也不明天下大势。齐国还好些，所以苏秦到齐国去说服了齐宣王，归还燕国十五城，与燕国修好，然后再去燕国。

苏秦虽然还挂着燕国相印，但燕国君臣对他大不如前了。朝廷中有人说苏秦的坏话，燕王就右手按剑对苏秦发怒。

招待苏秦的宴席也没有山珍海错和羔羊，而上了駃騠，就是公驴配母马所产的驴骡，此肉的味道比起牛羊肉来，差得远了。

合纵之策，从此味同駃騠。

苏秦再回到齐国任客卿时，已经是齐闵王在位了。这位闵王也不能像宣王那样善待他。齐国大夫中有人忌妒苏秦，害怕苏秦的舌辩之才，便下毒手刺死了他。

煊赫天下的苏秦，就这样命归黄泉了，真是令人寒心。

苏秦一死，合纵之约就瓦解得更快了。

苏秦去世，使张仪感到痛心。

兄弟两人是同病相怜，都怕功高遭忌妒。他在连横的活动中失去了对手，秦王对他的倚重程度也就降低了。没有合纵，哪有连横呀！张仪对着苏秦的灵位说："我的好兄弟，你正当有为之年，竟遭如此不测！天下才能之士为何总是这样不幸！"

张仪对苏秦，只能遥祭，不便亲吊。想起两人在邯郸相府那样的分离，他不禁眼泪涟涟，那就是他俩一生的永诀呀！

合纵既破，秦国得了三川之地，向东的道路已打通了，张仪又回到秦国任丞相。

秦惠王为表彰张仪的功绩，增加了他的封地。

张仪又为秦王建立新功：派樗里疾将军向北进兵，迫使魏国献出上郡十五县，为进军燕、赵铺平了道路。又向东，取得了军事要地韩国的成皋。这个地方，在韩国灭郑之前，是郑国的虎牢。秦国据有虎牢雄关之后，伐齐、伐楚、伐魏便有了屯兵之地。秦国的军事态势，已经十分有利了。

在苏秦去世之后，张仪对于连横之策，就更加没有顾忌地推行，更是畅行无阻了。

此时，张仪需要认真对付的是南方的楚国，眼中瞅着的是汉中这块宝地。张仪纵横捭阖，把矛头主要对准南方了。

张仪第二次辞去秦国相印，是要去楚国。

这次当然和上次一样，秦国朝廷仍保留着他的相位，实际仍是佯称去职。这样做，为的是让所去之国放心，向他们表明秦国是真心实意地派了大臣去那里为人质，结为友善联盟。

张仪这次去楚国，车中带了重币，目的是说服楚国与齐国绝交，以便向齐国发起进攻。

当年张仪曾受楚国昭阳君的诬陷与摧残，早已领略了楚国君臣的昏庸，心里愤愤然，觉得对这帮家伙不能讲什么信义，一定要整治他们一下。只是，那可恶的昭阳君已经不在人世了。现在当朝主政的人物有上官大夫靳尚，三闾大夫、左徒屈原。他们两人在怀王面前争宠，在国外也有所闻。张仪觉得，这就给了他按照鬼谷策略行事的好机会。

张仪车过宛城时，听说楚怀王已经疏远了屈原，屈原忧怨而作《离骚》《天问》。是啊，人在苦难之时要喊天，人在惨痛之时要喊娘。

屈原的遭遇使张仪想起了当年自己所受的忌妒与诬陷，产生了惺惺相惜之情。但张仪又觉得，楚国朝廷没有了屈原这样忠直之人，自己此行的使命就更好完成了。

张仪在郢都馆舍住下之后，向有关大臣送了重金，然后去王宫拜见楚怀王，递交国书，献上厚礼，怀王赐座。

"秦王遣余子，传达对大王的问候。"

"寡人请余子先生，传达对秦王的问候。"

寒暄之后，转入正题。张仪说："秦国对于楚国跟齐国从亲，甚为憎恶。秦王命我向大王转达：楚国若能与齐国绝交，秦国愿把商于之地六百里献与楚国。"

"此事容寡人深思，交与众卿计议之后，再作定夺。"

商于之地六百里，是一片坐落在黄河与汉水之间的宝地，与楚国的汉中相连。楚王贪婪，上官大夫靳尚等一帮人在得了好处之后，也为张仪说话，跟着敲边鼓。次日朝议，便定了与齐国绝交，接受秦国之地而与秦国结盟。

楚怀王立即召见张仪，任张仪为丞相，授张仪以相印，赐黄金百镒，良马十驷。并当着张仪的面，传令楚国北关守将，封锁楚国与齐国相通的道路，不许齐国使臣出入，两国绝交。

屈原被疏远，使张仪的使命很轻易就完成了。楚怀王对张仪说："张爱卿，寡人信任你，不需留你为人质，你可以到天下任何地方去做你想做的事。"

楚怀王为了得到土地，让张仪驱车回咸阳复命，并派使臣跟随他入秦。

张仪出宫后，楚怀王高高兴兴地召逢侯丑进宫，对他说："这次派你一个美差，跟张仪丞相去秦国接受商于之地六百里。"

张仪回到咸阳后，把逢侯丑安排到馆舍，即去王宫报告出使楚国的情况，并说："楚国目前朝政昏庸，大王可尽快做好征战准备，夺取汉中六百里地。"

于是，秦国战略转移，将伐齐之事暂且搁置，把军队就近引向汉中，先伐楚国。

楚国使臣逢侯丑到了咸阳之后，便不见了张仪。逢侯丑多次派人去相府，阍者都说丞相病了，不能见客。

拖了不少日子，逢侯丑再去相府，被门人领了进去。

逢侯丑问："听说丞相贵体有疾，现在可是痊愈了？"

"前些日子略有不适，现在好了。"

"丞相许诺割与楚国商于之地六百里，今日可以去面见大王，授予舆图了吗？"

张仪故作惊奇道："你说什么？商于之地六百里？秦王宝地岂可轻易割与他人！我只与楚王约定献地六里，没说过六百里。六里地，你去收就是了，授什么图！"

逢侯丑气得要命。跑了上千里路，只为六里地？分明是秦国欺负人。他二话没说，就拂袖而去。

逢侯丑星夜赶回郢都，向楚怀王奏报。怀王大怒，吼道："张仪欺人太甚！"

于是，楚国调集全国精兵，准备向秦国发起进攻。

早在楚怀王调集全国精兵之前，秦惠王已经做好迎战准备，并已计划夺取汉中六百里之地。

楚将屈丏率领十万大军，火速向西北进发。秦军以逸待劳，与楚军在丹、淅二县大战一场。结果楚军大败，屈丏被俘，斩首八万级。秦军乘胜挥师向西，顺手占领了汉中六百里膏腴之地。

张仪的计策提前实现了。

郢都王宫里，楚怀王在上官大夫靳尚和南后郑袖簇拥下，正在观赏美人歌舞。忽然接到前方来报：屈丏将军被俘，楚军全军覆灭，斩首八万级，六百里汉中之地已失。顿时，楚怀王觉得天昏地暗，晕倒在地。

郑袖挥走歌舞女乐，靳尚召来太医，经过诊断，掐人中，喷以凉水，才使怀王醒了过来。

次日，楚怀王强打起精神，召集文武百官计议，决定出动倾国兵力，向秦国纵深发动进攻，直捣秦国首都咸阳。

楚军声势浩大，一路斩兵折将，双方伤亡惨重。

这次秦、楚之战，是春秋以来发生在诸侯之间的最大的一场战争。

秦、楚两军准备决战于蓝田。

魏国见秦、楚两国大战起来，觉得是向西南发展的天赐良机。趁着楚国内部空虚，向楚国发起袭击，一直进兵到邓邑。

由于张仪连横成功，各国都不与秦国为仇。齐、楚两国既已绝交，此时齐国看着魏国伐楚，也只是幸灾乐祸，不予援助。

楚军见后方不保，只得从秦国撤兵回来。

战场之上，岂容随意去来，决战之势既成，就容不得你不战了。楚军一动，秦军乘势追击，与魏军合作，秦、魏两国共同包围楚军达一年之久。

秦军取得了战略上的主动，张仪便请秦惠王派出使臣，对楚怀王说道："秦国愿割汉中之地，与楚国和好。"

本来属于楚国之地，现在说"割"来跟楚国讲和。张仪提出此策是存心要气气楚国君臣。然而，那昏昏然的楚怀王竟派出使臣对秦惠王说："我国大王有言：寡人不要汉中之地，只要得到张仪就甘心了。"

张仪听了楚怀王那句话，哈哈大笑，对惠王说："以臣一人而换汉中之地，何乐而不为也，臣请大王让我再去楚国！”

秦惠王说：“张爱卿，楚王分明是要你的性命，爱卿岂可去送死！”

张仪笑道：“大王，楚国之行，但去无妨，为臣自有道理，请容臣密奏。”

秦惠王挥去左右，只剩下惠王和张仪两人，乃问道：“爱卿有何良策？”

“楚国现在在位之人，多为贪利之徒，为臣略施贿赂，不愁无法脱身。如此，楚国不能再提出索要汉中六百里之地了。”

于是，秦惠王拿出宫中美玉，拨出重币，由张仪用于贿赂楚国用事之人。

过了些日子，张仪才随同楚国使臣去郢都。他们还没离开咸阳，张仪的美玉和重币，已经有人送到了楚国靳尚的府中和南后郑袖的手里。

楚怀王想让使臣把张仪像犯人一样押回楚国。使臣哪敢？秦丞相张仪待他不薄，还许诺今后要重用于他。所以，一路上把张仪奉为上宾。

到了郢都，张仪对使臣说：“已经到了此地，你得把我捆绑起来送与怀王。”

楚国使臣说：“在下不敢，请丞相自己负荆请罪吧。”

使臣把张仪带进王宫，张仪双手捆在身后，背上插了一根竹片。

楚怀王见了，大笑道：“好个张仪，你也有今天，寡人岂能饶你欺君之罪！”

“在下是自愿来向大王请罪的。在下之罪，不是欺君，而是没能把大王的军队全歼于商于之南。”

“气死我了！你还想全歼寡人的军队，你说割给寡人商于之地六百里，非但寸土不割，反而夺去寡人汉中之地六百里，难道这还不是欺君吗？”

“大王之言在下就不懂了。余子是秦王之使，余子之君是秦王，我未曾见欺于秦王，而是有功于秦王，何来欺君之罪？大王若真是授权柄于余子，余子为楚臣，当也会像对待秦王一样报效于大王。当初大王并未授我以权柄，今后只怕大王也不愿用我，何言欺君呢？”

“寡人辩不过你，你既落到寡人手里，寡人决不饶你。拿下去，天牢侍候！”

楚怀王把张仪关进天牢。但是，上官大夫靳尚早已吩咐狱吏，好生侍候，好酒好饭款待。

靳尚还在怀王面前劝说：“现在大王是在与秦国修好，怎能慢怠了秦国使臣，遭天下人耻笑。”

在宫闱中，南后郑袖更是在吹枕边风，要怀王放了张仪。

日间，朝中大臣个个都来相劝，求怀王不要慢怠张仪，怀王早已犹豫不决。夜里，爱姬又来缠绵承欢，为张仪说情。怀王便说：“美人儿，寡人就听你的了，明天就放了那张仪。”

张仪一出天牢，便乔装打扮，化作商人模样，连靳尚、郑袖也认不出他。张仪对他们说声：“多谢了！”便出宫混入人流中去了。

张仪日夜兼程，逃离楚国。

三闾大夫屈原被疏远之后，不能参与朝政，但也放任为外官。此时他出使齐国回到郢都，听说怀王放了张仪，便直入宫中对怀王陈说利害，劝怀王追回张仪问斩。

怀王后悔不该放了张仪，立即派人去追寻，但是张仪早已不知去向。

第四十六章 张仪相魏保大梁

张仪逃离楚国，没有立即回到秦国去，而是向秦王请得了出访的使命。张仪这次出访，把鬼谷子智慧发挥得淋漓尽致，开创天下穿梭外交的先河。

张仪这次出游，目的是加强秦国与各国的连横。他的策略是：对于未与秦国交战的国家，都要搞好关系。并把正在与秦国交战或交恶的国家的情况通报其余各国，以取得谅解。

张仪这次东游，出访的第一个国家是韩国。

他刚到新郑时，韩国君臣因对秦国夺去三川之地耿耿于怀，对张仪前来重申秦韩和约颇为冷淡，但又不敢得罪。所以，韩国对他的接待是敬而远之。

韩王召见，对张仪说："先生不愧为鬼谷弟子，纵横捭阖，功莫大焉，却使寡人之国，失利太多。"

"大王此言差矣。韩国失去了三川之地，虽觉可惜，但却是因祸得福。"

"张先生口舌虽巧，又怎能说出一个福字来？"

"大王，那三川之地，本是周室屏障。大王难道不知，楚国早就想要问鼎中原吗？王孙满就曾问过九鼎轻重，不就是准备要迁鼎于楚吗？所以三川之地，秦、楚必争。若到了楚国手中，大王之国就危险了。今天到了秦国手中，更有利于秦国与大王之国，以及魏、赵、燕等国的连横，任一国有事，秦国皆可来援，这难道不是福？”

韩王一想，张仪的话也不是没有道理。韩国夹在楚、齐、魏三个大国之间，与秦国修好，一旦有事，也可求得援助。于是，允许了张仪加强和约的请求。

张仪到了魏国首都大梁。

这是自己的父母之邦，张仪是不忍心祖国的父老多遭兵祸的。合纵也好，连横也好，都要守道。鬼谷先生的教诲不能忘。如今在这战乱岁月，能守之道，仅是保境安民而已。

秦国夺取魏国上郡十五县，虽不是强兵恶战，而是魏国自己献出的，但也是不得已。所以，魏惠王对于张仪逼他献地，既有些不满，也有些畏惧。

魏惠王觉得张仪这个人很有才略，而又得罪不得。对于这样的人魏国自己不得用，而为秦国所用，真是太遗憾了。持这种想法的不只是魏王一人，魏国朝野乃至老百姓都有类似想法。老百姓厌恶战争，对于张仪奔走于各国订立和约，毋宁说是有好感的。

张仪摸透了魏国君臣的心理，所以当魏王召见时，他上殿再拜稽首言道：“大王，余子是来向父母之邦请罪的，望能得到宽恕。”

魏王听了这话，高兴了许多，说道：“起来说话吧，宽恕什么？”

“宽恕我使魏国失去了上郡十五县。但是，我在那样做时，心中所想的，也是为了大王和魏国的安宁。”

“寡人知道，你是为使魏国百姓免遭涂炭。”

“还是大王体谅臣下的一片诚心，我虽然不在大王朝中，但也深知魏国的仇敌不是秦国，而是赵国。在诸侯国中，见欺于魏国者，首推赵国，其次是齐国。”

魏王没有忘记中山国之失和太子申之死，感到张仪的话不无道理，但不吱声。

“赵国处处都想居于魏国之上。苏秦倡导合纵，赵国也要做纵约主。上郡归了秦国之后，大王虽然是小有损失，但从此赵国将更加直接地面对强秦，秦、魏两国盟约坚固了，赵国就再也不敢对魏国无礼了。”

魏王觉得张仪的话有道理，便说："有先生在秦国，魏国就感到平安了。"想了想，又说，"寡人欲授予先生相印，拜先生为魏国丞相，如何？"

张仪离席，再拜稽首道："臣下蒙大王眷爱，愿领此职。只是，为臣眼下事繁，需与各国修好，经常奔走于东西南北。丞相之职只能虚领，不能从实为大王效力。"

"寡人也是此意。当年苏秦佩六国相印，何曾到六国去任职？他只专于赵国。你身在秦国，遥领魏相也就罢了。今后，你若有工夫来魏国亲政，寡人更是求之不得了。"

于是，魏王赏与张仪黄金白璧，高车驷马。张仪再次拜谢。

张仪想，常言道，狐死首丘，自己奔走天下，到头来免不了还是要回到故乡，与魏国君臣结下良好的情谊，是很要紧的事。

在大梁的事办完了，张仪又动身去赵国。

张仪对于恩师鬼谷子所授的纵横捭阖之术，运用自如。

他离开魏国，驱车往北，急驶赵国。刚入境，就听人说赵王正忙于出兵讨伐燕国。张仪想："此时不可去赵国，若去，必然要对赵王表示支援。如此，就无端得罪于燕国。若是不表示支援，又会结怨于赵国。"

此行就不去赵国了，让这两国打去吧。张仪掉转马头往东，向齐国首都临淄进发。

但是，燕、赵之间的战争并没有打起来。

原来苏代领燕王之命，要到齐国去，在燕国派驻齐国的质子门下做事。

苏代听说赵国将出兵伐燕，便主动向燕王请命，绕道去邯郸劝说赵王罢兵。燕王大悦，即赋予苏代出使赵国的使命。

自苏秦去世之后，苏代便想继承哥哥的事业，奔走于各国之间游说。燕国与齐国结盟，燕王派王子去齐国为人质。燕王对王子不放心，便派苏代去辅佐他。苏代在燕、赵两国朝野很受欢迎。尤其是赵王，不忘苏秦当年合纵之功，所以把苏代视为上宾。

苏代到了邯郸，见了赵王，先不谈用兵之事，而是对赵王讲起了故事。

苏代说："臣下从燕国来，在过易水的时候，见到了一只鹬，被一只蚌衔住了嘴。鹬对蚌说：'我要啄死你，吃了你的肉。'蚌对鹬说：'我要夹住你不放，让你死去。'于是，鹬蚌在岸边相持不下，过了很多时辰……"

赵王听出了苏代的弦外之音，问道："后来怎样了？"

"渔翁在旁边见了，把鹬和蚌都捉住了。今天的形势，燕、赵两国好比是鹬和蚌，秦国就是渔翁。大王发兵打燕国，正好让秦国坐收渔翁之利。"

"你虽没有就学于鬼谷，但你的雄辩才能也不下于你的哥哥。寡人听你的，不再伐燕，从此两国修好就是了。"

苏代此举，给后人留下了鹬蚌相争、渔翁得利的典故。

苏代完成了使命，离开赵国到临淄去，在馆舍里见到了燕王子。

燕王子在齐国为质，听说赵国举兵伐燕，心里着急，正愁没人为他出主意去说服齐王，发兵救燕。见苏代来帮他做事，心里高兴。听苏代说，已经劝说赵王罢兵了，燕质子才平静下来。

苏代没有想到，他会在这里邂逅张仪。

张仪拜见了齐缗王，通了秦、齐友好之意，加强了连横之约，完成使命，便准备回秦国去。不想在馆舍之中，竟与苏代相逢。

苏代一直以为，是张仪的连横破坏了苏秦的合纵，在感情上对张仪有所怨尤。但他也佩服张仪之才，所以愿与他相叙。

张仪完全明白苏代的心情，所以见面之后，开口就说："兄弟呀，天下之人都说，苏秦合纵，张仪连横，势不两立。只有我和你那黄泉之下的哥哥苏秦，我们兄弟两人才知道，彼此的情谊有多么深厚。"

提起这个话题，苏代就不免有些气愤，说道："你还提兄弟情谊！"

"苏代兄弟，信不信你自己去想吧。我到秦国去推行连横，是你哥哥帮助我去的。不然，我是不会去秦国的。"

这话苏代相信。因为苏代知道，那时秦欲伐魏，如成其事，纵约就会瓦解，是哥哥用计让张仪去秦国阻止伐魏。但是他只知其一，不知其二。所以说道："那只是我哥哥的权宜之计，不想你就一心一意去扶持强暴的秦国了。"

"不是这样的。你哥哥和我一样，都认为连横为上，合纵为次。他是希望我取上策，以安天下。”

苏代大疑，问道：“我哥哥一生致力于合纵，以拒虎狼之秦，他会认为连横是上策？还希望你去秦国与他对抗？”

“我对季子贤弟的思念之情，终身不忘。那时他给我的黄绢，我时时都带在身上，它伴我出生入死，纵横捭阖。这是你哥哥的手书，你自己看看吧。”

张仪从袖中取出一个小小锦囊，从里面拿出一片褪色的黄绢，递给苏代。苏代认识哥哥的字迹，他读着读着，禁不住两眼发酸，扑簌簌地掉下泪来。

苏代叹道：“哥哥当年在世，身佩六国相印，何等荣耀，何等潇洒，没想到他竟有如此多的苦衷！”

“我的苦衷，又岂比你哥哥少些！”

“这是为何？”

“刚才你说到虎狼之秦。其实，天下诸侯之中，各国朝廷之内，虎狼之人太多了，岂止是秦国？人们说春秋无义战，以我看，自仲尼获麟、《春秋》绝笔以来，天下更是无义战了。我和季子贤弟都是这样看待天下大势的。我们离开师父下山，在载鬼亭驿谈了一个通宵。我们当时就认为，要使天下得到安宁，只有连横、合纵二策。连横可以一统天下，实现久安，是为上策；合纵只能实现暂时的、局部的苟安，是为下策。不想实行起来却是这样不容易。我本是让你哥哥去实行那上策的，不料当时秦王不用他。我去秦国实行连横，是你哥哥安排的，那不是权宜之计。他知道合纵是不能长久的。我们都深知，无论实行何种策略，都要以道为先，以安民为本。任何扰民、劳民之策，都是无道的、不义的。”

苏代看了哥哥写的黄绢，听了张仪讲的话，感到增长了许多见识。心想，受过鬼谷子教诲的人，道德学问与一般人就是不同。他原先把合纵、连横看成是针尖对麦芒，绝对不能相容的。现在才知道，二者可以统一于道。这就叫物极必反，两极相通！

苏代这才明白了，哥哥并没有把连横看作仇敌，而是视为比合纵更高的上策。

“余子兄，依你看，我今后该怎么办呢？”

“道法自然，顺其形势就是了。现在你搞你的合纵，我搞我的连横。将来也许合而为一，也许各朝向反方面行事。但是，无论如何都要以道为先，安民为本。你我兄弟不会像孙膑、庞涓那样相残。这也是恩师鬼谷先生预见并教导了的。”

“你能像待我哥哥一样待我，我很高兴。现在我才明白为什么哥哥曾说，在鬼谷山中，你们四人中发生什么事情，总是孙膑让庞涓，张仪让苏秦。我为九泉之下的哥哥，感谢余子兄的深情！”

苏代说罢，就和张仪去见燕王子。燕王子热情款待了张仪。

张仪与苏代沟通了思想，回顾了与苏秦的情谊，这是他此次东行意外的收获。

自从张仪离开咸阳去楚国，秦惠王就天天为他担心。以汉中六百里肥沃土地换一个人，可见楚怀王对张仪衔恨之深。一想到张仪可能性命难保，惠王就后悔不该放他去。他对左右人说：“寡人宁可不要汉中，也不能不要丞相！”

后来张仪逃出了楚国，又请命与东方各国通好，巩固连横之约，惠王才放心了。张仪愉快地回到咸阳，惠王便大宴群臣，为张仪庆功。

秦惠王召集群臣，共议建立帝业大计。

张仪一贯的政策是：增强连横，各个击破。每次出兵都要审时度势，做到用兵有理有据，使被伐之国自知失理，使其他国家没有理由相救。能智取就智取，谨慎用兵，不失鬼谷子教导的用兵之道。

张仪借用鬼谷子教导孙膑的话来说：“不战而能服人之国，是谓上策；不战而能屈人之兵，是谓上军。”

秦国一些武将，大多不能理解和执行丞相张仪之策。

在朝廷里，唯有大将军樗里疾，很赞同张仪的主张。

樗里疾姓嬴名疾，是秦惠王的异母兄弟。因为府里有大樗树，蓊郁可爱，他便自名为樗里疾。他是个诙谐滑稽之人，善于舌辩，长于计谋，被称为军中智囊，一向与张仪相处甚好。朝廷议事，他声援张仪，嗓门最高。樗里疾举出的战例，就是不用苦战，而收取了魏国上郡十五县。

朝中还有不少人忌妒张仪之功，以为他没有什么军事谋略，就凭一根舌头游说于诸侯之间，在秦国则借着惠王的宠幸，调动文臣武将为他效力，而他自己则坐收其功。

这些人没有什么办法能够难倒张仪，只能放出流言：战争时代，朝中宜重用武人。这些人大多集中于东宫，在太子周围，对朝廷影响尚不很大。

天有不测风云。秦惠王得了重病，秦国虽然自古多良医，太医院的大夫们也尽了最大努力，但惠王在位三十五年后就大薨了。太子嬴荡即位，是为秦武王。

秦武王受他左右一帮文臣影响，不信任张仪。但这帮文臣也没占到便宜。他们平日为了削弱张仪，吵吵嚷嚷要重用武将，这武王是当了真的。武王登位之后，即任命大将军樗里疾为右相，大将军甘茂为左相。这样，张仪的相位就成为过去式了。

早在惠王病重之时，张仪就感到大势不妙。惠王去世之后，他心情郁闷，也就病倒了。不过，张仪的病真真假假，是因为武王及满朝文武对他的态度而引起，也是为了静下心来思考一下自己的退路。

若是惠王在位，张仪生病，他会派太医来诊视，还会亲自驾临相府看望。武王是绝不可能如此了。

樗里疾是个直爽而重义气的人，他来看望张仪，明确表示对武王的人事安排不服。他对张仪说："请你放心，我要去奏明大王，恢复你丞相之职。我任右相，不能称职，右相之职本应是你的！"

张仪笑笑，对樗里疾说："将军不可造次。秦国有你为右相，乃是国家有幸，庶民有福。以将军之才，任右相绰绰有余。将军千万不可与大王伤了叔侄之情。今后秦国的江山社稷，就寄于你们叔侄的和好，你当明白。"

樗里疾落泪了，说："那么，丞相你怎么办呢？大王对你不信任，我担心那些饶舌之人还会去进谗。"

"将军知我心，我想奏请大王，让我回故乡养病，病愈之后，可出使各国。"

"我尽力为你办好此事。"

左丞相甘茂也来看视张仪的病情。张仪的病三分在肌体，七分在心灵。

新上任的左右相都来看望，使他宽心多了。

甘茂是楚国人，知道朝中一些人对用他为相并不服气，只是因为武王重用武将，才以战功而选中了他。他自知不善筹划，还担心在朝中为丞相，长久不在军旅之中会失去了兵权，那样自己就难以安身立命了。甘茂与张仪倾吐了他的肺腑之言。

“你与樗里疾将军自是不同。他乃大王之叔，处理政事若有所失，也会得到原谅，别人也不敢轻易与他作对。甘将军，你平时就跟余子一样，结怨于有些人，所以处理朝政不能有大的过失。”

“我恨不能离开咸阳，到前方去打仗。”甘茂向张仪请教对策，“丞相以为，我应如何做呢？”

“你处事谨慎些就是了。如发现有人进谗，则需及早离去，否则就难以抽身。”

秦武王在位只有短短四年，到秦昭王时，便有佞臣谗害甘茂了。

甘茂记住张仪的劝告，及早去了齐国，后来老死于魏国。不过，他的孙子甘罗后来又到了秦国，十二岁就被秦始皇拜为上卿。

甘茂在与张仪的谈话中，也提出要在朝中恳请武王，恢复张仪的相位。

张仪说：“不必了。大王必定不能允许，结果反而在君臣之间产生裂痕。”稍停，又说：“看来，我是越早离开秦国越好，那样于我自身有益，于朝廷也有益。若等到小人进谗再行退身之策，那就反而不美了。”

张仪一想到惠王即位不久，商鞅就惨遭车裂，就不寒而栗。好在目前朝中左右丞相都能帮助自己。

第二天，张仪即以疾病告归，带着家眷仆从，离开咸阳，奔向魏国首都大梁。

秦惠文王去世，武王不信任张仪，消息很快传遍天下各国。各国诸侯也就不信任秦国了，张仪苦心经营的连横之策立即瓦解。

秦国与各国交恶，战争随时都可能发生。关东各国合纵的事情又提到日程上来了。

张仪到魏国时，在位的已经是魏襄王，他立即拜张仪为丞相。

张仪相魏，就转而推动合纵之策了。

回首往事，张仪感到历史跟自己开了个大玩笑。他不能推行安民的上策，现在历史又安排他采取下策了。当初他和苏秦接受鬼谷子教诲，信守出世之道，两人在思考连横、合纵二策之初，就认识到合纵必败，历史将安排统一天下而安黎庶，连横之策可以助其成功。但是，秦国先是不能用此策，后来用了，但又不能用好、用彻底。当初不能用苏秦，现在又半途而废不能用张仪。

如此，天下百姓注定要受更多的苦难才能得到安宁了。

没有多少人能理解，只有长眠地下的苏秦能理解他，也许还有燕国的苏代能理解。

这一期间，燕、齐两国又起了矛盾。苏代在齐国，帮助燕质子一同逃到宋国。齐王便举兵伐宋。宋国是个附庸小国，哪能经得起齐国的讨伐。苏代便带了宋侯的求援书，火速赶回燕国。燕王召见苏代，商议伐齐之策。

苏代对燕王说："我敢于奉了质子去宋国，乃是发现齐国表面强大，实则空虚，不堪一击。大王若能如此如此，必能取胜。"

燕王听了苏代耳语，有了信心，决定按苏代的计谋举兵伐齐，果然大胜，虏获大量宝器而还。

燕王胜了齐国，立了和约，便让苏代出使各国，推行合纵之策，如同当年苏秦所做的那样。能够继续推行哥哥生前的事业，苏代自然十分高兴。

更使苏代感到高兴的是，张仪离开了秦国，到魏国出任丞相。所以苏代在出使魏国之前，从赵国派快马致书张仪，向他表示问候。

然而，张仪到魏国不过半年，就真的病了。

在张仪生病期间，甘茂攻下了韩国的宜阳，又迎接秦武王来到洛邑，进入周室，让周天子把宫室、器物敞开给武王看了个够。秦武王真把自己当作周武王了。

秦武王高兴了，就下令甘茂发兵，绕过韩国，去攻打魏国的首都大梁。

秦兵压境，急坏了魏襄王，他亲自到张仪病榻前来商议对策。

"丞相，秦国大军围我大梁，寡人应如何御敌呢？"

“大王勿忧，微臣自有办法，可退秦兵。大王，秦军的主将是谁呢？”

“是秦国左丞相甘茂。”

“请大王回宫，微臣已有保卫大梁之策了。”

张仪估计甘茂此次出兵，只不过是要取宜阳，让武王到洛邑见识一番天子的宝器。秦王要灭周，称天子，是不费吹灰之力的，所顾忌的只是天下人心。甘茂这次带来的军队，就不会很多。

张仪知道连横已破，合纵的势头已经起来，因而向韩、赵二国求援也有可能。

张仪在一幅黄绢上写了“狐兔死，走狗烹”六字，派人秘密送给甘茂，使甘茂心思动摇，一有借口，即会退兵。又写了两封求援书，分别致赵武灵王和韩襄王。

魏襄王觉得，韩国有可能伸出援手，赵国则未必可能。张仪说：“目前形势不同了，魏、赵两国可以摒弃旧恶。”也正好碰上苏代在赵国。见到魏国求援，苏代当即劝赵武灵王发兵相救。

甘茂接到黄绢，也不知道这六个字是何人所写。他手下有人认出这是张仪的笔迹。甘茂就想撤兵，但又想，也得佯攻一下，攻不下来，才有理由撤退。

甘茂在犹豫之中过了数日，就有秦武王派出的人来催战了。甘茂请王使回禀大王：“攻城器械未精，不敢贸然行动。”

秦武王的使臣刚回行辕复命，就有快马飞报：赵国、韩国的援兵都已飞速地赶来了。秦武王即派人传命给甘茂：从大梁撤兵，护驾回咸阳。

大梁保住了，张仪的病情却不见好转。算起来，自他离开秦国，到魏国来任丞相，也不过一年，他就与世长辞了。

魏襄王十分悲痛。张仪全家更是沉浸在悲伤之中。

消息传到张仪曾建立了大功业的秦国，朝中许多文武大臣也为之惋惜。秦国左右相樗里疾、甘茂都派人到魏国来吊唁。

苏代从燕国来到魏国，在张仪灵前号啕大哭。在吊唁张仪的千万士人中，还有他那情谊不是很深的师弟毛遂。

据传：“张仪辞世，躯体月余而不腐，温而不僵，七七四十九天之后，其妻乃大殓之。”

此后，在苏代的穿梭外交之下，东方各国诸侯又一次实现合纵之业，订立纵约如同当年苏秦之时。

第四十七章　毛遂脱颖鬼谷术

张仪、苏秦辞世之后，鬼谷的合纵连横之术后继有人。首先是苏代，几乎快要恢复其兄苏秦的业绩了，但是在秦国强大的压力下，纵约不久又土崩瓦解。这时，鬼谷私庠最后的弟子毛遂又脱颖而出，为后世留下了“毛遂自荐”的典故。

毛遂离开鬼谷之后的境遇，并不比张仪、苏秦好。他怀有足够的智慧与才能，机会却始终没有光顾他。他自信，如有机会，自己是能够把握住的。

由于毛遂在鬼谷时，一点也没有表现出清静无为的志趣和出世的思想，所以鬼谷子觉得他尘缘太重，没有向他提过度他出世、修道为仙的要求。他离开鬼谷后，长久地优游于魏、韩等国，等待时机。窘困到极点时，他也曾想去苏秦门下求职，但又觉得靠人情不如靠自己，何况自己与苏秦相处的时间短，交谊也不深，但没有行动。毛遂只是默默地目睹了苏秦、张仪的业绩，以及两位学兄事业的盛衰过程。

张仪去世时，毛遂在魏国默默地为师兄做了哀悼。

魏国公子信陵君有贤名，门下食客众多，但是毛遂看出在位的魏安厘王无能，还在暗中忌妒这位兄弟，一直不让信陵君掌握实权。毛遂感到在信陵君门下很难有用事的机会，在魏国朝廷也难有作为，于是他就默默地去了赵国。

这时候，天下王公巨卿养士成风。最著名的是齐国的孟尝君田文，赵国的平原君赵胜，魏国的信陵君魏无忌，楚国的春申君黄歇，称为天下四君。他们门下的食客，最多时有三千多人，最少时也在千人以上。

毛遂听说平原君赵胜的贤明不下于魏国的信陵君，于是就投奔到了他的门下。

这个赵胜是赵惠文王之弟、赵孝成王之叔，历任三朝相国，相位三去三复，而门人始终不衰。他宫中不仅养了成千的天下贤士，还养了成百的天下美女。这些门人，有能文的，有能武的，也难免有鸡鸣狗盗之徒。他们时聚时散，逍遥自在，但到了平原君有事之时，都能以死效命。那些美人，则只是每日歌舞，陪伴君侯，养成了许多娇气。

有个美人住在楼上，居于高处，闲来无事，就凭栏观看楼下士人之家。她看到一个跛脚的士人，步履蹒跚地去打水，就抚掌嘲笑："哈哈！你看他走路，那样子要多丑有多丑。姊妹们快来看呀！"

跛士受辱，扔下水桶回到屋里。屋里几个士人，有文的、有武的，正在做射壶之戏。他们见到跛士受辱，一个个都很气愤。有人取了弓箭，就要去射杀那个美人。

毛遂路过此屋，见士人们在那里愤愤不平，就去问个明白，首先止住了那位射手："兄弟，不可造次！"

"一个女人，怕她什么？"

"她居此楼，是相国喜爱之人。人们常说，打狗还得看主人，何况她是人呢。"

"毛兄，我们就在这种女人面前忍气吞声呀？"

"不，士可杀，不可辱，去请相国处置她就是了。"

"毛遂先生说得好，" 提起那个辱字，跛士更加气愤地说，"明天相国回府，我就去请他杀了这个贱人！"跛士在士人中间，本来有些自卑感。听了毛遂的话，不自卑了，觉得这样做不仅是为自己，也为大家争了气。

跛士到毛遂的屋里，向毛遂请教如何去说服平原君："毛先生，你是鬼谷弟子，请教我，如何才能让相国杀了那个可恶的美人。"

"你呀，先消消气吧。平原君是不会杀那个美人的。"

"你不是说士可杀而不可辱吗？怎么又这样消极。我一定要杀了她。"

“我不消极，也不积极，一切还是道法自然吧。”

“你以为，应该怎么处置那个美人？”

“她不仁，应得的处罚是贬入冷宫，或逐出宫去。不过这样的处置，平原君未必能做出来。”

“你与我一起去见相国，帮他处罚她吧。”

“些许小事，我何必去出这个头呢。”毛遂觉得，作为鬼谷弟子，为这些小事而动容，而费口舌，根本没有必要。

“你不去，我去，一定要让相国杀了她。”跛士对毛遂感到失望，离去。

第二天，平原君赵胜回到府里，跛士第一个求见。平原君先接见了他。

“先生急于见我，有何见教？”

“平原君殿下，臣听说殿下喜爱贤士，我等不远千里而来，以为自己能贵于贱妾。臣不幸而罹有疾患，行路蹒跚，未得同情，反而遭到后宫美人的嬉笑羞辱。士可杀而不可辱，臣愿得到笑我者的头颅！”

原来是为这事，赵胜听着笑了，随口答应道：“好的。”

跛士叩头离去，赵胜笑着对人说：“这个呆子，就因为一笑，便要我杀了美人，未免过分了吧。”

跛士回来告诉毛遂等人：“平原君答应杀美人了。”

毛遂说：“未必，他只是敷衍你罢了。”

“君子无戏言，他若不杀美人，我们就离去。”

毛遂认为，在四君子争夺士人的竞赛中，平原君暂时要负于孟尝君、信陵君和春申君了。但是，他觉得平原君还会亡羊补牢的，所以没有随众人离去。

到了年底，平原君发现自己的门客少了一半，这才着急了。找了几人来问原因，对他们说：“赵胜自问，我对待诸位，不敢失礼，为什么还有这么多人要离我而去呢？”

当即有人告诉他：“殿下当初答应跛士，要杀羞辱他的美人，而终不杀，一则说明殿下言而无信，再则说明殿下重女色而轻贤人，所以走了许多人。”

平原君这才明白了，于是不得已杀了那个嘲笑跛士的美人，又亲自找到那位跛士，向他谢罪。这样，离去的士人又逐渐回来了。

毛遂依然默默无闻地居于平原君门下。他无缘建立张仪、苏秦那样的业绩，也平平安安地没有遭到两位学兄那样的动荡。

毛遂的机会终于来了。

秦国大举入侵赵国，突破魏长城，大破赵国的长平军，将要围攻邯郸。赵国需要恢复纵约，向楚、魏等国求援。平原君担负出使楚国的任务，赵王让他在朝中挑选随从人员二十位。平原君说：“不劳君王费心，胜的门人中有足够的人才。”

于是，平原君就从自己门下的食客中选人入楚。所选的人，要文、武、智、勇具备。选来选去，只选出了十九个人。平原君正在发愁，即见毛遂前来求见。

毛遂自荐道：“臣听说殿下将要合纵于楚，带门下食客二十人，不外求。现在还少一人，臣希望殿下能用我为随从，以足二十之数。”

“先生来到胜的门下几年了？”

“毛遂到殿下这里来，有三年多了。”

“胜听说，贤士处世，就像锥子处在囊中，它的锥尖立即就露了出来。先生到胜的门下三年多了，我从没听过左右提到你，也没有听说过先生的事迹，如此，是先生没有那锥尖了。先生不能去，请先生留在府中吧。”

“臣请殿下今天就把我放在囊中。如果毛遂能够处于殿下的囊中，早就脱颖而出了，岂止是露出锥尖而已。”

平原君听了毛遂这话，觉得他能言善辩，又有人说他是鬼谷弟子，就同意选他为随从了。早已选中的那十九个人，相视而笑，没有人说什么。

平原君带着二十位随从，来到楚国首都郢邑。楚国的春申君接待他们，颇有大国风度，让他们住在郢都最好的馆舍里。

平原君为了让赵国使团能在楚国人面前炫耀一番，吩咐从人整装，束冠都用了玳瑁簪子，剑铗都用了珍珠、宝玉来做装饰。平原君带着这二十人去春申君的府上拜访，请春申君的门人来交流。没想到春申君有食客三千多人。其中上客百人，脚上都穿着珍珠履来会见赵国使臣，这使平原君自愧毋如。

平原君与使团的二十人商议，如何面见楚王，如何与楚国大臣谈判。平原君担心的是：楚国人会不会小看了他们，因而放弃纵约，不能采纳他们出兵拒秦的要求。

毛遂认为，如果做表面文章，我们在他们的国家，是做不过他们的。我们必须说出楚国的弱点，指出破坏纵约的害处，让他们心服。

毛遂把在鬼谷学到的纵横捭阖之术全都发挥出来了。他提出了谈判中的各个要点，随从的十九人都心服口服。

平原君与春申君通过会谈，又与一些大臣分别交流，在毛遂的纵横捭阖下，重申了纵约，获得了拒秦救赵的共识。但是，春申君和大臣们都不能做出承诺，一切大事都需要奏请楚王来决策。

最后，平原君率二十人去楚国朝廷，面见楚王。

接见仪式十分隆重。大殿前，王宫的卫士列队迎接，殿外，处处戒备森严。先是楚王由内史引领升阶进殿，大殿里，楚国的文武百官已经鹄立下殿。楚王乃登上丹陛而坐于上殿，即宣赵国使臣入觐。平原君领二十人进殿，穿越众大臣而直趋丹陛前，跪拜见礼。楚王即降阶迎接，持平原君手而登入上殿，留二十人于下殿众大臣中。

楚王与平原君互致问候之后，两人落座。楚王又赐殿中使臣、文武百官坐，即开始商议合纵拒秦之事。平原君历陈合纵之重要，要求楚国出兵救赵。从早晨谈到中午，楚王还是犹豫不决。

原来楚国的前国君曾被张仪弄得很苦，对鬼谷弟子又恨又怕，以至当今的楚王对秦国依然怀有恐惧情绪，不敢轻易得罪。中原一有战事，楚王就畏首畏尾。

君王动摇不定，楚国的文武百官在下殿也是议论纷纷，不得要领。

赵国使臣中，十九人都说："毛先生上！"

毛遂以鬼谷弟子的智慧与才辩，当仁不让地对大家颔首示意。然后站起身来，右手按剑，登陛而上，对平原君说："殿下，合纵的利害，三言两语即可说清。你与楚王从早晨谈到中午，还在犹豫不决，是何原因呢？"

楚王吃惊不小，问平原君："这位客人是谁？"

平原君回答楚王："这位毛遂先生，是胜门下的舍人。"

楚王呵斥道："还不下去！寡人与你的君主谈话，岂能容你多言！"

毛遂非但不下去，反而按剑走近楚王，说道："大王能呵斥毛遂，不是因为有理，而是以为楚国人多势众。现在十步之内，大王没有什么人多势众可恃，大王之命还悬在我毛遂的手中呢！我在我的君主面前，为我君主说话，大王你呵斥什么？说道理，请大王听我言：毛遂听说，古代商汤以七十里地而得到天下，周文王以百里之地而让天下诸侯称臣，岂是以士卒众多来压服人？楚国如果真能发挥它的威势，那么今天楚国的地域就该超过五千里，拥兵百万，比那商汤、文王强大得多了，正可以建立王霸之业的基础。以楚国之强盛，天下不能阻挡。可是，大王难道忘了秦国的白起，那么个小人，率领数万军队来进攻楚国，就一战而攻下了鄢郢，再战而烧毁了夷陵，三战而降辱于大王的先人。大王，这是百世的仇怨，我们赵国也为楚国感到羞耻，大王难道还不明白吗？合纵，这是为了楚国，不完全是为了赵国。我的君主在这里苦心劝说，大王你还呵斥什么？犹豫什么？"

毛遂出言咄咄逼人，而所说的话句句在理，打动了楚王的心。楚王答应道："毛先生的话令人清醒，合纵拒秦，寡人决定了！"

毛遂便对楚王左右说："大王决定了，还不去拿鸡狗马的血来！"

不一会儿，王宫的侍从就端来了牺牲的血。毛遂接过来，捧着那盛血的铜盘跪进到楚王面前："大王，既然决定合纵，就请你歃血定盟。先是大王，然后是我的君主，最后是毛遂等人。"

毛遂伺候楚王、平原君以指蘸血，涂于唇上，而后自己也涂了。

毛遂又来到殿下，左手端着血盘，右手招来那十九位同行者："诸君，我们忙碌多日，终于成事，让我们共同歃血于堂下。"

赵、魏、楚合纵拒秦的事，就这样成功了。

楚国人议论，赵国真有人才，毛遂先生才辩不下于张仪、苏秦。他一定也是得到了鬼谷子的真传。

回到赵国，平原君就对人说："今后我再也不敢看人了。我观察过的人，不说上千，也有好几百，自以为天下贤能之士没有人能漏过我的眼睛，可是，对毛先生就没能看出来。毛先生一到楚国，就使赵国的分量重于九鼎、黄钟大吕。毛先生的三寸之舌，强于百万大军。我再也不敢看人了！”

从此，平原君把毛遂待为上宾。

楚国决定以春申君黄歇为将，出兵拒秦救赵。楚国的大军已经出动了，魏国还是按兵不动。

魏国这样近，按照纵约，早就应该发兵拒秦了。

原来，魏安厘王已经派出大将晋鄙，带兵十万前去救赵。这时秦王的使者到了大梁，威胁魏王说：“秦军很快就会攻下赵国，诸侯有敢救赵者，灭赵之后就首先进攻它！”魏王害怕了，就派人令晋鄙屯兵壁邺，名义上是救赵，实际上是在那里观望。

平原君召毛遂商议：“毛先生，现在魏国不说不践约，派出了军队又不行动，先生有何良策呢？”

毛遂对魏国的情况非常了解，也知道平原君的夫人就是信陵君的姐姐，魏国于情于理都应该救助赵国。只是魏王被秦国吓破了胆，而信陵君又无实权，这就很难办了。信陵君门下，也不乏人才，如果能激励他下决心，征询门人智慧，采取措施，也许还有希望。

平原君见毛遂沉默不语，又说：“毛先生，这事比说服楚王还难吗？”

“殿下，臣遂对魏国情况十分熟悉。晋鄙的十万大军在壁邺不肯出动，完全是由于魏王惧怕秦国。信陵君积极主张援赵，但是他没有兵权。信陵君门下，贤能之士也不少。他们有能力出谋划策，让信陵君夺取兵权而救赵。但是，信陵君下不了决心。依臣的想法，如能激励信陵君痛下决心，事情就大有可为。”

“毛先生，以我对信陵君的了解，此计可行。先生能为我出使魏国吗？”

“遂愿为殿下效力。”

毛遂出使魏国，是轻车熟路。他没有带什么从人，只带了一个助手，秘密出访。这是鬼谷弟子常用的出行方式：不惊动人，只与最关键的人物沟通并使之做出决策。

信陵君心情郁闷，正在宫中以美人歌舞解忧，饮酒作乐。阍者进殿报告："殿下，赵国平原君的使者秘密求见。"

信陵君感到自己无颜面对平原君。但既然是秘密来访，那就事关重大，于是说："快请他来见我。"

信陵君屏退了美女和乐师们，单独接见魏国使臣。信陵君看到从容进殿的这个人，就感到有些面熟。见礼、落座之后，先问道："大使先生贵姓，无忌似曾见过先生？"

"殿下，鄙人毛遂，在去赵国之前，曾长久地混迹于大梁士人中，有幸数次见过殿下，只因位卑，无缘与殿下交谈。"

"哎呀，原来是为平原君出使楚国的毛遂先生！昨日还听人说，平原君夸奖先生，三寸之舌能抵百万雄兵。先生在魏国不为人知，无忌之过也！自商鞅、魏缭到孙膑、张仪及先生，魏国失去的人才实在是太多了！魏缭、孙膑、张仪都是鬼谷弟子，先生也是吗？"

"在下忝为鬼谷私庠的最后一批弟子，所为不辱师名而已，平原君和殿下誉我，是言过其实了，在下实不敢当。"

"毛先生，平原君派你来，必有要事赐教于无忌？"

"殿下，平原君让我对你说：'赵胜与你结为姻亲，是因为你很重情义，能救人于危困。现在邯郸危在旦夕，魏军举兵而不救，你的情义何在？即使你看不起我赵胜，把我抛弃给秦国，难道就不可怜你姐姐吗！'"

毛遂这些话，以平原君的口气说出，一句句都刺痛着信陵君的心，激起他的义愤。

"殿下，以臣所见，平原君没有指责殿下的意思，只是因为现在情况紧急，他非常绝望，所以说话的口气有些重了。"

"毛先生不要安慰我了，他说得对，是我有愧呀！我要再次劝大王出兵。大王若不出兵，无忌我自己的五百乘车骑也要立即开赴前线，与秦军战，与赵国共存亡！"

毛遂见信陵君决心已下，就说："殿下，平原君会因为有你这样的亲戚而感到荣幸。殿下不惜牺牲以取义，但不能这样去死。为死而死，这叫愚死。"

"先生以为无忌还能如何？"

"应明智地赴义。"

“何谓明智地赴义？”

“殿下以自己的五百车骑赴死，那就如同灯蛾扑火，就是愚死。明智地赴义，当是夺得晋鄙的十万军队，与秦军决一死战，既保卫了赵国，也保卫了魏国。”

“大王调兵的虎符，放在他的卧室里。不得虎符，是不能从晋鄙手里夺得兵权的。”

“殿下，只要你下了决心，门人中自有智者，能助你成功的。殿下能有这样的决心，就足以告慰平原君了，让我回去复命吧。”

“请告诉平原君，无忌不会愧对他。”

毛遂离开大梁不久，信陵君就利用他曾有恩于魏王宠幸的如姬，演出了劫符救赵的悲壮故事。

第四十八章　鬼谷子致书二弟子

在苏秦被刺之前，鬼谷子曾有一封信给他，可惜他没有看到。那封信，是鬼谷子写给张仪、苏秦两人的。

那时正是苏秦在燕国受到触蹄待遇之际，也正是张仪在秦国朝廷开始遭到非议之日。那时，苏秦尚能住在燕国，而张仪只好离开秦国。

鬼谷子在咸阳市北馆舍，很为两人的处境担忧，又觉得这是劝告他们出世为仙的好时机。于是，修书一封，让玄云、白云两位道童分别前去投送。

云霓在几案上铺好了黄绢，准备好了墨砚，鬼谷子即开始写《致张仪苏秦书》。

鬼谷子写道：

二君足下：

自离鬼谷，历经多故，终至大成，功名赫赫，甚慰。

然则，凡物春生秋杀，不得永茂。月盈而仄，日中而斜，万事盛极而衰。

子不见河边之树乎？仆马任折其枝，波浪汰激其根，此树非与天下人有仇怨，盖所居者然也。

子不见嵩岱松柏乎？上叶凌青云，下根通三泉；上有玄狐、墨猿，下有隐豹、潜龙；千秋万岁，不逢斤斧之患，此树非与天下有骨血，盖所居者然也。

子不见人世之男女乎？熙熙攘攘，逐名来利往，女爱不及席，男欢不毕轮，不得开心颜也。

今二子好云路之荣，慕长久之功，轻乔松之永延，贵一夕之浮爵。所居者殆，而不自省。

痛焉，悲夫？二君！

诩 手启

他写好一封，又重写一封，是要劝张仪、苏秦归隐山林，修道成仙。鬼谷子写得很慢，一字一叹，心想，也不知这两个学生能不能听自己的劝告。预见事物毫发不爽的鬼谷子已经感到，张仪、苏秦很可能会迷途难返，但他非常痛惜二生，还是抱着一线希望。

云霓看到，鬼谷子写完书信，眼里有泪。

云霓知道，先生对这两个学生的喜欢，胜过其他弟子，也许只有孙膑、茅蒙，在他心中能有这样的地位。

鬼谷子把两封信精心地叠起来，分别装进两个小小的锦囊里。

“云霓，你去唤玄云、白云两人来。”

“先生让他俩今日就去投书吗？”

“是的，要早些送到他们手中才好。”

云霓领着玄云、白云来到鬼谷子室中，跪地请安。

“你们两个都坐过来说话吧，这回要让你们出远门啦！”

三人都靠近鬼谷子的几案，席地而坐。

“云霓师兄说了，先生要让我们骑马出游，去给张仪、苏秦两位学兄送信。”

“是的，他们屡建奇功，但是现在处境都不佳，已经危机四伏，难免东奔西走，无论到了何地，你俩一定要设法找到他们。”

“到什么地方能找到他们呢？”

“你们分头去送信。白云去找苏秦，他现在在燕国，你要尽快到燕国去。如果他离开了燕国，就一定会去齐国。”

“弟子知道了。”

鬼谷子把一个锦囊递给白云，又把另一个递给玄云，对玄云说：“你去找张仪，他现在魏国朝廷为丞相。如果离开了朝廷，他可能会到夷山，在尉缭子那里可以找到他。”

“弟子知道了。”

鬼谷子吩咐云霓，给他们每人黄金十镒，作为川资；宝剑一柄，护身之用。玄云平日穿青袍，给他青鬃马；白云平日穿白袍，给他雪青马。

云霓准备了酒宴，为两位师弟饯行，然后送他们离开咸阳。

玄云、白云两人策马东行，直到过了桃林之塞才分手。白云要渡过黄河向东北行，奔往燕国首都蓟丘；玄云则继续东行，前去魏国首都大梁。

白云渡过黄河不久，就赶上了秦国前往燕国送礼的队伍，和这个队伍一同行走，一路上十分平安、热闹、快乐。

秦惠王把他的女儿嫁给燕太子为妃，燕文公驾薨之后，燕太子即位，是为燕易王。燕易王新得王子，秦惠王当外公了，所以贺仪十分隆重。

燕王宫中喜气洋洋，但是太后在宫中却郁郁寡欢，因为苏秦离开了燕国，只怕永远也不会回来了。燕太后的心，被苏秦带走了。

原来这位太后，燕文公的夫人，早就和苏秦私通——

当年苏秦身佩六国相印，为纵约长，风雅倜傥，回到燕国。燕文公夫妇亲自郊迎十里，送他到黄金台住下，然后在王宫里设宴为他洗尘。年轻貌美的燕文公夫人，不断地向苏秦暗送秋波。苏秦也被她的美貌所吸引，恨不能拥她入怀。

年迈的燕文公喜欢射猎，经常是早出晚归，因此机会很容易就来了。

那天，燕文公夫人再也忍受不住青春的寂寞，在燕文公出猎之后，就由她的贴身侍女陪着，坐了两乘肩舆，偷偷离开王宫，从后门进了黄金台。

黄金台里，有燕文公夫妇的卧室，连着浴室，还有君王专用的庖厨。燕文公夫人来到，先让庖人备了美酒佳肴，侍女准备好沐浴的香汤，然后传苏秦来与她对饮。

苏秦正在伏案观书，就见侍女前来叩头："丞相大人，夫人请你去与她小酌。"

"夫人何时来到，怎么不让我去接驾？"

"夫人吩咐过了，丞相不需多问，请随我来吧！"

侍女把苏秦领进门，便退出来，随手把宫门关了。苏秦已经明白是怎么回事了，感到有些进退两难，但又不便在女子面前表现出自己的怯弱，便大大方方走进内室。

"苏丞相，文公自寻快乐，终日不归，我看丞相寂寞，特来相伴，请不要拘束。"

"夫人位尊，微臣不敢造次。"

"什么尊不尊？丞相是鬼谷弟子，其尊贵岂在王侯之下！"

"夫人为何把鬼谷弟子抬得这样高？"

"不是我抬高你们，我看天下王侯，多是俗不可耐，倒是你和你的那些同窗，令人可亲——不要光顾说话了，你快过来吧，斟好酒了，边饮边谈，岂不更好？"

苏秦没有说话，走近她的几案边，席地而坐。靠得很近了，才看见她一身洁白的素纱，轻如烟云，薄如蝉翼，透明若无，罩着她那滑腻如凝脂的躯体。一阵阵香气飘散开来，进入了他的鼻息。

她已经感觉出，他动了心思，于是更靠近他一些，笑盈盈地端起一杯酒递给他，自己也端起一杯："请吧！"

两人对饮，酒过三巡之后，人还没有醉，心却已经醉了。

她说："你知道我最羡慕什么人吗？"

"夫人不说，我怎么知道？"

"我们两人在一起，你不要再叫我夫人，你叫我爱卿，我也叫你爱卿。"

"这是君对臣的称呼，夫人是可以那样叫我的，我却不能那样叫你。"

"你就是我的君，我愿意做你的臣，你的妾！"她说着，就把身子倒进他的怀里，他紧紧地抱住了她。

"我最羡慕的人，就是鬼谷弟子范蠡和他的西施。我们今生不能公开地做那样的人，也要偷偷地做，来生我俩就是那样的人！”

“我见过天下许多女子，只有你能与西施相比。”

“真的吗？”她高兴得跳起来，拉着他的手说，“爱卿，我们一起去沐浴。”

“好。”

“你为我解衣。”

——这一天，燕文公夫人和苏秦在黄金台度过了大半天。她回到王宫，等了许久，燕文公才狩猎归来。

从此之后，只要苏秦在燕国，燕文公夫人总有办法和他幽会。

燕文公驾薨后，文公夫人成了太后，更是思念苏秦。

她经常不在王宫，而是在黄金台打发时光。苏秦常住黄金台，有机会就去安慰她那寂寞的心。

燕易王初即位，齐宣王趁机伐燕，夺去了燕国十城。

燕易王对苏秦说：“当年先生初到燕国，先王采纳了先生合纵之策，资助先生到赵国，完成合纵，为纵约长。现在齐宣王先伐赵国，又伐燕国，纵约被破坏了，合纵之事成为天下笑柄。先生能为燕国收回十城吗？”

苏秦感到惭愧，说道：“请让我去取回来。”

苏秦来到齐国，对齐宣王行跪拜大礼，俯下身去说：“容苏秦对大王表示庆贺！”抬起头来又说：“容苏秦对大王表示哀悼！”

齐宣王问道：“苏先生，你一会儿说庆贺，转脸又说哀悼，为什么变化这样快呢？”

“大王，臣听说，人在饥饿时也不吃乌鸦的喙，是因为乌鸦的喙胀满肚子，并不比饿死好受。燕国虽弱小，但燕王是秦王的女婿。弱小的燕国像是头雁，后面是强大的秦国。大王为了十城而长久地与强秦为仇，这样招来天下的精兵向齐国进攻，不正像那饥饿的人，去吃那乌鸦的喙吗？”

齐宣王听了苏秦一番话，脸色都变了：“苏先生，这可怎么办呢？”

“大王，臣听说，古代善于驾驭事物者，可以转祸为福，因败成功。大王若能听臣的计策，即能转祸成福。”

“请苏先生说与寡人听听。”

“大王应归还燕国十城。燕国无故得了十城，必然喜欢；秦王知道因为自己的威望，而使燕国得到十城，也必然喜欢。这就叫作弃仇雠而得实交。燕、秦两国都与齐国交好，如此一来，大王号令天下，谁敢不听？这样大王仅以虚辞附于秦国，实以十城取得天下，这就叫王霸之业。”

“好吧。”齐宣王答应把十城归还燕国。

苏秦出使齐国期间，就有人对燕易王说：“苏秦是个反复无信之臣，将会作乱，大王要有所防备。”

苏秦回到燕国，燕易王就不再让他做官了。太后深为苏秦担心，又怕苏秦离开燕国，便又想法与苏秦幽会。

两人在黄金台深宫拥抱而泣：“爱卿，苏郎！你不要离开我，你要在燕国做官！”

“让我试一试吧。”

“不要试，一定要成功。你是鬼谷弟子，能做到的！”

苏秦答应了太后。

苏秦对燕易王说：“微臣苏秦，东周鄙夫也，没有分寸之功，而先王亲自拜于庙，礼于庭。今臣为大王斥退齐兵，收回十城，更应受到大王亲近。大王不授臣官职，一定是有人以‘无信’二字来中伤微臣。臣之无信，大王之福也。臣听说忠信者是为自己，进取者是为他人。臣游说齐王，未曾相欺。臣弃老母于东周，不是为自己，而是为进取。如果有孝子如曾参、清廉如伯夷、忠信如尾生，这样三个人来侍奉大王，大王以为如何？”

燕易王说：“要是有这样三人，寡人就很满足了！”

“像曾参那样孝的人，一宿也不能离开父母，大王又怎能让他步行千里，来挽救弱小的燕国的危亡呢？清廉像伯夷，不受武王封侯，不为周臣，不为孤竹国君的后嗣着想，而为自己的名声饿死于首阳山下，大王又怎能让他步行千里，谋求进取而得到齐国的十城呢？忠信像尾生，等待女子于桥下，女子不来，水涨不走，抱着桥柱而淹死，像这样有信的人，大王又怎能让他步行千里，来打退齐国的强兵？所以说呀，臣是以忠信得罪了上司！”

“若是不忠信，又怎么以忠信得罪呢？”

“不尽然。臣听说有人到远方去做官，而他的妻子与人私通。其夫将归，私通者甚忧，妻子说：‘莫忧，我已经准备好药酒等着。’三天后，丈夫归来了，妻子就让小妾给他送药酒。小妾想说酒中有毒药，又怕被主母驱逐；若不说，又杀死了主父。于是，佯装僵卧而打翻了药酒。主父大怒，将小妾鞭策五十。小妾此举保全了他们夫妻，自己却受到鞭策，不就在于忠信有罪吗？臣的过错，不幸正像这小妾呀！”

燕易王听了苏秦这番话，说道：“请先生仍然当丞相吧。”

从此之后，燕易王给予苏秦更加优厚的待遇。

太后得知，又与苏秦幽会，向他祝贺。

太后与苏秦的私通，被燕易王觉察到了。但是他佯作不知，对苏秦更加优待。

苏秦感到，长此以往，必然遭到诛杀，于是对燕易王说：“大王，我在燕国，不能增加燕国的威望；若是到齐国，则能增加燕国的威望。”

燕易王觉得这样也好，就说：“一切听从先生的安排。”

苏秦便佯作得罪了燕国，逃亡到齐国。

齐宣王任用苏秦为客卿。

白云到达蓟丘时，不明究竟，只是得知苏秦得罪燕国，早已逃到了齐国。

白云想到鬼谷子说过，苏秦如果离开燕国，必定会去齐国。先生的估计一点也没错。于是他准备在蓟丘逗留一些日子，了解一下苏秦学兄在燕国的事迹，然后再南行，去齐国首都临淄。

白云到达临淄时，齐宣王已经驾薨。在齐闵王的朝廷里，有人与苏秦争宠。

白云在临淄市北馆舍住下，准备去见苏秦，没想到当晚就传来了苏秦被刺的消息。情况不明，白云不敢造次，便在馆舍等待局势明朗，再作定夺。

苏秦被刺于稷下学宫的府第里，引起学界震动。凶手逃走了，苏秦伤势很重，但未死亡。齐闵王闻讯，急忙赶来看望。

苏秦对齐王说："臣不能再侍奉大王了。臣死后，请车裂臣而徇于市，宣布臣的罪状，就说'苏秦为了燕国，而到齐国来作乱'，这样就能捉到害臣之贼了！"

苏秦说完，两腿蹬直，就咽了气。

齐闵王按照苏秦的遗愿办理了。刺杀苏秦的凶手觉得自己有功，出来领赏。齐王由此找出了凶手和幕后策划人，为苏秦报了仇。

年轻的白云，一生未曾经历过这样的惨剧。他在馆舍里听到这些不断变化的消息，吓得几乎要病倒。

白云感到自己无能，无法完成师父的使命，只好在馆舍自己住的房间里，为苏秦设一灵牌，祭奠苏秦道："苏秦学兄，只怨我没能早日完成恩师的使命，劝你隐归山林。你遭此祸，都是我的过错！"

白云怀着沉痛的心情离开齐国，准备回鬼谷。他估计师父鬼谷子此时已经离开咸阳，回山中去了。

西归途中，他打算顺路到魏国，去看看玄云是否找到了张仪。

白云到达大梁时，魏襄王正在为张仪庆功。张仪用计退却了秦兵，保卫了大梁。丞相府里喜气洋洋，张仪却躺在病榻上。

白云来到丞相府，相府的执事人员安排他与玄云住在一起。两人在相府的一套宅院里见面了。

"白云，你见到苏秦师兄了吗？"

"我从燕国追到齐国，可是，他已经……"

白云含泪讲完了苏秦被五马分尸的惨事，说："都怨我，没有及时把师父的信送到他手中！"

"这怎么能怨你，这是天意。你看张仪师兄，他现在也在病榻上起不来了。"

"玄云，你把师父的信给他了吗？"

"我给张夫人了。张夫人说，她念给张仪师兄听，张师兄对先生的关怀很感动，想到师生情谊，流了许多泪。"

"你见过他吗？"

"我到病榻前看望过他。他详细地询问了师父的情况，说他与苏秦辜负了恩师的教导，今生处于乱世，不能像先生期待的那样逍遥于仙境了。但他不会忘记先生的深恩。他让我等些日子，他能坐起来时，要给先生回信。我正等着他的病情好转呢。”

“玄云，我也想去看望张师兄。”

“我们一起去吧。”

相府正堂的几案上，陈列着魏襄王送来的黄金、白璧、绸缎、食物和药品。

张仪夫人刚刚送走了魏襄王派来看望张仪的使臣，就来接待白云。

“嫂夫人，师兄的病好些了吗？白云兄弟刚从齐国来，他也来看望师兄。”

“嫂夫人安好！”

“同好，同好！这两天，余子的病好多了，他刚才还叨念着新来的白云兄弟呢，二位随我来吧。”

张夫人把白云、玄云领到张仪的病榻前，玄云见张仪的病情确实有了转机，很高兴。张仪已经坐起身来，精神健旺多了。互致问候之后，张仪首先问起苏秦的情况。

“季子贤弟在齐国惨遭不幸，去世前见到恩师的书信了吗？”

“只怨我行动太迟，刚到临淄就听到了他的噩耗！”

“这不能怨你呀，我们这些入世之人，各种险境是难以预料的。对于季子贤弟的去世，白云兄弟怎么看待呢？”

“齐王也太残忍了，苏学兄是他的客卿，惨遭刺杀，他还说他是燕国间谍，将他五马分尸！”

“你错怪齐王了，五马分尸一定是季子贤弟亲自要求的。”

“师兄说什么？”白云、玄云都睁大眼睛，不敢相信。

“这是季子贤弟的计策，只有这样，才能找到刺杀他的凶手，为他报仇。”

“倒也是，齐王把刺杀苏学兄的凶手和幕后指使人全都找出来杀了。”

玄云叹道：“唉，人世间的事，就是这样悲惨呀！”

“两位师弟是奉了恩师之命，来劝我和季子出世。可是季子已经去了，我也不能完成恩师的心愿。你们稍等数日，带着我的回信去向恩师复命吧。”

他们谈了一会儿，白云、玄云便告辞了。

第二天，张仪夫人准备好黄绢和笔、墨，扶他来到书案前。张仪的手，颤巍巍地握着笔管，开始写《报恩师书》：

玄微恩师大鉴：

弟子仪、秦竭诚叩拜于先生膝前！

先生秉德含弘，饥必啖芝英，渴必饮玉浆。德与神灵齐，明与三光同。不忘赐书，戒以贪昧。

仪以不敏，名闻不昭，入秦匡霸，欲翼时君。刺以河边，喻以深山，虽素空诰，诚衔斯旨。

仪等曰：伟哉，先生！方览遐鉴，兴亡皎然。

二子不能抑志退身，甘蓼虫之乐，栖竹苇之巢，自掇泯灭，悲夫痛哉！

弟子仪、秦 叩首

张仪这封信是代表苏秦，用两个人的名义写给鬼谷子的。“德与神灵齐，明与三光同”，对鬼谷子的这种赞誉，可以说是出自张仪的内心，也是适当的比喻。“玄览遐鉴，兴亡皎然”，也是对鬼谷智慧的真切描绘。

张仪让夫人把两位师弟请来，亲自把《报恩师书》交给两人，对他们说：“请两位兄弟把回信交给先生。我和苏秦这一生是辜负先生了！请向先生婉言表述我们的情况，安慰先生。”

“师兄是欲罢不能，先生是能理解的。”

“两位兄弟离开先生很久了，我也不赠送别的东西，只送黄金百镒，权作川资。”

白云、玄云的路费确实已经快用完了，也就不客气地收下了。张夫人为两位饯行之后，就送他们离开了大梁。

白云、玄云辞别恩师去向张仪、苏秦投书之后，鬼谷子也带着云霓回到了鬼谷。他们行迹隐秘，还是被人发现了。于是又有人前来求学。鬼谷子已经决心不再收徒，对于前来求学的人，只是稍微点化，就让他们离开鬼谷。

然而，送走一个又来一个。才来的这位年轻人淳朴敏锐，学道心切，云霓见他，惊喜地喊道：“徐福兄弟，是你呀！欢迎你来鬼谷。”

鬼谷子看徐福，感到他与当初在海滨伴游时变化不小，眉宇间颇有远离尘嚣之志，于是准备多传授给他一些知识。

一天，徐福见山外有一青、一白二乘人马飞驰而来，以为又是前来求学的人，高兴地对云霓说：“好啊，总算得到同伴了。”

云霓告诉他：“不是的，那是白云、玄云两位师弟归来了。你呀，想要修道，耐不得寂寞可不行呢！”

说话间，白云、玄云到了。云霓迎着两人，说道：“你俩一路辛苦了！这位是来向先生求学的徐福师弟。”

“云霓师兄，徐福师弟，等我俩去见过先生，再来相叙。”

“两位师兄，请自便。”

云霓把马牵走，两人即进入洞府拜见鬼谷子。

白云、玄云对鬼谷子行跪拜礼后，呈上了张仪的《报恩师书》。两人等鬼谷子看过之后，正要详细报告张仪、苏秦的情况，鬼谷子说：“我都知道了，不必再说。你俩很累了，去休息吧。要度一个人成仙，真不易呀！”

第四十九章　徐福承教赴仙海

秦王嬴政二十六年庚辰（公元前221年），太岁在寿星，岁阳为上章，岁阴为执徐，是个金龙之年。这一年，秦国俘虏了齐王田建，消灭了六国中的最后一个国家齐国，统一了天下。于是，嬴政下令给大臣们说：

> 寡人以眇眇之身，兴兵诛暴乱，赖祖宗之灵，六王咸伏其辜，天下大定。今名号不更，无以称成功，传后世。丞相、御史其议帝号。

大王下令拟订帝号，丞相、御史、博士们就忙碌起来。商议结果，由廷尉、丞相李斯向秦王嬴政报告：

> 昔者五帝地方千里，其外侯服、夷服，诸侯或朝或否，天子不能制。今陛下兴义兵，诛残贼平定天下，海内为郡县，法令由一统，自上古以来未尝有，为五帝所不及。臣等谨与博士议曰："古有天皇，有地皇，有泰皇，泰皇最贵。"
>
> 臣等昧死上尊号，王为"泰皇"，命为"制"，令为"诏"，天子自称曰"朕"。

嬴政同意了自称朕，命令称制、诏，但对于天子的称谓，他取了三皇的"皇"字、五帝的"帝"字，称为"皇帝"，自己是始皇帝，上尊号给其父庄襄王为太上皇。这一套制度，从秦始皇开始，到二十世纪初，两千多年来一直为历代帝王所沿用。

旷古伟业成功，秦始皇得意已极。他一边巡游天下，一边大兴土木，没有止境地耗费人力、财力。

秦国祖宗的诸庙、章台、上林苑，都分布在渭水之南；秦始皇嬴政又把六国的宫殿、钟鼓、美人都迁到咸阳来，安置于渭水之北。还建造了信宫，称为极庙，以象天。从极庙起，修筑甬道，贯穿连云宫殿、楼台，迤逦百里而通到骊山，在那里建了甘泉殿。其后，又筑朝宫于渭南上林苑中，先作前殿阿房。这阿房宫高耸入云，上面可以列坐万人，下面可以竖起五丈旗，周围环绕的阁道，从宫殿下面直通南山，并在南山之巅建阙。调集天下财物、良工，发民工七十万人，工作到秦朝灭亡时，阿房宫也只是部分地建成。又建阁道，从阿房宫渡过渭水，连接咸阳，以象天极，叫作“绝河汉而抵营室”。

秦始皇二十八年，封泰山、禅梁父、勒石记功之后，东巡渤海，登芝罘山、成山，又南行，登琅邪山。嬴政站在琅邪山上，南望黄海，烟波浩渺，横无际涯；山前是优良的港湾，渔帆点点，水天相连。秦始皇感到登临此山，有吞吐宇宙气象。

秦始皇对琅邪山十分喜欢，在这里一住就是三个月，真正目的则是找一个人。

他要找的这个人，是一个鬼谷弟子。他嘴里不说，心里在想，丞相李斯能不能兑现其诺言，帮他找到那人，实现他长生不老的愿望。他并不想出世。他既要过人间帝王的生活，又要能像神仙那样逍遥于时空之间，上下四方，古往今来任自己遨游。

陪同皇帝在琅邪的大臣，有丞相李斯、王戊、王绾、隗林，有伦侯冯毋择、侯成、赵亥，有列侯王贲、王离，有五大夫赵婴、杨樛从。这些都是大官，各有车马仪仗，生活供应，十分繁忙。为使这里繁荣起来，丞相李斯下令迁徙了百姓三万户到琅邪山下，使这里出现了一座城邑。又兴工建筑琅邪台，由李斯在这里勒石记功。

在这三万户百姓中，有一户姓徐的人家，家中有三个年过半百的男子，父亲徐翁年已八十，长子叫徐发，次子叫徐巿。这个徐巿，表字君房，也有人称作徐市，他就是徐福，是秦始皇要寻找的、等待着的人。

当初秦始皇登上芝罘山，李斯曾指着海上缥缈不定的海市蜃楼对他说：“陛下，你看那海中仙山，可知是何山？”

“朕一向听说，蓬壶三山，是神仙所居，山上有不死之草，也不知何人能去那里为朕采来。”

“臣启陛下：天下到过仙山之人，有十数人之多。其中最通路途者，一是鬼谷子，一是鬼谷子的弟子、方士徐福。”

“此两人现在何处呢？”

“那鬼谷子身无定处，常住鬼谷山中，或居咸阳市北，或在天下各处漫游，不知此时他在什么地方，微臣可以派人去查访。”

“回咸阳之后再说吧。方士徐福又是什么人呢？”

“徐福原本就是齐国琅邪人，曾得到鬼谷子点化，据说陛下削平六国之后，他已经回老家闲居。”

“如此，爱卿为朕记着，朕登琅邪之时，去传他来相见。”

“微臣领旨。”

其实，不用秦始皇来传，徐福已经在准备上书求见了。鬼谷子曾告诉他，如何才能漫游海上十洲。他回想，自己受到鬼谷子点化以来，常想仙游海外，由于财力单薄，始终找不到机会出海，听说皇帝好神仙，要是向皇帝提出请求，说不定会时来运转。

徐福回想第一次受到恩师鬼谷子的点化，那还是在自己的少年时代。

天地沧桑，几十年过去了，如今他已年过半百，一直不忘恩师的指点。

徐福出生在齐国琅邪海滨，自幼熟悉大海里的神话故事。他看惯了神奇的海市蜃楼，不仅希望有朝一日自己能够登上仙境，也希望能带领人们进入仙境。

回想当初，徐福不远千里去鬼谷，就是要向鬼谷子请教海中仙山的事。他听鬼谷子讲海中十洲的故事。鬼谷子讲得很仔细，云霓师兄是跟随鬼谷子云游海外的，也不时插话，使鬼谷子的故事更加有声有色。

鬼谷子对徐福等人讲了海中仙山的事，又讲当年伴随李老君两渡流沙的故事，非常细致地告诉他海中不死草的情况、西王母不死药的情况。徐福都信以为真，而鬼谷子是希望能以此说服徐福，修道成仙。

徐福在鬼谷数月，长了许多学问，但是没有按照鬼谷子希望的去做。

鬼谷子对徐福说："君房，你对仙境十分向往，这就和范蠡、计然、孙膑、庞涓、张仪、苏秦他们不同。他们不愿出世，而你天生有出世之志。所以，你应该像茅蒙、尉缭子那样去修道。你若是去修道，一定能飞升成仙的。"

"先生，弟子想请教天下大势。"

"你是一个向往仙境的人，知道天下大势有何用呢？"

"弟子盼望在天下太平之日，带领更多的人进入仙境。"

"现在苏秦已经离开人世，合纵之策将更难施行。张仪也将不久于人世，连横之策也无人执牛耳了。但是连横之势已定，无需人来主持，秦国统一天下，势所必然。只是秦国君臣无道，兼并战争十分残酷，还不知要死多少人呢。此乃时势使然，天下苍生该当有如此不幸的劫难。徐福你呀，与其领人进入仙境，不如从现在就开始修行。"

"先生之言，容弟子深思之。"

徐福对于鬼谷子的话，思来想去，还是不愿耐受寂寞去修道，而要风风火火去方游。

鬼谷子对徐福很失望，但人各有志，不能勉强，只好派云霓送他离开鬼谷。

徐福离开鬼谷几十年了。他到处游说：巨海之上有仙山，仙山上有长生不老之药。他想要组织一些同伴去做海上之游。

徐福到过秦、楚、齐、燕、韩、赵、魏等国家，秦国忙于征服六国，而六国的君臣面临亡国之境，虽然在张仪、苏秦之后，毛遂等鬼谷弟子也继续合纵拒秦，但连年战火不息，百姓处于水深火热之中，人们生存下来也不容易，谁能相信有什么仙境可以去享福，没有人愿意跟着徐福走。

秦国灭了六国，天下本应太平了，但仍然危机四伏，民不聊生。

徐福对哥哥说："当今的始皇帝，在咸阳建阿房宫，使天下百姓备受苦辛，又到琅邪来残害百姓，这日子真没法过了，我要去见一见皇帝！"

徐发说："兄弟，你不要做出蠢事来。"

"哥哥，你放心好了，我不会伤害到自己和家人，即使救不了天下苍生，也要救出一大批人来。”

徐发没有读过多少书，也没出过远门，只是在家孝敬父母。徐福则见多识广，向老庄学派的传人学过道，还受过鬼谷子点化，也通晓各种方术。徐发是相信弟弟的，但是他又觉得，去见皇帝之事非同寻常，不可造次。

“你想要做什么？”

“我要去海中寻找仙山。”

“福弟呀，那都是些没有影儿的事，你白费力气几十年了，难道还不死心？”

“日子过得这样不幸，不妨去试一试。如果真找到了好地方，也可以把一家人接去。”

徐发知道弟弟的脾气，他想做的事，就是十头牛也拉不回来，只能支持他去做。

“见皇帝，要小心些，不要送了性命，还株连九族。”

“哥哥不要担心，只是我走之后，就不能在家中向父母敬孝道了，一切都托付给你了。”

徐发不言语，那就是默许了。于是，徐福准备了黄绢、笔墨，开始写《上始皇帝书》

琅邪山下，秦始皇行宫之侧，有一所深宅大院，是李斯的临时相府。府中，李斯正在写琅邪石刻《秦德颂》的最后一段：

> ……古之五帝、三王，知教不同，法度不明，假威鬼神，以欺远方，实不称名，故不长久。其身未殁，诸侯倍叛，法令不行。今皇帝并一海内，以为郡县，天下和平。昭明宗庙，体道行德，尊号大成。群臣相与颂皇帝功德，刻于金石，以为表经。

李斯写完，刚搁下笔，即有门人进来通禀：“禀相爷！现有琅邪布衣、方士徐福，在门外求见相爷！”

这些日子，李斯忙于构思《秦德颂》，差一点忘了在芝罘时答应过皇帝，到琅邪后要找到徐福。今天徐福不请自来，使李斯喜出望外，吩咐道：“快快请进，备宴相迎！”

相爷要宴宾，相府的人立即忙碌起来。

徐福被领到了相府正堂，丞相李斯降阶相迎。

“草野之人徐福，拜见丞相大人！”徐福见了李斯，便要行跪拜大礼。

李斯急忙扶住他：“徐先生，不要如此多礼！下官还有事要请教先生呢，快到堂屋相叙。”

于是，李斯领着徐福，由门人二三人簇拥着，在相府正堂落座。

徐福受到这样的接待，感到成功有门，心情愉快，思绪也就开阔起来。他见几案上的《秦德颂》，两眼一扫，就知道了个大概。

“君房冒昧，见丞相大作，该是颂扬皇帝陛下盛德，要在琅邪山上勒石记功吧？”

“先生明鉴，皇帝巡幸之处，都是要留下石刻的。”

“皇帝之功，胜过五帝三皇，但愿皇帝陛下，万寿无疆！”

“先生之言，正是人臣共愿。下官听说，先生曾师事于鬼谷子，是真的吗？”

“君房早年曾到鬼谷，拜见鬼谷子。其时鬼谷私庠业已停办，先生已经不再收徒，但我在鬼谷山中，客居数月，倒也得到鬼谷先生诸多点化。”

“鬼谷子传与先生何种学问呢？”

“鬼谷子所传，是他当年跟随李老君两渡流沙，如何见到西王母，西王母赠予老子不死药的情况；以及后来鬼谷子又云游海外，亲临十洲，在祖洲见到不死草。鬼谷子把他在各洲的所见所闻，都对我讲了。”

徐福故意把海外仙山的故事讲得娓娓动听，引得李斯及门人都以为，只要心诚，即能登上仙山，得到长生不老之药。

“先生所言之事，下官也曾有所闻，只是未得其详。听了先生之言，才知民间所传不虚。难怪皇帝陛下听了，也曾动心。”

徐福听李斯这样说，更觉得自己上书大有希望，于是说道：

“天子动了心，此乃天命之兆，诚可贺焉！草野之臣，也愿略尽绵薄之力，对皇帝陛下有所建言，不知丞相大人以为如何？”

李斯不说秦始皇让他寻找徐福一节，而是问道：“先生有何事要向皇帝陛下建言，不妨先说与下官听听，也便于引荐。”

徐福离席，再拜稽首，言道：“君房感谢丞相引荐之恩！丞相大人，在下已经备有《上始皇帝书》，妥否，呈请大人过目。”

徐福从袖筒子里取出一幅黄绢，双手呈与李斯。

李斯接过黄绢来看，边看边点头，说：“甚好，甚好！”

这时有家臣进来，对他耳语：“相爷，酒宴已经备好了。”

“好！君房先生，今日就在舍下畅饮，明日下官领你去见皇帝。但愿你的事情能够成功！”

徐福上午去相府，傍晚才回来。家人为他担心，见他笑容满面，才放下心来。

徐发小声地问：“丞相答应转交《上始皇帝书》了吗？”

“丞相设宴招待我，答应明天领我去见皇帝，当面递交。”

“这么说，没有危险了？”

“丞相说，皇帝陛下也好神仙，去见他会有好结果的。”

徐氏一家人都为老二徐福高兴。当晚，大家兴奋得不能入睡。徐福，一夜都在考虑如何招人、伐木、造船，准备远航，仿佛海中仙山，不久就可登临。

第二天，日上三竿，阳光透过窗棂，烤得徐福脸上发热，他才醒来。一家人都在等待，怎么相府的车还不来？

原来次日早朝，议论琅邪石刻之事，费了不少时间。秦始皇审阅了李斯草拟的《秦德颂》，又与李斯单独交谈。快到晌午，才派内史领轻车去把徐福接进宫来。

徐福见了秦始皇，三跪九叩，山呼“万岁”！

“爱卿请起，今日见面，只有朕和丞相三人，就近赐座，不必多礼。”

“草野之臣，深谢陛下！”

秦始皇坐在几案正中，李斯、徐福侍坐于两侧。

“不要再说草野之臣了，朕任你为迎仙使，食禄两千石。”

“臣领旨，谢恩！”

徐福起身再拜，然后复位。

“朕听丞相说，爱卿要向朕建言，有话就直说吧。”

“微臣有《上始皇帝书》，现在当面呈与陛下。”

秦始皇接过徐福双手呈送过来的黄绢，展开来看，那上面写的是：

始皇帝陛下圣鉴：

圣君降世，天下和平，兆民共庆，黔首有福。唯愿陛下，万寿无疆！大秦基业，万世不衰！

臣闻：海中有三神山，名曰蓬莱、方丈、瀛洲；巨海并有十仙洲，名曰祖洲、大瀛洲、玄洲、炎洲、长洲、元洲、流洲、光洲、凤麟洲、聚窟洲，皆为仙人之居。其人皆仙贤，其宇皆琼阁，其木皆玉树，其禽皆凤鸾，其兽皆麒麟……

有不死之草，令人长生不老，容颜永驻。

草野之臣，请以至诚斋戒，领童男女三千，为陛下永寿，求仙人，取不死之草奉献。

东海琅邪徐福 竭诚叩拜

嬴政读完徐福的上书，龙颜大悦。人间的一切繁华都已享尽：饮食男女之欢，歌舞升平之乐，宫室车马之娱，大地山川之美，一切应有尽有。所担心的，就是老之将至。长生不老之药，是他求之不得的。满朝文武，没有一人能为他解忧。

嬴政寄希望于徐福，当即准奏：“徐爱卿，朕令你立即准备出海去寻找仙山。三千童男女，可到天下各郡县去征选。爱卿需要造多少楼船，征用多少民工，用多少金银呢？”

“陛下，微臣曾做预算，载三千童男童女，需楼船百余艘，船工两千人；伐木做舟，需民工五千人。总计用人，约在万人以上，共需黄金万镒之数。”

嬴政听了徐福所需的钱数、人数，并不觉得多，万金、万人就能办成此事，实在是太好了，于是说道：“徐爱卿，朕知道你的打算了，你尽快去办吧，所需钱物，可直接到丞相府领取。”

徐福再拜稽首，言道：“臣领旨！”

丞相李斯处事精明，粗略地计算，也觉得徐福所需并不算多。但是，这徐福并无分寸之功，事情还没有办起来，一下子就付给黄金万镒，出了意外也难向朝廷交代，于是奏道：“陛下，徐大人的事业尚未开展，发给黄金万镒，引人注目，恐有不便，不如任其所需，随用随取，微臣保证随时给付就是了。”

嬴政说：“如此甚好，就劳二卿着力办理。”

于是，皇帝赐宴，丞相作陪，徐福第一次享受了为官之乐。

徐福以秦始皇特命迎仙使的身份，开始了他渡海寻仙的事业。

徐福的家，很快建成了迎仙府。真是一人得道，鸡犬升天，全家人都过上了另外一种日子。

两千石的食禄，其官位相当于郡县长吏。天下三十六郡县的长吏并不知道徐福的爵位，只因他是皇帝所重视的人，所以对于征选童男童女之事，办得十分认真。所选的少男、少女，一个个都天真俊美，聪明伶俐。

不过半年，堪称天下俊彦的三千童男童女，便陆续送到了齐海之滨，迎仙府中。

从琅邪到蓬莱，沿海山中的大木也已经伐下，正在赶造楼船。天下童男童女陆续到达时，楼船也一艘艘地不断下海了。

大多数少男、少女是来自内陆，没有见过大海，更不习惯海上生活。徐福把他们安排到船上，逐步地训练他们。

徐福的船队，在一年后就组成了。他们终日活动在海上，这百余艘楼船上的乘员，包括三千童男女、迎仙使徐福的幕僚、船工等，总计有五千多人。

他们寻遍了黄海、渤海之中的大小岛屿，数次登上蓬莱、方丈、瀛洲三岛，也没能见到仙人、琼楼、玉树、不死草。

这些岛屿，最大的也不过数十里，要让这五千多人隐居下来，也不可能。

于是，徐福想到更辽阔的巨海中去。但这支队伍太大了，他不敢贸然行动。他只好回到琅邪，考虑对策，同时让部分船只在海上继续寻找。

徐福坐在琅邪迎仙府中，苦无良策，又见一辆轻车，急速地进了院中。阍者来禀：“徐大人，李斯丞相派出的使臣到了！”

徐福不敢怠慢，急忙出门迎接，备宴款待。

来使是李斯相府的家臣，这些年常与徐福有交往。见礼之后，徐福问道："使臣大人，君房又有半年多不到相府了，相爷贵体安好吗？"

"相爷欠安。朝廷之事令他心烦，迎仙使大人你也不为丞相争气。"

"是因为我至今没有寻回仙药吗？"

"可不是吗？不到两年时间，耗费黄金数万，也没有个结果，朝廷就有人议论。你叫相爷好不为难。"

"使臣大人，请你禀奏皇帝和相爷，君房入海，多次临近仙山，但是海中有大鲛鱼阻拦，兴风作浪，不得登临。"

"大鲛鱼就那样厉害吗？百余艘楼船，竟然不能靠近？"

"那大鲛鱼，口大如岩洞，身长如楼船。岂是凡间之物？君房恐怕遭来天谴，也不敢将大鲛鱼射杀。请使臣大人奏明皇帝、丞相，如欲登上仙山，可派善射之人，带着连弩到琅邪来，助我登上仙山，取回仙草。"

"下官明白了，请迎仙使大人等待新的诏命吧。"

徐福热情款待使臣，送他回咸阳。使臣的车马刚刚离去，他就立即动身西行，再次向鬼谷子请教。

徐福的轻车刚过载鬼亭驿，就见四乘人马从鬼谷出来。前面一人开道，青袍，青鬃马，是云霓。第二人，鹤发童颜，白袍，雪青马，是鬼谷子。鬼谷子身后还有两人，一青一白，是玄云和白云。

徐福让驭者驻马，看着他们，眼睛都直了：几十年过去了，他们仍和当年一样，容貌没有变化，相比之下，自己已经老了。

徐福下车，站在路中喊道："嗨，云霓师兄，还认得我吗？"

云霓勒马，看了看他，说道："徐福师弟，你当了迎仙使，不到海中去找仙药，跑到山里来做什么？"

"好兄弟，不要取笑我了，我是来向先生请教的。"

鬼谷子三人优哉游哉地走着，马儿一边走，一边还啃着路边的青草。鬼谷子听见前面有人说话，便问："云霓，遇到谁啦，不要难为人家。"

"先生，是徐福来了，说是要向先生请教。"

"他既然来了，回山路又远，就让他到载鬼亭驿谈一谈吧。"

云霓回身，对徐福说："先生的话，你听到了吧？算你运气好，差一点儿，你就要到咸阳才能找到我们了。"

“多谢先生答应见我。”

徐福重新登车，回到载鬼亭驿，下车来迎接鬼谷子师徒四人。

一下子来了这么多客人，亭长十分高兴，已经预备了酒菜等候。徐福对鬼谷子行了拜见之礼后，大家便入席，边饮边谈。

“当年聆听先生说天下大势，几十年来，世事变迁，尽如先生所言。今日君房又遇到了难题，要来向先生请教。”

“你的难题，无非是走不出内海，到不了巨海，因而找不到可以居留之地。”

“先生明鉴！君房还没开口，先生何以知之？”

“当年你离开鬼谷时，就心存离开赤县神州之志。秦始皇统一天下之后，你终于有了机遇。你率人领着三千童男童女，找遍了蓬莱三山，却不见玉宇琼树，又不知如何去找巨海十洲。咸阳派出使臣来问你，你就编造大鲛鱼的故事来敷衍他们。”

“先生，使臣前脚走，我就后脚来。我的事情，先生何以知道得如此神速？”

“你不要问了，我说的是不是呢？”

“先生之言，毫发不爽。先生能再教导我吗？”

“可以。你听着，当年是你问我天下大势，现在我要主动对你讲天下大势了。现在天下统一，同律度量衡，书同文，车同轮，但是皇帝无道，民不聊生，秦王朝实难长久。百姓还要经历不少纷乱与兵燹，而后才能有安宁。所以，你想要救出一些人脱离苦海，其志可嘉，我愿意帮助你。”

徐福再拜稽首，说道：“多谢先生！”

“你要记住，所谓蓬莱三山、巨海十洲，皆实有其地。然则，是否有神，是否有仙，是否有不死草、不死药，皆为神话。心诚则灵，萦梦而见，不可实指。”

“晚辈不解先生之意。”

“其实你明白，不死之药是找不到的。你要找一方净土，使数千人得以有安宁的生活，这是可能的。这就是巨海十洲，实有其地。你可以去那里，就像当年箕子之明夷，在朝鲜开辟出一片乐土。”

“先生知君房之心，请先生教我如何远行。”

“夏半年，海上多南风，所以你的船出不了渤海、黄海。冬半年海上多北风，你就可以向南远行了。你要在冬季离开蓬莱、琅邪，去到会稽之东，那里即有海中大屿。当年范蠡、西施，就是从那里等到夏季南风起时，泛海北行，到达齐滨。当夏季南风起时，你若是不向北行，而是取道东北或向东行，便进入巨海了，如此，即可到达海中十洲、扶桑等地。”

徐福再拜稽首，说道：“多谢先生指点！三千童男童女，也不会忘先生的恩德！”

鬼谷子饮下最后一杯酒，说道：“就此告辞吧。我要到咸阳，去看茅蒙何时升遐，是何结果；你也快回琅邪去吧！”

第五十章　鬼谷子两见秦始皇

秦始皇嬴政在阿房宫里，极尽人间欢愉，他对于音乐、歌舞、美女，山珍、海味，天下珍奇，郊外畋猎，全都厌倦了，只想着琅邪，想着徐福，不知长生不老的仙药何时才能得到。

内史来禀奏，丞相李斯求见。

“快快宣诏，让他进来！”

不一会儿，李斯到了，跪地参拜：“臣李斯，恭请圣安！”

嬴政懒懒地说：“不必多礼了，近前赐座。爱卿进宫来，可有好消息告诉朕？”

“陛下，臣要禀奏的是琅邪的事，也不知是好是坏。”

嬴政一听是琅邪的事，就来了精神：“是徐福出海的事吗？你快讲与朕听听。”

“陛下，朝臣对于徐福出海，耗资甚巨，颇有微词。实则徐福自有难处，他见了仙山，也难以登临。”

“他为何不能登上仙山？”

“环绕仙山的海上，有大鲛鱼，口大如岩洞，在海中掀起巨浪，使徐福的船队不能靠近。”

“有这样的事？那徐福就提不出对策吗？”

“徐福求微臣禀奏陛下，派出强弩手，以连弩制服大鲛鱼，开出通往仙山的水道，以便登山，取得不死之草。”

嬴政曾听一些朝臣议论：所谓海中仙山、不死之草，全都是些虚无缥缈的神话，不足为训。对于是否能够得到不死之草，他自己也有些怀疑了。现在听李斯说徐福真的见到了仙山，嬴政心里就踏实多了。他想，天下六国都能征服，何愁海里的大鲛鱼呢。

“李爱卿，你为朕选择个吉日良辰，朕要再次东巡，带领强弩手，亲临海上，射杀大鲛鱼，采得不死之草！”

“臣领旨！”

李斯走后，嬴政不能平静了。

海中的大鲛鱼，好大的胆！它怎敢阻拦迎仙使者登上仙山取得仙草？是仙山之神差它这样做呢？还是受了天帝的派遣？

嬴政又想：“那大鲛鱼若是天帝派遣，岂不是天帝不承认自己为天子了吗？这可了不得，如果此事张扬出去，便会鼓励人们起来造反，推翻自己！”

嬴政越想越觉得可怕，晚上做梦，梦见自己掉进海里，被好几条大鲛鱼包围、追赶，险些被吞食。嬴政被吓醒了，满身都是大汗。

次日早朝，嬴政就提出要东巡，去射杀大鲛鱼。但是，朝臣众口一词来劝阻，他只好作罢。

在这期间，由于要修筑长城以御外寇，要开凿灵渠把长江和珠江两大水系连接起来，以便收取南越各地，种种政务脱不开身，数年之中，嬴政都没能实现东巡琅邪的愿望。

待他东巡之时，徐福早已带着三千童男童女，东渡扶桑，一去不回了。

说起来，徐福真是走得从容，而且准备充分。

当他再次受到鬼谷子点化之后，对于如何率领他的楼船队进入巨海，已经心中有数了。徐福在载鬼亭驿拜别了鬼谷子，就驱车急速赶回琅邪，加紧进行远航的准备。

天气的变化，果然如鬼谷子所言，孟冬十月，黄海、渤海一带就开始出现了连续的偏北风。

一个碧空万里的日子，一百多艘楼船都从芝罘、成山等地赶来，集中在琅邪海上。

徐福拜别父母、兄长，亲人们一个个泪如泉涌。徐福强忍心酸，跪地向父母磕了三个响头，毅然起身，最后登上楼船。

徐福站在船头，亲自擂响了战鼓。顿时，所有的楼船都升起了风帆。每一艘船都有三根主桅，三张主帆都鼓满长风，引着楼船快速破浪前进。

徐福按照鬼谷子的指引，驾着楼船一直向南，在旬日之后就离开了黄海，进入了巨海，也就是到了大洋之中。

巨海之中，四面不见陆地，气象变化无常。三千童男童女，多数人是第一次见到这种光景。他们开始还觉得喜欢，不久遇到狂风恶浪，眩晕得天昏地暗，终日不能饮食，腹中食物都呕吐殆尽。他们都不想到仙山去了，直到风和日丽，才又恢复信心。

又过了些日子，南方见到了陆地。徐福估计，按照鬼谷子的话，这里应该是会稽之东的海面了。

徐福在楼船上鸣金，令所有的楼船都收了帆，下了锚。自己放下一只小船，由三个人陪伴着，上岸察看。这里确实是古越国之地，当年范蠡曾在这一带海上练兵。岛上还有范蠡舟师习流的后代。

徐福登上的是东翁洲，相邻还有檀洲、苎屿等岛屿。比起蓬壶三岛来，这三个岛屿的气候温和得多，物产丰富得多。蓬壶三岛几乎没有人烟，这里岛上有农田、桑园、菜圃，海中有渔船。

越地语言比齐海相差很大，徐福和三千童男童女大多听不懂，只有来自吴、越两郡的十多个人，他们又闻乡音，心情愉快。徐福便把他们分派到各船，充作翻译。

他们不久就感觉到，这里民风质朴，市井繁荣，买卖公平，大有当年范蠡、文种治越的遗风。

徐福让三千童男童女在这里登岸，停留半年：一是组织童男学耕，童女学织，购置百工用具，百谷果蔬种苗，祭器书籍；二是等到来年夏天到来，南风持续出现，便启航东渡大洋。

徐福是要在寻得海上乐土之后，就在那里永远繁衍生息，开辟一个老子构想的和平幸福之邦。

徐福一去不复返，千百年后，本地人就把他忘记了。

鬼谷子在载鬼亭驿与徐福相别之后，即由云霓、玄云、白云陪伴着，西去咸阳。

从鬼谷，经函关，过桃林之塞，沿途的百姓都熟悉他们了。见了他们，就有人议论。

“那鬼谷子，已经二百多岁了呢！”

“神仙嘛，还说什么年龄。”

“他们都是些活神仙。”

“他们出山来，又会有神仙显灵之事发生了。”

鬼谷子他们并不注意人们的议论，过了桃林之塞，四个人就策马向华山深处走去。鬼谷子是要去看茅蒙。

茅蒙在华山修道百年，人们早已称他为茅蒙老祖了。

茅蒙修道之处在高山，便于远望，他见到恩师和几位师弟进山来，知道是来祝贺自己得道成仙，于是降下祥云，穿云下山，迎接鬼谷子一行上山。

云霓在最前面，见了茅蒙就说道：“恭喜师兄，贺喜师兄，修道百年，总算成功了！”

“云霓师弟呀，我们山野道人，哪能像你那样，终日在师父身边承教。”

说话间，茅蒙来到了鬼谷子马前，跪地叩头道：“弟子茅蒙，迎接恩师进山！”

鬼谷子下马，扶起茅蒙，说道：“不必多礼，你登入了仙班，从今以后，就和诸仙一样逍遥自在了，凡间一切礼数都要抛弃，仙人之间不分尊卑，只是职司不同，大家都是和谐相处的。”

“虽说仙人无尊卑，但师生情谊，终是不应废弃的。”

说话间，他们就到了茅蒙修行的洞府。茅蒙为了飞升，已经把炼丹炉拆除，洞中最显眼的东西只有太上老君李耳和玄微子王诩的神位了。香炉中焚着香，青烟缭绕。茅蒙还有好茶，并备有茶点，他是最后一次款待恩师和师弟们了。

“初成呀，你飞升的日子选定了吗？”

“弟子正在等待恩师，来为我选定吉日良辰。”

鬼谷子掐着手指，算了一会儿说：“九月庚子，这个日子不错呀，就是明天喽，你来得及吗？”

“弟子在凡间的一切，全已了了，随时可以登遐升天，日子就定在明天吧。”

修道成仙，本是秘密功夫，是不要众人观看，也不向任何人告别的。只因茅蒙是鬼谷子接引为仙的第一人，所以他要来看看。了解情况之后，鬼谷子也就不多打扰，领着三个道童下山了。

鬼谷子一行下山，来到当年大梧所住之屋，只见到荒草之中的一些断檐残壁，他家后人已经不知到了何处。

云霓还想寻找大梧夫妇的坟茔，荒草之中也无从辨认了。

于是，他们在华山下找到另一家农家投宿。

秦始皇三十一年（公元前216年）九月庚子，华山之畿，雄鸡三唱之后，东方天上升起了彩霞。

上山的樵夫，下地的农民，有人看见茅蒙老祖修道的地方，升起一片烟云，闪烁着一片红光。于是有传说：一朵祥云冉冉升腾，云中有一仙鹤，鹤上有一仙人，直上九霄，消融于漫天彩霞之中。

事后有一个不信邪的年轻后生，找到茅蒙修道的地方，只见到了一片焦土。

而当天，华山下就传开了一个消息：华山修道百年的茅蒙老祖，乘云驾鹤，云龙相拥，白日升天了！

早晨的霞光，鬼谷子和三道童也看到了。

他们知道，茅蒙已经升遐。在农家用了早餐，便策马继续向西，到咸阳去了。

鬼谷子到咸阳，依然住在市北馆舍。

过了些日子，咸阳街头就流传着一首《巴谣歌》，是下里巴人之曲，歌中唱道：

神仙得者茅初成，

驾龙上升入太清。
时下玄洲戏赤城，
继世而往在我盈。
帝若学之腊嘉平。

这首歌是后人收集到书里的，而当时，云霓最先在街头听到这首歌，回来就唱给鬼谷子听。鬼谷子没想到，茅蒙升天会在民间引起这么大的反应。真是，皇帝好神仙，百姓多修道，人们对神仙的兴趣增大了。

“这首歌在街头传唱，必然会反映到皇宫里去。秦始皇就一定会来找我了。”

鬼谷子知道前些年秦始皇东巡，在芝罘、琅邪，就曾想要见到自己。这回，民歌里有“帝若学之腊嘉平”这样的话，皇帝怎能不问个究竟呢？

云霓对此不以为然：“先生，当今秦始皇暴戾无道，是不是要避而不见？”

“当年仲尼说，六十而耳顺，什么话都能听。我已经是快到四个花甲之人了，还有什么话不能听、什么人不能见呢？”

道童们担心的是，秦始皇对于先生，会不会有不敬之举。玄云、白云说：

“我怕暴君对先生无礼。”

“我怕他强留先生，在宫中教他修道。”

鬼谷子笑笑说：“皇帝要是真能修道，那倒好了。”

秦始皇嬴政听近侍奏报了咸阳街头传唱的《巴谣歌》，对茅蒙产生了忌妒，感到自己在人间贵为天子，竟然不如一个百姓。这位天子心里就像塞满了乌鸦之喙。

嬴政问左右：“那茅初成是什么人呢？”

“陛下，臣听说他是鬼谷子的弟子，在华山修道一百多年了，今年九月才白日飞升。”

嬴政听说茅蒙修道一百多年才成仙，心情平静了些，又羡慕人之高寿。

“茅初成修道一百多年，那他的老师鬼谷子，今年该有多大年纪了？”

“臣听说，鬼谷子已经二百多岁了。”

嬴政这才感到，自己孤陋寡闻。

“唉，丞相李斯怎么从来没向朕谈起鬼谷子的情况呢？朕还以为，鬼谷子也是徐福、侯生、卢生一样的人呢。”

“陛下，丞相日理万机，也许未闻其详。”

“传内史，以蒲车、厚礼，迎鬼谷子到阿房宫来，朕在仙霞观见他。”

近侍出去传旨，嬴政就准备接见鬼谷子。

自秦孝公、惠文王时代以来，鬼谷子虽然不时到咸阳，但同这几代秦王及其朝野士人都无往来。他远远地住在市北馆舍，会友论道，也未到过市南皇宫。

此时咸阳之东南，三百里范围之内，有崇丽的宫、观、殿、阁二百七十多座，复道、甬道相连，帷帐、钟鼓、美人充实其间。其中以仙霞观地势为高，瑞云缭绕，可以隔着无数宫殿，遥望直达南山之巅的苍松、翠柏，和那隐没林间的宫阙。

嬴政坐在仙霞观，放眼皇都宫阙，数百宫殿楼宇，全都笼罩在柔纱般的淡蓝色的雾霭之中，真有一种人间仙境之感。

嬴政居高临下，看着皇家的一辆蒲车缓缓行进在复道之上，在宫殿、楼台之间时隐时现。那便是迎接鬼谷子的车了。

楼阁之间，香风阵阵，不时飘来弦歌之声。嬴政当作仙乐来听，车中的鬼谷子和云霓师徒两人听了，只觉得那是俗不可耐的凡间之乐。

蒲车一直来到仙霞观前，内史和云霓先跳下车来，搀扶着鬼谷子下车。

嬴政看到，从车上下来的白袍老道，鹤发童颜，步履仙健，气度非凡，令人肃然起敬。年轻的云霓，是个青袍道人。

秦朝尚黑，嬴政的龙袍，是金地黄纹，绣有黑饰；皇帝的内史，着皂衣。

鬼谷子见皇帝降阶相迎，就要行跪拜大礼。嬴政急忙扶住他，说道：“老先生，你见朕可以免拜！”

“草野之臣，感谢陛下圣恩，臣愿陛下，万寿无疆！”

“先生是国家人瑞，只怨朕的近侍之臣不敏于事，使朕直到近日方知先生盛德，相见晚矣！”

说话间，宾主进入了仙霞观中。

“鬼谷先生，你看朕的仙霞观如何？”

“陛下的仙霞观，拟似仙人之居，为人间所无。”

“先生如此高寿，真仙人也。敢问先生，如何才能高寿呢？”

“陛下知道‘化色五仓’吗？此中就有长生之道。”

“请先生教与朕。”

“这是一种修炼方法。凡人，身有五色，腹有五仓。五色存则不死，五仓存则不饥。仙人修炼，炼五色石以成丹，服五色气以健魄，五色永驻于身，五仓永存于腹，所以不饥、不死。”

“如何修炼呢？”

“先要知道，悟道，而后于寂静之中修道百年。”

嬴政哪能忍受寂寞，对鬼谷子的长寿之道毫无兴趣，于是问道：“朕听说，先生曾随李老君两渡流沙，又曾游历巨海十洲，见过东方、西方的不死之药。然则，朕派徐福去求此药，何其难呢？”

鬼谷子明白，徐福是一去不复返的。但他要回护徐福，不想把真相对嬴政说明，便说：“陛下，交一人，成一事，都得有缘分，讲时机，凡事不是想成就能成的。那徐福，也曾前来见过我。他是自有想法，也自有难处。”

“朕已经知道，徐福的难处，是被海上的大鲛鱼所阻。先生游海上十洲之时，见过大鲛鱼吗？”

“此乃海中常见之物，自然见过。”

“朕派弓弩手去射杀大鲛鱼，能使徐福登上仙山吗？”

“陛下，此事难以预料，也许为时已晚。那三千童男童女，即使不是失踪，也恐难以回还。”

鬼谷子这样说，是想让嬴政对于徐福的出走有个思想准备，嬴政却理解为必须早日东巡，去射杀海上大鲛鱼，以免徐福遇难。

秦始皇最后向鬼谷子请教的问题是：“先生曾听到闾巷间传唱的《巴谣歌》吗，朕听说那飞升的茅蒙是先生的弟子？”

“茅蒙是我弟子中最早决心修道成仙的人，经过百年修炼，他终于成功了。”

“黔首为何要唱此歌，还说‘帝若学之腊嘉平’？”

“是劝陛下如同茅蒙那样，成为仙人。”

“朕为天子，不能修道，也能成为仙人吗？”

“陛下不能成为仙人，也可成为真人。”

“敢问先生，何谓真人？”

“真人者，入水不濡，入火不热，食芝桂，饮珠露，凌云气，与天地同寿。”

“先生所言，不就是仙人吗？”

“同人而异名也。”

嬴政听了这话，乐不可支：“朕羡慕真人，朕要做真人！请先生教朕应如何做？”

“《巴谣歌》不是说‘腊嘉平’吗？大腊之祀，始于帝尧伊祁氏之时，夏代称为嘉评，殷代称为清祀，周代称为大腊，岁末占卜来年年景，祭百神，祈丰年之意也。百姓之意，要改大腊为嘉平。”

“朕感谢先生之言，愿能常听先生之教。”

嬴政听了鬼谷子一番话，龙颜大悦。送走鬼谷子之后，即召丞相李斯进宫，草拟诏命：

始皇帝三十一年乙酉，太岁在大梁，岁阳为旃蒙，岁阴为作噩，十二月，改大腊名为嘉平，大赏天下百姓，每里米六石，羊二头，为嘉平之祭。

秦代的“里”，是当时最底层的一级行政单位，一里二十五户，置有社庙，也称社。嘉平之祭用少牢二具，就是羊二头。

改嘉平后，第二年秦始皇才开始又一次东巡。

秦始皇嬴政北游渤海，刻石于碣石城郭；南巡苍梧，过云梦，祀大舜于九嶷山；东游会稽，祭大禹，立会稽石刻；东入于海，又浮海北上到琅邪，这是他寄予希望之地。

嬴政在琅邪，想着徐福，三千童男童女，百艘楼船，连个影子也没有看到。他哪里知道，此时徐福所率领的数千人早已登陆扶桑，开始男耕女织，繁衍生息。

嬴政还以为徐福他们全被大鲛鱼所害，十分恐慌。

夜里，嬴政梦见自己率领的船队在海上与海神鏖战。无数的大鲛鱼掀起层层恶浪。为首的那位海神，就是一条大鲛鱼，突然化作人形，张着岩洞一般的大口，要把嬴政的楼船吞下。

嬴政被噩梦惊醒，急忙派人召占梦博士到行宫来询问。

占梦博士说："陛下毋惊。真正的海神，不会以大鱼、蛟龙之类现身。陛下祷祠谨备，礼神虔诚，天海之神必然保佑。遇此恶神，应当剪除，而后善神可至。"

于是，秦始皇令强弩手乘楼船出海，自己御驾亲征。

嬴政率领的船队，从琅邪出发，向北行驶，绕过成山头，也未见大鲛鱼。到了芝罘，方见海上有大鱼出现。射杀一大鱼，即巨鲸，拖至岸上，曝尸于野。

嬴政认为从此以后就可能见到真神了，便登岸西归，回阿房宫。

阿房宫中，上苑林里，后妃、宫人、美女、内史、宦官、仆役，计有数万人之众。他们互相争宠，明争暗斗，枉死者也不知有多少。

秦始皇归来第三天，就有内史前来禀奏："陛下方归，即有祥瑞出现！"

"是何祥瑞？快快讲与朕听。"

"大苑之中，昨晚有宫女三人自缢。今晨被发现，有司取下尸首置于林下，准备安葬。这时空中有大鸟，喙衔碧草，自林外飞来，以草覆于死者面上，死者立即坐起身来。"

"竟会有这种事？快备乘舆，让朕前去察看。"

不一会儿，即有四个宫人抬着肩舆来接驾。嬴政坐进小轿，宫中侍从夹道而行，直奔上苑林。

嬴政到达时，人们刚把三口棺材抬走。三个宫女跪在树下，面向苍天，感谢救命的神鸟。树枝上还飘着她们上吊的白绫。

三个宫女十三岁就进宫，现在二十六岁，也无缘面见君王。看到嬴政的乘舆向她们走来，急忙过去叩头。

有人来迎，嬴政便将乘舆停下了。

“臣妾有幸，今日不死，又见到了圣上！”

“你们进宫都多少年啦？”

嬴政说着话，走出了乘舆。

“启奏陛下，臣妾等进宫，已经一十有三年了。”

“你们得到神佑，一切冤屈全都消了。朕给你们进爵三级，列入嫔妃，下去吧。”

“臣妾谢恩！”

三个新进嫔妃的“老”宫人离去之后，从人们才开始在林中四处寻找神鸟，神鸟早已不知去向了。

所幸把死人救活的碧草还在地上，内史双手把它捡起来，呈与嬴政：“陛下，这就是那起死回生的碧草。”

嬴政接过碧草，仔细观看，形似菰苗，没想到它竟有那样大的功效。他弯腰向地上寻找，看看有无活物，发现草丛中正在搬家的一窝黑蚂蚁，便一脚踩死了十多只。

嬴政把碧草覆在死蚂蚁上，竟然没有一只死蚂蚁活过来。

“这是不死草吗？”

内史说：“陛下，看来此草不能救蝼蚁于不死，可能是专用于人的。”

内史的话一出口，嬴政身边的人立即吓白了脸，深怕皇帝杀了自己来做试验。只听皇帝说：“罢了！快用蒲车把鬼谷子接进宫来，朕到仙霞观去等他。”皇帝身边的人这才放下心来。

秦始皇从上苑林出来，路过乐宫时，听到伶人们正在吟唱典乐博士们新制的《仙真人诗》。这是他上次与鬼谷子谈话之后，传令博士们创作的。博士们的作品颇多，其中有一首《清溪》，是专唱鬼谷子的：

清溪千万仞，
九霄有仙居。
云生栋梁间，
风出户牖里。

麻姑美其寿，
姚花美其雨。
玄微真仙人，
风云众弟子。

语我始皇帝，
嘉平更腊祀。
吾皇万斯年，
黔首乐新纪。

嬴政听了这首歌，很是喜欢，觉得正好把它送给鬼谷子。于是，亲自从伶人中挑选了歌声清纯的美女六人，善操管弦的乐师六人，带到仙霞观去。秦朝尚六，“数以六为纪”，所以嬴政用此数来选伶人。

鬼谷子和云霓被接到了仙霞观，不见秦始皇，迎接他们的内史也不知道，皇帝为何还没到这里来。等了许久，才见圣驾的步辇出现，后面跟着一群伶人，伴着仙乐来到。三人急忙起身迎驾。

嬴政满面春风走下步辇，对鬼谷子说：“先生不要多礼，快请坐下，听一听博士们新制的《清溪》。”

嬴政、鬼谷子落座之后，乐师、美女们也准备好了。皇帝略微颔首，悠扬的歌声便从仙霞观升起。全曲分三迭，嬴政很满意，鬼谷子听了，也觉得词、曲都不俗。

“鬼谷先生，你听此诗如何？”

“词曲皆美，陛下令人如此赞美草野之臣，实不敢当。”

谈了一会儿《仙真人诗》，嬴政才转入正题。他拿出那一茎碧草，递给鬼谷子看。鬼谷子接过看了一会儿，脸上露出惊奇之色。

“先生认识此草吗？”

“陛下，此草名叫养神芝，就是祖洲不死草也！徐福下海要寻找的，就是它呀！”

“这养神芝，真能令人不死吗？”

“此草一株，覆于人面，可以救活一千人。”

“朕用此草，为何连蝼蚁也不能救活呢？”

“不死之草，因虫而别，落地而变。”

嬴政没有想到，还有这么多说法，便要细致地请教。

“请先生教与朕，何谓因虫而别？”

“天地之间，所生之物，有根于中者，是为动物；有根于外者，是为植物。根于中者，有毛、羽、介、鳞、倮五类。毛虫之精者，曰麟；羽虫之精者，曰凤；介虫之精者，曰龟；鳞虫之精者，曰龙；倮虫之精者，曰圣人。此乃倮虫的不死草，所以不能救活蝼蚁。”

“然则，何谓落地而变呢？请先生教与朕。”

“不死之草，得到之后，需用绸缎裹之，金匣盛之，不可使其落地。落地之后，即与凡间草木无异也。”

嬴政从此相信不死之草可以得到，并认为已经学到了保存的方法，高兴地送鬼谷子回到市北馆舍。

鬼谷子回到住地，就召集云霓、玄云、白云三人说：“我们住些日子，就该收拾行囊回鬼谷去了。”

“先生，这是为何？”

“秦朝统一天下并不久，但是我看到它气数已尽。今日面见始皇帝，看他的气色，也不过一二年就别于人世。天下大权尽集中于他手中，所以他死之后，天下必然大乱。真是百姓多苦哇！人力不能回天，我们还得隐入清溪！”

事情果然如鬼谷子所料，不到两年，秦始皇在博浪沙受了刺客惊吓，就于平原津道中一病不起。随即，天下大乱。

结语·

鬼谷子在阿房宫仙霞观里，为秦始皇辨认祖洲不死之草，见秦始皇面色有异，将不久于人世，秦朝气数已尽，天下又将大乱，于是带领云霓、玄云、白云回到清溪避居。

在其后的战乱岁月里，鬼谷子的子孙都是以鬼谷子的名义栖身于鬼谷。

在长达数百年里，鬼谷这个地方一直是人迹罕至的世外仙境。鬼谷世家在这里，把自己融入了自然，避开了尘嚣，又对那些入世的鬼谷弟子常怀思念。鬼谷子暮年喜欢回顾往昔，战火息时又到山外人间漫游，这种家风也代代相传。

历代鬼谷弟子中，学问深高、业绩显赫的人物众多，为当时其他学派所不及。自春秋至战国，计然、范蠡、尉缭、孙膑、庞涓、张仪、苏秦、毛遂等人是代表；最使鬼谷子念念不忘的，还是孙、庞、张、苏四人。

关于鬼谷子的神话，有许多是当时就产生了的，他有意使人觉得他在云雾里。当年张仪去世之后，七七四十九天仍保持体温、不腐烂之事，居然见于史籍，实际上也只是一段神话。纵横家的崇拜者们，以此来标榜他们的祖师爷张仪的仙风道骨，说是张仪三魂离体、七魄升天之际，恩师鬼谷先生和已经登仙的孙膑师兄见了他的魂魄，就挽留他在人间暂留七七四十九日，共议前因后果。鬼谷留下的此类神话颇多。

神话归神话。鬼谷子的事迹和精神虽然被“独尊儒术”湮没，却仍能长留人间。在很长时间里，鬼谷后裔都以鬼谷子之名避居于山中，时或出游。因此，就有人到鬼谷去寻访他，又有人在各处见到了鬼谷子。

汉代有童谣：“秦始皇帝，死而地分，六国后裔，复国梦散，楚汉相争，天下归汉。”直到这时，人们还是时不时地前往鬼谷。有人看见过鬼谷子，也有人见过他出访。

司马迁曾为之立传的日者，也就是那位善于观天候气和占卜的楚人司马季主先生。其隐居于长沙近郊的壶山。在壶山北边不远的大庸县境内，有一座天门山，山下的鬼谷洞，就是汉代的鬼谷子常游之地。

一个夜晚，月明星稀。司马季主读书困倦，就见一位老者进屋来，与之交谈。那老人白衣白袍，鹤发童颜，与司马季主纵论天地之始，《河图》、《洛书》，箕子的《洪范》，文王的《周易》这些极其深高的学问。老者离去之时，季主方知自己见到的是鬼谷子。司马季主再拜稽首，鬼谷子已经远去了。

又过了二百多年，东汉时代的学者蔡邕（字伯喈，133—192），在校订“六经”之余，专程到鬼谷清溪去求教。蔡邕不仅见到了鬼谷子，还在那里读到了鬼谷之书。

在蔡伯喈之后，就再没有人说自己见过鬼谷子了。可以认为，鬼谷故事到此完全终结，余下的只是鬼谷的影响了。

晋代大学者郭璞（字景纯，276—324）得到了鬼谷之书，如获至宝。他把《鬼谷子》与历代圣贤之书并列，为推广而做注释。

郭璞在为《鬼谷子》做注释的过程中，深深为鬼谷子的道德学问所感动，自己也萌发了仙游的幽情，于是写了一组《游仙诗》，共七首，其中第二首是：

青溪千余仞，
中有一道士。
云生梁栋间，
风出窗户里。
借问此何谁？
云是鬼谷子。
翘迹企颍阳，
临河思洗耳。
阊阖西南来，
潜波涣鳞起。
灵妃顾我笑，
粲然启玉齿。
蹇修时不存，
要之将谁使？

此诗用典颇多。洗耳说的是品德高尚的许由的故事：帝尧要把天下让给许由，许由不受，隐居于箕山；帝尧又找到他，要他任九州长，许由觉得这话弄脏了自己的耳朵，就到颍水之滨去洗耳。鬼谷子活动在颍水之滨，曾仰慕这位先贤，所以郭璞把鬼谷子比作许由。阊阖是天门，阊阖风是西风。晋代左思比郭璞年长，曾在《咏史》诗里说“被褐出阊阖，高步追许由”，是颂扬和追随许由的精神。郭璞这里是借用左思的诗意，来比喻自己对鬼谷子夫妇的倾慕。

鬼谷子被道家尊为玄微真人、列入仙班之后，鬼谷夫人莘姒被尊为藐姑射之山的仙女，郭璞称她为灵妃。郭璞博学，辞赋为东晋之冠，他在诗里说“灵妃顾我笑，粲然启玉齿”，是自认为已经见到了鬼谷子夫人的面容。

鬼谷子的时代过去两千多年了，人们蓦然发现，今天的世界之纷扰有似于春秋战国之时。所不同者，是科学技术将地球变成了一个“村”，而这个村里已经没有了可供出世的鬼谷。然而，人类的精神和智慧是相通的。人们重新发现了鬼谷子，但是他在云雾里，只有透过那些神秘的云，才能见到真龙。

当你读完了鬼谷的故事、掩卷之时，能像郭璞那样说“灵妃顾我笑”，见到鬼谷子的面容了吗？请记住藐姑射之山心灵之石的铭文：

> 你见到鬼谷子的面容之日，
> 是你臻于练达颖悟而走向成功之时。

1993年4月初稿

1996年7月输入于丹东

1998年1月修改于亚特兰大

1999年10月再改于杭州

2001年12月三改于杭州